LA BIBLE DES 64 PORTES

HUMAN DESIGN & GENE KEYS

SANDRINE CALMEL

© 2025 SANDRINE CALMEL

www.sandrinecalmel.fr

Edité par Calmel Holistic Development | Sandrine Calmel

171 rue Newcastle 54 000 Nancy.

info@sandrinecalmel.fr

Édition : BoD · Books on Demand, 31 avenue Saint-Rémy, 57600 Forbach,

bod@bod.fr

Impression : Libri Plureos GmbH, Friedensallee 273, 22763 Hamburg (Allemagne)

ISBN : 978-2-3225-7458-2

Dépôt Légal : MARS 2025

Tous droits de reproduction et de traduction réservés pour tous pays

---

DU MÊME AUTEUR

Voyage rebelle à la découvert de soi - Editions Maïa

SÉRIE HUMAN DESIGN

Voyage au coeur de la conscience - Editions Maïa

Les clés de votre nature profonde - Types, Stratégies, Autorités et Profils en Human Design - Auto-édition - Tome 1 HD

Les secrets des centres et circuits - Explorer les 9 Centres et circuits Énergétiques du Human Design - Auto-édition - Tome 2 HD

La bible des 64 portes - Human Design & Gene Keys - Tome 3 HD

Vibrations quantiques - Elever votre fréquence avec le Human Design - Auto édition - Tome 4 HD

Bienvenue dans La Bible des 64 Portes Human Design Décryptés

Ce livre est une invitation à plonger dans les mystères de votre être profond. Chaque porte est une clé qui ouvre vers une meilleure compréhension de soi, un alignement plus juste avec votre essence et une connexion plus grande avec l'univers qui vous entoure.

À travers ces pages, vous trouverez des révélations puissantes, des outils de transformation et des pistes pour éclairer votre chemin. Prenez le temps de contempler chaque porte, d'écouter ce qu'elle vous murmure et d'intégrer ses enseignements dans votre vie quotidienne.

Que cette bible soit pour vous un compagnon fidèle, un guide lumineux et un miroir de votre potentiel illimité.

EXPLORER PLUS EN PROFONDEUR

Afin d'alléger cette édition imprimée tout en vous offrant une expérience complète, nous avons choisi de mettre à disposition certaines sections détaillées sous forme de fichiers téléchargeables.

Scannez les QR Codes ci-dessous pour accéder aux contenus exclusifs :

LES 64 CLÉS GÉNÉTIQUES

Découvrez des fiches détaillées pour chacune des 64 clés génétiques, incluant les ombres, les dons et les siddhis ainsi que des pistes de contemplation pour activer votre potentiel intérieur.

S. Calmel | 64 clés

CENTRES, CIRCUITS ET CANAUX

Bible 64 portes | P2

Plongez dans l'univers des centres et circuits du Human Design avec des descriptions approfondies, des schémas explicatifs et des conseils pratiques pour harmoniser vos énergies. Retrouvez à la fin, un tableau synthétique récapitulant les types, autorités et profils pour une compréhension claire et rapide de votre design.

Ces ressources complémentaires ont été conçues pour enrichir votre voyage intérieur tout en préservant la fluidité et l'esthétique de cette édition imprimée.

SANDRINE CALMEL

EXPERTE EN HUMAN DESIGN & GENE KEYS

FONDATRICE DES REBELLES SACRÉ(E)S®

Sandrine Calmel est une exploratrice de l'âme humaine, une guide lumineuse dans l'univers du Human Design et des Gene Keys. Auteure et formatrice accomplie, elle consacre son œuvre à décrypter les mystères de ces sciences anciennes, offrant à chacun la possibilité de se reconnecter à sa véritable essence.

À travers ses écrits et ses enseignements, Sandrine tisse un pont entre la sagesse intemporelle et les défis contemporains, révélant les trésors cachés en chaque être.

Générateur Manifesteur avec une Autorité Sacrale, Sandrine incarne un dynamisme créatif rare, capable de matérialiser ses visions avec intensité et clarté. Sa connexion intime avec son autorité intérieure lui permet d'agir depuis un espace d'alignement profond, guidant ceux qui croisent sa route vers des choix authentiques et porteurs de sens.

En tant que profil 6/3, Sandrine se distingue par une soif d'apprentissage incessante et une capacité innée à transformer les expériences en sagesses. Ce chemin de l'expérimentateur, parfois semé d'embûches, fait d'elle une mentore ancrée, pragmatique et visionnaire. Chaque défi devient pour elle une opportunité d'évolution, une nouvelle marche vers la maîtrise et la transmission.

L'empreinte énergétique de Sandrine s'exprime à travers dix canaux puissants, témoins de la richesse de son design :

L'Éveil (10/20) : Une présence magnétique qui invite à vivre l'instant avec plénitude.

Parfaite Conduite (10/57) : Une intuition tranchante, toujours en quête d'authenticité.

Exploration (10/34) : Une énergie pionnière, toujours prête à expérimenter et innover.

Rythmes (5/15) : Un profond respect des cycles naturels et de l'harmonie du vivant.

Initiation (51/25) : Un courage intrépide pour ouvrir des portes vers l'inconnu et l'amour inconditionnel.

Charisme (20/34) : Une capacité à inspirer et catalyser l'action par sa seule présence.

Idée de Génie (20/57) : Une fusion rare entre l'intuition et l'action instantanée.

Pouvoir (34/57) : Une force intérieure propulsant ses idées vers la manifestation concrète.

Prodigue (33/13) : Une capacité unique à raconter, à transmettre et à porter la mémoire collective.

Longueur d'Onde (48/16) : Une sagesse profonde alliée à une expression claire et inspirée.

Sandrine incarne la rencontre du spirituel et du tangible. Son rôle dépasse celui de guide : elle est une alchimiste de la conscience, transformant l'ombre en lumière et les doutes en révélations. Sa mission est d'accompagner chacun dans l'exploration de ses propres richesses intérieures, en révélant la puissance et la beauté insoupçonnées qui sommeillent dans les profondeurs de l'être.

Fondatrice des Rebelles Sacré(e)s®, Sandrine invite à un voyage où vulnérabilité et puissance se rencontrent. Elle marche aux côtés de ceux et celles qui osent embrasser leur singularité et rêvent de transformer leur existence en une œuvre alignée et lumineuse. À travers ses formations, ses livres et ses accompagnements, elle est une présence bienveillante, un phare dans la nuit intérieure, rappelant à chacun que la clé du changement réside en soi.

VOUS ÊTES LA CLÉ ET LA SERRURE À LA FOIS. CHAQUE PORTE QUE VOUS FRANCHISSEZ VOUS RAPPROCHE DE LA MEILLEURE VERSION DE VOUS-MÊME.

AVANT PROPOS

OUVRIR LES PORTES DE LA CONSCIENCE

Chaque être humain porte en lui des trésors insoupçonnés, des éclats de lumière nichés dans les replis de l'âme et du corps. Ce livre est né de cette conviction profonde : nous sommes bien plus que ce que nous croyons être. À travers le prisme du Human Design et des Gene Keys, j'ai découvert une cartographie subtile et fascinante de notre essence.

Les 64 Portes agissent comme des clés vibratoires qui, lorsqu'elles sont comprises et intégrées, révèlent progressivement la beauté de notre potentiel latent. Ce livre est une invitation à parcourir ces portes une à une, à vous laisser toucher par leurs enseignements et à ressentir la résonance unique qu'elles éveillent en vous.

Dans cette quête, il n'y a ni bonne ni mauvaise voie, seulement des chemins qui se déploient au rythme de votre propre danse intérieure.

Que vous soyez en pleine exploration spirituelle ou simplement curieux d'en apprendre davantage sur vous-même, je vous invite à approcher ce livre avec l'esprit ouvert, tel un compagnon de route éclairant doucement vos pas.

Au fil de ces pages, puissiez-vous trouver des réponses, mais aussi de nouvelles questions qui vous rapprocheront de votre véritable essence.

Bienvenue dans ce voyage initiatique. Avec gratitude et humilité,
Sandrine Calmel

PRÉFACE

ÉCRIRE, EXPLORER, SE TRANSFORMER

Lorsque j'ai entrepris l'écriture de ce livre, je n'imaginais pas à quel point il me transformerait autant que ceux qui s'y plongeront. Chacune des 64 portes que vous découvrirez dans ces pages m'a invitée à explorer une facette différente de moi-même, à embrasser mes ombres, mes doutes et mes élans de lumière.

Ce projet n'a pas été qu'un exercice intellectuel ou technique ; il a été un véritable voyage initiatique. L'écriture est souvent présentée comme un acte de transmission, mais elle s'est révélée pour moi un miroir, une invitation à vivre profondément les enseignements que je souhaitais partager.

À travers ce livre, je vous tends ces clés comme des outils de transformation. Elles sont le fruit d'années d'études, de pratiques et de contemplation, mais surtout, elles reflètent mon engagement sincère à vous accompagner dans votre propre cheminement intérieur.

Je vous invite à aborder ces pages avec bienveillance, en laissant de côté toute attente. Permettez à chaque porte de résonner en vous, de faire émerger ce qui doit l'être. Car derrière chaque mot se cache une vibration capable d'ouvrir des espaces insoupçonnés dans votre être.

Puissiez-vous trouver dans ce livre un écho à votre propre lumière. Avec toute ma gratitude,
Sandrine Calmel

EN CHAQUE PORTE RÉSIDE UNE CLÉ. EN CHAQUE CLÉ SOMMEILLE UNE RÉVÉLATION. QUE CE VOYAGE VOUS RAMÈNE À VOTRE ESSENCE VÉRITABLE.

INTRODUCTION

LES 64 PORTES : UN VOYAGE ÉVOLUTIF À TRAVERS VOTRE DESIGN

Nous sommes tous les gardiens d'un trésor intérieur, une mosaïque d'énergies et de potentiels qui s'anime et évolue au fil de notre existence. Le Human Design et les Gene Keys sont des systèmes vivants qui dévoilent les mécanismes invisibles de notre être, nous aidant à comprendre nos dons, nos ombres et les clés de notre épanouissement.

Au cœur de ces systèmes résident les 64 portes, reflets des 64 hexagrammes de l'I Ching. Ces portes sont des archétypes énergétiques qui colorent notre expérience de vie. Chacune d'elles est activée de manière unique dans notre design personnel, formant une signature vibratoire spécifique à notre incarnation.

UN CHEMIN PERSONNEL ET UNIVERSEL

Votre cheminement à travers ce livre sera profondément individuel. Vous serez naturellement attiré par les portes activées dans votre schéma de Human Design ou votre profil génétique. Ce sont ces portes, celles qui font partie intégrante de votre être, qui vous offriront les enseignements les plus intimes et révélateurs. Cependant, ce livre n'a pas vocation à rester figé sur ces seules activations.

AU FIL DU TEMPS, NOUS TRAVERSONS TOUTES LES PORTES.

Chaque jour, les transits planétaires activent de nouvelles portes, influençant nos expériences et révélant des aspects cachés de nous-mêmes. Vous pouvez ainsi utiliser cet ouvrage comme un compagnon de route, consultant les portes en fonction des énergies du moment, et explorant celles qui s'ouvrent naturellement au gré des cycles et des transits.

COMMENT ABORDER CE LIVRE ?

• Commencez par vous. Parcourez les portes activées dans votre design personnel. Contemplez ces énergies, elles sont les fondations de votre voyage intérieur.

• **Laissez-vous guider par les transits. Lorsque des événements marquants surgissent dans votre vie ou que vous ressentez une énergie nouvelle, tournez-vous vers la porte correspondante.**

POURQUOI CE LIVRE ?

Je l'ai écrit pour vous accompagner dans cette danse subtile entre vos énergies fixes et celles en perpétuel mouvement autour de vous. Le Human Design est une boussole, une carte qui révèle votre structure de base, tandis que les Gene Keys apportent une profondeur contemplative, illuminant progressivement votre conscience à travers le prisme des portes.

UN VOYAGE CYCLIQUE ET TRANSFORMATEUR

Chaque porte que vous explorez est une initiation. Certaines résonneront immédiatement, d'autres s'ouvriront avec le temps. Il n'y a ni début ni fin à ce voyage, seulement une spirale ascendante qui vous ramène sans cesse vers une meilleure compréhension de vous- même.

En franchissant ces portes, vous embrassez non seulement vos propres énergies, mais aussi celles de l'humanité tout entière. Nous partageons tous ces 64 archétypes ; ce sont eux qui tissent le récit collectif de notre évolution.

Que ce livre soit pour vous une lanterne, éclairant à chaque passage une nouvelle facette de votre lumière intérieure.

Avec dévotion et bienveillance, Sandrine Calmel

PARTIE 1
INTRODUCTION AU HUMAN DESIGN ET AUX GENE KEYS

INTRODUCTION AUX FONDEMENTS DU HUMAN DESIGN ET DES GENE KEYS

L'être humain est une énigme fascinante, un mélange complexe d'émotions, de pensées, et d'énergie. Pourtant, derrière cette complexité apparente, il existe des systèmes qui permettent de décrypter les mécanismes invisibles qui nous régissent. Le Human Design et les Gene Keys se présentent comme deux approches révolutionnaires, offrant une cartographie unique de l'être humain et une voie d'accès à son plein potentiel.

1. PRÉSENTATION GÉNÉRALE : POURQUOI CE LIVRE ?

Depuis toujours, les grandes traditions spirituelles et les découvertes scientifiques cherchent à répondre aux questions fondamentales : Qui suis-je ? Quel est mon rôle dans cet univers ? Et comment puis-je vivre en harmonie avec moi-même et les autres ? Ce livre a pour ambition d'apporter des réponses concrètes et éclairées à ces questions, en explorant deux systèmes complémentaires : le Human Design et les Gene Keys.

Ces deux approches, bien que distinctes, partagent une vision commune : celle d'un potentiel infini enfoui dans chaque être humain, prêt à être découvert et exprimé. Ce livre est un guide pour vous accompagner dans ce voyage intérieur, une ressource complète pour comprendre, intégrer et appliquer les enseignements des 64 portes du Human Design et des 64 clés génétiques des Gene Keys.

2. ORIGINE ET CRÉATEURS : LES VISIONNAIRES

Le Human Design et les Gene Keys sont nés de révélations puissantes et transformantes vécues par leurs créateurs respectifs.

- **Ra Uru Hu,** fondateur du Human Design, a reçu en 1987 une transmission mystique qu'il a appelée « La Voix ». Ce téléchargement cosmique a fusionné des traditions anciennes (I Ching, astrologie, Kabbale, chakras) avec des connaissances modernes comme la physique quantique et la génétique. Il en résulte un système unique et précis : une carte énergétique ou « Bodygraph », permettant de comprendre comment chaque individu est câblé pour fonctionner.

• **Richard Rudd,** créateur des Gene Keys, a vécu une profonde expérience spirituelle qui l'a conduit à explorer les mystères de l'ADN et les codes cachés dans nos gènes. Inspiré par le Human Design et le I Ching, il a développé un système de contemplation visant à libérer les potentiels endormis dans notre ADN. Les Gene Keys ne sont pas seulement un outil d'analyse, mais un cheminement vers une transformation intérieure et une expansion de la conscience.

3. PHILOSOPHIE COMMUNE

Ces deux systèmes partagent une vision profondément optimiste et transformative de l'existence humaine : chacun d'entre nous possède une essence unique, une fréquence vibratoire singulière qui ne demande qu'à être activée.

• Le **Human Design** offre des clés pratiques pour aligner nos décisions et nos actions avec notre véritable nature. Il nous montre comment naviguer dans le monde en respectant notre design énergétique.

• Les **Gene Keys**, quant à elles, invitent à une contemplation intérieure pour transcender nos conditionnements et accéder à des états élevés de conscience. Elles ouvrent la voie à une existence fondée sur l'amour, la créativité et l'unité.

Ensemble, ces systèmes nous rappellent que la transformation personnelle ne consiste pas à devenir quelqu'un d'autre, mais à revenir à soi, à révéler ce que nous sommes déjà dans notre essence.

QU'EST-CE QUE LE HUMAN DESIGN ?

Le Human Design est un système fascinant qui mêle tradition ancienne et science moderne pour offrir une compréhension unique de la manière dont chaque individu est conçu pour fonctionner. Bien plus qu'un outil de développement personnel, le Human Design est une véritable carte énergétique, révélant la mécanique invisible de nos décisions, de nos relations et de notre chemin de vie.

En prenant en compte des influences astrologiques, des principes issus de traditions ésotériques comme le I Ching et la Kabbale, ainsi que des découvertes contemporaines en physique quantique et en biologie, ce système propose une approche à la fois spirituelle et pragmatique. Il nous montre comment nous sommes câblés pour interagir avec le monde, tout en respectant notre essence unique.

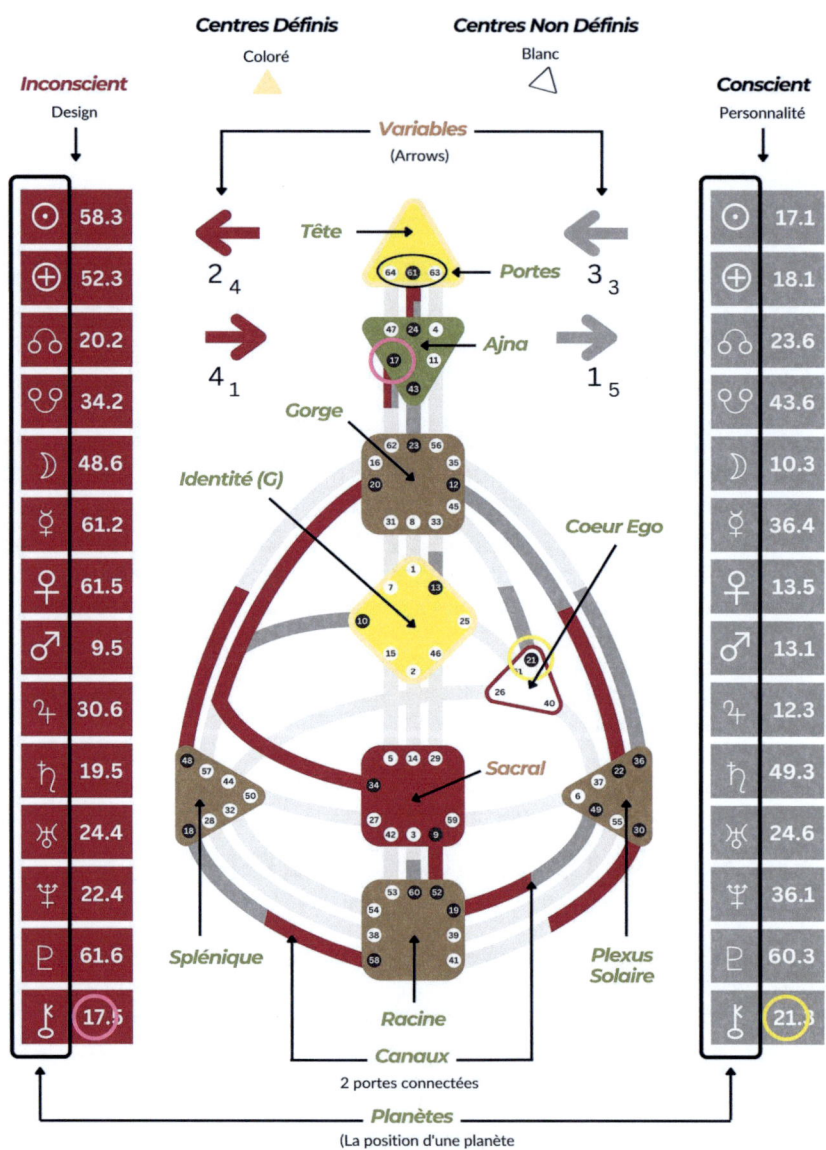

1. DÉFINITION ET PRÉSENTATION GLOBALE

Le Human Design se décrit comme un « système hybride », combinant harmonieusement des éléments de diverses traditions et sciences modernes. Sa force réside dans cette synthèse, qui dépasse les limites de chaque discipline individuelle pour créer une approche intégrée et profondément révélatrice.

- **Un Système hybride : Une alliance entre tradition et science**

Le Human Design puise dans plusieurs sources ancestrales pour structurer ses enseignements :

- L'**astrologie**, pour interpréter les influences planétaires au moment de la naissance.
- Le **I Ching**, ou Livre des Mutations, avec ses 64 hexagrammes qui cartographient l'énergie humaine.
- La **Kabbale**, et son Arbre de Vie, reflétant les interconnexions de l'existence.
- Le **système des chakras**, adapté pour intégrer neuf centres énergétiques au lieu des sept traditionnels.

Ces traditions sont enrichies par des concepts scientifiques modernes tels que la physique quantique, qui met en lumière l'interconnexion de toute chose, et la génétique, soulignant le rôle de l'ADN comme un langage énergétique commun.

- **Le Bodygraph : Une empreinte énergétique unique à chacun**

Le cœur du Human Design est le Bodygraph, une carte énergétique individuelle créée à partir des données de naissance (date, heure, et lieu). Ce schéma révèle :

- Les **Centres** : Les neuf centres énergétiques activés ou ouverts dans votre design, influençant vos pensées, émotions, et actions.
- Les **Portes et Canaux** : 64 portes (correspondant aux hexagrammes du I Ching) reliées par des canaux, définissant la manière dont l'énergie circule entre vos centres.
- Votre **Type** et **Stratégie** : Des outils personnalisés pour naviguer dans la vie en accord avec votre essence.

Chaque Bodygraph est unique, tout comme une empreinte digitale. Il représente la manière dont vous êtes conçu pour interagir avec le monde, prenant en compte vos forces naturelles et les zones où vous êtes influencé par l'extérieur. En comprenant cette carte, vous accédez à des clés pour prendre des décisions alignées, vous libérant des conditionnements extérieurs et des résistances internes.

Le Human Design se veut à la fois un miroir et une boussole : il reflète qui vous êtes et vous guide vers une vie plus alignée avec votre vérité intérieure. C'est une invitation à embrasser votre unicité tout en apprenant à vivre en harmonie avec les autres et l'environnement qui vous entoure.

2. LES CENTRES ÉNERGÉTIQUES

Au cœur du Human Design se trouvent les centres énergétiques, des zones clés qui reflètent comment l'énergie circule dans notre être. Inspirés des chakras traditionnels, ces centres ont été adaptés et réorganisés en neuf structures distinctes, chacune jouant un rôle spécifique dans notre fonctionnement physique, mental et émotionnel.

Ces centres peuvent être définis ou non définis, une distinction essentielle pour comprendre comment nous exprimons nos forces innées et comment nous sommes influencés par notre environnement. Ils révèlent également la manière dont nous prenons nos décisions et interagissons avec les autres.

Les centres définis et non définis

- **Centres définis :**

Un centre est défini lorsqu'il est coloré dans votre Bodygraph. Cela signifie que l'énergie de ce centre est constante et fiable, une source stable de force intérieure. Les centres définis déterminent vos qualités innées et les aspects de votre personnalité sur lesquels vous pouvez compter. Ces centres émettent également une énergie qui influence les personnes autour de vous.

- **Centres non définis :**

Lorsqu'un centre est blanc sur votre Bodygraph, il est considéré comme non défini. Ces centres sont des zones plus ouvertes et réceptives, où vous absorbez et amplifiez l'énergie des autres. Bien que cela puisse conduire à des conditionnements ou à une instabilité, ces centres offrent également une opportunité de sagesse, car ils permettent de comprendre et de refléter les énergies extérieures.

- **Rôle et fonction des 9 centres énergétiques**

Les centres jouent un rôle crucial dans la manière dont nous prenons nos décisions et interagissons avec notre environnement

CENTRE TÊTE
Fonction : Inspiration et idées.
Défi : Pression mentale, obsession de trouver des réponses.

CENTRE AJNA

Fonction : Analyse et conceptualisation.

Défi : Être trop rigide dans ses croyances ou chercher une certitude constante.

CENTRE DE LA GORGE

Fonction : Expression et communication.

Défi : Pression à parler ou agir pour être reconnu.

CENTRE G (Identité)

Fonction : Amour, direction, et identité.

Défi : Se perdre dans la quête d'un but ou d'une validation externe.

CENTRE DU COEUR (Ego)

Fonction : Volonté, ambition et valeur personnelle.

Défi : Pression à prouver sa valeur.

CENTRE SACRAL

Fonction : Force vitale et énergie pour agir.

Défi : Dire "oui" quand ce n'est pas aligné, surmenage.

CENTRE DU PLEXUS SOLAIRE ((Émotionnel)

Fonction : Émotions, désirs et passions.

Défi : Crainte des conflits émotionnels ou sur-réaction.

CENTRE DE LA RATE (Splénique)

Fonction : Instinct, intuition et survie.

Défi : S'accrocher à ce qui n'est plus sain.

CENTRE RACINE

Fonction : Pression pour agir, motivation.

Défi : Stress constant, incapacité à se détendre.

- **Prise de décision alignée :**

Les centres définis servent de points d'ancrage pour des décisions stables, tandis que les centres non définis peuvent rendre les décisions instables si elles sont influencées par des énergies extérieures. Comprendre cette dynamique aide à reconnaître les schémas de conditionnement et à s'en libérer.

- **Interactions avec les autres :**

Les centres définis émettent une énergie constante qui influence les autres, tandis que les centres non définis amplifient les énergies qu'ils reçoivent. Cela crée une danse énergétique unique dans chaque relation, où les forces et les vulnérabilités de chacun s'interpénètrent.

Les centres énergétiques offrent une cartographie précise de vos forces et sensibilités. En les explorant, vous pouvez mieux comprendre vos mécanismes intérieurs et apprendre à interagir de manière consciente et authentique avec le monde qui vous entoure.

3. CANAUX ET PORTES : LA CIRCULATION DE L'ÉNERGIE

Dans le système du Human Design, les canaux et les portes sont des composantes essentielles qui permettent de comprendre comment l'énergie circule et s'exprime dans notre être. Ces structures, dérivées des hexagrammes du I Ching, illustrent les différentes voies de communication énergétique à l'intérieur du Bodygraph, révélant des talents spécifiques, des forces innées et des interactions avec l'extérieur.

DÉFINITION DES CANAUX

Les canaux sont les lignes reliant deux centres énergétiques dans le Bodygraph. Lorsqu'un canal est activé, il relie ces deux centres, permettant une circulation fluide et constante de l'énergie entre eux. Ces connexions jouent un rôle clé dans la définition de notre personnalité et de notre fonctionnement énergétique.

- **Un canal défini :**

Lorsque les deux portes situées aux extrémités d'un canal sont activées (colorées), le canal devient défini. Cela crée une connexion permanente entre les deux centres, offrant un flux énergétique stable et fiable. Par exemple, un canal reliant le centre G au centre de la Gorge pourrait indiquer une capacité naturelle à exprimer sa direction ou son identité.

- **Un canal non défini :**

Si une ou les deux portes d'un canal ne sont pas activées, le canal reste non défini. Dans ce cas, l'énergie circule uniquement lorsque cette connexion est temporairement activée par des influences extérieures (comme les transits planétaires ou l'aura d'une autre personne).

Chaque canal porte une signification spécifique, liée à un thème ou une qualité énergétique. Ces canaux définissent également notre type de Design, jouant un rôle central dans la manière dont nous interagissons avec le monde.

L'IMPORTANCE DES PORTES

Expressions spécifiques de l'énergie

Les portes sont les points individuels situés aux extrémités des canaux, correspondant aux 64 hexagrammes du I Ching. Chaque porte est une expression spécifique de l'énergie, offrant une nuance particulière dans la manière dont un centre fonctionne.

- **Une porte activée :**

Une porte activée dans le Bodygraph représente une qualité énergétique spécifique qui est innée et stable. Par exemple, la porte 10 (dans le centre G) est associée à l'amour de soi et à l'authenticité. Si elle est activée, elle peut indiquer une capacité à incarner et exprimer ces qualités.

- **Les portes et le codage génétique**

Chaque porte est associée à un codon dans l'ADN, reliant directement le Human Design à notre biologie. Ces portes agissent comme des clés qui ouvrent des aspects spécifiques de notre énergie et de notre potentiel.

- **Interactions entre les portes :** Lorsqu'une porte activée se connecte à une porte complémentaire (activée ou non), un canal est formé. Cette interaction donne lieu à des thèmes ou talents particuliers qui influencent notre manière de fonctionner dans la vie. Par exemple, le canal 1/8 de l'inspiration relie la porte 1 (expression de soi) et la porte 8 (contribution). Ce canal symbolise la fusion entre la contribution créative et l'influence, révélant une capacité à impacter les autres par votre créativité unique.

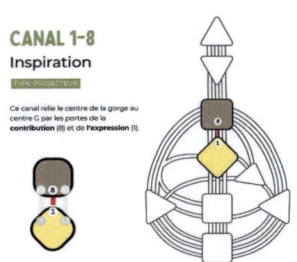

LA CIRCULATION DE L'ÉNERGIE DANS LES CANAUX ET PORTES

Les canaux et les portes offrent une carte détaillée de la manière dont l'énergie se déplace dans le Bodygraph. Cette dynamique influence directement :

• **Nos comportements** : Un canal défini peut expliquer une aptitude naturelle ou une manière récurrente de réagir face aux situations.

• **Nos relations** : Les portes et canaux non définis nous rendent plus sensibles aux énergies des autres, offrant des opportunités de complémentarité mais aussi des risques de conditionnement.

• **Notre potentiel** : Comprendre les portes activées et les canaux formés dans notre design révèle des talents latents et des aspects uniques de notre personnalité.

Les **canaux** et **portes** constituent le langage énergétique du Human Design. Leur compréhension permet d'identifier les points de force, les défis et les opportunités d'alignement dans notre vie. Ils nous rappellent que chaque chemin d'énergie, qu'il soit défini ou influencé par l'extérieur, contribue à l'expression unique de notre essence.

---

4. LES TYPES DE DESIGN HUMAIN

Dans le Human Design, les types énergétiques représentent les fondations du système. Ils indiquent comment l'énergie circule à travers chaque individu et comment il interagit avec le monde extérieur. Il existe cinq types principaux : le

Générateur, le Manifesteur, le Projecteur, le Réflecteur, et le Générateur-Manifesteur. Chacun d'eux possède un rôle distinct, une stratégie à suivre pour s'aligner avec son essence, et un thème d'épanouissement ou de désalignement.

GÉNÉRATEUR

37% de la population

Rôle : Le Générateur est le bâtisseur du monde, doté d'une énergie sacrale puissante et durable. Ce type est conçu pour répondre aux opportunités qui se présentent et pour consacrer son énergie à des activités alignées avec ses passions et sa satisfaction intérieure.

Stratégie : Attendre d'avoir quelque chose à répondre, plutôt que de forcer l'initiative. Cela implique de se connecter à son centre sacral, qui réagit de manière instinctive par un « oui » ou un « non ».

Thème d'épanouissement : Satisfaction.

Thème de désalignement : Frustration (résultant d'une énergie mal investie ou forcée).

Je suis un bâtisseur de vie aligné avec mes passions. Lorsque je réponds à ce qui m'inspire profondément, je crée avec satisfaction et énergie infinie.

GÉNÉRATEUR MANIFESTEUR

33% de la population

Rôle : Une variation hybride du Générateur, le Générateur-Manifesteur combine la capacité de répondre à l'énergie extérieure avec une impulsion initiatrice. Ce type est multitâche par nature et peut passer rapidement d'une activité à une autre.

Stratégie : Attendre de répondre tout en informant les autres lorsqu'une action initiatrice est entreprise. Cela évite les malentendus et les résistances.

Thème d'épanouissement : Satisfaction

et accomplissement dans la diversité des activités.

Thème de désalignement : Frustration et colère.

Je suis un créateur polyvalent, capable de répondre et d'initier avec fluidité. Mon énergie aligne mes actions et ouvre des chemins multiples avec satisfaction et accomplissement.

MANIFESTEUR

8 à 9% de la population

Rôle : Le Manifesteur est un initiateur naturel, conçu pour agir indépendamment et impulser de nouvelles directions. Ce type n'a pas besoin d'attendre pour initier, mais il

peut rencontrer des résistances s'il ne communique pas clairement ses intentions.
Stratégie : Informer les autres avant d'agir, afin de réduire les frictions et de faciliter l'acceptation de ses actions.
Thème d'épanouissement : Paix.
Thème de désalignement : Colère (souvent causée par des blocages ou des résistances extérieures).

Je suis un initiateur puissant et indépendant. En informant les autres, j'agis avec clarté et confiance, apportant paix et transformation dans le monde.

PROJECTEUR
20% de la population.
Rôle : Le Projecteur est un guide et un visionnaire, capable de voir comment diriger et optimiser l'énergie des autres. Ce type ne possède pas d'énergie durable et doit donc se concentrer sur les invitations qu'il reçoit, plutôt que d'essayer d'initier ou de forcer.
Stratégie : Attendre une reconnaissance et une invitation pour utiliser ses talents. Cela permet au Projecteur d'être aligné avec les bonnes opportunités.
Thème d'épanouissement : Succès.
Thème de désalignement : Amertume (résultant d'un manque de reconnaissance ou d'un épuisement).

Je suis un guide éclairé, reconnu pour mes talents uniques. Lorsque j'attends les invitations justes, je prospère avec succès et impact positif.

RÉFLECTEUR
1% de la population
Rôle : Le Réflecteur est un miroir énergétique, reflétant l'état général de son environnement. Avec un design totalement ouvert (aucun centre défini), ce type est profondément sensible aux influences extérieures et offre une vision unique de ce qui se passe autour de lui.
Stratégie : Attendre un cycle lunaire complet (28 jours) avant de prendre des décisions importantes, permettant ainsi d'évaluer toutes les influences énergétiques qu'il perçoit.
Thème d'épanouissement : Surprise et émerveillement face à la vie.
Thème de désalignement : Déception (souvent liée à un environnement non aligné ou trop chaotique).

Je suis un miroir lumineux de l'énergie environnante. En prenant le temps de contempler et de ressentir, je trouve la surprise et l'émerveillement dans chaque expérience.

Chaque type énergétique joue un rôle essentiel dans l'équilibre collectif. La clé pour chacun est de suivre sa stratégie unique, qui sert de guide pour naviguer dans la vie sans résistance. Comprendre son type permet de mieux s'accepter, de cultiver ses forces, et de vivre en harmonie avec soi-même et les autres.

Ce cadre structurel simple, mais puissant, constitue une base fondamentale pour explorer plus en profondeur les nuances et les spécificités du Human Design.

QU'EST-CE QUE LES GENE KEYS ?

Téléchargez cette partie avec les fiches des 64 clés génétiques

S. Calmel | 64 clés

POINTS COMMUNS ET COMPLÉMENTARITÉS ENTRE HUMAN DESIGN ET GENE KEYS

Le **Human Design** et les **Gene Keys** sont deux systèmes uniques, chacun offrant des perspectives et des outils précieux pour la transformation personnelle. Bien qu'ils aient des approches et des méthodologies distinctes, ces deux disciplines partagent des bases communes, notamment une reliance sur des principes universels issus de traditions ancestrales. L'un de ces fondements partagés est l'I Ching, ou Livre des Mutations, qui joue un rôle clé dans la structure et la philosophie des deux systèmes.

En explorant leurs similitudes et leurs complémentarités, nous découvrons comment ces outils peuvent s'enrichir mutuellement, offrant une compréhension plus profonde de l'être humain. Le Human Design propose une carte énergétique pratique et structurée, tandis que les Gene Keys encouragent une contemplation intérieure lente et transformante. Ensemble, ils forment une alliance puissante pour naviguer à travers les défis et les opportunités de la vie.

1. L'I CHING COMME PONT UNIVERSEL

L'I Ching, ou Livre des Mutations, est une ancienne sagesse chinoise datant de plusieurs millénaires. Reposant sur les principes du yin et du yang et leurs combinaisons en 64 hexagrammes, il cartographie les cycles universels de transformation et d'énergie. Son influence est omniprésente dans les deux systèmes, qui s'en inspirent pour structurer leurs enseignements et révéler des aspects clés de l'expérience humaine.

L'INFLUENCE DE L'I CHING DANS LES DEUX SYSTÈMES
Dans le Human Design :

• Les 64 portes du Bodygraph correspondent directement aux 64 hexagrammes de l'I Ching. Chaque porte représente une expression énergétique spécifique, traduite dans le contexte moderne en comportements, potentiels, et défis. Par exemple, la porte 1 (hexagramme 1) est associée à la créativité pure, reflétant le mouvement primordial de l'énergie créatrice dans l'I Ching.

• L'I Ching est intégré au Human Design comme une base structurelle, offrant une carte des forces universelles qui influencent chaque individu. Les hexagrammes sont reliés aux centres énergétiques du Bodygraph, enrichissant le système d'une profondeur intuitive et symbolique.

Dans les Gene Keys :

• Chaque Gene Key est également alignée sur un hexagramme de l'I Ching. Richard Rudd, créateur des Gene Keys, a interprété les hexagrammes en trois fréquences évolutives : Ombre, Don, et Siddhi. Ce cadre offre une voie claire pour transcender les limitations et incarner un potentiel spirituel élevé.

• Contrairement au Human Design, qui utilise les hexagrammes dans un contexte plus technique, les Gene Keys se concentrent sur leur aspect contemplatif et universel. L'I Ching devient alors un outil d'introspection et d'exploration intérieure, permettant de voir les leçons de chaque Gene Key dans un cadre holistique.

LE RÔLE DES HEXAGRAMMES DANS LA CARTOGRAPHIE INTÉRIEURE

Les hexagrammes de l'I Ching servent de pont entre l'universel et le personnel dans les deux systèmes. Ils agissent comme des clés pour déchiffrer nos schémas intérieurs, en offrant des réponses adaptées à nos défis individuels tout en reflétant les lois universelles du changement.

• **Un Miroir universel :**

Les hexagrammes traduisent les principes du yin et du yang dans une danse de six lignes, représentant des forces complémentaires d'action et de réceptivité. Ces combinaisons reflètent les dynamiques de vie que chaque individu expérimente, offrant un cadre pour comprendre les cycles de transformation personnelle.

• **Une carte intérieure :**

Dans le Human Design, les hexagrammes sont reliés à des aspects spécifiques de notre design énergétique (portes et canaux). Ils décrivent comment l'énergie circule dans notre être, influençant nos choix et notre comportement.

Dans les Gene Keys, ils servent de portails vers une compréhension plus profonde de notre ADN énergétique. Chaque hexagramme devient une invitation à contempler et à intégrer un spectre d'expériences, depuis l'Ombre jusqu'au Siddhi.

L'I Ching agit ainsi comme un pont universel, reliant le Human Design et les Gene Keys à une sagesse intemporelle. Cette convergence renforce la richesse et la puissance de ces deux systèmes, permettant à chacun d'explorer ses énergies intérieures tout en embrassant l'universalité des cycles de transformation. Que ce soit par le prisme pratique du Bodygraph ou par la contemplation profonde des Gene Keys, l'I Ching rappelle que nous faisons partie d'un tout en perpétuel mouvement.

2. APPROCHE HOLISTIQUE : CORPS, ESPRIT ET ÂME

Le Human Design et les Gene Keys sont des systèmes complémentaires qui permettent d'explorer les multiples dimensions de l'être humain. Ensemble, ils offrent une vision intégrée du corps, de l'esprit, et de l'âme, chaque approche contribuant à une compréhension plus complète de la complexité humaine.

Le **Human Design**, avec son aspect pratique et structuré, propose une cartographie énergétique précise et des outils pour naviguer dans la vie quotidienne. Les **Gene Keys**, en revanche, invitent à une exploration contemplative et introspective, favorisant une transformation spirituelle profonde. En s'unissant, ces deux systèmes créent une approche holistique qui révèle les couches interdépendantes de notre existence et guide vers une harmonie intérieure.

L'ASPECT PRATIQUE DU HUMAN DESIGN : ANCRER L'ÉNERGIE DANS LE CORPS

Le Human Design est conçu comme un outil pragmatique qui aide à aligner nos actions et décisions avec notre véritable nature. Sa cartographie énergétique, représentée par le Bodygraph, met en lumière :

- **Nos forces innées :** Les centres définis et les canaux actifs révèlent les talents naturels et les aspects fiables de notre personnalité.

- **Nos zones d'ouverture :** Les centres non définis montrent où nous sommes influencés par l'extérieur, offrant une opportunité de croissance et de sagesse.

- **Nos stratégies personnelles** : En suivant les stratégies propres à notre type, nous pouvons prendre des décisions alignées et éviter la résistance dans notre vie.

Grâce à sa structure claire et concrète, le Human Design agit comme une boussole, nous guidant dans nos interactions quotidiennes et dans notre manière d'utiliser l'énergie de manière optimale. Il nous connecte directement à notre corps, en mettant l'accent sur l'écoute de nos signaux intérieurs pour naviguer dans la vie avec plus d'aisance.

LA DIMENSION CONTEMPLATIVE DES GENE KEYS : ÉLEVER L'ESPRIT ET L'ÂME

Les Gene Keys complètent le Human Design en introduisant une dimension introspective et spirituelle. Ce système encourage à ralentir pour contempler les schémas profonds de notre être, en transformant les Ombres en Dons, et en accédant aux Siddhis, des états de conscience élevée.

L'approche des Gene Keys est axée sur :

- **L'éveil spirituel** : Chaque clé agit comme une invitation à explorer les dimensions supérieures de l'existence, en transcendant les limitations de l'ego.

- **L'expansion intérieure** : À travers la contemplation, les Gene Keys nous poussent à observer nos peurs et nos conditionnements, en laissant émerger un potentiel lumineux caché dans nos Ombres.

- **L'unité avec le tout** : En intégrant les Siddhis, nous accédons à des états d'amour universel, de paix et de transcendance, qui nourrissent notre âme et inspirent notre vie.

Contrairement au Human Design, qui se concentre sur le « faire », les Gene Keys privilégient le « être », en nous aidant à cultiver un espace intérieur de réflexion et de connexion spirituelle.

COMMENT CES DEUX SYSTÈMES S'UNISSENT POUR RÉVÉLER LA COMPLEXITÉ DE L'ÊTRE

Le Human Design et les Gene Keys, bien qu'ils aient des approches distinctes, se complètent pour offrir une vision multidimensionnelle de l'être humain :

- **Human Design** : La Base Énergétique et Corporelle

Il aide à comprendre les fondements de notre fonctionnement énergétique, en nous connectant à notre corps physique et à la manière dont nous interagissons avec notre environnement. Il répond aux questions pratiques : « Comment prendre des décisions ? » et « Comment utiliser mon énergie ? »

- **Gene Keys** : La Transformation de l'Esprit et de l'Âme

Les Gene Keys approfondissent l'expérience en apportant une dimension introspective et transcendante, reliant notre ADN à des états plus élevés de conscience. Ils répondent aux questions : « Qui suis-je au-delà de mes conditionnements ? » et « Comment atteindre mon plein potentiel spirituel ? »

Ensemble, ces systèmes créent une synergie unique :

- Le **Human Design** offre une structure pour explorer nos mécanismes quotidiens, ancrant notre énergie dans des actions alignées.

- Les **Gene Keys** invitent à un voyage contemplatif, nous connectant à la sagesse universelle et à notre essence spirituelle.

Ces approches, loin de s'exclure, s'enrichissent mutuellement pour guider l'individu à travers sa complexité. Elles rappellent que l'épanouissement personnel réside dans l'équilibre entre l'action alignée et la contemplation intérieure, révélant ainsi l'harmonie entre le corps, l'esprit et l'âme.

3. IMPACT SUR LA VIE QUOTIDIENNE ET LA TRANSFORMATION PERSONNELLE

Le **Human Design** et les **Gene Keys** ne sont pas de simples systèmes théoriques ; leur véritable pouvoir réside dans leur capacité à transformer profondément notre manière de vivre au quotidien. En offrant des outils pour aligner nos actions et nos pensées avec notre essence véritable, ils permettent de naviguer la vie avec plus de clarté, de fluidité et d'épanouissement.

Ces approches touchent tous les aspects de l'existence, qu'il s'agisse des relations interpersonnelles, de la carrière ou du cheminement spirituel. En intégrant leurs enseignements, il devient possible de transcender les défis, de cultiver une harmonie intérieure et de manifester des résultats alignés avec notre véritable nature.

ALIGNEMENT AVEC SON ESSENCE VÉRITABLE

Le Human Design et les Gene Keys nous rappellent que chaque individu est unique et possède une énergie singulière. En comprenant et en honorant notre design énergétique, nous pouvons :

- **Faire des choix alignés** : Ces systèmes nous montrent comment utiliser notre énergie de manière optimale en écoutant nos signaux intérieurs. Par exemple, suivre sa Stratégie et Autorité dans le Human Design permet de prendre des décisions en accord avec sa véritable nature.

- **Libérer les conditionnements** : Les Gene Keys, à travers la contemplation des Ombres, aident à identifier et à transcender les schémas limitants hérités de l'environnement ou des expériences passées.

- **Vivre avec fluidité** : Lorsque nous agissons en alignement avec notre essence, nous rencontrons moins de résistance, et nos actions se déroulent avec une aisance naturelle.

Cet alignement avec soi-même est le fondement d'une transformation personnelle durable. En embrassant notre unicité, nous cessons de chercher à devenir quelqu'un d'autre et commençons à incarner pleinement qui nous sommes.

Les relations, qu'elles soient familiales, amicales, ou professionnelles, bénéficient grandement des enseignements du Human Design et des Gene Keys.

• **Comprendre les dynamiques énergétiques** : Le Human Design révèle comment nos centres définis et non définis interagissent avec ceux des autres, expliquant les attractions, les conflits et les complémentarités dans nos relations.

• **Cultiver l'empathie** : Les Gene Keys, en explorant les Ombres, nous aident à reconnaître les peurs et limitations des autres, renforçant ainsi la compassion et la compréhension mutuelle.

• **Créer des connexions authentiques** : En vivant en accord avec notre propre design, nous attirons des relations plus alignées, fondées sur le respect mutuel et la résonance énergétique.

APPLICATION DANS LE BUSINESS

Dans un contexte professionnel, ces systèmes peuvent transformer la manière dont nous abordons le travail, le leadership, et les collaborations.

• **Choisir des projets alignés** : Le Human Design aide à comprendre quelles activités ou rôles résonnent avec notre type énergétique, évitant ainsi l'épuisement ou la frustration.

• **Optimiser les dynamiques d'équipe** : En comprenant les designs énergétiques des membres d'une équipe, il devient possible de créer un environnement collaboratif où chaque personne joue un rôle adapté à ses forces.

• **Manifester le succès authentique** : Les Gene Keys enseignent que le véritable succès découle de l'activation des Dons, non pas par compétition ou contrôle, mais en cultivant une prospérité intérieure qui se reflète à l'extérieur.

Les Gene Keys et le Human Design sont également des outils puissants pour approfondir le cheminement spirituel.

• **Explorer les états supérieurs de conscience** : En travaillant avec les Siddhis des Gene Keys, nous accédons à des états d'unité, d'amour universel, et de transcendance spirituelle.

• **Embrasser le chemin de l'âme** : Le Human Design, en montrant les forces et défis inscrits dans notre Bodygraph, aide à comprendre notre rôle unique dans l'évolution collective.

• **Trouver la paix intérieure** : En alignant nos choix quotidiens avec notre essence énergétique, nous créons un sentiment d'harmonie intérieure, favorisant la connexion à quelque chose de plus grand que nous.

Le Human Design et les Gene Keys ne transforment pas seulement la manière dont nous vivons nos vies, mais aussi la manière dont nous nous percevons et interagissons avec le monde. Ils nous rappellent que le changement durable commence par une transformation intérieure, où chaque alignement personnel contribue à un équilibre collectif plus grand.

LES PORTES ET CLÉS GÉNÉTIQUES : UNE CARTOGRAPHIE DE L'ÊTRE

Au cœur du Human Design et des Gene Keys se trouve une cartographie précise et universelle de l'expérience humaine : les 64 portes et clés génétiques. Ces 64 archétypes, inspirés des hexagrammes du I Ching, offrent une représentation complète de l'énergie humaine et de ses multiples expressions.

Dans le **Human Design**, les portes sont des points d'entrée ou d'expression énergétique situés dans les centres du Bodygraph. Elles révèlent des aspects uniques de notre design, influençant notre comportement, nos talents, et nos défis.

Dans les **Gene Keys,** ces mêmes portes deviennent des clés génétiques, décrivant un spectre de conscience qui va des Ombres aux Dons, et jusqu'aux Siddhis. Elles invitent à transcender nos limitations pour activer notre potentiel supérieur et accéder à des états de conscience élevée.

Ensemble, ces portes et clés forment une carte de l'être, un outil puissant pour explorer, comprendre et transformer notre vie.

---

1. DÉCRYPTAGE DES 64 PORTES ET CLÉS

INTRODUCTION À LA SIGNIFICATION DES 64 PORTES DU HUMAN DESIGN

Les 64 portes du Human Design correspondent aux hexagrammes du I Ching, chacun représentant un aspect spécifique de l'énergie humaine. Ces portes sont réparties dans les 9 centres énergétiques du Bodygraph et forment des canaux lorsqu'elles se connectent à d'autres portes.

- **Portes comme expressions uniques :**

Chaque porte décrit une qualité ou un thème particulier. Par exemple :
> La porte 1 représente la créativité pure, l'élan de s'exprimer de manière unique.
> La porte 10 incarne l'amour de soi, l'alignement avec sa véritable identité.

- **Activation des portes :**

Une porte activée (colorée) dans un Bodygraph indique que cette énergie est stable et constante dans la vie d'un individu. Elle influence les choix, les comportements, et les interactions. Les portes non activées, en revanche, sont des zones d'ouverture où l'énergie extérieure peut avoir un impact.

- **Rôle dans les canaux :**

Les portes ne fonctionnent pas de manière isolée. Lorsqu'une porte activée se connecte à une autre porte, un canal est formé, créant une dynamique énergétique spécifique. Par exemple, le canal 29/46 relie l'énergie de l'engagement (porte 29) à celle de l'amour du corps (porte 46), exprimant une capacité à se dévouer pleinement aux expériences de la vie.

PRÉSENTATION DU SPECTRE DE CONSCIENCE POUR CHAQUE CLÉ : DE L'OMBRE À LA LUMIÈRE

Dans les Gene Keys, chaque porte devient une clé génétique décrivant un spectre de conscience, une progression possible à travers trois niveaux vibratoires :

- L'**Ombre** : L'état vibratoire le plus bas, où l'énergie est bloquée par des peurs, des conditionnements, ou des limitations.

- Le **Don** : L'état de transformation, où l'énergie de l'Ombre est transmutée en une expression créative et alignée.

- Le **Siddhi** : L'état vibratoire le plus élevé, incarnant une qualité spirituelle universelle.

Chaque Gene Key invite à contempler ce spectre pour transcender ses Ombres et activer son potentiel.

- *Exemple* **: La Gene Key 15 (Porte de la Modestie)**

  ○ **Ombre** : Dullness (l'apathie) – Un état de désalignement et de désengagement envers la vie.

  ○ **Don** : Magnetism (le magnétisme) – Une capacité à attirer naturellement les opportunités grâce à un alignement intérieur.

  ○ **Siddhi** : Florescence (l'épanouissement) – Une expression ultime de l'unité avec les rythmes de la vie.

- *Exemple* : **La Gene Key 18 (Porte de la Correction)**

  ○ **Ombre** : Judgement (le jugement) – Une tendance à critiquer et à se focaliser sur les imperfections.

  ○ **Don** : Integrity (l'intégrité) – Une capacité à discerner et améliorer sans jugement.

  ○ **Siddhi** : Perfection (la perfection) – Une perception élevée où tout est vu comme déjà parfait.

UN VOYAGE INTÉRIEUR ET EXTÉRIEUR

Les 64 portes et clés génétiques agissent comme une boussole pour explorer à la fois nos défis humains et nos aspirations spirituelles. Elles offrent des outils pratiques pour comprendre nos comportements et nos choix, tout en ouvrant des portails vers des états de conscience élargis.

Que ce soit par l'analyse structurée du Human Design ou la contemplation introspective des Gene Keys, ces 64 archétypes nous rappellent que nous sommes un mélange infini de potentiel, unissant Ombre et Lumière dans une danse éternelle d'évolution.

2. STRUCTURE DE LA PARTIE 3 : FICHES DÉTAILLÉES DES 64 PORTES

Pour explorer pleinement les 64 portes du Human Design et des Gene Keys, la **Partie 3 du livre** adopte un format clair et structuré. Chaque fiche offre une vue d'ensemble complète et accessible, permettant de comprendre et d'intégrer les aspects physiologiques, psychologiques, et énergétiques de chaque porte. Ces fiches ne se limitent pas à l'analyse théorique, mais fournissent des outils concrets pour appliquer ces enseignements dans la vie quotidienne.

FORMAT DES FICHES : UNE EXPLORATION COMPLÈTE DE CHAQUE PORTE

- **Affirmation inspirante**

Chaque fiche débute par une affirmation positive, conçue pour ancrer l'énergie équilibrée et lumineuse de la porte. Ces affirmations permettent de se connecter à l'essence profonde de la porte et de cultiver son expression harmonieuse.

Exemple (Porte 10 – Amour de soi) : « Je m'aime profondément et j'honore mon chemin unique avec authenticité. »

- **Informations générales**

Cette section présente des données techniques et symboliques essentielles pour situer chaque porte dans le système du Human Design

Numéro et Nom : Le numéro de la porte et son thème principal.

Centre associé : Le centre énergétique où la porte se situe (e.g., Gorge, Sacral, Plexus Solaire).

Canal connecté : Le canal que la porte peut former avec une autre porte complémentaire.

Circuit : Le circuit auquel la porte appartient (e.g., Circuit Collectif, Circuit Individuel).

Physiologie associée : L'organe ou la fonction corporelle liée à la porte.

Acide aminé : La correspondance biologique selon les Gene Keys.

- **Description et essence de la porte**

Une exploration détaillée de l'énergie et du rôle unique de la porte :

Définition succincte : Une phrase claire qui capture l'essence de la porte.

Exemple : La porte 1 – Créativité : « L'énergie primordiale de l'expression créative et de la mutation individuelle. »

Essence de la porte : Une description approfondie de son rôle symbolique, de son impact sur la conscience collective, et de ses thèmes récurrents.

Rôle dans les interactions : Comment cette porte influence les relations et les dynamiques interpersonnelles.

- **Défis et Talents associés**

Défis : Les obstacles courants rencontrés lorsqu'une porte est vécue de manière désalignée.

Exemple : Porte 18 (Correction) : Jugement excessif, critique paralysante envers soi-même et les autres.

Talents : Les forces et capacités naturelles qui émergent lorsque la porte est équilibrée.

Exemple : Porte 18 : Une intégrité profonde et une capacité à améliorer les choses avec clarté et bienveillance.

- **Expression déséquilibrée et maîtrise**

Expression déséquilibrée : Les manifestations négatives ou bloquées de la porte, telles que peurs, comportements réactifs, ou conditionnements.

Maîtrise : L'expression alignée et transcendante de la porte, souvent liée au Siddhi dans les Gene Keys.

- **Manifestation dans la vie quotidienne et le Business**

Vie quotidienne : Exemples concrets de la manière dont la porte influence les relations, les choix, ou le développement personnel.

Exemple : Porte 15 (Modestie) : Une capacité à vivre en harmonie avec les rythmes naturels, favorisant un équilibre dans les routines.

Application en Business : Comment cette énergie peut être utilisée dans un contexte professionnel. Quels types de projets ou de carrières résonnent avec cette porte.

Exemple : Porte 15 : Idéal pour des rôles nécessitant de la flexibilité et une adaptation aux flux changeants.

- **Nuances en fonction de la ligne, du type et de la planète**

Lignes : Une exploration des six variations possibles de chaque porte, basées sur les lignes (e.g., introspection pour la Ligne 1, expérimentation pour la Ligne 3).

Type : Comment la porte se manifeste différemment pour chaque type énergétique (Générateur, Manifesteur, Projecteur, Réflecteur).

Planètes : L'impact de la porte selon l'activation planétaire (e.g., Soleil Conscient, Lune Inconsciente).

- **Influence énergétique collective (Transits)**

Une exploration de l'effet de la porte sur le collectif lorsqu'elle est activée par les transits planétaires.

Conseils Pratiques : Comment travailler avec cette énergie pendant son activation dans le ciel.

- **Gene Keys : Ombre, Don, Siddhi**

Nom dans les Gene Keys : La thématique principale de la clé génétique correspondante.

Ombre : Description de l'état vibratoire le plus bas de la clé.

Don : Le potentiel créatif et équilibré.

Siddhi : L'état spirituel ultime et transcendé.

Partenaire de programmation : La clé génétique complémentaire.

POUR RAPPEL : Cette dernière partie avec les fiches des chaque clé génétique vous sont proposés en téléchargement via un QRCode

COMMENT UTILISER CE LIVRE

Ce livre est conçu comme un compagnon de voyage intérieur, une ressource à la fois pratique et introspective pour explorer les profondeurs de votre essence. Il ne s'agit pas d'un ouvrage à lire de manière classique et linéaire, mais d'un outil interactif qui vous invite à contempler, expérimenter, et intégrer les enseignements des 64 portes et clés génétiques dans votre vie quotidienne.

En fonction de votre schéma personnel et de votre inclination intuitive, vous pouvez choisir d'aborder le livre de différentes manières, en vous laissant guider par votre propre rythme et curiosité.

1. APPROCHE DE LECTURE

LECTURE LINÉAIRE POUR UNE VUE D'ENSEMBLE

Si vous êtes nouveau dans le Human Design ou les Gene Keys, une lecture linéaire peut être utile pour vous familiariser avec les bases du système et la structure des 64 portes. Ce parcours vous offre une compréhension globale avant de plonger dans les aspects spécifiques de votre propre design.

EXPLORATION INTUITIVE BASÉE SUR VOTRE BODYGRAPH

Pour ceux qui connaissent déjà leur Bodygraph ou leur Profil hologénétique (dans les Gene Keys), une approche ciblée peut être plus pertinente. Identifiez les portes activées dans votre schéma personnel et commencez par celles-ci. Chaque porte activée représente une énergie clé dans votre vie, influençant vos talents, vos défis, et vos interactions avec le monde.

INVITATION À LA CONTEMPLATION

Ce livre vous encourage à ralentir et à contempler. Plutôt que de chercher des réponses immédiates, prenez le temps de méditer sur les idées présentées. Laissez les enseignements s'infuser en vous et observez comment ils résonnent dans vos expériences quotidiennes.

EXPÉRIMENTATION ET INTÉGRATION

Les concepts du Human Design et des Gene Keys ne prennent leur véritable sens qu'à travers l'expérience. Appliquez ce que vous apprenez dans votre vie : prenez des décisions en suivant votre Stratégie et Autorité, observez vos Ombres et vos Dons, et utilisez les mantras ou affirmations pour activer les énergies positives des portes

2. CRÉER UN RITUEL PERSONNEL D'EXPLORATION

Pour tirer pleinement parti de ce livre, il peut être utile de créer un rituel personnel qui soutient votre exploration et votre transformation. Voici quelques conseils pour intégrer les enseignements dans votre quotidien :

- **Dédiez un moment et un espace sacrés :**

Créez un espace calme et inspirant pour vos moments de contemplation. Que ce soit une pièce, un coin de votre maison, ou un endroit naturel, l'essentiel est de vous sentir en paix et connecté à vous-même.

- **Consacrez du temps à la lecture et à la réflexion :**

Fixez un moment chaque jour ou chaque semaine pour explorer une porte ou une clé. Lisez lentement, prenez des notes, et laissez les concepts émerger dans votre esprit.

- **Utilisez un journal :**

Notez vos réflexions sur chaque porte ou clé, en particulier celles activées dans votre design personnel. Documentez vos prises de conscience, vos défis, et vos succès.

- **Appliquez les enseignements dans votre vie :**

Les concepts du Human Design et des Gene Keys trouvent leur puissance dans l'action. Testez votre Stratégie et Autorité, observez comment vos Ombres influencent vos réactions, et pratiquez les Dons en cultivant des états vibratoires plus élevés.

- **Contemplez un mantra ou une affirmation quotidienne :**

Chaque porte ou clé a un mantra ou une affirmation positive. Choisissez-en une et récitez-la quotidiennement pour ancrer son énergie dans votre conscience et vos actions.

- **Connectez-vous aux transits planétaires :**

Lorsque des transits activent des portes spécifiques dans le collectif, prenez le temps de travailler avec ces énergies. Ces moments sont des opportunités puissantes pour explorer des thèmes universels et leur impact sur votre vie personnelle.

Ce livre est bien plus qu'un guide théorique ; il est un compagnon vivant qui évolue avec vous. Chaque page, chaque porte, chaque clé génétique est une invitation à entrer plus profondément dans votre essence, à découvrir vos forces, et à embrasser vos défis avec sagesse et compassion.

Utilisé avec régularité et intention, ce livre peut devenir un outil transformateur pour naviguer dans la complexité de votre être et de votre vie, en vous aidant à aligner vos actions, vos pensées, et vos aspirations avec votre véritable nature.

Que ce soit dans un moment de calme contemplation ou dans l'action quotidienne, il vous rappelle que le voyage intérieur est le chemin le plus riche et le plus éclairant que vous puissiez entreprendre.

CONCLUSION DE LA PARTIE 1

Le Human Design et les Gene Keys sont bien plus que des systèmes conceptuels ; ils sont des outils puissants pour se reconnecter à son essence véritable. En révélant la mécanique énergétique qui sous-tend nos décisions, nos relations, et nos aspirations, ces approches offrent un chemin vers l'alignement intérieur et l'épanouissement personnel.

Dans un monde où les influences extérieures et les conditionnements peuvent nous éloigner de nous-mêmes, le Human Design et les Gene Keys nous rappellent que tout commence à l'intérieur. En comprenant nos énergies uniques et en contemplant nos Ombres, Dons, et Siddhis, nous accédons à une vie plus fluide, authentique, et alignée avec notre nature profonde.

Cette première partie a posé les bases nécessaires pour explorer la richesse et la profondeur de ces systèmes. Elle vous invite à plonger dans les 64 portes, chacune étant une clé vers votre potentiel latent. En travaillant avec ces portes, vous découvrirez des trésors cachés en vous-même et éveillerez des forces insoupçonnées.

Le voyage qui s'ouvre devant vous est un appel à la transformation, une opportunité de transcender vos limitations et de révéler votre lumière unique au monde. Prenez le temps d'explorer, de contempler, et d'intégrer ces enseignements. Chaque pas, aussi petit soit-il, vous rapproche de votre essence véritable et de la vie alignée que vous méritez pleinement de vivre.

PARTIE 2
DÉCRYPTAGE DES CENTRES ET CIRCUITS

POUR RAPPEL : Cette partie vous est proposée en téléchargement via le QRCode ci-dessous.

Bible 64 portes | P2

PARTIE 3
64 PORTES / HEXAGRAMMES

POUR RAPPEL : Vous pouvez télécharger les fiches des 64 clés génétiques via le QRCode ci-dessous.

S. Calmel | 64 clés

Les 64 Portes représentent bien plus que des concepts ou des archétypes énergétiques : elles sont des clés vibratoires, des invitations à explorer et à intégrer les multiples facettes de notre être. En naviguant à travers ces Portes, nous découvrons les thèmes fondamentaux de l'expérience humaine, éclairés par la sagesse millénaire du I Ching et enrichis par les perspectives modernes du Human Design et des Gene Keys.

LES PORTES : UN VOYAGE INITIATIQUE

Chaque Porte agit comme un miroir de notre essence, révélant des aspects uniques de nos forces, de nos défis, et de notre potentiel.

Elles nous rappellent que notre vie est une danse subtile entre lumière et ombre, une invitation constante à transcender nos limitations pour accéder à une version plus élevée de nous-mêmes. Ce voyage n'est ni linéaire ni figé. Il reflète la fluidité de la vie, où chaque Porte peut être activée par nos expériences personnelles, nos relations ou les transits planétaires.

POURQUOI EXPLORER LES 64 PORTES ?

- **Comprendre votre Design unique** : Les Portes activées dans votre Bodygraph ou votre Profil Hologénétique définissent des aspects fondamentaux de votre personnalité et de votre potentiel. Elles offrent une feuille de route pour naviguer avec plus d'authenticité et de clarté.

- **Élargir votre conscience** : Même les Portes qui ne sont pas activées dans votre schéma personnel vous influencent à travers les énergies collectives ou relationnelles. Elles agissent comme des enseignantes, révélant des aspects cachés de vous-même.

- **Aligner votre vie** : En travaillant avec les énergies des Portes, vous pouvez harmoniser vos choix, vos actions et vos aspirations avec votre véritable nature.

STRUCTURE ET OBJECTIFS DE CETTE PARTIE

La **Partie 3** est conçue comme un guide pratique et contemplatif. Chaque Porte est présentée sous la forme d'une fiche détaillée, offrant une exploration complète de ses thèmes, de ses expressions et de ses applications. Ces fiches combinent des éléments techniques (centres, circuits, canaux) avec des dimensions philosophiques et spirituelles, créant ainsi un équilibre entre savoir et sagesse.

COMMENT UTILISER CETTE SECTION ?

1. **Commencez par votre Bodygraph** : Explorez les Portes activées dans votre design personnel pour mieux comprendre leurs influences dans votre vie.
2. **Laissez-vous guider par les transits** : Lorsque certaines Portes sont activées dans le collectif, prenez le temps de les explorer et d'observer leur impact.
3. **Contemplez à votre rythme** : Ce livre est une invitation à ralentir et à

contempler. Revenez régulièrement aux Portes qui résonnent le plus avec votre cheminement actuel.

UNE RESSOURCE VIVANTE

Cette partie est bien plus qu'un simple catalogue des 64 Portes. Elle est une ressource vivante, conçue pour évoluer avec vous. Au fil de vos lectures et de vos expériences, vous découvrirez de nouvelles nuances, des perspectives inédites et des opportunités d'alignement profond.

Que vous soyez un explorateur curieux, un étudiant passionné ou un praticien aguerri, cette section est une invitation à ouvrir les Portes de la conscience, à embrasser la totalité de votre être, et à incarner pleinement votre potentiel unique.

PORTE 1 LA CRÉATIVITÉ

"Mon unicité est ma plus grande force, et chaque expression est une lumière pour le monde."

PORTE DE L'EXPRESSION DE SOI

La Porte 1 est celle de l'expression créative pure, de l'innovation et de l'individualité. Située dans le Centre G, elle représente une force intérieure qui cherche à manifester une vision unique du monde, sans se conformer aux attentes extérieures. Elle fonctionne avec la Porte 8 (la contribution et l'influence collective) pour former le canal 1-8 de l'Inspiration Créative, qui incarne la capacité à inspirer le collectif en exprimant son essence la plus authentique.

Physiologie : Associée à la glande pinéale - Foie
Acide Aminé : Lysine
Cercle de Codons : Le Cercle du Feu (1, 14)
Partenaire de programmation : Clé génétique 2

Centre : Centre G
Quart : Mutation

Ligne 1   La créativité indépendante de la volonté
Ligne 2   L'amour est lumière
Ligne 3   L'énergie de nourrir un travail créatif
Ligne 4   La solitude comme moyen de créativité
Ligne 5   L'énergie qui séduit la société
Ligne 6   L'objectivité

Canal : 1/8 - Canal de l'Inspiration - Lorsque la Porte 1 se connecte à la Porte 8 (Centre de la Gorge), elle forme un canal qui traduit l'inspiration individuelle en contribution collective.
Circuit : Circuit Individuel (Savoir)

Siddhi : Beauté | **Don** : Fraicheur | **Ombre** : Entropie

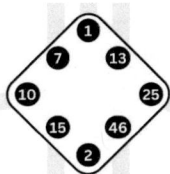

CENTRE G

ESSENCE DE LA PORTE

L'archétype de la Porte 1 est celui du Créateur et du Visionnaire. Cette énergie est profondément individuelle et cyclique, fonctionnant selon ses propres rythmes d'inspiration et d'expression. Elle favorise l'innovation, la beauté et l'originalité, en apportant une contribution unique au monde.

Son défi est d'apprendre à s'exprimer sans attendre de validation extérieure et à honorer son propre rythme créatif.

RÔLE DANS LES INTERACTIONS

La Porte 1 est une source d'inspiration pour les autres. Lorsqu'elle est bien vécue, elle attire les personnes en quête de nouvelles perspectives. Cependant, son énergie purement individuelle peut aussi être perçue comme distante ou difficile à comprendre, surtout si elle n'est pas connectée à la Porte 8, qui permet de partager cette créativité avec le collectif.

DÉFIS

- **Recherche d'approbation** : Le besoin de validation peut conduire à la perte de direction et à une hésitation à suivre son propre chemin. La tentation d'adapter sa créativité pour plaire aux autres peut étouffer l'élan créatif et conduire à la frustration.
- **Persévérance** : Il peut être difficile de rester fidèle à son individualité lorsqu'elle n'est pas comprise ou reconnue par les autres. Ce manque de soutien peut engendrer une forme d'auto-sabotage ou de retrait.
- **Isolement** : Face à l'incompréhension, il y a un risque de se replier sur soi-même ou de se sentir coupé des autres. La solitude peut amener à se renfermer, surtout si la créativité personnelle n'est pas accueillie par l'entourage.

TALENTS

La Porte 1 confère des talents créatifs exceptionnels et une capacité naturelle à se renouveler. Elle favorise l'originalité, l'audace et la capacité d'explorer des chemins inédits. Cette Porte soutient une vision et une créativité en perpétuelle mutation, apportant un potentiel de transformation pour soi-même et pour les autres. Ceux qui possèdent cette Porte sont souvent source d'inspiration, montrant qu'il est possible de manifester sa créativité de manière authentique, libre et personnelle.

EXPRESSION DÉSÉQUILIBRÉE

- **Introspection excessive** : La Porte 1 peut amener un excès de réflexion, plongeant l'individu dans des doutes intérieurs et des questionnements sans

fin. Cela peut étouffer l'élan créatif ou générer une anxiété face à l'expression de soi.
- **Frustration et Isolement** : L'absence de reconnaissance peut entraîner des sentiments de frustration, de solitude et même de rejet. La personne peut ressentir une déconnexion profonde et un sentiment d'être incomprise, ce qui limite la pleine expression de sa créativité.

MAÎTRISE

Lorsqu'elle est pleinement intégrée, la Porte 1 se manifeste comme une source d'influence positive et inspirante. Elle révèle que la véritable beauté réside dans l'expression authentique et libre de sa nature intérieure. Dans cet état, l'individu trouve une harmonie entre l'auto-expression et le lâcher-prise vis-à-vis des attentes externes. La Porte 1 équilibrée attire les autres par sa clarté, sa créativité et sa sincérité, démontrant que l'authenticité est la forme la plus haute de beauté et de puissance.

MANIFESTATION DANS LA VIE QUOTIDIENNE ET LE BUSINESS

Vie Quotidienne :

La Porte 1 se manifeste par une passion pour l'expression artistique, qu'il s'agisse d'écriture, d'art, de design ou d'autres formes créatives. Les personnes avec cette Porte activée peuvent souvent être vues comme des leaders ou des pionniers dans leurs domaines.

Application en Business :

Dans un contexte professionnel, cette Porte favorise les rôles où l'innovation et la vision sont essentielles. Les domaines liés à l'art, au design, ou au leadership créatif sont particulièrement propices. Elle peut également exceller dans des projets entrepreneuriaux qui nécessitent une perspective nouvelle et audacieuse.

INFLUENCE ÉNERGÉTIQUE COLLECTIVE (TRANSITS)

Lorsque la Porte 1 est activée dans les transits, elle invite le collectif à embrasser des idées nouvelles et à exprimer des visions audacieuses. C'est une période idéale pour initier des projets créatifs ou explorer des perspectives uniques.

NUANCES EN FONCTION DES LIGNES

LIGNE 1 La recherche intérieure et la construction de bases solides

La première ligne cherche à comprendre profondément ce qu'est la créativité. Elle a besoin d'explorer, d'analyser et d'intégrer avant de se sentir prête à partager son expression unique. Ce sont des individus qui creusent dans les profondeurs de l'inspiration, explorant les mécanismes et les principes fondamentaux de la créativité.

Défi : Peur de ne pas être assez préparé

Conseil : S'autoriser à expérimenter

LIGNE 2 La créativité innée et fluide, l'expression sans effort

Les personnes ayant la Porte 1 en Ligne 2 ont un talent naturel pour exprimer leur unicité. Elles dégagent une aura de spontanéité et d'authenticité dans leur manière de créer. Leur énergie créative ne suit pas de plan précis – elle jaillit de manière intuitive et sans effort apparent.

Défi : Attente de la reconnaissance extérieure

Conseil : S'exprimer librement, sans attendre une approbation

LIGNE 3 L'apprentissage par l'expérimentation, le génie à travers l'échec

Les individus en Ligne 3 explorent la créativité à travers un processus d'essais et d'erreurs. Ils ne craignent pas d'explorer différents styles, techniques ou idées, même si cela implique des échecs. C'est une ligne d'adaptation et d'innovation.

Défi : Instabilité et frustration face aux erreurs

Conseil : Voir chaque expérience comme une opportunité d'évolution

LIGNE 4 Créer pour inspirer et fédérer

Les personnes avec la Porte 1 en Ligne 4 ont une énergie charismatique qui attire les autres à travers leur créativité. Elles cherchent à inspirer, à enseigner ou à influencer positivement leur communauté à travers leur expression.

Défi : Risque de chercher à plaire au détriment de l'authenticité

Conseil : Trouver un équilibre entre expression personnelle et partage

LIGNE 5 Transformer la créativité en un outil d'influence et de changement

La Ligne 5 possède une énergie magnétique et visionnaire. Ces personnes ont une créativité qui change les paradigmeset inspire les autres à voir le monde différemment.

Défi : Pression des attentes extérieures

Conseil : Rester fidèle à sa vision, peu importe les pressions

LIGNE 6 Observer, inspirer et manifester une créativité évoluée

La Ligne 6 porte une vision élevée de la créativité. Elle n'est pas simplement tournée vers l'expression personnelle ou le partage immédiat, mais vers une perspective holistique et à long terme. Elle voit la créativité comme une force évolutive, un moyen d'aligner l'humain avec une réalité supérieure.

Ces individus passent souvent par trois phases dans leur manière de créer :

Phase d'expérimentation (0-30 ans) : Ils explorent différentes formes

d'expression, souvent avec des erreurs ou des hésitations.
Phase d'observation et de détachement (30-50 ans) : Ils prennent du recul, analysent ce qui est vraiment essentiel et affinent leur style.
Phase de sagesse et d'exemplarité (50+ ans) : Ils deviennent des modèles inspirants, partageant leur créativité avec profondeur et maturité.
Défi : Sensation d'isolement et quête de perfection
Conseil : Embrasser le rythme naturel de sa créativité

NUANCES EN FONCTION DU TYPE
MANIFESTEUR Innover et Initier sans Attendre la Permission
Chez le Manifesteur, la Porte 1 amplifie le besoin d'indépendance créative. Ce sont des initiateurs naturels qui ressentent une impulsion forte à créer de manière spontanée, souvent sans prévenir les autres ni chercher leur approbation.
Défi : Rejet et Résistance Extérieure
Conseil : Informer avant d'Agir

GÉNÉRATEUR Répondre à l'Inspiration et Créer dans le Flux
Chez le Générateur, la Porte 1 apporte une énergie stable et durable à la créativité. Contrairement au Manifesteur, ils ne doivent pas forcer l'acte créatif, mais attendre une réponse interne qui les guide vers les bonnes opportunités.
Défi : Frustration et Blocages Créatifs
Conseil : Attendre la Réponse du Sacral

Le **Manifesteur-Générateur** (MG) expérimente la créativité de manière rapide et non linéaire. Ils peuvent travailler sur plusieurs projets en même temps, explorer différents styles, et apprendre à grande vitesse.

PROJECTEUR Observer et Guider la Créativité des Autres
Le Projecteur ne crée pas de manière compulsive, mais possède une vision profonde sur la manière dont les autres peuvent développer leur potentiel créatif. Il est souvent un guide, un enseignant ou un révélateur de talents.
Défi : Besoin de Reconnaissance et Fatigue
Conseil : Attendre l'Invitation et Canaliser son Influence

RÉFLECTEUR Capturer l'Inspiration du Monde et la Transformer
Le Réflecteur ne possède pas de créativité fixe – il absorbe les tendances et influences extérieures, et reflète ce qu'il perçoit sous une forme artistique

unique. Son expression change au fil du temps, influencée par les cycles lunaires.
Défi : Instabilité et Sensibilité
Conseil : Suivre ses Cycles Naturels

INFLUENCE EN FONCTION DE LA PLANÈTE
SOLEIL en Porte 1 Briller à travers l'expression créative
Lorsque le Soleil illumine la Porte 1, la créativité devient une force centrale dans la vie de la personne. Il y a un besoin naturel de s'exprimer, de laisser une empreinte unique dans le monde. L'individu est souvent perçu comme un modèle d'authenticité, inspirant les autres à trouver leur propre voix.
Défi : Pression d'être reconnu pour sa créativité
Conseil : Accepter d'être un leader créatif

TERRE en Porte 1 Matérialiser l'inspiration, stabiliser son art
Avec la Terre en Porte 1, il y a un besoin de donner une forme tangible à sa créativité. L'individu cherche à incarner sa vision dans quelque chose de durable, que ce soit à travers l'art, l'écriture, l'architecture ou tout autre projet créatif.
Défi : Lutte entre spontanéité et besoin de structure
Conseil : Créer un équilibre entre inspiration et structure

LUNE en Porte 1 Une créativité liée aux émotions et aux cycles intérieurs
Avec la Lune, l'énergie créative devient fluide et changeante. La personne expérimente des périodes d'intense inspiration, suivies de moments de calme ou de stagnation. Son art ou son expression créative est profondément influencé par ses émotions et son inconscient.
Défi : Instabilité et hypersensibilité artistique
Conseil : Accepter le caractère cyclique de sa créativité

MERCURE en Porte 1 Transformer sa créativité en mots et en concepts
Avec Mercure, la Porte 1 se manifeste par le langage, l'écriture et la transmission d'idées. La personne a une capacité naturelle à parler ou écrire sur des sujets créatifs, à exprimer son individualité à travers les mots.
Défi : Bloquer ou intellectualiser sa créativité
Conseil : Utiliser la communication comme un médium artistique

VÉNUS en Porte 1 Créer avec amour et harmonie

Avec Vénus, la créativité prend une dimension esthétique, raffinée et émotionnelle. L'individu est attiré par la beauté sous toutes ses formes, et cherche à exprimer cette sensibilité dans son art ou sa manière d'être.

Défi : Trop chercher l'harmonie au détriment de l'authenticité

Conseil : Explorer la beauté dans toutes ses formes, même les plus imparfaites

MARS en Porte 1 L'énergie brute et l'impulsion créative

Mars donne une intensité et une force d'action à la Porte 1. L'individu ressent une impulsion forte à créer immédiatement, avec une énergie qui peut être difficile à canaliser.

Défi : Impulsivité et manque de patience

Conseil : Trouver un équilibre entre action et maturation

JUPITER en Porte 1 La Créativité comme Source d'Opportunités et de Prospérité

Avec Jupiter, la Porte 1 se manifeste sous une forme expansive et généreuse. L'individu ressent un besoin naturel d'exprimer son unicité, et il attire souvent des opportunités de succès grâce à son talent créatif. La créativité devient un vecteur d'abondance, d'inspiration et d'enseignement.

Défi : Excès d'optimisme et dispersion

Conseil : Structurer son énergie pour un impact maximal

SATURNE en Porte 1 Structurer sa Créativité pour un Impact Durable

Saturne apporte une énergie de rigueur, de discipline et de responsabilité à la Porte 1. L'individu ressent un besoin profond de maîtriser son art, et il peut travailler longuement sur son expression avant de la partager. Ici, la créativité est perçue comme un engagement sérieux, et le succès vient avec le temps et l'effort.

Défi : Perfectionnisme et rigidité

Conseil : Cultiver la persévérance sans rigidité

URANUS en Porte 1 Briser les normes artistiques et réinventer l'expression

Avec Uranus, la créativité devient rebelle, excentrique et visionnaire. L'individu cherche à défier les conventions, à proposer des idées radicalement nouvelles.

Défi : Rejet des normes à tout prix

Conseil : Accepter sa singularité tout en trouvant des moyens de la partager efficacement

NEPTUNE en Porte 1 L'Art comme Connexion au Divin

Avec Neptune, la Porte 1 devient un canal de création transcendante. L'inspiration vient des mondes subtils, et l'individu peut exprimer des vérités universelles à travers l'art, la musique, l'écriture ou d'autres formes créatives.

Défi : Confusion et fuite dans l'imaginaire

Conseil : Trouver un équilibre entre vision et manifestation

PLUTON en Porte 1 L'Art comme Moyen de Renaissance et de Libération

Pluton apporte une profondeur et une intensité à la Porte 1. L'individu utilise souvent la création comme un processus de transformation personnelle et collective. Son art peut éveiller, bousculer et révéler des vérités cachées.

Défi : Lutte avec l'Ombre et l'Obsession

Conseil : Embrasser le processus de métamorphose à travers l'art

---

INTROSPECTION & RÉFLEXION

1. Quelles sont les façons dont j'aime exprimer ma créativité sans contrainte extérieure ?
2. Quand ai-je ressenti la plus grande inspiration pour créer quelque chose de nouveau ? Qu'est-ce qui a déclenché cette inspiration ?
3. Comment puis-je m'assurer que mon expression reste authentique, même face aux attentes des autres ?
4. Quelles peurs ou blocages pourraient m'empêcher d'exprimer ma véritable individualité ?
5. Comment réagis-je face au manque de reconnaissance de mes talents créatifs ?
6. Dans quelles circonstances est-ce que je me sens isolé dans mon processus créatif, et comment puis-je mieux gérer ces moments ?

CANAL 1/8 - CANAL DE L'INSPIRATION

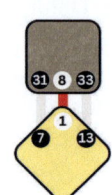

Type de canal : Projecteur
Portes : 1 (Le Créateur) et 8 (La Contribution)
Centres impliqués : Centre G → Centre de la Gorge
Circuit : Circuit du Savoir individuel
Thème principal : Contribution créative et influence
Organe sensoriel dominant : L'ouïe (acoustique)
Regroupement des canaux : Aspect créatif du Circuit du Savoir et canal de leadership

"À travers l'éclat de votre créativité, chaque expression devient un phare, guidant les âmes égarées vers la lumière de leur propre vérité."

LES DYNAMIQUES DU CANAL 1/8

La contribution créative
- Ce canal confère une énergie profondément inspirante, axée sur l'expression unique et la créativité.
- L'individu porteur de ce canal cherche à manifester une vision innovante qui éveille et influence les autres.
- L'authenticité est essentielle : ce canal fonctionne mieux lorsqu'il n'essaie pas de plaire, mais plutôt d'être fidèle à sa propre essence.

L'influence naturelle
- Il ne s'agit pas d'une influence forcée, mais d'un rayonnement naturel de la créativité qui attire ceux qui y sont sensibles.
- L'individualité peut parfois être perçue comme marginale, mais lorsqu'elle est bien exprimée, elle devient une source d'inspiration pour les autres.

Un leadership par l'inspiration
- Contrairement à d'autres formes de leadership plus autoritaires, le canal 1/8 guide par l'exemple et par son rayonnement.
- Les artistes, musiciens et innovateurs qui possèdent ce canal incarnent cette dynamique en captant l'attention par leur talent et leur originalité.

L'importance de la reconnaissance
- En tant que canal de type Projecteur, il nécessite d'être invité et reconnu pour fonctionner pleinement.
- Sans reconnaissance extérieure, l'expression créative peut être frustrante

et ressentie comme inutile.

Une force de mutation
- Ce canal possède un pouvoir transformateur : il pousse les autres à explorer leur propre individualité en les inspirant à s'exprimer pleinement.
- Il favorise l'évolution personnelle et collective, bien que son impact soit plus subtil que direct.

DÉFIS ET OMBRES
L'auto-doute
- Le besoin d'authenticité peut parfois être entravé par des peurs intérieures : "Suis-je vraiment légitime ?"
- La clé est de ne pas chercher l'approbation, mais de faire confiance à son processus créatif.

La difficulté à trouver son public
- Si la reconnaissance n'est pas là, l'individu peut ressentir de la frustration ou un sentiment d'invisibilité.
- Trouver un environnement propice à l'expression et des personnes prêtes à recevoir son message est essentiel.

Un potentiel inexploité
- Ce canal peut rester bloqué si l'individu ne se donne pas la permission d'exprimer son unicité.
- Il est important d'explorer différentes formes d'expression pour découvrir ce qui résonne le mieux.

Le canal 1/8 est une ode à l'expression authentique et à la créativité inspirante. Il fonctionne comme un phare dans le monde, illuminant le chemin pour ceux qui cherchent à se reconnecter à leur essence. L'individu porteur de ce canal incarne la possibilité de transformer les autres en vivant pleinement son unicité, en osant créer et en partageant une vision singulière avec le monde .

PORTE 2 LE RÉCEPTIF

"En m'ouvrant à la guidance intérieure, je deviens un canal d'abondance et d'alignement."

PORTE DU SAVOIR SUPÉRIEUR

La Porte 2 est celle de la réceptivité, de la guidance intérieure et de la direction alignée. Située dans le Centre G, elle représente l'intuition profonde qui nous guide vers notre véritable chemin de vie et notre alignement avec le flux universel.

Elle fonctionne avec la Porte 14 (la prospérité et la force de travail) pour former le canal 2-14 du Battement Rythmé, qui incarne la capacité à recevoir une guidance supérieure et à matérialiser l'abondance à travers une direction inspirée.

Physiologie : Sternum
Acide Aminé : Phénylalanine
Cercle de Codons : Le Cercle de l'Eau (2, 8)
Partenaire de programmation : Clé génétique 1
Centre : Centre G
Quart : Civilisation

Ligne 1   L'intuition
Ligne 2   Le génie
Ligne 3   La patience
Ligne 4   Le secret
Ligne 5   La pertinence
Ligne 6   L'obsession

Canal : 14/2 - Canal de la Cadence - Lorsque la Porte 2 se connecte à la Porte 14 (Centre Sacral), elle forme un canal qui aligne l'énergie créative avec les ressources nécessaires pour manifester des projets alignés.
Circuit : Circuit individuel (Savoir)

Siddhi : Unité | **Don :** Orientation | **Ombre :** Dislocation

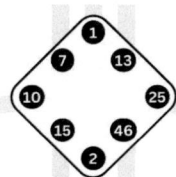

CENTRE G

ESSENCE DE LA PORTE

L'archétype de la Porte 2 est celui du Gardien de la Direction et du Canal de la Réceptivité. Cette énergie est profonde, passive et intuitive, agissant comme un réceptacle de la guidance universelle. Elle favorise l'alignement avec le flux naturel de la vie, où tout arrive au bon moment, sans besoin de forcer.

Son défi est d'apprendre à faire confiance à cette guidance intérieure et à ne pas chercher à contrôler l'issue des événements.

RÔLE DANS LES INTERACTIONS

Cette Porte guide subtilement le collectif grâce à sa capacité à montrer la voie. Les personnes avec cette Porte active agissent comme des boussoles intuitives, même lorsqu'elles ne sont pas conscientes de leur propre influence.

DÉFIS

- **Confusion et dispersion :** La Porte 2 peut se perdre si elle se déconnecte de son sens intérieur de direction, ce qui peut conduire à un sentiment de désorientation.
- **Manque de foi en la guidance intérieure :** Douter de son propre pouvoir de guidance peut entraîner un manque d'ancrage.
- **Influence excessive :** La sensibilité de cette porte peut parfois amener à suivre les autres au détriment de son propre chemin.

TALENTS

Grâce à sa capacité à incarner une vision stratégique et intuitive, la Porte 2 agit comme un guide naturel qui inspire les autres. Elle permet de développer un ancrage solide dans sa direction personnelle, encourageant ainsi ceux qui l'entourent à faire de même.

EXPRESSION DÉSÉQUILIBRÉE

Lorsque désalignée, la Porte 2 peut se manifester par un manque de confiance en soi, un sentiment de stagnation ou une tendance à s'écarter de sa voie pour satisfaire les attentes extérieures.

MAÎTRISE

Quand elle est pleinement intégrée, la Porte 2 permet à l'individu de s'abandonner au courant naturel de la vie sans crainte. La personne vit une expérience fluide, où les opportunités se présentent naturellement au bon moment. Elle développe un ancrage profond dans l'instant présent et une confiance absolue dans son propre chemin.

MANIFESTATION DANS LA VIE QUOTIDIENNE ET LE BUSINESS

Vie Quotidienne :

Dans la vie quotidienne, la Porte 2 se manifeste par une capacité à rester centrée et à attirer ce qui est nécessaire pour avancer. Ces personnes naviguent souvent la vie avec une aisance apparente, bien qu'elles puissent traverser des phases de doute.

Application en Business :

Dans le contexte professionnel, cette Porte est idéale pour des rôles qui nécessitent une vision claire, une capacité à guider ou à structurer des projets innovants. Elle favorise également des positions de leadership intuitif, où l'accent est mis sur l'alignement des ressources et des actions.

INFLUENCE ÉNERGÉTIQUE COLLECTIVE (TRANSITS)

Lorsque la Porte 2 est activée dans les transits, elle invite le collectif à explorer de nouvelles directions, à se réaligner avec leur véritable chemin et à manifester des visions alignées.

NUANCES EN FONCTION DES LIGNES

LIGNE 1 Comprendre les lois de la direction avant d'agir

Les individus ayant la Porte 2 en Ligne 1 cherchent une assise solide avant de faire confiance à leur direction intérieure. Ils ont besoin de connaître et d'explorer en profondeur les mécanismes qui régissent l'orientation de leur vie.

Défi : Doute et Excès d'Analyse

Conseil : Accepter que l'alignement ne vient pas d'une compréhension intellectuelle mais d'un ressenti profond

LIGNE 2 Une guidance spontanée qui ne demande aucun effort

La Ligne 2 de la Porte 2 possède une capacité innée à être au bon endroit, au bon moment, sans même s'en rendre compte. Son orientation n'est pas réfléchie, mais fluide et instinctive.

Défi : Attendre une reconnaissance extérieure pour valider ses choix

Conseil : Faire confiance à son intuition et s'autoriser à agir sans validation extérieure

LIGNE 3 Trouver son chemin à travers l'expérience directe

La Ligne 3 de la Porte 2 apprend par exploration. Contrairement à la Ligne 1, qui cherche à comprendre avant d'agir, elle doit expérimenter plusieurs chemins avant de trouver le bon.

Défi : Instabilité et Difficulté à Trouver une Orientation Claire

Conseil : Accepter que la découverte de la bonne direction passe par l'expérimentation

LIGNE 4 Guider et Inspirer les Autres à Trouver Leur Propre Voie

La Ligne 4 utilise sa connexion avec le flux naturel de la vie pour aider les autres à s'aligner avec leur propre direction. Son énergie rayonne et attire ceux qui cherchent une guidance.

Défi : Dépendre de l'acceptation du collectif

Conseil : Se rappeler que la vraie influence vient de l'alignement personnel

LIGNE 5 Comprendre la meilleure orientation pour le collectif

La Ligne 5 perçoit la direction de manière stratégique et pragmatique. Elle sait comment structurer une vision claire et la partager de façon influente.

Défi : Pression des Attentes Extérieures

Conseil : Trouver un équilibre entre influence et liberté personnelle

LIGNE 6 Observer et comprendre la direction d'un point de vue élevé

La Ligne 6 de la Porte 2 incarne une vision détachée et évolutive de la direction. Elle ne se contente pas de suivre une orientation personnelle ou collective, mais cherche à comprendre les grands cycles et les mouvements universels. Cette ligne représente la sagesse innée de l'attente et de la patience, permettant à l'individu de voir l'ensemble du chemin avant même de l'emprunter.

Défi : Sentiment d'être en décalage avec les autres et difficulté à s'engager

Conseil : Accepter que sa direction est celle d'un guide silencieux et d'un modèle inspirant

NUANCES EN FONCTION DU TYPE

MANIFESTEUR Suivre une direction claire et initier avec confiance

Chez le Manifesteur, la Porte 2 apporte une vision claire de l'orientation à suivre, permettant d'initier des actions alignées avec une guidance intérieure profonde. Ce type ressent souvent une impulsion forte pour agir de manière indépendante, et la Porte 2 lui permet d'accéder à une sagesse intérieure qui l'oriente vers ses véritables initiatives.

Défi : Difficulté à faire confiance au processus naturel

Conseil : Trouver un équilibre entre l'initiative et l'alignement

GÉNÉRATEUR Attirer les opportunités en écoutant son énergie intérieure

Chez le Générateur, la Porte 2 favorise une profonde réceptivité aux opportunités qui lui sont destinées. Ce type doit attendre de répondre à ce qui le fait vibrer, et la Porte 2 lui permet d'être au bon endroit au bon moment pour recevoir ces opportunités.

Défi : Vouloir agir sans attendre la bonne réponse

Conseil : Faire confiance à son ressenti et suivre ce qui l'appelle naturellement

Le **Manifesteur Générateur** (MG) expérimente un chemin unique, où il peut répondre rapidement aux opportunités tout en testant plusieurs directions simultanément. La Porte 2 lui permet de s'aligner naturellement sur les opportunités qui correspondent à sa vibration.

PROJECTEUR Voir la meilleure direction pour les autres et attendre l'invitation
Chez le Projecteur, la Porte 2 se manifeste par une capacité naturelle à comprendre la meilleure direction, non seulement pour lui-même, mais aussi pour les autres. Il ressent intuitivement les chemins optimaux, mais doit attendre l'invitation avant de les partager.
Défi : Vouloir guider sans invitation et s'épuiser
Conseil : Attendre l'invitation et se concentrer sur sa propre clarté intérieure

RÉFLECTEUR Suivre une direction en fonction des cycles lunaires et de l'environnement
Chez le Réflecteur, la Porte 2 ne fonctionne pas de manière fixe. Il capte la direction en fonction de son environnement, et peut changer régulièrement d'orientation en fonction des cycles lunaires et des personnes qui l'entourent.
Défi : Instabilité et difficulté à se situer dans un monde rapide
Conseil : Accepter sa nature fluide et suivre son propre cycle

INFLUENCE DES PLANÈTES SUR LA PORTE 2
SOLEIL en Porte 2 Trouver son identité à travers l'alignement intérieur
Lorsque le Soleil illumine la Porte 2, la direction intérieure devient une force centrale de l'identité. L'individu brille par sa capacité à suivre son propre flux, à incarner une présence alignée et à attirer naturellement les opportunités sans forcer.
Défi : Pression d'avoir une direction claire à tout moment
Conseil : Apprendre à être dans le moment présent et faire confiance au processus

TERRE en Porte 2 Une direction stable et alignée sur le monde physique
Avec la Terre, la Porte 2 trouve une expression ancrée et tangible. La personne ressent le besoin de connecter son alignement intérieur avec une manifestation concrète, cherchant à établir une stabilité dans son chemin de vie.
Défi : Lutte entre fluidité et besoin de structure
Conseil : Trouver un équilibre entre structure et lâcher-prise

LUNE en Porte 2 Se laisser guider par les rythmes intérieurs et lunaires

Avec la Lune, la direction devient fluide, intuitive et cyclique. L'individu ressent les changements énergétiques et capte la guidance en fonction de ses états émotionnels et de son environnement.

Défi : Instabilité et hypersensibilité aux influences extérieures

Conseil : Apprendre à honorer ses cycles intérieurs

MERCURE en Porte 2 Traduire la guidance intérieure en mots et en concepts

Avec Mercure, la Porte 2 favorise la transmission de la direction sous forme de conseils, d'enseignements ou d'inspiration verbale.

Défi : Doute sur la validité de son message

Conseil : Faire confiance à l'impact de ses mots

VÉNUS en Porte 2 La direction guidée par la beauté, les valeurs et l'harmonie

Avec Vénus, la Porte 2 est influencée par des valeurs profondes, l'amour et la recherche d'harmonie. L'individu ressent une connexion avec la beauté et l'équilibre, et il est naturellement attiré par des chemins qui incarnent ces principes.

Défi : Confondre direction et désir de plaire

Conseil : Suivre une direction en accord avec ses valeurs profondes

MARS en Porte 2 Une énergie puissante pour agir lorsqu'on est aligné

Mars donne à la Porte 2 une énergie dynamique, transformant la réceptivité naturelle en un moteur pour agir lorsqu'une direction est claire.

Défi : Impulsivité et impatience dans le choix des directions

Conseil : Canaliser son énergie pour soutenir une direction alignée

JUPITER en Porte 2 Attirer l'abondance en suivant la bonne direction

Avec Jupiter, la Porte 2 devient une force d'expansion naturelle. L'individu attire des opportunités et de la prospérité lorsqu'il suit sa vraie guidance intérieure.

Défi : Trop attendre sans passer à l'action

Conseil : Suivre activement son intuition et s'ouvrir aux opportunités

SATURNE en Porte 2 Construire une voie alignée avec responsabilité et patience

Saturne apporte à la Porte 2 une sagesse et une structure, incitant l'individu à prendre le temps de développer une direction solide.

Défi : Rigidité et peur du changement

Conseil : Intégrer discipline et patience dans l'écoute de son intuition

URANUS en Porte 2 Explorer des chemins non conventionnels et révolutionnaires

Avec Uranus, la Porte 2 devient une force de changement et d'innovation. L'individu suit une direction unique, souvent en dehors des cadres traditionnels.

Défi : Instabilité et difficulté à suivre une voie constante

Conseil : Accepter sa singularité tout en trouvant des points d'ancrage

NEPTUNE en Porte 2 Suivre une guidance spirituelle et intuitive profonde

Neptune rend la Porte 2 profondément mystique et connectée à une guidance supérieure. L'individu ressent une connexion aux forces invisibles, lui permettant de suivre son chemin avec une foi absolue.

Défi : Confusion et manque d'ancrage

Conseil : Trouver un équilibre entre intuition et matérialisation

PLUTON en Porte 2 Se réinventer en profondeur en suivant son intuition

Pluton apporte une énergie de transformation intense à la Porte 2, obligeant l'individu à déconstruire ses croyances sur la direction et le contrôle. Cela peut entraîner des changements radicaux et des renaissances successives, forçant la personne à apprendre à se fier totalement au flux universel.

Défi : Résistance au changement et lutte avec le lâcher-prise

Conseil : Accepter que la destruction mène à la véritable direction

---

INTROSPECTION & RÉFLEXION

1. Comment puis-je améliorer ma connexion avec ma boussole intérieure pour prendre des décisions plus alignées ?
2. Quand ai-je ressenti un alignement profond avec ma direction intérieure ? Quelles circonstances ont favorisé cet état ?
3. De quelle manière ma réceptivité influence-t-elle mes choix et mon parcours de vie ?
4. Quels doutes ou peurs me freinent dans l'écoute de ma propre guidance intérieure ?
5. Comment puis-je renforcer la confiance en ma capacité à m'orienter sans chercher constamment la validation extérieure ?
6. Dans quelles circonstances ai-je tendance à m'éloigner de ma voie pour suivre celle des autres ?

CANAL 2/14 - CANAL DE LA PULSATION

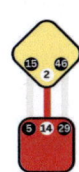

Type de canal : Générateur
Portes : 2 (La Réceptivité) et 14 (La Grande Prospérité)
Centres impliqués : Centre G → Centre Sacral
Circuit : Circuit de l'Individualité
Thème principal : Alignement, autonomie et prospérité naturelle
Sens dominant : L'ouïe (acoustique)
Rôle : Gardien des clés de l'évolution et de la direction

"Dans le mouvement fluide de l'individualité, chaque pas ouvre la voie à l'abondance et à la transformation."

LES DYNAMIQUES DU CANAL 2/14

La réussite naturelle
- Ce canal est un symbole de prospérité organique, où la réussite découle de l'alignement avec son propre rythme intérieur.
- Les personnes avec ce canal ont un talent naturel pour attirer et gérer les ressources qui soutiennent leur chemin de vie.

L'individualisme puissant
- Le canal 2/14 appartient au Circuit de l'Individualité, ce qui signifie qu'il est conçu pour suivre sa propre voie, sans chercher la validation extérieure.
- Il incarne un leadership passif : il ne force pas les autres à le suivre, mais son alignement inspire ceux qui l'observent.

L'intuition de la direction
- La Porte 2 (Centre G) fournit une boussole intérieure infaillible, indiquant la meilleure direction à suivre à chaque instant.
- La Porte 14 (Centre Sacral) ajoute l'énergie et l'endurance nécessaires pour manifester cette direction avec puissance et persévérance.

La fluidité et l'autonomie
- Ce canal fonctionne dans le présent, en réponse aux opportunités qui se présentent naturellement.
- Il ne contrôle pas les événements, mais sait instinctivement comment s'adapter aux changements et en tirer profit.

Un modèle d'émancipation
- Le canal 2/14 montre que la véritable richesse vient de l'autonomie et de la capacité à répondre aux circonstances avec justesse.
- Il enseigne aux autres qu'ils doivent trouver leur propre chemin, sans chercher à être "portés" ou guidés de manière rigide.

DÉFIS ET OMBRES
La difficulté à accepter la passivité
- L'énergie de ce canal n'est pas une énergie de contrôle ou de prise d'initiative forcée. Il s'agit d'une réponse aux circonstances.
- Ceux qui résistent à ce flux naturel peuvent ressentir de la frustration ou un sentiment d'être perdus.

L'incompréhension des autres
- Les personnes avec ce canal peuvent être perçues comme solitaires ou détachées, car elles suivent leur propre rythme sans se soucier des attentes sociales.
- Elles doivent accepter que leur chemin soit unique et ne pas chercher à s'intégrer à tout prix.

Un potentiel inexploité
- Lorsqu'une personne avec ce canal tente de forcer les choses au lieu de répondre naturellement aux opportunités, elle risque de perdre son alignement et de ressentir de l'insatisfaction.
- Il est essentiel de faire confiance à son intuition et à son timing naturel.

Le canal 2/14 est une voie de prospérité naturelle et d'alignement avec le flux de la vie. Il incarne la capacité à suivre son propre chemin avec assurance et à attirer ce dont on a besoin sans effort excessif. Ceux qui possèdent ce canal sont des guides silencieux, montrant par leur exemple que le succès vient en restant fidèle à soi-même et en embrassant le rythme naturel de l'existence .

PORTE 3 LA DIFFICULTÉ INITIALE

"Je transforme le chaos en nouveauté, en embrassant le changement avec créativité et confiance."

PORTE DE L'ORDONNANCE

La Porte 3 est celle de l'innovation, du renouveau et de la mutation. Située dans le Centre Sacral, elle représente la capacité à initier de nouveaux cycles et à donner forme à des structures totalement inédites.

Elle fonctionne avec la Porte 60 (l'acceptation des limitations) pour former le canal 3-60 du Changement, qui incarne l'équilibre entre le besoin de mutation et la structure nécessaire pour stabiliser les transformations.

Physiologie : Ombilic
Acide Aminé : Leucine
Cercle de Codons : Le Cercle de la Vie et de la Mort (3, 20, 23, 24, 27, 42)
Partenaire de programmation : Clé génétique 50
Centre : Centre Sacral
Quart : Initiation

Ligne 1   La synthèse
Ligne 2   L'immaturité
Ligne 3   La survie
Ligne 4   Le charisme
Ligne 5   La victimisation
Ligne 6   L'abandon

Canal : 3/60 - Canal de la Mutation - Lorsque la Porte 3 se connecte à la Porte 60 (Centre Racine), elle forme un canal qui transforme les limitations en opportunités évolutives, avec un flux énergétique constant pour dépasser les obstacles.
Circuit : Circuit individuel (Savoir)

Siddhi : Innocence | **Don :** Innovation | **Ombre :** Chaos

CENTRE SACRAL

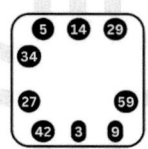

ESSENCE DE LA PORTE

La Porte 3 incarne la dynamique du changement. Elle est profondément connectée au Centre Sacral, ce qui lui confère une force vitale et une capacité de persévérance face aux défis inhérents aux transitions. Cette énergie n'est pas linéaire : elle évolue par à-coups, en traversant des moments d'incertitude avant d'aboutir à une transformation stable.

Elle est essentielle dans les processus d'innovation, car elle permet de voir le potentiel caché dans ce qui semble chaotique, et de donner une forme concrète aux nouvelles idées.

RÔLE DANS LES INTERACTIONS

Cette Porte inspire les autres à embrasser le changement. Elle favorise la résilience et l'innovation, en encourageant les individus à voir les opportunités là où d'autres ne perçoivent que des obstacles. Dans ses relations, elle apporte une perspective unique sur la manière de naviguer les transitions difficiles.

DÉFIS

- **Résistance au changement :** Le refus d'accepter le chaos peut limiter le potentiel d'innovation.
- **Frustration face à l'incertitude** : La difficulté à naviguer dans l'inconnu peut conduire à une hésitation ou à un blocage dans les actions.
- **Confusion personnelle** : L'absence de direction claire pendant les phases de mutation peut créer une perte de repères.

TALENTS

- Capacité à transformer des situations complexes en solutions novatrices.
- Résilience face à l'incertitude et aptitude à avancer malgré les blocages.
- Vision évolutive, souvent en avance sur son temps.

EXPRESSION DÉSÉQUILIBRÉE

Lorsque désalignée, la Porte 3 peut se manifester par une frustration face à des obstacles répétés ou un rejet du chaos comme étape nécessaire à l'évolution. Elle peut également s'enliser dans l'incertitude ou l'inaction.

MAÎTRISE

Lorsqu'elle est pleinement intégrée, la Porte 3 s'exprime comme une source puissante d'innovation et de transformation. Elle permet de transformer le chaos en des structures fonctionnelles et significatives, en utilisant l'instabilité comme un terreau de création. Avec cette maîtrise, l'individu devient un modèle de résilience et de progression, démontrant comment naviguer avec confiance dans le changement et l'incertitude.

MANIFESTATION DANS LA VIE QUOTIDIENNE ET LE BUSINESS
Vie Quotidienne :
Dans la vie quotidienne, la Porte 3 se manifeste par une capacité à surmonter les défis initiaux. Ces personnes sont souvent celles qui osent entreprendre de nouveaux projets ou initier des changements, même lorsque le chemin n'est pas clair.

Application en Business :
Dans le contexte professionnel, cette Porte est idéale pour des rôles dans l'innovation, la gestion de crises ou le développement de nouveaux concepts. Elle favorise les entrepreneurs, les visionnaires et ceux qui travaillent dans des environnements en constante évolution.

INFLUENCE ÉNERGÉTIQUE COLLECTIVE (TRANSITS)
Lorsque la Porte 3 est activée dans les transits, elle invite le collectif à naviguer les périodes de changement avec courage et créativité. C'est un moment propice pour innover et sortir des sentiers battus.

NUANCES EN FONCTION DE LA LIGNE
LIGNE 1 Comprendre en profondeur avant d'agir
Les individus ayant la Porte 3 en Ligne 1 ont besoin de sécuriser leurs bases avant d'adopter un changement. Ils recherchent une compréhension fondamentale du processus de mutation avant de se lancer.
Défi : Excès d'introspection et paralysie face à l'inconnu
Conseil : Trouver un équilibre entre compréhension et expérimentation

LIGNE 2 Une transformation intuitive et fluide
Les individus ayant la Porte 3 en Ligne 2 ont un talent naturel pour l'innovation, qui émerge spontanément. Ils ne suivent pas de plan structuré, mais trouvent intuitivement des solutions nouvelles.
Défi : Attente de validation et peur de l'incompréhension
Conseil : Faire confiance à son instinct créatif et agir sans crainte

LIGNE 3 Apprendre par l'expérience directe
Les individus ayant la Porte 3 en Ligne 3 évoluent à travers des essais et des erreurs. Leur force est de tester différentes approches et de tirer des leçons de chaque expérience.
Défi : Instabilité et découragement face aux échecs

Conseil : Voir chaque tentative comme une étape nécessaire à l'innovation

LIGNE 4 Fédérer autour de l'innovation
La Ligne 4 de la Porte 3 cherche à partager ses idées et à rassembler une communauté autour du changement. Elle transforme l'innovation en force collective.
Défi : Dépendance à l'acceptation des autres
Conseil : Rester fidèle à sa vision tout en cultivant la patience

LIGNE 5 Transformer le chaos en solution pragmatique
Les individus ayant la Porte 3 en Ligne 5 sont des visionnaires pragmatiques, capables de voir comment structurer l'innovation pour la rendre efficace et applicable.
Défi : Pression des attentes extérieures
Conseil : Trouver un équilibre entre vision et adaptation

LIGNE 6 Observer et guider le changement avec sagesse
La Ligne 6 de la Porte 3 adopte une perspective détachée et globale sur la mutation. Elle perçoit les cycles de transformation à long terme et comprend comment le chaos mène à l'évolution.
Défi : Isolement et difficulté à s'intégrer dans le présent
Conseil : Partager sa sagesse avec patience et clarté

NUANCES EN FONCTION DU TYPE
MANIFESTEUR Initier le changement sans attendre la permission
Chez le Manifesteur, la Porte 3 apporte une impulsion forte à créer du nouveau et à transformer les situations chaotiques en opportunités d'innovation. Ce type ressent un besoin intense d'initier, de modifier ce qui ne fonctionne plus et de tracer une nouvelle voie, souvent de manière disruptive.
Défi : Rejet et résistance extérieure face au changement radical
Conseil : Apprendre à informer et à canaliser son innovation

GÉNÉRATEUR Transformer le chaos en innovation stable
Chez le Générateur, la Porte 3 apporte une capacité à stabiliser le changement et à transformer le chaos en structures durables. Ce type suit son processus en répondant aux opportunités qui lui permettent de créer des solutions innovantes.
Défi : Frustration et difficulté à naviguer l'incertitude
Conseil : Suivre la réponse sacrale et respecter son rythme

Le **Manifesteur Générateur (MG) : Expérimenter plusieurs voies de mutation simultanément**

Le MG vit la mutation de manière rapide et non linéaire. Il teste, explore, ajuste et peut sauter d'une idée à une autre pour accélérer le processus d'innovation.

PROJECTEUR Observer et guider les autres à travers le changement
Chez le Projecteur, la Porte 3 se manifeste comme une capacité à voir comment structurer la mutation et guider les autres à travers le chaos. Il apporte une perspective précieuse, qui permet d'organiser le désordre en une transformation fluide.
Défi : Épuisement et manque de reconnaissance
Conseil : Attendre l'invitation et doser son énergie

RÉFLECTEUR Révéler et refléter les cycles de transformation
Le Réflecteur perçoit les phases de mutation dans la société et réfléchit les énergies collectives de changement. Il s'imprègne de l'innovation autour de lui et agit comme un baromètre du processus de transformation.
Défi : Instabilité et difficulté à trouver une direction stable
Conseil : Suivre son rythme et choisir un environnement stimulant

INFLUENCE DES PLANÈTES SUR LA PORTE 3

SOLEIL en Porte 3 L'innovation comme moteur d'expression personnelle
Le Soleil en Porte 3 amplifie le besoin de créer du nouveau, d'innover et de se démarquer à travers la mutation. L'individu brille lorsqu'il embrasse le changement et le transforme en une opportunité d'évolution.
Défi : Impatience et difficulté à accepter la résistance extérieure
Conseil : Apprendre à guider sans imposer

TERRE en Porte 3 Ancrer l'innovation dans une structure tangible
Avec la Terre, la Porte 3 est enracinée dans une approche pratique et durable du changement. L'individu cherche à structurer ses innovations pour qu'elles aient un impact réel.
Défi : Tension entre stabilité et changement
Conseil : Intégrer souplement le changement

LUNE en Porte 3 Sensibilité aux cycles du changement
Avec la Lune, l'énergie de la Porte 3 est fluide, intuitive et influencée par les émotions. L'individu vit les phases de transformation de manière cyclique, alternant entre chaos et clarté.
Défi : Instabilité et hypersensibilité face aux transformations
Conseil : Suivre son rythme intérieur

MERCURE en Porte 3 Exprimer et diffuser les idées nouvelles
Avec Mercure, la Porte 3 se manifeste par une capacité à verbaliser le changement et à expliquer les concepts novateurs.
Défi : Difficulté à rendre l'innovation compréhensible
Conseil : Apprendre à transmettre avec clarté

VÉNUS en Porte 3 Transformer le chaos en beauté et équilibre
Avec Vénus, la mutation prend une dimension esthétique et harmonieuse. L'individu cherche à rendre le changement fluide, agréable et inspirant.
Défi : Peur du désordre et de la rupture d'équilibre
Conseil : Accepter que le chaos précède l'harmonie

MARS en Porte 3 Impulsion forte pour transformer immédiatement
Avec Mars, la Porte 3 est audacieuse et prête à agir immédiatement. L'individu ressent un besoin d'innovation immédiate, sans attendre.
Défi : Impulsivité et impatience
Conseil : Canaliser son énergie vers des mutations stratégiques

JUPITER en Porte 3 Développer une vision grandiose du changement
Avec Jupiter, la Porte 3 s'exprime de manière optimiste et expansive, cherchant à transformer le chaos en opportunité collective. L'innovation ne se limite pas à une simple évolution personnelle, mais prend une ampleur qui influence un grand nombre de personnes.
Défi : Risque d'expansion excessive sans structure
Conseil : Allier vision ambitieuse et pragmatisme

SATURNE en Porte 3 Transformer avec rigueur et patience
Avec Saturne, la Porte 3 fonctionne dans un cadre structuré, organisé et discipliné. L'innovation ne se fait pas dans la précipitation, mais à travers un travail méthodique qui assure une transition solide et durable.
Défi : Rigidité face au processus de transformation
Conseil : Trouver une structure souple pour l'innovation

URANUS en Porte 3 Briser les normes et innover radicalement
Avec Uranus, l'individu remet en question l'ordre établi et introduit des idées révolutionnaires.
Défi : Rejet social et instabilité dans l'innovation
Conseil : Introduire le changement progressivement

NEPTUNE en Porte 3 Transformer en s'inspirant de visions supérieures
Avec Neptune, la Porte 3 prend une dimension mystique, intuitive et connectée à des idéaux élevés. L'innovation n'est pas qu'un processus matériel: elle repose sur une guidance profonde, inspirée par des principes

spirituels ou philosophiques.
Défi : Risque de fuite dans l'illusion et manque d'ancrage
Conseil : Trouver des moyens concrets de manifester ses idéaux

PLUTON en Porte 3 Mutation intense et cycles de mort et de renaissance
Avec Pluton, la Porte 3 devient une force de transformation profonde, capable de briser totalement l'ancien pour faire émerger du nouveau.
Défi : Destruction brutale et attachement aux anciennes structures
Conseil : Accepter la mort symbolique des anciennes structures

---

INTROSPECTION & RÉFLEXION
1. Comment réagis-je face à l'incertitude et au chaos ? Est-ce que je ressens de la peur ou de l'excitation ?
2. Dans quelles situations ai-je su transformer des moments chaotiques en opportunités de croissance ?
3. De quelle manière est-ce que j'intègre le changement dans ma vie ? Est-ce que j'ai tendance à l'éviter ou à l'accepter ?
4. Comment puis-je encourager ma créativité pour explorer des solutions inédites dans les situations difficiles ?
5. Quels aspects de ma vie me procurent un sentiment de stabilité pendant les périodes de changement intense ?
6. Comment puis-je transformer mes peurs ou mes résistances en opportunités de croissance et de transformation ?

CANAL 3/60 - CANAL DE LA MUTATION

Type de canal : Générateur
Portes : 3 (La Difficulté au Début) et 60 (La Limitation)
Centres impliqués : Centre de la Racine → Centre Sacral
Circuit : Circuit de l'Individualité
Thème principal : Transformation et impulsion énergétique
Sens dominant : L'ouïe (acoustique)
Rôle : Catalyseur du changement et de la mutation

"Embrassant les confins de la limitation, chaque défi devient une symphonie de mutation, chaque pression un prélude à l'innovation. »

LES DYNAMIQUES DU CANAL 3/60
La mutation et l'adaptation
Ce canal porte une énergie fluctuante et initiatrice, représentant l'impulsion fondamentale du changement.
Il fonctionne en cycles d'énergie, avec des moments de transformation soudaine suivis de périodes d'attente.

Une énergie de format
Le canal 3/60 appartient aux canaux de format, qui influencent l'ensemble du schéma corporel.
Il définit la manière dont l'énergie mutative circule et se manifeste dans la vie de l'individu.

L'innovation à partir des limites
La Porte 60 représente les restrictions et la structure existante, tandis que la Porte 3 incarne l'énergie brute du changement et de l'innovation.
Ce canal montre comment les contraintes peuvent être transcendées pour générer des avancées significatives.

Une impulsion incontrôlable
L'énergie du canal 3/60 ne peut pas être forcée ni contrôlée : elle se manifeste spontanément lorsque les conditions sont réunies.
C'est une force de mutation qui, bien utilisée, apporte une transformation profonde, mais qui peut aussi générer du chaos si elle n'est pas bien gérée.

Un potentiel puissant d'influence
La seule présence d'une personne avec ce canal peut impacter les autres en modifiant leur propre fréquence énergétique.

Il joue un rôle clé dans l'évolution collective, car il initie des mutations qui influencent l'ensemble du système humain.

DÉFIS ET OMBRES
Le risque d'instabilité
Ce canal est cyclique et peut donner une impression d'irrégularité ou de chaos si l'on ne comprend pas son fonctionnement.
Apprendre à accepter les phases de latence et de transition est essentiel pour éviter la frustration.

Une relation ambivalente avec la limitation
La Porte 60 impose des restrictions, ce qui peut être vécu comme un frein à l'évolution.
Cependant, ces limites sont nécessaires pour canaliser l'énergie mutative et l'amener à maturité.

La mélancolie et la frustration
Lorsque le changement ne se produit pas, l'énergie de ce canal peut se transformer en mélancolie ou en impatience.
Il est crucial de comprendre que la mutation ne peut pas être forcée et qu'elle arrive lorsqu'elle est prête.

Le canal 3/60 est une force de mutation et d'évolution. Il représente l'impulsion qui pousse l'humanité à dépasser ses limitations et à innover. Ce canal enseigne que les contraintes ne sont pas des barrières, mais des tremplins vers la transformation. Lorsqu'il est bien utilisé, il devient un moteur de progrès et de renouveau, inspirant les autres à embrasser le changement avec confiance.

PORTE 4 LA FOLIE JUVÉNILE

"En posant les bonnes questions et en cherchant la vérité, je trouve la clarté et l'équilibre intérieur."

PORTE DE L'EXPRESSION DES FORMULES

La Porte 4 est celle de la logique, de la formulation des réponses et de la recherche de certitude. Située dans le Centre Ajna, elle représente la capacité à structurer la pensée, à analyser les schémas et à proposer des solutions rationnelles. Elle fonctionne avec la Porte 63 (le doute et la pression mentale pour vérifier ce qui est vrai) pour former le canal 63-4 de la Logique, qui incarne le processus de transformation des questions en vérités établies grâce à l'analyse et au raisonnement.

Physiologie : Néocortex
Acide Aminé : Valine
Cercle de Codons : Le Cercle de l'Union (4, 7, 29, 59)
Partenaire de programmation : Clé génétique 49
Centre : Centre Ajna
Quart : Dualité

Ligne 1   Le plaisir
Ligne 2   L'acceptation
Ligne 3   L'irresponsabilité
Ligne 4   Le menteur
Ligne 5   La séduction
Ligne 6   L'excès

Canal : 4/63 - Canal de la Logique - La Porte 4 se connecte avec la Porte 63 pour former le Canal de la Logique. Ce canal est une synergie entre le doute et la recherche de solutions logiques, offrant un chemin structuré pour surmonter l'incertitude et éclairer le collectif.
Circuit : Circuit de la Compréhension

Siddhi : Pardon | **Don :** Compréhension | **Ombre :** Intolérance

CENTRE AJNA

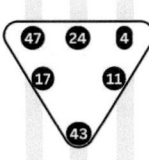

ESSENCE DE LA PORTE

L'archétype de la Porte 4 est celui du Logicien et du Chercheur de Clarté. Cette énergie permet de structurer l'information et de répondre aux interrogations avec logique et précision.

Elle favorise une approche rationnelle de la vie, où tout peut être compris à travers l'observation et l'analyse des schémas.

Son défi est d'apprendre à accepter l'incertitude et à reconnaître que toutes les questions n'ont pas de réponse immédiate.

RÔLE DANS LES INTERACTIONS

Dans les relations, cette porte permet de clarifier les malentendus en proposant des solutions logiques et structurées. Cependant, elle peut parfois se heurter à un manque de compréhension émotionnelle, nécessitant une connexion plus profonde au cœur pour équilibrer le mental.

DÉFIS
- **Intolérance et impatience** : La recherche d'une certitude logique peut conduire à l'intolérance face aux réponses émotionnelles ou intuitives.
- **Doute et frustration** : Le désir d'obtenir des réponses rationnelles peut mener à l'insatisfaction lorsqu'il y a des questions sans réponses claires.
- **Risques de rigidité mentale** : La Porte 4 peut se montrer inflexible lorsqu'elle est trop attachée aux concepts rationnels, limitant ainsi sa capacité à accepter d'autres perspectives.

TALENTS
- Analyse claire et perspicace, permettant de décomposer les problèmes complexes.
- Aptitude naturelle pour la formulation d'hypothèses et la création de modèles logiques, apportant une compréhension rationnelle aux situations floues.
- Talent pour l'enseignement et le partage des connaissances, aidant les autres à mieux appréhender des sujets abstraits.

EXPRESSION DÉSÉQUILIBRÉE
- En cas de déséquilibre, cette porte peut se manifester par une intolérance vis-à-vis des opinions divergentes ou un manque de flexibilité.
- Lorsqu'elle est dominée par le doute, la Porte 4 peut devenir paralysée dans la recherche de réponses, ne trouvant pas de satisfaction dans l'incertitude.

MAÎTRISE

Lorsqu'elle est pleinement intégrée, la Porte 4 devient une source de sagesse analytique, capable de transformer la logique en une compréhension profonde qui ne cherche pas à tout contrôler. Elle accorde de la valeur aux différentes perspectives et cultive une attitude d'ouverture et de tolérance. La personne devient alors un guide éclairé, aidant les autres à dépasser le doute par une vision lucide et compatissante.

MANIFESTATION DANS LA VIE QUOTIDIENNE ET LE BUSINESS

• Vie Quotidienne

Cette énergie se manifeste par une quête constante de compréhension et une aptitude naturelle à résoudre les problèmes du quotidien. Les personnes avec cette porte active peuvent être des mentors, des enseignants ou des conseillers naturels.

• Applications en Business

Dans le monde professionnel, cette porte est parfaite pour des rôles nécessitant une vision analytique, des compétences en résolution de problèmes ou la capacité à proposer des idées innovantes. Les métiers dans la recherche, la stratégie ou la gestion d'équipes bénéficient de cette énergie.

INFLUENCE ÉNERGÉTIQUE COLLECTIVE (TRANSITS)

Lorsque cette porte est activée par les transits, elle invite le collectif à résoudre les problèmes avec une clarté mentale accrue et une approche logique. C'est une période propice à la réflexion et à la résolution des conflits intellectuels.

NUANCES EN FONCTION DE LA LIGNE

LIGNE 1 : Comprendre avant de répondre

Les individus avec la Porte 4 en Ligne 1 ont un besoin profond de comprendre avant de formuler des réponses. Ils cherchent à établir des bases solides et factuelles avant de proposer une solution ou une opinion. Ils sont méthodiques, analytiques et posent de nombreuses questions avant d'arriver à une conclusion.

Défi : Peur de se tromper ou de manquer d'informations

Conseil : Accepter que l'incertitude fait partie du processus

LIGNE 2 : Les réponses intuitives et spontanées

Les individus ayant la Porte 4 en Ligne 2 possèdent un talent naturel pour trouver des solutions sans effort conscient. Ils ne savent pas toujours d'où vient leur savoir, mais leurs réponses semblent souvent justes et précises.

Défi : Attente de reconnaissance extérieure
Conseil : Faire confiance à sa spontanéité et à son intuition

LIGNE 3 : Apprendre par l'expérience et l'erreur

Les personnes avec la Porte 4 en Ligne 3 apprennent par essais et erreurs. Elles testent différentes hypothèses et formulent des réponses basées sur l'expérimentation plutôt que sur la théorie.

Défi : Instabilité et remise en question constante
Conseil : Accepter le processus d'apprentissage continu

LIGNE 4 : Inspirer et transmettre des idées claires

Les individus avec la Porte 4 en Ligne 4 ont une capacité naturelle à partager leur savoir et à inspirer les autres. Ils ne gardent pas leurs découvertes pour eux mais cherchent à les diffuser de manière accessible et impactante.

Défi : Vouloir plaire au détriment de la vérité
Conseil : Trouver un équilibre entre authenticité et accessibilité

LIGNE 5 : Trouver des solutions applicables au monde réel

Les personnes avec la Porte 4 en Ligne 5 possèdent une intelligence stratégique et pragmatique. Elles cherchent à formuler des réponses qui ne sont pas seulement théoriques, mais qui peuvent être appliquées concrètement dans la vie.

Défi : Pression des attentes extérieures
Conseil : Rester fidèle à sa vision tout en restant accessible

Ligne 6 : Observer et comprendre la grande image

Les personnes avec la Porte 4 en Ligne 6 sont des observateurs et des penseurs à long terme. Elles ne se contentent pas de formuler des réponses immédiates, mais cherchent à comprendre la sagesse universelle derrière chaque question.

Défi : Sensation d'être en décalage avec les autres
Conseil : Accepter son rôle de visionnaire et de mentor

NUANCES EN FONCTION DU TYPE

MANIFESTEUR : Exprimer des idées nouvelles sans attendre l'approbation

Chez le Manifesteur, la Porte 4 fonctionne comme un initiateur de nouvelles logiques et perspectives. Ce sont des personnes qui ont des éclairs de compréhension et qui cherchent à partager leurs solutions sans attendre de validation extérieure. Leur esprit peut être perçu comme avant-gardiste ou radical.

Défi : Rejet et Résistance
Conseil : Informer et Canaliser son Énergie.

GÉNÉRATEUR : Structurer la pensée en fonction des opportunités qui résonnent intérieurement

Le Générateur avec la Porte 4 aime explorer des solutions de manière progressive et interactive. Il répond aux questions qui lui sont posées ou aux défis qui émergent naturellement dans son environnement, en affinant sa compréhension avec le temps.

Défi : Frustration et Trop Plein Mental
Conseil : Écouter sa Réponse Sacrale

Manifesteur-Générateur (MG) : Explorer plusieurs idées à la fois avec une pensée agile et intuitive

Le MG utilise la Porte 4 de façon rapide et non linéaire. Il peut avoir des éclairs de compréhension, expérimenter plusieurs solutions simultanément et apprendre en testant directement ses idées.

PROJECTEUR : Voir les schémas logiques sous-jacents et guider les autres vers une meilleure compréhension

Le Projecteur avec la Porte 4 ne produit pas nécessairement des réponses de manière compulsive, mais il a une capacité unique à analyser, comprendre et guider les autres dans leur raisonnement.

Défi : Besoin de Reconnaissance et Fatigue Mentale
Conseil : Attendre l'Invitation et Guider avec Subtilité

RÉFLECTEUR : Synthétiser les informations du monde et refléter la pensée collective

Le Réflecteur avec la Porte 4 n'a pas de logique fixe. Son raisonnement est fluide et dépendant des cycles lunaires, des interactions et de son environnement. Il capte les pensées collectives et les reflète sous une nouvelle lumière.

Défi : Instabilité et Sensibilité Mentale
Conseil : Respecter son Processus Unique

INFLUENCE DES PLANÈTES SUR LA PORTE 4

SOLEIL en Porte 4 Lumière sur l'intellect et la quête de réponses

Lorsque le Soleil illumine la Porte 4, la recherche de vérité et de compréhension devient centrale dans la vie de la personne. Il y a un besoin naturel d'analyser, de structurer et de formuler des réponses claires aux questions complexes. Ces individus sont souvent des penseurs logiques, des analystes ou des enseignants qui éclairent les autres grâce à leur capacité à structurer l'information.

Défi : Pression pour avoir toujours une réponse correcte
Conseil : Accepter l'inconnu et cultiver l'ouverture d'esprit

TERRE en Porte 4 Ancrer la connaissance dans le concret

Avec la Terre en Porte 4, la pensée analytique doit être pragmatique et appliquée. L'individu cherche à structurer des solutions solides et utiles qui peuvent être mises en œuvre dans la réalité.

Défi : Lutte entre la théorie et la pratique
Conseil : Trouver un équilibre entre réflexion et action

LUNE en Porte 4 Un esprit influencé par les cycles émotionnels

Avec la Lune en Porte 4, la pensée logique est profondément influencée par les émotions et les cycles lunaires. L'individu peut passer par des phases de clarté mentale et des moments de confusion, selon son état émotionnel.

Défi : Instabilité mentale et doutes récurrents
Conseil : Utiliser l'émotion comme un moteur d'exploration

MERCURE en Porte 4 Un talent naturel pour la transmission des idées

Avec Mercure, la Porte 4 devient un puissant outil de communication et d'éducation. Ces individus ont un don naturel pour expliquer des concepts complexes de manière claire et compréhensible.

Défi : Rationalisation excessive et blocage de l'intuition
Conseil : Apprendre à transmettre avec clarté et fluidité

VÉNUS en Porte 4 Trouver l'harmonie dans la pensée et les relations

Avec Vénus en Porte 4, la logique et la quête de vérité sont guidées par le désir d'harmonie et de connexion. Ces individus cherchent à formuler des réponses qui unissent les gens plutôt que de les diviser.

Défi : Éviter les vérités inconfortables

Conseil : Accepter que la vérité peut être inconfortable mais nécessaire

MARS en Porte 4 L'impulsion de vouloir toujours avoir raison

Avec Mars en Porte 4, l'intellect est vivace, passionné et parfois conflictuel. Ces individus aiment débattre, challenger les idées et prouver qu'ils ont raison.

Défi : Précipitation et tendance à argumenter

Conseil : Canaliser l'énergie du débat pour en faire un échange constructif

JUPITER en Porte 4 L'expansion de la connaissance et de la sagesse

Avec Jupiter, la Porte 4 devient un outil d'apprentissage et de transmission à grande échelle. L'individu est attiré par les grandes idées, les philosophies et l'éducation.

Défi : Surestimation de ses connaissances et dispersion

Conseil : Structurer son savoir et apprendre en permanence

SATURNE en Porte 4 L'apprentissage de la sagesse à travers le temps

Avec Saturne, la Porte 4 représente une quête intellectuelle exigeante, nécessitant patience et discipline pour structurer un savoir véritable.

Défi : Perfectionnisme et rigidité mentale

Conseil : Accepter l'évolution progressive de la connaissance

URANUS en Porte 4 Une logique révolutionnaire et hors des cadres conventionnels

Avec Uranus, la Porte 4 devient une force d'innovation et de rupture avec la pensée traditionnelle. L'individu remet en question les croyances établies et cherche des réponses radicalement nouvelles.

Défi : Difficulté à faire accepter ses idées visionnaires

Conseil : Canaliser son génie tout en restant accessible

NEPTUNE en Porte 4 L'intuition au-delà de la logique

Avec Neptune, la Porte 4 prend une dimension mystique et intuitive.

L'individu a une capacité naturelle à trouver des réponses dans des espaces subtils, au-delà de la pensée rationnelle.
Défi : Confusion mentale et difficulté à structurer ses idées
Conseil : Trouver un équilibre entre intuition et logique

PLUTON en Porte 4 L'intellect au service d'une transformation radicale
Avec Pluton, la Porte 4 devient une force de remise en question profonde. Ces individus ont une soif de vérité qui les pousse à déconstruire les illusions et à chercher la connaissance cachée.
Défi : Obsession et recherche compulsive de réponses
Conseil : Accepter que certaines vérités émergent avec le temps

---

INTROSPECTION & RÉFLEXION
1. Quelles questions ou sujets me poussent le plus à rechercher des réponses logiques et claires ?
2. Quand ai-je ressenti la plus grande satisfaction en trouvant une solution rationnelle à un problème complexe ?
3. Comment puis-je cultiver un esprit analytique tout en restant ouvert(e) aux intuitions et aux perspectives nouvelles ?
4. Comment est-ce que j'aime exprimer mes idées et mes conclusions logiques pour les partager avec les autres ?
5. Dans quels domaines suis-je le plus susceptible de devenir rigide dans mes opinions ou mes conclusions logiques ?
6. Comment puis-je apprendre à intégrer la tolérance dans ma recherche de vérité et de compréhension ?

CANAL 4/63 - CANAL DE LA LOGIQUE

Type de canal : Projecteur
Portes : 63 (Le Doute) et 4 (Les Formules)
Centres impliqués : Centre de la Tête → Centre de l'Ajna
Circuit : Circuit Collectif – Compréhension
Thème principal : La recherche de la vérité par le questionnement et la logique
Sens dominant : La vue
Rôle : Valider, tester et structurer des schémas de pensée pour éclairer l'avenir

"Dans la danse de la pensée, chaque question est une étincelle, chaque réponse, une lumière dans l'obscurité de l'inconnu."

LES DYNAMIQUES DU CANAL 4/63

L'assurance dans l'incertitude
Ce canal incarne une tension entre doute et clarté. Son rôle est d'examiner les idées sous toutes leurs facettes avant de formuler des conclusions valables. Il est conçu pour questionner tout ce qui semble établi, mettant à l'épreuve la validité des schémas mentaux et des connaissances collectives.

Une pensée critique et méthodique
La Porte 63 (Le Doute) soulève des questions, tandis que la Porte 4 (Les Formules) cherche à y répondre avec logique. Ce canal est essentiel pour structurer et organiser l'information en principes fiables et reproductibles, assurant ainsi la transmission d'un savoir clair et utile aux générations futures.

Un scepticisme sain
Les personnes ayant ce canal ne se contentent pas d'accepter les faits tels qu'ils sont présentés. Elles ont besoin de preuves solides et de cohérence avant de croire en une idée ou un système. Ce scepticisme peut parfois être mal perçu, mais il est une force qui permet d'élever la rigueur intellectuelle et d'éviter les erreurs dues à des suppositions erronées.

Un besoin de reconnaissance
Étant un canal Projecteur, il doit être invité et reconnu pour que son savoir soit apprécié. Sans cette reconnaissance, ses efforts pour clarifier et structurer l'information peuvent être ignorés ou sous-estimés.

Une orientation tournée vers l'avenir

Ce canal fonctionne dans une dynamique de projection vers l'avenir : il teste et valide des hypothèses pour anticiper les problèmes potentiels et garantir une meilleure compréhension collective. Il est crucial dans l'élaboration de modèles et de systèmes fiables pour guider l'évolution de la pensée humaine.

DÉFIS ET OMBRES

Un mental hyperactif Le besoin incessant de poser des questions et d'obtenir des réponses peut être épuisant, autant pour la personne concernée que pour son entourage. L'apprentissage du lâcher-prise est essentiel pour éviter de tomber dans une spirale de doutes incessants.

Le perfectionnisme intellectuel

La recherche constante de clarté peut conduire à une obsession de la perfection. Il est important d'accepter qu'il n'existe pas toujours une réponse définitive et que l'incertitude fait partie intégrante de l'évolution de la connaissance.

Une tendance à l'inquiétude

L'habitude de questionner tout peut générer de l'anxiété, surtout lorsque les réponses ne sont pas immédiatement disponibles. Cultiver la patience et la confiance dans le processus logique peut aider à canaliser cette énergie mentale de manière productive.

Le canal 63/4 est une force essentielle du circuit collectif, jouant un rôle fondamental dans l'évolution de la pensée humaine. Il incarne le besoin de questionner, tester et clarifier pour garantir la validité des connaissances transmises. Bien que ce canal puisse parfois sembler exigeant ou sceptique, il est un pilier incontournable de la logique et de la compréhension. Lorsqu'il est reconnu et valorisé, il devient un puissant moteur d'innovation intellectuelle et de progrès.

PORTE 5 L'ATTENTE

"L'univers danse à mon propre rythme, et en l'acceptant, je trouve mon équilibre intérieur."

PORTE DES RYTHMES FIXES

La Porte 5 est celle de la patience, du rythme naturel et de la confiance dans le flux de la vie. Située dans le Centre Sacral, elle représente une connexion profonde avec les cycles et les schémas naturels qui régissent notre énergie et notre comportement.

Elle fonctionne avec la Porte 15 (l'extrême et la diversité des rythmes) pour former le canal 5-15 du Flux, qui incarne la capacité à suivre son propre tempo tout en s'adaptant aux changements collectifs.

Physiologie : Plexus Sacré
Acide Aminé : Thréonine
Cercle de Codons : Le Cercle de la Lumière (5, 9, 11, 26)
Partenaire de programmation : Clé génétique 35
Centre : Centre Sacral
Quart : Mutation

Ligne 1   La persévérance
Ligne 2   L'acceptation
Ligne 3   La compulsion
Ligne 4   Le chasseur
Ligne 5   La joie
Ligne 6   La docilité

Canal : 5/15 - Canal du Rythme - Lorsque la Porte 5 se connecte à la Porte 15 (Centre G), elle forme un canal qui harmonise la régularité individuelle avec les variations universelles, permettant une intégration fluide dans les cycles de la vie.
Circuit : Circuit de la Compréhension

Siddhi : Intemporalité | **Don :** Patience | **Ombre :** Impatience

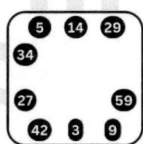

CENTRE SACRAL

ESSENCE DE LA PORTE

L'archétype de la Porte 5 est celui du Gardien du Rythme et du Maître du Temps. Cette énergie permet d'ancrer la stabilité à travers des routines harmonieuses et un respect des cycles naturels. Elle favorise une régularité qui crée une sensation de sécurité et d'équilibre dans la vie quotidienne.

Son défi est d'apprendre à respecter son propre rythme sans rigidité, et à faire confiance au bon timing universel.

RÔLE DANS LES INTERACTIONS

Cette Porte inspire un sentiment de calme et de stabilité dans les environnements sociaux. Ceux qui l'activent naturellement aident les autres à se connecter aux rythmes naturels, apportant de l'ordre et de la fluidité dans des situations chaotiques.

DÉFIS

- **Impatience** : La Porte 5 peut se sentir frustrée ou agitée lorsqu'elle est hors de son rythme naturel ou qu'elle se sent précipitée par l'extérieur.
- **Rigidité** : Le besoin de régularité peut mener à un attachement excessif aux routines et à des difficultés à s'adapter aux changements imprévus.
- **Inconfort face au chaos** : Cette énergie peut être perturbée par les interruptions ou les situations chaotiques, et il peut être difficile de retrouver son équilibre après une déstabilisation.

TALENTS

- **Stabilité et persévérance** : Cette porte confère une aptitude à s'engager avec régularité dans des activités de long terme.
- **Talent pour la création de rituels** : Capacité à intégrer des routines bénéfiques qui soutiennent la santé physique, mentale et émotionnelle.
- **Soutien aux autres** : Ceux avec la Porte 5 inspirent la paix intérieure et aident les autres à ralentir et à adopter un rythme de vie plus équilibré.

EXPRESSION DÉSÉQUILIBRÉE

- **Rigidité excessive** : Une tendance à s'enfermer dans des habitudes strictes, générant de la frustration ou une résistance aux changements nécessaires.
- **Frustration et agitation** : Le déséquilibre peut conduire à un besoin constant de précipiter les choses ou à des sentiments d'impatience face aux processus naturels.

MAITRISE

Lorsqu'elle est pleinement intégrée, la Porte 5 devient une source de sérénité et de paix intérieure. La personne se connecte à son propre rythme naturel, ce qui lui permet de traverser les hauts et les bas de la vie avec confiance et grâce. Dans cet état, elle inspire les autres à trouver leur propre harmonie et à embrasser le moment présent. Elle rayonne une sagesse tranquille, ancrée dans la compréhension que chaque chose arrive en son temps.

MANIFESTATION DANS LA VIE QUOTIDIENNE ET LE BUSINESS

Vie Quotidienne :

Dans la vie personnelle, cette Porte se manifeste par une routine structurée qui procure confort et stabilité. Elle encourage à trouver un équilibre entre constance et flexibilité.

Application en Business :

Dans un contexte professionnel, la Porte 5 est idéale pour des rôles nécessitant de la planification, de l'organisation ou du leadership basé sur des cycles, comme les métiers liés à la gestion de projets, l'agriculture ou encore les métiers artistiques.

INFLUENCE ÉNERGÉTIQUE COLLECTIVE (TRANSITS)

Lorsqu'activée dans les transits, la Porte 5 invite le collectif à ralentir et à honorer le timing parfait de la nature. C'est un moment propice pour réfléchir, réévaluer et établir des fondations solides pour l'avenir.

NUANCES EN FONCTION DES LIGNES

LIGNE 1 : Construire des bases solides dans la routine

Les personnes avec la Porte 5 en Ligne 1 ont besoin de comprendre leur propre rythme avant de l'imposer à leur vie quotidienne. Elles recherchent des bases solides et des routines structurées qui leur procurent un sentiment de sécurité.
Défi : Peur du déséquilibre ou du chaos
Conseil : Faire confiance à son propre cycle

LIGNE 2 : Une connexion naturelle au rythme

Les individus ayant la Porte 5 en Ligne 2 ont une capacité instinctive à suivre leur propre rythme sans effort. Leur routine semble fluide et alignée avec leurs besoins intérieurs, et ils peuvent inspirer les autres par leur naturel.
Défi : Attente de reconnaissance extérieure
Conseil : Faire confiance à son flow naturel

LIGNE 3 : Apprendre par expérimentation

Les personnes avec la Porte 5 en Ligne 3 testent différents rythmes avant de trouver

celui qui leur convient. Elles expérimentent, modifient leurs routines et acceptent que tout est un processus d'adaptation.
Défi : Instabilité et recherche permanente
Conseil : Accepter le changement comme une partie du rythme

LIGNE 4 : Inspirer et créer un cadre pour les autres
Les individus avec la Porte 5 en Ligne 4 ont un don naturel pour transmettre leur compréhension du rythme et de la structure aux autres. Ils créent des environnements harmonieux et partagent leurs routines avec bienveillance.
Défi : Vouloir imposer un rythme universel
Conseil : Trouver un équilibre entre guidance et flexibilité

LIGNE 5 : Adapter son rythme aux besoins du monde
Les personnes avec la Porte 5 en Ligne 5 ont une approche pragmatique du rythme. Elles savent identifier les structures qui fonctionnent et peuvent apporter des solutions adaptées aux besoins collectifs.
Défi : Pression extérieure et attentes élevées
Conseil : Garder une connexion avec son propre rythme

LIGNE 6 : Observer et comprendre les cycles naturels
Les personnes avec la Porte 5 en Ligne 6 adoptent une perspective élevée sur les rythmes de la vie. Elles observent et intègrent des cycles sur le long terme, cherchant à comprendre le grand schéma du temps.
Défi : Sentiment d'être en décalage
Conseil : Accepter son rôle de visionnaire

NUANCES EN FONCTION DU TYPE
MANIFESTEUR : Indépendance et rupture des cycles établis
Le Manifesteur avec la Porte 5 ne suit pas forcément un rythme régulier ; il crée le sien et initie des changements dans la dynamique collective.
Défi : Résistance et incompréhension
Conseil : Informer et canaliser son impulsion

GÉNÉRATEUR : Répondre à ce qui lui procure une stabilité naturelle
Le Générateur avec la Porte 5 trouve un équilibre dans les cycles de la vie. Il suit son énergie sacrale et adopte un rythme qui se construit sur la persévérance et la répétition.
Défi : Frustration et rigidité
Conseil : Écouter sa réponse sacrale

Manifesteur-Générateur (MG) : Explorer plusieurs idées à la fois avec une pensée agile et intuitive

Le Manifesteur-Générateur utilise la Porte 4 de façon rapide et non linéaire. Il peut avoir des éclairs de compréhension, expérimenter plusieurs solutions simultanément et apprendre en testant directement ses idées.

PROJECTEUR : Analyser et optimiser les cycles collectifs
Le Projecteur ne génère pas son propre rythme mais perçoit comment les autres vivent leurs cycles et peut les guider.
Défi : Besoin de reconnaissance et fatigue
Conseil : Attendre l'invitation

RÉFLECTEUR : Évoluer selon les cycles lunaires et environnementaux
Le Réflecteur avec la Porte 5 n'a pas un rythme fixe mais suit les énergies lunaires et collectives.
Défi : Instabilité et confusion
Conseil : Suivre ses cycles naturels

INFLUENCE EN FONCTION DE LA PLANÈTE
SOLEIL en Porte 5 L'Alignement avec le rythme de vie
Lorsque le Soleil éclaire la Porte 5, l'individu rayonne par sa capacité à maintenir un rythme naturel et structuré. Il devient un modèle de constance et inspire les autres par sa stabilité intérieure.
Défi : Rigidité excessive dans les routines, difficulté à s'adapter aux imprévus.
Conseil : Accepter que l'adaptabilité est aussi une forme de discipline.

TERRE en Porte 5 Ancrage et manifestation du rythme
La Terre apporte une stabilité supplémentaire à cette porte. L'individu a besoin de se sentir connecté à des cycles naturels (journaliers, lunaires, saisonniers).
Défi : Se sentir perdu ou instable lorsqu'un cycle est rompu.
Conseil : Cultiver la résilience face aux changements inévitables.

LUNE en Porte 5 Une vie rythmée par les cycles émotionnels
Avec la Lune ici, l'individu ressent des variations dans son rythme personnel en fonction de ses états émotionnels et lunaires. Sa connexion au temps est plus intuitive que linéaire.
Défi : Sentiment d'imprévisibilité et difficultés à maintenir un rythme stable.
Conseil : Accepter et honorer ses cycles internes plutôt que d'essayer de les contrôler

MERCURE en Porte 5 Communiquer le rythme

Mercure en Porte 5 favorise l'expression du timing naturel. Ces individus parlent souvent de discipline, de routine ou de gestion du temps.

Défi : Être trop dogmatique sur la meilleure façon d'organiser le temps.

Conseil : Écouter et intégrer les rythmes des autres pour une meilleure communication .

VÉNUS en Porte 5 L'Art du rythme et de l'harmonie

Vénus apporte une dimension esthétique et relationnelle au rythme naturel. L'individu peut exprimer cette énergie par la danse, la musique ou des pratiques artistiques.

Défi : Attachement aux rituels au détriment de la spontanéité.

Conseil : Trouver l'équilibre entre discipline et plaisir .

MARS en Porte 5 L'impulsion du rythme

Mars ici pousse à l'action et à une approche dynamique des routines. L'individu peut être très énergique, mais parfois impatient face à un rythme trop lent.

Défi : Impulsivité et difficulté à suivre un cycle naturel sans vouloir le précipiter.

Conseil : Apprendre à canaliser son énergie pour ne pas rompre l'harmonie naturelle.

JUPITER en Porte 5 L'Expansion par le rituel

Avec Jupiter, le respect du rythme naturel devient une source d'abondance. L'individu peut enseigner aux autres comment structurer leur vie avec sagesse.

Défi : Exagération des rituels au point d'en faire des dogmes.

Conseil : Garder un esprit ouvert sur l'évolution des cycles et des pratiques.Citation inspirante : « Le rythme de la vie s'élargit lorsqu'il est partagé. »

SATURNE en Porte 5 Discipline et maîtrise du temps

Saturne impose une rigueur stricte sur les cycles naturels. L'individu apprend à respecter la structure du temps et à créer un cadre solide pour son évolution.

Défi : Être trop rigide ou austère dans la gestion du temps.

Conseil : Accepter que le temps soit un allié plutôt qu'une contrainte.

URANUS en Porte 5 Briser et réinventer les rythmes
Uranus apporte un aspect rebelle à cette Porte, favorisant des cycles de rupture et de réinvention. L'individu peut avoir du mal à suivre une routine classique.
Défi : Instabilité et imprévisibilité dans les cycles de vie.
Conseil : Trouver son propre rythme sans rejeter toute structure extérieure.

NEPTUNE en Porte 5 Connexion au rythme cosmique
Avec Neptune ici, l'individu a une perception subtile et spirituelle du temps. Il peut ressentir des flux énergétiques invisibles qui influencent son quotidien.
Défi : Confusion dans la gestion du temps et tendance à la procrastination.
Conseil : Utiliser l'intuition pour aligner son rythme personnel avec un flux plus vaste.

PLUTON en Porte 5 Transformation par le rythme
Pluton apporte une intensité aux cycles de vie. L'individu passe par des phases de destruction et de renaissance au niveau de ses habitudes et routines.
Défi : Résistance aux cycles de transformation et peur du changement.
Conseil : Accepter que chaque fin de cycle prépare une nouvelle évolution.

INTROSPECTION & RÉFLEXION
1. Dans quelles activités ou moments de la journée me sens-je le plus en harmonie avec mon propre rythme ?
2. Comment puis-je cultiver davantage de patience dans ma vie quotidienne pour mieux respecter mes cycles naturels ?
3. Quelles routines actuelles me permettent de me sentir centré(e) et stable ?
4. Comment réagis-je lorsque mon rythme est perturbé par des imprévus ou des interruptions ?
5. Comment pourrais-je accueillir les cycles naturels de la vie (comme le repos, l'action, les transitions) de manière plus fluide ?
6. Quelles croyances ou attitudes pourraient m'aider à mieux accepter que chaque chose a son propre temps ?

CANAL 5/15 - CANAL DU RYTHME

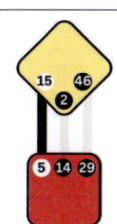

Type de canal : Générateur
Portes : 5 (Les Rythmes Fixes) et 15 (L'Extrême)
Centres impliqués : Centre Sacral → Centre G
Circuit : Circuit Collectif – Compréhension
Thème principal : Maintenir et influencer le rythme naturel
Sens dominant : La vue
Rôle : Synchroniser les individus avec le flux naturel de la vie

"Comme la mélodie qui donne le tempo à la danse de la vie, vous êtes l'équilibre parfait entre la constance et l'adaptabilité."

LES DYNAMIQUES DU CANAL 5/15
Un ancrage naturel dans le rythme
Ce canal est au cœur du processus biologique et de la régulation des rythmes vitaux.
Il influence à la fois les rythmes individuels (habitudes, routines) et ceux du collectif, créant une connexion fluide entre les deux.

Un magnétisme puissant
Le canal 5/15 possède une aura plus grande que n'importe quel autre canal. Son magnétisme est collectif et attire naturellement les autres dans son propre flot.
Il agit comme un repère stable dans un environnement changeant, apportant de la cohérence et un sentiment de sécurité.

Une harmonie entre routine et flexibilité
La Porte 5 apporte une capacité à structurer la vie autour de routines et de rythmes constants.
La Porte 15, en revanche, embrasse la diversité et les extrêmes, permettant une adaptabilité aux fluctuations naturelles.
L'équilibre entre ces deux forces permet d'être dans le flot optimal, ni rigide, ni chaotique.

Un rôle clé dans l'évolution collective
Ce canal facilite la synchronisation des individus avec des rythmes sains et harmonieux.
Il agit comme un régulateur invisible, influençant subtilement le bien-être collectif par sa seule présence.

La réponse plutôt que l'initiation
En tant que canal Générateur, il trouve son alignement lorsqu'il répond aux opportunités, plutôt que d'imposer un rythme aux autres.

Lorsqu'il est initié depuis le non-Soi, il peut devenir une source de perturbation au lieu d'être une force stabilisatrice.

DÉFIS ET OMBRES
Un besoin excessif de contrôle sur le rythme
Certaines personnes avec ce canal peuvent avoir du mal à gérer les imprévus et s'accrocher à des routines rigides.

L'alignement optimal réside dans l'équilibre entre constance et souplesse.
Une influence inconsciente sur les autres
En raison de son aura expansive, ce canal peut impacter les rythmes des autres sans même s'en rendre compte.
Il est essentiel d'être conscient de son influence et de veiller à ne pas imposer un rythme qui ne correspond pas aux besoins des autres.

Une difficulté à trouver sa place dans un monde chaotique
Dans un environnement très instable, ce canal peut ressentir une forme de déconnexion ou d'isolement.
Trouver des espaces où son rythme naturel est respecté permet de se sentir plus en harmonie avec soi-même et avec les autres.

Le canal 5/15 est un pilier du rythme et de l'adaptabilité. Il permet aux individus et aux groupes de s'accorder à un flot harmonieux, apportant équilibre et stabilité dans un monde en perpétuel mouvement. Lorsqu'il est bien aligné, il agit comme un guide invisible, facilitant la fluidité et le bien-être collectif. Sa plus grande force réside dans sa capacité à danser avec la vie, en trouvant l'équilibre parfait entre régularité et spontanéité.

PORTE 6 LE CONFLIT

"Mon cœur est une passerelle entre la tension et l'harmonie, transformant les conflits en opportunités de paix."

PORTE DE LA FRICTION

La Porte 6 est celle de la gestion émotionnelle, des relations et de la modulation de l'énergie émotionnelle. Située dans le Centre Émotionnel (Plexus Solaire), elle représente la capacité à transformer la tension en ouverture et à choisir consciemment comment interagir avec les autres. Elle fonctionne avec la Porte 59 (l'intimité et la dissolution des barrières) pour former le canal 6-59 de la Reproduction, qui incarne l'équilibre entre la vulnérabilité et la protection dans les relations.

Physiologie : Plexus Mésentérique (ganglions lombaires)
Acide Aminé : Glycine
Cercle de Codons : Le Cercle de l'Alchimie (6, 40, 47, 64)
Partenaire de programmation : Clé génétique 36
Centre : Centre Plexus Solaire
Quart : Dualité

Ligne 1   La paix intérieure
Ligne 2   La guérilla
Ligne 3   L'allégeance
Ligne 4   La réussite
Ligne 5   L'arbitrage
Ligne 6   Le pacificateur

Canal : 6/59 - Canal de l'Accouplement - Lorsque la Porte 6 se connecte à la Porte 59 (Centre Sacral), elle forme un canal qui favorise la création de relations intimes profondes, avec une énergie axée sur la connexion émotionnelle et la procréation.
Circuit : Circuit de La Défense (canal créatif)

Siddhi : Paix | **Don :** Diplomatie | **Ombre :** Conflit

PLEXUS SOLAIRE

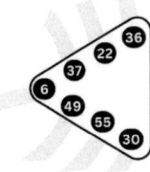

ESSENCE DE LA PORTE

L'archétype de la Porte 6 est celui du Médiateur et du Gardien des Frontières Émotionnelles. Cette énergie permet de filtrer les interactions en fonction de l'état émotionnel et du niveau d'ouverture.

Elle favorise une dynamique relationnelle qui oscille entre conflit et connexion profonde.

Son défi est d'apprendre à réguler ses émotions sans se fermer ni exploser dans la confrontation.

RÔLE DANS LES INTERACTIONS

Cette Porte joue un rôle clé dans les relations humaines. Elle teste, explore et établit des frontières émotionnelles, permettant à des connexions authentiques de s'épanouir. En interaction, elle détecte les tensions sous-jacentes et a la capacité unique de résoudre les désaccords par l'ouverture et la compréhension.

DÉFIS

- **Sensibilité exacerbée** : Cette porte peut intensifier les émotions, ce qui peut créer des tensions ou des réactions imprévisibles.
- **Crainte de l'intimité** : La sensibilité émotionnelle peut parfois amener à éviter les liens profonds par peur d'être vulnérable.
- **Gestion des conflits** : Les conflits peuvent être mal vécus, entraînant de l'inconfort et un besoin de fuir la confrontation.

TALENTS

- **Diplomatie naturelle** : La Porte 6 confère une capacité naturelle à calmer les tensions et à amener de la paix dans les échanges.
- **Sensibilité émotionnelle** : Elle permet une écoute attentive et une compréhension intuitive des émotions des autres.
- **Création d'intimité** : Grâce à son ouverture et à sa réceptivité, elle établit des relations sincères et profondes, favorisant des connexions authentiques.

EXPRESSION DÉSÉQUILIBRÉE

- **Évitement des conflits** : Cette énergie peut conduire à éviter les confrontations nécessaires, créant ainsi de la frustration ou des incompréhensions.
- **Réactions excessives** : En cas de déséquilibre, l'individu peut être submergé par ses propres émotions, réagissant de manière excessive aux situations de tension.

MAITRISE

Lorsqu'elle est pleinement intégrée, la Porte 6 devient une source de paix et d'équilibre émotionnel. La personne développe une maturité émotionnelle qui lui permet de transformer les conflits en opportunités de compréhension et de croissance. Elle inspire les autres à faire preuve de diplomatie et de sincérité dans leurs échanges, apportant un climat de tranquillité et de sécurité dans ses relations. Sa maîtrise de l'émotionnel lui permet d'agir comme un pont entre les individus, favorisant des relations profondes et harmonieuses.

MANIFESTATION DANS LA VIE QUOTIDIENNE ET LE BUSINESS

Vie Quotidienne :

Dans la vie personnelle, cette Porte se manifeste dans la manière dont une personne gère les relations intimes, en cherchant à établir une base émotionnelle solide et équilibrée. Elle favorise une communication honnête et une résolution pacifique des désaccords.

Application en Business :

Dans le monde professionnel, la Porte 6 excelle dans des rôles nécessitant une gestion émotionnelle et des compétences en médiation. Les professions telles que la gestion de conflits, le coaching ou encore la gestion des ressources humaines bénéficient particulièrement de cette énergie.

INFLUENCE ÉNERGÉTIQUE COLLECTIVE (TRANSITS)

Lorsqu'activée dans les transits, la Porte 6 invite le collectif à reconnaître et à transformer les conflits émotionnels. C'est une période propice pour aborder les malentendus et restaurer la paix, que ce soit à un niveau personnel ou collectif.

NUANCES EN FONCTION DE LA LIGNE

LIGNE 1 : Apprendre à gérer les émotions et les conflits

Les individus avec la Porte 6 en Ligne 1 ressentent un besoin de comprendre les dynamiques émotionnelles et relationnelles avant d'interagir pleinement avec les autres. Ils cherchent une base solide avant de s'engager dans des interactions potentiellement conflictuelles.

Défi : Peur du rejet ou d'un manque de stabilité émotionnelle

Conseil : Explorer progressivement ses émotions

LIGNE 2 : Sensibilité instinctive aux relations

Les personnes avec la Porte 6 en Ligne 2 ont une capacité naturelle à ressentir l'énergie émotionnelle autour d'elles. Elles peuvent être attirées vers des rôles de médiateurs sans toujours comprendre pourquoi, et leur présence apaise souvent les tensions.

Défi : Être pris dans des dynamiques émotionnelles involontairement

Conseil : Apprendre à poser des limites tout en restant ouvert

LIGNE 3 : Expérimenter les relations à travers les hauts et les bas
Les individus avec la Porte 6 en Ligne 3 apprennent par l'expérience directe des conflits et des émotions. Ils passent par des phases d'expérimentation, testant différentes approches dans leurs interactions avant de trouver ce qui fonctionne réellement.
Défi : Instabilité émotionnelle et répétition des schémas conflictuels
Conseil : Accepter le processus d'apprentissage relationnel

LIGNE 4 : Inspirer la paix et favoriser l'entente
Les individus avec la Porte 6 en Ligne 4 ont un rôle clé dans la transmission d'une énergie apaisante. Ils sont souvent des points d'ancrage émotionnels, aidant leur entourage à trouver des solutions diplomatiques et harmonieuses.
Défi : Vouloir plaire au détriment de l'authenticité
Conseil : Trouver un équilibre entre diplomatie et authenticité

LIGNE 5 : Transformer le conflit en opportunité d'évolution
Les individus avec la Porte 6 en Ligne 5 possèdent une capacité stratégique à résoudre les conflits en apportant des solutions pratiques et applicables. Ils sont souvent appelés à jouer un rôle de réconciliateurs dans leur entourage.
Défi : Pression des attentes extérieures
Conseil : Offrir son aide avec discernement

LIGNE 6 : Observer les dynamiques émotionnelles avec sagesse
Les individus avec la Porte 6 en Ligne 6 ont une vision globale des conflits et des relations. Ils prennent du recul, analysent les dynamiques émotionnelles et offrent des enseignements profonds sur l'intelligence relationnelle.
Défi : Se sentir en décalage avec les autres
Conseil : Accepter son rôle de mentor relationnel

NUANCES EN FONCTION DU TYPE
MANIFESTEUR Initier des changements dans les dynamiques émotionnelles
Le Manifesteur avec la Porte 6 provoque souvent des réactions émotionnelles intenses chez les autres. Il initie des transformations dans les relations mais doit apprendre à gérer la résistance qu'il peut rencontrer.
Défi : Rejet et tensions relationnelles
Conseil : Informer avant d'agir

GÉNÉRATEUR : Trouver la stabilité émotionnelle dans la répétition
Le Générateur avec la Porte 6 vit ses relations à travers des cycles émotionnels et doit apprendre à respecter son propre rythme émotionnel.
Défi : Frustration dans la gestion des émotions
Conseil : Écouter sa réponse sacrale
Manifesteur-Générateur (MG) : Expérimenter différents modèles relationnels
Le MG oscille entre action et patience, alternant entre des phases de forte intensité émotionnelle et des périodes plus calmes.

PROJECTEUR : Observer et guider l'intelligence émotionnelle des autres
Le Projecteur avec la Porte 6 possède un don naturel pour décrypter les dynamiques émotionnelles et aider les autres à mieux comprendre leurs relations.
Défi : Besoin de reconnaissance et fatigue émotionnelle
Conseil : Attendre d'être invité avant de donner son point de vue

RÉFLECTEUR : Absorber et refléter les tensions émotionnelles collectives
Le Réflecteur avec la Porte 6 capte les émotions des autres et les reflète, ce qui peut l'amener à ressentir des tensions intenses.
Défi : Instabilité émotionnelle et surcharge
Conseil : Se préserver en choisissant son environnement avec soin

INFLUENCE DES PLANÈTES SUR LA PORTE 6

SOLEIL en Porte 6 Rayonner la paix intérieure
Le Soleil ici met en lumière le besoin fondamental d'équilibre émotionnel et relationnel. L'individu a la capacité de diffuser un climat apaisant autour de lui. Il devient un modèle de régulation émotionnelle et un leader dans la gestion des conflits.
Défi : Prendre trop de responsabilités émotionnelles, difficulté à poser des limites.
Conseil : Cultiver un équilibre entre donner et préserver son espace intérieur.

TERRE en Porte 6 Ancrer l'harmonie dans le monde matériel
Avec la Terre, la stabilité émotionnelle devient une nécessité vitale. L'individu cherche à créer des bases solides dans ses relations et à construire une atmosphère de paix durable.
Défi : Attachement excessif à l'harmonie, peur des conflits.
Conseil : Accepter que certaines tensions soient nécessaires pour l'évolution.

LUNE en Porte 6 émotions cycliques et sensibilité accrue
La Lune en Porte 6 amplifie la connexion aux vagues émotionnelles. L'individu

traverse des fluctuations intenses dans son ressenti, ce qui lui permet une compréhension profonde des dynamiques relationnelles.

Défi : Hypersensibilité aux émotions des autres, risque de suradaptation.

Conseil : Apprendre à distinguer ses émotions de celles des autres et à respecter son propre rythme.

MERCURE en Porte 6 Communiquer pour désamorcer les conflits

Mercure ici donne une aisance naturelle pour parler de sujets émotionnels et gérer les tensions à travers la parole. L'individu a le don d'apporter clarté et compréhension dans les discussions difficiles.

Défi : Risque d'utiliser la communication comme une arme ou d'éviter les vrais sujets.

Conseil : Trouver le bon moment pour exprimer les vérités sensibles sans les brusquer.

VÉNUS en Porte 6 L'amour comme diplomatie

Avec Vénus, la Porte 6 met l'accent sur l'importance de l'amour et de la douceur dans les relations. L'individu recherche l'harmonie dans ses interactions et accorde une grande valeur à la beauté émotionnelle.

Défi : Éviter les conflits au détriment de l'authenticité.

Conseil : Apprendre à affronter les tensions avec bienveillance pour approfondir les liens.

MARS en Porte 6 L'intensité émotionnelle comme moteur

Mars dynamise la Porte 6 et pousse à exprimer les émotions avec force. L'individu peut osciller entre périodes d'explosion émotionnelle et moments de contrôle strict.

Défi : Réactions impulsives face aux conflits, manque de patience.

Conseil : Canaliser cette énergie en apprenant à différer ses réponses émotionnelles.

JUPITER en Porte 6 L'expansion à travers l'harmonie relationnelle

Jupiter amplifie le besoin de créer des espaces relationnels harmonieux et favorise la capacité à enseigner l'art de la diplomatie. L'individu attire naturellement des opportunités en cultivant des relations équilibrées.

Défi : Idéalisme excessif dans les relations, tendance à vouloir tout pacifier.

Conseil : Accepter que certaines tensions ne peuvent être résolues immédiatement.

SATURNE en Porte 6 La discipline émotionnelle

Saturne impose une structure aux vagues émotionnelles, demandant une grande maîtrise dans l'expression des sentiments. L'individu apprend à travers des expériences relationnelles exigeantes.

Défi : Rigidité émotionnelle, difficulté à lâcher prise.

Conseil : Permettre une expression plus fluide des émotions sans peur du jugement.

URANUS en Porte 6 Briser les schémas émotionnels
Uranus apporte une touche d'imprévisibilité aux relations. L'individu peut avoir des manières peu conventionnelles de gérer les conflits et refuser les dynamiques émotionnelles traditionnelles.

Défi : Instabilité émotionnelle, difficulté à maintenir des relations durables.

Conseil : Trouver des moyens créatifs de canaliser son énergie sans rompre constamment les liens.

NEPTUNE en Porte 6 L'idéalisation de l'harmonie
Neptune enveloppe la Porte 6 d'une dimension spirituelle et subtile. L'individu perçoit les émotions d'une manière transcendante et peut être un canal de paix profonde.

Défi : Fuite face aux tensions, tendance à idéaliser les relations.

Conseil : Apprendre à affronter les conflits de manière consciente sans s'échapper dans des illusions.

PLUTON en Porte 6 La transformation par les relations
Pluton dans cette porte impose une traversée intense des dynamiques relationnelles. L'individu expérimente des crises émotionnelles qui l'amènent à une profonde transformation intérieure.

Défi : Peur de l'abandon ou du rejet, tendance aux relations intenses et transformatrices.

Conseil : Accepter que chaque tension émotionnelle est une opportunité de croissance et de guérison.

INTROSPECTION & RÉFLECTION
1. Quelles sont les façons dont je parviens à gérer mes émotions sans me laisser submerger ?
2. Dans quelles situations ai-je réussi à résoudre un conflit par la diplomatie et le calme ?
3. Comment puis-je mieux exprimer mes émotions sans créer de tension autour de moi ?
4. Quelles pratiques ou habitudes m'aident à maintenir un équilibre émotionnel ?
5. Quels types de conflits me mettent le plus en difficulté ? Comment puis-je les gérer différemment ?
6. Comment puis-je m'assurer que mes limites émotionnelles sont respectées par les autres ?

CANAL 6/59 - CANAL DE L'INTIMITÉ

Type de canal : Générateur
Portes : 59 (La Dispersion) et 6 (Le Conflit)
Centres impliqués : Centre Sacral → Centre du Plexus Solaire
Circuit : Circuit Tribal - Défense
Thème principal : Intimité, reproduction et connexion émotionnelle
Sens dominant : Le toucher
Rôle : Créer et entretenir des liens profonds, à la fois physiques et émotionnels

"Dans l'étreinte émotionnelle, la vie se tisse, partageant l'écho de l'amour et la chanson de l'unité. »

LES DYNAMIQUES DU CANAL 6/59

Une connexion profonde et magnétique
Ce canal possède une capacité unique à pénétrer l'aura des autres, facilitant ainsi les interactions intimes et émotionnelles.
Il joue un rôle fondamental dans la création et le maintien des relations, qu'elles soient amoureuses, familiales ou communautaires.

Un moteur de reproduction et de fertilité
Étant l'un des canaux les plus intimes du Design Humain, il est directement lié à la sexualité, la fertilité et la procréation.
Son but premier dans le cadre tribal est d'assurer la continuité génétique et la préservation du groupe.

Une autorité intérieure émotionnelle
La Porte 6 joue un rôle clé dans l'ouverture et la fermeture émotionnelle, créant une alternance entre désir d'intimité et besoin de solitude.
Il est essentiel pour ce canal de prendre le temps d'évaluer ses émotions avant de s'engager dans une relation.

Un canal de soutien et de protection
Faisant partie du circuit de la défense, ce canal assure la protection et le bien-être du groupe par le biais de l'intimité.
Il favorise la naissance non seulement d'enfants, mais aussi de projets créatifs et communautaires.

Un besoin fondamental d'intimité
L'individu avec ce canal cherche des connexions authentiques et profondes.
L'absence d'intimité, physique ou émotionnelle, peut créer une sensation de vide et d'incompréhension.

DÉFIS ET OMBRES
Une énergie pénétrante pouvant être mal comprise
Cette capacité naturelle à briser les barrières peut parfois être perçue comme intrusive.
Il est important d'établir des limites claires et d'attendre la bonne réceptivité de l'autre avant de s'ouvrir pleinement .

La gestion des vagues émotionnelles
La Porte 6 étant l'une des plus complexes du Plexus Solaire, elle nécessite un apprentissage pour bien gérer ses fluctuations émotionnelles.
Sans clarté émotionnelle, ce canal peut mener à des relations instables ou précipitées.

Une difficulté à équilibrer attachement et liberté
Ce canal oscille entre le besoin d'intimité et la peur de l'attachement excessif.
Il est crucial d'accepter et d'honorer ces phases pour ne pas entrer dans des dynamiques relationnelles toxiques .

Le canal 59/6 est un puissant vecteur de connexion et d'intimité, jouant un rôle essentiel dans la reproduction, la relation et le partage émotionnel. Il rappelle que les liens humains sont à la base de notre survie et de notre épanouissement. Lorsqu'il est bien compris et utilisé avec conscience, ce canal devient un pilier de la relation humaine, unissant les âmes et donnant naissance à de nouvelles dynamiques de vie .

PORTE 7 L'ARMÉE

"Je suis un guide naturel, et ma direction inspire l'évolution collective."

PORTE LE RÔLE DU SOI EN INTERACTION

La Porte 7 est celle de la direction, du leadership et de l'influence collective. Située dans le Centre G, elle représente le rôle du guide qui oriente les autres vers un futur aligné, en incarnant une vision claire et inspirante. Elle fonctionne avec la Porte 31 (le leadership démocratique et la voix du futur) pour former le canal 7-31 du Leadership Alpha, qui incarne la capacité à diriger avec sagesse, en servant le bien du collectif plutôt que ses propres ambitions.

> **Physiologie :** Diaphragme
> **Acide Aminé :** Valine
> **Cercle de Codons :** Le Cercle de l'Union (4, 7, 29, 59)
> **Partenaire de programmation :** Clé génétique 13
> **Centre :** Centre G
> **Quart :** Dualité
>
> Ligne 1   L'autoritaire
> Ligne 2   Le démocrate
> Ligne 3   L'anarchie
> Ligne 4   La résignation
> Ligne 5   Le général
> Ligne 6   L'administrateur
>
> **Canal :** 7/31 - Canal de l'Alpha - Lorsque la Porte 7 se connecte à la Porte 31 (Centre de la Gorge), elle forme un canal qui exprime un leadership démocratique, où le leader est choisi pour représenter et guider les autres avec clarté et intégrité.
> **Circuit :** Circuit de La Compréhension

Siddhi : Vertu | **Don :** Accompagnement | **Ombre :** Division

CENTRE G

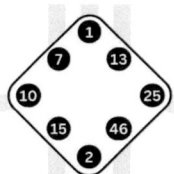

ESSENCE DE LA PORTE

L'archétype de la Porte 7 est celui du Leader Visionnaire et du Guide Stratégique. Cette énergie permet de discerner la meilleure direction à prendre et d'influencer les autres par sa présence et son alignement. Elle favorise un leadership naturel qui repose sur la sagesse et l'inspiration, et non sur l'imposition ou la force.

Son défi est d'apprendre à guider sans contrôler et à faire confiance aux processus collectifs.

RÔLE DANS LES INTERACTIONS

Cette Porte joue un rôle essentiel dans les dynamiques de groupe. Elle inspire confiance et oriente les autres vers une direction claire et alignée. Ceux qui possèdent cette énergie naturelle de leader attirent souvent des suiveurs qui croient en leur vision. Le leadership ici est basé sur la contribution et l'écoute, plutôt que sur le contrôle.

DÉFIS

- **Attirance pour l'autorité** : Le désir de diriger peut créer une division si la personne cherche à dominer plutôt qu'à guider.
- **Tendance à se disperser** : Vouloir plaire à tous peut entraîner un manque de clarté ou d'autorité dans les décisions.
- **Incertitude quant à son rôle** : Cette porte peut générer des doutes sur le véritable rôle de leader à adopter, ce qui peut mener à l'hésitation.

TALENTS

- **Sens aigu de la guidance** : La Porte 7 offre un talent naturel pour inspirer les autres et les orienter avec clarté.
- **Facilitateur de cohésion** : Elle soutient l'harmonie collective, en aidant les autres à exprimer leur potentiel dans un cadre bien défini.
- **Exemplarité et intégrité** : Ceux qui possèdent cette porte incarnent leurs valeurs dans leurs actions, devenant un modèle pour les autres.

EXPRESSION DÉSÉQUILIBRÉE

Lorsque désalignée, la Porte 7 peut se manifester par un comportement autoritaire ou, à l'inverse, une passivité face à la nécessité de guider. Elle peut aussi tomber dans la manipulation pour maintenir son influence.

MAÎTRISE

En équilibre, la Porte 7 devient un guide humble et visionnaire. Elle s'exprime à travers un leadership authentique, aligné sur les valeurs collectives, et agit comme une force unificatrice dans la communauté.

MANIFESTATION DANS LA VIE QUOTIDIENNE ET LE BUSINESS
Vie Quotidienne :
Dans la vie personnelle, cette Porte se manifeste par une capacité naturelle à rassembler les gens et à les inspirer vers un objectif commun. Elle s'exprime dans des relations fondées sur l'authenticité et la collaboration.

Application en Business :
Dans le domaine professionnel, cette énergie excelle dans des rôles de leadership participatif, comme la gestion de projets, la coordination d'équipes, ou toute position nécessitant un équilibre entre stratégie et inspiration collective.

INFLUENCE ÉNERGÉTIQUE COLLECTIVE (TRANSITS)
Lorsqu'activée dans les transits, la Porte 7 invite le collectif à réfléchir à ses structures de leadership et à privilégier une direction guidée par l'humilité et le service. C'est une période propice pour revoir les priorités collectives et les aligner sur une vision commune.

NUANCES EN FONCTION DE LA LIGNE
LIGNE 1 : Développer la connaissance avant de guider
Les individus avec la Porte 7 en Ligne 1 ressentent un besoin d'apprendre et de comprendre profondément avant d'assumer une position de leadership. Ils recherchent des fondations solides et préfèrent accumuler de l'expérience avant de prendre des décisions pour les autres.

Défi : Peur de ne pas être prêt ou légitime

Conseil : Accepter que l'apprentissage est un processus continu

LIGNE 2 : Leadership naturel et spontané
Les individus avec la Porte 7 en Ligne 2 dégagent une aura de leadership sans effort conscient. Ils attirent naturellement l'attention et peuvent se retrouver à guider un groupe sans l'avoir cherché.

Défi : Attente de reconnaissance extérieure

Conseil : Accepter son rôle naturel sans forcer

LIGNE 3 : Apprendre le leadership à travers l'expérience
Les individus avec la Porte 7 en Ligne 3 apprennent par l'expérimentation et l'échec. Ils testent différentes approches du leadership, rencontrent des défis et ajustent leur manière de guider en fonction de leurs expériences.

Défi : Instabilité et remise en question constante

Conseil : Voir chaque expérience comme une opportunité de croissance

LIGNE 4 : Inspirer et influencer un groupe

Les individus avec la Porte 7 en Ligne 4 ont une capacité naturelle à fédérer et à inspirer. Ils trouvent leur force dans leur réseau et leur capacité à créer des connexions influentes.

Défi : Vouloir plaire au détriment de l'authenticité

Conseil : Trouver un équilibre entre authenticité et influence

LIGNE 5 : Leadership stratégique et pratique

Les individus avec la Porte 7 en Ligne 5 ont une approche pragmatique et visionnaire du leadership. Ils savent appliquer des solutions concrètes et sont souvent recherchés pour leur capacité à résoudre des problèmes collectifs.

Défi : Pression des attentes extérieures

Conseil : Poser des limites claires et déléguer

LIGNE 6 : Observer et guider avec sagesse

Les individus avec la Porte 7 en Ligne 6 adoptent une perspective élevée du leadership. Ils observent les schémas collectifs à long terme et offrent une guidance basée sur une vision globale et évolutive.

Défi : Sentiment d'être en décalage avec les autres

Conseil : Accepter son rôle de mentor et de visionnaire

NUANCES EN FONCTION DU TYPE

MANIFESTEUR : Initier une nouvelle direction

Le Manifesteur avec la Porte 7 incarne un leadership puissant et visionnaire. Il initie des changements radicaux et entraîne les autres dans de nouvelles directions.

Défi : Rejet et résistance

Conseil : Informer avant d'agir

GÉNÉRATEUR : Diriger par l'exemple et la cohérence

Le Générateur avec la Porte 7 influence en incarnant pleinement sa vision. Il ne force pas son leadership mais attire naturellement ceux qui reconnaissent son engagement et sa constance.

Défi : Frustration et manque de reconnaissance

Conseil : Écouter sa réponse sacrale

Manifesteur-Générateur (MG) : Leadership Rapide et Dynamique

Le MG avec la Porte 7 expérimente différentes approches du leadership, alternant entre prise d'initiative et périodes de réponse.

PROJECTEUR : Observer et guider les leaders
Le Projecteur avec la Porte 7 excelle dans l'art d'analyser les dynamiques de leadership et peut guider les autres vers une meilleure direction.
Défi : Besoin de reconnaissance et fatigue mentale
Conseil : Attendre d'être invité pour partager sa vision

RÉFLECTEUR : Observer et réfléchir les modèles de leadership
Le Réflecteur avec la Porte 7 capte les dynamiques de pouvoir et de direction dans son environnement et les réfléchit de manière objective.
Défi : Instabilité et confusion sur son propre rôle
Conseil : Se donner du temps avant de prendre des décisions

INFLUENCE DES PLANÈTES SUR LA PORTE 7
SOLEIL en Porte 7 Rayonner une vision inspirante
Le Soleil illumine la Porte 7 en conférant un charisme naturel et une capacité à guider les autres à travers une vision claire. L'individu porte en lui une énergie de leadership qui influence profondément son entourage.
Défi : Risque d'autoritarisme ou d'attachement excessif à une vision personnelle.
Conseil : Prendre en compte les perspectives des autres et ajuster sa direction en fonction des besoins collectifs.

TERRE en Porte 7 Ancrer une direction stable
La Terre ici apporte une solidité au leadership. L'individu est un pilier sur lequel les autres peuvent compter, inspirant confiance par sa constance et son engagement envers une vision claire.
Défi : Peut se montrer inflexible et attaché à une seule manière de diriger.
Conseil : Rester ouvert aux ajustements nécessaires pour le bien du collectif.

LUNE en Porte 7 Un leadership guidé par l'intuition et les cycles
Avec la Lune, la Porte 7 devient plus fluide et adaptable. L'individu capte les besoins changeants du groupe et ajuste son leadership en fonction des circonstances.
Défi : Manque de constance dans la direction donnée, tendance à hésiter.
Conseil : Se fier à son intuition tout en maintenant une certaine stabilité dans ses choix.

MERCURE en Porte 7 La communication au service du leadership
Mercure ici favorise un leadership basé sur la parole et la transmission d'idées. L'individu est capable d'expliquer clairement ses visions et d'inspirer par son éloquence.

Défi : Risque de manipuler l'opinion des autres ou de parler sans agir concrètement.

Conseil : Alignement entre la parole et l'action pour un leadership authentique.

VÉNUS en Porte 7 Diriger avec harmonie et bienveillance
Vénus insuffle une approche douce et relationnelle du leadership. L'individu cherche à guider en intégrant les valeurs d'harmonie et de coopération.

Défi : Éviter les conflits au détriment des décisions nécessaires.

Conseil : Savoir poser des limites et prendre des décisions même si elles ne plaisent pas à tout le monde.

MARS en Porte 7 Un leadership dynamique et engagé
Mars ici apporte une énergie proactive et une capacité à prendre des initiatives audacieuses. L'individu est un leader naturel, prêt à agir avec courage.

Défi : Risque d'impatience et de précipitation dans la prise de décision.

Conseil : Apprendre à tempérer son enthousiasme et écouter les autres avant d'agir.

JUPITER en Porte 7 L'expansion à travers le leadership
Jupiter amplifie l'influence de la Porte 7, apportant des opportunités d'élévation sociale et de reconnaissance en tant que leader visionnaire.

Défi : Risque d'excès de confiance ou d'ambition démesurée.

Conseil : Maintenir une approche humble et centrée sur le bien commun.

SATURNE en Porte 7 La responsabilité du leadership
Saturne impose une rigueur et une exigence dans la manière dont l'individu exerce son influence. Il apprend à guider avec sagesse et discipline.

Défi : Peut être perçu comme rigide ou distant dans son leadership.

Conseil : Cultiver l'équilibre entre structure et souplesse.

URANUS en Porte 7 Un leadership révolutionnaire
Uranus insuffle une approche novatrice et parfois radicale du leadership. L'individu cherche à briser les anciennes structures pour en créer de nouvelles.

Défi : Instabilité et tendance à s'opposer aux traditions uniquement par rébellion.

Conseil : Trouver un équilibre entre innovation et respect des fondations utiles.

NEPTUNE en Porte 7 La vision spirituelle du leadership
Avec Neptune ici, l'individu perçoit son rôle de leader comme une mission transcendantale. Il inspire à travers une connexion à des idéaux plus grands.

Défi : Tendance à s'égarer dans des idéaux sans ancrage concret.

Conseil : Relier sa vision spirituelle à des actions tangibles pour impacter le monde réel.

PLUTON en Porte 7 transformation profonde à travers le leadership
Pluton apporte une intensité et une profondeur au rôle de guide. L'individu traverse des phases de remise en question qui renforcent son pouvoir d'influence.

Défi : Peur du changement ou, à l'inverse, volonté de contrôler à tout prix.

Conseil : Accepter que la véritable autorité vient de la capacité à évoluer avec le temps.

INTROSPECTION & RÉFLEXION
1. Dans quels domaines de ma vie ai-je naturellement pris un rôle de guide pour les autres ?
2. Quand ai-je ressenti la plus grande satisfaction en inspirant ou en guidant les autres ?
3. Comment puis-je inspirer les autres sans chercher à imposer mon point de vue ?
4. Quels défis ai-je rencontrés en voulant guider les autres vers une vision commune ?
5. Comment puis-je équilibrer mon besoin de plaire aux autres avec ma propre vision ?
6. Dans quelles situations ai-je peur de prendre des décisions claires en tant que guide ?

CANAL 7/31 - CANAL DE L'ALPHA

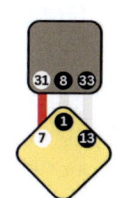

Type de canal : Projecteur
Portes : 7 (L'Armée) et 31 (L'Influence)
Centres impliqués : Centre G → Centre de la Gorge
Circuit : Circuit Collectif - Compréhension
Thème principal : Leadership démocratique
Sens dominant : La vue
Rôle : Guider le collectif vers l'avenir

"Guidant avec le cœur, chaque pas reflète la lumière de la démocratie, chaque mot est une ode à l'égalité."

LES DYNAMIQUES DU CANAL 7/31

Un leadership démocratique et collectif
Ce canal est connu sous le nom de "Canal de l'Alpha", incarnant l'énergie du leadership et de la direction collective.
Il représente une forme de leadership partagé, où l'influence repose sur l'adhésion et la reconnaissance du groupe.

Une polarité entre bon et mauvais leadership
Le canal 7/31 est bipolaire : son influence peut être perçue comme positive ou négative.
Il y aura toujours des désaccords sur sa direction, car la logique collective impose un modèle qui ne convient pas forcément à tous.

Un rôle central dans la structure politique et sociale
Contrairement aux leaders tribaux qui imposent leur vision, le leader collectif fonctionne avec l'approbation du groupe.
Cette dynamique reflète les systèmes démocratiques où les dirigeants doivent être reconnus et acceptés avant de pouvoir exercer leur influence.

Un canal qui a besoin de reconnaissance
En tant que canal projecteur, il doit attendre d'être reconnu avant d'exercer son influence.
S'il essaie de prendre le pouvoir sans cette reconnaissance, il risque de rencontrer de la résistance et du rejet.

Un équilibre entre logique et abstraction
Ce canal appartient au processus logique, qui vise à structurer un modèle pour l'avenir.
Il est complémentaire du processus abstrait, qui tire des leçons du passé pour façonner une vision collective.

DÉFIS ET OMBRES
Le risque de manipulation
Certains leaders avec ce canal peuvent manipuler la logique pour justifier des décisions qui servent avant tout leurs intérêts.
La transparence et l'intégrité sont essentielles pour que leur leadership soit bénéfique.

Un besoin constant d'approbation
Sans reconnaissance collective, ce canal peut ressentir un manque de légitimité, entraînant frustration et doute.
Il peut aussi être tenté de chercher à plaire à tout prix, perdant ainsi en authenticité.

L'équilibre entre direction et écoute
Il doit trouver un équilibre entre guider avec fermeté et laisser la place à l'expression du collectif.
Un excès d'autorité peut mener à une résistance, tandis qu'un manque de direction peut créer de l'instabilité.

Le canal 7/31 est une force de leadership démocratique, qui fonctionne grâce à la reconnaissance collective. Lorsqu'il est bien aligné, il incarne une voix de sagesse et de direction pour le groupe. Cependant, il doit veiller à rester fidèle à son rôle de guide, sans tomber dans l'autoritarisme ou la recherche excessive d'approbation.

PORTE 8 LA SOLIDARITÉ (L'UNION)

"Mon expression unique est une offrande au monde, et en étant authentique, j'inspire les autres."

PORTE DE LA CONTRIBUTION

La Porte 8 est celle de l'expression individuelle au service du collectif. Située dans le Centre de la Gorge, elle représente la capacité à inspirer et à influencer les autres par son authenticité et sa créativité.

Elle fonctionne avec la **Porte 1 (l'expression créative pure)** pour former le canal 1-8 de l'Inspiration Créative, qui incarne la capacité à manifester une vision unique et à l'ancrer dans la réalité collective.

Physiologie : Thyroïde
Acide Aminé : Phénylalanine
Cercle de Codons : Le Cercle de l'Eau (2, 8)
Partenaire de programmation : Clé génétique 14
Centre : Centre Gorge
Quart : Civilisation

Ligne 1   La loyauté
Ligne 2   Le service
Ligne 3   L'imposteur
Ligne 4   Le respect
Ligne 5   Le Dharma
Ligne 6   La communion

Canal : 8/1 - Canal de l'Inspiration créative - Lorsque la Porte 8 se connecte à la Porte 1 (Centre G), elle forme un canal qui donne vie à l'expression de la créativité unique et aligne l'individu avec une contribution collective significative.
Circuit : Circuit de La Compréhension (canal créatif)

Siddhi : Splendeur | **Don :** Style | **Ombre :** Médiocrité

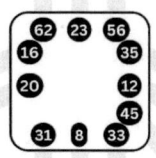

CENTRE GORGE

ESSENCE DE LA PORTE

L'archétype de la Porte 8 est celui du Catalyseur Créatif. Son énergie repose sur la capacité à se démarquer et à montrer une nouvelle façon de faire, non pas pour attirer l'attention, mais pour démontrer un potentiel inexploité dans la société. Elle fonctionne en synergie avec la Porte 1 (la créativité) pour former le canal 1-8 de l'inspiration, qui relie la créativité individuelle à son impact collectif.

Le défi de cette porte est de ne pas chercher la reconnaissance extérieure, mais d'agir simplement en alignement avec son propre génie créatif.

RÔLE DANS LES INTERACTIONS

Cette Porte agit comme un catalyseur dans les interactions sociales. Elle motive et inspire les autres à se révéler tels qu'ils sont. Les porteurs de cette énergie ont un impact puissant sur les groupes, souvent en montrant que l'unicité peut servir un but plus grand.

DÉFIS

- **Peur de l'insignifiance** : Le désir d'avoir un impact peut amener une crainte de ne pas être assez ou de ne pas contribuer de manière unique.
- **Conformité excessive** : Le besoin d'appartenance peut étouffer l'authenticité, poussant à adapter son style pour plaire aux autres.
- **Doute sur l'originalité** : La peur de se démarquer peut créer un blocage et limiter l'expression personnelle.

TALENTS

- **Authenticité et Style** : La Porte 8 confère un talent naturel pour exprimer sa véritable personnalité de manière inspirante.
- **Influence créative** : Elle inspire les autres par l'audace de sa contribution, les incitant à être eux-mêmes.
- **Création d'une valeur unique** : La Porte 8 permet à chacun d'offrir une perspective singulière qui enrichit le collectif.

EXPRESSION DÉSÉQUILIBRÉE

Lorsqu'elle est désalignée, la Porte 8 peut se manifester par une recherche excessive de reconnaissance ou un comportement trop individualiste, perdant ainsi de vue la contribution au collectif.

MAÎTRISE

En équilibre, la Porte 8 devient une force de transformation collective. Elle inspire les autres à travers une authenticité assumée et montre comment l'unicité personnelle peut avoir un impact positif sur la société.

MANIFESTATION DANS LA VIE QUOTIDIENNE ET LE BUSINESS
Vie Quotidienne :
Dans la vie personnelle, cette Porte se manifeste par une forte envie d'exprimer ses talents uniques et d'encourager les autres à en faire de même. Elle favorise l'autonomie et la créativité dans les relations.

Application en Business :
Dans un contexte professionnel, la Porte 8 est idéale pour des rôles dans les domaines créatifs, le leadership innovant ou les environnements nécessitant des idées audacieuses. Elle excelle dans des carrières où l'individu peut se démarquer tout en apportant une contribution collective.

INFLUENCE ÉNERGÉTIQUE COLLECTIVE (TRANSITS)
Lorsqu'activée dans les transits, la Porte 8 invite le collectif à honorer l'expression individuelle comme un moyen d'innover et d'inspirer. C'est une période favorable pour prendre des initiatives audacieuses et montrer au monde sa propre lumière.

NUANCES EN FONCTION DE LA LIGNE

LIGNE 1 : Construire une expression authentique à partir de bases solides
Les individus avec la Porte 8 en Ligne 1 ressentent le besoin de se sentir en sécurité avant d'exprimer leur individualité. Ils cherchent à comprendre qui ils sont profondément avant de s'affirmer face au monde.
Défi : Peur d'être rejeté pour son originalité
Conseil : Affirmer son authenticité progressivement

LIGNE 2 : L'expression naturelle et spontanée
Les personnes avec la Porte 8 en Ligne 2 dégagent une authenticité instinctive. Elles n'ont pas besoin de forcer leur originalité ; elles sont naturellement uniques et attirent l'attention sans le vouloir.
Défi : Attente de reconnaissance extérieure
Conseil : Faire confiance à sa spontanéité

LIGNE 3 : Expérimenter l'expression de soi à travers les essais et erreurs
Les individus avec la Porte 8 en Ligne 3 découvrent leur véritable expression à travers l'expérimentation. Ils testent différentes façons de s'exprimer et apprennent de leurs erreurs.
Défi : Instabilité et manque d'ancrage

Conseil : Accepter que l'exploration fait partie du processus

LIGNE 4 : Inspirer les autres par son authenticité
Les individus avec la Porte 8 en Ligne 4 ont une influence naturelle. Leur authenticité inspire leur entourage, et ils deviennent souvent des modèles pour les autres.
Défi : Vouloir plaire au détriment de sa vérité
Conseil : Trouver un équilibre entre influence et vérité intérieure

LIGNE 5 : Exprimer son originalité de manière pratique et inspirante
Les individus avec la Porte 8 en Ligne 5 ont une approche pragmatique de l'authenticité. Ils veulent apporter quelque chose de concret au monde grâce à leur unicité.
Défi : Pression des attentes extérieures
Conseil : Rester fidèle à sa vision tout en restant accessible

LIGNE 6 : Observer et comprendre la vraie signification de l'authenticité
Les individus avec la Porte 8 en Ligne 6 possèdent une vision plus large de l'authenticité. Ils prennent du recul et observent comment l'individualité influence le collectif.
Défi : Sentiment d'être en décalage avec les autres
Conseil : Accepter son rôle de visionnaire et de guide

NUANCES EN FONCTION DU TYPE
MANISFESTEUR Exprimer son originalité sans attendre l'approbation
Le Manifesteur avec la Porte 8 initie des tendances et des nouvelles façons de s'exprimer. Il ne suit pas les normes, il les crée.
Défi : Rejet et incompréhension
Conseil : Informer avant d'agir

GÉNÉRATEUR : Construire son authenticité à travers l'engagement et la répétition
Le Générateur avec la Porte 8 se réalise en trouvant des activités qui lui permettent d'exprimer pleinement son unicité.
Défi : Frustration et sentiment d'être bloqué
Conseil : Écouter sa réponse sacrale

Manisfesteur-Générateur (MG): Explorer différentes formes d'expression
Le MG avec la Porte 8 expérimente différentes façons de se montrer au

monde, passant d'un style à un autre.

PROJECTEUR : Guider les autres vers une expression authentique
Le Projecteur avec la Porte 8 n'exprime pas seulement sa propre authenticité, il aide aussi les autres à trouver la leur.
Défi : Besoin de reconnaissance et fatigue émotionnelle
Conseil : Attendre l'invitation avant de guider

RÉFLECTEUR : Refléter et s'adapter aux tendances de l'authenticité
Le Réflecteur avec la Porte 8 absorbe et exprime différentes formes d'authenticité en fonction de son environnement.
Défi : Perte d'identité et manque de stabilité
Conseil : Suivre son rythme naturel et observer ses cycles

INFLUENCE DES PLANÈTES SUR LA PORTE 8
SOLEIL en Porte 8 Briller par son expression unique
Le Soleil en Porte 8 met en avant une personne qui attire naturellement l'attention grâce à son authenticité. L'individu devient un modèle d'inspiration pour les autres, par sa manière d'être et de créer.
Défi : Peur de ne pas être reconnu pour sa contribution.
Conseil : Exprimer son unicité sans attendre validation extérieure.

TERRE en Porte 8 Ancrer sa contribution dans le monde
Avec la Terre ici, l'individu ressent un besoin profond d'apporter quelque chose de concret à la société. Son rôle est de stabiliser une vision unique en lui donnant une forme tangible.
Défi : Doute sur l'impact réel de sa contribution.
Conseil : Se concentrer sur l'acte de partage plutôt que sur la reconnaissance immédiate.

LUNE en Porte 8 L'expression cyclique de l'individu
La Lune apporte des phases d'intense créativité suivies de périodes de retrait. L'individu expérimente une inspiration fluctuante qui influence directement la manière dont il partage son talent.
Défi : Se sentir incompris ou invisible pendant les phases de retrait.
Conseil : Accepter son propre rythme et reconnaître la valeur des moments d'introspection.

MERCURE en Porte 8 Communiquer sa contribution
Avec Mercure, l'individu a une capacité naturelle à verbaliser son processus créatif. Il sait transmettre son unicité et inspirer les autres à travers le langage.

Défi : Peur de perdre son individualité en cherchant à plaire au collectif.

Conseil : Partager ses idées tout en restant fidèle à son essence .

VÉNUS en Porte 8 L'art de contribuer avec harmonie
Vénus apporte une touche d'élégance et d'esthétisme à la contribution. L'individu cherche à exprimer son originalité à travers des formes artistiques ou des actions empreintes de beauté.

Défi : Vouloir plaire à tout prix et perdre son authenticité.

Conseil : Cultiver l'expression sincère plutôt que la conformité.

MARS en Porte 8 L'impulsion d'inspirer les autres
Mars en Porte 8 insuffle une énergie forte et un désir immédiat de se démarquer. L'individu veut prendre sa place et montrer sa vision sans attendre.

Défi : Impulsivité et difficulté à canaliser son énergie.

Conseil : Trouver un équilibre entre spontanéité et patience dans l'expression de son talent.

JUPITER en Porte 8 L'expansion de la contribution
Jupiter amplifie l'impact de la Porte 8. L'individu attire des opportunités en restant fidèle à lui-même et en partageant son talent avec générosité.

Défi : Tendance à trop s'éparpiller et à vouloir contribuer à tout.

Conseil : Se concentrer sur les projets qui ont un véritable sens pour lui.

SATURNE en Porte 8 La discipline dans l'expression de soi
Saturne exige que l'individu prenne son rôle de contributeur au sérieux. Il apprend à structurer son talent pour en faire quelque chose de durable.

Défi : Peur du rejet ou de l'échec.

Conseil : Accepter que chaque contribution a une valeur, même si elle n'est pas immédiatement reconnue.

URANUS en Porte 8 L'innovation et la rébellion créative
Uranus apporte une touche d'excentricité et d'avant-gardisme. L'individu veut contribuer d'une manière unique et originale, souvent en brisant les normes établies.

Défi : Se marginaliser en voulant trop se différencier.

Conseil : Trouver un équilibre entre innovation et accessibilité pour toucher plus de monde.

NEPTUNE en Porte 8 L'inspiration comme contribution
Avec Neptune ici, l'individu est un canal de créativité transcendante. Son talent peut sembler mystique et inspirer profondément ceux qui le croisent.

Défi : Risque de se perdre dans une quête d'idéal inaccessible.

Conseil : Ancrer son inspiration dans des actions concrètes pour laisser une empreinte réelle.

PLUTON en Porte 8 La transformation à travers la contribution
Pluton donne à la Porte 8 une intensité qui pousse l'individu à exprimer son unicité de manière profonde et transformatrice.

Défi : Peur d'être rejeté pour son authenticité radicale.

Conseil : Accepter que sa contribution peut provoquer des réactions, mais qu'elle est nécessaire pour l'évolution du collectif.

INTROSPECTION & RÉFLEXION
1. Quelles sont les façons dont j'aime exprimer mon style unique sans contrainte extérieure ?
2. Quand ai-je ressenti la plus grande satisfaction en contribuant de manière authentique ?
3. Quels doutes ou peurs freinent mon expression de l'authenticité ?
4. Dans quelles situations ai-je tendance à cacher ma vraie personnalité pour plaire aux autres ?
5. Quelles petites actions puis-je prendre chaque jour pour nourrir mon style et ma créativité ?
6. Comment puis-je renouveler mon énergie créative et exprimer mon authenticité de manière innovante ?

CANAL 1/8 - CANAL DE L'INSPIRATION

Type de canal : Projecteur
Portes : 1 (Le Créateur) et 8 (La Contribution)
Centres impliqués : Centre G → Centre de la Gorge
Circuit : Circuit du Savoir individuel
Thème principal : Contribution créative et influence
Organe sensoriel dominant : L'ouïe (acoustique)
Regroupement des canaux : Aspect créatif du Circuit du Savoir et canal de leadership

"À travers l'éclat de votre créativité, chaque expression devient un phare, guidant les âmes égarées vers la lumière de leur propre vérité."

LES DYNAMIQUES DU CANAL 1/8

La contribution créative
- Ce canal confère une énergie profondément inspirante, axée sur l'expression unique et la créativité.
- L'individu porteur de ce canal cherche à manifester une vision innovante qui éveille et influence les autres.
- L'authenticité est essentielle : ce canal fonctionne mieux lorsqu'il n'essaie pas de plaire, mais plutôt d'être fidèle à sa propre essence.

L'influence naturelle
- Il ne s'agit pas d'une influence forcée, mais d'un rayonnement naturel de la créativité qui attire ceux qui y sont sensibles.
- L'individualité peut parfois être perçue comme marginale, mais lorsqu'elle est bien exprimée, elle devient une source d'inspiration pour les autres.

Un leadership par l'inspiration
- Contrairement à d'autres formes de leadership plus autoritaires, le canal 1/8 guide par l'exemple et par son rayonnement.
- Les artistes, musiciens et innovateurs qui possèdent ce canal incarnent cette dynamique en captant l'attention par leur talent et leur originalité.

L'importance de la reconnaissance
- En tant que canal de type Projecteur, il nécessite d'être invité et reconnu pour fonctionner pleinement.
- Sans reconnaissance extérieure, l'expression créative peut être frustrante

et ressentie comme inutile.

Une force de mutation
- Ce canal possède un pouvoir transformateur : il pousse les autres à explorer leur propre individualité en les inspirant à s'exprimer pleinement.
- Il favorise l'évolution personnelle et collective, bien que son impact soit plus subtil que direct.

DÉFIS ET OMBRES
L'auto-doute
- Le besoin d'authenticité peut parfois être entravé par des peurs intérieures : "Suis-je vraiment légitime ?"
- La clé est de ne pas chercher l'approbation, mais de faire confiance à son processus créatif.

La difficulté à trouver son public
- Si la reconnaissance n'est pas là, l'individu peut ressentir de la frustration ou un sentiment d'invisibilité.
- Trouver un environnement propice à l'expression et des personnes prêtes à recevoir son message est essentiel.

Un potentiel inexploité
- Ce canal peut rester bloqué si l'individu ne se donne pas la permission d'exprimer son unicité.
- Il est important d'explorer différentes formes d'expression pour découvrir ce qui résonne le mieux.

Le canal 1/8 est une ode à l'expression authentique et à la créativité inspirante. Il fonctionne comme un phare dans le monde, illuminant le chemin pour ceux qui cherchent à se reconnecter à leur essence. L'individu porteur de ce canal incarne la possibilité de transformer les autres en vivant pleinement son unicité, en osant créer et en partageant une vision singulière avec le monde .

PORTE 9 LE POUVOIR D'APPRIVOISEMENT DU PETIT

"Ma concentration transforme les petits détails en grandes réalisations."

PORTE DE LA CONCENTRATION

La Porte 9 est celle de la concentration, de la persévérance et de l'attention aux détails. Située dans le Centre Sacral, elle représente la capacité à canaliser l'énergie dans des tâches précises et à accomplir de grandes choses à travers une approche méthodique.

Elle fonctionne avec la **Porte 52 (la patience et la stabilité intérieure)** pour former le canal 9-52 de la Détermination, qui incarne la force de concentration nécessaire pour persévérer sur le long terme sans se laisser distraire.

Physiologie : Plexus sacré
Acide Aminé : Thréonine
Cercle de Codons : Le Cercle de la Lumière (5, 9, 11, 26)
Partenaire de programmation : Clé génétique 16
Centre : Centre Sacral
Quart : Mutation

Ligne 1   La sensibilité
Ligne 2   La misère aime la compagnie
Ligne 3   La goutte d'eau qui fait déborder le vase
Ligne 4   L'assiduité
Ligne 5   La foi
Ligne 6   La gratitude

Canal : 9/52 - Canal de la Concentration - Lorsque la Porte 9 se connecte à la Porte 52 (Centre Racine), elle forme un canal qui soutient une concentration persistante et la capacité à travailler méthodiquement vers un objectif, en restant ancré et aligné.
Circuit : Circuit de La Compréhension

Siddhi : Invincibilité | **Don :** Détermination | **Ombre :** Inertie

CENTRE SACRAL

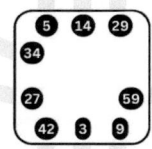

ESSENCE DE LA PORTE

L'archétype de la Porte 9 est celui du Maître du Focus. Cette porte symbolise une force intérieure patiente, qui sait que la grandeur réside dans l'accumulation de petits progrès. Elle fonctionne en complémentarité avec la Porte 52 (la fixation) pour former le canal 9-52 de la concentration, qui soutient une endurance mentale et physique permettant de finaliser les tâches avec rigueur.

Le défi de cette porte est d'éviter la dispersion et de ne pas se perdre dans des détails insignifiants au point de perdre de vue l'objectif global.

RÔLE DANS LES INTERACTIONS

Dans les interactions, la Porte 9 apporte une énergie stabilisante, montrant aux autres comment les tâches simples et les détails apparemment insignifiants peuvent contribuer à un objectif collectif. Elle encourage les groupes à rester concentrés et engagés dans des efforts progressifs.

DÉFIS

- **Risque de sur-focalisation :** Le désir de se concentrer peut amener une fixation excessive sur les détails, perdant de vue l'ensemble.
- **Procrastination :** Le besoin de précision peut parfois mener à l'inertie, à un blocage face aux tâches perçues comme insignifiantes ou ennuyeuses.
- **Incapacité à déléguer :** La tendance à vouloir maîtriser chaque détail peut rendre difficile le partage des responsabilités.

TALENTS

- **Concentration et discipline :** La Porte 9 offre une capacité exceptionnelle à se concentrer sur chaque étape avec persévérance.
- **Rigueur et organisation :** Elle apporte une énergie méthodique et structurée, permettant de réaliser des projets avec soin et précision.
- **Inspiration à la persévérance :** Cette porte encourage les autres à rester motivés face aux défis et aux tâches répétitives.

EXPRESSION DÉSÉQUILIBRÉE

Lorsqu'elle est désalignée, la Porte 9 peut se manifester par une obsession excessive pour des détails non essentiels ou une incapacité à passer à l'action, ce qui peut entraîner un sentiment de stagnation.

MAÎTRISE

En équilibre, la Porte 9 devient une force motrice qui montre que chaque détail compte. Elle inspire les autres à valoriser la persévérance et l'attention aux petites étapes nécessaires à la réalisation de grands rêves.

MANIFESTATION DANS LA VIE QUOTIDIENNE ET LE BUSINESS
Vie Quotidienne :
Dans la vie personnelle, cette Porte se manifeste par une capacité à gérer efficacement les tâches quotidiennes et à progresser régulièrement vers des objectifs à long terme. Elle favorise un mode de vie organisé et structuré.

Application en Business :
Dans un contexte professionnel, la Porte 9 excelle dans des rôles nécessitant une grande concentration, tels que la gestion de projets, la recherche, l'analyse ou tout domaine nécessitant de la précision. Elle est idéale pour les personnes qui peuvent transformer des plans en résultats tangibles grâce à leur méthodologie.

INFLUENCE ÉNERGÉTIQUE COLLECTIVE (TRANSITS)
Lorsqu'activée dans les transits, la Porte 9 invite le collectif à se concentrer sur les actions concrètes et les détails pratiques pour faire avancer les projets. C'est un moment pour ralentir, organiser et créer une base solide pour les efforts futurs.

NUANCES EN FONCTION DE LA LIGNE
LIGNE 1 : Construire des fondations solides par l'observation
Les individus avec la Porte 9 en Ligne 1 cherchent à comprendre avant d'agir. Ils ont besoin d'étudier, d'analyser et d'approfondir les détails avant de se lancer dans un projet ou une tâche.
Défi : Peur de l'échec et tendance à l'inaction
Conseil : Accepter que l'apprentissage se fait aussi dans l'action

LIGNE 2 : Focalisation naturelle et spontanée
Les individus avec la Porte 9 en Ligne 2 possèdent une capacité instinctive à se concentrer profondément sans effort conscient. Lorsqu'ils sont absorbés par une tâche, ils peuvent ignorer tout le reste.
Défi : Attente de reconnaissance et incompréhension des autres
Conseil : Faire confiance à son talent naturel pour se focaliser

LIGNE 3 : Apprendre par essais et erreurs
Les individus avec la Porte 9 en Ligne 3 découvrent comment affiner leur concentration par l'expérimentation. Ils testent différentes approches pour voir ce qui fonctionne le mieux.
Défi : Instabilité et difficulté à maintenir une routine
Conseil : Accepter que l'apprentissage est un processus continu

LIGNE 4 : Inspirer et influencer par sa détermination

Les individus avec la Porte 9 en Ligne 4 ont une présence qui motive les autres à rester concentrés. Leur engagement envers leurs projets inspire naturellement leur entourage.

Défi : Vouloir plaire au détriment de sa propre focalisation

Conseil : Rester fidèle à son propre rythme

LIGNE 5 : Appliquer la concentration de manière stratégique

Les individus avec la Porte 9 en Ligne 5 ont une approche pragmatique et efficace de la concentration. Ils veulent mettre leur énergie au service de solutions concrètes et applicables.

Défi : Pression des attentes extérieures

Conseil : Utiliser son sens stratégique sans se surcharger

LIGNE 6 : Observer et comprendre la puissance de la concentration

Les individus avec la Porte 9 en Ligne 6 adoptent une vision à long terme de la concentration. Ils cherchent à comprendre comment la discipline et l'attention aux détails influencent la vie et la réussite.

Défi : Sentiment d'être en décalage avec les autres

Conseil : Accepter son rôle de visionnaire et de mentor

NUANCES EN FONCTION DU TYPE

MANIFESTEUR Focalisation pionnière et indépendante

Le Manifesteur avec la Porte 9 se concentre sur ce qui lui tient à cœur, mais il peut avoir du mal à maintenir son engagement si quelque chose ne le passionne plus.

Défi : Abandonner rapidement un projet une fois l'impulsion passée

Conseil : Informer et structurer son engagement

GÉNÉRATEUR : Construire une focalisation durable et alignée

Le Générateur avec la Porte 9 peut se plonger profondément dans une tâche lorsqu'il est aligné avec son plaisir intérieur.

Défi : Frustration face aux interruptions et distractions

Conseil : Écouter sa réponse sacrale

Manifesteur-Générateur (MG) : Une concentration rapide et expérimentale

Le MG avec la Porte 9 peut travailler sur plusieurs projets en parallèle, mais doit éviter la dispersion.

PROJECTEUR : Observer et guider la concentration des autres
Le Projecteur avec la Porte 9 ne produit pas forcément lui-même, mais il perçoit comment les autres peuvent mieux canaliser leur énergie.
Défi : Besoin de reconnaissance et fatigue mentale
Conseil : Attendre l'invitation avant d'offrir sa guidance

RÉFLECTEUR : Absorber et refléter la dynamique de concentration
Le Réflecteur avec la Porte 9 n'a pas une concentration fixe. Il est influencé par son environnement et ses cycles lunaires.
Défi : Manque de stabilité et dispersion
Peut avoir du mal à maintenir une concentration constante.
Conseil : Respecter son propre rythme et observer ses cycles

INFLUENCE DES PLANÈTES SUR LA PORTE 9
SOLEIL en Porte 9 Rayonner à travers la persévérance
Avec le Soleil ici, l'individu brille par sa capacité à aller au bout des choses avec patience et minutie. Il incarne la discipline et inspire les autres par son engagement dans chaque détail.
Défi : Risque de s'enliser dans des détails insignifiants au détriment d'une vision plus large.
Conseil : Apprendre à équilibrer concentration et lâcher-prise .

TERRE en Porte 9 Ancrer l'attention dans le présent
La Terre ici confère une capacité à stabiliser son énergie et à structurer ses efforts. L'individu trouve un équilibre naturel dans le travail méticuleux.
Défi : Besoin d'un environnement ordonné pour fonctionner efficacement.
Conseil : Cultiver une flexibilité mentale face aux imprévus.

LUNE en Porte 9 Une concentration liée aux cycles intérieurs
Avec la Lune, l'attention fluctue selon des rythmes internes. L'individu peut traverser des phases de concentration extrême suivies de périodes de dispersion.
Défi : Manque de constance et difficulté à maintenir l'attention sur le long terme.
Conseil : Accepter les cycles naturels et utiliser les phases d'énergie haute pour accomplir des tâches essentielles.

MERCURE en Porte 9 L'art de verbaliser les détails
Mercure apporte une capacité à articuler des idées complexes et à expliquer des concepts techniques avec clarté.

Défi : Risque d'être trop analytique et de perdre l'essence du message.

Conseil : Apprendre à simplifier et synthétiser ses idées pour mieux communiquer.

VÉNUS en Porte 9 L'esthétique de la précision
Vénus insuffle une appréciation de la beauté dans les détails. L'individu cherche à perfectionner chaque aspect de son travail ou de son art.

Défi : Perfectionnisme excessif, difficulté à terminer un projet par peur de l'imperfection.

Conseil : Accepter que la beauté réside aussi dans l'imperfection et l'évolution.

MARS en Porte 9 L'impulsion de la précision
Mars donne une énergie dynamique et parfois impatiente à cette porte. L'individu peut se lancer avec fougue dans des projets détaillés, mais avoir du mal à les finir.

Défi : Risque de s'éparpiller et de manquer de persévérance.

Conseil : Canaliser son énergie en établissant des étapes claires pour mener ses projets à terme.

JUPITER en Porte 9 L'expansion à travers la discipline
Jupiter amplifie le potentiel de la Porte 9, offrant de grandes opportunités grâce à la capacité de concentration et d'application.

Défi : Risque de se disperser dans trop d'engagements en voulant approfondir plusieurs sujets à la fois.

Conseil : Prioriser et structurer ses efforts pour maximiser son impact.

SATURNE en Porte 9 La rigueur et la responsabilité dans les détails
Saturne impose une discipline stricte et demande à l'individu de travailler dur pour affiner ses compétences.

Défi : Exigence excessive envers soi-même et tendance à être trop critique.

Conseil : Apprendre à célébrer les progrès plutôt que de se focaliser uniquement sur ce qui reste à améliorer.

URANUS en Porte 9 Innover à travers la précision
Uranus pousse à explorer des approches non conventionnelles dans les tâches de concentration. L'individu peut exceller dans des domaines nécessitant une pensée originale et détaillée.

Défi : Instabilité dans la concentration, tendance à sauter d'un projet à l'autre.

Conseil : Utiliser sa créativité tout en maintenant une discipline dans l'exécution.

NEPTUNE en Porte 9 L'intuition au service de la focalisation
Neptune donne une approche plus fluide et intuitive de la concentration. L'individu peut capter des détails subtils que d'autres ne perçoivent pas.
Défi : Confusion et difficulté à structurer ses idées ou son travail.
Conseil : Trouver des méthodes d'organisation qui soutiennent son intuition sans la brider.

PLUTON en Porte 9 La transformation à travers l'obsession des détails
Pluton confère une intensité extrême à la concentration. L'individu peut être obsédé par la maîtrise d'un sujet ou d'une compétence spécifique.
Défi : Risque de s'enfermer dans des obsessions mentales et de perdre de vue la finalité de son travail.
Conseil : Pratiquer le lâcher-prise et se rappeler que la perfection n'est jamais absolue.

INTROSPECTION & RÉFLECTION
1. Quels sont les domaines où je me concentre naturellement et avec plaisir ?
2. Comment puis-je cultiver une approche patiente dans les projets qui me paraissent longs ou complexes ?
3. Dans quels projets est-ce que je me perds dans les détails au point d'oublier la vue d'ensemble ?
4. Comment puis-je me rappeler de l'objectif final tout en travaillant sur chaque petite étape ?
5. Quelles tâches ai-je tendance à remettre à plus tard parce qu'elles semblent trop précises ou fastidieuses ?
6. Quels petits gestes puis-je poser pour éviter de tomber dans la procrastination et rester concentré ?

CANAL 9/52 - CANAL DE LA CONCENTRATION

Type de canal : Générateur
Portes : 9 (Le Pouvoir d'Apprivoisement du Petit) et 52 (Rester Tranquille)
Centres impliqués : Centre de la Racine → Centre Sacral
Circuit : Circuit Collectif – Compréhension
Thème principal : Concentration et focalisation
Sens dominant : La vue
Rôle : Structurer le processus logique en assurant une concentration intense

"Dans la quête d'une clarté pure, chaque respiration est une immersion, chaque action un acte de dévotion."

LES DYNAMIQUES DU CANAL 9/52
Une énergie de format qui influence tout le design
Ce canal détermine le flux d'énergie dans le schéma corporel, imposant une structure rigoureuse basée sur la concentration.
L'énergie du canal 9/52 formate tout le design, rendant la précision et l'attention au détail essentielles pour l'évolution de toute logique.

Une capacité de focalisation intense
Il incarne l'art de la concentration, où l'individu est capable de plonger profondément dans une tâche, éliminant toute distraction inutile.
Cette capacité est amplifiée en présence d'autres personnes, influençant l'environnement immédiat en imposant une ambiance studieuse (ex. : bibliothèque, salle d'examen).

Un processus logique et méthodique
La porte 9 assure l'attention aux détails, tandis que la porte 52 apporte la stabilité et la patience nécessaires pour maintenir une concentration optimale.
Ce canal est fondamental pour la réussite des processus analytiques et scientifiques, permettant d'approfondir une idée jusqu'à sa pleine compréhension.

Un générateur de productivité
Il favorise une utilisation efficace de l'énergie, évitant le gaspillage et assurant que les efforts soient dirigés vers des résultats concrets.
Il peut cependant se sentir frustré lorsqu'il est interrompu ou détourné de sa tâche, car son énergie est optimisée pour la continuité et la persévérance.

DÉFIS ET OMBRES
Le risque de blocage ou d'inertie
Lorsque la porte 52 domine, il peut y avoir une tendance à la stagnation ou au repli. Sans un objectif clair, l'individu peut ressentir un sentiment de frustration ou d'inutilité.

Une intensité pouvant isoler
Cette capacité de concentration extrême peut être perçue comme une obsession, rendant la communication avec les autres plus difficile.
Il est important d'alterner les périodes de focalisation avec des moments de lâcher-prise pour maintenir un équilibre.

Le besoin d'un cadre structuré
Ce canal fonctionne de façon optimale dans un environnement organisé et stable.
Une situation chaotique ou un manque de direction peut le rendre inefficace, car il a besoin de balises claires pour canaliser son énergie.

Le canal 9/52 est une force de concentration et de méthodologie, essentielle pour approfondir les processus analytiques et garantir des résultats précis. Lorsqu'il est bien aligné, il permet une focalisation inébranlable et une gestion optimale de l'énergie. Cependant, il doit veiller à ne pas tomber dans l'inertie ou l'isolement, et à cultiver une flexibilité qui lui permettra d'exploiter pleinement son potentiel.

PORTE 10 LA MARCHE (LA PONDÉRATION)

"Mon authenticité est ma force, et en incarnant mon véritable Soi, j'inspire les autres à faire de même."

PORTE DE LA BONNE CONDUITE

La Porte 10 est celle de l'amour de soi et de l'alignement personnel. Située dans le Centre G, elle représente la capacité à vivre en accord avec sa véritable nature, sans se conformer aux attentes extérieures. Cette porte définit comment nous nous comportons dans la vie et comment nous trouvons un équilibre entre notre individualité et notre intégration au monde.

Physiologie : Poitrine (Coeur)
Acide Aminé : Arginine
Cercle de Codons : Le Cercle de l'Humanité (10, 17, 21, 25, 38, 51)
Partenaire de programmation : Clé génétique 15
Centre : Centre G
Quart : Mutation

Ligne 1 L'investigateur
Ligne 2 L'ermite
Ligne 3 Le martyr
Ligne 4 L'opportuniste
Ligne 5 L'hérétique
Ligne 6 Le modèle

10/20 - Canal de l'Éveil - Lorsque la Porte 10 se connecte à la Porte 20 (Centre de la Gorge), elle forme un canal qui exprime la conscience de soi en action, unissant présence et individualité.
10/57 - Canal de la Perception Parfaite - Avec la Porte 57 (Centre de la Rate), ce canal incarne une intuition purement alignée avec l'amour de soi et la sécurité intérieure.
10/34 - Canal de l'Exploration - Lorsque la Porte 10 se connecte à la Porte 34 (Centre Sacral), elle exprime une énergie puissante et dynamique, alignée avec un engagement profond à vivre selon ses propres valeurs et à explorer la vie avec authenticité.
Circuit : Circuit "Etre centré"

Siddhi : Etre | **Don :** Naturel | **Ombre :** Egocentrisme

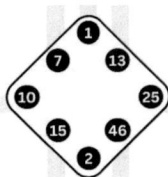

CENTRE G

ESSENCE DE LA PORTE

L'archétype de la Porte 10 est celui du Sage Authentique et du Guide Naturel. Cette énergie permet d'exprimer sa vraie nature à travers son comportement et son mode de vie. Elle favorise une profonde connexion avec soi-même, où chaque action devient une affirmation de son authenticité.

Son défi est d'éviter l'auto-sabotage ou la recherche d'approbation extérieure qui dévie de l'alignement personnel.

RÔLE DANS LES INTERACTIONS

Dans les relations, la Porte 10 inspire les autres par son exemple. Les individus ayant cette énergie active démontrent que l'amour de soi est la clé pour une vie authentique et connectée. Ils enseignent, souvent sans le vouloir, l'importance d'être soi-même et de vivre avec intégrité.

DÉFIS

- **Tendance à l'égocentrisme** : Un attachement excessif à sa propre perspective peut mener à un manque d'écoute et à l'isolation.
- **Peur du rejet** : Le désir d'être accepté peut provoquer un compromis sur ses valeurs ou conduire à un manque d'authenticité.
- **Doutes sur sa propre valeur** : Difficile de s'aimer pleinement si l'individu se compare trop aux autres.

TALENTS :

- **Amour et Acceptation de Soi** : La Porte 10 apporte un talent naturel pour s'accepter pleinement, indépendamment des attentes extérieures.
- **Force d'inspiration** : En incarnant l'amour de soi, l'individu inspire les autres à cultiver leur propre authenticité.
- **Empathie authentique** : Cette porte favorise une empathie naturelle envers les autres, les encourageant à s'aimer eux-mêmes.

EXPRESSION DÉSÉQUILIBRÉE

Lorsque désalignée, la Porte 10 peut se manifester par un rejet de soi ou une quête excessive de validation extérieure. Elle peut aussi entraîner un comportement égoïste ou une déconnexion des besoins des autres.

MAÎTRISE

En équilibre, la Porte 10 devient une force de transformation profonde. Elle permet à l'individu de vivre pleinement son unicité, en montrant que l'amour de soi est la source de toutes les connexions authentiques et alignées avec le monde.

MANIFESTATION DANS LA VIE QUOTIDIENNE ET LE BUSINESS
Vie Quotidienne :

Dans la vie personnelle, cette Porte se manifeste par une forte confiance en soi et une capacité à vivre pleinement en harmonie avec son propre chemin. Elle encourage des choix basés sur la vérité intérieure, même si ces choix vont à l'encontre des attentes sociales.

Application en Business :

Dans un contexte professionnel, la Porte 10 excelle dans des rôles où l'individualité et l'authenticité sont valorisées. Elle est idéale pour des carrières qui encouragent l'expression personnelle, l'enseignement, le mentorat ou des positions où l'intégrité est essentielle.

INFLUENCE ÉNERGÉTIQUE COLLECTIVE (TRANSITS)

Lorsqu'activée dans les transits, la Porte 10 invite le collectif à explorer l'amour de soi et l'authenticité. C'est une période pour cultiver l'intégrité personnelle et encourager les autres à se connecter à leur propre vérité.

NUANCES EN FONCTION DE LA LIGNE
LIGNE 1 : Chercher la stabilité et la compréhension du soi

Les individus avec la Porte 10 en Ligne 1 ressentent le besoin de comprendre qui ils sont profondément avant d'agir. Ils recherchent des bases solides et une connaissance intérieure avant d'oser incarner leur authenticité.

Défi : Peur de se tromper ou de ne pas être à la hauteur

Conseil : Se faire confiance et expérimenter

LIGNE 2 : Être soi sans effort et inspirer naturellement

Les personnes avec la Porte 10 en Ligne 2 ont une présence naturelle et authentique. Elles attirent l'attention sans effort lorsqu'elles vivent pleinement leur alignement.

Défi : Attente de reconnaissance et sentiment d'être mal compris

Conseil : Accepter son unicité sans chercher la validation extérieure

LIGNE 3 : Découvrir son alignement par expérimentation

Les individus avec la Porte 10 en Ligne 3 apprennent par essais et erreurs ce qui est authentique pour eux. Ils explorent différentes facettes d'eux-mêmes avant de trouver leur véritable expression.

Défi : Instabilité et remise en question constante

Conseil : Accepter que l'authenticité est un processus d'évolution

LIGNE 4 : Inspirer et créer un modèle d'authenticité
Les individus avec la Porte 10 en Ligne 4 influencent leur entourage par leur manière d'incarner pleinement leur vérité. Ils sont des modèles de vie authentique et attirent ceux qui recherchent cet alignement.
Défi : Vouloir plaire et risque d'auto-censure
Conseil : Oser être un exemple sans compromis

LIGNE 5 : Apporter une vision pratique de l'authenticité
Les individus avec la Porte 10 en Ligne 5 ont une approche pragmatique de l'alignement personnel. Ils cherchent à incarner leur vérité de manière utile et applicable dans la société.
Défi : Pression des attentes extérieures
Conseil : Rester fidèle à soi-même sans vouloir répondre aux attentes collectives

LIGNE 6 : Observer et comprendre les principes de l'authenticité
Les individus avec la Porte 10 en Ligne 6 adoptent une perspective globale sur l'authenticité et l'alignement. Ils comprennent que l'amour de soi évolue avec le temps et qu'il n'y a pas une seule vérité absolue.
Défi : Sentiment d'être en décalage avec les autres
Conseil : Accepter son rôle de mentor et de visionnaire

NUANCES EN. FONCTION DU TYPE
MANIFESTEUR : Exprimer son authenticité sans compromis
Le Manifesteur avec la Porte 10 s'exprime librement sans chercher l'approbation. Il vit selon ses propres règles et initie de nouvelles manières d'être.
Défi : Rejet et incompréhension
Conseil : Informer et assumer sa singularité

GÉNÉRATEUR : Construire son authenticité à travers ses actions
Le Générateur avec la Porte 10 trouve son alignement en répondant à ce qui le passionne et en vivant selon son plaisir intérieur.
Défi : Frustration si ses actions ne lui ressemblent pas
Conseil : Écouter sa réponse sacrale

Manifesteur-Générateur (MG) : Explorer différentes facettes de son authenticité
Le MG avec la Porte 10 peut expérimenter différentes expressions de lui-même avant de trouver son alignement.

PROJECTEUR : Guider les Autres Vers Leur Véritable Soi
Le Projecteur avec la Porte 10 perçoit comment les autres peuvent vivre plus alignés avec eux-mêmes.
Défi : Besoin de reconnaissance et fatigue mentale
Conseil : Attendre d'être invité pour partager son regard

RÉFLECTEUR : Observer et réfléchir les multiples facettes de l'authenticité
Le Réflecteur avec la Porte 10 capte différentes expressions de l'authenticité et reflète ce qui est en résonance avec son environnement.
Défi : Perte d'identité et manque de stabilité
Conseil : Prendre du recul et observer ses cycles

INFLUENCE DES PLANÈTES SUR LA PORTE 10
SOLEIL en Porte 10 Briller à travers l'authenticité du comportement
Lorsque le Soleil illumine la Porte 10, il met en lumière l'importance de s'aimer soi-même et de s'exprimer avec intégrité. L'individu est souvent perçu comme un exemple d'authenticité, dont la posture inspire les autres à être eux-mêmes.
Défi : Pression extérieure pour se conformer
Conseil : Rester fidèle à son essence malgré les influences

TERRE en Porte 10 Ancrer son comportement dans la réalité
Avec la Terre en Porte 10, l'individu cherche une cohérence entre son être intérieur et ses actions. Il développe une stabilité dans son comportement qui lui permet d'évoluer tout en restant aligné sur ses valeurs.
Défi : Hésitation entre adaptation et constance
Conseil : Trouver un équilibre entre évolution et fidélité à soi-même

LUNE en Porte 10 Un comportement influencé par les cycles intérieurs
Avec la Lune, l'expression de soi est fluctuante, dépendante des émotions et des phases de la vie. L'individu peut alterner entre assurance et doutes sur son identité.
Défi : Instabilité dans l'expression de soi
Conseil : Accepter son rythme et se fier à son ressenti intérieur

MERCURE en Porte 10 Exprimer son authenticité par la parole
Avec Mercure, la Porte 10 se manifeste par un talent pour verbaliser qui l'on est. L'individu a une capacité naturelle à parler de son cheminement personnel et à enseigner l'authenticité aux autres.
Défi : Risque d'adapter son discours pour plaire
Conseil : Dire sa vérité, même si elle dérange

VÉNUS en Porte 10 L'amour de soi comme expression du divin
Avec Vénus, l'individu recherche la beauté et l'harmonie à travers son comportement. Il attire les autres par sa grâce et son alignement avec ses valeurs.
Défi : Vouloir être aimé au point de se dénaturer
Conseil : Cultiver un amour de soi inconditionnel

MARS en Porte 10 Agir avec audace en restant soi-même
Mars insuffle une énergie puissante qui pousse à s'affirmer et à ne pas se laisser dicter son comportement. L'individu peut parfois être perçu comme provocateur dans son expression.
Défi : Réactions impulsives face aux critiques
Conseil : Canaliser son feu intérieur sans s'isoler

JUPITER en Porte 10 L'authenticité comme clé du succès
Jupiter amplifie l'impact du comportement. L'individu qui s'aime sincèrement attire naturellement l'abondance et les opportunités.
Défi : Risque de tomber dans l'arrogance
Conseil : Cultiver une humilité dans l'expression de soi

SATURNE en Porte 10 L'apprentissage de l'auto-discipline
Saturne apporte une leçon de responsabilité et de maîtrise de son comportement. Il peut y avoir des phases de tests où l'individu est mis au défi de rester lui-même face à l'adversité.
Défi : Se rigidifier par peur du jugement
Conseil : Accepter l'évolution sans renier son essence

URANUS en Porte 10 Redéfinir les normes du comportement
Avec Uranus, l'individu est souvent perçu comme un innovateur ou un rebelle dans sa manière d'être. Il incarne une façon unique de vivre, hors des standards établis.
Défi : Rejet des conventions au point de se marginaliser
Conseil : Trouver une manière d'intégrer son unicité dans le monde

NEPTUNE en Porte 10 Un comportement inspiré par des idéaux élevés
Avec Neptune, l'authenticité devient un chemin spirituel. L'individu peut ressentir une connexion à des forces plus grandes qui influencent son comportement.
Défi : Perte de repères entre illusion et vérité intérieure
Conseil : Rester ancré tout en honorant sa vision transcendante

PLUTON en Porte 10 L'authenticité comme voie de transformation profonde
Pluton apporte une intensité et une nécessité de se réinventer. L'individu peut traverser des crises où il est forcé d'abandonner des comportements

conditionnés pour renaître dans son authenticité.
Défi : Résistance au changement et attachement à de vieilles identités
Conseil : Embrasser la transformation comme une opportunité de renaissance

---

INTROSPECTION & RÉFLEXION
1. Dans quelles situations ai-je ressenti une acceptation profonde de mon être ?
2. Comment pourrais-je cultiver davantage d'amour de soi au quotidien, même dans les moments difficiles ?
3. Dans quelles situations ai-je tendance à cacher qui je suis pour plaire aux autres ?
4. Comment puis-je me montrer authentique dans mes relations sans craindre le rejet ?
5. Quels jugements extérieurs ai-je intériorisés et qui m'empêchent de m'aimer pleinement ?
6. Comment puis-je encourager mes proches à être eux-mêmes, en restant fidèle à ma propre authenticité ?

CANAL 10/20 - CANAL DE L'ÉVEIL

Type de canal : Projecteur
Portes : 10 (La Porte de la Conduite) et 20 (La Porte de la Contemplation)
Centres impliqués : Centre G → Centre de la Gorge
Circuit : Circuit de l'Individualité - Intégration
Thème principal : Authenticité et présence
Sens dominant : L'ouïe (acoustique)
Rôle : Exprimer la vérité personnelle dans l'instant présent

"Incarnant la vérité, chaque mot est une mélodie, chaque action un verset d'un chant d'amour-propre."

LES DYNAMIQUES DU CANAL 10/20

L'authenticité en action
Ce canal incarne l'art de vivre en accord avec ses propres principes et de les exprimer avec force et clarté.
Il ne garantit cependant pas que la personne vive selon ces principes, mais elle les exprimera toujours avec éloquence dans le moment présent.

Une présence immédiate et marquante
Ce canal confère une capacité naturelle à vivre pleinement l'instant présent, à s'ancrer dans le moment avec une présence inébranlable.
Il est souvent reconnu immédiatement par les autres pour son individualité et sa capacité à capter l'attention par ses paroles.

Une voix puissante, mais pas nécessairement suivie d'action
Bien que ce canal soit relié à la Gorge, il se manifeste davantage dans l'expression verbale que dans l'action.
Il peut proclamer des vérités puissantes sans nécessairement les incarner activement dans son comportement.

Un chemin d'autonomisation personnelle
Ce canal appartient au circuit de l'intégration, ce qui signifie que son éveil est un processus personnel. Il ne vise pas à éveiller les autres, mais à approfondir son propre alignement.
Être en présence d'une personne avec ce canal ne garantit pas que l'on sera éveillé par elle. Chacun doit trouver sa propre vérité intérieure.

DÉFIS ET OMBRES
L'illusion de l'éveil collectif
Ceux qui possèdent ce canal peuvent être perçus comme des guides spirituels ou philosophiques, mais leur éveil reste personnel.
Il est important pour eux de ne pas imposer leurs vérités aux autres, mais plutôt de s'autoriser à être eux-mêmes sans attente de reconnaissance extérieure.

Le décalage entre les paroles et les actions
Parfois, ce canal peut donner l'impression que la personne prêche des valeurs qu'elle ne suit pas nécessairement.
L'alignement entre l'expression et l'incarnation de ses principes est donc un défi central.

Le besoin de reconnaissance
Étant un canal projecteur, il fonctionne mieux lorsqu'il est invité à partager sa sagesse. Sans reconnaissance, la personne peut se sentir frustrée ou incomprise.

Le canal 10/20 est un hymne à l'authenticité et à la vérité personnelle, donnant à l'individu une voix puissante pour exprimer sa nature profonde. Son éveil est une quête individuelle, et bien qu'il puisse inspirer les autres, il ne cherche pas à les transformer. Son défi est d'aligner parole et action, et d'exister dans l'instant avec intégrité et humilité.

CANAL 10/34 - CANAL DE L'EXPLORATION

Type de canal : Générateur
Portes : 34 (Le Pouvoir) et 10 (La Conduite)
Centres impliqués : Centre Sacral → Centre G
Circuit : Circuit de l'Individualité – Être Centré
Thème principal : Authenticité, autonomie et action déterminée
Sens dominant : L'ouïe (acoustique)
Rôle : Agir selon ses convictions et inspirer par l'exemple

"Naviguer avec audace sur les mers de la vie, chaque vague une opportunité d'exprimer la pureté de l'amour de soi."

LES DYNAMIQUES DU CANAL 10/34
Une force d'action alignée avec l'identité
Ce canal incarne la puissance d'agir en accord avec son véritable soi.
Il ne suit pas les influences extérieures mais répond à son propre appel intérieur.

Un moteur d'indépendance et d'exploration
Le centre Sacral (34) donne une énergie durable et puissante pour poursuivre ce qui fait vibrer l'individu.
Le centre G (10) assure que cette action est en parfait alignement avec son identité et ses valeurs personnelles.

Un modèle de liberté personnelle
Ce canal est conçu pour vivre selon ses propres règles et non pour suivre un chemin dicté par les autres.
En étant fidèle à lui-même, l'individu avec ce canal inspire ceux qui l'entourent à embrasser leur propre authenticité.

Un générateur d'impact
L'énergie de ce canal ne cherche pas à convaincre les autres, mais son exemple est une source de transformation pour son entourage.
Il agit comme un déclencheur d'indépendance et d'émancipation pour ceux qui sont prêts à suivre leur propre voie.

Une puissance qui doit être guidée
Sans clarté sur ses véritables désirs, cette énergie peut devenir chaotique ou être mal dirigée.

Le défi est de cultiver une conscience de soi profonde pour éviter l'action impulsive ou non alignée.

DÉFIS ET OMBRES
Le risque de dispersion
Une énergie aussi puissante peut être difficile à canaliser et mener à une dispersion si elle n'est pas focalisée sur une voie alignée.

L'indépendance à l'extrême
L'individu avec ce canal n'a aucun besoin d'être dirigé, ce qui peut donner une impression de solitude ou d'incompréhension par les autres.
Il doit veiller à rester ouvert aux opportunités de collaboration tout en respectant son individualité.

Un refus de compromis
Sa force réside dans son authenticité, mais cela peut parfois rendre difficile les ajustements nécessaires dans certaines interactions sociales ou professionnelles.

Le canal 34/10 est une force brute d'authenticité et d'indépendance, donnant à l'individu la capacité d'agir selon ses propres convictions et de vivre une vie pleinement alignée avec son être profond. Il n'a pas besoin de convaincre les autres, car son existence même est une inspiration. Lorsqu'il apprend à canaliser sa puissance et à respecter son propre rythme, il devient un modèle de liberté et d'autonomisation pour lui-même et pour ceux qui l'entourent.

CANAL 10/57 - CANAL DE LA FORME PARFAITE

Type de canal : Projecteur
Portes :Portes : 10 (La Conduite) et 57 (L'Intuition Subtile)
Centres impliqués : Centre de la Rate → Centre G
Circuit : Circuit de l'Individualité - Intégration
Thème principal : Instinct de survie et comportement aligné
Sens dominant : L'ouïe (acoustique)
Rôle : Vivre en accord avec son intuition et incarner un comportement authentique

"L'intuition murmure à ceux qui savent écouter, chaque souffle est un écho de survie, chaque pas un acte d'amour de soi."

LES DYNAMIQUES DU CANAL 10/57
Une intuition aiguisée pour la survie
Ce canal confère une perception subtile des dangers et des opportunités, permettant à l'individu d'agir instinctivement pour assurer sa propre survie.
Il fonctionne dans l'instant présent, sans besoin de validation extérieure ou de raisonnement logique.

Un comportement en accord avec son être profond
La Porte 10 apporte une stabilité dans l'identité, permettant d'agir de manière alignée avec soi-même.
La Porte 57, reliée à la Rate, fournit une intuition instantanée, capable de guider chaque mouvement et chaque décision.

Un chemin personnel et autonome
Ce canal appartient au circuit de l'intégration, ce qui signifie que son but principal est l'autonomisation de l'individu et non l'aide aux autres.
Il agit comme une boussole intérieure, permettant à la personne de naviguer dans la vie avec une confiance instinctive en ses propres choix.

Un réflexe de protection et d'adaptation
L'énergie de ce canal permet de réagir rapidement face aux imprévus, que ce soit sur le plan physique, émotionnel ou social.
Il apporte une capacité d'adaptation exceptionnelle, permettant de s'ajuster immédiatement aux nouvelles circonstances.

Un modèle d'authenticité et de présence
Les individus possédant ce canal inspirent par leur capacité à être eux-mêmes

sans compromis.
Leur présence est souvent perçue comme rassurante et ancrée, car ils incarnent un alignement naturel entre pensée, parole et action.

DÉFIS ET OMBRES
Le piège de l'hypervigilance
Une intuition aussi développée peut parfois provoquer une anxiété excessive, surtout si elle est mal comprise ou ignorée.
Il est crucial d'apprendre à distinguer une véritable alerte intuitive d'une peur infondée.

Une solitude intérieure
Ce canal étant fortement centré sur l'individu, il peut donner l'impression d'un isolement émotionnel.
Les personnes avec ce canal doivent veiller à équilibrer leur besoin d'autonomie avec des connexions authentiques.

Le refus des influences extérieures
La force de ce canal réside dans son indépendance, mais cela peut parfois mener à un rejet des conseils ou des opinions des autres.
Il est important de rester ouvert aux échanges, tout en gardant son discernement.

Le canal 10/57 est une force de survie et d'alignement personnel, permettant à l'individu d'agir en accord avec son intuition et sa véritable nature. Il fonctionne dans l'instant présent, avec une capacité unique à ressentir ce qui est juste et à s'adapter avec fluidité. Lorsqu'il est bien équilibré, il devient un modèle d'authenticité et de résilience, incarnant la beauté de l'instinct pur et de l'amour de soi.

PORTE 11 LA PAIX

"Mon imagination est un pont entre l'invisible et le réel. En laissant mes idées circuler librement, je crée un monde inspirant."

PORTE DES IDÉES

La Porte 11 est celle de l'imagination, de la narration et des idées. Située dans le Centre Ajna, elle joue un rôle clé dans la création, l'inspiration et la transmission de concepts. Cette porte génère une multitude d'idées, mais toutes ne sont pas destinées à être mises en action immédiatement. Elle fonctionne comme un réservoir d'inspirations, permettant de façonner des visions nouvelles du monde. Elle complète la Porte 56 (le conteur) pour former le canal 11-56 du chercheur, où les idées prennent vie à travers les récits et la communication.

Physiologie : Hypophyse
Acide Aminé : Thréonine
Cercle de Codons : Le Cercle de la Lumière (5, 9, 11, 26)
Partenaire de programmation : Clé génétique 12
Centre : Centre Ajna
Quart : Mutation

Ligne 1   La synchronie
Ligne 2   La rigueur
Ligne 3   Le réaliste
Ligne 4   Le professeur
Ligne 5   Le philanthrope
Ligne 6   L'adaptabilité

Canal : 11/56 - Canal de la Curiosité - Lorsque la Porte 11 se connecte à la Porte 56 (Centre de la Gorge), elle exprime des idées et des visions qui stimulent les esprits et incitent à explorer de nouvelles perspectives et histoires.
Circuit : Circuit du Ressenti

Siddhi : Lumière | **Don :** Idéalisme | **Ombre :** Obscurité

CENTRE AJNA

ESSENCE DE LA PORTE

L'archétype de la Porte 11 est celui du Visionnaire et du Conteur. Son rôle est d'explorer les possibilités mentales et de les transmettre sous forme de récits captivants.

Cette porte est riche en concepts et en inspirations, mais son défi est d'apprendre à discerner quelles idées valent la peine d'être poursuivies.

Elle est étroitement liée à la dualité entre l'illusion et la vérité, certaines idées pouvant être purement fantaisistes tandis que d'autres contiennent des pépites de sagesse transformatrice.

RÔLE DANS LES INTERACTIONS

Cette Porte agit comme une source d'inspiration dans les relations. Ceux qui possèdent cette énergie sont souvent perçus comme des visionnaires capables d'offrir des idées ou des solutions originales. Leur rôle est de partager leur imagination et d'encourager les autres à envisager des possibilités nouvelles et lumineuses.

DÉFIS

- **Dispersion mentale** : Le flot constant d'idées peut mener à une difficulté à se concentrer ou à passer à l'action.
- **Obscurité intérieure** : En cas de déséquilibre, cette énergie peut plonger l'individu dans des pensées pessimistes, se sentant perdu dans ses idées.
- **Tendance à rêver sans agir** : L'énergie imaginative de la Porte 11 peut rester dans le domaine du concept sans se concrétiser.

TALENTS

- **Imagination et Vision** : La Porte 11 apporte une imagination fertile, permettant d'envisager de nouvelles réalités
- **Inspiration et Idéalisme** : Elle inspire les autres par son idéalisme et sa capacité à voir la beauté dans l'inconnu
- **Ouverture d'esprit** : Cette porte favorise une grande ouverture et une curiosité insatiable.

EXPRESSION DÉSÉQUILIBRÉE

Lorsqu'elle est désalignée, la Porte 11 peut se manifester par une confusion mentale, des idées floues ou des idéaux irréalistes. Elle peut aussi entraîner une difficulté à se concentrer, avec un excès de distractions ou un manque de clarté.

MAÎTRISE

En équilibre, la Porte 11 devient une lumière inspirante pour les autres. Elle éclaire les idées et visions qui mènent à des solutions créatives et harmonieuses, tout en restant ancrée dans une perspective réaliste et pratique.

MANIFESTATION DANS LA VIE QUOTIDIENNE ET LE BUSINESS

Vie Quotidienne :

Dans la vie personnelle, cette Porte se manifeste par une imagination riche et une capacité à voir des solutions là où d'autres ne voient que des problèmes. Elle favorise des relations nourries par des conversations inspirantes et des visions partagées.

Application en Business :

Dans un contexte professionnel, la Porte 11 excelle dans des rôles créatifs tels que le marketing, la communication, la stratégie, ou toute position impliquant la conceptualisation et la présentation d'idées. Elle est idéale pour les penseurs novateurs qui veulent inspirer et guider.

INFLUENCE ÉNERGÉTIQUE COLLECTIVE (TRANSITS)

Lorsqu'activée dans les transits, la Porte 11 invite le collectif à explorer de nouvelles visions et perspectives. C'est un moment pour cultiver l'inspiration et chercher des idées qui promeuvent la paix et l'harmonie.

NUANCES EN FONCTION DE LA LIGNE

LIGNE 1 : Structurer ses idées à partir de bases solides

Les individus avec la porte 11 en ligne 1 ressentent un besoin de comprendre leurs idées en profondeur avant de les partager. ils cherchent une base logique ou une fondation claire avant d'explorer et d'exprimer leurs visions.

Défi : peur de l'imprécision ou de manquer d'informations

Conseil : accepter que l'inspiration ne suit pas toujours un cadre logique

LIGNE 2 : Idées intuitives et spontanées

Les personnes avec la porte 11 en ligne 2 ont une capacité naturelle à capter et à exprimer des idées sans effort conscient. elles sont souvent perçues comme des sources d'inspiration, sans toujours savoir d'où viennent leurs idées.

Défi : attendre la reconnaissance extérieure

Conseil : faire confiance à la fluidité de ses inspirations

LIGNE 3 : Apprendre par l'expérimentation des idées

Les individus avec la porte 11 en ligne 3 explorent différentes façons d'exprimer

leurs idées et apprennent par essais et erreurs ce qui résonne réellement.
Défi : instabilité et remise en question constante
Conseil : accepter que l'expérimentation est une forme d'apprentissage

LIGNE 4 : Inspirer et transmettre ses idées aux autres
Les individus avec la porte 11 en ligne 4 ont une capacité naturelle à diffuser leurs idées et à inspirer leur entourage. ils aiment partager leurs visions de manière accessible.
Défi : vouloir plaire et adapter ses idées aux attentes des autres
Conseil : rester authentique dans le partage de ses inspirations

LIGNE 5 : Proposer des idées pratiques et applicables
Les individus avec la porte 11 en ligne 5 ont une approche pragmatique des idées. ils cherchent à apporter des solutions concrètes à travers leurs visions et sont souvent sollicités pour leurs perspectives innovantes.
Défi : pression des attentes extérieures
Conseil : équilibrer imagination et application concrète

LIGNE 6 : Observer et comprendre la dynamique des idées
Les individus avec la porte 11 en ligne 6 ont une vision à long terme des idées. ils comprennent que les concepts émergent et évoluent avec le temps et qu'une idée peut avoir un impact bien après avoir été formulée.
Défi : sentiment d'être en décalage avec les autres
Conseil : partager sa sagesse avec confiance

NUANCES EN FONCTION DU TYPE

MANIFESTEUR : Initier des idées sans chercher à plaire
Le manifesteur avec la porte 11 capte des visions innovantes et peut initier de nouvelles façons de penser. il ne cherche pas l'approbation et exprime ses idées avec force et conviction.
Défi : rejet et résistance
Conseil : informer et exprimer ses idées avec pédagogie

GÉNÉRATEUR : Développer ses idées à travers l'engagement
Le générateur avec la porte 11 répond aux idées qui l'inspirent réellement et les développe progressivement en fonction de ce qui résonne intérieurement.
Défi : frustration face aux distractions mentales
Conseil : écouter sa réponse sacrale

Le **manifesteur-générateur** (MG): Explorer différentes idées simultanément
Le MG avec la porte 11 peut jongler entre plusieurs idées, passant rapidement d'une vision à une autre.

PROJECTEUR : Guider les autres dans l'exploration des idées
Le projecteur avec la porte 11 perçoit comment les idées peuvent être intégrées et partagées efficacement.
Défi : besoin de reconnaissance et fatigue mentale
Conseil : attendre l'invitation avant de partager sa sagesse

RÉFLECTEUR : Refléter les tendances et capter les idées du collectif
Le réflecteur avec la porte 11 absorbe différentes visions et reflète ce qui est pertinent pour son environnement.
Défi : manque de stabilité et confusion
Conseil : observer ses cycles avant d'exprimer une idée

INFLUENCE DES PLANÈTES SUR LA PORTE 11
SOLEIL en Porte 11 Briller à travers la transmission d'idées
Lorsque le Soleil éclaire cette porte, l'individu rayonne par sa capacité à générer et partager des idées inspirantes. Il est souvent perçu comme un penseur visionnaire ou un conteur captivant.
Défi : Risque de se perdre dans un flot incessant d'idées
Conseil : Trouver un équilibre entre inspiration et application

TERRE en Porte 11 Ancrer ses idées dans la réalité
Avec la Terre ici, l'individu ressent le besoin de rendre ses idées concrètes et applicables. Son talent réside dans la capacité à structurer ses intuitions pour en faire quelque chose de tangible.
Défi : Se heurter à la difficulté de concrétisation
Conseil : Collaborer avec des personnes pragmatiques pour matérialiser ses visions

LUNE en Porte 11 Un flot d'inspiration cyclique et changeant
Avec la Lune, la Porte 11 devient un canal d'idées intuitives, qui varient selon les cycles émotionnels et énergétiques. L'inspiration peut être fulgurante, mais aussi imprévisible.
Défi : Instabilité et difficulté à canaliser ses idées
Conseil : Accepter le caractère cyclique de son inspiration et noter ses idées avant qu'elles ne s'évanouissent

MERCURE en Porte 11 Communiquer des idées novatrices
Mercure favorise l'expression des idées sous forme de discours, d'écrits ou de concepts enseignables. L'individu excelle dans la transmission d'informations, parfois même sous forme d'histoires inspirantes.
Défi : Risque de rester dans la théorie sans action
Conseil : Structurer sa pensée pour qu'elle devienne applicable aux autres

VÉNUS en Porte 11 L'esthétisme et l'harmonie des idées
Avec Vénus, les idées sont empreintes de beauté, d'émotion et de sensibilité artistique. L'individu est souvent attiré par la philosophie, la poésie et les formes d'expression élégantes.
Défi : Chercher la perfection esthétique au détriment du message
Conseil : Laisser ses idées s'exprimer librement sans sur-analyser leur forme

MARS en Porte 11 L'impulsion créative et la spontanéité mentale
Mars confère une dynamique explosive à cette porte, poussant l'individu à générer de nombreuses idées avec enthousiasme et passion.
Défi : Tendance à s'éparpiller et à être impatient
Conseil : Cultiver la patience et hiérarchiser ses idées pour une meilleure efficacité

JUPITER en Porte 11 L'expansion des idées comme source d'abondance
Avec Jupiter, la Porte 11 devient un puissant vecteur de prospérité à travers la connaissance et la transmission d'idées inspirantes.
Défi : Risque de trop en faire, d'être trop optimiste
Conseil : Affiner son discernement pour savoir quelles idées valent la peine d'être explorées

SATURNE en Porte 11 La responsabilité de ses idées
Saturne amène une rigueur et une exigence dans la manière dont l'individu exprime ses idées. Il ressent une responsabilité dans leur transmission.
Défi : Perfectionnisme excessif et auto-censure
Conseil : Se permettre de partager ses pensées sans crainte du jugement

URANUS en Porte 11 Des idées révolutionnaires et avant-gardistes
Avec Uranus, l'individu est un véritable innovateur. Il capte des idées radicales et peut être un précurseur dans de nombreux domaines.
Défi : Risque d'être trop excentrique ou incompris
Conseil : Trouver un moyen de rendre ses idées accessibles au plus grand nombre

NEPTUNE en Porte 11 Les idées comme canal spirituel
Neptune donne une dimension mystique aux idées. L'individu capte des concepts issus de l'inconscient collectif, de visions spirituelles ou de rêves profonds.
Défi : Se perdre dans l'illusion et l'abstraction
Conseil : Trouver des moyens concrets de partager ces visions

PLUTON en Porte 11 L'idéation comme outil de transformation
Pluton confère à cette porte une intensité qui pousse l'individu à explorer des idées profondes, capables de changer sa propre vie et celle des autres.
Défi : Obsession pour certaines idées au point d'en perdre du recul
Conseil : Accepter que toutes les idées n'ont pas vocation à être comprises immédiatement

---

INTROSPECTION & RÉFLEXION
1. Quels types d'idées m'inspirent le plus et pourquoi ?
2. Comment puis-je nourrir mon imagination pour explorer des perspectives nouvelles ?
3. Comment pourrais-je passer plus souvent de l'idée à l'action sans perdre ma vision ?
4. Dans quelles situations ai-je tendance à me perdre dans trop d'idées ?
5. Comment mes idées et perspectives peuvent-elles contribuer à éclairer les autres ?
6. Comment puis-je inspirer les autres sans attendre de reconnaissance extérieure ?

CANAL 11/56 - CANAL DE LA CURIOSITÉ

Type de canal : Projecteur
Portes :Portes : 11 (La Paix) et 56 (Le Voyageur)
Centres impliqués : Centre Ajna→ Centre Gorge
Circuit : Circuit Collectif- Ressenti
Thème principal : Exploration des idées et partage des expériences
Sens dominant : La vue
Rôle : Transmettre l'inspiration à travers des récits captivants

« Les histoires sont les étoiles qui guident notre conscience, illuminant les mystères du passé pour éclairer le futur. »

LES DYNAMIQUES DU CANAL 11/56

Une curiosité insatiable

Ce canal est une passerelle entre la pensée abstraite et son expression orale.

Il pousse l'individu à explorer constamment de nouvelles idées, concepts et expériences, sans forcément chercher une vérité absolue.

Un talent naturel pour raconter des histoires

La Porte 11 contient le réservoir d'idées et d'impressions, tandis que la Porte 56 donne la voix et la narration pour transmettre ces expériences.

Ce canal est donc celui des conteurs, des enseignants et de ceux qui inspirent à travers leurs récits.

Un regard tourné vers le passé

Faisant partie du circuit du ressenti, ce canal s'appuie sur la mémoire et les expériences vécues pour formuler des histoires et en tirer des leçons.

Il ne vise pas à établir des vérités logiques, mais à offrir des perspectives subjectives et inspirantes.

Une capacité d'inspiration et de transmission

L'individu avec ce canal est capable de captiver son auditoire, en donnant du sens aux expériences humaines.

Il joue un rôle important dans la préservation du savoir et des traditions, transformant les faits en récits vivants.

Un goût pour le partage et la discussion

Ce canal fonctionne mieux lorsqu'il est invité à partager ses histoires.

Lorsqu'il est bien aligné, il nourrit l'imagination collective, encourageant la réflexion et l'inspiration .

DÉFIS ET OMBRES
Le risque de se perdre dans l'abstraction

Une quête incessante d'idées peut mener à une dispersion mentale, rendant difficile l'ancrage dans la réalité .

Il est essentiel d'apprendre à structurer sa pensée pour éviter l'excès d'informations inutiles.

L'embellissement ou la distorsion des faits

Ce canal a tendance à dramatiser ou à exagérer certains récits pour les rendre plus intéressants.

Il doit veiller à trouver un équilibre entre narration captivante et authenticité

L'influence de la subjectivité

Les expériences personnelles peuvent parfois colorer la vision du monde, rendant l'interprétation des faits très émotionnelle et non objective.

Il est important d'accepter la diversité des points de vue et d'éviter les conclusions trop absolues .

Le canal 11/56 est une force d'exploration et de transmission, permettant à l'individu de capturer l'essence des expériences humaines et de les partager sous forme d'histoires captivantes. Il joue un rôle crucial dans l'enrichissement collectif, en apportant de nouvelles perspectives et en reliant les générations à travers la mémoire et le récit. Lorsqu'il est bien utilisé, il devient un canal d'inspiration, transformant la curiosité en une véritable lumière pour le monde .

PORTE 12 L'IMMOBILITÉ

"Mon expression est puissante lorsque je parle avec vérité et discernement."

PORTE DE LA PRUDENCE

La Porte 12 est celle de l'expression sélective et de l'art du silence. Située dans le Centre de la Gorge, elle porte une énergie profondément émotionnelle et créative, mais elle ne s'exprime que lorsque le bon moment se présente. Elle fonctionne en synergie avec la Porte 22 (l'ouverture émotionnelle) pour former le canal 12-22 du charisme, un canal qui permet une communication puissante et magnétique, capable de toucher profondément les autres.

Physiologie : Thyroïde
Acide Aminé : Aucun (Codon de Terminaison)
Cercle de Codons : Le Cercle des Secrets, des Epreuves (12, 33, 56)
Partenaire de programmation : Clé génétique 11
Centre : Centre Gorge
Quart : Civilisation

Ligne 1   Le moine
Ligne 2   La purification
Ligne 3   La confession
Ligne 4   Le prophète
Ligne 5   Le pragmatique
Ligne 6   La métamorphose

Canal : 12/22 - Canal du Réceptif - Lorsque la Porte 12 se connecte à la Porte 22 (Centre Émotionnel), elle exprime une énergie émotionnelle profondément connectée à la créativité et à la capacité de captiver et de toucher les autres par une communication authentique et émotionnelle.
Circuit : Circuit du Savoir

Siddhi : Pureté | **Don :** Distinction | **Ombre :** Vanité

CENTRE GORGE

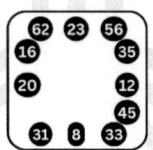

ESSENCE DE LA PORTE

L'archétype de la Porte 12 est celui de l'Orateur Inspiré. Cette énergie est marquée par un fort besoin de vérité et d'authenticité. Elle ne parle pas pour parler, mais préfère attendre d'avoir quelque chose de significatif à dire.

Cette porte peut être réservée et silencieuse, ou au contraire, elle peut captiver par ses paroles, surtout lorsqu'elle est animée par une charge émotionnelle forte.

Elle possède une connexion avec les arts, la poésie et l'expression dramatique.

RÔLE DANS LES INTERACTIONS

Cette Porte joue un rôle central dans les interactions sociales. Elle inspire et touche profondément les autres grâce à une communication authentique et bien placée. Les personnes ayant cette énergie sont capables d'exprimer leurs vérités les plus profondes avec élégance et impact, lorsqu'elles sentent que le moment est juste.

DÉFIS

- **Tendance à l'isolement** : Le désir d'attendre le bon moment peut mener à l'isolement et à une réticence à se connecter aux autres.
- **Risques de vanité** : La prudence peut se transformer en vanité, créant un sentiment d'être supérieur aux autres ou de se sentir incompris.
- **Peurs de rejet** : La crainte d'être rejeté ou mal interprété peut pousser à ne pas s'exprimer du tout, même si le moment est opportun.

TALENTS

- **Discernement et Prudence** : La Porte 12 favorise une grande capacité à discerner les moments opportuns pour s'ouvrir aux autres.
- **Authenticité** : Elle encourage une expression vraie et sans fard, inspirant les autres à s'exprimer avec intégrité.
- **Impact émotionnel** : Lorsque cette porte s'ouvre, elle a un pouvoir de toucher profondément les autres par la pureté de son message.

EXPRESSION DÉSÉQUILIBRÉE

Lorsqu'elle est désalignée, la Porte 12 peut se manifester par une tendance à se taire quand il est nécessaire de parler, ou inversement, à s'exprimer de manière impulsive et non alignée avec les circonstances. Cela peut entraîner des conflits ou des sentiments d'isolement.

MAÎTRISE

En équilibre, la Porte 12 devient une force de transformation. Elle incarne l'art d'exprimer la vérité avec puissance, élégance et précision. Elle inspire les autres par sa capacité à trouver les mots justes et à capturer l'attention à travers une communication émotionnelle et authentique.

MANIFESTATION DANS LA VIE QUOTIDIENNE ET LE BUSINESS

Vie Quotidienne :

Dans la vie personnelle, cette Porte se manifeste par une capacité à exprimer ses sentiments et pensées avec justesse et profondeur. Elle invite à cultiver la patience et à écouter son intuition pour choisir les moments clés d'action ou de parole.

Application en Business :

Dans un contexte professionnel, la Porte 12 excelle dans des rôles nécessitant de la communication, de la persuasion ou de la création d'impact, tels que les relations publiques, les présentations publiques ou les domaines créatifs. Elle brille dans les moments où une intervention bien placée peut faire toute la différence.

INFLUENCE ÉNERGÉTIQUE COLLECTIVE (TRANSITS)

Lorsqu'activée dans les transits, la Porte 12 invite le collectif à pratiquer la patience et à trouver l'équilibre entre silence et expression. C'est une période propice pour réfléchir avant de parler et pour choisir des mots qui touchent et inspirent.

NUANCES EN FONCTION DE LA LIGNE

LIGNE 1 : Apprendre à maîtriser son expression

Les individus avec la porte 12 en ligne 1 ressentent le besoin de comprendre avant de parler. ils veulent s'assurer que ce qu'ils expriment a une base solide, que leurs mots sont justes et qu'ils ne seront pas mal interprétés.

Défi : peur de dire quelque chose de faux ou de blessant

Conseil : accepter que la perfection n'est pas nécessaire pour être entendu

LIGNE 2 : Expression naturelle et intuitive

Les personnes avec la porte 12 en ligne 2 dégagent une présence expressive spontanée. elles ont un talent naturel pour communiquer de manière impactante sans effort, attirant l'attention sur leurs mots sans chercher à le faire.

Défi : attente de reconnaissance extérieure

Conseil : faire confiance à sa capacité naturelle à toucher les autres

LIGNE 3 : Expérimenter différentes façons de communiquer

Les individus avec la porte 12 en ligne 3 apprennent par l'expérimentation, testant différentes manières de s'exprimer pour voir comment elles sont reçues. ils traversent des périodes d'ouverture et de retrait, découvrant ce qui fonctionne et ce qui ne fonctionne pas.

Défi : instabilité dans l'expression et peur du rejet
Conseil : accepter que chaque expression est un apprentissage

LIGNE 4 : Influencer par la parole et inspirer les autres

Les individus avec la porte 12 en ligne 4 ont une capacité naturelle à rassembler et à inspirer par leurs mots. ils savent toucher un groupe et transmettre une vision qui résonne profondément avec leur entourage.

Défi : vouloir plaire et adapter son message pour être accepté
Conseil : parler avec authenticité sans chercher à séduire

LIGNE 5 : Transmettre des messages de transformation

Les individus avec la porte 12 en ligne 5 ont une capacité stratégique à utiliser la parole pour amener du changement. ils savent trouver les mots justes pour toucher les autres et provoquer une prise de conscience.

Défi : pression des attentes extérieures et responsabilité perçue
Conseil : s'exprimer avec clarté sans se sentir responsable de l'impact final

LIGNE 6 : Observer et comprendre le bon moment pour parler

Les individus avec la porte 12 en ligne 6 ont une vision élevée de la communication et de son impact. ils comprennent l'importance du timing et de la profondeur, et préfèrent souvent attendre avant de s'exprimer.

Défi : sentiment d'être en décalage avec les autres
Conseil : partager sa sagesse sans attendre un contexte parfait

NUANCES EN FONCTION DU TYPE

MANIFESTEUR : Initier des paroles puissantes et percutantes

Le manifesteur avec la porte 12 exprime ses idées avec force et clarté, souvent en créant un impact immédiat.

Défi : rejet et résistance
Conseil : informer avant de parler

GÉNÉRATEUR : Répondre aux moments d'expression avec justesse

Le générateur avec la porte 12 doit attendre le bon stimulus avant de parler, car ses paroles seront plus puissantes lorsqu'elles viennent d'une réponse intérieure alignée.

Défi : frustration si ses paroles ne trouvent pas d'écho

Conseil : écouter sa réponse sacrale

Le **Manifesteur-générateur** (MG): Explorer plusieurs façons de s'exprimer
Le MG avec la porte 12 peut expérimenter différents styles d'expression, parfois de manière impulsive.

PROJECTEUR : Guider les autres à travers la parole
Le projecteur avec la porte 12 a une capacité unique à percevoir et traduire les émotions des autres dans ses mots.
Défi : besoin de reconnaissance et fatigue émotionnelle
Conseil : attendre d'être invité pour s'exprimer avec plus d'impact

RÉFLECTEUR : Refléter les émotions et capter le bon moment pour parler
Le réflecteur avec la porte 12 absorbe les émotions des autres et sait quand il est temps de parler.
Défi : confusion sur ce qui lui appartient ou non
Conseil : prendre du recul avant de parler pour clarifier son propre ressenti

INFLUENCE DES PLANÈTES SUR LA PORTE 12
SOLEIL en Porte 12 Briller par une parole impactante et maîtrisée
Le Soleil en Porte 12 donne une capacité innée à influencer les autres à travers l'expression. L'individu possède une puissance dans ses mots, qui peuvent inspirer ou provoquer un changement profond.
Défi : Risque de parler trop tôt ou sous l'impulsion émotionnelle
Conseil : Attendre le bon moment pour s'exprimer afin d'être réellement entendu

TERRE en Porte 12 L'importance de la patience et du silence
La Terre ancre l'énergie de la Porte 12 dans la nécessité de ne parler que lorsque le moment est juste. Cela peut donner une nature contemplative, où le silence devient un espace d'intégration.
Défi : Se sentir incompris ou isolé
Conseil : Accepter que la véritable expression naît de la maturité intérieure

LUNE en Porte 12 Une expression influencée par les émotions cycliques
Avec la Lune, la Porte 12 devient encore plus fluctuante, suivant les vagues émotionnelles. L'inspiration pour parler ou créer peut apparaître et disparaître de manière imprévisible.
Défi : Instabilité dans l'expression
Conseil : Honorer ses cycles et ne pas forcer la communication

MERCURE en Porte 12 Le talent pour communiquer avec profondeur
Mercure amplifie la capacité à transmettre des idées et des émotions avec éloquence. L'individu peut être un excellent conteur, écrivain ou orateur, mais doit respecter son propre rythme émotionnel.
Défi : Trop parler ou intellectualiser ses émotions
Conseil : Trouver l'équilibre entre réflexion et spontanéité

VÉNUS en Porte 12 L'expression artistique et émotionnelle raffinée
Avec Vénus, l'expression devient une forme d'art. L'individu cherche à transmettre des émotions de manière élégante et harmonieuse, à travers la musique, l'écriture ou l'art visuel.
Défi : Peur du rejet ou du jugement
Conseil : Oser s'exprimer même si cela ne plaît pas à tout le monde

MARS en Porte 12 L'impulsivité dans la parole et l'action
Mars apporte une énergie directe qui peut rendre l'expression plus abrupte. L'individu peut ressentir une pression intérieure pour parler ou agir rapidement, parfois au détriment du bon timing.
Défi : Dire des choses qu'on regrette ensuite
Conseil : Apprendre à différer son expression pour éviter les conflits inutiles

JUPITER en Porte 12 L'expansion à travers la sagesse des mots
Jupiter amplifie la capacité de la Porte 12 à avoir un impact sur les autres par sa parole. L'individu peut être un enseignant inspirant, un philosophe ou un guide spirituel.
Défi : Risque de devenir trop dogmatique
Conseil : Cultiver une expression souple et ouverte

SATURNE en Porte 12 La responsabilité de la parole
Saturne impose des leçons strictes sur l'usage de la voix et de l'expression. L'individu apprend à ne parler qu'avec maturité et discernement.
Défi : Peur de s'exprimer ou sentiment d'auto-censure
Conseil : Trouver la juste mesure entre retenue et partage

URANUS en Porte 12 Une expression radicale et avant-gardiste
Uranus pousse l'individu à briser les normes de la communication et à exprimer des idées nouvelles, voire révolutionnaires.
Défi : Risque d'être perçu comme trop excentrique
Conseil : Canaliser son originalité pour qu'elle puisse être entendue par le collectif

NEPTUNE en Porte 12 L'expression mystique et inspirée
Avec Neptune, la Porte 12 devient un canal de transmission spirituelle. L'individu capte des vérités profondes et peut les exprimer sous une forme poétique, symbolique ou prophétique.

Défi : Perdre pied avec la réalité ou se sentir incompris
Conseil : Trouver des moyens concrets pour transmettre ses visions

PLUTON en Porte 12 La parole comme outil de transformation profonde
Pluton donne une intensité à l'expression, où chaque mot peut avoir un impact puissant. L'individu peut traverser des périodes de silence profond avant d'exprimer quelque chose de transformateur.
Défi : Se sentir isolé ou en décalage avec les autres
Conseil : Accepter que la profondeur de son message ne résonnera pas avec tout le monde, mais qu'il touchera ceux qui en ont besoin

INTROSPECTION & RÉFLEXION
1. Dans quelles situations me sens-je libre d'exprimer mon moi authentique ?
2. Comment puis-je m'assurer que mes paroles reflètent ma vérité intérieure ?
3. Dans quelles circonstances suis-je influencé par l'opinion des autres dans mon expression ?
4. Comment puis-je inspirer les autres par ma sincérité sans craindre leur jugement ?
5. Quels doutes ou peurs me freinent dans l'expression de mes véritables pensées ?
6. Comment puis-je renforcer ma confiance en ma capacité à communiquer ma vérité sans craindre le rejet ?

CANAL 12/22 - CANAL DE L'OUVERTURE

Type de canal : Manifesteur
Portes : 12 (L'Ouverture) et 22 (La Grâce)
Centres impliqués : Centre du Plexus Solaire → Centre de la Gorge
Circuit : Circuit de l'Individualité – Autonomisation, Émancipation, Évolution
Thème principal : L'expression émotionnelle et la transformation sociale
Sens dominant : L'ouïe (acoustique)
Rôle : Communiquer des émotions profondes et inspirer le changement

"Je parle quand je ressens, j'influence quand je suis prêt."

LES DYNAMIQUES DU CANAL 12/22

Une puissance émotionnelle communicative
Ce canal permet d'exprimer les émotions avec une force unique, influençant profondément ceux qui l'entourent.
Il confère une capacité d'attirer l'attention et de captiver un public, grâce à une voix puissante et chargée d'émotions.

Une énergie sociale fluctuante
Contrairement aux autres canaux sociaux qui cherchent la stabilité relationnelle, ce canal oscille entre ouverture et repli.
L'individu peut être très sociable et communicatif à certains moments, puis se refermer et éviter les interactions lorsque son état émotionnel ne s'y prête pas.

Un impact basé sur l'authenticité émotionnelle
Ce canal fonctionne uniquement lorsque l'individu est aligné avec son état intérieur.
S'il ressent le besoin de s'exprimer, il peut émouvoir, inspirer et impacter profondément les autres.

Une voix porteuse de mutation
Le circuit de l'individualité auquel appartient ce canal est conçu pour transmettre du changement.
L'expression du canal 12/22 peut déclencher des prises de conscience chez les autres, en apportant une nouvelle perspective émotionnelle et artistique.

Une connexion profonde avec l'art et la musique
Ce canal est fortement lié à l'expression artistique, en particulier la musique, le chant, la poésie et le théâtre.
Son influence repose sur une capacité à transmettre des émotions

profondes à travers des formes créatives .

DÉFIS ET OMBRES
Le risque d'incompréhension sociale
L'alternance entre sociabilité et besoin de solitude peut être mal interprétée par l'entourage.
Il est important d'expliquer ce rythme émotionnel aux autres pour éviter les malentendus .

L'expression impulsive des émotions
Ce canal étant manifesteur et émotionnel, il peut amener à parler sous l'influence de l'émotion brute.
Il est essentiel d'attendre que l'émotion se stabilise avant de s'exprimer, pour éviter des réactions excessives ou regrettées .

Une influence qui peut déranger
L'impact du canal 12/22 est puissant et peut provoquer des remises en question profondes chez les autres.
Certaines personnes peuvent se sentir déstabilisées par cette énergie de transformation .

Le canal 12/22 est une force d'expression émotionnelle et de transformation sociale. Il permet d'influencer, d'émouvoir et d'inspirer, à condition que l'individu respecte son propre rythme émotionnel. Lorsqu'il est bien utilisé, il devient un outil puissant de mutation, capable de changer les perceptions et d'éveiller les consciences .

PORTE 13 LA COMMUNAUTÉ

"En écoutant avec compassion, j'ouvre la voie à la sagesse et à la vérité collective."

PORTE DE L'ÉCOUTE

La Porte 13 est celle de l'écoute profonde et de la transmission des histoires. Située dans le Centre G, elle capte les expériences des autres et les conserve comme une mémoire collective. Elle joue un rôle clé dans la compréhension du passé et la transmission du savoir, permettant aux groupes d'apprendre des erreurs et des succès de ceux qui les ont précédés.

Elle fonctionne avec la Porte 33 (la rétention et la révélation des secrets) pour former le canal 13-33 du Phénix, un canal qui régit la mémoire, l'introspection et la sagesse tirée du vécu.

Physiologie : Amygdale
Acide Aminé : Glutamine
Cercle de Codons : Le Cercle de la Purification (13, 30)
Partenaire de programmation : Clé génétique 7
Centre : Centre G
Quart : Initiation

Ligne 1 - L'empathie
Ligne 2 - La bigoterie
Ligne 3 - Le pessimisme
Ligne 4 - La fatigue
Ligne 5 - Le sauveur
Ligne 6 - L'optimiste

Canal : 13/33 - Canal du Prodigue - Lorsque la Porte 13 se connecte à la Porte 33 (Centre de la Gorge), elle forme un canal qui symbolise la mémoire collective et la capacité de transformer les expériences passées en enseignements inspirants pour l'avenir.
Circuit : Circuit du Ressenti

Siddhi : Empathie | **Don :** Discernement | **Ombre :** Discordance

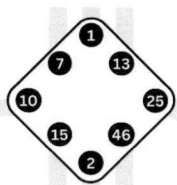

CENTRE G

ESSENCE DE LA PORTE

L'archétype de la Porte 13 est celui du Confident et du Gardien des Secrets. Cette énergie attire naturellement les confidences, car elle offre un espace sûr pour l'expression des expériences et des émotions. Elle représente une écoute intuitive et bienveillante, permettant de percevoir les motifs cachés derrière les récits et de révéler des leçons profondes.

Son défi est de ne pas se laisser submerger par les histoires des autres ni de devenir un simple spectateur passif de la vie.

RÔLE DANS LES INTERACTIONS

Dans les relations, la Porte 13 agit comme un miroir et un confident. Elle capte les histoires des autres, offrant un espace sûr où les récits peuvent être partagés sans jugement. Les porteurs de cette énergie ont un don naturel pour inspirer la confiance et faciliter des conversations profondes et significatives.

DÉFIS

- **Surmenage émotionnel** : Absorber les histoires et les émotions des autres peut devenir accablant si l'individu ne se protège pas.
- **Jugement des récits** : La Porte 13 peut parfois se laisser aller au jugement ou à une mauvaise interprétation des expériences partagées.
- **Réticence à écouter sa propre voix** : En étant si concentré sur les histoires des autres, la personne peut oublier de prêter attention à son propre chemin.

TALENTS

- **Écoute et Empathie** : La Porte 13 favorise une grande capacité d'écoute et une réceptivité naturelle aux besoins émotionnels des autres.
- **Discernement et Perspicacité** : Elle permet de trier les informations et d'extraire des leçons significatives, servant de guide pour la communauté.
- **Soutien émotionnel** : Les personnes avec cette porte savent créer un espace où les autres se sentent en sécurité pour exprimer leurs sentiments.

EXPRESSION DÉSÉQUILIBRÉE

Lorsqu'elle est désalignée, la Porte 13 peut se manifester par une tendance à se surcharger émotionnellement ou à ruminer les histoires du passé. Cela peut entraîner un sentiment de stagnation ou un isolement émotionnel.

MAÎTRISE

En équilibre, la Porte 13 devient un phare de sagesse et d'empathie. Elle guide les autres en montrant comment les récits passés peuvent être utilisés pour éclairer et inspirer l'avenir. Elle incarne la puissance de l'écoute et de l'ouverture, en facilitant des connexions authentiques.

MANIFESTATION DANS LA VIE QUOTIDIENNE ET LE BUSINESS

Vie Quotidienne :

Dans la vie personnelle, cette Porte se manifeste par une capacité naturelle à écouter et à soutenir les autres. Elle favorise des relations profondes basées sur la confiance et l'ouverture.

Application en Business :

Dans un contexte professionnel, la Porte 13 excelle dans des rôles nécessitant de l'écoute active et de la compréhension, tels que le coaching, le conseil, la médiation ou la direction d'équipes. Elle est également précieuse dans les contextes nécessitant une gestion des expériences passées pour inspirer l'avenir.

INFLUENCE ÉNERGÉTIQUE COLLECTIVE (TRANSITS)

Lorsqu'activée dans les transits, la Porte 13 invite le collectif à écouter avec un cœur ouvert. C'est une période propice pour revisiter les leçons du passé et s'en inspirer pour créer des solutions et des visions collectives porteuses d'espoir.

NUANCES EN FONCTION DE LA LIGNE

LIGNE 1 : Ecouter et comprendre avant de partager

Les individus avec la porte 13 en ligne 1 ressentent un besoin de comprendre avant de transmettre. ils aiment collecter des informations et analyser les histoires avant de les partager avec les autres.

Défi : peur de ne pas savoir quoi faire des histoires reçues

Conseil : accepter que toutes les histoires n'ont pas besoin d'être partagées immédiatement

LIGNE 2 : Ecoute intuitive et naturelle

Les personnes avec la porte 13 en ligne 2 ont une capacité innée à écouter sans effort. elles captent les récits des autres et attirent spontanément les confidences, même sans le vouloir.

Défi : être sollicité sans comprendre pourquoi

Conseil : faire confiance à son intuition pour savoir quand écouter et quand se protéger

LIGNE 3 : Apprendre à travers les récits et les erreurs
Les individus avec la porte 13 en ligne 3 découvrent la sagesse par l'expérience directe des histoires. ils expérimentent, apprennent de leurs erreurs et comprennent comment les récits influencent la vie.
Défi : se sentir perdu dans trop d'expériences ou de récits contradictoires
Conseil : accepter que l'apprentissage passe par la diversité des expériences

LIGNE 4 : Influencer et inspirer par les histoires
Les individus avec la porte 13 en ligne 4 sont des conteurs et des transmetteurs naturels. ils savent partager des récits qui inspirent et rassemblent les autres.
Défi : vouloir adapter son discours pour plaire
Conseil : rester fidèle à la vérité des histoires partagées

LIGNE 5 : Utiliser les récits pour transformer et résoudre les problèmes
Les individus avec la porte 13 en ligne 5 ont une approche pragmatique des récits. ils ne se contentent pas d'écouter, ils veulent trouver des solutions et transmettre une sagesse utile.
Défi : pression des attentes extérieures
Conseil : apprendre à écouter sans se sentir obligé d'apporter une solution immédiate

LIGNE 6 : Observer et comprendre l'impact des histoires sur le collectif
Les individus avec la porte 13 en ligne 6 adoptent une perspective globale sur la mémoire collective. ils ne se focalisent pas sur les récits individuels mais cherchent à comprendre comment les histoires influencent la société sur le long terme.
Défi : sentiment d'être en décalage avec ceux qui vivent dans l'instant
Conseil : accepter son rôle de guide et de gardien de la mémoire

NUANCES EN FONCTION DU TYPE
MANIFESTEUR : Initier des récits qui provoquent une prise de conscience
Le manifesteur avec la porte 13 ne se contente pas d'écouter, il utilise les histoires pour ouvrir de nouvelles perspectives et initier des changements.
Défi : résistance et incompréhension
Conseil : informer avant de partager des vérités qui peuvent être bouleversantes

GÉNÉRATEUR : Approfondir les récits qui le passionnent
Le générateur avec la porte 13 se connecte profondément aux histoires qui résonnent avec son énergie sacrale.
Défi : frustration si les histoires ne trouvent pas d'écho ou ne sont pas valorisées
Conseil : écouter sa réponse sacrale pour savoir quelles histoires approfondir et partager

Le manifesteur-générateur (MG) : Capter et transmettre rapidement des histoires variées
Le MG avec la porte 13 peut absorber de nombreuses histoires et les transmettre avec rapidité, mais peut aussi se disperser.

PROJECTEUR : Guider les autres à travers les histoires et les leçons qu'elles contiennent
Le projecteur avec la porte 13 a une capacité unique à voir la sagesse cachée dans les récits et à aider les autres à comprendre leur propre histoire.
Défi : besoin de reconnaissance et fatigue émotionnelle
Conseil : attendre d'être invité avant de partager sa perspective

RÉFLECTEUR : Refléter la mémoire collective et les histoires du monde
Le réflecteur avec la porte 13 absorbe les récits et reflète la sagesse collective, apportant une perspective unique sur la société.
Défi : surcharge émotionnelle et manque de clarté sur ce qui lui appartient
Conseil : prendre du recul pour filtrer et clarifier ce qui lui appartient

INFLUENCE DES PLANÈTES SUR LA PORTE 13
SOLEIL en Porte 13 Briller à travers la sagesse et l'écoute
Le Soleil en Porte 13 éclaire la capacité de l'individu à être un témoin du passé. Il devient un gardien de la mémoire, capable de tirer des enseignements profonds des histoires qu'il entend.
Défi : Risque d'absorber trop d'informations sans savoir comment les filtrer
Conseil : Développer un discernement pour ne partager que ce qui est utile

TERRE en Porte 13 Ancrer la transmission des mémoires dans la réalité
Avec la Terre ici, l'individu a besoin de traduire les expériences du passé en quelque chose de concret et d'utile. Il peut être un archiviste, un historien ou un enseignant du vécu humain.
Défi : Se perdre dans la nostalgie ou l'attachement au passé
Conseil : Relier les souvenirs à une perspective évolutive

LUNE en Porte 13 Une écoute intuitive et émotionnelle
La Lune en Porte 13 rend l'individu hypersensible aux récits des autres. Il capte les émotions sous-jacentes et ressent profondément les expériences qu'on lui partage.
Défi : Être submergé par les émotions des autres
Conseil : Mettre des limites énergétiques pour ne pas absorber la souffrance collective

MERCURE en Porte 13 Le conteur des mémoires humaines
Mercure apporte une fluidité dans la transmission des histoires. L'individu est souvent un excellent orateur ou écrivain, capable de communiquer des vérités profondes à travers le récit.
Défi : Risque de déformer les faits par embellissement ou omission
Conseil : Rester fidèle aux histoires et les transmettre avec authenticité

VÉNUS en Porte 13 Une écoute bienveillante et harmonieuse
Avec Vénus, l'individu porte une dimension profondément compatissante et esthétique dans sa manière d'écouter et de raconter les histoires du passé.
Défi : Vouloir éviter les vérités difficiles par désir d'harmonie
Conseil : Accepter que certaines vérités sont inconfortables mais nécessaires

MARS en Porte 13 L'impulsivité dans la collecte et la transmission d'informations
Mars en Porte 13 pousse à réagir rapidement aux histoires, parfois avec passion et intensité. Il y a un désir de révéler ce qui est caché.
Défi : Risque de partager des secrets sans y réfléchir
Conseil : Apprendre à gérer l'information avec maturité et responsabilité

JUPITER en Porte 13 L'expansion du savoir à travers la transmission
Jupiter amplifie la Porte 13, faisant de l'individu un grand enseignant ou un leader spirituel qui partage des récits inspirants pour guider les autres.
Défi : Risque de se disperser entre trop d'histoires et de perdre leur essence
Conseil : Structurer ses récits pour qu'ils aient un véritable impact

SATURNE en Porte 13 La discipline dans la préservation des mémoires
Saturne impose un devoir de responsabilité dans l'écoute et la transmission des expériences. L'individu peut devenir un gardien du savoir, avec un sens du devoir très fort.
Défi : Avoir du mal à s'ouvrir à de nouvelles perspectives
Conseil : Éviter la rigidité et rester ouvert à l'évolution du savoir

URANUS en Porte 13 Une manière unique et innovante de transmettre le passé

Avec Uranus, l'individu explore de nouvelles formes de narration pour raconter le passé, brisant les conventions et réinventant la façon dont on partage la mémoire collective.
Défi : Être perçu comme trop avant-gardiste ou incompris
Conseil : Trouver un équilibre entre innovation et respect des traditions

NEPTUNE en Porte 13 Une connexion mystique avec les récits de l'humanité

Neptune apporte une dimension spirituelle et onirique aux histoires recueillies et racontées. L'individu peut percevoir des vérités profondes à travers des visions ou des rêves.
Défi : Se perdre dans l'imaginaire et ne plus discerner la réalité
Conseil : Ancrer ses perceptions dans des faits concrets pour ne pas dériver

PLUTON en Porte 13 La transformation à travers la révélation des vérités cachées

Pluton rend l'individu capable de mettre en lumière des secrets enfouis et d'utiliser l'histoire pour provoquer une transformation profonde.
Défi : Être confronté à des vérités difficiles et parfois douloureuses
Conseil : Accepter que révéler la vérité peut être un acte de libération autant que de confrontation

---

INTROSPECTION & RÉFLEXION

1. De quelles façons est-ce que je m'engage dans l'écoute des autres tout en maintenant des limites saines ?
2. Comment puis-je approfondir ma capacité à écouter pour capter les leçons profondes derrière les mots ?
3. Dans quelles situations ai-je ressenti que mon écoute apportait un réel soulagement ou une nouvelle perspective à quelqu'un ?
4. Comment puis-je transformer les récits que j'entends en enseignements bénéfiques pour le bien collectif ?
5. Quelles stratégies puis-je mettre en place pour éviter de me laisser submerger par les émotions des autres lors de l'écoute ?
6. Comment puis-je rester à l'écoute de mes propres émotions et besoins tout en étant disponible pour les autres ? Comment puis-je m'assurer de prendre cet espace de manière régulière ?

CANAL 13/33 - CANAL DU PRODIGE

Type de canal : Projecteur
Portes : 13 (L'Auditeur) et 33 (La Retraite)
Centres impliqués : Centre G → Centre de la Gorge
Circuit : Circuit Collectif - Ressenti
Thème principal : Observer, écouter et transmettre les expériences collectives
Sens dominant : La vue
Rôle : Servir de mémoire vivante et partager les leçons apprises

"Les histoires du passé sont des guides pour le futur. »

LES DYNAMIQUES DU CANAL 13/33

Une mémoire collective vivante
Ce canal est un réceptacle d'histoires et d'expériences, capturant les récits des autres et les intégrant dans sa compréhension du monde.
Il fonctionne comme une archive humaine, accumulant des leçons précieuses issues du passé.

Un talent naturel pour écouter
La Porte 13 est l'oreille du Design Humain, permettant une écoute profonde et une capacité à percevoir les non-dits.
Cette sensibilité aux récits fait du porteur du canal un confident naturel, attirant les confidences des autres.

Un besoin de solitude pour intégrer
La Porte 33 représente le retrait et la réflexion. Elle donne la nécessité de se retirer temporairement pour traiter l'information absorbée.
Ce canal a besoin de moments de silence pour structurer et donner du sens aux expériences accumulées.

Un rôle de passeur de mémoire
L'individu avec ce canal ne garde pas ses expériences pour lui, mais les restitue sous forme de récits ou de conseils.
Il apporte une vision rétrospective, permettant aux autres d'apprendre du passé pour évoluer.

Un canal qui fonctionne sur invitation
En tant que canal projecteur, il ne peut partager efficacement ses enseignements que lorsqu'il est invité à le faire.

Sans reconnaissance, ses histoires peuvent sembler inutiles ou inintéressantes pour les autres.

DÉFIS ET OMBRES
L'accumulation d'histoires non partagées
L'individu peut se sentir submergé par les confidences et les expériences qu'il absorbe.
Il est essentiel de trouver des occasions d'exprimer et de transmettre ces récits, sous peine d'un sentiment d'isolement.

Le risque de rester coincé dans le passé
Ce canal ayant une forte orientation vers la mémoire, il peut se fixer sur les événements passés, au détriment du moment présent.
Il est important d'apprendre à utiliser le passé comme un guide, et non comme une prison.

Le besoin de reconnaissance pour être entendu
En tant que canal projecteur, il dépend de la reconnaissance extérieure pour être valorisé.
Sans cela, il peut ressentir un manque de considération et de frustration.

Le canal 13/33 est un gardien de la mémoire collective, permettant de préserver, d'interpréter et de transmettre des leçons précieuses issues du passé. Il joue un rôle essentiel dans la transmission du savoir, tant à l'échelle individuelle que collective. Lorsqu'il est bien utilisé, il devient une source d'inspiration et de guidance, aidant les autres à mieux comprendre leur propre histoire.

PORTE 14 LE GRAND AVOIR (LA PROSPÉRITÉ)

"Mon énergie alimente mon destin, et en suivant ma passion, j'attire l'abondance naturellement."

PORTE DU SAVOIR FAIRE

La Porte 14 est celle de la puissance intérieure et de la prospérité. Située dans le Centre Sacral, elle représente l'énergie pure du travail passionné, qui génère naturellement abondance et succès lorsqu'elle est alignée sur la bonne direction. Elle fonctionne en synergie avec la Porte 2 (la réceptivité et la direction intérieure) pour former le canal 2-14 du Porteur du Trésor, un canal fondamental pour attirer et canaliser les ressources nécessaires à la mission de vie.

Physiologie : Intestin grêle
Acide Aminé : Lysine
Cercle de Codons : Le Cercle du Feu (1, 14)
Partenaire de programmation : Clé génétique 8
Centre : Centre Sacral
Quart : Mutation

Ligne 1 - L'argent ne fait pas le bonheur
Ligne 2 - La direction
Ligne 3 - Le service
Ligne 4 - La sécurité
Ligne 5 - L'arrogance
Ligne 6 - L'humilité

Canal : 14/2 - Canal de la Cadence - Lorsque la Porte 14 se connecte à la Porte 2 (Centre G), elle forme un canal qui aligne l'énergie sacrale sur une direction claire et alignée avec les talents innés, créant une abondance naturelle et durable.
Circuit : Circuit du Savoir

Siddhi : Prodigalité | **Don :** Compétence | **Ombre :** Compromis

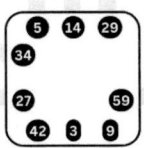

CENTRE SACRAL

ESSENCE DE LA PORTE

L'archétype de la Porte 14 est celui du Créateur de Prospérité. Cette énergie n'est pas une quête du succès matériel à tout prix, mais une reconnaissance que la vraie richesse vient de l'alignement entre travail, passion et mission de vie. Lorsqu'elle est bien utilisée, cette porte permet d'attirer des opportunités et des ressources pour accomplir des projets significatifs.

Son défi est d'éviter de gaspiller son énergie dans des directions qui ne sont pas alignées avec son véritable Soi.

RÔLE DANS LES INTERACTIONS

Dans les interactions, la Porte 14 inspire les autres à utiliser leurs talents de manière alignée et à travailler avec passion pour manifester leur propre prospérité. Les porteurs de cette énergie montrent, par leur exemple, que l'abondance est le résultat d'un alignement entre effort, direction et passion.

DÉFIS

- Tendance à investir son énergie dans des efforts qui ne sont pas alignés, ce qui peut entraîner frustration ou épuisement.

- Risque de se sentir obligé(e) de travailler dur pour obtenir la prospérité, au lieu de laisser cette énergie circuler naturellement.

- Difficulté à reconnaître ou à valoriser ses propres talents.

TALENTS

- Capacité à transformer un travail aligné en abondance pour soi-même et pour le collectif.

- Talent naturel pour canaliser une énergie sacrale puissante dans des projets inspirés.

- Influence positive qui inspire les autres à trouver et suivre leur propre chemin vers la prospérité.

EXPRESSION DÉSÉQUILIBRÉE

Lorsque désalignée, la Porte 14 peut se manifester par un surmenage ou une perte de direction. Les porteurs de cette énergie peuvent tomber dans le piège de chercher la réussite pour les mauvaises raisons ou de négliger leur passion dans leur quête de prospérité.

MAÎTRISE

En équilibre, la Porte 14 devient une force magnétique pour l'abondance. Elle montre comment la passion et le travail aligné peuvent transformer les opportunités en une prospérité durable, non seulement pour soi-même, mais aussi pour les autres.

MANIFESTATION DANS LA VIE QUOTIDIENNE ET LE BUSINESS

Vie Quotidienne :

Dans la vie personnelle, cette Porte se manifeste par une capacité à utiliser son énergie de manière alignée, en investissant dans des projets qui apportent satisfaction et abondance. Elle favorise des choix basés sur la passion et la direction intérieure.

Application en Business :

Dans un contexte professionnel, la Porte 14 excelle dans des rôles nécessitant de la productivité, de l'innovation et de l'engagement passionné. Elle est idéale pour les entrepreneurs, les créateurs ou les leaders capables de transformer leur énergie en succès aligné.

INFLUENCE ÉNERGÉTIQUE COLLECTIVE (TRANSITS)

Lorsqu'activée dans les transits, la Porte 14 invite le collectif à réfléchir à l'utilisation alignée de l'énergie et des talents pour créer une abondance partagée. C'est un moment propice pour réévaluer ses efforts et s'assurer qu'ils sont en harmonie avec ses passions et ses valeurs.

NUANCES EN FONCTION DE LA LIGNE

LIGNE 1 : Bâtir une base solide pour la prospérité

Les individus avec la porte 14 en ligne 1 ressentent un besoin de sécurité et de compréhension avant de s'engager pleinement dans un projet. ils veulent maîtriser leur environnement avant d'investir leur énergie dans un travail ou une ambition.

Défi : peur de l'incertitude et hésitation à s'engager

Conseil : accepter que la maîtrise vient avec l'expérience

LIGNE 2 : Attirer les opportunités naturellement

Les personnes avec la porte 14 en ligne 2 ont une capacité innée à manifester l'abondance sans effort apparent. elles attirent les bonnes opportunités lorsque leur énergie est alignée avec leur vocation.

Défi : peur de ne pas être à la hauteur

Conseil : faire confiance à sa capacité naturelle à attirer la prospérité

LIGNE 3 : Apprendre à canaliser son énergie à travers l'expérience
Les individus avec la porte 14 en ligne 3 apprennent par essais et erreurs comment utiliser leur énergie de manière efficace. ils explorent différentes voies avant de trouver celle qui leur correspond vraiment.
Défi : instabilité et dispersion
Conseil : accepter que l'échec fait partie du chemin vers la prospérité

LIGNE 4 : Inspirer et partager sa réussite avec les autres
Les individus avec la porte 14 en ligne 4 ont une capacité naturelle à partager et à transmettre leur succès. leur prospérité ne se construit pas seul ; elle passe par des relations et des collaborations.
Défi : peur de la dépendance aux autres
Conseil : comprendre que l'abondance se multiplie lorsqu'elle est partagée

LIGNE 5 : Transformer les défis en opportunités
Les individus avec la porte 14 en ligne 5 ont une vision stratégique de la prospérité. ils savent comment utiliser les ressources à leur disposition pour surmonter les obstacles et réussir.
Défi : pression des attentes extérieures
Conseil : aligner ses ambitions avec ce qui résonne vraiment intérieurement

LIGNE 6 : Observer et comprendre les cycles de la prospérité
Les individus avec la porte 14 en ligne 6 adoptent une perspective globale sur l'abondance et la direction de vie. ils comprennent que l'énergie de la prospérité suit des cycles et qu'il ne faut pas forcer les choses.
Défi : sentiment d'être en décalage avec le monde matériel
Conseil : accepter que la richesse est un outil et non une finalité

NUANCES EN FONCTION DU TYPE
MANIFESTEUR Initier son propre chemin vers la prospérité
Le manifesteur avec la porte 14 ne suit pas les règles établies. il crée ses propres opportunités et initie de nouvelles voies vers l'abondance.
Défi : résistance et incompréhension
Conseil : informer avant d'agir pour faciliter l'acceptation de son leadership

GÉNÉRATEUR : Construire une prospérité durable à travers l'engagement
Le générateur avec la porte 14 manifeste l'abondance en répondant à ce qui le passionne et en y consacrant son énergie.

Défi : frustration si son travail n'est pas aligné avec ce qui le fait vibrer
Conseil : écouter sa réponse sacrale pour investir son énergie dans ce qui l'épanouit vraiment

Le **manifesteur-générateur** (MG): Explorer différentes opportunités avant de s'ancrer
Le MG avec la porte 14 peut tester plusieurs voies avant de trouver celle qui correspond réellement à son énergie.

PROJECTEUR : Guider les autres vers une utilisation optimale de leur énergie
le projecteur avec la porte 14 perçoit comment les autres peuvent mieux canaliser leur énergie pour manifester la prospérité.
Défi : besoin de reconnaissance et risque d'épuisement
Conseil : attendre d'être invité avant de partager ses conseils stratégiques

RÉFLECTEUR : Observer et refléter les dynamiques de prospérité
Le réflecteur avec la porte 14 absorbe et reflète les modèles de réussite autour de lui.
Défi : difficulté à trouver une voie qui lui est propre
Conseil : suivre son propre rythme et respecter ses cycles lunaires avant de s'engager

INFLUENCE DES PLANÈTES SUR LA PORTE 14
SOLEIL en Porte 14 Briller à travers l'expression de son pouvoir personnel
Le Soleil en Porte 14 illumine le potentiel de prospérité intérieure. L'individu est appelé à utiliser son énergie de manière intelligente et alignée avec sa propre direction.
Défi : Risque de disperser son énergie dans des projets non alignés
Conseil : Se concentrer sur ce qui nourrit véritablement son âme et son évolution

TERRE en Porte 14 Ancrer l'abondance dans des choix solides
Avec la Terre ici, la prospérité passe par la stabilité et l'engagement. L'individu réussit lorsqu'il investit son énergie dans des structures qui soutiennent une croissance durable.
Défi : Difficulté à lâcher prise sur des opportunités non alignées
Conseil : Cultiver une patience stratégique pour voir les fruits de son travail

LUNE en Porte 14 Une prospérité cyclique et intuitive
La Lune rend l'énergie de la Porte 14 fluctuante, parfois très abondante, parfois en repli. La clé est d'accepter ces cycles sans s'attacher à une forme spécifique de

réussite.
Défi : Insécurité face aux variations d'abondance
Conseil : Apprendre à suivre le rythme naturel de ses ressources et de ses inspirations

MERCURE en Porte 14 La richesse par la transmission de la connaissance
Avec Mercure, l'individu exprime son potentiel à travers la communication et l'enseignement. Il peut monétiser son savoir ou inspirer les autres par ses idées innovantes.
Défi : Parler de prospérité sans réellement la vivre
Conseil : Aligner ses paroles avec ses actions pour une cohérence énergétique

VÉNUS en Porte 14 L'argent et l'abondance comme formes d'amour
Vénus apporte une dimension esthétique et relationnelle à la prospérité. L'individu attire des opportunités grâce à son charme, sa capacité à créer du beau et à cultiver des relations harmonieuses.
Défi : Dépendre des autres pour sa réussite
Conseil : Trouver un équilibre entre autonomie et collaboration

MARS en Porte 14 L'action rapide et instinctive pour manifester la richesse
Mars donne une impulsion forte à cette porte, poussant à agir avec courage pour saisir des opportunités. L'individu a une énergie entrepreneuriale puissante.
Défi : Impulsivité dans la gestion des ressources
Conseil : Prendre le temps d'évaluer avant d'investir son énergie

JUPITER en Porte 14 L'expansion et la prospérité naturelle
Avec Jupiter, la Porte 14 prend une dimension grandiose. L'individu attire souvent la richesse et les opportunités avec facilité, car il comprend comment investir intelligemment son énergie.
Défi : Excès de confiance ou surinvestissement
Conseil : Rester ancré et discipliné pour éviter la dispersion

SATURNE en Porte 14 La discipline comme clé du succès
Saturne exige que la prospérité soit construite avec rigueur et responsabilité. L'individu ne peut réussir qu'en maîtrisant son énergie et en suivant une voie alignée avec ses valeurs profondes.
Défi : Sentiment de restriction ou de limitation financière
Conseil : Comprendre que les limites imposées sont des enseignements pour mieux structurer son succès

URANUS en Porte 14 Une prospérité hors des sentiers battus
Uranus apporte une dimension révolutionnaire à l'abondance. L'individu ne suit pas les chemins traditionnels pour réussir et peut inventer de nouvelles formes de richesse.

Défi : Instabilité financière due à un rejet des structures classiques
Conseil : Trouver un équilibre entre innovation et gestion responsable

NEPTUNE en Porte 14 L'abondance spirituelle avant tout
Avec Neptune, la richesse ne se mesure pas uniquement en termes matériels. L'individu peut être un canal d'inspiration, attirant l'abondance par son alignement spirituel.
Défi : Difficulté à gérer l'argent ou à s'ancrer dans le monde matériel
Conseil : Apprendre à allier matérialité et spiritualité pour une prospérité complète

PLUTON en Porte 14 La transformation à travers la gestion des ressources
Pluton apporte une profondeur intense à la relation avec l'argent et l'énergie. L'individu peut vivre des transformations majeures liées à son pouvoir personnel et à sa capacité à créer de la richesse.
Défi : Expériences de perte ou de destruction avant une reconstruction
Conseil : Accepter les cycles de mort et de renaissance pour mieux maîtriser son énergie

INTROSPECTION & RÉFLECTION
1. Comment puis-je utiliser mes compétences de manière authentique et bénéfique pour les autres ?
2. Quelles sont les activités qui me font me sentir compétent et productif ?
3. Comment m'assurer que mes choix reflètent mes valeurs profondes, sans céder aux compromis ?
4. De quelles façons puis-je poursuivre mes objectifs tout en maintenant un équilibre entre réussite et intégrité ?
5. Dans quelles situations suis-je tenté de faire des compromis qui ne me respectent pas ?
6. Comment pourrais-je protéger mon énergie pour éviter l'épuisement en poursuivant mes ambitions ?

CANAL 2/14 - CANAL DE LA PULSATION

Type de canal : Générateur
Portes : 2 (La Réceptivité) et 14 (La Grande Prospérité)
Centres impliqués : Centre G → Centre Sacral
Circuit : Circuit de l'Individualité
Thème principal : Alignement, autonomie et prospérité naturelle
Sens dominant : L'ouïe (acoustique)
Rôle : Gardien des clés de l'évolution et de la direction

"Dans le mouvement fluide de l'individualité, chaque pas ouvre la voie à l'abondance et à la transformation."

LES DYNAMIQUES DU CANAL 2/14

La réussite naturelle
- Ce canal est un symbole de prospérité organique, où la réussite découle de l'alignement avec son propre rythme intérieur.
- Les personnes avec ce canal ont un talent naturel pour attirer et gérer les ressources qui soutiennent leur chemin de vie.

L'individualisme puissant
- Le canal 2/14 appartient au Circuit de l'Individualité, ce qui signifie qu'il est conçu pour suivre sa propre voie, sans chercher la validation extérieure.
- Il incarne un leadership passif : il ne force pas les autres à le suivre, mais son alignement inspire ceux qui l'observent.

L'intuition de la direction
- La Porte 2 (Centre G) fournit une boussole intérieure infaillible, indiquant la meilleure direction à suivre à chaque instant.
- La Porte 14 (Centre Sacral) ajoute l'énergie et l'endurance nécessaires pour manifester cette direction avec puissance et persévérance.

La fluidité et l'autonomie
- Ce canal fonctionne dans le présent, en réponse aux opportunités qui se présentent naturellement.
- Il ne contrôle pas les événements, mais sait instinctivement comment s'adapter aux changements et en tirer profit.

Un modèle d'émancipation
- Le canal 2/14 montre que la véritable richesse vient de l'autonomie et de la capacité à répondre aux circonstances avec justesse.
- Il enseigne aux autres qu'ils doivent trouver leur propre chemin, sans chercher à être "portés" ou guidés de manière rigide.

DÉFIS ET OMBRES
La difficulté à accepter la passivité
- L'énergie de ce canal n'est pas une énergie de contrôle ou de prise d'initiative forcée. Il s'agit d'une réponse aux circonstances.
- Ceux qui résistent à ce flux naturel peuvent ressentir de la frustration ou un sentiment d'être perdus.

L'incompréhension des autres
- Les personnes avec ce canal peuvent être perçues comme solitaires ou détachées, car elles suivent leur propre rythme sans se soucier des attentes sociales.
- Elles doivent accepter que leur chemin soit unique et ne pas chercher à s'intégrer à tout prix.

Un potentiel inexploité
- Lorsqu'une personne avec ce canal tente de forcer les choses au lieu de répondre naturellement aux opportunités, elle risque de perdre son alignement et de ressentir de l'insatisfaction.
- Il est essentiel de faire confiance à son intuition et à son timing naturel.

Le canal 2/14 est une voie de prospérité naturelle et d'alignement avec le flux de la vie. Il incarne la capacité à suivre son propre chemin avec assurance et à attirer ce dont on a besoin sans effort excessif. Ceux qui possèdent ce canal sont des guides silencieux, montrant par leur exemple que le succès vient en restant fidèle à soi-même et en embrassant le rythme naturel de l'existence .

PORTE 15 L'HUMILITÉ

"En embrassant la diversité et les rythmes changeants de la vie, je deviens un phare d'harmonie pour le monde."

PORTE DES EXTRÊMES

La Porte 15 est celle de l'amour de l'humanité et de l'acceptation des extrêmes. Située dans le Centre G, elle représente une connexion profonde aux cycles naturels et aux variations du comportement humain. Elle fonctionne avec la Porte 5 (le rythme) pour former le canal 5-15 du Flux, qui est essentiel pour équilibrer l'ordre et le chaos dans l'expérience humaine.

Physiologie : Foie
Acide Aminé : Serine
Cercle de Codons : Le Cercle de la Quête (15, 39, 52, 53, 54, 58)
Partenaire de programmation : Clé génétique 10
Centre : Centre G
Quart : Civilisation

Ligne 1 - Le devoir
Ligne 2 - L'influence
Ligne 3 - La témérité
Ligne 4 - L'isolement
Ligne 5 - La sensibilité
Ligne 6 - L'auto-défense

Canal : 5/15 - Canal du Rythme - Lorsque la Porte 15 se connecte à la Porte 5 (Centre Sacral), elle forme un canal qui aligne la régularité individuelle avec les variations universelles, favorisant un équilibre dynamique dans les cycles de la vie.
Circuit : Circuit de la compréhension

Siddhi : Florescence | **Don :** Magnétisme | **Ombre :** Monotonie

CENTRE G

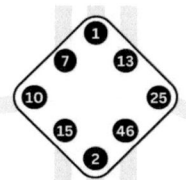

ESSENCE DE LA PORTE

L'archétype de la Porte 15 est celui du Gardien des Rythmes Naturels. Cette énergie est caractérisée par une capacité innée à accepter les différences et les irrégularités. Elle incarne la diversité des comportements humains et des cycles naturels, sans jugement.

Son défi est d'éviter de se perdre dans des excès, en cherchant à s'adapter à tous les environnements sans ancrage personnel.

RÔLE DANS LES INTERACTIONS

Dans les relations, la Porte 15 apporte une acceptation naturelle des différences. Elle inspire les autres à embrasser leur diversité et à trouver un équilibre dans les extrêmes. Les porteurs de cette énergie ont une capacité unique à maintenir une harmonie collective tout en respectant l'individualité.

DÉFIS

- Tendance à se perdre dans des comportements extrêmes, avec un manque d'ancrage ou de stabilité.
- Risque de ne pas s'adapter aux rythmes ou aux variations des autres, provoquant des tensions.
- Difficulté à accepter ou à équilibrer les différences dans les interactions sociales.

TALENTS

- Capacité à naviguer et harmoniser les variations extrêmes des situations ou des groupes.
- Talent naturel pour créer un équilibre entre la régularité et les variations imprévues.
- Influence apaisante dans les environnements chaotiques, en apportant une perspective d'acceptation.

EXPRESSION DÉSÉQUILIBRÉE

Lorsqu'elle est désalignée, la Porte 15 peut se manifester par des comportements déséquilibrés ou un rejet des variations naturelles de la vie. Cela peut entraîner des conflits ou un sentiment de déconnexion des autres.

MAÎTRISE

En équilibre, la Porte 15 devient une force de stabilité et de sagesse dans la diversité. Elle enseigne que l'harmonie ne se trouve pas dans la rigidité, mais dans la capacité à s'adapter avec grâce aux flux changeants de la vie.

MANIFESTATION DANS LA VIE QUOTIDIENNE ET LE BUSINESS

Vie Quotidienne :

Dans la vie personnelle, cette Porte se manifeste par une capacité à trouver un équilibre entre routines et spontanéité. Elle invite à cultiver une acceptation des différences et des rythmes naturels des autres et de soi-même.

Application en Business :

Dans un contexte professionnel, la Porte 15 excelle dans des rôles nécessitant une gestion de la diversité, comme le leadership inclusif, la gestion d'équipes ou les projets nécessitant une adaptation constante aux changements. Elle brille dans des environnements complexes ou variés.

INFLUENCE ÉNERGÉTIQUE COLLECTIVE (TRANSITS)

Lorsqu'activée dans les transits, la Porte 15 invite le collectif à embrasser la diversité et à s'aligner avec les rythmes naturels. C'est un moment propice pour célébrer les différences et trouver une harmonie collective à travers l'acceptation.

NUANCES EN FONCTION DE LA LIGNE

LIGNE 1 : Comprendre et accepter son propre rythme

Les individus avec la Porte 15 en Ligne 1 ressentent un besoin d'explorer et de comprendre leurs propres rythmes avant de les imposer aux autres. Ils ont besoin d'une base solide pour se sentir en harmonie avec la vie.

Défi : Peur de ne pas être en phase avec le monde

Conseil : Accepter que chaque rythme est unique et précieux

LIGNE 2 : Rythme instinctif et naturel

Les personnes avec la Porte 15 en Ligne 2 ont une connexion naturelle avec leur propre flux. Elles vivent leur rythme sans effort et peuvent inspirer les autres par leur spontanéité.

Défi : Attente de reconnaissance et incompréhension des autres

Conseil : Faire confiance à son propre tempo sans chercher à l'expliquer

LIGNE 3 : Explorer différents styles de vie

Les individus avec la Porte 15 en Ligne 3 découvrent leurs rythmes en expérimentant de multiples façons de vivre. Ils passent par différentes phases avant de trouver un équilibre qui leur convient.

Défi : Instabilité et impression de ne jamais trouver sa place

Conseil : Accepter que l'expérimentation fait partie du chemin

LIGNE 4 : Inspirer les autres à embrasser la diversité
Les individus avec la Porte 15 en Ligne 4 ont une capacité naturelle à fédérer les autres et à créer une atmosphère d'acceptation et d'ouverture.
Défi : Vouloir plaire et s'oublier dans le collectif
Conseil : Être un guide d'acceptation sans sacrifier sa propre vérité

LIGNE 5 : Apporter un modèle de diversité et d'adaptabilité
Les individus avec la Porte 15 en Ligne 5 ont une approche stratégique pour intégrer l'acceptation et la diversité dans la société. Ils savent comment appliquer ces principes de manière concrète.
Défi : Pression des attentes extérieures et responsabilité perçue
Conseil : Trouver un équilibre entre guidance et respect de ses propres limites

LIGNE 6 : Observer et comprendre les cycles du monde
Les individus avec la Porte 15 en Ligne 6 ont une perspective élevée sur la diversité et les rythmes naturels. Ils observent comment les sociétés et les individus évoluent à travers leurs propres flux.
Défi : Sentiment d'être en décalage avec le monde
Conseil : Accepter son rôle de guide et de témoin des cycles de la vie

NUANCES EN FONCTION DU TYPE
MANIFESTEUR : Initier de nouvelles manières de vivre
Le Manifesteur avec la Porte 15 n'accepte pas simplement les rythmes existants, il crée les siens. Il peut être un pionnier des modes de vie alternatifs ou des approches nouvelles en matière de diversité.
Défi : résistance et incompréhension
Conseil : informer avant d'agir pour éviter la résistance

GÉNÉRATEUR : Suivre son propre flux en réponse aux opportunités
Le Générateur avec la Porte 15 trouve l'alignement en suivant ce qui l'attire naturellement, créant ainsi un mode de vie qui lui correspond.
Défi : frustration si son rythme est imposé par l'extérieur
Conseil : écouter sa réponse sacrale pour respecter son propre cycle

Le Manifesteur-Générateur (MG) : Explorer plusieurs rythmes et s'adapter
Le MG avec la Porte 15 alterne entre périodes d'intensité et de repos, trouvant son équilibre dans cette alternance.

PROJECTEUR : Guider les autres vers l'acceptation de leur propre rythme
Le Projecteur avec la Porte 15 perçoit comment les autres vivent leurs cycles et peut les aider à mieux les comprendre et les accepter.
Défi : besoin de reconnaissance et fatigue émotionnelle
Conseil : attendre d'être invité pour partager sa perspective

RÉFLECTEUR : Refléter les dynamiques de rythme et d'harmonie
Le Réflecteur avec la Porte 15 absorbe les différentes façons de vivre et reflète ce qui fonctionne ou non dans un collectif.
Défi : instabilité et confusion sur son propre rythme
Conseil : observer ses propres cycles lunaires pour mieux se comprendre

INFLUENCE DES PLANÈTES SUR LA PORTE 15

SOLEIL en Porte 15 Briller à travers l'acceptation des différences
Le Soleil en Porte 15 met en lumière une personne qui incarne une ouverture totale à la diversité humaine. Son rayonnement vient de son amour inconditionnel pour toutes les facettes de l'humanité.
Défi : Se perdre dans une instabilité comportementale
Conseil : Trouver un point d'ancrage tout en honorant les extrêmes

TERRE en Porte 15 Ancrer la diversité dans le monde réel
La Terre ici donne une capacité à harmoniser les différents rythmes. L'individu comprend que les extrêmes font partie du cycle de la vie et trouve une manière de les intégrer avec sagesse.
Défi : Vouloir imposer un rythme collectif uniforme
Conseil : Accepter que chaque individu a son propre tempo

LUNE en Porte 15 Un comportement influencé par les cycles lunaires
Avec la Lune, la personne expérimente des variations importantes dans son énergie et son comportement. Elle peut être extrêmement active à certains moments, puis avoir besoin de repli total.
Défi : Instabilité émotionnelle
Conseil : Honorer ses propres cycles sans culpabilité

MERCURE en Porte 15 Communiquer la diversité et les valeurs humanistes
Avec Mercure, l'individu est un messager de la tolérance et de l'acceptation. Il sait expliquer l'importance d'intégrer les différences et peut être un enseignant, un philosophe ou un conteur inspirant.
Défi : Difficulté à structurer son message
Conseil : Rendre ses idées accessibles et compréhensibles

VÉNUS en Porte 15 L'amour universel et la beauté dans la diversité
Vénus apporte une sensibilité profonde à l'harmonie et à l'esthétique des différences humaines. L'individu valorise la diversité et trouve de la beauté dans les contrastes.
Défi : Vouloir uniformiser au nom de l'harmonie
Conseil : Célébrer la diversité sans chercher à tout équilibrer

MARS en Porte 15 L'impulsivité et l'extrémisme comportemental
Mars amplifie les contrastes de cette porte, rendant l'individu parfois très intense dans son expression, oscillant entre des périodes de grande action et des moments de retrait total.
Défi : Difficulté à se stabiliser
Conseil : Apprendre à canaliser ses extrêmes pour les rendre constructifs

JUPITER en Porte 15 L'expansion à travers l'intégration des différences
Jupiter apporte une grande générosité et une capacité naturelle à rassembler les gens autour de valeurs universelles. L'individu devient un guide inspirant, promouvant la tolérance et l'inclusion.
Défi : Se disperser entre trop de causes humanistes
Conseil : Focaliser son énergie sur un domaine d'impact précis

SATURNE en Porte 15 La responsabilité d'incarner l'acceptation des extrêmes
Saturne impose des leçons sur l'importance de l'équilibre entre le chaos et l'ordre. L'individu doit apprendre à respecter les cycles et les rythmes tout en restant stable.
Défi : Rigidité ou rejet des extrêmes
Conseil : Accepter que l'évolution passe par l'intégration des polarités

URANUS en Porte 15 Un comportement révolutionnaire et non conventionnel
Uranus pousse l'individu à casser les normes établies en acceptant pleinement son unicité. Il peut être perçu comme excentrique, mais son rôle est de montrer de nouvelles façons de vivre.
Défi : Être trop en décalage avec la société
Conseil : Trouver une manière d'influencer positivement le collectif sans s'isoler

NEPTUNE en Porte 15 L'amour inconditionnel et la connexion mystique à l'humanité
Neptune confère une vision transcendante de l'amour humain, où chaque être fait partie d'un tout. L'individu peut être un artiste, un guérisseur ou un guide spirituel inspirant.
Défi : Se perdre dans une vision utopique
Conseil : Rester ancré dans la réalité tout en portant son idéal

PLUTON en Porte 15 La transformation à travers l'acceptation des ombres collectives
Pluton intensifie l'exploration des extrêmes. L'individu traverse des phases de destruction et de reconstruction intérieure, comprenant que l'ombre et la lumière font partie du tout.
Défi : Peur des contrastes ou fascination pour le chaos
Conseil : Utiliser la transformation personnelle pour guider le collectif vers une acceptation plus profonde

---

INTROSPECTION & RÉFLEXION
1. Comment puis-je cultiver une acceptation plus profonde des différences autour de moi ?
2. Dans quelles situations ai-je ressenti une harmonie en acceptant la diversité ?
3. Comment puis-je rester fidèle à mon propre rythme tout en respectant ceux des autres ?
4. Quelles pratiques quotidiennes puis-je instaurer pour cultiver la paix intérieure malgré des rythmes externes différents ?
5. Comment puis-je inspirer les autres à accepter leurs différences et celles des autres ?
6. Comment réagirais-je face à des comportements ou des rythmes qui me semblent inhabituels ou disruptifs ?

CANAL 5/15 - CANAL DU RYTHME

Type de canal : Générateur
Portes : 5 (Les Rythmes Fixes) et 15 (L'Extrême)
Centres impliqués : Centre Sacral → Centre G
Circuit : Circuit Collectif – Compréhension
Thème principal : Maintenir et influencer le rythme naturel
Sens dominant : La vue
Rôle : Synchroniser les individus avec le flux naturel de la vie

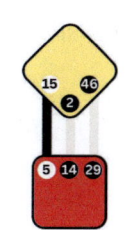

"Comme la mélodie qui donne le tempo à la danse de la vie, vous êtes l'équilibre parfait entre la constance et l'adaptabilité."

LES DYNAMIQUES DU CANAL 5/15

Un ancrage naturel dans le rythme
Ce canal est au cœur du processus biologique et de la régulation des rythmes vitaux.
Il influence à la fois les rythmes individuels (habitudes, routines) et ceux du collectif, créant une connexion fluide entre les deux.

Un magnétisme puissant
Le canal 5/15 possède une aura plus grande que n'importe quel autre canal. Son magnétisme est collectif et attire naturellement les autres dans son propre flot.
Il agit comme un repère stable dans un environnement changeant, apportant de la cohérence et un sentiment de sécurité.

Une harmonie entre routine et flexibilité
La Porte 5 apporte une capacité à structurer la vie autour de routines et de rythmes constants.
La Porte 15, en revanche, embrasse la diversité et les extrêmes, permettant une adaptabilité aux fluctuations naturelles.
L'équilibre entre ces deux forces permet d'être dans le flot optimal, ni rigide, ni chaotique.

Un rôle clé dans l'évolution collective
Ce canal facilite la synchronisation des individus avec des rythmes sains et harmonieux.
Il agit comme un régulateur invisible, influençant subtilement le bien-être collectif par sa seule présence.

La réponse plutôt que l'initiation
En tant que canal Générateur, il trouve son alignement lorsqu'il répond aux opportunités, plutôt que d'imposer un rythme aux autres.

Lorsqu'il est initié depuis le non-Soi, il peut devenir une source de perturbation au lieu d'être une force stabilisatrice.

DÉFIS ET OMBRES
Un besoin excessif de contrôle sur le rythme
Certaines personnes avec ce canal peuvent avoir du mal à gérer les imprévus et s'accrocher à des routines rigides.

L'alignement optimal réside dans l'équilibre entre constance et souplesse.
Une influence inconsciente sur les autres
En raison de son aura expansive, ce canal peut impacter les rythmes des autres sans même s'en rendre compte.
Il est essentiel d'être conscient de son influence et de veiller à ne pas imposer un rythme qui ne correspond pas aux besoins des autres.

Une difficulté à trouver sa place dans un monde chaotique
Dans un environnement très instable, ce canal peut ressentir une forme de déconnexion ou d'isolement.
Trouver des espaces où son rythme naturel est respecté permet de se sentir plus en harmonie avec soi-même et avec les autres.

Le canal 5/15 est un pilier du rythme et de l'adaptabilité. Il permet aux individus et aux groupes de s'accorder à un flot harmonieux, apportant équilibre et stabilité dans un monde en perpétuel mouvement. Lorsqu'il est bien aligné, il agit comme un guide invisible, facilitant la fluidité et le bien-être collectif. Sa plus grande force réside dans sa capacité à danser avec la vie, en trouvant l'équilibre parfait entre régularité et spontanéité.

PORTE 16 L'ENTHOUSIASME

"Ma passion et ma pratique transforment mes talents en véritable maîtrise."

PORTE DU TALENT

La Porte 16 est celle de la maîtrise par la répétition et la passion. Située dans le Centre de la Gorge, elle représente l'expression de compétences affinées et la capacité à captiver un public à travers l'enthousiasme et l'engagement. Elle fonctionne en synergie avec la Porte 48 (la profondeur) pour former le canal 16-48 du Talent, qui est essentiel pour transformer le potentiel brut en expertise par la pratique et l'expérimentation.

Physiologie : Parathyroïde
Acide Aminé : Cystéine
Cercle de Codons : Le Cercle de la Prospérité (16, 45)
Partenaire de programmation : Clé génétique 9
Centre : Centre Gorge
Quart : Civilisation

Ligne 1 - L'illusion
Ligne 2 - Le cynique
Ligne 3 - L'indépendance
Ligne 4 - Le leader
Ligne 5 - Le grincheux
Ligne 6 - La crédulité

Canal : 48/16 - Canal de la Longueur d'onde - Lorsque la Porte 16 se connecte à la Porte 48 (Centre de la Rate), elle forme un canal qui combine la profondeur et la compétence avec l'enthousiasme, permettant une expression talentueuse et inspirante dans des domaines précis.
Circuit : Circuit de la compréhension (canal créatif)

Siddhi : Maestria | **Don :** Polymathie | **Ombre :** Indifférence

CENTRE GORGE

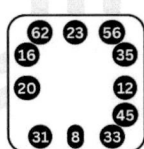

ESSENCE DE LA PORTE

L'archétype de la Porte 16 est celui de l'Artiste et du Technicien. Cette énergie pousse à expérimenter, affiner et perfectionner une compétence jusqu'à atteindre une expression fluide et naturelle. Elle permet d'exprimer un talent unique avec confiance et charisme, en inspirant les autres par la démonstration.

Son défi est d'éviter la superficialité et de ne pas se laisser emporter par l'illusion d'une maîtrise rapide sans effort.

RÔLE DANS LES INTERACTIONS

Dans les interactions, la Porte 16 inspire les autres par sa passion contagieuse et sa capacité à maîtriser ses compétences. Elle agit comme un catalyseur pour encourager les autres à développer leurs propres talents et à s'engager pleinement dans leurs passions.

DÉFIS

- Risque de s'éparpiller en essayant de développer trop de compétences sans se concentrer sur une véritable maîtrise.

- Frustration lorsqu'une compétence ne se traduit pas immédiatement par des résultats concrets ou reconnus.

- Difficulté à aller au-delà de l'enthousiasme initial pour persévérer dans la pratique et atteindre l'excellence.

TALENTS

- Capacité à maîtriser des compétences spécifiques grâce à une pratique dévouée et passionnée.

- Talent pour inspirer les autres par l'expression de ses propres dons et une passion contagieuse.

- Créativité et capacité à trouver des solutions innovantes grâce à un mélange de compétence et d'inspiration.

EXPRESSION DÉSÉQUILIBRÉE

Lorsque désalignée, la Porte 16 peut se manifester par un enthousiasme superficiel ou par une incapacité à approfondir ses compétences. Elle peut aussi entraîner une dispersion, où l'énergie est investie dans trop de directions sans résultat tangible.

MAÎTRISE

En équilibre, la Porte 16 devient une force inspirante de créativité et de compétence. Elle montre que la véritable maîtrise est atteinte par une combinaison de passion, de pratique et de dévouement, et que l'enthousiasme est la clé pour continuer à apprendre et à s'épanouir.

MANIFESTATION DANS LA VIE QUOTIDIENNE ET LE BUSINESS

Vie Quotidienne :

Dans la vie personnelle, cette Porte se manifeste par un enthousiasme pour apprendre de nouvelles choses et explorer ses passions. Elle favorise la curiosité et l'engagement dans des activités qui stimulent la créativité et le développement personnel.

Application en Business :

Dans un contexte professionnel, la Porte 16 excelle dans des rôles nécessitant créativité, innovation et expertise. Elle est idéale pour les artistes, les enseignants, les formateurs ou toute personne engagée dans le perfectionnement d'un métier ou d'un domaine spécifique.

INFLUENCE ÉNERGÉTIQUE COLLECTIVE (TRANSITS)

Lorsqu'activée dans les transits, la Porte 16 invite le collectif à embrasser l'apprentissage et à s'enthousiasmer pour le développement des talents. C'est un moment propice pour explorer de nouvelles compétences, s'engager dans des passions créatives et partager ses dons avec le monde.

NUANCES EN FONCTION DE LA LIGNE

LIGNE 1 : Construire une base solide avant d'exprimer son talent

Les individus avec la Porte 16 en Ligne 1 ressentent un besoin profond de comprendre et d'étudier un domaine en profondeur avant d'oser s'exprimer publiquement. Ils veulent se sentir en sécurité dans leur savoir-faire avant de l'exposer.

Défi : peur de ne pas être prêt ou légitime

Conseil : accepter que l'apprentissage se fait aussi dans l'action

LIGNE 2 : Talent naturel et spontané

Les personnes avec la Porte 16 en Ligne 2 possèdent une capacité innée à exprimer un talent sans effort apparent. Elles dégagent une aisance naturelle dans ce qu'elles font, attirant ainsi l'attention sans chercher à être reconnues.

Défi : attente de validation extérieure

Conseil : faire confiance à son expression instinctive

LIGNE 3 : Apprendre par l'expérience et l'erreur
Les individus avec la Porte 16 en Ligne 3 découvrent leur talent par l'expérimentation. Ils testent différentes approches, échouent et ajustent jusqu'à trouver leur propre style d'expression.
Défi : instabilité et remise en question constante
Conseil : accepter que l'échec fait partie du chemin vers la maîtrise

LIGNE 4 : Inspirer et transmettre son enthousiasme
Les individus avec la Porte 16 en Ligne 4 ont un talent naturel pour partager leur enthousiasme et inspirer les autres. Ils sont souvent perçus comme des motivateurs ou des enseignants.
Défi : vouloir plaire au détriment de l'authenticité
Conseil : cultiver un équilibre entre expression personnelle et influence sur les autres

LIGNE 5 : Appliquer son talent de manière pragmatique
Les individus avec la Porte 16 en Ligne 5 savent traduire leur talent en quelque chose d'utile et d'efficace pour les autres. Ils sont souvent reconnus pour leur capacité à proposer des solutions concrètes.
Défi : pression des attentes extérieures
Conseil : aligner son talent avec ce qui lui procure de la joie

LIGNE 6 : Observer et comprendre la maîtrise sur le long terme
Les individus avec la Porte 16 en Ligne 6 adoptent une vision globale sur le développement du talent. Ils comprennent que la véritable maîtrise prend du temps et qu'elle passe par différentes phases d'apprentissage.
Défi : sentiment d'être en décalage avec les autres
Conseil : partager sa vision sans attendre la perfection

NUANCES EN FONCTION DU TYPE.
MANIFESTEUR : Initier de nouvelles formes d'expression
Le Manifesteur avec la Porte 16 n'attend pas que l'on reconnaisse son talent, il l'impose et l'exprime librement.
Défi : résistance et incompréhension
Conseil : informer avant de s'exprimer pour éviter la résistance

GÉNÉRATEUR : Approfondir son talent avec engagement et passion
Le Générateur avec la Porte 16 se plonge profondément dans la pratique et développe son talent par répétition.

Défi : frustration si son talent n'est pas valorisé

Conseil : écouter sa réponse sacrale pour développer ce qui lui procure un vrai enthousiasme

Le **Manifesteur-Générateur** (MG) : Explorer plusieurs talents et combiner ses compétences

Le MG avec la Porte 16 peut exceller dans plusieurs domaines à la fois, mais doit faire attention à ne pas se disperser.

PROJECTEUR : Guider les autres vers une meilleure expression de leur talent

Le Projecteur avec la Porte 16 a une capacité unique à percevoir comment les autres peuvent mieux exprimer leur potentiel.

Défi : besoin de reconnaissance et fatigue émotionnelle

Conseil : attendre l'invitation pour guider efficacement

RÉFLECTEUR : Refléter les tendances et s'adapter aux talents environnants

Le Réflecteur avec la Porte 16 absorbe et exprime différents talents en fonction de son environnement.

Défi : instabilité et manque d'ancrage dans un talent spécifique

Conseil : observer ses cycles et respecter son propre rythme d'apprentissage

INFLUENCE DES PLANÈTES SUR LA PORTE 16

SOLEIL en Porte 16 : Briller à travers la passion et la maîtrise

Le Soleil ici illumine le potentiel d'un talent naturel. L'individu se sent appelé à partager ses compétences avec le monde et à inspirer les autres à travers son art ou son savoir-faire.

Défi : Croire que le talent suffit sans le travail nécessaire

Conseil : Cultiver la patience et la discipline pour atteindre l'excellence

TERRE en Porte 16 Ancrer l'enthousiasme dans la persévérance

Avec la Terre, l'individu doit trouver un équilibre entre inspiration et répétition. Le succès vient lorsqu'il s'engage pleinement dans un processus de perfectionnement constant.

Défi : Risque d'épuisement par excès de pratique ou de doutes sur ses capacités

Conseil : Apprendre à respecter son rythme et ne pas forcer la progression

LUNE en Porte 16 Une créativité fluctuante et inspirée par les cycles

Avec la Lune, l'expression du talent varie en fonction des cycles émotionnels

et énergétiques. L'individu peut avoir des moments d'inspiration intense suivis de périodes de creux.
Défi : Instabilité dans la pratique
Conseil : Accepter ces fluctuations et utiliser les phases de retrait pour affiner sa vision

MERCURE en Porte 16 L'art de transmettre son talent
Avec Mercure, l'individu excelle dans l'enseignement, la communication et l'expression de ses compétences. Il peut être un excellent orateur ou un pédagogue inspirant.
Défi : Parler de talent sans nécessairement l'avoir perfectionné
Conseil : Pratiquer autant que partager pour maintenir la crédibilité

VÉNUS en Porte 16 Le talent comme une expression de beauté et d'harmonie
Vénus ici donne une dimension artistique raffinée, où le talent est lié à la recherche d'esthétisme et d'harmonie.
Défi : Vouloir plaire au détriment de l'authenticité
Conseil : Explorer son talent sans se soucier du regard extérieur

MARS en Porte 16 L'impulsion créative et le défi de la maîtrise
Mars apporte une énergie brute et un enthousiasme spontané. L'individu peut être très talentueux, mais impatient d'obtenir des résultats rapides.
Défi : Brûler les étapes et négliger la répétition
Conseil : Canaliser son feu intérieur vers un entraînement méthodique

JUPITER en Porte 16 L'expansion et la reconnaissance du talent
Jupiter amplifie les opportunités de succès grâce au talent, attirant la chance et la prospérité à travers la compétence.
Défi : Trop compter sur la chance plutôt que sur le travail
Conseil : Transformer le potentiel en réalité à travers la constance

SATURNE en Porte 16 La discipline comme clé de la réussite
Saturne exige de la rigueur et de la persévérance. L'individu doit apprendre que le talent seul ne suffit pas sans une structure solide.
Défi : Peur de l'échec et perfectionnisme excessif
Conseil : Accepter l'apprentissage progressif et ne pas craindre les erreurs

URANUS en Porte 16 Un talent hors normes et révolutionnaire
Uranus apporte une touche d'originalité et d'innovation. L'individu exprime son talent de manière unique, souvent en brisant les conventions.
Défi : Être incompris ou rejeté pour son style atypique
Conseil : Trouver un équilibre entre innovation et accessibilité

NEPTUNE en Porte 16 L'inspiration divine et l'art transcendant
Avec Neptune, le talent prend une dimension mystique et inspirée. L'individu canalise des visions artistiques ou spirituelles profondes.
Défi : Perdre pied avec la réalité et ne pas concrétiser ses idées
Conseil : Trouver des moyens pratiques pour exprimer son inspiration

PLUTON en Porte 16 La transformation à travers la maîtrise d'un talent
Pluton pousse à un perfectionnement intense et parfois obsessionnel. L'individu doit traverser des phases de destruction et de renaissance dans son expression.
Défi : Vouloir atteindre une perfection absolue au risque de l'auto-sabotage
Conseil : Accepter l'évolution progressive et s'autoriser à expérimenter sans crainte

---

INTROSPECTION & RÉFLEXION
1. Comment puis-je cultiver un enthousiasme constant pour les choses que j'aime faire ?
2. Quelles compétences m'attirent vraiment et comment puis-je les développer davantage ?
3. Quels défis ai-je rencontrés en poursuivant la maîtrise d'une compétence ?
4. Comment puis-je être plus patient et persévérant dans mon apprentissage ?
5. Comment puis-je inspirer les autres par mon engagement à la maîtrise ?
6. Dans quelles relations mon enthousiasme est-il le plus apprécié et comment puis-je le partager avec bienveillance ?

CANAL 16/48 - CANAL DE LA LONGEUR D'ONDE

Type de canal : Projecteur
Portes : 16 (L'Expression du Talent) et 48 (La Profondeur)
Centres impliqués : Centre Splénique → Centre de la Gorge
Circuit : Circuit Collectif – Compréhension
Thème principal : La répétition et la maîtrise comme voie vers l'excellence
Sens dominant : La vue
Rôle : Perfectionner un talent grâce à la répétition et le partager une fois reconnu.

"La maîtrise naît de la pratique incessante et de la persévérance."

LES DYNAMIQUES DU CANAL 16/48

Un processus de perfectionnement constant
Le canal 16/48 symbolise la synergie entre le talent et la profondeur. L'individu qui possède ce canal a une prédisposition naturelle pour développer et exprimer un savoir-faire unique. Cependant, ce talent ne s'exprime pleinement qu'à travers un engagement dans la répétition et l'amélioration continue.

L'importance de la profondeur
La Porte 48 est le réservoir de sagesse et de solutions potentielles. Toutefois, cette porte porte aussi une crainte : celle de ne pas être assez compétente ou de manquer de ressources pour exprimer sa connaissance. La véritable puissance de ce canal réside dans la capacité à transformer cette profondeur en talent tangible et exprimable via la Porte 16.

Une expression qui repose sur l'invitation
Ce canal, étant projecteur, requiert une reconnaissance extérieure pour que l'expression de son talent soit entendue et valorisée. Sans invitation, l'individu peut ressentir de la frustration et voir son potentiel mal perçu par les autres.

La pratique comme fondement du talent
La maîtrise, dans ce canal, s'acquiert par une pratique rigoureuse et répétée. Que ce soit dans un domaine artistique, technique ou intellectuel, l'individu est amené à affiner progressivement son talent jusqu'à atteindre un haut niveau d'expertise.

Un canal de transmission et de partage
L'une des clés du canal 16/48 est de rendre accessible une expertise à

travers l'expression orale, écrite ou artistique. Cette transmission est un élément fondamental du circuit collectif de la Compréhension, permettant d'élever le savoir général.

DÉFIS ET OMBRES
La peur du manque de talent
L'un des plus grands défis de ce canal est le doute constant sur sa propre compétence. La Porte 48 peut créer un sentiment d'infériorité qui freine l'expression du talent et pousse à l'inaction.

L'impatience face au processus d'apprentissage
L'individu peut vouloir voir des résultats immédiats et se décourager face aux exigences du perfectionnement. Pourtant, la maîtrise demande du temps et une persévérance constante.

La dépendance à la reconnaissance extérieure
En tant que canal projecteur, 16/48 ne peut briller pleinement que s'il est reconnu et invité à partager son talent. L'absence de validation extérieure peut provoquer frustration et désillusion.

Le canal 16/48 est une passerelle entre l'inspiration et la maîtrise, entre la profondeur et l'expression. Il met en lumière le besoin de discipline et de répétition pour transformer un talent latent en une véritable force. Lorsqu'il est correctement utilisé, ce canal devient une source précieuse de guidance et d'inspiration pour les autres, leur permettant d'accéder à une compréhension enrichie et évolutive.

PORTE 17 LA SUITE

"Ma vision claire et structurée me permet d'apporter une compréhension précieuse au monde."

PORTE DES OPINIONS

La Porte 17 est celle de l'opinion, de l'anticipation et de la structuration de la pensée. Située dans le Centre Ajna, elle représente la capacité à organiser des idées et à les exprimer sous forme de concepts cohérents. Elle fonctionne en synergie avec la **Porte 62 (les détails)** pour former le canal 17-62 de l'Acceptation, qui est essentiel pour transformer des perceptions abstraites en informations concrètes et compréhensibles.

Physiologie : Glande pituitaire
Acide Aminé : Arginine
Cercle de Codons : Le Cercle de l'Humanité (10, 17, 21, 25, 38, 51)
Partenaire de programmation : Clé génétique 18
Centre : Centre Ajna
Quart : Initiation

Ligne 1 - L'ouverture d'esprit
Ligne 2 - La restriction
Ligne 3 - La découverte
Ligne 4 - L'ascétisme
Ligne 5 - La métamorphose
Ligne 6 - L'auto-discipline

Canal : 17/62 - Canal de l'Acceptance - Lorsque la Porte 17 se connecte à la Porte 62 (Centre de la Gorge), elle forme un canal qui traduit des concepts logiques en langage clair et compréhensible, permettant de structurer et de communiquer des idées complexes.
Circuit : Circuit de la compréhension

Siddhi : Omniscience | **Don :** Clairvoyance | **Ombre :** Opinion

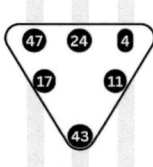

CENTRE AJNA

ESSENCE DE LA PORTE

L'archétype de la Porte 17 est celui de l'Analyste et du Visionnaire. Cette énergie est logique et structurée, cherchant à prédire le futur en analysant les tendances du passé. Elle possède un talent pour organiser des idées complexes et les rendre accessibles aux autres.

Son défi est d'éviter l'arrogance intellectuelle et la rigidité mentale, car toute opinion est une hypothèse en constante évolution.

RÔLE DANS LES INTERACTIONS

Dans les relations, la Porte 17 agit comme une source de clarté et de structure. Elle aide les autres à comprendre et organiser leurs pensées ou leurs projets. Les porteurs de cette énergie offrent souvent des perspectives logiques et constructives, tout en stimulant les discussions pour affiner les idées.

DÉFIS

- Risque de rigidité en s'attachant à ses opinions comme étant les seules vérités possibles.
- Tendance à vouloir convaincre les autres à tout prix ou à chercher une validation excessive pour ses idées.
- Difficulté à accepter les perspectives non logiques ou divergentes.

TALENTS

- Capacité à organiser des idées et des informations complexes de manière claire et logique.
- Talent pour formuler des solutions pratiques et rationnelles, en mettant l'accent sur l'efficacité.
- Influence intellectuelle qui encourage la réflexion et l'analyse dans les environnements collectifs.

EXPRESSION DÉSÉQUILIBRÉE

Lorsqu'elle est désalignée, la Porte 17 peut se manifester par une mentalité rigide ou dogmatique, où les opinions deviennent un moyen de domination ou de confrontation. Elle peut également conduire à une insécurité intellectuelle, cherchant sans cesse la validation des autres.

MAÎTRISE

En équilibre, la Porte 17 devient une force de clarté et de discernement. Elle aide à structurer des idées complexes en solutions logiques et compréhensibles, tout en honorant les perspectives diverses comme des enrichissements au processus collectif.

MANIFESTATION DANS LA VIE QUOTIDIENNE ET LE BUSINESS

Vie Quotidienne :

Dans la vie personnelle, cette Porte se manifeste par une capacité à clarifier des situations complexes et à offrir des perspectives utiles aux autres. Elle favorise des discussions constructives et des décisions fondées sur la logique.

Application en Business :

Dans un contexte professionnel, la Porte 17 excelle dans des rôles nécessitant d'analyser et de structurer des données ou des idées, comme la stratégie, la gestion de projets, l'analyse ou le conseil. Elle est idéale pour les environnements où les solutions logiques sont essentielles.

INFLUENCE ÉNERGÉTIQUE COLLECTIVE (TRANSITS)

Lorsqu'activée dans les transits, la Porte 17 invite le collectif à examiner ses croyances et à affiner sa logique. C'est un moment propice pour organiser les idées, clarifier les objectifs et trouver des solutions basées sur des faits et des raisonnements solides.

NUANCES EN FONCTION DE LA LIGNE

LIGNE 1 : Approfondir la connaissance avant d'émettre une opinion

Les individus avec la Porte 17 en Ligne 1 ressentent un besoin de comprendre en profondeur avant de partager leur point de vue. Ils préfèrent se baser sur des faits solides avant de formuler une opinion.

Défi : peur de se tromper ou de ne pas avoir assez d'éléments

Conseil : accepter que l'apprentissage se fait aussi dans l'échange

LIGNE 2 : Intuition logique et spontanéité dans les opinions

Les personnes avec la Porte 17 en Ligne 2 ont une capacité naturelle à formuler des opinions sans effort. Elles expriment des perspectives claires sans toujours savoir d'où elles viennent.

Défi : incompréhension et manque de validation extérieure

Conseil : faire confiance à son intuition et laisser le temps aux autres d'intégrer ses idées

LIGNE 3 : Tester ses opinions à travers l'expérience

Les individus avec la Porte 17 en Ligne 3 apprennent par l'expérimentation. Ils formulent des idées, les testent dans le monde réel et les modifient en fonction des résultats.

Défi : instabilité et difficulté à défendre une vision fixe
Conseil : voir chaque opinion comme une version temporaire de la vérité

LIGNE 4 : Influencer par ses opinions et guider les autres
Les individus avec la Porte 17 en Ligne 4 ont une capacité naturelle à partager leurs idées avec leur entourage. Ils expriment leurs opinions de manière structurée et cherchent à influencer positivement leur communauté.
Défi : vouloir plaire et risque d'adapter ses opinions pour être accepté
Conseil : exprimer ses opinions avec sincérité, sans chercher l'approbation

LIGNE 5 : Formuler des idées qui apportent des solutions concrètes
Les individus avec la Porte 17 en Ligne 5 ont une approche pragmatique de l'opinion. Ils cherchent à formuler des idées qui peuvent être appliquées et qui ont un impact réel.
Défi : pression des attentes extérieures et peur de l'échec
Conseil : aligner son raisonnement avec sa propre vision et non avec les projections des autres

LIGNE 6 : Observer et comprendre les schémas globaux de pensée
Les individus avec la Porte 17 en Ligne 6 ont une perspective élevée sur les systèmes de pensée. Ils ne sont pas uniquement focalisés sur les opinions immédiates, mais cherchent à comprendre la grande image et l'évolution des idées dans le temps.
Défi : sentiment d'être en décalage avec les autres
Conseil : partager sa vision progressivement pour aider les autres à évoluer à leur rythme

NUANCES EN FONCTION DU TYPE
MANIFESTEUR : Initier de nouvelles façons de penser
Le Manifesteur avec la Porte 17 formule des opinions audacieuses et n'a pas peur de remettre en question les modèles établis.
Défi : résistance et incompréhension
Conseil : informer avant de partager des opinions disruptives

GÉNÉRATEUR : Approfondir ses idées à travers la répétition et l'expérience
Le Générateur avec la Porte 17 développe ses opinions en répondant aux situations qui le stimulent intellectuellement.

Défi : frustration si ses idées ne sont pas prises en compte

Conseil : écouter sa réponse sacrale pour partager ses opinions aux bons moments

Le **Manifesteur-Générateur** (MG) : Explorer et affiner ses opinions en testant plusieurs perspectives
Le MG avec la Porte 17 peut passer rapidement d'une idée à l'autre, cherchant à expérimenter avant d'arrêter une opinion définitive.

PROJECTEUR : Guider les autres vers des pensées plus structurées
Le Projecteur avec la Porte 17 a une capacité unique à analyser les opinions des autres et à offrir une perspective claire et objective.
Défi : besoin de reconnaissance et risque de fatigue mentale
Conseil : attendre l'invitation avant de donner son point de vue

RÉFLECTEUR : Observer et refléter les schémas de pensée collective
Le Réflecteur avec la Porte 17 absorbe et reflète les opinions du collectif, offrant une perspective unique sur la dynamique des idées.
Défi : confusion sur ce qui lui appartient ou non
Conseil : prendre du recul avant d'exprimer un point de vue

INFLUENCE DES PLANÈTES SUR LA PORTE 17

SOLEIL en Porte 17 : Briller par une vision claire du monde
Le Soleil en Porte 17 illumine la capacité de structurer des idées et d'exprimer des opinions fortes qui peuvent influencer le collectif.
Défi : Rigidité mentale, vouloir imposer son point de vue
Conseil : Rester ouvert à l'évolution des idées et des perspectives

TERRE en Porte 17 : Ancrer la logique dans la réalité tangible
Avec la Terre, la vision doit être fondée sur des faits concrets et non sur des hypothèses abstraites.
Défi : Ne pas voir la nécessité de s'adapter à des éléments imprévus
Conseil : Trouver un équilibre entre structure et flexibilité

LUNE en Porte 17 : Une perception fluctuante et intuitive
Avec la Lune, l'individu capte intuitivement des modèles et des tendances, mais peut avoir du mal à stabiliser ses opinions.
Défi : Inconstance dans la vision du monde
Conseil : Apprendre à laisser mûrir ses opinions avant de les exprimer

MERCURE en Porte 17 L'art d'exprimer des idées structurées
Mercure ici favorise une communication logique et claire, un talent pour enseigner et structurer la pensée des autres.
Défi : Risque de parler avec trop d'autorité sans vérifier les faits
Conseil : Apprendre à écouter avant de transmettre ses opinions

VÉNUS en Porte 17 L'esthétisme dans la structuration des idées
Vénus apporte une dimension harmonieuse et diplomatique aux opinions.
Défi : Vouloir plaire au détriment de la vérité
Conseil : Trouver un équilibre entre sincérité et diplomatie

MARS en Porte 17 L'impulsivité dans les opinions
Mars pousse à exprimer ses idées avec force et enthousiasme, parfois avec provocation.
Défi : Donner son avis sans discernement
Conseil : Apprendre à tempérer ses prises de position

JUPITER en Porte 17 : L'expansion des idées et la vision du futur
Jupiter donne une capacité naturelle à penser en grand, à formuler des modèles visionnaires.
Défi : Risque de dogmatisme
Conseil : Encourager le débat et la remise en question de ses propres croyances

SATURNE en Porte 17 : La discipline intellectuelle
Saturne impose une responsabilité dans la manière d'exprimer ses opinions, obligeant à les structurer de manière rigoureuse.
Défi : Peur de l'erreur, hésitation à partager ses idées
Conseil : Apprendre que l'évolution des idées fait partie du processus

URANUS en Porte 17 : Une pensée radicale et novatrice
Uranus en Porte 17 favorise une approche révolutionnaire de la pensée et de la logique.
Défi : Être perçu comme trop extrême ou incompris
Conseil : Trouver un équilibre entre innovation et accessibilité

NEPTUNE en Porte 17 L'intuition au service de la vision
Neptune apporte une dimension spirituelle ou mystique aux opinions, les reliant à une connaissance plus profonde.
Défi : Confondre vision et illusion
Conseil : Vérifier ses intuitions avec des éléments concrets

PLUTON en Porte 17 La transformation à travers l'évolution des idées
Pluton pousse à déconstruire et reconstruire ses opinions, souvent après des expériences profondes de transformation.
Défi : S'accrocher obstinément à des croyances dépassées
Conseil : Accepter que le changement d'opinion est une force et non une faiblesse

---

INTROSPECTION & RÉFLEXION
1. Comment puis-je structurer mes idées pour qu'elles soient claires et compréhensibles ?
2. Dans quelles situations ai-je besoin de revoir mes opinions pour m'ouvrir à de nouvelles perspectives ?
3. Comment puis-je accueillir des opinions différentes sans me sentir menacé ?
4. Dans quelles situations ai-je tendance à imposer mes opinions, et comment puis-je mieux écouter les autres ?
5. Quels schémas ou croyances limitantes puis-je identifier et transformer pour favoriser mon évolution personnelle ?
6. Comment puis-je utiliser mon sens critique de manière constructive, sans tomber dans la critique négative ?

CANAL 17/62 - CANAL DE L'ACCEPTATION

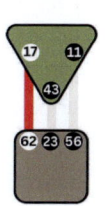

Portes : 17 (Les Opinions) et 62 (Les Détails)
Centres impliqués : Centre de l'Ajna → Centre de la Gorge
Circuit : Circuit Collectif - Compréhension
Thème principal : Transformer les idées en concepts structurés
Sens dominant : La vue
Rôle : Structurer, organiser et transmettre une vision claire.

"Je structure mes idées avec clarté et je les partage au bon moment. Mon organisation est une force qui éclaire le monde."

LES DYNAMIQUES DU CANAL 17/62

L'architecture des pensées
Le canal 17/62 incarne la capacité de structurer l'information de manière logique et ordonnée. Il est conçu pour organiser les idées en un modèle compréhensible, reliant la vision globale (Porte 17) aux détails précis (Porte 62).

L'importance des faits et des preuves
Ce canal fonctionne sur la base d'observations et de faits. L'opinion issue de la Porte 17 n'a de valeur que si elle repose sur des éléments concrets et vérifiables fournis par la Porte 62.

Une voix qui cherche la reconnaissance
En tant que canal projecteur, 17/62 a besoin d'une reconnaissance extérieure avant de partager ses idées. Exprimer ses opinions sans invitation peut être perçu comme intrusif ou inutile.

Une clarté mentale au service des autres
Les personnes ayant ce canal sont souvent consultées pour leur capacité à organiser et clarifier des concepts complexes. Elles ont un don pour rendre intelligibles des idées abstraites en les structurant méthodiquement.

Une vision tournée vers le futur
La Porte 17 étant liée à la prévision et à l'anticipation, ce canal a une orientation naturelle vers l'amélioration continue et la projection dans l'avenir. Il ne se contente pas de comprendre le présent, mais cherche à élaborer des stratégies pour le futur.

DÉFIS ET OMBRES
Le risque de rigidité mentale
L'individu peut parfois s'attacher excessivement à sa propre vision des choses et avoir du mal à accepter d'autres perspectives.

Une dépendance à la reconnaissance extérieure
Sans invitation, l'expression de ses opinions peut être mal reçue, générant de la frustration et un sentiment d'inutilité.

L'illusion de la certitude absolue
Même si ce canal est fondé sur la logique, cela ne garantit pas que ses opinions soient toujours correctes. Il est important de rester ouvert à la réévaluation et à l'évolution des idées.

Le canal 17/62 est une passerelle entre la vision et l'expression structurée. Il joue un rôle essentiel dans l'élaboration et la transmission d'idées organisées, apportant clarté et compréhension aux autres. Lorsqu'il est utilisé avec discernement et en réponse à une invitation, il devient un guide précieux pour la structuration du savoir collectif.

PORTE 18 LE TRAVAIL SUR CE QUI A ÉTÉ CORROMPU

"Je vois le potentiel caché derrière chaque imperfection et transforme les erreurs en perfection."

PORTE DE LA CORRECTION

La Porte 18 est celle de l'amélioration, de la correction et de la perfection. Située dans le Centre de la Rate, elle porte une énergie critique qui permet d'identifier les déséquilibres et de les ajuster pour restaurer l'harmonie et l'efficacité. Elle fonctionne en synergie avec la Porte 58 (la vitalité) pour former le canal 18-58 du Jugement, qui donne une capacité naturelle à voir ce qui peut être amélioré et à insuffler une énergie positive pour corriger et perfectionner.

Physiologie : Système lymphatique
Acide Aminé : Alanine
Cercle de Codons : Le Cercle de la Matière
Partenaire de programmation : Clé génétique 17
Centre : Centre splénique
Quart : Dualité

Ligne 1 - Le conservatisme
Ligne 2 - La maladie finale spirituelle
Ligne 3 - Le fanatique
Ligne 4 - L'incompétent
Ligne 5 - La thérapie
Ligne 6 - Le bouddha

Canal : 18/58 - Canal du Jugement - Lorsque la Porte 18 se connecte à la Porte 58 (Centre Racine), elle forme un canal qui alimente un désir persistant de corriger et d'améliorer les systèmes afin de maximiser leur potentiel pour le bien collectif.
Circuit : Circuit de la compréhension

Siddhi : Perfection | **Don :** Intégrité | **Ombre :** Jugement

PLEXUS SOLAIRE

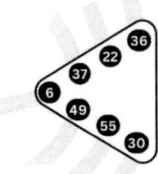

ESSENCE DE LA PORTE

L'archétype de la Porte 18 est celui du Réformateur et du Perfectionniste. Cette énergie permet d'analyser ce qui ne fonctionne pas et d'y apporter des solutions concrètes. Elle est essentielle pour l'évolution, l'amélioration continue et la transmission de la sagesse aux générations futures.

Son défi est d'éviter de tomber dans la critique excessive ou la peur constante de l'imperfection, qui peuvent créer une insatisfaction chronique.

RÔLE DANS LES INTERACTIONS

Dans les relations, la Porte 18 apporte une capacité naturelle à identifier les failles ou les zones nécessitant une amélioration. Les porteurs de cette énergie, lorsqu'ils s'expriment avec compassion, peuvent aider les autres à voir les opportunités de croissance et de perfectionnement.

DÉFIS

- Tendance à être excessivement critique envers soi-même ou les autres.
- Difficulté à équilibrer le perfectionnisme avec l'acceptation des imperfections naturelles.
- Risque d'être perçu comme trop strict ou rigide dans ses attentes.

TALENTS

- Capacité à identifier rapidement les domaines nécessitant une amélioration et à proposer des solutions pratiques.
- Habilité à transformer les faiblesses en forces, en améliorant les systèmes et les processus.
- Influence positive qui inspire les autres à chercher la croissance et l'excellence.

EXPRESSION DÉSÉQUILIBRÉE

Lorsque désalignée, la Porte 18 peut se manifester par une critique destructrice ou un perfectionnisme excessif, provoquant des tensions dans les relations ou un sentiment de stagnation. Cette énergie déséquilibrée peut également entraîner un sentiment d'insécurité ou de rejet.

MAÎTRISE

En équilibre, la Porte 18 devient une force de transformation constructive. Elle utilise son intuition pour corriger et améliorer sans jugement, en apportant une contribution positive et durable à l'évolution collective.

MANIFESTATION DANS LA VIE QUOTIDIENNE ET LE BUSINESS
Vie Quotidienne :
Dans la vie personnelle, cette Porte se manifeste par une capacité à améliorer des situations quotidiennes ou à aider les autres à trouver des solutions à leurs défis. Elle favorise une approche axée sur la croissance et la résolution des problèmes.

Application en Business :
Dans un contexte professionnel, la Porte 18 excelle dans des rôles nécessitant une attention aux détails et une amélioration continue, tels que la gestion de projets, le contrôle qualité, la stratégie ou encore l'enseignement. Elle est idéale pour les environnements où l'excellence et la précision sont valorisées.

INFLUENCE ÉNERGÉTIQUE COLLECTIVE (TRANSITS)
Lorsqu'activée dans les transits, la Porte 18 invite le collectif à examiner les structures et les systèmes pour identifier ce qui doit être amélioré. C'est un moment propice pour aborder les déséquilibres avec clarté et apporter des ajustements pour créer un alignement collectif.

NUANCES EN FONCTION DE LA LIGNE
LIGNE 1 : Analyser et comprendre avant de corriger
Les individus avec la Porte 18 en Ligne 1 ressentent un besoin de maîtriser une situation avant d'apporter des corrections. Ils ont besoin d'étudier les failles profondément avant de proposer des solutions.
Défi : peur de manquer d'expertise
Conseil : accepter que l'expérimentation est une forme d'apprentissage

LIGNE 2 : Correction instinctive et naturelle
Les personnes avec la Porte 18 en Ligne 2 ont une capacité intuitive à repérer ce qui ne fonctionne pas et à proposer des améliorations sans effort. Elles ressentent spontanément les déséquilibres et savent comment les ajuster.
Défi : incompréhension et manque de validation extérieure
Conseil : faire confiance à son intuition et partager ses observations

LIGNE 3 : Apprendre à travers l'expérimentation de l'erreur
Les individus avec la Porte 18 en Ligne 3 découvrent comment affiner leurs compétences à travers des essais et des ajustements successifs. Ils apprennent en testant différentes corrections et en observant ce qui fonctionne réellement.
Défi : instabilité et remise en question constante

Conseil : accepter que chaque échec est une opportunité d'amélioration

LIGNE 4 : Influencer et partager une vision d'amélioration
Les individus avec la Porte 18 en Ligne 4 ont une capacité naturelle à motiver les autres à s'améliorer. Ils savent comment diffuser leurs idées d'évolution et inciter à la transformation.
Défi : vouloir plaire et risque d'adoucir son message
Conseil : rester authentique dans sa quête d'amélioration

LIGNE 5 : Appliquer la correction de manière stratégique
Les individus avec la Porte 18 en Ligne 5 savent comment structurer l'amélioration de façon pragmatique et efficace. Ils sont souvent sollicités pour leurs solutions concrètes et leur capacité à résoudre des problèmes complexes.
Défi : pression des attentes extérieures
Conseil : aligner ses efforts avec ce qui a du sens pour lui

LIGNE 6 : Observer et comprendre l'évolution des systèmes
Les individus avec la Porte 18 en Ligne 6 adoptent une vision globale des processus de correction. Ils ne se concentrent pas uniquement sur les problèmes immédiats, mais cherchent à comprendre les cycles d'amélioration à long terme.
Défi : sentiment d'être en décalage avec les autres
Conseil : partager sa vision sans attendre que tout le monde soit prêt

NUANCES EN FONCTION DU TYPE
MANIFESTEUR : Initier des changements et challenger les structures
Le Manifesteur avec la Porte 18 ne se contente pas d'identifier les problèmes, il veut initier des transformations radicales.
Défi : résistance et incompréhension
Conseil : informer avant d'agir pour éviter la résistance

GÉNÉRATEUR : Approfondir et perfectionner ses compétences à travers la répétition
Le Générateur avec la Porte 18 travaille sur l'amélioration continue en affinant ses compétences au fil du temps.
Défi : frustration si ses corrections ne sont pas reconnues
Conseil : écouter sa réponse sacrale pour se concentrer sur ce qui l'enthousiasme vraiment

Le **Manifesteur-Générateur (MG)** : Explorer et affiner différentes corrections en parallèle

Le MG avec la Porte 18 teste plusieurs approches en même temps pour voir laquelle fonctionne le mieux.

PROJECTEUR : Guider les autres dans leur processus d'amélioration

Le Projecteur avec la Porte 18 voit clairement ce qui peut être optimisé chez les autres et dans les systèmes.
Défi : besoin de reconnaissance et risque d'épuisement
Conseil : attendre d'être invité avant de proposer ses solutions

RÉFLECTEUR : Refléter les dysfonctionnements et les évolutions collectives

Le Réflecteur avec la Porte 18 perçoit intuitivement les déséquilibres et les failles dans un système.
Défi : surcharge émotionnelle face aux problèmes collectifs
Conseil : choisir ses batailles et accepter que tout ne peut pas être changé immédiatement

NUANCES EN FONCTION DE LA PLANÈTE

SOLEIL en Porte 18 Briller à travers la quête d'amélioration

Le Soleil ici met en lumière un esprit analytique et critique, cherchant sans cesse à perfectionner ce qui existe.
Défi : Vouloir tout améliorer sans accepter l'état actuel
Conseil : Canaliser son sens critique pour apporter des améliorations constructives

TERRE en Porte 18 Ancrer la correction dans la patience et la réalité

Avec la Terre, le perfectionnement passe par un travail progressif et méthodique. L'individu doit apprendre à structurer ses corrections sans précipitation.
Défi : Se laisser submerger par l'imperfection du monde
Conseil : Apprendre à voir la beauté du processus d'amélioration

LUNE en Porte 18 Un perfectionnement influencé par les cycles émotionnels

Avec la Lune, l'individu expérimente des phases d'intense engagement dans la correction, suivies de périodes de lâcher-prise.
Défi : Instabilité dans l'envie d'améliorer
Conseil : Accepter ces cycles et ne pas forcer le processus

MERCURE en Porte 18 Communiquer la nécessité d'amélioration

Avec Mercure, l'individu a un don pour identifier et expliquer ce qui doit être corrigé. Il peut être un excellent enseignant ou critique.
Défi : Donner l'impression de toujours juger les autres

Conseil : Apprendre à exprimer ses corrections de manière bienveillante

VÉNUS en Porte 18 L'esthétisme et l'amour du détail
Vénus ici apporte une sensibilité à la beauté et à l'harmonie dans la correction. L'individu peut exceller dans des domaines artistiques nécessitant de la précision.
Défi : Vouloir un idéal esthétique inatteignable
Conseil : Accepter que l'imperfection fait partie du charme des choses

MARS en Porte 18 Une énergie brute pour rectifier le monde
Mars donne une impulsion forte pour agir immédiatement sur ce qui ne va pas. L'individu peut être impatient dans sa quête d'amélioration.
Défi : Corriger de manière agressive ou trop directe
Conseil : Apprendre à canaliser cette énergie pour des améliorations durables

JUPITER en Porte 18 L'expansion et l'optimisation des systèmes
Jupiter amplifie la capacité à structurer et à perfectionner des processus à grande échelle. L'individu peut être un réformateur ou un innovateur.
Défi : Vouloir trop en faire et s'épuiser
Conseil : Prioriser les corrections les plus impactantes

SATURNE en Porte 18 La discipline et la responsabilité de la correction
Saturne impose une rigueur et une méthodologie stricte dans l'amélioration des choses. L'individu apprend à perfectionner par étapes, avec patience.
Défi : Devenir rigide ou perfectionniste excessif
Conseil : S'autoriser à progresser sans viser la perfection absolue

URANUS en Porte 18 Une approche innovante du perfectionnement
Avec Uranus, l'individu apporte des idées révolutionnaires pour améliorer des systèmes. Il refuse les méthodes classiques et cherche des alternatives inédites.
Défi : Être trop disruptif et rejeter les structures existantes
Conseil : Trouver un équilibre entre innovation et pragmatisme

NEPTUNE en Porte 18 L'inspiration et l'intuition pour corriger
Neptune apporte une dimension mystique à l'amélioration, où les corrections viennent de l'intuition et de la connexion à quelque chose de plus grand.
Défi : Ne pas savoir quand s'arrêter dans la quête d'amélioration
Conseil : Accepter que certaines imperfections ont une raison d'être

PLUTON en Porte 18 La transformation profonde à travers la correction
Pluton pousse à une remise en question intense de ce qui doit être corrigé, parfois à travers des crises et des révélations profondes.
Défi : Vouloir tout déconstruire sans plan de reconstruction

Conseil : Utiliser la correction comme un outil de transformation positive et non destructrice

---

INTROSPECTION & RÉFLEXION
1. Quels sont les domaines dans ma vie où je ressens le plus fort besoin d'apporter des améliorations ?
2. Comment puis-je m'assurer que mes critiques et suggestions d'amélioration sont perçues de manière constructive par les autres ?
3. Ai-je parfois du mal à accepter les imperfections, chez moi-même ou chez les autres ? Comment cela influence-t-il mes relations ?
4. Comment puis-je développer la patience nécessaire pour accepter que tout ne peut pas être corrigé immédiatement ?
5. Comment puis-je équilibrer mon besoin de correction avec l'acceptation des choses telles qu'elles sont ?
6. Est-ce que j'utilise mon sens critique comme un moyen de croissance personnelle ou est-ce que cela se transforme parfois en source de stress ?

CANAL 18/58 - CANAL DU JUGEMENT

Type de canal : Projecteur
Portes : 18 (Correction) et 58 (Vitalité)
Centres impliqués : Centre de la Racine → Centre Splénique
Circuit : Circuit Collectif - Compréhension
Thème principal : La quête incessante de perfection et d'amélioration
Sens dominant : La vue
Rôle : Identifier les failles et insuffler l'énergie nécessaire pour les corriger.

"Chaque détail que j'améliore me rapproche de l'excellence. J'accueille la perfection comme un chemin, non comme une destination."

LES DYNAMIQUES DU CANAL 18/58

Un moteur d'amélioration constante
Le canal 18/58 est essentiel au processus logique du Design Humain. Il cherche à perfectionner les systèmes et à corriger ce qui ne fonctionne pas. Grâce à l'énergie du centre de la Racine (Porte 58), il apporte la vitalité nécessaire pour initier ces améliorations.

Un œil critique pour la justesse
La Porte 18 est souvent associée à un sens aiguisé de la critique. Ce n'est pas un jugement destructeur, mais une volonté profonde de perfectionner et d'affiner les structures existantes.

Une énergie qui doit être reconnue
En tant que canal projecteur, le 18/58 ne peut offrir ses corrections et ses idées d'amélioration que s'il est invité à le faire. Sans reconnaissance, il peut se sentir frustré ou rejeté.

Une pulsation rythmée par la vie
Le centre de la Racine donne au canal une énergie cyclique, le rendant sensible aux moments opportuns pour l'action. Cette pulsation doit être respectée pour ne pas tomber dans une insatisfaction permanente.

Une contribution précieuse à la société
Ce canal est un pilier du circuit collectif de la Compréhension. Il est là pour élever les standards et améliorer les systèmes de manière à assurer une meilleure stabilité collective.

DÉFIS ET OMBRES
L'insatisfaction chronique
L'individu peut toujours voir ce qui ne va pas et avoir du mal à apprécier ce qui est déjà bien .

Un perfectionnisme paralysant
Le désir d'amélioration peut parfois empêcher d'agir, par peur que le travail accompli ne soit jamais assez parfait .

La difficulté d'accepter les imperfections humaines
La tendance à corriger peut être perçue comme une critique personnelle par les autres, générant des tensions relationnelles .

Le canal 18/58 est un moteur puissant de transformation et d'amélioration. Lorsqu'il est utilisé avec discernement et dans un cadre où ses talents sont reconnus, il devient une force essentielle pour affiner et perfectionner les structures autour de lui .

PORTE 19 L'APPROCHE

"Ma sensibilité est une force qui me relie aux autres et à l'essence même de la vie."

PORTE DE L'ENVIE

La Porte 19 est celle de la sensibilité, du besoin de connexion et de la dépendance mutuelle. Située dans le Centre Racine, elle représente une profonde capacité à ressentir les besoins des autres et à initier des relations basées sur l'interdépendance. Elle fonctionne en synergie avec la **Porte 49 (les principes)** pour former le canal 19-49 de la Synthèse, qui régit les contrats sociaux, les rituels et les dynamiques tribales.

Physiologie : Poils et cheveux
Acide Aminé : Isoleucine
Cercle de Codons : Le Cercle de Gaia (19, 60, 61)
Partenaire de programmation : Clé génétique 33
Centre : Centre racine
Quart : Mutation

Ligne 1 - L'indépendance
Ligne 2 - Le service
Ligne 3 - Le dévouement
Ligne 4 - Le joueur d'équipe
Ligne 5 - Le sacrifice
Ligne 6 - Le reclus

Canal : 19/49 - Canal de la Synthèse - Lorsque la Porte 19 se connecte à la Porte 49 (Centre Émotionnel), elle forme un canal qui soutient les relations basées sur des valeurs partagées et une connexion profonde aux besoins émotionnels et matériels.
Circuit : Circuit de l'Ego

Siddhi : Sacrifice | **Don :** Sensibilité | **Ombre :** Codépendance

CENTRE RACINE

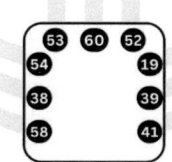

ESSENCE DE LA PORTE

L'archétype de la Porte 19 est celui du Médiateur et du Gardien des Besoins. Cette énergie est très sensible aux besoins émotionnels, physiques et spirituels des autres. Elle joue un rôle clé dans la construction des communautés et des structures sociales qui assurent la survie et le bien-être collectif.

Son défi est d'apprendre à équilibrer ses propres besoins avec ceux des autres, et de ne pas se sacrifier au nom de la connexion.

RÔLE DANS LES INTERACTIONS

Dans les relations, la Porte 19 agit comme un facilitateur de connexion. Les porteurs de cette énergie perçoivent intuitivement les besoins non exprimés des autres et travaillent pour établir des relations qui respectent et nourrissent ces besoins. Ils créent des liens solides basés sur le respect mutuel et la compréhension.

DÉFIS

- Tendance à être trop sensible aux attentes ou aux besoins des autres, au point de négliger les siens.
- Risque de dépendance émotionnelle ou de peur d'être rejeté si les besoins des autres ne sont pas satisfaits.
- Difficulté à établir des limites claires dans les relations.

TALENTS

- Capacité à percevoir et répondre aux besoins des autres avec empathie et discernement.
- Talent pour créer des environnements nourrissants et soutenants dans les relations ou les communautés.
- Influence naturelle qui inspire la coopération et l'interdépendance positive.

EXPRESSION DÉSÉQUILIBRÉE

Lorsqu'elle est désalignée, la Porte 19 peut se manifester par un besoin excessif d'approbation ou une hypersensibilité aux critiques. Elle peut aussi entraîner une tendance à sur-investir dans les relations sans recevoir un soutien équilibré en retour.

MAÎTRISE

En équilibre, la Porte 19 devient une force de connexion profonde et de soutien mutuel. Elle inspire des relations basées sur le respect, la compréhension et la reconnaissance des besoins individuels et collectifs.

MANIFESTATION DANS LA VIE QUOTIDIENNE ET LE BUSINESS
Vie Quotidienne :
Dans la vie personnelle, cette Porte se manifeste par une capacité à construire des relations solides et nourrissantes. Elle favorise l'écoute active et la capacité à répondre aux besoins des autres tout en honorant ses propres limites.

Application en Business :
Dans un contexte professionnel, la Porte 19 excelle dans des rôles impliquant la gestion des relations, la collaboration, ou la création de communautés. Elle est idéale pour les environnements où l'empathie et la coopération sont essentielles, comme les ressources humaines, le coaching ou le travail social.

INFLUENCE ÉNERGÉTIQUE COLLECTIVE (TRANSITS)
Lorsqu'activée dans les transits, la Porte 19 invite le collectif à réfléchir sur les besoins humains fondamentaux et à promouvoir des relations basées sur l'équilibre et le respect. C'est un moment propice pour renforcer les liens et explorer de nouvelles dynamiques de coopération.

NUANCES EN FONCTION DE LA LIGNE
LIGNE 1 : Comprendre les besoins fondamentaux avant d'agir
Les individus avec la Porte 19 en Ligne 1 ressentent un besoin de sécuriser leurs propres besoins avant de s'ouvrir à ceux des autres. Ils recherchent une compréhension profonde des relations de dépendance et de la manière dont elles fonctionnent.
Défi : peur du manque et besoin de sécurité
Conseil : accepter que la sécurité vient aussi des connexions avec les autres

LIGNE 2 : Sensibilité instinctive aux besoins des autres
Les personnes avec la Porte 19 en Ligne 2 captent instinctivement les besoins des autres, sans toujours savoir comment y répondre. Elles sont naturellement attirées par les relations qui leur procurent un sentiment de connexion profonde.
Défi : incompréhension et hypersensibilité aux attentes des autres
Conseil : poser des limites tout en restant connecté à son intuition

LIGNE 3 : Expérimenter différentes formes de relations et de soutien
Les individus avec la Porte 19 en Ligne 3 découvrent les dynamiques de dépendance et de soutien par essais et erreurs. Ils explorent différentes manières de gérer leurs besoins et ceux des autres, parfois en passant par

des situations extrêmes.
Défi : instabilité et répétition des schémas relationnels
Conseil : voir chaque expérience comme une opportunité de compréhension

LIGNE 4 : Créer des connexions solides basées sur l'échange
Les individus avec la Porte 19 en Ligne 4 ont une capacité naturelle à construire des relations harmonieuses où chacun trouve sa place. Ils recherchent des dynamiques équilibrées et durables.
Défi : besoin de validation et peur du rejet
Conseil : cultiver l'authenticité et poser des bases claires dans ses relations

LIGNE 5 : Apporter des solutions aux problèmes de dépendance
Les individus avec la Porte 19 en Ligne 5 ont une approche pragmatique des relations et des besoins. Ils perçoivent comment structurer des systèmes de soutien sans créer de dépendance excessive.
Défi : pression des attentes extérieures et peur d'être exploité
Conseil : trouver un équilibre entre contribution et autonomie

LIGNE 6 : Observer et comprendre les dynamiques de dépendance
Les individus avec la Porte 19 en Ligne 6 adoptent une perspective globale des relations et de la gestion des besoins. Ils observent comment les dynamiques de soutien évoluent dans le temps.
Défi : sentiment d'être en décalage avec les autres
Conseil : partager sa sagesse sans attendre que tout soit parfait

NUANCES EN FONCTION DU TYPE
MANIFESTEUR : Initier de nouvelles dynamiques relationnelles
Le Manifesteur avec la Porte 19 ne suit pas les modèles relationnels établis, il crée ses propres formes d'échange et de soutien.
Défi : rejet et résistance
Conseil : informer avant d'agir pour éviter les incompréhensions

GÉNÉRATEUR : Répondre aux opportunités relationnelles qui résonnent avec lui
Le Générateur avec la Porte 19 se connecte naturellement aux autres en répondant à ce qui l'attire et en s'investissant dans des relations qui le nourrissent.
Défi : frustration si ses besoins ne sont pas pris en compte

Conseil : écouter sa réponse sacrale pour choisir ses interactions

Le Manifesteur-Générateur : Explorer plusieurs formes de relations et d'interactions
Le MG avec la Porte 19 peut tester différentes dynamiques relationnelles avant de trouver celles qui lui correspondent.

PROJECTEUR : Guider les autres vers des relations équilibrées
Le Projecteur avec la Porte 19 perçoit comment les autres interagissent avec leurs besoins et peut les aider à créer des relations plus harmonieuses.
Défi : besoin de reconnaissance et fatigue émotionnelle
Conseil : attendre l'invitation avant de proposer des ajustements

RÉFLECTEUR : Refléter les besoins et les dynamiques relationnelles du collectif
Le Réflecteur avec la Porte 19 absorbe et reflète les différentes manières dont les gens gèrent leurs besoins et leurs dépendances.
Défi : confusion et surcharge émotionnelle
Conseil : observer et filtrer ce qui lui correspond vraiment

NUANCES EN FONCTION DE LA PLANÈTE
SOLEIL en Porte 19 Briller à travers la connexion aux besoins humains
Le Soleil met en lumière l'importance des ressources et de l'interdépendance. L'individu ressent un besoin profond d'apporter du soutien et de veiller au bien-être des autres.
Défi : Dépendance excessive aux autres
Conseil : Trouver un équilibre entre donner et recevoir

TERRE en Porte 19 Ancrer la sécurité dans la gestion des ressources
Avec la Terre, il y a un besoin de stabilité et de structuration des ressources pour assurer la survie de la tribu. L'individu peut être un bâtisseur de communautés.
Défi : Peur du manque et obsession de l'accumulation
Conseil : Cultiver la confiance dans le partage et l'abondance

LUNE en Porte 19 Une relation fluctuante avec les besoins
Avec la Lune, les besoins et les attentes varient selon les cycles émotionnels. L'individu peut osciller entre un désir de connexion intense et un besoin de solitude.
Défi : Hypersensibilité aux attentes des autres
Conseil : Apprendre à écouter ses propres besoins avant de répondre à

ceux des autres

MERCURE en Porte 19 Exprimer les besoins de la communauté
Mercure favorise la communication des attentes et des nécessités. L'individu peut être un excellent médiateur ou porte-parole des besoins collectifs.
Défi : Risque de manipuler ou d'exagérer les besoins pour obtenir du soutien
Conseil : Utiliser la parole avec intégrité pour exprimer les véritables nécessités

VÉNUS en Porte 19 L'amour et la spiritualité dans l'échange de ressources
Vénus apporte une dimension harmonieuse et sensible à l'échange de ressources. L'individu valorise l'équité et la coopération dans ses relations.
Défi : Peur d'être abandonné ou de manquer d'amour
Conseil : Comprendre que l'abondance vient aussi de l'autonomie émotionnelle

MARS en Porte 19 Une énergie brute pour obtenir ce qui est nécessaire
Mars pousse à agir avec détermination pour sécuriser les ressources. L'individu peut être très proactif pour obtenir ce dont il a besoin.
Défi : Impulsivité et conflits liés aux ressources
Conseil : Apprendre à canaliser son énergie pour éviter les tensions

JUPITER en Porte 19 L'expansion à travers l'abondance et le partage
Jupiter amplifie la capacité à attirer et gérer des ressources. L'individu peut exceller dans des rôles liés à la gestion économique ou communautaire.
Défi : Risque d'excès ou de générosité mal placée
Conseil : Développer une gestion équilibrée des ressources

SATURNE en Porte 19 La discipline dans l'accès aux ressources
Saturne impose une responsabilité dans la gestion des besoins. L'individu doit apprendre à équilibrer ses attentes et son autonomie.
Défi : Se sentir limité ou frustré dans ses demandes
Conseil : Accepter que la patience et la structure permettent une vraie stabilité

URANUS en Porte 19 Un regard innovant sur la dépendance et l'échange
Uranus pousse à réinventer les structures de soutien et d'interdépendance. L'individu peut créer de nouveaux modèles économiques ou sociaux.
Défi : Rejet des normes traditionnelles au point de créer de l'instabilité
Conseil : Trouver un équilibre entre indépendance et connexion

NEPTUNE en Porte 19 La spiritualité et le sacré dans le besoin d'appartenance
Neptune donne une dimension mystique et intuitive aux ressources et aux relations. L'individu peut être attiré par les communautés spirituelles ou alternatives.
Défi : Illusions autour de la dépendance et du sacrifice
Conseil : S'assurer que les relations sont équilibrées et non basées sur un besoin inconscient

PLUTON en Porte 19 La transformation à travers la gestion des ressources
Pluton apporte une intensité et une remise en question profonde des dynamiques de dépendance. L'individu peut traverser des crises autour de l'accès aux ressources.
Défi : Expériences de perte ou de rupture brutale
Conseil : Apprendre à lâcher prise et à reconstruire sur des bases saines

---

INTROSPECTION & RÉFLEXION

1. Quels sont mes besoins essentiels dans mes relations, et comment puis-je les exprimer de manière équilibrée ?
2. Comment puis-je cultiver mon empathie sans absorber les émotions des autres de manière excessive ?
3. Comment puis-je encourager l'autonomie chez les autres en leur apportant mon soutien ?
4. Est-ce que je cherche inconsciemment à être accepté par les autres pour combler une insécurité personnelle ?
5. Quelles actions puis-je entreprendre pour renforcer mon sentiment de sécurité intérieure ?
6. Dans quelles situations puis-je prendre des décisions sans attendre l'approbation ou la validation d'autrui ?

CANAL 19/49 - CANAL DE LA SYNTHÈSE

Type de canal : Projecteur
Portes : 19 (L'Approche) et 49 (La Révolution)
Centres impliqués : Centre de la Racine → Centre du Plexus Solaire
Circuit : Circuit Tribal – Soutien
Thème principal : L'instinct de connexion et la transformation sociale
Sens dominant : Le toucher
Rôle : Sentir les besoins fondamentaux des autres et initier le changement.

"Je ressens profondément les besoins du monde. Mon sens de la justice et de la transformation éclaire mon chemin."

LES DYNAMIQUES DU CANAL 19/49

Une sensibilité profonde aux besoins
Le canal 19/49 est le moteur de la connexion humaine et animale. Il ressent profondément les besoins émotionnels et matériels des autres, cherchant à garantir le soutien et la sécurité de son entourage.

Un lien essentiel à la communauté
Ce canal est l'un des piliers du circuit tribal, jouant un rôle clé dans la préservation des ressources et la structuration des relations sociales. Il favorise la stabilité et la coopération au sein des groupes.

Une force de transformation sociale
La Porte 49 est appelée la porte de la Révolution. Elle porte une énergie de changement radical, cherchant à renverser les structures lorsque celles-ci ne répondent plus aux besoins du groupe.

Une connexion mystique avec les animaux
Ce canal est aussi connu pour sa relation unique avec les mammifères, jouant un rôle fondamental dans la domestication et l'utilisation des animaux au service des besoins humains.

Un impact conditionné par la reconnaissance
En tant que projecteur, le 19/49 ne peut exercer son influence efficacement que lorsqu'il est reconnu et invité à participer. Sinon, sa sensibilité peut être

perçue comme de l'intrusion.

DÉFIS ET OMBRES
Une hypersensibilité aux besoins des autres
Le désir de répondre aux attentes des autres peut générer une fatigue émotionnelle intense.

Un attachement rigide aux règles tribales
Ce canal valorise les traditions et peut exclure ceux qui ne respectent pas les normes du groupe.

Un potentiel révolutionnaire imprévisible
L'énergie de transformation peut parfois être destructrice si elle n'est pas guidée par un objectif clair et une prise de conscience émotionnelle.

Le canal 19/49 est un pilier de la structure sociale, combinant une profonde sensibilité aux besoins des autres avec un puissant potentiel de transformation. Lorsqu'il est utilisé avec discernement et en réponse à une reconnaissance extérieure, il devient une force précieuse pour l'évolution collective.

PORTE 20 LA CONTEMPLATION

"En étant pleinement présent à l'instant, j'incarne la vérité et l'authenticité."

PORTE DU PRÉSENT

La Porte 20 est celle de l'instant présent, de l'expression spontanée et de l'alignement immédiat avec la vérité. Située dans le Centre de la Gorge, elle représente la capacité à parler et à agir dans l'instant, en fonction de ce qui est ressenti sur le moment.

Physiologie : Tronc cérébral (Médula)
Acide Aminé : Leucine
Cercle de Codons : Le Cercle de la Vie et de la Mort (3, 20, 23, 24, 27, 42)
Partenaire de programmation : Clé génétique 34
Centre : Centre Gorge
Quart : Civilisation

Ligne 1 - La superficialité.
Ligne 2 - Le dogmatisme
Ligne 3 - La conscience de soi-même.
Ligne 4 - L'application
Ligne 5 - Le réalisme
Ligne 6 - La sagesse

20/10 - Canal de l'Éveil : Lorsque la Porte 20 se connecte à la Porte 10 (Centre G), elle exprime la conscience de soi à travers des actions alignées et authentiques.
20/57 - Canal de la Clarté Intuitive : Avec la Porte 57 (Centre de la Rate), ce canal reflète une intuition perçante combinée à une action immédiate et précise.
20/34 - Canal du Charisme : Lorsque la Porte 20 (Centre de la Gorge) se connecte à la Porte 34 (Centre Sacral), elle exprime une action puissante et spontanée alignée sur l'instant présent. Ce canal incarne une capacité naturelle à transformer l'énergie en une action immédiate et impactante, tout en étant ancré dans une conscience intuitive.

Siddhi : Présence | **Don** : Confiance en soi | **Ombre** : Superficialité

CENTRE GORGE

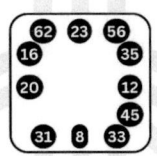

ESSENCE DE LA PORTE

L'archétype de la Porte 20 est celui de l'Observateur Conscient. Cette énergie est entièrement ancrée dans l'instant présent, elle ne se projette ni dans le passé ni dans le futur. Elle permet une expression authentique et directe, sans filtre ni calcul mental.

Son défi est d'éviter la superficialité ou l'impulsivité, en s'exprimant sans réflexion ni alignement intérieur.

RÔLE DANS LES INTERACTIONS

Dans les relations, la Porte 20 agit comme une force d'inspiration immédiate. Elle invite les autres à se concentrer sur l'instant présent et à embrasser la spontanéité. Les porteurs de cette énergie expriment souvent une vérité intuitive et directe qui peut clarifier et guider les autres.

DÉFIS

- Tendance à s'exprimer impulsivement, sans tenir compte des répercussions.
- Difficulté à s'ancrer dans l'instant présent, ce qui peut entraîner de l'impatience ou une dispersion.
- Risque de passer à côté d'opportunités en négligeant les actions nécessaires dans l'instant.

TALENTS

- Capacité à agir avec clarté et à exprimer une vérité spontanée et alignée.
- Talent pour capturer et communiquer l'essence du moment, en inspirant les autres.
- Influence naturelle qui encourage les autres à se connecter au moment présent.

EXPRESSION DÉSÉQUILIBRÉE

Lorsqu'elle est désalignée, la Porte 20 peut se manifester par une tendance à parler ou agir de manière impulsive, sans réfléchir aux conséquences. Cela peut entraîner des malentendus ou des actions mal ciblées.

MAÎTRISE

En équilibre, la Porte 20 devient une force de présence et de vérité. Elle enseigne l'importance d'être pleinement conscient de l'instant présent, permettant une expression et une action parfaitement alignées avec la situation.

MANIFESTATION DANS LA VIE QUOTIDIENNE ET LE BUSINESS
Vie Quotidienne :

Dans la vie personnelle, cette Porte se manifeste par une présence charismatique et une capacité à vivre intensément chaque moment. Elle favorise l'authenticité et l'expression sincère de soi-même dans les interactions quotidiennes.

Application en Business :

Dans un contexte professionnel, la Porte 20 excelle dans des rôles nécessitant une communication claire et immédiate, comme les présentations, le coaching ou le leadership. Elle est idéale pour les environnements où l'action rapide et alignée est essentielle.

INFLUENCE ÉNERGÉTIQUE COLLECTIVE (TRANSITS)

Lorsqu'activée dans les transits, la Porte 20 invite le collectif à ralentir et à vivre pleinement dans le moment présent. C'est une période propice pour embrasser la spontanéité, s'exprimer avec authenticité et agir avec clarté.

NUANCES EN FONCTION DE LA LIGNE

LIGNE 1 Observer et comprendre avant d'exprimer

Les individus avec la Porte 20 en Ligne 1 ressentent le besoin de comprendre leur environnement avant de parler ou d'agir. Ils veulent s'assurer que leur expression est fondée avant de l'exprimer.

Défi : peur de dire quelque chose de faux ou d'inapproprié

Conseil : accepter que l'instant présent ne nécessite pas toujours une préparation

LIGNE 2 : Expression instinctive et naturelle

Les personnes avec la Porte 20 en Ligne 2 possèdent une capacité innée à exprimer ce qu'elles ressentent dans l'instant. Elles communiquent de manière spontanée et authentique, sans chercher à plaire ou à contrôler leur message.

Défi : difficulté à comprendre l'impact de ses paroles sur les autres

Conseil : faire confiance à son expression tout en restant attentif aux réactions

LIGNE 3 : Expérimenter différentes manières de s'exprimer

Les individus avec la Porte 20 en Ligne 3 apprennent par essais et erreurs comment s'exprimer dans l'instant de manière efficace. Ils testent différentes façons de communiquer et ajustent leur expression selon les réactions qu'ils observent.

Défi : instabilité dans l'expression et remise en question constante

Conseil : accepter que chaque interaction est une opportunité d'apprentissage

LIGNE 4 : Inspirer les autres par sa présence
Les individus avec la Porte 20 en Ligne 4 ont une capacité naturelle à influencer leur entourage par leur présence et leur parole. Ils créent une atmosphère de vérité et d'authenticité par leur manière d'être et de s'exprimer.
Défi : vouloir être accepté et moduler son expression en conséquence
Conseil : exprimer sa vérité sans chercher l'approbation

LIGNE 5 : transmettre un message percutant et utile
Les individus avec la Porte 20 en Ligne 5 ont une approche stratégique de l'expression. Ils savent comment formuler un message pour qu'il soit entendu et appliqué.
Défi : pression des attentes extérieures
Conseil : aligner son message avec son ressenti immédiat, sans chercher à manipuler

LIGNE 6 : observer et comprendre les dynamiques de l'instant
Les individus avec la Porte 20 en Ligne 6 adoptent une vision globale de l'instant présent. Ils observent comment les interactions évoluent et interviennent au moment juste pour partager leur perspective.
Défi : sentiment d'être en décalage avec l'immédiateté du monde
Conseil : faire confiance à son timing naturel pour intervenir

NUANCES EN FONCTION DU TYPE
MANIFESTEUR : Initier des messages puissants dans l'instant
Le Manifesteur avec la Porte 20 exprime des idées percutantes sans attendre l'approbation. Il dit ce qui doit être dit, au moment où cela doit être dit.
Défi : rejet et résistance
Conseil : informer avant d'agir pour éviter les malentendus

GÉNÉRATEUR : Répondre à l'instant avec clarté et authenticité
Le Générateur avec la Porte 20 se connecte pleinement à son expression lorsque cela résonne avec lui.
Défi : frustration si son expression est bloquée
Conseil : écouter sa réponse sacrale pour s'exprimer au bon moment

Le **Manifesteur-Générateur** (MG): Alterner entre spontanéité et réflexion
Le MG avec la Porte 20 peut être extrêmement rapide dans ses expressions et ses actions, mais doit veiller à ne pas être trop impulsif.

PROJECTEUR : Guider les autres avec une parole juste et précise
Le Projecteur avec la Porte 20 perçoit quand et comment s'exprimer pour avoir le plus d'impact.
Défi : besoin de reconnaissance et fatigue émotionnelle
Conseil : attendre d'être invité avant d'exprimer ses observations

RÉFLECTEUR : Refléter l'instant présent et exprimer ce qui est invisible aux autres
Le Réflecteur avec la Porte 20 capte et exprime les dynamiques du moment avec une précision unique.
Défi : confusion sur ce qui lui appartient ou non
Conseil : observer avant de parler pour clarifier ce qu'il ressent

NUANCES EN FONCTION DE LA PLANÈTE
SOLEIL en Porte 20 Briller à travers la présence pure
Le Soleil met en lumière une conscience intense de l'instant présent. L'individu est un modèle de présence et d'authenticité, influençant son entourage par sa capacité à être totalement ici et maintenant.
Défi : Difficulté à structurer des projets à long terme
Conseil : Apprendre à équilibrer le moment présent avec une vision plus large

TERRE en Porte 20 Ancrer la conscience de l'instant dans la réalité
Avec la Terre, la Porte 20 offre une connexion profonde avec le présent tout en nécessitant un ancrage physique pour ne pas se disperser.
Défi : Manque de cohérence entre action et réflexion
Conseil : Trouver des pratiques qui aident à rester centré et structuré

LUNE en Porte 20 Une perception fluctuante du présent
Avec la Lune, l'individu peut ressentir des vagues d'intensité dans sa présence, parfois profondément connecté, parfois ailleurs.
Défi : Instabilité et distraction
Conseil : Observer ces cycles sans s'y attacher et cultiver la régularité

MERCURE en Porte 20 L'art de parler dans l'instant
Avec Mercure, l'individu exprime ses pensées spontanément et avec justesse. Il peut être un excellent orateur ou enseignant.

Défi : Parler trop vite ou regretter ses paroles
Conseil : Cultiver la conscience avant l'expression pour assurer l'impact juste

VÉNUS en Porte 20 L'harmonie dans l'instant présent
Vénus apporte une dimension esthétique et relationnelle à cette porte. L'individu sait apprécier et magnifier le moment présent.
Défi : Difficulté à lâcher prise sur le passé ou l'avenir
Conseil : Accepter la beauté de chaque instant sans vouloir le figer

MARS en Porte 20 L'impulsivité dans l'expression existentielle
Mars pousse à une action immédiate, parfois sans réflexion. L'individu agit spontanément selon son ressenti du moment.
Défi : Réactions excessives ou impulsivité
Conseil : Développer un sens du timing plus conscient

JUPITER en Porte 20 L'expansion et la sagesse de la présence
Jupiter favorise une grande capacité à influencer les autres en étant totalement présent et aligné sur soi-même.
Défi : Risque d'être trop centré sur l'instant sans vision globale
Conseil : Trouver un équilibre entre spontanéité et responsabilité

SATURNE en Porte 20 La discipline dans la présence
Saturne impose une responsabilité dans l'expression de l'instant présent. Il enseigne que la présence requiert de la maturité.
Défi : Se sentir bloqué dans l'expression immédiate
Conseil : Accepter que la véritable présence se construit avec le temps

URANUS en Porte 20 Une manière unique d'habiter l'instant
Uranus pousse l'individu à vivre l'instant présent d'une manière totalement originale et inattendue.
Défi : Instabilité et imprévisibilité
Conseil : Trouver une forme de stabilité tout en honorant son unicité

NEPTUNE en Porte 20 L'instant présent comme voie mystique
Avec Neptune, l'individu peut expérimenter une connexion spirituelle profonde au moment présent, parfois jusqu'à l'extase.
Défi : Se perdre dans l'instant sans conscience du monde matériel
Conseil : Trouver des moyens d'ancrer ses expériences pour qu'elles aient un impact concret

PLUTON en Porte 20 La transformation profonde par la pleine présence
Pluton amène une intensité dans l'expérience de l'instant présent, avec des

phases de destruction et de renaissance dans la manière d'habiter le moment.
Défi : Peur du changement soudain
Conseil : Accepter que chaque instant est une opportunité de transformation

---

INTROSPECTION & RÉFLEXION
1. Comment puis-je cultiver ma capacité à être pleinement présent dans chaque moment ?
2. Comment puis-je exprimer ma vérité de manière authentique sans paraître impulsif ?
3. Quels outils ou pratiques m'aident à donner plus de profondeur à mon expression et à mes actions ?
4. Dans quelles situations ai-je tendance à agir de manière impulsive ? Quels en sont les effets ?
5. Quelles techniques puis-je utiliser pour vérifier mon intention avant d'agir, tout en restant dans le flux naturel de l'instant ?
6. Comment puis-je transformer une impulsivité potentiellement perturbatrice en une expression authentique et alignée ?

CANAL 20/34 - CANAL DU CHARISME

Type de canal : Générateur-Manifesteur
Portes : 34 (La Puissance) et 20 (L'Instant Présent)
Centres impliqués : Centre Sacral → Centre de la Gorge
Circuit : Circuit de l'Individualité - Autonomisation
Thème principal : L'action immédiate et la manifestation spontanée
Sens dominant : L'ouïe
Rôle : Transformer instantanément l'énergie en action.

"J'incarne la puissance de l'instant. Chaque action que je prends est un pas vers mon accomplissement. »

LES DYNAMIQUES DU CANAL 20/34

Une énergie en mouvement perpétuel
Le canal 34/20 relie le centre Sacral, source d'une énergie inépuisable, au centre de la Gorge, permettant une manifestation immédiate. Il est l'incarnation même du passage à l'action.

Un charisme magnétique et instinctif
L'individu porteur de ce canal dégage une présence forte et captivante. Il attire naturellement l'attention par son dynamisme et son engagement dans l'instant.

Une hyper activité qui peut isoler
Ce canal a une tendance naturelle à être constamment occupé, au point d'avoir du mal à répondre aux sollicitations extérieures. Il privilégie l'action autonome à l'interaction sociale.

Un besoin de direction pour canaliser l'énergie
Bien que ce canal confère une immense force de manifestation, il peut devenir erratique sans une ligne directrice claire. Il fonctionne de manière optimale lorsqu'il est guidé par une stratégie cohérente.

Un générateur de transformation immédiate
Ce canal est conçu pour réagir en temps réel. Sa force réside dans sa capacité à saisir les opportunités dès qu'elles se présentent, sans hésitation.

DÉFIS ET OMBRES
Une difficulté à ralentir
L'hyper-activité peut conduire à l'épuisement si l'individu ne respecte pas les signaux de son corps.

Un sentiment d'isolement
Le besoin constant d'être en mouvement peut empêcher l'individu d'établir des relations profondes et durables.

Une impulsivité non maîtrisée
L'énergie brute du canal doit être utilisée avec discernement pour éviter des décisions précipitées et inefficaces.

Le canal 34/20 est une force de manifestation pure, traduisant instantanément l'énergie en action. Lorsqu'il est aligné avec une stratégie consciente et respectueux de son propre rythme, il devient un puissant moteur d'innovation et de transformation.

CANAL 10/20 - CANAL DE L'ÉVEIL

Type de canal : Projecteur
Portes : 10 (La Porte de la Conduite) et 20 (La Porte de la Contemplation)
Centres impliqués : Centre G → Centre de la Gorge
Circuit : Circuit de l'Individualité - Intégration
Thème principal : Authenticité et présence
Sens dominant : L'ouïe (acoustique)
Rôle : Exprimer la vérité personnelle dans l'instant présent

"Incarnant la vérité, chaque mot est une mélodie, chaque action un verset d'un chant d'amour-propre."

LES DYNAMIQUES DU CANAL 10/20

L'authenticité en action
Ce canal incarne l'art de vivre en accord avec ses propres principes et de les exprimer avec force et clarté.
Il ne garantit cependant pas que la personne vive selon ces principes, mais elle les exprimera toujours avec éloquence dans le moment présent.

Une présence immédiate et marquante
Ce canal confère une capacité naturelle à vivre pleinement l'instant présent, à s'ancrer dans le moment avec une présence inébranlable.
Il est souvent reconnu immédiatement par les autres pour son individualité et sa capacité à capter l'attention par ses paroles.

Une voix puissante, mais pas nécessairement suivie d'action
Bien que ce canal soit relié à la Gorge, il se manifeste davantage dans l'expression verbale que dans l'action.
Il peut proclamer des vérités puissantes sans nécessairement les incarner activement dans son comportement.

Un chemin d'autonomisation personnelle
Ce canal appartient au circuit de l'intégration, ce qui signifie que son éveil est un processus personnel. Il ne vise pas à éveiller les autres, mais à approfondir son propre alignement.
Être en présence d'une personne avec ce canal ne garantit pas que l'on sera éveillé par elle. Chacun doit trouver sa propre vérité intérieure.

DÉFIS ET OMBRES
L'illusion de l'éveil collectif
Ceux qui possèdent ce canal peuvent être perçus comme des guides spirituels ou philosophiques, mais leur éveil reste personnel.
Il est important pour eux de ne pas imposer leurs vérités aux autres, mais plutôt de s'autoriser à être eux-mêmes sans attente de reconnaissance extérieure.

Le décalage entre les paroles et les actions
Parfois, ce canal peut donner l'impression que la personne prêche des valeurs qu'elle ne suit pas nécessairement.
L'alignement entre l'expression et l'incarnation de ses principes est donc un défi central.

Le besoin de reconnaissance
Étant un canal projecteur, il fonctionne mieux lorsqu'il est invité à partager sa sagesse. Sans reconnaissance, la personne peut se sentir frustrée ou incomprise.

Le canal 10/20 est un hymne à l'authenticité et à la vérité personnelle, donnant à l'individu une voix puissante pour exprimer sa nature profonde. Son éveil est une quête individuelle, et bien qu'il puisse inspirer les autres, il ne cherche pas à les transformer. Son défi est d'aligner parole et action, et d'exister dans l'instant avec intégrité et humilité.

CANAL 20/57 - CANAL DES ONDES CÉRÉBRALES

Type de canal : Projecteur
Portes : 57 (L'Intuition) et 20 (L'Instant Présent)
Centres impliqués : Centre Splénique → Centre de la Gorge
Circuit : Circuit de l'Individualité – Autonomisation
Thème principal : La perception intuitive et son expression immédiate
Sens dominant : L'ouïe
Rôle : Transformer l'intuition pure en parole et en action.

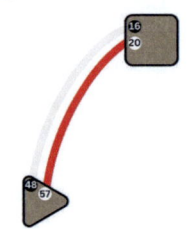

"Je fais confiance à mon intuition. Chaque instant est une opportunité de clarté et d'action."

LES DYNAMIQUES DU CANAL 20/57

Une perception aiguisée du moment présent

Le canal 57/20 incarne une connexion directe entre l'intuition profonde du centre Splénique et l'expression immédiate du centre de la Gorge. Cela permet une réaction instinctive, guidée par une intelligence innée.

Une conscience intuitive unique

L'individu possède une capacité exceptionnelle à percevoir ce qui est juste ou dangereux avant même que l'esprit rationnel n'intervienne. Il capte les vibrations subtiles de son environnement et sait instinctivement comment réagir.

Une voix qui exprime l'instant

La Porte 20 représente l'expression du présent, ce qui permet au canal 57/20 de verbaliser ses perceptions intuitives avec une spontanéité remarquable. Il peut capturer l'essence d'un moment et la transmettre immédiatement.

Un guide pour les autres

Ce canal joue un rôle clé dans l'éveil des consciences et le partage de connaissances intuitives. Il aide à stimuler l'intelligence d'autrui en apportant des perspectives nouvelles et profondes.

Une adaptation constante au flux de la vie

Le canal 57/20 fonctionne en harmonie avec le présent. Il ne s'accroche pas au passé ni n'anticipe excessivement l'avenir, mais se fie à l'instant pour prendre des décisions éclairées.

DÉFIS ET OMBRES
Une difficulté à rationaliser l'intuition
Bien que l'intuition soit puissante, elle peut être difficile à expliquer aux autres, créant parfois des malentendus.

Une hypersensibilité aux signaux subtils
L'individu peut être submergé par des perceptions sensorielles intenses, ce qui peut générer de l'anxiété ou de la confusion.

Une tendance à parler sans filtre
L'expression immédiate des intuitions peut parfois être mal perçue, surtout si elle n'est pas attendue ou comprise par l'entourage.

Le canal 57/20 est une passerelle entre la perception intuitive et son expression immédiate. Lorsqu'il est écouté et utilisé avec discernement, il permet d'agir avec justesse et d'inspirer les autres à suivre leur propre intuition.

PORTE 21 MORT À PLEINE DENT

"Je maîtrise mon propre destin en équilibrant autorité et lâcher-prise."

PORTE DU CHASSEUR/ DE LA CHASSERESSE

La Porte 21 est celle de la gestion des ressources, du leadership et de l'autonomie. Située dans le Centre du Cœur (Égo), elle représente le besoin naturel de contrôler son environnement, de diriger et d'assurer la survie du groupe. Elle fonctionne avec la **Porte 45 (la direction des ressources)** pour former le canal 21-45 du Matérialisme, qui régit la gestion des biens, du pouvoir et des structures tribales.

Physiologie : Poumons
Acide Aminé : Arginine
Cercle de Codons : Le Cercle de l'Humanité (10, 17, 21, 25, 38, 51)
Partenaire de programmation : Clé génétique 48
Centre : Centre Coeur
Quart : Initiation

Ligne 1 - L'avertissement
Ligne 2 - La puissance gagne
Ligne 3 - L'impuissance
Ligne 4 - La stratégie
Ligne 5 - L'objectivité
Ligne 6 - Le chaos

Canal : 21/45 - Canal de l'Argent - Lorsque la Porte 21 se connecte à la Porte 45 (Centre de la Gorge), elle exprime une énergie de leadership et de gestion des ressources pour le bénéfice de la communauté.
Circuit : Circuit de l'Ego

Siddhi : Vaillance | **Don** : Autorité | **Ombre** : Contrôle

CENTRE COEUR

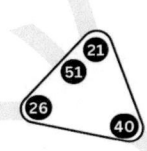

ESSENCE DE LA PORTE

L'archétype de la Porte 21 est celui du Leader et du Gardien du Territoire. Cette énergie permet de prendre des décisions fermes et de protéger les ressources collectives.

Elle cherche à maintenir l'ordre et la stabilité dans les structures sociales et matérielles.

Son défi est d'apprendre à déléguer et à lâcher prise, car un excès de contrôle peut mener à une résistance ou à un épuisement.

RÔLE DANS LES INTERACTIONS

Dans les relations, la Porte 21 joue un rôle de leader naturel, en gérant les ressources et les responsabilités. Elle inspire confiance par sa capacité à structurer et à organiser de manière efficace. Les porteurs de cette énergie peuvent parfois être perçus comme dominants, mais leur intention est généralement de maintenir l'ordre et la sécurité.

DÉFIS

- Tendance à exercer un contrôle excessif ou à avoir du mal à déléguer.
- Peur de perdre le contrôle, entraînant des comportements rigides ou autoritaires.
- Difficulté à trouver un équilibre entre autonomie personnelle et coopération collective.

TALENTS

- Capacité à gérer les ressources avec efficacité et équité.
- Talent naturel pour organiser et structurer des projets ou des environnements.
- Influence positive qui inspire un leadership juste et équilibré.

EXPRESSION DÉSÉQUILIBRÉE

Lorsqu'elle est désalignée, la Porte 21 peut se manifester par un besoin de contrôle rigide, ou à l'inverse, une peur de prendre ses responsabilités. Cela peut provoquer des tensions dans les relations ou entraîner un sentiment de manque de direction.

MAÎTRISE

En équilibre, la Porte 21 devient une force de stabilité et de leadership conscient. Elle guide les autres avec confiance et responsabilité, en mettant l'accent sur la gestion collaborative des ressources et des systèmes.

MANIFESTATION DANS LA VIE QUOTIDIENNE ET LE BUSINESS
Vie Quotidienne :

Dans la vie personnelle, cette Porte se manifeste par une capacité à prendre en main des situations et à gérer les responsabilités de manière efficace. Elle favorise l'autonomie et l'équilibre entre contrôle personnel et respect des dynamiques relationnelles.

Application en Business :

Dans un contexte professionnel, la Porte 21 excelle dans des rôles de gestion, de direction ou d'administration. Elle est idéale pour les environnements où l'organisation et la gestion des ressources sont essentielles, comme la gestion d'entreprises, la finance ou la planification stratégique.

INFLUENCE ÉNERGÉTIQUE COLLECTIVE (TRANSITS)

Lorsqu'activée dans les transits, la Porte 21 invite le collectif à réfléchir à la gestion des ressources et au rôle du leadership. C'est un moment propice pour évaluer l'équilibre entre contrôle et collaboration dans les structures sociales et professionnelles.

NUANCES EN FONCTION DE LA LIGNE
LIGNE 1 Comprendre avant de contrôler

Les individus avec la Porte 21 en Ligne 1 ressentent le besoin d'apprendre et de comprendre en profondeur avant d'exercer un contrôle. Ils cherchent à bâtir une base solide de connaissances et de compétences avant de prendre des décisions importantes.

Défi : peur du manque de contrôle et insécurité intérieure

Conseil : accepter que l'apprentissage vient aussi de l'expérience

LIGNE 2 : Contrôle instinctif et naturel

Les personnes avec la Porte 21 en Ligne 2 possèdent une capacité innée à gérer et diriger. Elles ont une présence forte et savent naturellement comment organiser les choses, sans avoir besoin d'un apprentissage formel.

Défi : difficulté à comprendre pourquoi elles attirent des responsabilités

Conseil : utiliser son influence de manière fluide et équilibrée

LIGNE 3 : Apprendre à gérer le pouvoir par l'expérience

Les individus avec la Porte 21 en Ligne 3 explorent différentes manières de gérer et d'exercer leur contrôle. Ils apprennent par essais et erreurs ce qui fonctionne et ce qui ne fonctionne pas.

Défi : instabilité dans la gestion et remise en question constante

Conseil : voir chaque expérience comme une opportunité d'apprentissage

LIGNE 4 : Influencer et diriger avec bienveillance

Les individus avec la Porte 21 en Ligne 4 ont une capacité naturelle à influencer et organiser leur entourage. Ils créent des structures solides où chacun peut trouver sa place.

Défi : vouloir plaire et adapter son contrôle pour être accepté
Conseil : affirmer son autorité tout en restant à l'écoute

LIGNE 5 : Gérer avec pragmatisme et efficacité

Les individus avec la Porte 21 en Ligne 5 ont une approche stratégique du pouvoir et du contrôle. Ils savent comment structurer efficacement les ressources et assumer des responsabilités importantes.

Défi : pression des attentes extérieures
Conseil : aligner son autorité avec ses valeurs profondes

LIGNE 6 : Observer et comprendre l'équilibre du pouvoir

Les individus avec la Porte 21 en Ligne 6 adoptent une vision globale de la gestion des ressources et du contrôle. Ils cherchent à comprendre comment le pouvoir peut être exercé avec sagesse et discernement.

Défi : sentiment d'être en décalage avec les autres
Conseil : assumer son rôle de guide dans la gestion du pouvoir

NUANCES EN FONCTION DU TYPE
GÉNÉRATEUR

Pour le Générateur, la Porte 21 apporte un sens de contrôle et de gestion qui repose sur la réponse. En attendant d'être sollicité ou d'avoir une réponse interne claire, le Générateur utilise cette énergie pour organiser et structurer les ressources de manière fluide et équilibrée. Le Générateur exprime la Porte 21 en gérant les ressources avec patience et en prenant des décisions lorsque la situation l'appelle naturellement, sans forcer.

- **Défi** : Peut ressentir de la frustration s'il essaie d'exercer un contrôle sans écouter son autorité intérieure, risquant de se sentir épuisé par un besoin excessif de maîtrise.
- **Conseil** : Écouter et suivre son autorité sacrale avant d'agir lui permet de maintenir un équilibre entre contrôle et satisfaction, en s'assurant que son énergie est utilisée de manière alignée.

MANIFESTEUR Initier des changements dans la gestion des ressources

Le Manifesteur avec la Porte 21 prend le contrôle naturellement et n'attend pas l'autorisation pour diriger. Il suit son propre instinct et impose ses décisions.

Défi : rejet et résistance
Conseil : informer avant d'agir pour éviter les conflits

GÉNÉRATEUR : Utiliser son autorité en réponse aux opportunités
Le Générateur avec la Porte 21 exerce son pouvoir lorsqu'il répond à une demande ou une situation qui le motive vraiment.
Défi : frustration si son contrôle est limité
Conseil : écouter sa réponse sacrale pour diriger avec enthousiasme

Le **Manifesteur-Générateur (MG)** : alterner entre prise de contrôle et lâcher-prise
Le MG avec la Porte 21 peut être très actif dans la gestion, mais doit apprendre à ne pas s'éparpiller.

PROJECTEUR : Guider les autres vers une gestion plus équilibrée
Le Projecteur avec la Porte 21 perçoit comment les autres peuvent mieux gérer leurs ressources et leur pouvoir.
Défi : besoin de reconnaissance et risque de fatigue mentale
Conseil : attendre d'être invité avant de proposer des ajustements

RÉFLECTEUR : Refléter les dynamiques de pouvoir et d'autorité
Le Réflecteur avec la Porte 21 absorbe et reflète les manières dont les autres exercent leur autorité.
Défi : confusion sur son propre rôle dans la gestion
Conseil : observer et choisir les environnements qui lui permettent de se sentir en sécurité

NUANCES EN FONCTION DE LA PLANÈTE

SOLEIL en Porte 21 Briller à travers le leadership et la gestion des ressources
Le Soleil en Porte 21 illumine un besoin de maîtrise et d'autorité sur le monde matériel. L'individu est naturellement attiré par les postes de commandement.
Défi : Risque de vouloir tout contrôler, même ce qui ne dépend pas de lui
Conseil : Apprendre à déléguer et à faire confiance aux autres

TERRE en Porte 21 Ancrer son pouvoir dans la stabilité et la responsabilité
Avec la Terre, la Porte 21 exige un sens profond des responsabilités.

L'individu doit apprendre à gérer les ressources avec équité et vision à long terme.
Défi : Lutte avec la peur de perdre le contrôle
Conseil : Cultiver un leadership basé sur l'intégrité et la patience

LUNE en Porte 21 Un besoin cyclique de contrôle et de lâcher-prise
La Lune rend l'énergie de la Porte 21 plus fluctuante, alternant entre périodes de forte prise en main et moments de détachement.
Défi : Instabilité dans l'exercice de l'autorité
Conseil : Accepter ces variations et structurer son influence sur le long terme

MERCURE en Porte 21 L'autorité par la parole et la communication
Avec Mercure, l'individu exerce son contrôle par le langage et la négociation. Il sait convaincre et imposer sa vision par la force de ses mots.
Défi : Risque de manipulation ou de domination verbale
Conseil : Utiliser son influence avec sagesse et respect

VÉNUS en Porte 21 Un leadership basé sur l'harmonie et la justice
Vénus adoucit la Porte 21 en lui donnant une approche plus diplomatique du pouvoir. L'individu cherche à gérer les ressources avec bienveillance.
Défi : Peur des conflits et de l'affirmation de soi
Conseil : Trouver un équilibre entre fermeté et bienveillance

MARS en Porte 21 L'instinct de domination et la prise de pouvoir rapide
Mars donne une impulsion forte pour imposer son autorité. L'individu peut avoir une approche très directe et tranchante du leadership.
Défi : Conflits fréquents avec l'autorité
Conseil : Cultiver la patience et l'écoute pour asseoir son pouvoir durablement

JUPITER en Porte 21 L'expansion à travers la gestion des biens et des responsabilités
Jupiter favorise une prospérité matérielle et un leadership reconnu. L'individu peut exceller dans les affaires, la gestion ou la politique.
Défi : Risque de devenir trop matérialiste
Conseil : Se rappeler que le contrôle doit être exercé pour le bien collectif

SATURNE en Porte 21 La discipline dans l'exercice du pouvoir
Saturne impose une rigueur et une éthique stricte dans la gestion du pouvoir et des ressources. L'individu apprend que le contrôle vient avec des responsabilités lourdes.
Défi : Se sentir écrasé par le poids des responsabilités
Conseil : Accepter que le leadership s'affine avec le temps et l'expérience

URANUS en Porte 21 Un leadership innovant et rebelle
Uranus pousse l'individu à réinventer les modèles traditionnels de pouvoir. Il refuse l'autorité classique et cherche de nouvelles manières de diriger.
Défi : Risque d'être perçu comme un anarchiste ou un provocateur
Conseil : Trouver un équilibre entre innovation et respect des structures existantes

NEPTUNE en Porte 21 Une vision mystique du pouvoir et de l'autorité
Avec Neptune, la Porte 21 devient un canal de guidance spirituelle. L'individu peut utiliser son influence pour guider et inspirer les autres.
Défi : Risque de se perdre dans une illusion de pouvoir spirituel
Conseil : Rester ancré dans la réalité tout en suivant son intuition

PLUTON en Porte 21 La transformation à travers l'exercice du pouvoir
Pluton apporte une intensité profonde dans la relation à l'autorité et au contrôle. L'individu peut vivre des crises de pouvoir qui le transforment radicalement.
Défi : Expériences de perte de contrôle brutale
Conseil : Comprendre que le vrai pouvoir vient de l'adaptabilité et de la résilience

INTROSPECTION & RÉFLEXION
1. Comment puis-je cultiver ma capacité à être pleinement présent dans chaque moment ?
2. Comment puis-je exprimer ma vérité de manière authentique sans paraître impulsif ?
3. Quels outils ou pratiques m'aident à donner plus de profondeur à mon expression et à mes actions ?
4. Dans quelles situations ai-je tendance à agir de manière impulsive ? Quels en sont les effets ?
5. Quelles techniques puis-je utiliser pour vérifier mon intention avant d'agir, tout en restant dans le flux naturel de l'instant ?
6. Comment puis-je transformer une impulsivité potentiellement perturbatrice en une expression authentique et alignée ?

CANAL 21/45 - CANAL DE L'ARGENT

Type de canal : Manifesteur
Portes : 21 (Le Contrôle) et 45 (Le Leadership Matériel)
Centres impliqués : Centre de l'Ego → Centre de la Gorge
Circuit : Circuit Tribal – Soutien
Thème principal : L'accumulation et la gestion des ressources matérielles
Sens dominant : Le toucher
Rôle : Asseoir son pouvoir matériel et diriger avec autorité. - "Je possède, donc je gouverne."

"Je suis le maître de mon destin matériel. Je guide avec sagesse et crée une abondance durable."

LES DYNAMIQUES DU CANAL 21/45

Le canal du matérialisme et de la prospérité

Le canal 21/45 est le seul canal Ego Manifesteur pur. Il fonctionne de manière optimale lorsqu'il rencontre l'autre porte du canal (21 ou 45), favorisant ainsi une interdépendance qui renforce son efficacité.

Une autorité naturelle sur les ressources

L'individu porteur de ce canal possède un besoin inné de contrôler l'aspect matériel de la vie, que ce soit dans un cadre personnel ou collectif. Il veut gérer les finances, les possessions et l'organisation des ressources.

Une voix qui parle pour la tribu

Le circuit tribal n'a qu'une seule voix : « Je possède ou ne possède pas ». Ce canal se positionne comme le leader économique et décisionnaire du groupe, assurant la sécurité financière et matérielle de la communauté.

Le besoin de reconnaissance pour prospérer

Un canal manifesteur doit informer avant d'agir, sinon il risque d'être perçu comme autoritaire ou égoïste. La résistance à son contrôle peut générer de la frustration et de la colère.

Une quête d'indépendance et de souveraineté

L'individu doté de ce canal n'aime pas dépendre des autres. Il veut être autonome dans la gestion de ses affaires et être celui qui décide du destin matériel de son entourage.

DÉFIS ET OMBRES
Un besoin excessif de contrôle
L'envie de tout maîtriser peut mener à une rigidité excessive et à des conflits avec ceux qui cherchent plus de liberté .

Une obsession pour les possessions
L'accumulation de richesses et la peur du manque peuvent générer une vision matérialiste étroite de la vie .

Une difficulté à déléguer
L'individu avec ce canal peut éprouver des difficultés à faire confiance aux autres pour gérer ses affaires, ce qui peut limiter son expansion et son efficacité .

Le canal 21/45 est une force puissante de matérialisation et de leadership économique. Lorsqu'il est aligné sur une vision collective et partagé avec équité, il devient un moteur de prospérité pour tous .

PORTE 22 LA GRÂCE

"En embrassant mes émotions avec grâce, je deviens une source d'inspiration et de sagesse pour le monde."

PORTE DU RÉCEPTIF

La Porte 22 est celle de l'ouverture émotionnelle, de la grâce et de la transformation à travers les sentiments. Située dans le Centre Émotionnel (Plexus Solaire), elle permet d'exprimer et de transmuter les émotions en art, en sagesse et en présence inspirante. Elle fonctionne avec la Porte 12 (la prudence dans l'expression émotionnelle) pour former le canal 12-22 du Charisme, un canal qui permet une communication émotionnelle profonde et captivante.

Physiologie : Plexus solaire (ganglions crâniens)
Acide Aminé : Proline
Cercle de Codons : Le Cercle de la Divinité (22, 36, 37, 63)
Partenaire de programmation : Clé génétique 47
Centre : Centre Plexus Solaire
Quart : Initiation

Ligne 1 - Le ticket de seconde classe
Ligne 2 - L'école du charme
Ligne 3 - L'enchanteur
Ligne 4 - La sensibilité
Ligne 5 - La franchise
Ligne 6 - La maturité

Canal : 22/12 - Canal du Réceptif - Lorsque la Porte 22 se connecte à la Porte 12 (Centre de la Gorge), elle exprime une énergie émotionnelle artistique et créative, permettant une communication qui touche profondément les cœurs des autres.
Circuit : Circuit du Savoir

Siddhi : Grâce **Don** : Bienveillance **Ombre** : Déshonneur

PLEXUS SOLAIRE

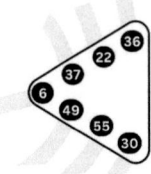

ESSENCE DE LA PORTE
L'archétype de la Porte 22 est celui du Diplomate Émotionnel. Cette énergie est profondément sensible aux fluctuations émotionnelles et capable d'influencer le collectif à travers l'expression authentique de ses sentiments. Elle donne un charisme naturel, qui attire les autres et leur permet de ressentir une vérité plus grande à travers l'émotion.

Son défi est d'apprendre à naviguer entre ouverture et fermeture, sans se laisser submerger par des états émotionnels intenses.

RÔLE DANS LES INTERACTIONS
Dans les relations, la Porte 22 agit comme une énergie magnétique qui attire les autres par sa grâce naturelle et son authenticité émotionnelle. Elle favorise des connexions profondes et inspire les autres à exprimer leurs émotions avec honnêteté et élégance.

DÉFIS
- Sensibilité émotionnelle intense, pouvant entraîner des changements d'humeur fréquents.
- Risque de se replier sur soi-même par peur d'être rejeté pour ses émotions.
- Tendance à éviter les conflits ou à exprimer ses émotions de manière passive-agressive.

TALENTS
- Capacité à exprimer les émotions avec grâce et à créer une atmosphère d'harmonie et d'ouverture.
- Talent pour inspirer et toucher les autres par une communication émotionnelle sincère et artistique.
- Influence naturelle qui favorise l'acceptation des émotions et des états d'âme des autres.

EXPRESSION DÉSÉQUILIBRÉE
Lorsqu'elle est désalignée, la Porte 22 peut se manifester par une hypersensibilité ou un besoin excessif de validation émotionnelle. Elle peut également entraîner une tendance à dissimuler ses émotions par peur du rejet ou de l'incompréhension.

MAÎTRISE
En équilibre, la Porte 22 devient une force de grâce et d'élégance émotionnelle.

Elle inspire les autres par sa capacité à accepter et exprimer ses émotions avec authenticité, tout en créant un espace d'harmonie et de compréhension dans les relations.

MANIFESTATION DANS LA VIE QUOTIDIENNE ET LE BUSINESS

Vie Quotidienne :

Dans la vie personnelle, cette Porte se manifeste par une capacité à naviguer les émotions avec élégance et à inspirer les autres à faire de même. Elle favorise des relations riches et profondes, basées sur une connexion émotionnelle authentique.

Application en Business :

Dans un contexte professionnel, la Porte 22 excelle dans des rôles nécessitant de la diplomatie, de l'empathie ou de la créativité émotionnelle, comme les relations publiques, les arts, le coaching ou la médiation. Elle brille dans les environnements où l'intelligence émotionnelle est essentielle.

INFLUENCE ÉNERGÉTIQUE COLLECTIVE (TRANSITS)

Lorsqu'activée dans les transits, la Porte 22 invite le collectif à embrasser l'élégance et la grâce émotionnelle. C'est une période propice pour s'exprimer avec authenticité et créer des connexions émotionnelles harmonieuses.

NUANCES EN FONCTION DE LA LIGNE

LIGNE 1 Comprendre et approfondir avant d'exprimer

Les individus avec la Porte 22 en Ligne 1 ressentent le besoin d'explorer et de comprendre profondément leurs émotions avant de les partager. Ils cherchent une base solide et sécurisante avant de s'ouvrir aux autres.

Défi : peur de mal exprimer ses émotions ou d'être incompris

Conseil : accepter que l'expression émotionnelle ne nécessite pas toujours une parfaite compréhension

LIGNE 2 : Expression émotionnelle naturelle et magnétique

Les personnes avec la Porte 22 en Ligne 2 possèdent une capacité instinctive à transmettre leurs émotions avec sincérité et impact. Elles sont souvent perçues comme charmantes et attractives, captivant leur entourage par leur présence.

Défi : dépendance à la reconnaissance extérieure

Conseil : faire confiance à son naturel émotionnel

LIGNE 3 : Expérimenter différentes formes d'expression émotionnelle

Les individus avec la Porte 22 en Ligne 3 apprennent par essais et erreurs comment partager et gérer leurs émotions. Ils testent différentes approches

pour comprendre ce qui fonctionne le mieux dans leurs interactions.
Défi : instabilité émotionnelle et difficulté à trouver un équilibre
Conseil : voir chaque interaction comme un apprentissage émotionnel

LIGNE 4 : Influencer et inspirer à travers l'expression émotionnelle

Les individus avec la Porte 22 en Ligne 4 ont une capacité naturelle à toucher et inspirer les autres par leur expression émotionnelle. Ils savent créer un climat de confiance où les émotions peuvent être partagées librement.

Défi : peur du rejet et besoin d'acceptation
Conseil : oser partager ses émotions même si elles ne sont pas toujours confortables pour les autres

LIGNE 5 : Transmettre un message émotionnel puissant et transformateur

Les individus avec la Porte 22 en Ligne 5 ont une approche pragmatique de l'expression émotionnelle. Ils savent comment formuler leurs ressentis de manière constructive et utile aux autres.

Défi : pression des attentes extérieures
Conseil : exprimer ses émotions avec authenticité, sans chercher à les rendre parfaites

LIGNE 6 : Observer et comprendre la profondeur des émotions

Les individus avec la Porte 22 en Ligne 6 adoptent une vision globale de l'expression émotionnelle. Ils observent les dynamiques émotionnelles avant de choisir comment intervenir.

Défi : détachement excessif et peur de s'engager émotionnellement
Conseil : accepter que l'émotion a aussi besoin d'être vécue et partagée

NUANCES EN FONCTION DU TYPE

MANIFESTEUR : Initier des changements émotionnels et impacter les autres

Le Manifesteur avec la Porte 22 exprime ses émotions avec force et intensité, influençant ceux qui l'entourent sans forcément chercher leur approbation.

Défi : rejet et résistance
Conseil : informer avant d'exprimer ses émotions pour éviter les malentendus

GÉNÉRATEUR : Répondre aux émotions avec sincérité et engagement
Le Générateur avec la Porte 22 exprime ses émotions de manière fluide lorsqu'il est aligné avec ce qui lui procure du plaisir et du bien-être.
Défi : frustration si son expression émotionnelle est bloquée
Conseil : écouter sa réponse sacrale pour s'exprimer au bon moment

Le Manifesteur-Générateur (MG): Explorer et affiner son expression émotionnelle
Le MG avec la Porte 22 peut alterner entre des phases d'expression intense et des moments de silence.

PROJECTEUR : Guider les autres à travers une expression émotionnelle maîtrisée
Le Projecteur avec la Porte 22 perçoit comment les autres expriment leurs émotions et peut les aider à mieux les comprendre.
Défi : besoin de reconnaissance et fatigue émotionnelle
Conseil : attendre d'être invité avant de partager sa vision émotionnelle

RÉFLECTEUR : Refléter les émotions du collectif avec profondeur
Le Réflecteur avec la Porte 22 absorbe et reflète les émotions des autres, leur permettant de mieux comprendre ce qu'ils ressentent.
Défi : confusion entre ses propres émotions et celles du collectif
Conseil : prendre du recul avant d'exprimer une émotion pour clarifier son ressenti

NUANCES EN FONCTION DE LA PLANÈTE
SOLEIL en Porte 22 Briller à travers l'expression émotionnelle et la présence charismatique
Le Soleil en Porte 22 illumine un don naturel pour captiver les autres, à travers le charisme et l'élégance émotionnelle.
Défi : Oscillation entre sociabilité et isolement
Conseil : Accepter ses cycles émotionnels et les utiliser pour s'exprimer authentiquement

TERRE en Porte 22 Ancrer la grâce dans la réalité émotionnelle
Avec la Terre, l'individu doit trouver une stabilité émotionnelle pour exprimer ses sentiments de manière harmonieuse.
Défi : Instabilité dans les relations et interactions sociales
Conseil : Développer une discipline émotionnelle pour maintenir une connexion fluide avec les autres

LUNE en Porte 22 Une sensibilité émotionnelle profondément intuitive
La Lune renforce l'aspect mystique et réceptif de cette porte, créant une grande empathie et une sensibilité aux ambiances.
Défi : Être submergé par les émotions extérieures
Conseil : Apprendre à filtrer les énergies émotionnelles des autres

MERCURE en Porte 22 L'art de transmettre les émotions par la parole
Mercure donne une capacité naturelle à parler avec émotion, rendant l'individu captivant lorsqu'il s'exprime.
Défi : Risque d'exagérer ou de manipuler par l'émotion
Conseil : Cultiver une communication sincère et alignée avec ses véritables ressentis

VÉNUS en Porte 22 L'amour de l'esthétique et de la beauté émotionnelle
Vénus apporte une dimension artistique et raffinée à cette porte, donnant une affinité avec les arts et l'expression émotionnelle élégante.
Défi : Chercher l'harmonie au détriment de l'authenticité
Conseil : Embrasser toutes les facettes de l'émotion, y compris celles qui sont inconfortables

MARS en Porte 22 Une intensité émotionnelle et un besoin d'expression immédiat
Mars amplifie l'impulsivité et l'intensité émotionnelle, poussant à réagir fortement aux situations.
Défi : Difficulté à maîtriser ses élans émotionnels
Conseil : Développer la patience avant d'exprimer ses ressentis

JUPITER en Porte 22 L'expansion et la transmission des émotions au collectif
Jupiter donne une capacité à influencer les autres par l'émotion, attirant du succès à travers l'authenticité expressive.
Défi : Risque de dispersion entre trop d'expériences émotionnelles
Conseil : Apprendre à canaliser son expression pour maximiser son impact

SATURNE en Porte 22 La responsabilité émotionnelle et l'apprentissage de la discipline
Saturne impose une maîtrise des émotions et de leur expression.
Défi : Répression des émotions ou rigidité dans leur gestion
Conseil : Accepter que la véritable grâce vient d'une expression équilibrée des émotions

URANUS en Porte 22 Une manière unique et innovante d'exprimer les émotions
Uranus pousse à une approche non conventionnelle de l'expression émotionnelle, souvent à travers des arts nouveaux ou des modes de communication inédits.
Défi : Être perçu comme imprévisible ou excentrique
Conseil : Trouver un équilibre entre spontanéité et compréhension du collectif

NEPTUNE en Porte 22 L'expression émotionnelle comme voie spirituelle
Avec Neptune, l'individu devient un canal de transcendance émotionnelle, utilisant l'art ou la parole pour élever la conscience des autres.
Défi : Se perdre dans un monde d'émotions idéalisées
Conseil : Trouver un moyen d'ancrer son inspiration dans une réalité tangible

PLUTON en Porte 22 La transformation profonde à travers les émotions
Pluton en Porte 22 pousse à une mutation intérieure intense à travers des expériences émotionnelles transformatrices.
Défi : Peur du rejet et du jugement social
Conseil : Accepter que l'expression émotionnelle authentique est une clé de libération et d'évolution

---

INTROSPECTION & RÉFLEXION
1. Dans quelles situations ressens-je le besoin de prendre le contrôle, et pourquoi ?
2. Comment puis-je exercer mon autorité de manière bienveillante et respectueuse pour les autres ?
3. Suis-je à l'aise pour poser des limites claires avec les autres ? Pourquoi ou pourquoi pas ?
4. Comment puis-je inspirer les autres à collaborer sans imposer mon point de vue ?
5. Comment puis-je intégrer plus de flexibilité dans ma manière de gérer les ressources et d'exercer mon contrôle ?
6. Comment puis-je m'assurer que mon besoin de contrôle ne limite pas les contributions des autres ?

CANAL 12/22 - CANAL DE L'OUVERTURE

Type de canal : Manifesteur
Portes : 12 (L'Ouverture) et 22 (La Grâce)
Centres impliqués : Centre du Plexus Solaire → Centre de la Gorge
Circuit : Circuit de l'Individualité – Autonomisation, Émancipation, Évolution
Thème principal : L'expression émotionnelle et la transformation sociale
Sens dominant : L'ouïe (acoustique)
Rôle : Communiquer des émotions profondes et inspirer le changement

"Je parle quand je ressens, j'influence quand je suis prêt."

LES DYNAMIQUES DU CANAL 12/22

Une puissance émotionnelle communicative
Ce canal permet d'exprimer les émotions avec une force unique, influençant profondément ceux qui l'entourent.
Il confère une capacité d'attirer l'attention et de captiver un public, grâce à une voix puissante et chargée d'émotions.

Une énergie sociale fluctuante
Contrairement aux autres canaux sociaux qui cherchent la stabilité relationnelle, ce canal oscille entre ouverture et repli.
L'individu peut être très sociable et communicatif à certains moments, puis se refermer et éviter les interactions lorsque son état émotionnel ne s'y prête pas.

Un impact basé sur l'authenticité émotionnelle
Ce canal fonctionne uniquement lorsque l'individu est aligné avec son état intérieur.
S'il ressent le besoin de s'exprimer, il peut émouvoir, inspirer et impacter profondément les autres.

Une voix porteuse de mutation
Le circuit de l'individualité auquel appartient ce canal est conçu pour transmettre du changement.
L'expression du canal 12/22 peut déclencher des prises de conscience chez les autres, en apportant une nouvelle perspective émotionnelle et artistique.

Une connexion profonde avec l'art et la musique
Ce canal est fortement lié à l'expression artistique, en particulier la musique, le chant, la poésie et le théâtre.
Son influence repose sur une capacité à transmettre des émotions

profondes à travers des formes créatives .

DÉFIS ET OMBRES
Le risque d'incompréhension sociale
L'alternance entre sociabilité et besoin de solitude peut être mal interprétée par l'entourage.
Il est important d'expliquer ce rythme émotionnel aux autres pour éviter les malentendus .

L'expression impulsive des émotions
Ce canal étant manifesteur et émotionnel, il peut amener à parler sous l'influence de l'émotion brute.
Il est essentiel d'attendre que l'émotion se stabilise avant de s'exprimer, pour éviter des réactions excessives ou regrettées .

Une influence qui peut déranger
L'impact du canal 12/22 est puissant et peut provoquer des remises en question profondes chez les autres.
Certaines personnes peuvent se sentir déstabilisées par cette énergie de transformation .

Le canal 12/22 est une force d'expression émotionnelle et de transformation sociale. Il permet d'influencer, d'émouvoir et d'inspirer, à condition que l'individu respecte son propre rythme émotionnel. Lorsqu'il est bien utilisé, il devient un outil puissant de mutation, capable de changer les perceptions et d'éveiller les consciences .

PORTE 23 LA RUPTURE

"Ma simplicité est une force, et en exprimant ma vérité avec clarté, j'inspire le monde."

PORTE DE L'INTÉGRATION

La Porte 23 est celle de l'expression simple et transformative de la connaissance. Située dans le Centre de la Gorge, elle permet de traduire des concepts complexes en vérités accessibles et percutantes. Elle fonctionne avec la Porte 43 (l'insight intérieur et l'innovation mentale) pour former le canal 23-43 de la Percée, un canal qui permet d'apporter des idées révolutionnaires à travers un langage clair et direct.

Physiologie : Gorge (Thyroïde)
Acide Aminé : Leucine
Cercle de Codons : Le Cercle de la Vie et de la Mort (3, 20, 23, 24, 27, 42)
Partenaire de programmation : Clé génétique 43
Centre : Centre Gorge
Quart : Civilisation

Ligne 1 - Le prosélytisme
Ligne 2 - La légitime défense
Ligne 3 - L'individualité
Ligne 4 - La fragmentation
Ligne 5 - L'intégration
Ligne 6 - La fusion

Canal : 23/43 - Canal de la Structuration - Lorsque la Porte 23 se connecte à la Porte 43 (Centre Ajna), elle exprime des idées novatrices avec clarté et force, permettant des percées majeures dans la compréhension ou l'innovation.
Circuit : Circuit du Savoir

Siddhi : Quintessence | **Don** : Simplicité | **Ombre** : Complexité

CENTRE GORGE

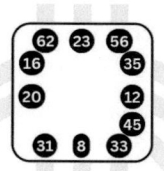

ESSENCE DE LA PORTE

L'archétype de la Porte 23 est celui du Messager Innovant. Cette énergie permet d'exprimer des idées uniques et profondes de manière compréhensible pour le collectif. Elle détient le potentiel de révéler des vérités disruptives, mais doit attendre le bon timing pour être entendue.

Son défi est d'éviter l'incompréhension ou le rejet en s'exprimant trop tôt ou sans s'adapter à son audience.

RÔLE DANS LES INTERACTIONS

Dans les relations, la Porte 23 agit comme un pont entre la complexité et la compréhension. Les porteurs de cette énergie ont une capacité naturelle à expliquer des idées complexes de manière simple, inspirant les autres à voir les choses sous un angle nouveau.

DÉFIS

- Risque de malentendus ou d'incompréhension lorsque les idées exprimées ne sont pas alignées avec le timing ou le contexte.
- Tendance à être perçu comme trop direct ou abrupt dans la communication.
- Difficulté à traduire des idées novatrices en termes que les autres peuvent comprendre et accepter.

TALENTS

- Capacité à simplifier des concepts complexes et à les rendre accessibles.
- Talent pour exprimer des idées novatrices avec clarté et impact.
- Influence naturelle qui inspire les autres à adopter de nouvelles perspectives.

EXPRESSION DÉSÉQUILIBRÉE

Lorsqu'elle est désalignée, la Porte 23 peut se manifester par une communication inefficace ou mal synchronisée, où les idées sont rejetées parce qu'elles sont mal comprises ou prématurées. Elle peut également entraîner une frustration face à l'incapacité d'être entendu ou compris.

MAÎTRISE

En équilibre, la Porte 23 devient une force de transformation et de clarté. Elle montre comment des idées innovantes peuvent être communiquées de manière puissante et simple, transformant la compréhension des autres et ouvrant la voie à de nouvelles possibilités.

MANIFESTATION DANS LA VIE QUOTIDIENNE ET LE BUSINESS
Vie Quotidienne :

Dans la vie personnelle, cette Porte se manifeste par une capacité à expliquer des concepts ou des idées complexes aux autres, en leur offrant des perspectives claires et accessibles. Elle favorise des discussions enrichissantes et des moments de compréhension partagée.

Application en Business :

Dans un contexte professionnel, la Porte 23 excelle dans des rôles nécessitant la communication d'idées complexes, comme la formation, le conseil, la recherche ou la présentation de stratégies novatrices. Elle est idéale pour les environnements où la clarté et la simplification des processus ou des concepts sont essentielles.

INFLUENCE ÉNERGÉTIQUE COLLECTIVE (TRANSITS)

Lorsqu'activée dans les transits, la Porte 23 invite le collectif à simplifier et clarifier ses idées et stratégies. C'est un moment propice pour transformer des visions complexes en actions compréhensibles et applicables.

NUANCES EN FONCTION DE LA LIGNE
LIGNE 1 Approfondir la compréhension avant d'exprimer

Les individus avec la Porte 23 en Ligne 1 ressentent le besoin d'explorer et de maîtriser pleinement un concept avant d'en parler. Ils veulent avoir une base solide avant d'expliquer quoi que ce soit aux autres.

Défi : peur de ne pas être prêt ou de ne pas être compris

Conseil : accepter que l'expression est aussi un moyen de clarifier ses idées

LIGNE 2 : Expression intuitive et spontanée

Les personnes avec la Porte 23 en Ligne 2 possèdent une capacité naturelle à transmettre des idées sans effort conscient. Elles expliquent instinctivement les choses de manière claire et accessible.

Défi : difficulté à comprendre d'où vient leur savoir

Conseil : faire confiance à son talent naturel pour synthétiser les choses

LIGNE 3 : Expérimenter différentes façons d'expliquer

Les individus avec la Porte 23 en Ligne 3 apprennent par essais et erreurs comment structurer leur expression. Ils explorent différentes manières de transmettre un message et ajustent leur communication en fonction des retours reçus.

Défi : instabilité et difficulté à trouver un style d'expression clair
Conseil : voir chaque interaction comme une opportunité d'apprentissage

LIGNE 4 : Influencer et inspirer par la parole
Les individus avec la Porte 23 en Ligne 4 ont une capacité naturelle à diffuser leurs idées et à créer un impact à travers leur communication. Ils attirent les autres par la clarté et la pertinence de leurs paroles.
Défi : vouloir être accepté et adapter son message pour plaire
Conseil : oser partager sa vérité, même si elle dérange parfois

LIGNE 5 : Transmettre des messages transformateurs
Les individus avec la Porte 23 en Ligne 5 ont une approche stratégique de l'expression. Ils savent comment formuler leurs idées pour qu'elles soient appliquées et utiles aux autres.
Défi : pression des attentes extérieures et peur du rejet
Conseil : aligner son expression avec ses valeurs profondes

LIGNE 6 : Observer et comprendre avant de parler
Les individus avec la Porte 23 en Ligne 6 adoptent une vision globale sur l'expression et la transmission du savoir. Ils observent comment les idées évoluent avant d'intervenir pour partager leur perspective.
Défi : sentiment d'être en décalage avec le rythme des autres
Conseil : faire confiance à son timing naturel pour s'exprimer

NUANCES EN FONCTION DU TYPE
MANIFESTEUR : Initier des messages percutants
Le Manifesteur avec la Porte 23 exprime des idées fortes sans attendre l'approbation. Il formule des pensées originales et impactantes qui peuvent changer les perspectives des autres.
Défi : rejet et résistance
Conseil : informer avant d'exprimer une idée trop radicale

GÉNÉRATEUR : Approfondir et structurer ses idées avec engagement
Le Générateur avec la Porte 23 se connecte pleinement à son expression lorsque cela résonne avec lui.
Défi : frustration si son message n'est pas écouté
Conseil : écouter sa réponse sacrale pour parler au bon moment

Le **Manifesteur-Générateur (MG)** : Explorer et affiner son expression rapidement

Le MG avec la Porte 23 peut être extrêmement rapide dans la formulation de ses idées, mais doit veiller à ne pas se précipiter.
Défi : impatience et dispersion
Conseil : équilibrer rapidité et structuration

PROJECTEUR : Guider les autres vers une meilleure compréhension
Le Projecteur avec la Porte 23 perçoit comment les autres comprennent les idées et peut les aider à structurer leur pensée.
Défi : besoin de reconnaissance et fatigue mentale
Conseil : attendre d'être invité avant de partager sa perspective

RÉFLECTEUR : Refléter les idées du collectif et apporter une perspective unique
Le Réflecteur avec la Porte 23 absorbe et reformule les pensées des autres, leur permettant de voir leurs idées sous un angle nouveau.
Défi : confusion entre ses propres pensées et celles du collectif
Conseil : observer avant de parler pour clarifier ce qui lui appartient

NUANCES EN FONCTION DE LA PLANÈTE
SOLEIL en Porte 23 Briller par l'originalité et la transmission du savoir
Le Soleil en Porte 23 met en avant une capacité unique à exprimer des vérités profondes et à structurer la pensée.
Défi : Risque d'être incompris ou rejeté pour ses idées
Conseil : Trouver le bon moment et le bon langage pour partager ses connaissances

TERRE en Porte 23 Ancrer l'expression dans la clarté et la patience
Avec la Terre, la Porte 23 apprend l'importance du timing et de la structure pour être comprise.
Défi : Vouloir tout expliquer immédiatement
Conseil : Attendre le bon moment pour partager son savoir afin d'être écouté

LUNE en Porte 23 Une communication cyclique et intuitive
Avec la Lune, l'expression du savoir fluctue en fonction des émotions et de l'environnement.
Défi : Difficulté à structurer ses idées dans la durée
Conseil : Accepter les phases de silence et de retrait comme parties intégrantes du processus

MERCURE en Porte 23 Un don naturel pour expliquer des concepts complexes
Mercure amplifie la capacité de la Porte 23 à transmettre son savoir avec clarté.
Défi : Tendance à trop intellectualiser, rendant le message confus
Conseil : Simplifier le discours pour le rendre accessible à tous

VÉNUS en Porte 23 L'art d'exprimer la vérité avec élégance
Vénus apporte une harmonie dans l'expression, permettant de communiquer avec douceur et persuasion.
Défi : Craindre le rejet et hésiter à partager ses idées
Conseil : Accepter que toutes les vérités ne seront pas toujours bien reçues

MARS en Porte 23 Une impulsivité dans l'expression
Mars donne une force brute et une spontanéité dans la transmission du savoir.
Défi : Parler trop vite sans réflexion préalable
Conseil : Apprendre à modérer ses élans pour éviter les malentendus

JUPITER en Porte 23 L'expansion du savoir et l'influence intellectuelle
Jupiter offre une capacité à inspirer les autres à travers la parole et les idées innovantes.
Défi : Vouloir imposer son savoir sans laisser de place au dialogue
Conseil : Cultiver l'écoute pour favoriser un véritable échange de connaissances

SATURNE en Porte 23 La discipline dans l'expression du savoir
Saturne impose une rigueur dans la transmission des connaissances, obligeant à structurer ses idées avec soin.
Défi : Peur de s'exprimer ou de dire quelque chose de "faux"
Conseil : Accepter que l'erreur fait partie du processus d'apprentissage et de communication

URANUS en Porte 23 Une pensée révolutionnaire et avant-gardiste
Uranus apporte une capacité à briser les codes et à réinventer la manière de communiquer.
Défi : Être trop en avance sur son temps et se sentir incompris
Conseil : Trouver des moyens de rendre ses idées accessibles au grand public

NEPTUNE en Porte 23 Une communication inspirée et visionnaire
Neptune donne une dimension mystique et intuitive à l'expression du savoir.
Défi : Risque de manquer de clarté ou de perdre son message dans une

vision trop abstraite
Conseil : Ancrer son discours dans des exemples concrets pour toucher un large auditoire

PLUTON en Porte 23 Une transformation profonde à travers l'expression du savoir
Pluton amène une intensité et une profondeur dans l'articulation des vérités intérieures.
Défi : Peur du rejet ou d'être perçu comme trop radical
Conseil : Accepter que l'expression authentique de la vérité peut être inconfortable mais nécessaire

---

INTROSPECTION & RÉFLEXION
1. Comment puis-je simplifier mes idées pour les rendre compréhensibles par tous ?
2. Comment puis-je m'assurer que mon expression est claire et alignée avec mon intention ?
3. Est-ce que je prends en compte les besoins et le niveau de compréhension de mon auditoire ?
4. Quels ajustements puis-je faire pour être mieux entendu sans dénaturer mon message ?
5. Comment puis-je trouver un juste équilibre entre profondeur et accessibilité dans mon expression ?
6. Comment puis-je maintenir ma créativité tout en exprimant mes idées de manière directe ?

CANAL 23/43 - CANAL DE LA STRUCTURATION

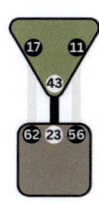

Type de canal : Projecteur
Portes : 43 (La Percée) et 23 (L'Assimilation)
Centres impliqués : Centre de l'Ajna → Centre de la Gorge
Circuit : Circuit de l'Individualité – Savoir
Thème principal : Transformer des idées en expressions innovantes
Sens dominant : L'ouïe (acoustique)
Rôle : Être un penseur visionnaire et partager son génie au bon moment.
- "Je sais... mais suis-je compris ?"

"Mon génie est un cadeau. J'attends le bon moment pour l'exprimer et transformer le monde autour de moi."

LES DYNAMIQUES DU CANAL 23/43
Le canal de la structuration et de l'innovation
Ce canal est surnommé « du génie au fou » car il contient un immense potentiel d'innovation, mais peut être incompris s'il n'est pas exprimé au bon moment.

Une pensée révolutionnaire
Le porteur du canal 43/23 possède un esprit extrêmement créatif et indépendant. Il perçoit des solutions et des idées nouvelles que les autres ne saisissent pas immédiatement.

Une communication puissante... si elle est invitée
La porte 23 est la voix de l'Ajna, capable de traduire la pensée en mots. Cependant, si ces idées sont exprimées sans reconnaissance préalable, elles peuvent être rejetées

Une nature introspective et acoustique
La porte 43 est parfois appelée la « troisième oreille », car elle capte les idées sous forme de perceptions internes. Ce processus mental peut être bruyant et déroutant si le canal ne parvient pas à structurer ses pensées.

L'importance du timing
Ce canal fonctionne de manière optimale lorsqu'il attend d'être invité à partager son savoir. Une reconnaissance sociale est nécessaire pour que ses idées soient acceptées.

DÉFIS ET OMBRES
L'incompréhension
Sans la bonne approche, ses idées peuvent sembler trop avant-gardistes et être rejetées par le collectif.

Le sentiment d'isolement
Le porteur du canal peut se sentir seul s'il ne trouve pas les bonnes personnes pour écouter et comprendre sa vision.

Le rejet des conventions
Ce canal valorise l'originalité, mais cette indépendance peut parfois entraîner un rejet des normes et des structures sociales.

Le canal 43/23 est un canal de mutation et d'innovation. Il porte un génie unique qui peut changer le monde, à condition que son porteur sache attendre le bon moment et la bonne reconnaissance pour partager ses idées.

PORTE 24 LE RETOUR

"En embrassant le silence et la contemplation, je transforme l'inconnu en compréhension profonde."

PORTE DU RATIONNEL

La Porte 24 est celle de la contemplation, de l'intégration et du retour cyclique aux mêmes questions pour en extraire une sagesse toujours plus profonde. Située dans le Centre Ajna, elle permet de transformer l'inconnu en clarté à travers l'introspection. Elle fonctionne avec la **Porte 61 (l'inspiration mystique et le questionnement profond)** pour former le canal 61-24 de la Conscience, un canal qui permet d'explorer et de reformuler des mystères pour apporter des compréhensions nouvelles.

Physiologie : Gorge (Thyroïde)
Acide Aminé : Leucine
Cercle de Codons : Le Cercle de la Vie et de la Mort (3, 20, 23, 24, 27, 42)
Partenaire de programmation : Clé génétique 44
Centre : Centre Ajna
Quart : Initiation

Ligne 1 - Le pécher par omission
Ligne 2 - La reconnaissance
Ligne 3 - L'obnubilé
Ligne 4 - L'ermite
Ligne 5 - L'aveu
Ligne 6 - Le sourd (insensible)

Canal : 24/61 - Canal de la Conscience - Lorsque la Porte 24 se connecte à la Porte 61 (Centre de la Tête), elle favorise une exploration intérieure qui transforme les mystères de la vie en vérités compréhensibles et partagées.
Circuit : Circuit du Savoir

Siddhi : Silence | **Don :** Invention | **Ombre :** Addiction

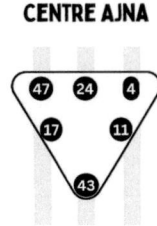

CENTRE AJNA

ESSENCE DE LA PORTE

L'archétype de la Porte 24 est celui du Philosophe Introspectif. Cette énergie favorise l'obsession saine pour la compréhension, ramenant encore et encore les mêmes questions jusqu'à ce qu'une vérité se révèle. Elle fonctionne par cycles : un processus mental qui revient constamment sur les mêmes pensées, jusqu'à ce qu'une révélation survienne.

Son défi est d'éviter la rumination et l'auto-sabotage, où le mental tourne en boucle sans jamais atteindre la clarté.

RÔLE DANS LES INTERACTIONS

Dans les relations, la Porte 24 agit comme une énergie de profondeur et de réflexion. Elle inspire les autres à ralentir et à contempler les mystères de la vie, en favorisant une perspective plus profonde et éclairée.

DÉFIS

* Risque de s'enfermer dans des schémas répétitifs de pensée sans parvenir à une résolution.

* Tendance à éviter d'exprimer ses idées par peur qu'elles soient rejetées ou incomprises.

* Difficulté à trouver l'équilibre entre introspection et communication extérieure.

TALENTS

* Capacité à transformer des idées complexes ou mystérieuses en vérités claires et compréhensibles.

* Talent pour explorer les profondeurs de la réflexion et émerger avec des perspectives novatrices.

* Influence positive qui encourage les autres à contempler et à chercher une compréhension plus profonde.

EXPRESSION DÉSÉQUILIBRÉE

Lorsqu'elle est désalignée, la Porte 24 peut se manifester par un cycle répétitif de doutes ou de pensées, sans parvenir à une résolution. Elle peut également entraîner une tendance à s'isoler mentalement, évitant de partager ses réflexions par crainte de l'échec ou du jugement.

MAÎTRISE

En équilibre, la Porte 24 devient une force de transformation mentale et d'intégration. Elle montre comment la contemplation et la réflexion peuvent éclairer les mystères de la vie et offrir des idées profondes et transformatrices.

MANIFESTATION DANS LA VIE QUOTIDIENNE ET LE BUSINESS
Vie Quotidienne :

Dans la vie personnelle, cette Porte se manifeste par une tendance naturelle à réfléchir profondément sur les expériences et à en tirer des leçons significatives. Elle favorise une approche introspective pour résoudre les défis ou comprendre les mystères de la vie.

Application en Business :

Dans un contexte professionnel, la Porte 24 excelle dans des rôles nécessitant une réflexion profonde, comme la recherche, la stratégie ou les métiers liés à la résolution de problèmes. Elle est idéale pour les environnements où l'analyse mentale et l'innovation sont essentielles.

INFLUENCE ÉNERGÉTIQUE COLLECTIVE (TRANSITS)

Lorsqu'activée dans les transits, la Porte 24 invite le collectif à ralentir et à réfléchir avant d'agir. C'est un moment propice pour explorer les mystères, intégrer des idées nouvelles et transformer des cycles répétitifs en perspectives claires.

NUANCES EN FONCTION DE LA LIGNE
LIGNE 1 Explorer et comprendre avant de partager

Les individus avec la Porte 24 en Ligne 1 ressentent le besoin d'approfondir et d'explorer leurs pensées avant de les exprimer. Ils veulent une base solide avant de partager leur compréhension.

Défi : peur de l'incertitude et du manque de structure

Conseil : accepter que la compréhension évolue avec le temps

LIGNE 2 : Intuition mentale et spontanéité dans la réflexion

Les personnes avec la Porte 24 en Ligne 2 possèdent une capacité intuitive à trouver du sens aux choses sans effort conscient. Elles ont souvent des éclairs de compréhension sans savoir d'où cela vient.

Défi : difficulté à expliquer ses processus mentaux

Conseil : faire confiance à ses insights même s'ils semblent spontanés

LIGNE 3 : Apprendre par essais et erreurs dans la réflexion

Les individus avec la Porte 24 en Ligne 3 découvrent ce qui a du sens en expérimentant différents modes de pensée. Ils apprennent par tâtonnements, en testant plusieurs hypothèses avant de trouver une conclusion satisfaisante.

Défi : instabilité mentale et répétition des mêmes questionnements
Conseil : accepter que la confusion est une partie normale du processus

LIGNE 4 : Influencer les autres par sa compréhension intérieure
Les individus avec la Porte 24 en Ligne 4 ont une capacité naturelle à partager leur compréhension avec les autres. Ils savent comment formuler leurs idées pour inspirer et éveiller ceux qui les entourent.
Défi : vouloir plaire et adapter son message pour être accepté
Conseil : rester fidèle à sa vérité intérieure

LIGNE 5 : Traduire ses pensées en solutions pratiques
Les individus avec la Porte 24 en Ligne 5 ont une approche pragmatique du questionnement mental. Ils cherchent à transformer leurs réflexions en idées applicables et utiles.
Défi : pression des attentes extérieures
Conseil : partager ses idées avec confiance, sans chercher à convaincre

LIGNE 6 : Observer et comprendre les cycles mentaux
Les individus avec la Porte 24 en Ligne 6 adoptent une vision globale des processus de réflexion. Ils observent comment les pensées évoluent au fil du temps et comprennent que la clarté vient avec le recul.
Défi : sentiment d'être en décalage avec les autres
Conseil : accepter que ses idées prennent du temps à être reconnues

NUANCES EN FONCTION DU TYPE

MANIFESTEUR : Initier de nouvelles perspectives et challenger les croyances
Le Manifesteur avec la Porte 24 exprime ses pensées avec audace et n'hésite pas à remettre en question les idées reçues.
Défi : rejet et résistance
Conseil : informer avant de partager ses idées pour éviter les malentendus

GÉNÉRATEUR : Approfondir sa réflexion à travers la répétition et l'expérience
Le Générateur avec la Porte 24 trouve du sens en revisitant les mêmes idées et en approfondissant sa compréhension.
Défi : frustration si sa réflexion ne mène pas immédiatement à une conclusion
Conseil : écouter sa réponse sacrale pour structurer ses idées

progressivement

Le **Manifesteur-Générateur** (MG) : Explorer plusieurs pistes mentales rapidement
Le MG avec la Porte 24 peut jongler entre plusieurs idées en même temps, trouvant souvent des connexions inattendues.

PROJECTEUR : Guider les autres dans leur processus de réflexion
Le Projecteur avec la Porte 24 perçoit comment les autres peuvent mieux comprendre et organiser leurs pensées.
Défi : besoin de reconnaissance et fatigue mentale
Conseil : attendre d'être invité avant de partager ses analyses

RÉFLECTEUR : Refléter les pensées collectives et révéler les schémas de pensée
Le Réflecteur avec la Porte 24 absorbe et reformule les questionnements du collectif, apportant une perspective unique.
Défi : confusion entre ses propres pensées et celles des autres
Conseil : observer avant de parler pour clarifier ce qui lui appartient

NUANCES EN FONCTION DE LA PLANÈTE

SOLEIL en Porte 24 Briller à travers l'exploration mentale et la révélation
Le Soleil en Porte 24 met en lumière la capacité à plonger dans la réflexion et à faire émerger de nouvelles compréhensions.
Défi : Tendance à ruminer et à chercher des réponses sans fin
Conseil : Accepter que certaines vérités ne se révèlent qu'avec le temps

TERRE en Porte 24 Ancrer la quête de sens dans la réalité
Avec la Terre, il y a un besoin de connecter la réflexion à des applications concrètes.
Défi : Rester bloqué dans une réflexion abstraite sans action
Conseil : Trouver un équilibre entre contemplation et mise en œuvre

LUNE en Porte 24 Une recherche intuitive du savoir
Avec la Lune, les révélations viennent par cycles, certaines nuits étant profondément inspirantes, d'autres totalement silencieuses.
Défi : Instabilité dans le processus de pensée
Conseil : Accepter le rythme naturel de l'inspiration

MERCURE en Porte 24 L'art d'exprimer des concepts profonds
Avec Mercure, l'individu peut traduire ses réflexions en mots captivants, partageant sa quête intérieure avec clarté.
Défi : Risque de confusion si les idées ne sont pas complètement intégrées
Conseil : Attendre que la clarté mentale soit totale avant de communiquer

VÉNUS en Porte 24 L'harmonie dans la quête du sens
Vénus apporte une approche plus douce et esthétique à l'exploration mentale, cherchant à relier la compréhension à la beauté et à l'équilibre.
Défi : Vouloir que tout ait un sens parfait et ordonné
Conseil : Accepter que le chaos fait aussi partie du processus

MARS en Porte 24 L'impulsion à comprendre immédiatement
Mars donne une énergie brute pour forcer la compréhension, ce qui peut mener à de la frustration si les réponses n'arrivent pas assez vite.
Défi : Manque de patience face au mystère
Conseil : Apprendre à apprécier le processus d'exploration plutôt que de vouloir une réponse immédiate

JUPITER en Porte 24 L'expansion du savoir à travers la réflexion
Jupiter favorise une grande soif de connaissances et attire des opportunités d'apprentissage profond.
Défi : Risque d'accumuler trop d'informations sans en tirer une synthèse
Conseil : Se concentrer sur l'essentiel et ne pas se perdre dans une infinité de questions

SATURNE en Porte 24 La discipline dans la recherche de sens
Saturne impose une rigueur intellectuelle, forçant à discerner entre les connaissances utiles et celles qui ne méritent pas d'être poursuivies.
Défi : Peur de ne jamais atteindre la vérité absolue
Conseil : Accepter que certaines questions restent ouvertes et ne nécessitent pas de réponse immédiate

URANUS en Porte 24 Un regard original et révolutionnaire sur la connaissance
Uranus amène des éclairs de génie soudains, une manière unique de voir le monde qui peut bousculer les normes intellectuelles.
Défi : Être trop en avance sur son temps et avoir du mal à être compris
Conseil : Trouver des moyens accessibles pour partager ses idées novatrices

NEPTUNE en Porte 24 L'intuition mystique et la connexion aux vérités universelles
Avec Neptune, la Porte 24 fonctionne à un niveau profondément spirituel,

reliant le savoir à des dimensions subtiles.
Défi : Risque de se perdre dans des illusions ou des croyances sans fondement
Conseil : Vérifier si les intuitions trouvent un ancrage dans la réalité

PLUTON en Porte 24 La transformation à travers la quête de vérité
Pluton donne une intensité extrême dans la recherche du savoir, poussant à explorer les vérités cachées et les mystères de l'existence.
Défi : Obsession de la connaissance et incapacité à lâcher prise
Conseil : Comprendre que certaines vérités ne peuvent être saisies qu'en abandonnant le besoin de contrôle

INTROSPECTION & RÉFLEXION
1. Comment puis-je m'assurer que mes réflexions mènent à une compréhension constructive ?
2. Dans quelles situations me suis-je déjà retrouvé piégé dans des pensées répétitives ?
3. Comment puis-je cultiver un équilibre entre la réflexion et le lâcher-prise ?
4. Comment puis-je utiliser le silence pour mieux écouter mes pensées et intuitions ?
5. Comment puis-je transformer mes doutes en une source d'inspiration ?
6. Comment puis-je transformer des pensées répétitives en idées inspirantes et constructives ?

CANAL 24/61 - CANAL DE LA PLEINE CONSCIENCE

Type de canal : Projecteur
Portes : 61 (La Vérité Intérieure) et 24 (Le Retour)
Centres impliqués : Centre de la Tête → Centre de l'Ajna
Circuit : Circuit de l'Individualité – Savoir
Thème principal : L'exploration des mystères et la recherche de la vérité
Sens dominant : L'ouïe (acoustique)
Rôle : Transformer l'inspiration en connaissance rationnelle et transmissible. - "Pourquoi ? D'où vient la vérité ?"

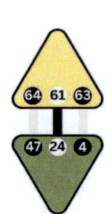

"Je suis un explorateur de l'invisible. Chaque pensée me guide vers une vérité plus profonde. »

LES DYNAMIQUES DU CANAL 24/61

Une quête de vérité intérieure
Le porteur de ce canal est poussé par un besoin constant d'explorer le mystère de l'existence et d'obtenir des réponses aux grandes questions de la vie .

Un mental profondément introspectif
Ce canal favorise une réflexion incessante, où l'individu peut se perdre dans ses pensées, cherchant à structurer et rationaliser l'inspiration qui émerge .

Des éclairs de génie soudains
L'intuition du centre de la Tête peut produire des moments de révélation (« satori »), où une compréhension instantanée surgit sans lien direct avec un processus logique .

Une tendance à la mélancolie
L'énergie de ce canal peut parfois engendrer un sentiment de solitude ou de déconnexion du monde, surtout lorsque les réponses recherchées restent insaisissables .

L'importance de la patience et du partage
L'individu doit apprendre à structurer sa pensée et attendre le bon moment pour partager ses idées, afin que celles-ci soient comprises et reconnues .

DÉFIS ET OMBRES
Le tourment du questionnement incessant
Sans direction, le mental peut s'embourber dans des interrogations sans fin, entraînant stress et anxiété .

Le risque de confusion et d'isolement
Une trop grande introspection peut éloigner l'individu des autres et provoquer une sensation de décalage avec le monde .

L'illusion de la vérité absolue
L'individu peut être tenté de croire qu'il détient LA vérité, sans remettre en question ses perceptions .

Le canal 61/24 est celui des penseurs profonds et des chercheurs de vérité. Il porte en lui un potentiel d'illumination et de compréhension unique, mais demande patience et discipline pour ne pas s'égarer dans l'excès de réflexion .

PORTE 25 L'INNOCENCE

"En ouvrant mon cœur à l'amour inconditionnel, je deviens un canal de guérison et d'alignement divin."

PORTE DE LA NATURE DU SOI

La Porte 25 est celle de l'amour universel, de la pureté du cœur et de la connexion au divin. Située dans le Centre G, elle représente la capacité à transcender la peur et à embrasser l'existence avec une confiance totale. Elle fonctionne avec la Porte 51 (le choc initiatique et la percée spirituelle) pour former le canal 25-51 de l'Initiation, qui permet d'expérimenter des épreuves profondes menant à l'éveil et à la découverte du vrai Soi.

Physiologie : Coeur
Acide Aminé : Arginine
Cercle de Codons : Le Cercle de l'Humanité (10, 17, 21, 25, 38, 51)
Partenaire de programmation : Clé génétique 46
Centre : Centre G
Quart : Initiation

Ligne 1 - L'altruisme
Ligne 2 - L'existentialiste
Ligne 3 - La sensibilité
Ligne 4 - La survie
Ligne 5 - Le rétablissement
Ligne 6 - L'ignorance

Canal : 25/51 - Canal de l'Initiation - Lorsque la Porte 25 se connecte à la Porte 51 (Centre du Cœur/Ego), elle forme un canal qui exprime une connexion spirituelle profonde et un courage à embrasser les défis comme des portails vers une conscience plus élevée.
Circuit : Circuit Etre centré

Siddhi : Amour universel | **Don** : Acceptation | **Ombre** : Constriction

CENTRE G

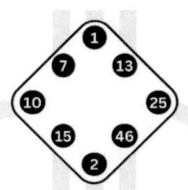

ESSENCE DE LA PORTE

L'archétype de la Porte 25 est celui du Guérisseur Spirituel. Cette énergie est capable d'aimer sans condition et sans attente, offrant une présence pure et bienveillante. Elle agit comme un portail vers la transcendance, permettant d'accueillir les défis de la vie avec une foi inébranlable.

Son défi est d'apprendre à s'ouvrir à l'amour même face à la douleur et au rejet, sans se refermer ni devenir insensible.

RÔLE DANS LES INTERACTIONS

Dans les relations, la Porte 25 agit comme une énergie de guérison et d'unité. Les porteurs de cette énergie sont souvent perçus comme profondément connectés et compatissants, offrant aux autres un espace sûr pour se sentir acceptés et aimés sans condition.

DÉFIS

- Risque de se sentir déconnecté ou rejeté dans un monde qui semble manquer d'amour ou de compassion.

- Tendance à porter le fardeau émotionnel des autres ou à se sacrifier au détriment de soi-même.

- Difficulté à équilibrer l'amour inconditionnel avec des limites personnelles saines.

TALENTS

- Capacité à incarner et à exprimer un amour pur et universel, inspirant les autres à se connecter à leur propre divinité.

- Talent pour voir au-delà des apparences et honorer la véritable essence de chaque être.

- Influence positive qui favorise l'harmonie, la compassion et la guérison.

EXPRESSION DÉSÉQUILIBRÉE

Lorsqu'elle est désalignée, la Porte 25 peut se manifester par un sentiment de déconnexion ou une tendance à s'isoler émotionnellement. Elle peut également entraîner une difficulté à recevoir de l'amour, ou à accepter les imperfections dans les relations.

MAÎTRISE

En équilibre, la Porte 25 devient une force puissante d'amour et de guérison universels. Elle inspire les autres par sa capacité à accepter toutes les expériences avec grâce et à voir la divinité dans chaque instant.

MANIFESTATION DANS LA VIE QUOTIDIENNE ET LE BUSINESS

Vie Quotidienne :

Dans la vie personnelle, cette Porte se manifeste par une capacité à offrir et à recevoir de l'amour de manière inconditionnelle. Elle favorise des relations harmonieuses et une approche spirituelle de la vie, en honorant la connexion avec soi-même et les autres.

Application en Business :

Dans un contexte professionnel, la Porte 25 excelle dans des rôles liés à la guérison, au soutien ou à la spiritualité. Elle est idéale pour les environnements où la compassion, l'éthique et la connexion humaine sont essentielles, comme le coaching, les soins ou les pratiques spirituelles.

INFLUENCE ÉNERGÉTIQUE COLLECTIVE (TRANSITS)

Lorsqu'activée dans les transits, la Porte 25 invite le collectif à embrasser l'amour inconditionnel et à chercher l'unité dans les différences. C'est un moment propice pour cultiver la compassion et s'ouvrir à une perspective universelle.

NUANCES EN FONCTION DE LA LIGNE

LIGNE 1 Rechercher la vérité et la connexion intérieure

Les individus avec la Porte 25 en Ligne 1 ressentent un besoin d'explorer profondément la nature de l'amour et de la vérité intérieure. Ils cherchent à comprendre les fondements de l'acceptation et de la connexion spirituelle.

Défi : peur de l'inconnu et quête excessive de compréhension

Conseil : accepter que l'amour se vit plus qu'il ne se comprend

LIGNE 2 : Innocence naturelle et amour spontané

Les personnes avec la Porte 25 en Ligne 2 possèdent une capacité instinctive à rayonner l'amour et à s'ouvrir aux autres sans effort. Elles expriment une pureté naturelle qui attire ceux qui cherchent une connexion authentique.

Défi : vulnérabilité face aux attentes extérieures

Conseil : faire confiance à son amour intérieur sans chercher d'approbation

LIGNE 3 : Apprendre l'amour universel à travers l'expérience

Les individus avec la Porte 25 en Ligne 3 découvrent l'amour inconditionnel en traversant des épreuves et en expérimentant diverses formes d'amour et de rejet.

Défi : instabilité émotionnelle et sentiment de rejet

Conseil : voir chaque expérience comme une opportunité d'apprentissage

LIGNE 4 : Inspirer les autres par un amour authentique

Les individus avec la Porte 25 en Ligne 4 ont une capacité naturelle à créer des relations basées sur l'acceptation et la bienveillance. Leur amour inspire et élève leur entourage.

Défi : peur du rejet et tendance à s'adapter aux autres

Conseil : partager son amour sans attente de retour

LIGNE 5 : Transmettre un amour qui transforme et guérit

Les individus avec la Porte 25 en Ligne 5 ont une approche pragmatique de l'amour universel. Ils cherchent à apporter des solutions et à montrer comment l'amour peut réellement transformer la vie des autres.

Défi : pression des attentes extérieures et responsabilité émotionnelle

Conseil : offrir son amour sans se sacrifier

LIGNE 6 : Observer et incarner l'amour universel avec sagesse

Les individus avec la Porte 25 en Ligne 6 adoptent une perspective élevée de l'amour inconditionnel. Ils comprennent que l'amour véritable transcende les attachements et les attentes humaines.

Défi : détachement excessif et difficulté à s'impliquer émotionnellement

Conseil : équilibrer sagesse et participation émotionnelle

NUANCES EN FONCTION DU TYPE

MANIFESTEUR : Initier de nouvelles formes d'expression de l'amour

Le Manifesteur avec la Porte 25 exprime son amour de manière unique et indépendante, sans chercher l'approbation des autres.

Défi : rejet et incompréhension

Conseil : informer avant d'agir pour éviter les malentendus

GÉNÉRATEUR : Exprimer l'amour inconditionnel à travers des actions alignées

Le Générateur avec la Porte 25 incarne l'amour en répondant à ce qui l'attire et en s'engageant dans des actions qui nourrissent son être.

Défi : frustration si son amour n'est pas reconnu

Conseil : écouter sa réponse sacrale pour partager son amour avec justesse

Le **Manifesteur-Générateur** : Explorer et manifester l'amour sous différentes formes

Le MG avec la Porte 25 peut expérimenter plusieurs façons d'exprimer et de manifester l'amour universel.

PROJECTEUR : Guider les autres vers un amour plus pur et sincère

Le Projecteur avec la Porte 25 perçoit comment les autres vivent l'amour et peut les guider vers une forme plus authentique et détachée.

Défi : besoin de reconnaissance et fatigue émotionnelle

Conseil : attendre d'être invité avant de partager sa vision de l'amour

RÉFLECTEUR : Refléter l'amour universel et incarner une sagesse émotionnelle

Le Réflecteur avec la Porte 25 absorbe et reflète les dynamiques d'amour et de connexion autour de lui, offrant une perspective unique sur la manière dont l'amour circule dans le collectif.

Défi : confusion entre son propre amour et celui des autres

Conseil : observer et filtrer ce qui résonne vraiment avec son essence

NUANCES EN FONCTION DE LA PLANÈTE

SOLEIL en Porte 25 Briller à travers l'amour inconditionnel et l'authenticité

Le Soleil en Porte 25 met en lumière un amour pur et universel qui ne cherche ni récompense ni reconnaissance.

Défi : Risque d'être perçu comme distant ou détaché

Conseil : Intégrer cet amour dans le quotidien sans attendre d'être compris

TERRE en Porte 25 Ancrer l'innocence dans l'expérience de la vie

Avec la Terre, l'amour inconditionnel doit se manifester dans le monde concret.

Défi : Vouloir fuir la réalité en quête d'un idéal

Conseil : Vivre pleinement chaque expérience avec ouverture

LUNE en Porte 25 Une connexion émotionnelle fluctuante avec l'amour universel

Avec la Lune, l'individu ressent des vagues d'intensité spirituelle, alternant entre ouverture totale et besoin de solitude.

Défi : Instabilité dans l'expression de l'amour
Conseil : Apprendre à accueillir ces cycles sans les juger

MERCURE en Porte 25 L'expression de la vérité intérieure et de l'amour spirituel

Avec Mercure, l'individu sait communiquer des messages profonds sur l'amour et la conscience.
Défi : Difficulté à mettre en mots ce qu'il ressent véritablement
Conseil : Trouver un langage simple et accessible pour partager sa vision

VÉNUS en Porte 25 Un amour pur et détaché des attentes sociales

Vénus ici favorise une connexion naturelle avec l'amour désintéressé et la compassion.
Défi : Se sentir incompris ou isolé dans sa manière d'aimer
Conseil : Accepter que tout le monde ne perçoit pas l'amour de la même façon

MARS en Porte 25 Un élan puissant vers l'expérience spirituelle

Mars apporte une intensité dans la quête de vérité et d'authenticité.
Défi : Vouloir imposer sa vision de l'amour universel
Conseil : Cultiver la patience et respecter le rythme des autres

JUPITER en Porte 25 L'expansion à travers l'acceptation et la foi en la vie

Jupiter amplifie la capacité à guider et inspirer les autres à travers l'amour et la bienveillance.
Défi : Risque de dogmatisme ou d'idéalisme excessif
Conseil : Garder une approche ancrée et pragmatique de l'amour universel

SATURNE en Porte 25 La discipline spirituelle et l'engagement dans l'amour inconditionnel

Saturne impose une responsabilité dans l'expression de l'amour.
Défi : Peur de se tromper ou d'être jugé dans sa quête spirituelle
Conseil : Accepter que l'amour véritable ne demande aucune validation extérieure

URANUS en Porte 25 Un regard révolutionnaire sur l'amour et l'innocence

Uranus pousse à remettre en question les normes et à vivre l'amour de manière unique et libre.
Défi : Être perçu comme imprévisible ou dérangeant
Conseil : Trouver des moyens concrets pour ancrer ses idéaux

NEPTUNE en Porte 25 L'amour mystique et la connexion au divin
Avec Neptune, l'individu devient un canal d'amour universel, capable de transmettre des vérités spirituelles profondes.
Défi : Se perdre dans une vision idéalisée de l'amour
Conseil : Veiller à ne pas s'isoler dans une quête spirituelle trop abstraite

PLUTON en Porte 25 La transformation à travers l'amour inconditionnel
Pluton pousse à des expériences profondes qui forcent à transcender les attachements et les illusions.
Défi : Épreuves intenses liées à l'amour et au détachement
Conseil : Comprendre que ces défis sont des opportunités d'évolution intérieure

---

INTROSPECTION & RÉFLEXION

1. Dans quelles situations ai-je du mal à accepter les autres tels qu'ils sont ?
2. Qu'est-ce qui m'aide à ressentir l'amour sans jugement ?
3. Comment puis-je inspirer l'acceptation autour de moi ?
4. Dans quelles situations me sens-je vulnérable en exprimant mon amour ?
5. Comment puis-je cultiver l'amour de soi sans attentes ?
6. Comment puis-je pratiquer l'acceptation chaque jour ?

CANAL 25/51 - CANAL DE L'INITIATION

Type de canal : Projecteur
Portes : 51 (Choc, L'Éveilleur) et 25 (Amour Universel)
Centres impliqués : Centre du Cœur/Ego → Centre G
Circuit : Circuit de l'Individualité – Initiation
Thème principal : Une quête de transcendance à travers des expériences initiatiques
Sens dominant : L'acoustique (l'ouïe)
Rôle : Se transformer à travers les défis et les épreuves pour atteindre une compréhension plus profonde de l'amour et de la spiritualité.

"À chaque défi, je grandis. Chaque épreuve est un portail vers une sagesse plus grande. Mon cœur est ouvert à l'amour inconditionnel, et je marche avec courage sur le chemin de l'éveil. Je suis l'initiation, je suis la transformation, je suis la lumière en mouvement."

LES DYNAMIQUES DU CANAL 25/51

Un chemin initiatique intense
Les individus possédant ce canal traversent des expériences initiatiques marquantes qui les amènent à grandir spirituellement et à éveiller une profonde compréhension de l'amour universel.

Un besoin de dépassement et de challenge
Le porteur de ce canal ressent souvent un désir profond d'être le premier, de se surpasser, et d'explorer des territoires inconnus. Ce besoin compétitif n'est pas motivé par l'ego mais par une quête d'évolution personnelle.

Un cœur courageux et résilient
Le Centre du Cœur étant impliqué, ce canal confère une grande force intérieure. Il permet de traverser des moments de crise ou de transformation avec courage et détermination.

Une connexion avec l'amour inconditionnel
La Porte 25 apporte une qualité de pureté et d'acceptation de ce qui est. Ceux qui ont ce canal ouvert sont naturellement tournés vers une quête d'amour universel et de connexion spirituelle.

Des événements déclencheurs
Les initiations qui jalonnent la vie de ces individus sont souvent inattendues et parfois brutales (énergie de la Porte 51). Ces expériences peuvent prendre la forme d'un choc émotionnel, d'une remise en question ou d'un défi extérieur.

DÉFIS ET OMBRES
La confrontation au choc
Le canal 51/25 est souvent associé à des moments de rupture, d'événements imprévus qui forcent à grandir. Il peut être difficile d'accepter ces perturbations comme des opportunités de transformation.

Le piège de la compétition excessive
Si l'énergie de ce canal n'est pas bien intégrée, elle peut se manifester par un besoin constant de prouver sa valeur, menant parfois à de l'épuisement ou à un manque d'humilité.

L'isolement spirituel
La quête de transcendance peut éloigner ces individus du monde matériel et des relations humaines, les amenant à un sentiment de déconnexion.

Le canal 51/25 est un canal puissant de transformation spirituelle. Il confère une résilience exceptionnelle face aux défis et une capacité unique à expérimenter et transmettre l'amour inconditionnel. C'est un canal de guerrier spirituel, appelant à l'élévation à travers l'épreuve et à la recherche de vérités profondes.

PORTE 26 LE POUVOIR D'APPRIVOISEMENT DU GRAND

"Je transforme la persuasion en sagesse et l'influence en vérité."

PORTE DE L'ÉGOÏSTE

La Porte 26 est celle de la persuasion, de la transmission et de la capacité à influencer les autres. Située dans le Centre du Cœur (Égo), elle est liée à l'art de vendre, de négocier et de partager des idées avec impact. Elle fonctionne avec la Porte 44 (la mémoire du passé et l'intuition des schémas) pour former le canal 26-44 du Marchand, qui permet de transmettre des connaissances précieuses et de négocier avec succès dans les structures sociales et commerciales.

Physiologie : Glande du Thymus
Acide Aminé : Thréonine
Cercle de Codons : Le Cercle de la Lumière (5, 9, 11, 26)
Partenaire de programmation : Clé génétique 45
Centre : Centre Coeur
Quart : Mutation

Ligne 1 - Un tiens vaux mieux que deux tu l'auras

Ligne 2 - Les leçons de l'histoire
Ligne 3 - L'influence
Ligne 4 - La censure
Ligne 5 - L'adaptabilité
Ligne 6 - L'autorité

Canal : 26/44 - Canal de la Transmission : Lorsque la Porte 26 se connecte à la Porte 44 (Centre de la Rate), elle forme un canal qui combine mémoire ancestrale et habileté à influencer les autres en racontant des histoires captivantes et en transmettant des enseignements essentiels.
Circuit : Circuit de l'égo

Siddhi : Invisibilité | **Don** : Habileté | **Ombre** : Orgueil

CENTRE COEUR

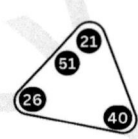

ESSENCE DE LA PORTE

L'archétype de la Porte 26 est celui du Communicateur Stratégique. Cette énergie permet de simplifier les messages et de les rendre irrésistibles, qu'il s'agisse d'une idée, d'un produit ou d'une vision. Elle possède une puissante capacité à influencer et à convaincre, souvent avec une touche de charisme naturel.

Son défi est d'éviter la manipulation purement intéressée et de s'assurer que son influence est alignée avec la vérité et l'intégrité.

RÔLE DANS LES INTERACTIONS

Dans les relations, la Porte 26 agit comme une énergie charismatique et captivante. Les porteurs de cette énergie sont des communicateurs habiles qui savent comment adapter leur message pour toucher leur audience et inspirer la confiance. Ils possèdent une capacité unique à transformer la perception des autres grâce à leur manière de présenter les choses.

DÉFIS

- Risque d'utiliser l'influence de manière manipulatrice ou égoïste.
- Tendance à exagérer ou embellir la vérité pour obtenir un avantage personnel.
- Difficulté à équilibrer ambition et service collectif, pouvant conduire à une perte d'authenticité.

TALENTS

- Capacité à persuader, inspirer et motiver les autres grâce à un sens aigu du storytelling.
- Talent pour transformer des idées complexes en messages clairs et engageants.
- Influence naturelle qui facilite la transmission de savoir et le succès dans les domaines du marketing, de la vente et de l'éducation.

EXPRESSION DÉSÉQUILIBRÉE

Lorsqu'elle est désalignée, la Porte 26 peut se manifester par un besoin excessif de contrôler la perception des autres ou par une manipulation subtile pour obtenir des résultats. Elle peut également entraîner une tendance à exagérer les faits pour paraître plus impressionnante.

MAÎTRISE

En équilibre, la Porte 26 devient une force d'influence positive et éthique. Elle utilise son charisme et ses talents de persuasion pour inspirer, guider et transmettre des connaissances de manière alignée avec des valeurs profondes.

MANIFESTATION DANS LA VIE QUOTIDIENNE ET LE BUSINESS
Vie Quotidienne :
Dans la vie personnelle, cette Porte se manifeste par une capacité naturelle à convaincre et à motiver les autres. Elle favorise des interactions riches et engageantes, où les mots et les histoires deviennent des outils de transformation et de connexion.

Application en Business :
Dans un contexte professionnel, la Porte 26 excelle dans des rôles nécessitant des compétences en communication, marketing, leadership ou négociation. Elle est idéale pour les entrepreneurs, les conférenciers, les commerciaux et toute personne dont le travail repose sur l'influence et la persuasion.

INFLUENCE ÉNERGÉTIQUE COLLECTIVE (TRANSITS)
Lorsqu'activée dans les transits, la Porte 26 invite le collectif à réfléchir à l'impact de la communication et de l'influence. C'est un moment propice pour affiner son message, clarifier son intention et utiliser le pouvoir des mots pour un impact positif.

NUANCES EN FONCTION DE LA LIGNE
LIGNE 1 Bâtir une base solide pour gagner en influence
Les individus avec la Porte 26 en Ligne 1 ressentent le besoin d'approfondir leurs connaissances et leurs compétences avant d'utiliser leur pouvoir de persuasion. Ils cherchent à établir une fondation fiable pour être perçus comme crédibles.
Défi : peur de ne pas être légitime ou compétent
Conseil : accepter que l'influence vient aussi avec l'expérience

LIGNE 2 : Persuasion instinctive et magnétisme naturel
Les personnes avec la Porte 26 en Ligne 2 possèdent une capacité innée à convaincre et à influencer. Elles attirent naturellement les opportunités grâce à leur charisme et leur aisance relationnelle.
Défi : dépendance à la reconnaissance extérieure
Conseil : faire confiance à son talent naturel sans chercher à le justifier

LIGNE 3 : Apprendre à influencer par essais et erreurs
Les individus avec la Porte 26 en Ligne 3 découvrent comment fonctionne la persuasion à travers l'expérimentation. Ils testent différentes approches, ajustent leur manière de convaincre et trouvent progressivement leur

propre style d'influence.
Défi : instabilité et manque de constance dans la communication
Conseil : voir chaque expérience comme une opportunité d'apprentissage

LIGNE 4 : Influencer à travers les relations et le réseau
Les individus avec la Porte 26 en Ligne 4 ont une capacité naturelle à utiliser leurs connexions pour transmettre un message et influencer un groupe. Ils savent créer des liens solides et utiliser leur réseau pour amplifier leur impact.
Défi : peur du rejet et tendance à trop se conformer
Conseil : utiliser son influence avec authenticité

LIGNE 5 : Persuasion stratégique et impact collectif
Les individus avec la Porte 26 en Ligne 5 ont une approche pragmatique de la persuasion et de la gestion des ressources. Ils savent comment structurer leur message pour toucher un large public et maximiser leur influence.
Défi : pression des attentes extérieures et peur de l'échec
Conseil : utiliser son talent de persuasion pour servir une cause juste

LIGNE 6 : Observer et maîtriser l'art de la persuasion sur le long terme
Les individus avec la Porte 26 en Ligne 6 adoptent une vision globale de l'influence et de la gestion des ressources. Ils cherchent à comprendre comment la persuasion peut être utilisée de manière durable et alignée avec une vision éthique.
Défi : détachement excessif et difficulté à s'impliquer pleinement
Conseil : accepter que l'influence peut être une force positive

NUANCES EN FONCTION DU TYPE
MANIFESTEUR : Initier et imposer des idées avec autorité
Le Manifesteur avec la Porte 26 exprime ses idées avec puissance et n'attend pas la validation des autres. Il peut initier de grands changements grâce à son talent de persuasion.
Défi : rejet et résistance
Conseil : informer avant d'agir pour faciliter l'adhésion

GÉNÉRATEUR : Utiliser la persuasion en réponse aux bonnes opportunités
Le Générateur avec la Porte 26 développe son talent de persuasion lorsqu'il est en phase avec ce qui l'enthousiasme.

Défi : frustration si son message n'est pas entendu
Conseil : écouter sa réponse sacrale pour parler au bon moment

Manifesteur-Générateur : Explorer et affiner son expression persuasive
Le MG avec la Porte 26 peut être extrêmement rapide dans sa capacité à persuader, mais doit veiller à ne pas être trop impulsif.

PROJECTEUR : Guider les autres vers une persuasion plus éthique
Le Projecteur avec la Porte 26 perçoit comment les autres utilisent leur influence et peut les aider à affiner leur communication.
Défi : besoin de reconnaissance et fatigue mentale
Conseil : attendre d'être invité avant de proposer son expertise

RÉFLECTEUR : Refléter les dynamiques d'influence et de persuasion
Le Réflecteur avec la Porte 26 absorbe et reformule les stratégies de persuasion des autres, apportant une perspective unique sur la communication et l'influence.
Défi : confusion entre son propre message et celui du collectif
Conseil : observer avant de parler pour clarifier son propre point de vue

NUANCES EN FONCTION DE LA PLANÈTE

SOLEIL en Porte 26 Briller par la persuasion et l'art du leadership
Le Soleil illumine la capacité à influencer les autres et à transmettre un message puissant.
Défi : Risque de manipulation ou d'exagération pour convaincre
Conseil : Utiliser son talent de persuasion avec intégrité et authenticité

TERRE en Porte 26 Ancrer son pouvoir dans la fiabilité et l'expérience
Avec la Terre, la persuasion doit être alignée sur des valeurs solides et une éthique claire.
Défi : Craindre de ne pas être à la hauteur des attentes des autres
Conseil : Se concentrer sur la transparence et la cohérence pour asseoir son influence

LUNE en Porte 26 Une persuasion intuitive et fluctuante
Avec la Lune, la capacité d'influencer dépend des cycles émotionnels et énergétiques.
Défi : Manque de constance dans la communication
Conseil : Observer ses phases de motivation et les utiliser stratégiquement

MERCURE en Porte 26 L'art du discours et du storytelling
Avec Mercure, l'individu sait manipuler les mots pour captiver et persuader.
Défi : Risque d'utiliser son talent pour manipuler ou embellir la vérité
Conseil : Pratiquer une communication basée sur l'authenticité et la confiance

VÉNUS en Porte 26 Le charisme et l'influence avec élégance
Vénus apporte une dimension harmonieuse et séduisante à l'influence, donnant un pouvoir naturel de persuasion.
Défi : Vouloir plaire au détriment de la vérité
Conseil : Trouver un équilibre entre charme et honnêteté

MARS en Porte 26 L'impulsion à convaincre et dominer
Mars donne une énergie brute pour convaincre, parfois de manière agressive.
Défi : Risque de devenir autoritaire ou de forcer les autres à adhérer
Conseil : Canaliser cette énergie en un leadership inspirant et respectueux

JUPITER en Porte 26 L'expansion de l'influence et du succès
Jupiter favorise une capacité naturelle à attirer des opportunités grâce au charisme.
Défi : Tendance à en faire trop ou à être perçu comme opportuniste
Conseil : Privilégier un leadership basé sur la valeur réelle plutôt que sur la promesse

SATURNE en Porte 26 La discipline dans l'art de convaincre
Saturne impose une responsabilité dans la gestion de l'influence et des ressources.
Défi : Difficulté à équilibrer ambition et éthique
Conseil : Utiliser son influence pour structurer des systèmes durables

URANUS en Porte 26 Une persuasion innovante et hors normes
Uranus apporte une approche révolutionnaire à l'art de convaincre, souvent avec des idées avant-gardistes.
Défi : Risque d'être perçu comme excentrique ou trop radical
Conseil : Trouver un moyen de rendre ses idées accessibles et applicables

NEPTUNE en Porte 26 L'intuition au service de l'influence
Avec Neptune, la persuasion prend une dimension spirituelle ou inspirée, permettant de guider les autres vers des idéaux plus élevés.
Défi : Risque de confusion entre inspiration et illusion
Conseil : Vérifier que son message repose sur une base concrète et applicable

PLUTON en Porte 26 La transformation à travers le pouvoir de conviction
Pluton pousse à une exploration profonde du pouvoir personnel et de l'impact des mots.
Défi : Expériences de perte d'influence ou de remise en question de son pouvoir
Conseil : Utiliser son charisme pour servir une cause plus grande que soi

INTROSPECTION & RÉFLEXION
1. Comment puis-je utiliser ma capacité de persuasion de manière positive et alignée avec mes valeurs ?
2. Quelles sont les situations où j'ai tendance à exagérer ou à manipuler la vérité ?
3. Comment puis-je m'assurer que mes intentions sont transparentes et bienveillantes ?
4. Dans quelles situations est-ce que j'accepte la pression d'autrui au détriment de mes propres valeurs ?
5. Comment puis-je garder un équilibre entre répondre aux attentes et préserver mon intégrité ?
6. Dans quelles situations mon besoin de convaincre pourrait-il me détourner de mes valeurs profondes ?

CANAL 26/44 - CANAL DU CHANGEMENT

Type de canal : Projecteur
Portes : 44 (La Vigilance) et 26 (L'Astuce)
Centres impliqués : Centre Splénique → Centre du Cœur/Ego
Circuit : Circuit Tribal – Égo et Soutien
Thème principal : La transmission de l'expérience passée et l'optimisation des opportunités futures
Sens dominant : Le toucher
Rôle : Apprendre des expériences passées pour maximiser le potentiel de succès et soutenir la communauté à travers des stratégies efficaces.

"J'utilise la sagesse du passé pour forger un avenir prospère. Mon intuition me guide vers les opportunités optimales. Je transmets mes leçons avec intégrité, maximisant chaque expérience pour le bien de tous."

LES DYNAMIQUES DU CANAL 26/44

L'art de la mémorisation

Les personnes avec le canal 44/26 ont une capacité innée à se souvenir des leçons du passé. Chaque expérience devient une ressource précieuse qu'ils intègrent dans le présent pour améliorer leur efficacité et éviter les erreurs répétitives.

L'optimisation des opportunités

Ce canal confère un talent naturel pour optimiser les ressources et maximiser le potentiel de succès. L'individu sait instinctivement comment utiliser les expériences, les compétences et les réseaux pour atteindre ses objectifs.

Une nature stratégique

Avec le canal 44/26, la stratégie n'est pas une simple compétence, mais une seconde nature. L'individu sait anticiper les besoins et les opportunités, alignant ses actions pour assurer le succès à long terme.

La dynamique tribale : Soutien et prospérité

Ce canal opère dans une logique tribale, où la prospérité de la communauté dépend de la capacité à générer du succès matériel. Il met en avant l'importance du soutien mutuel et des transactions justes pour assurer la survie et l'indépendance du groupe.

DÉFIS ET OMBRES
La dépendance au passé
Il peut être difficile de lâcher prise sur les anciennes méthodes ou de s'adapter à de nouvelles réalités. L'attachement excessif aux expériences passées peut limiter l'innovation.

La pression du succès matériel
Le canal 44/26 ressent une forte pression pour assurer la prospérité financière. Sans un revenu suffisant, il peut se sentir instable ou en insécurité.

La manipulation
Si l'énergie de ce canal est mal intégrée, elle peut se manifester par des comportements manipulateurs, cherchant à maximiser les gains au détriment des autres.

L'importance de l'équilibre et de la flexibilité
1. **Apprendre du passé sans s'y enfermer** Utiliser les leçons du passé comme des points de repère, tout en restant ouvert à l'évolution et à l'adaptation.
2. **Valoriser l'intégrité** L'optimisation doit toujours se faire dans le respect de l'éthique et des valeurs personnelles. L'intégrité est la pierre angulaire d'un succès durable.
3. **S'appuyer sur la reconnaissance** En tant que canal projecteur, le 44/26 a besoin d'être reconnu pour ses talents et ses contributions. Accepter le soutien de la communauté permet de renforcer sa position.

Le canal 44/26 est une voie puissante de transformation et de réussite. Il symbolise l'équilibre parfait entre la mémoire du passé et l'optimisation des opportunités présentes. Avec ce canal, vous êtes appelé à apprendre de vos expériences, à maximiser chaque ressource et à soutenir votre communauté avec intelligence et intégrité.

PORTE 27 LA NOURRITURE

"En prenant soin des autres avec intégrité, je nourris le monde d'amour et de bienveillance."

PORTE DE LA BIENVEILLANCE

La Porte 27 est celle de la bienveillance, du soin et de la responsabilité envers les autres. Située dans le Centre Sacral, elle représente l'instinct naturel de nourrir et de protéger ceux qui en ont besoin, aussi bien physiquement qu'émotionnellement. Elle fonctionne avec la Porte 50 (les valeurs et la responsabilité collective) pour former le canal 27-50 de la Préservation, qui permet de structurer des systèmes de soutien et de protection pour le bien-être du collectif.

Physiologie : Plexus Sacré
Acide Aminé : Leucine
Cercle de Codons : Le Cercle de la Vie et de la Mort (3, 20, 23, 24, 27, 42)
Partenaire de programmation : Clé génétique 28
Centre : Centre Sacral
Quart : Initiation

Ligne 1 - L'égoïsme
Ligne 2 - L'auto-suffisance
Ligne 3 - L'avidité
Ligne 4 - La générosité
Ligne 5 - L'exécutant
Ligne 6 - La prudence

Canal : 27/50 - Canal de la Préservation : Lorsque la Porte 27 se connecte à la Porte 50 (Centre de la Rate), elle forme un canal qui soutient la transmission des valeurs et la responsabilité du bien-être collectif.
Circuit : Circuit de La Défense

Siddhi : Abnégation | **Don** : Altruisme | **Ombre** : Egoïsme

CENTRE SACRAL

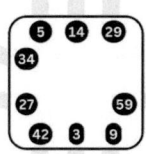

ESSENCE DE LA PORTE

L'archétype de la Porte 27 est celui du Gardien et du Nourricier. Cette énergie permet d'offrir du soutien, du soin et de la protection aux autres de manière instinctive.

Elle est profondément altruiste, mais doit veiller à ne pas s'épuiser en donnant sans limites.

Son défi est d'apprendre à équilibrer son instinct de protection avec le respect des besoins individuels de chacun.

RÔLE DANS LES INTERACTIONS

Dans les relations, la Porte 27 agit comme une énergie nourricière et protectrice. Les porteurs de cette énergie sont souvent perçus comme des personnes bienveillantes et dévouées, qui ont à cœur d'apporter du soutien et de veiller sur ceux qui les entourent.

DÉFIS

- Tendance à trop donner sans s'accorder suffisamment de soins personnels.
- Risque de développer des attentes inconscientes en retour de l'aide apportée.
- Difficulté à mettre des limites et à reconnaître ses propres besoins.

TALENTS

- Capacité à offrir un soutien authentique et une présence réconfortante aux autres.
- Talent pour nourrir et préserver les relations, les idées et les projets avec patience et engagement.
- Influence naturelle qui encourage les autres à s'occuper d'eux-mêmes et à prendre soin de leur bien-être.

EXPRESSION DÉSÉQUILIBRÉE

Lorsqu'elle est désalignée, la Porte 27 peut se manifester par un excès de dévouement, menant à l'épuisement ou à la frustration. Elle peut aussi entraîner une tendance à se sacrifier pour les autres, au détriment de son propre bien-être.

MAÎTRISE

En équilibre, la Porte 27 devient une force de soin conscient et d'amour inconditionnel. Elle incarne la sagesse du don équilibré, où prendre soin des autres commence par se nourrir soi-même avec la même bienveillance.

MANIFESTATION DANS LA VIE QUOTIDIENNE ET LE BUSINESS

Vie Quotidienne :

Dans la vie personnelle, cette Porte se manifeste par une attention naturelle aux besoins des autres et un désir d'apporter du réconfort et du soutien. Elle favorise des relations empreintes de générosité et d'attention sincère.

Application en Business :

Dans un contexte professionnel, la Porte 27 excelle dans des rôles liés au bien-être, à l'éducation, à la santé ou à la gestion d'équipes. Elle est idéale pour les environnements où le soin des autres et la préservation des ressources sont des priorités.

INFLUENCE ÉNERGÉTIQUE COLLECTIVE (TRANSITS)

Lorsqu'activée dans les transits, la Porte 27 invite le collectif à cultiver une énergie de bienveillance et de soutien mutuel. C'est un moment propice pour évaluer comment nous prenons soin de nous-mêmes et des autres, et ajuster nos actions en conséquence.

NUANCES EN FONCTION DE LA LIGNE

LIGNE 1 Comprendre les besoins avant de donner

Les individus avec la Porte 27 en Ligne 1 ressentent le besoin d'étudier et de comprendre ce qui est réellement nécessaire avant d'apporter leur aide. Ils veulent être sûrs que leur bienveillance est bien dirigée et efficace.

Défi : peur de mal faire et tendance à trop analyser

Conseil : accepter que l'amour et le soin ne nécessitent pas toujours une compréhension parfaite

LIGNE 2 : Instinct naturel pour prendre soin

Les personnes avec la Porte 27 en Ligne 2 possèdent une capacité instinctive à offrir du soutien et à nourrir les autres, sans effort conscient. Elles attirent naturellement ceux qui ont besoin de soin.

Défi : difficulté à poser des limites et risque d'épuisement

Conseil : apprendre à discerner qui mérite son énergie

LIGNE 3 : Expérimenter l'équilibre entre donner et recevoir

Les individus avec la Porte 27 en Ligne 3 découvrent par essais et erreurs comment offrir leur soutien de manière équilibrée. Ils apprennent quand aider et quand laisser les autres apprendre par eux-mêmes.

Défi : instabilité et tendance à donner trop ou trop peu

Conseil : voir chaque interaction comme une opportunité d'apprentissage

LIGNE 4 : Influencer et inspirer par sa bienveillance

Les individus avec la Porte 27 en Ligne 4 ont une capacité naturelle à diffuser un esprit de bienveillance dans leur entourage. Ils créent des relations fondées sur la générosité et l'entraide.

Défi : peur du rejet et tendance à trop donner

Conseil : offrir son aide sans attendre de validation

LIGNE 5 : Nourrir les autres de manière stratégique

Les individus avec la Porte 27 en Ligne 5 ont une approche pragmatique de la bienveillance. Ils cherchent à apporter un soutien efficace, ciblé et structuré.

Défi : pression des attentes extérieures et peur de ne pas être à la hauteur

Conseil : offrir un soutien qui respecte aussi ses propres limites

LIGNE 6 : Observer et comprendre le rôle de la bienveillance

Les individus avec la Porte 27 en Ligne 6 adoptent une vision globale de la protection et du soutien. Ils observent comment l'altruisme peut être équilibré avec l'autonomie.

Défi : détachement excessif et difficulté à s'impliquer pleinement

Peut hésiter à aider par peur d'interférer dans les processus d'évolution des autres.

Conseil : trouver un équilibre entre sagesse et action

NUANCES EN FONCTION DU TYPE

MANIFESTEUR : Initier une nouvelle manière de prendre soin

Le Manifesteur avec la Porte 27 exprime sa bienveillance de manière indépendante et originale, sans chercher l'approbation des autres.

Défi : rejet et incompréhension

Conseil : informer avant d'apporter son aide pour éviter la résistance

GÉNÉRATEUR : Nourrir et soutenir à travers l'action

Le Générateur avec la Porte 27 exprime sa bienveillance en s'engageant activement dans des projets et des actions qui ont du sens pour lui.

Défi : frustration si son aide n'est pas valorisée

Conseil : écouter sa réponse sacrale pour offrir son aide au bon moment

Le **Manifesteur-Générateur** : Explorer différentes manières d'offrir son soutien

Le MG avec la Porte 27 peut expérimenter plusieurs façons de prendre soin des autres et de gérer son énergie.

PROJECTEUR : Guider les autres vers une meilleure gestion de leur bienveillance
Le Projecteur avec la Porte 27 perçoit comment les autres peuvent mieux équilibrer leur énergie entre donner et recevoir.
Défi : besoin de reconnaissance et fatigue émotionnelle
Conseil : attendre d'être invité avant de proposer son soutien

RÉFLECTEUR : Refléter les dynamiques de bienveillance dans son environnement
Le Réflecteur avec la Porte 27 absorbe et reflète les façons dont les autres prennent soin d'eux-mêmes et des autres.
Défi : confusion entre ses propres besoins et ceux du collectif
Conseil : prendre du recul avant de s'engager émotionnellement

NUANCES EN FONCTION DE LA PLANÈTE

SOLEIL en Porte 27 Briller à travers le don de soi et le soutien des autres
Le Soleil ici illumine un fort désir de protéger, nourrir et guider ceux qui en ont besoin.
Défi : Se sacrifier au point de s'épuiser
Conseil : Apprendre à s'accorder du temps pour soi avant de prendre soin des autres

TERRE en Porte 27 Ancrer l'instinct de protection dans une approche équilibrée
Avec la Terre, l'individu doit trouver un équilibre entre donner et recevoir.
Défi : Se sentir coupable de ne pas en faire assez
Conseil : Reconnaître que le soin commence par soi-même

LUNE en Porte 27 Un instinct maternel et nourricier fluctuant
Avec la Lune, le besoin de prendre soin des autres varie en intensité.
Défi : Instabilité dans la manière de donner
Conseil : Accepter que ces cycles sont naturels et ne pas forcer l'énergie du soin

MERCURE en Porte 27 L'art de communiquer sur la protection et le bien-être
Avec Mercure, l'individu sait exprimer et enseigner l'importance du soin et

de la responsabilité.
Défi : Risque d'imposer aux autres une vision du "bien" trop rigide
Conseil : Adapter son discours pour respecter le libre arbitre de chacun

VÉNUS en Porte 27 Un amour profond pour le partage et la générosité
Vénus favorise une capacité naturelle à apporter du réconfort et de la bienveillance.
Défi : Attirer des relations déséquilibrées où l'on donne plus que l'on reçoit
Conseil : S'assurer que les échanges sont réciproques et nourrissants

MARS en Porte 27 Une énergie puissante et instinctive pour protéger et soutenir
Mars pousse à agir immédiatement lorsqu'un besoin est perçu.
Défi : Vouloir "sauver" les autres sans qu'ils en fassent la demande
Conseil : Respecter le libre arbitre et ne pas imposer son aide

JUPITER en Porte 27 L'expansion du soin et du partage dans la communauté
Jupiter amplifie la capacité à créer un environnement où chacun se sent soutenu.
Défi : Risque d'être trop généreux sans poser de limites
Conseil : Mettre en place des structures équilibrées pour éviter l'épuisement

SATURNE en Porte 27 La discipline dans la gestion des responsabilités
Saturne impose une structure rigoureuse dans l'instinct de protection.
Défi : Se sentir écrasé par le poids des responsabilités
Conseil : Apprendre à déléguer et à faire confiance aux autres

URANUS en Porte 27 Un soin et une protection innovants et hors normes
Uranus pousse à explorer de nouvelles façons d'aider et de soutenir.
Défi : Être perçu comme trop original ou incompris
Conseil : Trouver un équilibre entre innovation et traditions familiales

NEPTUNE en Porte 27 Un amour universel et un soin spirituel
Avec Neptune, la Porte 27 devient un canal d'énergie divine qui nourrit l'âme.
Défi : Risque de s'oublier totalement au profit des autres
Conseil : Intégrer des pratiques d'auto-soin pour maintenir son propre équilibre

PLUTON en Porte 27 La transformation profonde à travers l'art du soin
Pluton amène une quête intense de sens à travers le fait de protéger et de nourrir.
Défi : Vivre des expériences de perte ou de désillusion dans la manière d'aider
Conseil : Comprendre que le vrai soin vient aussi du lâcher-prise et du respect des cycles

---

INTROSPECTION & RÉFLEXION
1. Dans quelles situations ai-je tendance à trop donner sans me préserver ?
2. Comment puis-je équilibrer mes besoins et ceux des autres ?
3. Qu'est-ce qui me motive réellement à offrir mon soutien aux autres ?
4. Comment puis-je exprimer ma bienveillance sans m'épuiser ?
5. Dans quelles circonstances est-il difficile pour moi de dire non sans culpabilité ?
6. Comment puis-je cultiver un environnement de soutien mutuel ?

CANAL 27/50 - CANAL DE LA PRÉSERVATION

Type de canal : Générateur
Portes : 50 (Les Valeurs) et 27 (La Nourriture)
Centres impliqués : Centre Splénique → Centre Sacral
Circuit : Circuit Tribal – Défense et Soutien
Thème principal : Protection, soin et responsabilité
Sens dominant : Le toucher
Rôle : Préserver la vie, soutenir la communauté et veiller au bien-être collectif.

"Je protège avec amour, je nourris avec sagesse. Ma responsabilité est un choix, non un fardeau. En prenant soin des autres, je prends aussi soin de moi-même."

LES DYNAMIQUES DU CANAL 27/50

Le Gardien de la Tribu
Le canal 50/27 symbolise l'énergie de la préservation. Il confère un sens profond de responsabilité envers les autres, poussant à prendre soin, à nourrir et à protéger ceux qui font partie de la communauté ou du cercle proche.

La Conservation des Valeurs
La Porte 50, issue du centre splénique, veille à la préservation des valeurs fondamentales. Elle incarne l'instinct de survie, non seulement pour soi-même mais aussi pour le groupe, assurant que les traditions et les systèmes de soutien restent intacts.

La Nourriture et le Soutien
La Porte 27, connectée au centre sacral, fournit l'énergie nécessaire pour nourrir, protéger et prendre soin des autres. C'est l'énergie du don de soi, de l'altruisme et du soutien inconditionnel.

Un Sens Profond de la Responsabilité
Les personnes avec ce canal ressentent souvent un devoir instinctif de veiller au bien-être des autres. Elles sont souvent perçues comme des piliers, prêtes à apporter stabilité, réconfort et guidance.

DÉFIS ET OMBRES

La surcharge de responsabilités
L'un des principaux pièges de ce canal est la tendance à assumer trop de responsabilités. Sans limites claires, l'individu peut se sentir écrasé par le poids des obligations.

La difficulté à dire non
Le désir de protéger peut parfois conduire à un excès de générosité, où l'individu donne au-delà de ses propres capacités, mettant en péril son propre bien-être.

Le risque de sur protection
L'énergie protectrice de ce canal peut aussi se transformer en contrôle excessif, empêchant les autres d'apprendre par eux-mêmes.

L'importance de l'équilibre et des limites
1. **Prendre soin de soi pour mieux prendre soin des autres** Il est essentiel de nourrir ses propres besoins pour éviter l'épuisement.
2. **Établir des frontières claires** Savoir quand dire non permet de préserver son énergie et de maintenir un équilibre sain entre donner et recevoir.
3. **Responsabilité sans sacrifice** L'objectif est d'incarner la responsabilité sans que cela devienne un fardeau, en agissant par choix plutôt que par obligation.

Le canal 50/27 est la quintessence du soin et de la protection. Il incarne l'énergie du gardien, veillant à la préservation des valeurs, à la sécurité et au bien-être collectif. C'est un canal de soutien, mais il demande de trouver un équilibre entre donner et préserver ses propres ressources.

PORTE 28 LA PRÉPONDÉRANCE DU GRAND

"En affrontant mes peurs avec courage, je découvre la véritable signification de ma vie."

PORTE DU JOUEUR

La Porte 28 est celle de la lutte existentielle, du sens profond de la vie et du défi de l'inconnu. Située dans le Centre de la Rate, elle représente le courage d'affronter la peur de l'inutilité et de se battre pour ce qui a du sens. Elle fonctionne avec la Porte 38 (le **combat pour le sens**) pour former le canal 28-38 du Joueur, qui incarne l'esprit de celui qui prend des risques et surmonte les obstacles pour découvrir sa véritable mission de vie.

Physiologie : Physiologie : Reins
Acide Aminé : Acide Asparaginique
Cercle de Codons : Le Cercle de l'Illusion (28, 32)
Partenaire de programmation : Clé génétique 27
Centre : Centre Splénique
Quart : Dualité

Ligne 1 - La préparation
Ligne 2 - Serrer la main du diable
Ligne 3 - L'aventurier
Ligne 4 - S'accrocher
Ligne 5 - La trahison
Ligne 6 - Terminer en beauté

Canal : 28/38 - Canal de la Lutte : Lorsque la Porte 28 se connecte à la Porte 38 (Centre Racine), elle forme un canal qui soutient une force intérieure inébranlable, prête à combattre pour ce qui a du sens et de la valeur.
Circuit : Circuit du Savoir

Siddhi : Immortalité | **Don :** Totalité | **Ombre :** Errance

CENTRE SPLÉNIQUE

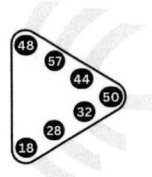

ESSENCE DE LA PORTE

L'archétype de la Porte 28 est celui du Guerrier de l'Ombre. Cette énergie pousse à remettre en question l'existence, à chercher un but authentique et à explorer les mystères de la vie et de la mort.

Elle est profondément rebelle et indépendante, cherchant toujours un défi ou une cause qui vaut la peine d'être défendue.

Son défi est d'apprendre à choisir ses combats avec sagesse et à ne pas résister inutilement à la vie par peur du vide.

RÔLE DANS LES INTERACTIONS

Dans les relations, la Porte 28 agit comme une énergie courageuse et rebelle. Les porteurs de cette énergie ont tendance à repousser les limites et à remettre en question les normes établies, encourageant ainsi les autres à explorer leur propre vérité et à se libérer des illusions.

DÉFIS

- Risque de se sentir constamment en lutte, sans savoir clairement pourquoi.
- Peur du vide et de l'insignifiance, pouvant conduire à une quête existentielle perpétuelle.
- Tendance à prendre des risques inutiles ou à rechercher des épreuves juste pour ressentir de l'intensité.

TALENTS

- Capacité à affronter les défis avec courage et à transformer les épreuves en opportunités d'évolution.
- Talent pour percevoir la profondeur et la vérité derrière les expériences humaines.
- Influence puissante qui inspire les autres à chercher du sens dans leur propre vie et à ne pas avoir peur de l'inconnu.

EXPRESSION DÉSÉQUILIBRÉE

Lorsqu'elle est désalignée, la Porte 28 peut se manifester par une sensation d'absurdité ou un sentiment de vide intérieur. Elle peut aussi entraîner une tendance à s'engager dans des luttes inutiles ou à se rebeller contre tout, sans raison valable.

MAÎTRISE

En équilibre, la Porte 28 devient une force de transformation et de sagesse. Elle enseigne que le véritable sens de la vie ne se trouve pas dans l'évitement des défis, mais dans l'engagement conscient face à eux. Elle incarne la résilience et la capacité à naviguer l'inconnu avec confiance.

MANIFESTATION DANS LA VIE QUOTIDIENNE ET LE BUSINESS

Vie Quotidienne :

Dans la vie personnelle, cette Porte se manifeste par une attirance pour les expériences profondes et significatives. Elle pousse à explorer les questions existentielles et à affronter ses peurs pour vivre une vie plus authentique.

Application en Business :

Dans un contexte professionnel, la Porte 28 excelle dans des rôles impliquant la prise de risques calculés, la gestion de crises ou la recherche de solutions innovantes. Elle est idéale pour les entrepreneurs, les explorateurs et ceux qui repoussent les limites de leur domaine.

INFLUENCE ÉNERGÉTIQUE COLLECTIVE (TRANSITS)

Lorsqu'activée dans les transits, la Porte 28 invite le collectif à réfléchir sur la notion de sens et à affronter les défis avec courage. C'est un moment propice pour se poser des questions fondamentales et faire des choix qui alignent nos actions avec nos valeurs profondes.

NUANCES EN FONCTION DE LA LIGNE

LIGNE 1 : Explorer la nature du défi avant de s'engager

Les individus avec la Porte 28 en Ligne 1 ressentent le besoin de comprendre ce qu'ils affrontent avant de s'investir pleinement dans une lutte. Ils cherchent une base solide et une certaine sécurité avant de prendre des risques.

Défi : peur de l'inconnu et du manque de contrôle

Conseil : accepter que la maîtrise vient avec l'expérience

LIGNE 2 : Affrontement instinctif des défis

Les personnes avec la Porte 28 en Ligne 2 possèdent une capacité naturelle à relever les défis sans trop y réfléchir. Elles agissent avec un instinct puissant qui les pousse à dépasser leurs limites.

Défi : prise de risque excessive et manque de réflexion

Conseil : équilibrer action et discernement

LIGNE 3 : Apprendre par l'expérience des épreuves

Les individus avec la Porte 28 en Ligne 3 découvrent la valeur de la lutte en traversant des épreuves et en apprenant de leurs erreurs. Ils expérimentent différentes façons d'affronter les défis et ajustent leur approche en fonction de leurs expériences.

Défi : instabilité et sentiment de lutte perpétuelle
Conseil : voir chaque échec comme un pas vers la réussite

LIGNE 4 : Inspirer les autres par son courage

Les individus avec la Porte 28 en Ligne 4 ont une capacité naturelle à influencer leur entourage par leur force et leur détermination. Ils montrent que la lutte peut mener à la sagesse et à la transformation.

Défi : peur du rejet et tendance à vouloir convaincre les autres de leur vision
Conseil : incarner son combat sans attendre d'être compris

LIGNE 5 : Utiliser la lutte pour transformer le monde

Les individus avec la Porte 28 en Ligne 5 ont une approche stratégique du défi. Ils savent comment canaliser leur combativité pour provoquer des changements concrets et apporter des solutions aux autres.

Défi : pression des attentes extérieures et peur de l'échec
Conseil : choisir ses batailles avec discernement

LIGNE 6 : Observer et comprendre le rôle du défi dans la vie

Les individus avec la Porte 28 en Ligne 6 adoptent une perspective élevée sur la lutte et la transformation. Ils comprennent que le véritable défi est intérieur et que la sagesse naît de l'acceptation des cycles de la vie.

Défi : détachement excessif et difficulté à s'impliquer pleinement
Conseil : trouver un équilibre entre sagesse et engagement

NUANCES EN FONCTION DU TYPE

MANIFESTEUR : Initier des combats qui bousculent les normes

Le Manifesteur avec la Porte 28 prend des initiatives audacieuses et n'hésite pas à défier les structures existantes.

Défi : résistance et opposition
Conseil : informer avant d'agir pour faciliter l'acceptation

GÉNÉRATEUR : Persévérer et donner du sens à ses luttes

Le Générateur avec la Porte 28 trouve du sens en s'investissant avec persévérance dans des projets qui le passionnent.

Défi : frustration si sa lutte ne porte pas de fruits immédiats

Conseil : écouter sa réponse sacrale pour s'engager dans des combats qui en valent la peine

Le **Manifesteur-Générateur** : Explorer différentes luttes avant de trouver la bonne

Le MG avec la Porte 28 peut tester plusieurs causes avant de s'engager pleinement dans celle qui lui donne du sens.

PROJECTEUR : Guider les autres à travers les défis

Le Projecteur avec la Porte 28 perçoit comment les autres traversent leurs épreuves et peut les aider à trouver du sens.

Défi : besoin de reconnaissance et fatigue mentale

Conseil : attendre d'être invité avant d'offrir son point de vue

RÉFLECTEUR : Refléter la manière dont le collectif vit la lutte

Le Réflecteur avec la Porte 28 absorbe et reflète la façon dont les autres traversent leurs défis, apportant une perspective unique sur la notion de lutte et de sens.

Défi : confusion entre ses propres épreuves et celles des autres

Conseil : prendre du recul et observer avant de s'impliquer émotionnellement

NUANCES EN FONCTION DE LA PLANÈTE

SOLEIL en Porte 28 Briller à travers la recherche du sens et le courage face aux défis

Le Soleil illumine une force intérieure qui pousse à affronter des défis et à donner un sens à chaque expérience.

Défi : Risque de lutter pour des causes vaines

Conseil : Choisir ses batailles avec sagesse pour éviter l'épuisement

TERRE en Porte 28 Ancrer la prise de risque dans la réalité

Avec la Terre, l'individu doit apprendre à équilibrer audace et prudence.

Défi : Se sentir perdu sans une cause à défendre

Conseil : Accepter que la valeur de la vie ne dépend pas uniquement des combats menés

LUNE en Porte 28 Une relation émotionnelle fluctuante avec la prise de risque

Avec la Lune, la lutte pour le sens varie en fonction des cycles émotionnels.

Défi : Instabilité dans les décisions et les engagements

Conseil : Prendre le temps d'écouter son intuition avant d'agir

MERCURE en Porte 28 L'art d'exprimer le besoin de défi et de transformation
Avec Mercure, l'individu sait communiquer sa quête existentielle et inspirer les autres.
Défi : Risque de paraître trop dramatique ou intense
Conseil : Apprendre à partager ses idées de manière constructive

VÉNUS en Porte 28 Un amour de l'intensité et du dépassement
Vénus apporte une appréciation esthétique du courage et du défi.
Défi : Attirer des relations conflictuelles ou instables
Conseil : Trouver la beauté dans la simplicité et la stabilité aussi

MARS en Porte 28 Une impulsion forte à relever tous les défis
Mars donne une énergie brute pour affronter la vie sans peur.
Défi : Prendre des risques inconsidérés
Conseil : Apprendre à évaluer les dangers avant d'agir

JUPITER en Porte 28 L'expansion à travers l'adversité et la résilience
Jupiter favorise une grande capacité à tirer des leçons des difficultés.
Défi : Risque de se disperser dans trop de luttes à la fois
Conseil : Canaliser son énergie vers des objectifs significatifs

SATURNE en Porte 28 La discipline dans la quête du sens
Saturne impose une responsabilité dans le choix des combats.
Défi : Se sentir écrasé par le poids de l'existence
Conseil : Accepter que certaines luttes prennent du temps et nécessitent de la patience

URANUS en Porte 28 Un regard innovant sur la notion de risque et de survie
Uranus pousse à redéfinir les limites et à explorer l'inconnu.
Défi : Prendre des décisions radicales sans préparation
Conseil : Expérimenter, mais avec une certaine structure

NEPTUNE en Porte 28 La dimension mystique du sens de la vie
Avec Neptune, l'individu cherche une connexion spirituelle à travers l'adversité.
Défi : Se perdre dans une vision idéalisée du combat
Conseil : Trouver un équilibre entre quête spirituelle et réalité

PLUTON en Porte 28 La transformation par la confrontation avec la mort et la peur
Pluton amène des crises profondes qui forcent à redéfinir le sens de la vie.
Défi : Expériences intenses de perte ou de désespoir
Conseil : Comprendre que chaque défi est une opportunité d'évolution

INTROSPECTION & RÉFLEXION

1. Quelles luttes dans ma vie me semblent vraiment importantes et valent-elles la peine d'être vécues ?
2. Quels sont les moments où j'ai trouvé un sens profond à travers les défis que j'ai surmontés ?
3. Comment puis-je renforcer ma capacité à persévérer dans les moments difficiles sans perdre espoir ?
4. Quels objectifs me poussent à aller de l'avant malgré les peurs et les incertitudes ?
5. Comment puis-je évaluer quels risques valent la peine d'être pris et lesquels sont inutiles ?
6. Quels moyens puis-je utiliser pour trouver du sens dans les moments de doute ou de confusion ?

CANAL 28/38 - CANAL DE LA LUTTE

Type de canal : Projecteur
Portes : 38 (L'Opposition) et 28 (Le Joueur)
Centres impliqués : Centre de la Racine → Centre Splénique
Circuit : Circuit de l'Individualité - Autonomisation
Thème principal : La lutte pour un but significatif
Sens dominant : L'ouïe (acoustique)
Rôle : Transformer les défis en opportunités, en quête d'un sens profond à l'existence.

"Je choisis mes batailles avec sagesse. Chaque défi que j'accepte nourrit ma quête de sens. Ma persévérance est la clé de ma vérité intérieure."

LES DYNAMIQUES DU CANAL 28/38

Une quête incessante de sens
Ce canal confère un besoin profond de comprendre le but de la vie. L'individu est continuellement poussé à explorer la signification des expériences et à trouver des raisons valables pour s'engager dans la lutte quotidienne.

Le courage face à l'adversité
La Porte 38 incarne la volonté de se battre pour ce qui a du sens. Elle donne la force d'affronter les obstacles avec ténacité, transformant chaque défi en opportunité de croissance.

L'intuition comme guide
La Porte 28, issue du centre splénique, apporte une conscience intuitive face aux risques. L'individu sait instinctivement si un défi mérite d'être relevé ou s'il s'agit d'un combat futile.

L'énergie de la racine : une pression constante
La pression de la Racine génère une énergie persistante, alimentant la motivation pour surmonter les obstacles. Cette tension peut être bénéfique si elle est canalisée vers des objectifs significatifs.

DÉFIS ET OMBRES

La lutte sans but
Lorsque le sens fait défaut, l'énergie de ce canal peut se transformer en obstination pure. L'individu peut se retrouver à se battre contre des moulins à vent, s'épuisant dans des conflits stériles.

La solitude dans la quête
Le besoin d'indépendance peut conduire à un isolement émotionnel. L'individu peut ressentir un décalage avec ceux qui n'aspirent pas à la même profondeur existentielle.

L'énergie mal dirigée
Sans discernement, la forte pression issue du centre de la Racine peut entraîner un excès de combats inutiles. Il est crucial de choisir ses batailles avec soin.

L'importance de la clarté et de la résilience
1. **Choisir ses luttes** Il est essentiel d'apprendre à différencier les batailles qui apportent un véritable sens de celles qui ne sont que des distractions.
2. **Canaliser l'énergie vers des objectifs significatifs** Utiliser l'énergie de la Racine pour des projets inspirants permet d'éviter la frustration et l'épuisement.
3. **Faire confiance à son intuition** La sagesse du centre splénique aide à évaluer si un défi mérite d'être relevé.

Le canal 38/28 est l'expression ultime de la résilience et de la quête existentielle. Il invite à embrasser la lutte, non par pure obstination, mais pour donner un sens profond à la vie. C'est un chemin de courage, où chaque défi devient une opportunité de transformation et d'épanouissement.

PORTE 29 L'INSONDABLE

"En m'engageant pleinement dans ce qui me passionne, je transforme chaque expérience en opportunité d'épanouissement."

PORTE DE LA COMPLAISANCE

La Porte 29 est celle de la persévérance, de l'engagement et du pouvoir de dire "oui" aux bonnes opportunités. Située dans le Centre Sacral, elle représente la capacité à plonger dans l'expérience avec dévouement, en suivant son énergie vitale jusqu'au bout. Elle fonctionne avec la Porte 46 (l'amour du corps et de l'incarnation) pour former le canal 29-46 de la Découverte, qui permet de vivre pleinement chaque engagement comme une voie vers la transformation et la réussite.

Physiologie : Plexus Sacré
Acide Aminé : Valine
Cercle de Codons : Le Cercle de l'Union (4, 7, 29, 59)
Partenaire de programmation : Clé génétique 27
Centre : Centre Sacral
Quart : Dualité

Ligne 1 - La recrue
Ligne 2 - L'évaluation
Ligne 3 - L'évaluation
Ligne 4 - L'exactitude
Ligne 5 - Surmonter
Ligne 6 - La confusion

Canal : 29/46 - Canal de la Découverte : Lorsque la Porte 29 se connecte à la Porte 46 (Centre G), elle forme un canal qui soutient l'expérience du corps et de la vie, où l'engagement dans des opportunités ouvre la voie à la croissance et à l'épanouissement.
Circuit : Circuit du Ressenti

Siddhi : Dévotion | **Don :** Engagement | **Ombre :** Tiédeur

CENTRE SACRAL

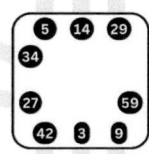

ESSENCE DE LA PORTE

L'archétype de la Porte 29 est celui du Guerrier de l'Engagement. Cette énergie est extrêmement persévérante et ne recule pas facilement une fois qu'un "oui" a été donné.

Elle attire des expériences qui testent la volonté et révèlent la puissance de la foi dans le processus.

Son défi est d'apprendre à dire "oui" avec discernement, pour éviter l'épuisement en s'engageant dans des chemins qui ne sont pas alignés.

RÔLE DANS LES INTERACTIONS

Dans les relations, la Porte 29 agit comme une force d'inspiration et de fiabilité. Les porteurs de cette énergie sont perçus comme des personnes déterminées, qui honorent leur parole et avancent avec dévouement vers leurs objectifs.

DÉFIS

- Risque de dire « oui » trop souvent, entraînant des engagements qui ne sont pas alignés.

- Tendance à persévérer dans des situations qui ne sont plus bénéfiques, par peur de l'échec ou du renoncement.

- Besoin de discerner ce qui mérite un engagement profond et ce qui est une distraction.

TALENTS

- Capacité à s'investir avec passion et endurance dans des projets significatifs.

- Talent pour créer de la stabilité et de la confiance grâce à une constance exemplaire.

- Influence positive qui inspire les autres à honorer leurs engagements et à aller jusqu'au bout de leurs ambitions

EXPRESSION DÉSÉQUILIBRÉE

Lorsqu'elle est désalignée, la Porte 29 peut se manifester par des engagements pris à la légère, menant à de la frustration ou à un épuisement. Elle peut aussi provoquer un attachement excessif à des situations qui ne servent plus l'évolution personnelle.

MAÎTRISE

En équilibre, la Porte 29 devient une force de transformation et de succès. Elle montre que l'engagement conscient et aligné est la clé pour manifester ses rêves et vivre des expériences enrichissantes.

MANIFESTATION DANS LA VIE QUOTIDIENNE ET LE BUSINESS

Vie Quotidienne :

Dans la vie personnelle, cette Porte se manifeste par une capacité à s'impliquer pleinement dans ce qui compte vraiment. Elle favorise la fidélité, la persévérance et l'aptitude à faire confiance au processus de la vie.

Application en Business :

Dans un contexte professionnel, la Porte 29 excelle dans des rôles nécessitant endurance, persistance et fiabilité. Elle est idéale pour les entrepreneurs, les artistes ou toute personne impliquée dans des projets à long terme nécessitant un engagement profond.

INFLUENCE ÉNERGÉTIQUE COLLECTIVE (TRANSITS)

Lorsqu'activée dans les transits, la Porte 29 invite le collectif à s'engager dans des opportunités qui résonnent réellement. C'est un moment propice pour dire « oui » aux expériences alignées avec sa vérité intérieure et pour persévérer avec foi et constance.

NUANCES EN FONCTION DE LA LIGNE

LIGNE 1 : Construire une base solide avant de s'engager

Les individus avec la Porte 29 en Ligne 1 ressentent le besoin d'examiner les engagements avant de s'y investir pleinement. Ils cherchent une sécurité et une compréhension claire de ce à quoi ils disent "oui".

Défi : peur de faire un mauvais choix et hésitation à s'engager

Conseil : accepter que l'apprentissage vient aussi par l'expérience

LIGNE 2 : Engagement instinctif et spontané

Les personnes avec la Porte 29 en Ligne 2 ont une capacité naturelle à dire "oui" aux opportunités qui les appellent. Elles s'engagent de manière intuitive et ressentent quand quelque chose est juste pour elles.

Défi : difficulté à comprendre pourquoi elles s'engagent ou se désengagent

Conseil : faire confiance à son instinct tout en restant conscient des conséquences

LIGNE 3 : Expérimenter l'engagement à travers les essais et erreurs

Les individus avec la Porte 29 en Ligne 3 apprennent ce qui leur convient vraiment en testant différentes formes d'engagement. Ils explorent leurs

limites et leurs capacités à rester fidèles à leurs décisions.
Défi : instabilité et tendance à s'engager trop vite ou trop souvent
Conseil : voir chaque expérience comme un apprentissage

LIGNE 4 : Inspirer par son engagement sincère
Les individus avec la Porte 29 en Ligne 4 ont une capacité naturelle à fédérer les autres à travers leurs engagements. Ils savent rassembler et motiver par leur persévérance.
Défi : peur du rejet et tendance à trop s'engager pour les autres
Conseil : apprendre à s'engager pour soi-même avant tout

LIGNE 5 : Engagement stratégique et impact collectif
Les individus avec la Porte 29 en Ligne 5 ont une approche pragmatique de l'engagement. Ils savent comment structurer leurs décisions pour maximiser leur impact et éviter les engagements inutiles.
Défi : pression des attentes extérieures et peur de l'échec
Conseil : choisir ses engagements avec discernement

LIGNE 6 : Observer et comprendre la nature de l'engagement
Les individus avec la Porte 29 en Ligne 6 adoptent une vision globale de l'engagement et de la persévérance. Ils comprennent qu'un engagement authentique se construit sur le long terme et ne se précipitent pas dans leurs décisions.
Défi : détachement excessif et difficulté à s'investir pleinement
Conseil : accepter que l'engagement est une aventure en soi

NUANCES EN FONCTION DU TYPE
MANIFESTEUR : Initier des engagements indépendants et audacieux
Le Manifesteur avec la Porte 29 prend des décisions d'engagement sans attendre la validation extérieure.
Défi : rejet et incompréhension
Conseil : informer avant de s'engager pour éviter la résistance

GÉNÉRATEUR : Répondre aux engagements qui résonnent profondément
Le Générateur avec la Porte 29 s'épanouit dans les engagements qui lui procurent satisfaction et énergie.
Défi : frustration si ses engagements ne sont pas alignés avec son énergie

Conseil : écouter sa réponse sacrale avant de dire "oui"

Le **Manifesteur-Générateur** : Explorer et affiner ses engagements
Le MaG avec la Porte 29 peut être rapide dans ses décisions d'engagement, mais doit veiller à ne pas se disperser.

PROJECTEUR : Guider les autres vers des engagements plus conscients
Le Projecteur avec la Porte 29 perçoit comment les autres gèrent leurs engagements et peut les aider à s'investir avec plus de sagesse.
Défi : besoin de reconnaissance et fatigue émotionnelle
Conseil : attendre d'être invité avant de donner son avis sur les engagements des autres

RÉFLECTEUR Refléter les dynamiques d'engagement dans son environnement
Le Réflecteur avec la Porte 29 absorbe et reflète la manière dont les autres gèrent leurs engagements.
Défi : confusion entre ses propres engagements et ceux des autres
Conseil : observer avant de s'engager pour clarifier ce qui lui appartient

NUANCES EN FONCTION DE LA PLANÈTE
SOLEIL en Porte 29 Briller à travers l'engagement et la persistance
Le Soleil illumine une capacité à s'investir pleinement dans la vie et à encourager les autres à ne pas abandonner.
Défi : Dire "oui" trop souvent et se retrouver dépassé
Conseil : Apprendre à dire "oui" avec discernement

TERRE en Porte 29 Ancrer l'expérience de la vie dans la patience et la stabilité
Avec la Terre, il est essentiel de rester aligné sur ses véritables désirs plutôt que de s'engager par habitude ou pression extérieure.
Défi : S'enfermer dans des engagements qui n'apportent plus rien
Conseil : Vérifier régulièrement si un engagement est toujours bénéfique

LUNE en Porte 29 Un engagement émotionnel cyclique
Avec la Lune, la motivation et l'engagement fluctuent avec les cycles lunaires et émotionnels.
Défi : Instabilité dans les engagements à long terme
Conseil : S'accorder des moments de pause pour ressentir ce qui est réellement aligné

MERCURE en Porte 29 L'art de persuader et d'inspirer l'engagement
Mercure renforce la capacité à convaincre les autres de s'engager, en partageant une vision inspirante.
Défi : Risque de promettre trop sans pouvoir tenir
Conseil : Vérifier la faisabilité avant de s'engager verbalement

VÉNUS en Porte 29 L'engagement dans l'amour et les relations
Vénus apporte une dimension affective et harmonieuse à l'engagement, en valorisant la fidélité et la connexion.
Défi : Peur de dire "non" par crainte de blesser
Conseil : Comprendre que le véritable amour respecte les choix individuels

MARS en Porte 29 Un engagement impulsif et passionné
Mars donne une énergie brute qui pousse à s'engager spontanément, parfois sans réflexion.
Défi : Dire "oui" par excitation sans en mesurer les conséquences
Conseil : Prendre un temps de recul avant de s'engager pleinement

JUPITER en Porte 29 L'expansion et l'abondance à travers l'engagement
Jupiter favorise une capacité à transformer chaque engagement en opportunité de croissance.
Défi : Tendance à trop s'éparpiller
Conseil : Se concentrer sur les engagements qui ont une véritable valeur

SATURNE en Porte 29 La discipline et la responsabilité dans les engagements
Saturne impose une rigueur dans le choix des engagements, forçant à bien réfléchir avant de dire "oui".
Défi : Se sentir coincé dans des engagements pesants
Conseil : Accepter que tout engagement peut être reconsidéré si ce n'est plus juste

URANUS en Porte 29 Une approche révolutionnaire de l'engagement
Uranus pousse à briser les engagements conventionnels et à expérimenter de nouvelles façons de s'impliquer.
Défi : Instabilité et rejet des engagements traditionnels
Conseil : Trouver un équilibre entre engagement et liberté

NEPTUNE en Porte 29 L'engagement spirituel et la foi dans le processus de la vie
Avec Neptune, la Porte 29 devient un canal de confiance absolue en la vie.
Défi : S'engager aveuglément dans des illusions
Conseil : Vérifier que l'engagement repose sur des bases solides et réalistes

PLUTON en Porte 29 La transformation profonde à travers l'engagement total

Pluton pousse à des engagements radicaux qui transforment profondément la vie.

Défi : Risque d'être trop extrême dans ses choix
Conseil : Évaluer régulièrement si un engagement est encore aligné sur son évolution

---

INTROSPECTION & RÉFLEXION

1. Quels engagements dans ma vie me semblent vraiment importants et méritent-ils que j'y consacre mon énergie ?
2. Comment puis-je savoir si un engagement est en alignement avec mes valeurs profondes ?
3. Quels projets ou relations méritent ma pleine dévotion, et comment puis-je leur offrir le meilleur de moi-même ?
4. Comment puis-je savoir quand il est temps de rester fidèle à un engagement ou, au contraire, de le réévaluer ?
5. Dans quelles situations ai-je eu du mal à dire non, et comment cela a-t-il impacté ma capacité à rester aligné avec mes valeurs ?
6. Comment puis-je m'assurer que mes engagements reflètent ma véritable essence et mes aspirations ?

CANAL 29/46 - CANAL DE LA DÉCOUVERTE

Type de canal : Générateur
Portes : 29 (L'Engagement) et 46 (La Détermination)
Centres impliqués : Centre Sacral→ Centre G
Circuit : Circuit Collectif- Ressenti
Thème principal : Engagement total et réussite par l'expérience
Sens dominant : La vue
Rôle : Embrasser les expériences de la vie pour en retirer sagesse et accomplissement.

Je dis oui avec sagesse, je m'engage avec passion. Chaque expérience est un passage vers la réussite, chaque obstacle un tremplin vers la découverte de mon véritable potentiel.

LES DYNAMIQUES DU CANAL 29/46

L'art de l'engagement
Le canal 29/46 incarne la capacité à dire un "oui" puissant et sincère. Une fois engagé, l'individu déploie une énergie considérable pour mener ses projets à bien, traversant les hauts et les bas avec résilience.

La réussite par l'expérience
Ce canal n'est pas motivé par la théorie mais par la pratique. Il pousse à plonger pleinement dans les expériences, en tirant des leçons précieuses, même en cas d'échec.

Le bon endroit au bon moment
La Porte 46 est associée à la chance existentielle : être au bon endroit au bon moment. Cette synchronicité émerge lorsque l'individu suit son autorité intérieure et répond correctement aux opportunités.

L'énergie sacrale comme moteur
Le centre sacral fournit une énergie constante pour soutenir les engagements pris. Cet élan permet de surmonter les obstacles, tant que l'engagement est aligné avec le véritable soi.

DÉFIS ET OMBRES

L'épuisement par excès d'engagement
L'un des risques majeurs est de dire "oui" à tout, par peur de manquer une opportunité. Cela peut conduire à la fatigue et à la frustration.

L'attachement aux résultats
Lorsque l'engagement est motivé par l'attente d'un succès garanti, les déceptions peuvent peser lourd. Il est essentiel de se concentrer sur le processus, plutôt que sur l'issue.

Le piège de la persistance aveugle
La ténacité peut parfois devenir de l'entêtement, incitant à poursuivre un projet même lorsque les signes indiquent qu'il est temps de lâcher prise.

L'importance de l'alignement et de la clarté

- **Dire "oui" avec discernement** Il est essentiel de n'accepter que les engagements qui résonnent profondément avec le soi intérieur.
- **Accepter les hauts et les bas** Le succès du canal 29/46 réside dans la capacité à accueillir chaque expérience comme une opportunité d'apprentissage, sans crainte de l'échec.
- **Maintenir un équilibre énergétique** Savoir quand s'engager pleinement et quand se retirer permet d'éviter l'épuisement et la frustration.

Le canal 29/46 est un chemin vers la réussite par l'expérience directe. Il incarne la puissance de l'engagement total, guidé par l'énergie sacrale et la synchronicité existentielle. En suivant sa stratégie et son autorité intérieure, l'individu peut naviguer avec succès à travers les défis de la vie, découvrant des trésors cachés dans chaque voyage.

.

PORTE 30 LE FEU QUI S'ATTACHE

"En acceptant l'intensité de mes désirs, je transforme mon feu intérieur en sagesse et en passion alignée."

PORTE DES SENTIMENTS

La Porte 30 est celle du désir ardent, de l'intensité émotionnelle et du feu intérieur. Située dans le Centre Émotionnel (Plexus Solaire), elle représente le moteur des aspirations profondes, le rêve de quelque chose de plus grand, de plus exaltant. Elle fonctionne avec la Porte 41 (l'impulsion des nouvelles expériences) pour former le canal 41-30 de la Reconnaissance, un canal qui alimente le désir de vivre des expériences significatives et transformatrices.

Physiologie : Plexus Solaire / Digestion
Acide Aminé : Glutamine
Cercle de Codons : Le Cercle de la Purification (13, 30)
Partenaire de programmation : Clé génétique 29
Centre : Centre Plexus Solaire
Quart : Initiation

Ligne 1 - Le sang-froid
Ligne 2 - Le pragmatisme
Ligne 3 - La résignation
Ligne 4 - L'épuisement
Ligne 5 - L'ironie
Ligne 6 - L'action

Canal : 30/41 - Canal de la Reconnaissance : Lorsque la Porte 30 se connecte à la Porte 41 (Centre Racine), elle forme un canal qui donne naissance à des expériences, en initiant des cycles basés sur les désirs et la reconnaissance des possibilités.
Circuit : Circuit du Ressenti

Siddhi : Ravissement | **Don** : Légèreté | **Ombre** : Désir

PLEXUS SOLAIRE

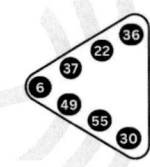

ESSENCE DE LA PORTE

L'archétype de la Porte 30 est celui du Visionnaire Passionné. Cette énergie porte un feu intérieur puissant, qui aspire à des expériences intenses et profondes. Elle est liée au destin, au karma et à la quête de réalisation émotionnelle.

Son défi est d'apprendre à accepter l'incertitude et à ne pas s'attacher aux résultats, car tous les désirs ne sont pas destinés à se manifester.

RÔLE DANS LES INTERACTIONS

Dans les relations, la Porte 30 agit comme une énergie magnétique et passionnée. Les porteurs de cette énergie inspirent les autres par leur intensité et leur capacité à poursuivre des expériences exaltantes et transformatrices.

DÉFIS

- Risque de s'attacher aux désirs sans accepter les fluctuations naturelles de la vie.
- Sensation de frustration ou de déception si les attentes ne sont pas satisfaites.
- Difficulté à gérer l'intensité émotionnelle qui accompagne les désirs profonds.

TALENTS

- Capacité à embrasser pleinement l'expérience humaine avec passion et intensité.
- Talent pour reconnaître les désirs profonds qui mènent à des transformations importantes.
- Influence positive qui encourage les autres à suivre leurs aspirations tout en restant ouverts à l'inconnu.

EXPRESSION DÉSÉQUILIBRÉE

Lorsqu'elle est désalignée, la Porte 30 peut se manifester par une insatisfaction chronique ou une quête incessante de nouvelles expériences pour combler un vide intérieur. Elle peut aussi entraîner une tendance à dramatiser les émotions et à se laisser submerger par des attentes irréalistes.

MAÎTRISE

En équilibre, la Porte 30 devient une force d'acceptation et de sagesse. Elle apprend à canaliser l'énergie du désir sans s'attacher aux résultats, permettant ainsi une ouverture aux leçons et à la beauté des expériences, quelles qu'elles soient.

MANIFESTATION DANS LA VIE QUOTIDIENNE ET LE BUSINESS
Vie Quotidienne :
Dans la vie personnelle, cette Porte se manifeste par une intensité émotionnelle et une capacité à vivre pleinement chaque expérience. Elle favorise une approche passionnée de la vie, tout en nécessitant un certain lâcher-prise face aux résultats.

Application en Business :
Dans un contexte professionnel, la Porte 30 excelle dans des rôles où l'enthousiasme et la passion sont des moteurs de succès, comme les métiers créatifs, le coaching ou les projets entrepreneuriaux. Elle est idéale pour ceux qui savent transformer leur désir en un moteur d'innovation et de motivation.

INFLUENCE ÉNERGÉTIQUE COLLECTIVE (TRANSITS)
Lorsqu'activée dans les transits, la Porte 30 invite le collectif à explorer ses désirs et à honorer son feu intérieur. C'est un moment propice pour reconnaître ce qui nous appelle profondément, tout en acceptant que l'expérience elle-même est plus précieuse que l'attachement aux résultats.

NUANCES EN FONCTION DE LA LIGNE
LIGNE 1 : Explorer la nature du désir avant de s'y abandonner
Les individus avec la Porte 30 en Ligne 1 ressentent le besoin de comprendre leurs désirs avant de s'y engager pleinement. Ils cherchent une base solide pour explorer leurs aspirations avec plus de sécurité.
Défi : peur de l'instabilité et de l'inconnu
Conseil : accepter que l'intensité fait partie du chemin

LIGNE 2 : Désir instinctif et naturel
Les personnes avec la Porte 30 en Ligne 2 possèdent une capacité spontanée à ressentir et à suivre leurs désirs sans effort conscient. Elles sont intuitivement guidées vers les expériences qui les appellent.
Défi : incompréhension de la source de ses désirs
Conseil : faire confiance à son ressenti sans chercher à le justifier

LIGNE 3 : Expérimenter différents désirs à travers les hauts et les bas
Les individus avec la Porte 30 en Ligne 3 découvrent leurs véritables aspirations en testant plusieurs expériences et en apprenant par essais et erreurs.
Défi : instabilité et attachement aux résultats
Conseil : voir chaque expérience comme un apprentissage

LIGNE 4 : Inspirer et transmettre son désir aux autres
Les individus avec la Porte 30 en Ligne 4 ont une capacité naturelle à influencer leur entourage par leur passion et leur enthousiasme. Ils créent un élan collectif en partageant leurs aspirations.

Défi : peur du rejet et tendance à s'adapter aux attentes des autres

Conseil : exprimer ses aspirations avec authenticité

LIGNE 5 : Canaliser le désir pour transformer son environnement
Les individus avec la Porte 30 en Ligne 5 ont une approche pragmatique du désir. Ils savent comment utiliser leur intensité pour provoquer des changements concrets et inspirer les autres à poursuivre leurs propres aspirations.

Défi : pression des attentes extérieures et peur de l'échec

Conseil : choisir ses engagements avec discernement

LIGNE 6 : Observer et comprendre le cycle des désirs
Les individus avec la Porte 30 en Ligne 6 adoptent une vision élevée des désirs et de leurs fluctuations. Ils comprennent que les aspirations évoluent avec le temps et que l'acceptation est une clé pour éviter la frustration.

Défi : détachement excessif et difficulté à s'investir pleinement

Conseil : accepter que le désir est une énergie vivante et évolutive

NUANCES EN FONCTION DU TYPE

MANIFESTEUR : Initier des expériences et poursuivre ses désirs avec audace
Le Manifesteur avec la Porte 30 n'attend pas l'autorisation pour explorer ses désirs et les transformer en action.

Défi : résistance et incompréhension

Conseil : informer avant d'agir pour éviter la résistance

GÉNÉRATEUR : Répondre aux désirs qui résonnent profondément
Le Générateur avec la Porte 30 expérimente l'intensité du désir en fonction de ce qui le stimule et l'attire naturellement.

Défi : frustration si ses attentes ne sont pas satisfaites

Conseil : écouter sa réponse sacrale avant de poursuivre un désir

Le **Manifesteur-Générateur** : Explorer différents désirs avec rapidité
Le MG avec la Porte 30 peut avoir une approche rapide et passionnée des expériences, mais doit apprendre à ne pas se disperser.

PROJECTEUR : Guider les autres dans la gestion de leurs désirs
Le Projecteur avec la Porte 30 perçoit comment les autres vivent leurs désirs et peut les aider à les canaliser.
Défi : besoin de reconnaissance et fatigue émotionnelle
Conseil : attendre d'être invité avant de donner son avis sur les aspirations des autres

RÉFLECTEUR : Refléter les désirs collectifs et leur évolution
Le Réflecteur avec la Porte 30 absorbe et reflète la manière dont les autres vivent leurs aspirations.
Défi : confusion entre ses propres désirs et ceux du collectif
Conseil : observer avant de poursuivre un désir pour s'assurer qu'il est aligné avec son essence

NUANCES EN FONCTION DE LA PLANÈTE

SOLEIL en Porte 30 Briller à travers l'intensité émotionnelle et l'aspiration profonde
Le Soleil en Porte 30 amplifie le désir de vivre des expériences intenses et transformatrices.
Défi : Être submergé par ses désirs et ne pas savoir les canaliser
Conseil : Accepter que chaque désir n'a pas besoin d'être satisfait pour être valable

TERRE en Porte 30 Ancrer la passion dans la patience et la compréhension des cycles
Avec la Terre, l'individu doit apprendre à stabiliser ses émotions pour éviter les extrêmes.
Défi : Se sentir piégé dans des attentes irréalistes
Conseil : Trouver un équilibre entre désir et acceptation de l'inévitable

LUNE en Porte 30 Une fluctuation émotionnelle amplifiée par les cycles lunaires
Avec la Lune, l'intensité de la Porte 30 varie fortement, rendant l'expérience émotionnelle encore plus imprévisible.
Défi : Être emporté par des vagues émotionnelles incontrôlables
Conseil : Cultiver des pratiques de recentrage pour mieux naviguer ces fluctuations

MERCURE en Porte 30 L'expression du désir et de la passion à travers la parole
Avec Mercure, l'individu sait communiquer avec intensité et conviction.
Défi : Exagérer ou dramatiser ses expériences émotionnelles
Conseil : Trouver un équilibre entre expression authentique et retenue

VÉNUS en Porte 30 L'amour passionné et l'attrait pour l'intensité émotionnelle
Vénus favorise une vision romantique et exaltée de l'amour et des relations.
Défi : Attirer des relations tumultueuses ou obsessionnelles
Conseil : Apprendre à aimer sans s'accrocher à l'intensité comme seule source de satisfaction

MARS en Porte 30 Un besoin d'action immédiate pour satisfaire ses désirs
Mars donne une impulsivité et un feu intérieur puissant, poussant à agir sur ses émotions.
Défi : Prendre des décisions précipitées sous l'influence des émotions
Conseil : Apprendre à tempérer ses élans pour éviter de futurs regrets

JUPITER en Porte 30 L'expansion à travers l'expérience émotionnelle et les leçons de vie
Jupiter amplifie la capacité à apprendre et à grandir à travers ses désirs et passions.
Défi : Trop s'attacher aux résultats attendus et être déçu
Conseil : Voir chaque expérience comme une opportunité d'évolution

SATURNE en Porte 30 La discipline émotionnelle et la maîtrise du désir
Saturne impose une responsabilité et une maturité dans la gestion des émotions.
Défi : Se sentir limité ou frustré par des restrictions émotionnelles
Conseil : Comprendre que chaque désir a son bon moment et ne peut être satisfait immédiatement

URANUS en Porte 30 Une approche originale et imprévisible du désir et de l'expérience
Uranus pousse à vivre ses émotions de manière libre et inattendue.
Défi : Instabilité émotionnelle et difficulté à s'engager
Conseil : Trouver des moyens d'exprimer sa passion sans bouleverser sa vie à chaque vague émotionnelle

NEPTUNE en Porte 30 L'illusion et le rêve dans la quête du désir absolu
Avec Neptune, la Porte 30 se connecte à une dimension spirituelle et idéalisée du désir.
Défi : Se perdre dans des fantasmes irréalisables
Conseil : Ancrer ses aspirations dans une réalité accessible tout en honorant sa vision intérieure

PLUTON en Porte 30 La transformation à travers la maîtrise des passions
Pluton amène des expériences intenses qui forcent à redéfinir ses désirs et ses motivations.
Défi : Être confronté à des crises émotionnelles profondes
Conseil : Voir chaque transformation comme une purification du désir pour atteindre une clarté intérieure

INTROSPECTION & RÉFLEXION
1. Quels sont les désirs les plus profonds qui m'animent, et comment puis-je m'engager dans leur réalisation de manière authentique ?
2. Comment puis-je reconnaître les désirs qui viennent de moi et non des attentes de mon entourage ?
3. Qu'est-ce qui me motive à continuer lorsque mes désirs rencontrent des difficultés ?
4. Comment puis-je développer une résilience émotionnelle face aux déceptions ou aux échecs de mes aspirations ?
5. Comment puis-je respecter mes désirs sans me laisser submerger par leur intensité ?
6. Comment puis-je m'assurer que mes aspirations sont en alignement avec mes valeurs profondes et mes besoins essentiels ?

CANAL 30/41 - CANAL DE LA RECONNAISSANCE

Type de canal : Projecteur
Portes : 41 (La Contraction) et 30 (Les Sentiments)
Centres impliqués : Centre de la Racine → Centre du Plexus Solaire
Circuit : Circuit Collectif – Ressenti
Thème principal : La transformation des rêves en réalité
Sens dominant : La vue
Rôle : Canaliser le désir pour manifester les expériences qui nourrissent l'âme.

"Je rêve avec passion, j'attends avec sagesse. Chaque désir est une étoile sur mon chemin, chaque expérience un pas vers ma vérité intérieure."

LES DYNAMIQUES DU CANAL 30/41

L'impulsion du désir
La Porte 41, issue du centre de la Racine, agit comme un starter génétique, déclenchant le cycle des expériences par la force du désir. C'est la graine de chaque nouvelle aventure humaine, le point de départ des rêves et des aspirations.

La flamme de la passion
La Porte 30, située dans le Plexus Solaire, colore le désir de passion et d'émotions intenses. C'est elle qui donne la charge émotionnelle nécessaire pour poursuivre ses rêves avec ferveur.

Un canal d'autorité émotionnelle
L'énergie de ce canal est profondément liée aux vagues émotionnelles. Les décisions doivent être prises avec patience, en attendant la clarté émotionnelle, car l'impulsivité peut conduire à la déception.

L'expérience humaine par excellence
Ce canal pousse à explorer la vie à travers des expériences riches et variées. Il incarne l'aspiration humaine à transcender le quotidien pour accéder à quelque chose de plus grand.

DÉFIS ET OMBRES
L'insatisfaction chronique
Le désir, par nature, n'est jamais totalement satisfait. Chaque rêve réalisé en appelle un autre, créant une quête perpétuelle qui peut conduire à la frustration si elle n'est pas équilibrée par l'acceptation du présent.

L'attente émotionnelle
L'impulsivité peut conduire à des engagements précipités. Il est crucial d'attendre la clarté émotionnelle avant de se lancer dans de nouvelles expériences.

Le piège de l'idéalisation
Lorsque les attentes sont trop élevées, la réalité peut sembler fade. Apprendre à apprécier le chemin autant que la destination est essentiel pour éviter la déception.

L'importance de la patience et de l'équilibre
Attendre la clarté émotionnelle
Ne pas agir sous le coup de l'émotion, mais laisser la vague émotionnelle se stabiliser pour prendre des décisions alignées.

Accepter la nature cyclique du désir
Comprendre que chaque réalisation conduit à un nouveau rêve permet de vivre la quête avec légèreté, sans frustration.

Transformer l'attente en contemplation
Profiter de l'instant présent pendant que le prochain rêve mûrit.

Le canal 41/30 est un voyage initiatique, guidé par les rêves et alimenté par la passion. Il pousse à explorer la vie à travers des expériences intenses, transformant l'imaginaire en réalité. Lorsqu'il est vécu avec patience et clarté émotionnelle, ce canal devient un puissant moteur de manifestation, transformant les désirs en réalisations concrètes.

PORTE 31 L'INFLUENCE

"Mon influence découle de ma clarté et de ma capacité à guider avec intégrité."

PORTE DU LEADER

La Porte 31 est celle du leadership démocratique et de l'influence collective. Située dans le Centre de la Gorge, elle représente la voix du futur, la capacité à exprimer une vision claire et à inspirer le changement. Elle fonctionne avec la Porte 7 (le rôle du guide et du stratège) pour former le canal 7-31 du Leadership Alpha, qui est essentiel pour diriger une communauté en incarnant des valeurs de sagesse, de vision et d'humilité.

Physiologie : Gorge / Thyroïde
Acide Aminé : Tyrosine
Cercle de Codons : Le Cercle de Non-Retour (31, 62)
Partenaire de programmation : Clé génétique 41
Centre : Centre Gorge
Quart : Civilisation

Ligne 1 - La manifestation
Ligne 2 - L'arrogance
Ligne 3 - Le discernement
Ligne 4 - L'intention
Ligne 5 - L'autosatisfaction
Ligne 6 - L'application

Canal : 31/7 - Canal de l'Alpha : Lorsque la Porte 31 se connecte à la Porte 7 (Centre G), elle forme un canal qui soutient le leadership basé sur la vision et la représentation collective, où le leader est choisi pour guider avec discernement et responsabilité.
Circuit : Circuit de la Compréhension

Siddhi : Humilité | **Don :** Leadership | **Ombre :** Arrogance

CENTRE GORGE

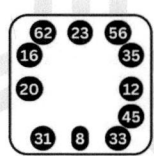

ESSENCE DE LA PORTE

L'archétype de la Porte 31 est celui du Leader Visionnaire. Cette énergie permet d'exprimer des idées et des directions qui influencent naturellement les autres. Elle ne repose pas sur l'imposition du pouvoir, mais sur l'inspiration et la reconnaissance des autres.

Son défi est d'éviter de se laisser piéger par l'ego du leadership ou par le besoin de validation extérieure.

RÔLE DANS LES INTERACTIONS

Dans les relations, la Porte 31 agit comme une force de rassemblement et de direction. Les porteurs de cette énergie ont une voix qui porte et qui inspire, attirant naturellement les autres vers une vision partagée.

DÉFIS

- Risque d'être influencé par l'opinion des autres au détriment de sa propre authenticité.
- Tendance à rechercher la reconnaissance ou à vouloir diriger sans tenir compte du bien commun.
- Difficulté à équilibrer leadership et humilité, pouvant mener à de l'arrogance ou à de la passivité.

TALENTS

- Capacité à influencer et à guider les autres avec clarté et sagesse.
- Talent pour exprimer des idées de manière convaincante et inspirante.
- Influence naturelle qui rassemble et oriente les groupes vers une vision alignée.

EXPRESSION DÉSÉQUILIBRÉE

Lorsqu'elle est désalignée, la Porte 31 peut se manifester par un besoin excessif de reconnaissance ou par une difficulté à assumer pleinement son rôle de leader. Elle peut aussi entraîner une tendance à manipuler les autres pour asseoir son pouvoir.

MAÎTRISE

En équilibre, la Porte 31 devient une force de leadership visionnaire et aligné. Elle montre que la véritable influence vient de l'authenticité et de la capacité à incarner une direction qui bénéficie à tous.

MANIFESTATION DANS LA VIE QUOTIDIENNE ET LE BUSINESS

Vie Quotidienne :

Dans la vie personnelle, cette Porte se manifeste par une capacité à inspirer et à guider les autres avec responsabilité. Elle favorise des interactions basées sur l'écoute et l'expression d'une vision claire.

Application en Business :

Dans un contexte professionnel, la Porte 31 excelle dans des rôles de leadership, de communication et de stratégie. Elle est idéale pour les dirigeants, les influenceurs et toute personne appelée à guider un collectif avec intégrité.

INFLUENCE ÉNERGÉTIQUE COLLECTIVE (TRANSITS)

Lorsqu'activée dans les transits, la Porte 31 invite le collectif à examiner ses structures de leadership et à s'aligner sur des directions qui servent véritablement le bien commun. C'est un moment propice pour clarifier sa voix et son impact.

NUANCES EN FONCTION DE LA LIGNE

LIGNE 1 : Construire une base solide avant de diriger

Les individus avec la Porte 31 en Ligne 1 ressentent le besoin de comprendre les dynamiques du leadership avant de prendre une position d'influence. Ils cherchent à maîtriser les fondations du pouvoir et des responsabilités.

Défi : peur du manque de préparation et hésitation à assumer un rôle de leader

Conseil : accepter que l'expérience est aussi un apprentissage

LIGNE 2 : Influence naturelle et charisme spontané

Les personnes avec la Porte 31 en Ligne 2 possèdent une capacité instinctive à capter l'attention et à inspirer leur entourage. Elles sont naturellement appelées à guider sans avoir besoin de forcer.

Défi : difficulté à comprendre pourquoi elles attirent l'attention

Conseil : accepter son rôle d'influence sans chercher à tout contrôler

LIGNE 3 : Apprendre le leadership à travers l'expérimentation

Les individus avec la Porte 31 en Ligne 3 découvrent comment exercer leur influence à travers essais et erreurs. Ils testent différentes approches du leadership et ajustent leur manière d'inspirer.

Défi : instabilité et remise en question constante

Conseil : voir chaque expérience comme une opportunité d'apprentissage

LIGNE 4 : Inspirer et rassembler les autres

Les individus avec la Porte 31 en Ligne 4 ont une capacité naturelle à fédérer et à influencer leur entourage par leur vision. Ils savent comment créer un climat de confiance et de collaboration.

Défi : peur du rejet et tendance à vouloir plaire à tout prix

Conseil : affirmer ses idées avec authenticité

LIGNE 5 : Leadership stratégique et capacité à guider les autres

Les individus avec la Porte 31 en Ligne 5 ont une approche pragmatique du leadership. Ils savent comment structurer leurs idées pour impacter un grand nombre de personnes.

Défi : pression des attentes extérieures et peur de l'échec

Conseil : exercer son influence avec discernement

LIGNE 6 : Observer et comprendre les cycles du leadership

Les individus avec la Porte 31 en Ligne 6 adoptent une vision globale du leadership et de l'influence. Ils comprennent que le pouvoir est cyclique et qu'il évolue avec le temps.

Défi : détachement excessif et difficulté à s'impliquer pleinement

Conseil : trouver un équilibre entre observation et action

NUANCES EN FONCTION DU TYPE

MANIFESTEUR : Initier une nouvelle forme de leadership

Le Manifesteur avec la Porte 31 n'attend pas l'approbation des autres pour exercer son influence. Il propose des idées innovantes et initie des changements.

Défi : rejet et résistance

Conseil : informer avant d'exercer son leadership pour éviter les résistances

GÉNÉRATEUR : Répondre aux opportunités de leadership qui résonnent profondément

Le Générateur avec la Porte 31 devient un leader lorsqu'il répond aux bonnes opportunités et s'engage avec passion.

Défi : frustration si son influence n'est pas reconnue

Conseil : écouter sa réponse sacrale pour choisir les bons engagements

Le **Manifesteur-Générateur** : Explorer différentes formes de leadership

Le MG avec la Porte 31 peut tester plusieurs manières d'influencer son entourage avant de trouver son propre style de leadership.

PROJECTEUR : Guider les autres vers un leadership plus aligné
Le Projecteur avec la Porte 31 perçoit comment les autres peuvent exercer leur leadership de manière plus efficace.
Défi : besoin de reconnaissance et fatigue émotionnelle
Conseil : attendre d'être invité avant de partager sa vision du leadership

RÉFLECTEUR : Refléter les dynamiques d'influence et de leadership
Le Réflecteur avec la Porte 31 absorbe et reflète les différentes manières dont les autres exercent leur pouvoir.
Défi : confusion entre son propre rôle et celui du collectif
Conseil : observer avant d'endosser un rôle de leader

NUANCES EN FONCTION DE LA PLANÈTE

SOLEIL en Porte 31 Briller à travers l'influence et la vision d'un avenir commun
Le Soleil en Porte 31 met en lumière une capacité naturelle à guider les autres par la parole.
Défi : Vouloir imposer ses idées au lieu d'inspirer
Conseil : Apprendre à écouter avant de parler et diriger avec sagesse

TERRE en Porte 31 Ancrer le leadership dans la stabilité et la responsabilité
Avec la Terre, l'individu doit assumer ses responsabilités en tant que guide, sans chercher à dominer.
Défi : Avoir du mal à lâcher prise lorsqu'on n'est plus suivi
Conseil : Accepter que l'influence évolue et que chaque cycle a une fin

LUNE en Porte 31 Une influence changeante et cyclique
Avec la Lune, le leadership dépend des phases émotionnelles et des besoins du collectif.
Défi : Ne pas toujours savoir quand prendre la parole
Conseil : Suivre son intuition et attendre le bon moment pour influencer

MERCURE en Porte 31 L'art de la persuasion et de l'éloquence
Avec Mercure, l'individu sait comment transmettre des idées puissantes et captiver son auditoire.
Défi : Parler sans agir ou promettre plus que ce qui est réalisable
Conseil : Veiller à aligner ses mots avec ses actions

VÉNUS en Porte 31 Un leadership guidé par l'harmonie et la diplomatie
Vénus favorise un leadership bienveillant et élégant, fondé sur l'équité.
Défi : Hésiter à prendre des décisions difficiles par peur de déplaire
Conseil : Trouver un équilibre entre harmonie et fermeté

MARS en Porte 31 Une approche directe et passionnée du leadership
Mars donne une impulsion forte à prendre le contrôle et à diriger activement.
Défi : Manquer de patience et vouloir imposer ses idées
Conseil : Cultiver la diplomatie et l'écoute pour un leadership durable

JUPITER en Porte 31 L'expansion et l'autorité naturelle dans l'influence
Jupiter amplifie la capacité à influencer positivement les autres et à guider avec inspiration.
Défi : Risque de se croire au-dessus des autres
Conseil : Rester humble et ouvert aux retours du collectif

SATURNE en Porte 31 La responsabilité et l'éthique dans le leadership
Saturne impose une rigueur et un sens du devoir dans l'exercice de l'influence.
Défi : Se sentir écrasé par le poids des attentes des autres
Conseil : Apprendre à déléguer et à accepter les limites du pouvoir

URANUS en Porte 31 Un leadership visionnaire et non conventionnel
Uranus pousse à réinventer les modes de gouvernance et à briser les normes établies.
Défi : Être perçu comme trop radical ou incompris
Conseil : Trouver des moyens accessibles de partager ses idées novatrices

NEPTUNE en Porte 31 Un leadership spirituel et inspiré
Avec Neptune, la Porte 31 devient un canal de guidance basé sur des principes élevés.
Défi : Se perdre dans des idéaux utopiques sans application concrète
Conseil : Ancrer ses visions dans des actions tangibles

PLUTON en Porte 31 Une transformation à travers l'influence et le pouvoir
Pluton amène des expériences intenses qui forcent à redéfinir son rôle de leader.
Défi : Risque d'abuser du pouvoir ou de perdre sa place dans un groupe
Conseil : Voir l'influence comme un service plutôt qu'un privilège

INTROSPECTION & RÉFLEXION

1. Quelles sont les valeurs fondamentales que j'incarne et souhaite transmettre à travers mon rôle de leader ?
2. De quelle manière mon leadership inspire-t-il les autres ? Est-ce par mes actions, mes paroles, ou par la stabilité que j'offre ?
3. Comment puis-je mieux écouter les besoins et ressentis des personnes que j'influence ?
4. Comment puis-je m'assurer que mes actions sont en accord avec mes valeurs les plus profondes ?
5. Quels défis spécifiques rencontre-je dans mon rôle de leader, et comment puis-je les transformer en opportunités de croissance ?
6. Comment puis-je rester ouvert(e) aux idées nouvelles et aux changements tout en maintenant la stabilité dans mon rôle de leader ?

CANAL 7/31 - CANAL DE L'ALPHA

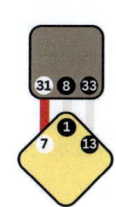

Type de canal : Projecteur
Portes : 7 (L'Armée) et 31 (L'Influence)
Centres impliqués : Centre G → Centre de la Gorge
Circuit : Circuit Collectif – Compréhension
Thème principal : Leadership démocratique
Sens dominant : La vue
Rôle : Guider le collectif vers l'avenir

"Guidant avec le cœur, chaque pas reflète la lumière de la démocratie, chaque mot est une ode à l'égalité."

LES DYNAMIQUES DU CANAL 7/31
Un leadership démocratique et collectif
Ce canal est connu sous le nom de "Canal de l'Alpha", incarnant l'énergie du leadership et de la direction collective.
Il représente une forme de leadership partagé, où l'influence repose sur l'adhésion et la reconnaissance du groupe.

Une polarité entre bon et mauvais leadership
Le canal 7/31 est bipolaire : son influence peut être perçue comme positive ou négative.
Il y aura toujours des désaccords sur sa direction, car la logique collective impose un modèle qui ne convient pas forcément à tous.

Un rôle central dans la structure politique et sociale
Contrairement aux leaders tribaux qui imposent leur vision, le leader collectif fonctionne avec l'approbation du groupe.
Cette dynamique reflète les systèmes démocratiques où les dirigeants doivent être reconnus et acceptés avant de pouvoir exercer leur influence.

Un canal qui a besoin de reconnaissance
En tant que canal projecteur, il doit attendre d'être reconnu avant d'exercer son influence.
S'il essaie de prendre le pouvoir sans cette reconnaissance, il risque de rencontrer de la résistance et du rejet.

Un équilibre entre logique et abstraction
Ce canal appartient au processus logique, qui vise à structurer un modèle pour l'avenir.
Il est complémentaire du processus abstrait, qui tire des leçons du passé pour façonner une vision collective.

DÉFIS ET OMBRES
Le risque de manipulation
Certains leaders avec ce canal peuvent manipuler la logique pour justifier des décisions qui servent avant tout leurs intérêts.
La transparence et l'intégrité sont essentielles pour que leur leadership soit bénéfique.

Un besoin constant d'approbation
Sans reconnaissance collective, ce canal peut ressentir un manque de légitimité, entraînant frustration et doute.
Il peut aussi être tenté de chercher à plaire à tout prix, perdant ainsi en authenticité.

L'équilibre entre direction et écoute
Il doit trouver un équilibre entre guider avec fermeté et laisser la place à l'expression du collectif.
Un excès d'autorité peut mener à une résistance, tandis qu'un manque de direction peut créer de l'instabilité.

Le canal 7/31 est une force de leadership démocratique, qui fonctionne grâce à la reconnaissance collective. Lorsqu'il est bien aligné, il incarne une voix de sagesse et de direction pour le groupe. Cependant, il doit veiller à rester fidèle à son rôle de guide, sans tomber dans l'autoritarisme ou la recherche excessive d'approbation.

PORTE 32 L'ENDURANCE

"Ma sagesse réside dans ma capacité à honorer le passé tout en adaptant l'avenir."

PORTE DE LA CONTINUITÉ

La Porte 32 est celle de l'instinct de préservation, de la prudence et de la capacité à reconnaître ce qui est durable. Située dans le Centre de la Rate, elle représente une sensibilité aux cycles du succès et de l'échec, permettant d'anticiper ce qui a du potentiel à long terme. Elle fonctionne avec la Porte 54 (l'ambition et la transformation) pour former le canal 32-54 de la Transformation, qui incarne l'instinct de croissance, la capacité à transformer les opportunités en réussite durable.

Physiologie : Rate
Acide Aminé : Acide Asparaginique
Cercle de Codons : Le Cercle de l'Illusion (28, 32)
Partenaire de programmation : Clé génétique 42
Centre : Centre Splénique
Quart : Dualité

Ligne 1 - La conservation
Ligne 2 - La restriction
Ligne 3 - La discontinuité
Ligne 4 - La force fait la loi
Ligne 5 - La flexibilité
Ligne 6 - La tranquillité

Canal : 32/54 - Canal de la Transformation : Lorsque la Porte 32 se connecte à la Porte 54 (Centre Racine), elle forme un canal qui allie ambition et instinct de survie, permettant de transformer les opportunités en succès durable à travers la patience et la stratégie.
Circuit : Circuit de l'Ego

Siddhi : Vénération | **Don :** Préservation | **Ombre :** Echec

CENTRE SPLÉNIQUE

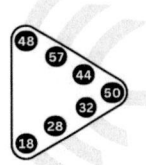

ESSENCE DE LA PORTE
L'archétype de la Porte 32 est celui du Gardien de la Tradition et du Succès Durable. Cette énergie permet de sentir instinctivement si un projet ou une idée a un avenir prometteur.

Elle assure la continuité et la transmission des leçons du passé, évitant les erreurs répétées.

Son défi est de ne pas tomber dans la peur de l'échec ou dans un attachement excessif aux anciennes structures.

RÔLE DANS LES INTERACTIONS
Dans les relations, la Porte 32 agit comme une énergie de sagesse et de prudence. Les porteurs de cette énergie ont un sens aigu des opportunités et du bon timing, aidant les autres à reconnaître ce qui mérite d'être investi ou abandonné.

DÉFIS
- Risque de craindre l'échec au point d'éviter le changement.
- Tendance à s'accrocher à des situations ou à des projets qui ne sont plus bénéfiques.
- Difficulté à reconnaître le bon moment pour passer à l'action ou pour lâcher prise.

TALENTS
- Capacité à évaluer le potentiel de succès à long terme avec intuition et stratégie.
- Talent pour transformer des idées ou des projets en réussites durables.
- Influence positive qui inspire la patience et la sagesse dans la prise de décision.

EXPRESSION DÉSÉQUILIBRÉE
Lorsqu'elle est désalignée, la Porte 32 peut se manifester par une peur excessive du changement ou, au contraire, par une résistance à la stabilité. Elle peut aussi entraîner une fixation sur la réussite sans tenir compte des signaux naturels indiquant une redirection nécessaire.

MAÎTRISE
En équilibre, la Porte 32 devient une force de discernement et d'évolution maîtrisée. Elle montre que le succès durable repose sur la patience, l'écoute des cycles naturels et la capacité à adapter ses stratégies pour assurer la continuité et la prospérité.

MANIFESTATION DANS LA VIE QUOTIDIENNE ET LE BUSINESS

Vie Quotidienne :

Dans la vie personnelle, cette Porte se manifeste par une capacité à sentir le bon moment pour agir et par une patience naturelle face aux processus de transformation. Elle favorise des décisions réfléchies et alignées avec les opportunités réelles.

Application en Business :

Dans un contexte professionnel, la Porte 32 excelle dans des rôles nécessitant une gestion stratégique, une vision à long terme et une évaluation minutieuse des risques. Elle est idéale pour les entrepreneurs, les investisseurs et les leaders qui construisent des projets solides et durables.

INFLUENCE ÉNERGÉTIQUE COLLECTIVE (TRANSITS)

Lorsqu'activée dans les transits, la Porte 32 invite le collectif à réfléchir sur la notion de persévérance et de transformation. C'est un moment propice pour évaluer ce qui mérite d'être maintenu et ce qui doit être laissé derrière pour garantir une évolution fluide et réussie.

NUANCES EN FONCTION DE LA LIGNE

LIGNE 1 : Analyser et sécuriser avant de s'engager

Les individus avec la Porte 32 en Ligne 1 ressentent le besoin de comprendre en profondeur avant de prendre des décisions de conservation ou d'évolution. Ils cherchent une base solide pour assurer la pérennité de leurs choix.

Défi : peur du changement et tendance à suranalyser

Conseil : accepter que la transformation fait partie du cycle naturel

LIGNE 2 : Instinct naturel pour préserver et reconnaître la valeur

Les personnes avec la Porte 32 en Ligne 2 possèdent une capacité innée à identifier ce qui mérite d'être conservé et ce qui doit être laissé derrière. Elles ressentent instinctivement la direction à suivre.

Défi : difficulté à expliquer leur ressenti et crainte de se tromper

Conseil : faire confiance à son intuition sans chercher à la rationaliser

LIGNE 3 : Apprendre la préservation par essais et erreurs

Les individus avec la Porte 32 en Ligne 3 découvrent ce qui fonctionne sur le long terme en expérimentant et en ajustant leurs décisions au fil du temps.

Défi : instabilité et peur de l'échec

Conseil : voir chaque erreur comme un pas vers une meilleure stabilité

LIGNE 4 : Influencer par la stabilité et la fiabilité
Les individus avec la Porte 32 en Ligne 4 ont une capacité naturelle à créer un environnement sécurisé et durable pour eux et leur entourage. Ils savent comment structurer la continuité et rassurer les autres.
Défi : peur du rejet et tendance à vouloir plaire
Conseil : être un guide du changement tout en restant ancré

LIGNE 5 : Gérer la préservation de manière stratégique
Les individus avec la Porte 32 en Ligne 5 ont une approche pragmatique et stratégique de la continuité. Ils savent comment utiliser les ressources existantes pour assurer la survie et la prospérité.
Défi : pression des attentes extérieures et peur de l'échec
Conseil : équilibrer pragmatisme et audace

LIGNE 6 : Observer et comprendre les cycles de transformation
Les individus avec la Porte 32 en Ligne 6 adoptent une vision globale de la préservation et de l'évolution. Ils comprennent que tout suit des cycles et que la patience est essentielle.
Défi : détachement excessif et hésitation à s'impliquer
Conseil : accepter que son rôle est aussi d'enseigner la patience et la vision à long terme

NUANCES EN FONCTION DE LA LIGNE

MANIFESTEUR : Initier des changements tout en assurant la stabilité
Le Manifesteur avec la Porte 32 utilise son instinct pour préserver ce qui a de la valeur tout en initiant des transformations audacieuses.
Défi : résistance et incompréhension
Conseil : informer avant de prendre des décisions pour faciliter l'acceptation

GÉNÉRATEUR : Bâtir la stabilité à travers un engagement patient
Le Générateur avec la Porte 32 trouve de la satisfaction dans la continuité et la construction progressive de ses projets.
Défi : frustration si ses efforts ne portent pas de fruits immédiats
Conseil : écouter sa réponse sacrale pour s'engager dans des projets durables

Le **Manifesteur-Générateur** : Explorer et structurer la pérennité
Le MG avec la Porte 32 peut tester plusieurs approches avant de trouver ce

qui doit être préservé ou transformé.

PROJECTEUR : Guider les autres vers une gestion plus alignée du changement
Le Projecteur avec la Porte 32 perçoit comment les autres peuvent mieux gérer la transition entre préservation et transformation.
Défi : besoin de reconnaissance et fatigue émotionnelle
Conseil : attendre d'être invité avant de proposer des ajustements

RÉFLECTEUR : Refléter les dynamiques de préservation dans son environnement
Le Réflecteur avec la Porte 32 absorbe et reflète la manière dont les autres perçoivent la continuité et la stabilité.
Défi : confusion entre ses propres besoins et ceux du collectif
Conseil : observer avant de s'engager pour clarifier ce qui lui appartient

NUANCES EN FONCTION DES PLANÈTES

SOLEIL en Porte 32 Briller à travers la persévérance et la capacité à voir loin
Le Soleil en Porte 32 met en lumière la capacité à sentir ce qui doit durer et ce qui doit évoluer.
Défi : Tendance à s'accrocher au passé par peur du changement
Conseil : Apprendre à discerner les évolutions nécessaires et à s'y adapter

TERRE en Porte 32 Ancrer la transformation dans la stabilité
Avec la Terre, l'individu doit trouver un équilibre entre conservation et innovation.
Défi : Peur du risque et du renouvellement
Conseil : Comprendre que la stabilité vient de la capacité à s'adapter

LUNE en Porte 32 Une intuition cyclique sur ce qui doit être préservé
Avec la Lune, les instincts de préservation et d'évolution fluctuent selon les phases émotionnelles et énergétiques.
Défi : Hésitation entre prudence et prise de risque
Conseil : Suivre ses ressentis tout en restant stratégique

MERCURE en Porte 32 L'art de transmettre l'expérience et la sagesse
Avec Mercure, l'individu sait communiquer sur l'importance de la persévérance et du long terme.
Défi : Peur d'être trop conservateur dans sa pensée
Conseil : Rester ouvert aux nouvelles idées tout en valorisant l'expérience

VÉNUS en Porte 32 Un attachement profond aux valeurs traditionnelles
Vénus apporte une connexion affective forte à la tradition et à la continuité.
Défi : S'attacher excessivement à des structures dépassées
Conseil : Trouver la beauté dans l'évolution et le renouveau

MARS en Porte 32 Une énergie puissante pour assurer la survie et la croissance
Mars donne une impulsion forte pour préserver et sécuriser.
Défi : Réaction excessive face au changement
Conseil : Transformer l'instinct de survie en vision stratégique

JUPITER en Porte 32 L'expansion à travers une gestion prudente et efficace
Jupiter favorise une croissance réfléchie et une capacité à investir dans le succès durable.
Défi : Risque de rester dans un excès de prudence
Conseil : Apprendre à reconnaître les opportunités sans crainte excessive

SATURNE en Porte 32 La rigueur et la discipline dans la continuité
Saturne impose une responsabilité dans la gestion du succès et de l'échec.
Défi : S'auto-limiter par une peur excessive de l'échec
Conseil : Accepter que certaines erreurs sont nécessaires à l'évolution

URANUS en Porte 32 Une approche innovante du conservatisme
Uranus pousse à réinventer la tradition et à moderniser les structures existantes.
Défi : Tension entre respect du passé et désir de rupture
Conseil : Trouver un équilibre entre préservation et transformation

NEPTUNE en Porte 32 Une vision spirituelle du changement et de la continuité
Avec Neptune, la Porte 32 perçoit la transformation comme une danse fluide entre l'ancien et le nouveau.
Défi : Risque de manquer de pragmatisme
Conseil : Intégrer la spiritualité dans des actions concrètes

PLUTON en Porte 32 La transformation à travers la gestion du succès et de l'échec
Pluton pousse à une exploration profonde de la peur de l'échec et de l'instinct de préservation.
Défi : Résistance aux transformations nécessaires
Conseil : Accepter que la vraie continuité passe par l'évolution et non par l'immobilisme

INTROSPECTION & RÉFLEXION

1. Qu'est-ce que je considère comme essentiel à préserver dans ma vie et dans mes relations ?
2. Comment puis-je évaluer les projets ou les relations pour m'assurer qu'ils sont dignes d'un investissement à long terme ?
3. Quelles peurs de l'échec influencent mes choix de préservation ? Comment puis-je transformer ces peurs en une force positive ?
4. Quels aspects de ma vie ai-je besoin de sécuriser davantage pour me sentir en confiance dans le futur ?
5. Comment puis-je mieux soutenir les autres dans leurs besoins de préservation et de stabilité ?
6. Comment puis-je trouver un équilibre entre la préservation de ce qui est précieux et l'ouverture aux nouvelles opportunités ?

CANAL 32/54 - CANAL DE LA TRANSFORMATION

Type de canal : Projecteur
Portes : 54 (L'Ambition) et 32 (La Continuité)
Centres impliqués : Centre de la Racine → Centre Splénique
Circuit : Circuit Tribal – Soutien
Thème principal : La transformation par l'ambition et la persévérance
Sens dominant : Le toucher
Rôle : Transformer les aspirations en succès matériel grâce au soutien de la communauté.

"Je transforme mes ambitions en réalité grâce à la persévérance et au soutien. Chaque aspiration est une graine ; avec patience et discernement, je la fais fleurir en succès durable."

LES DYNAMIQUES DU CANAL 32/54

L'aspiration comme moteur

La Porte 54, issue du centre de la Racine, génère un puissant désir de progression sociale, financière et personnelle. C'est l'étincelle qui pousse à gravir les échelons, à rechercher de nouvelles opportunités et à se surpasser.

La transformation par la persévérance

La Porte 32, située dans le centre splénique, veille à ce que l'ambition ne soit pas seulement un rêve éphémère. Elle apporte l'instinct nécessaire pour évaluer les opportunités, préserver ce qui fonctionne et abandonner ce qui n'a pas de potentiel durable.

Un chemin tributaire du soutien

Ce canal est profondément tribal : il prospère grâce à la reconnaissance et au soutien des autres. L'individu ne peut réussir seul ; il a besoin de partenaires, de mentors ou d'alliés pour transformer ses ambitions en réalité.

Une énergie conditionnelle

En tant que projecteur, ce canal fonctionne mieux lorsqu'il est reconnu. Sans invitation ou validation, l'énergie peut se disperser, menant à la frustration et au sentiment d'échec.

DÉFIS ET OMBRES
L'épuisement par ambition excessive
L'énergie de la Racine peut entraîner un surmenage si l'individu poursuit ses ambitions sans discernement ou sans soutien adéquat.

La dépendance à la reconnaissance
Sans validation externe, l'ambition peut stagner, entraînant un sentiment d'inutilité. Le besoin de reconnaissance peut parfois conduire à des compromis non alignés avec ses valeurs.

Le piège du matérialisme
La recherche de succès matériel peut devenir une obsession si elle n'est pas équilibrée par un sens plus profond de la réalisation personnelle.

L'importance de l'équilibre et du soutien
- **S'appuyer sur les bonnes alliances** : Collaborer avec des personnes qui reconnaissent votre potentiel permet d'amplifier l'énergie de transformation.
- **Être patient et stratégique** : La transformation ne se fait pas instantanément. Il est essentiel de respecter le rythme naturel des opportunités et des cycles de croissance.
- **Rester fidèle à ses valeurs** : L'ambition ne doit pas se faire au détriment de l'intégrité. Le véritable succès réside dans une transformation alignée avec ses aspirations profondes.

Le canal 54/32 incarne la puissance de l'ambition, nourrie par la patience et le soutien tribal. Il symbolise la transformation des désirs en réalités tangibles, guidée par l'instinct et la persévérance. Lorsqu'il est activé par la reconnaissance et l'invitation, il devient un chemin puissant vers la réussite durable.

PORTE 33 LA RETRAITE

"En prenant du recul, je transforme l'expérience en sagesse et j'honore le pouvoir du silence."

PORTE DU BILAN INTÉRIEUR

La Porte 33 est celle de l'introspection, de la mémoire collective et de la sagesse tirée du passé. Située dans le Centre de la Gorge, elle représente la capacité à observer, à se retirer et à révéler des vérités profondes une fois que le moment est venu. Elle fonctionne avec la Porte 13 (l'écoute des histoires du passé) pour former le canal 13-33 du Phénix, qui permet de capter les expériences collectives, de les méditer en silence et de les transmettre sous forme de leçons précieuses.

Physiologie : Gorge / Thyroïde
Acide Aminé : Aucun (codon de terminaison)
Cercle de Codons : Le Cercle des Epreuves (12, 33, 56)
Partenaire de programmation : Clé génétique 19
Centre : Centre Gorge
Quart : Civilisation

Ligne 1 - L'abstention
Ligne 2 - L'abandon
Ligne 3 - L'Esprit (l'âme
Ligne 4 - La dignité
Ligne 5 - La synchronicité
Ligne 6 - La séparation

Canal : 33/13 - Canal de la Mémoire : Lorsque la Porte 33 se connecte à la Porte 13 (Centre G), elle forme un canal qui recueille les histoires et expériences du passé pour les transformer en sagesse collective, offrant ainsi une guidance précieuse pour l'avenir.
Circuit : Circuit du Ressenti

Siddhi : Révélation | **Don :** Pleine conscience | **Ombre :** Oubli

CENTRE GORGE

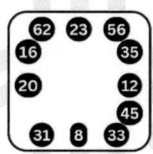

ESSENCE DE LA PORTE

L'archétype de la Porte 33 est celui du Sage et du Gardien de la Mémoire. Cette énergie permet d'observer et de synthétiser des expériences avant de les partager. Elle agit comme un cycle de retrait et de révélation, où la solitude est nécessaire pour intégrer pleinement la sagesse accumulée.

Son défi est d'apprendre à ne pas fuir le monde par peur, mais à choisir le bon moment pour parler et partager.

RÔLE DANS LES INTERACTIONS

Dans les relations, la Porte 33 agit comme un catalyseur de réflexion et de transmission. Les porteurs de cette énergie sont souvent perçus comme des conteurs ou des guides, partageant des enseignements issus de leurs propres expériences, mais seulement lorsqu'ils sentent que le moment est opportun.

DÉFIS

- Risque de s'isoler excessivement et de ne jamais partager les leçons apprises.
- Difficulté à trouver le bon moment pour parler ou se retirer.
- Peur de revivre des expériences du passé sans pouvoir les dépasser.

TALENTS

- Capacité à tirer des leçons profondes du passé et à transmettre ces connaissances de manière inspirante.
- Talent pour la narration et le partage d'histoires qui éveillent la conscience collective.
- Influence naturelle qui pousse les autres à réfléchir et à intégrer leurs propres expériences.

EXPRESSION DÉSÉQUILIBRÉE

Lorsqu'elle est désalignée, la Porte 33 peut se manifester par un excès de retrait ou, au contraire, par une difficulté à se taire lorsqu'il est temps d'écouter. Elle peut aussi entraîner une réticence à partager son vécu, par peur du jugement ou du rejet.

MAÎTRISE

En équilibre, la Porte 33 devient une force de sagesse et de transmission. Elle enseigne que prendre du recul permet non seulement d'intégrer ses propres expériences, mais aussi d'offrir une guidance précieuse aux autres lorsqu'ils sont prêts à écouter.

MANIFESTATION DANS LA VIE QUOTIDIENNE ET LE BUSINESS
Vie Quotidienne :

Dans la vie personnelle, cette Porte se manifeste par une capacité naturelle à réfléchir sur le passé et à en tirer des leçons enrichissantes. Elle favorise un besoin de solitude temporaire pour mieux comprendre son propre chemin.

Application en Business :

Dans un contexte professionnel, la Porte 33 excelle dans des rôles nécessitant de la réflexion, de l'analyse et de la transmission du savoir. Elle est idéale pour les enseignants, les écrivains, les chercheurs et les coachs qui aident les autres à apprendre de leur propre histoire.

INFLUENCE ÉNERGÉTIQUE COLLECTIVE (TRANSITS)

Lorsqu'activée dans les transits, la Porte 33 invite le collectif à faire une pause, à réfléchir et à tirer des enseignements du passé avant d'agir. C'est un moment propice pour revoir son histoire, intégrer les leçons et se préparer à un nouveau cycle.

NUANCES EN FONCTION DE LA LIGNE
LIGNE 1 : Rechercher la vérité à travers l'histoire

Les individus avec la Porte 33 en Ligne 1 ressentent le besoin de comprendre en profondeur les expériences passées avant de les partager. Ils veulent bâtir une connaissance solide et fiable à partir de leurs observations.

Défi : peur de mal interpréter le passé et hésitation à partager

Conseil : accepter que la sagesse vient aussi de l'expérience personnelle

LIGNE 2 : Mémoire intuitive et partage spontané

Les personnes avec la Porte 33 en Ligne 2 possèdent une capacité naturelle à se souvenir des leçons du passé et à les exprimer sans effort. Elles captent intuitivement ce qui est important dans une expérience.

Défi : difficulté à structurer son message et peur de ne pas être entendu

Conseil : faire confiance à son intuition tout en clarifiant son expression

LIGNE 3 : Apprendre de ses erreurs et ajuster sa vision

Les individus avec la Porte 33 en Ligne 3 découvrent ce qui est important à retenir en expérimentant et en tirant des leçons de leurs propres erreurs.

Défi : instabilité et difficulté à trouver une ligne directrice

Conseil : voir chaque échec comme un apprentissage

LIGNE 4 : Influencer et inspirer à travers la transmission du passé

Les individus avec la Porte 33 en Ligne 4 ont une capacité naturelle à rassembler les autres à travers les histoires et les enseignements du passé. Ils savent comment inspirer et transmettre des leçons de vie.

Défi : peur du rejet et tendance à adapter son message pour plaire

Conseil : partager ses expériences avec authenticité

LIGNE 5 : Raconter des histoires qui transforment et enseignent

Les individus avec la Porte 33 en Ligne 5 ont une approche pragmatique de la mémoire et de la transmission. Ils savent comment structurer leurs histoires pour les rendre utiles et impactantes.

Défi : pression des attentes extérieures et peur de mal raconter

Conseil : utiliser son talent pour transmettre des histoires significatives

LIGNE 6 : Observer et comprendre les cycles de la mémoire collective

Les individus avec la Porte 33 en Ligne 6 adoptent une vision globale de la mémoire et de la transmission du passé. Ils comprennent que chaque expérience individuelle fait partie d'un cycle collectif.

Défi : détachement excessif et difficulté à s'engager émotionnellement

Conseil : accepter que la transmission est une forme de service

NUANCES EN FONCTION DU TYPE

MANIFESTEUR : Initier des récits qui bousculent et éveillent

Le Manifesteur avec la Porte 33 exprime son vécu de manière impactante et n'a pas peur de remettre en question les récits traditionnels.

Défi : rejet et résistance

Conseil : informer avant de transmettre des messages percutants

GÉNÉRATEUR : Raconter des histoires qui résonnent avec son énergie

Le Générateur avec la Porte 33 trouve du plaisir à partager ses expériences lorsqu'il est aligné avec ce qu'il raconte.

Défi : frustration si son message ne trouve pas d'écho

Conseil : écouter sa réponse sacrale pour choisir les bons moments d'expression

Le **Manifesteur-Générateur** : Expérimenter et transmettre de manière dynamique

Le MG avec la Porte 33 peut jongler entre plusieurs expériences et récits, trouvant souvent des connexions entre le passé et le présent.

PROJECTEUR : Guider les autres dans la compréhension de leur propre histoire
Le Projecteur avec la Porte 33 perçoit comment les autres traitent leurs souvenirs et peut les aider à en tirer des leçons profondes.
Défi : besoin de reconnaissance et fatigue mentale
Conseil : attendre d'être invité avant de partager ses observations

RÉFLECTEUR : Refléter la mémoire collective et son évolution
Le Réflecteur avec la Porte 33 absorbe et reflète la manière dont les autres intègrent leurs expériences, offrant une perspective unique sur la mémoire collective.
Défi : confusion entre son propre vécu et celui des autres
Conseil : observer avant de partager pour clarifier ce qui lui appartient

NUANCES EN FONCTION DE LA PLANÈTE

SOLEIL en Porte 33 Briller à travers la réflexion et le partage des leçons de vie
Le Soleil illumine une capacité à tirer des enseignements des expériences passées et à les transmettre.
Défi : Vouloir partager trop tôt, sans avoir complètement intégré l'expérience
Conseil : Respecter les cycles de retrait et de transmission pour maximiser l'impact de ses révélations

TERRE en Porte 33 Ancrer la mémoire et l'introspection dans la stabilité
Avec la Terre, la Porte 33 doit trouver un équilibre entre retrait et interaction avec le monde.
Défi : Se sentir coupé des autres ou incompris
Conseil : Accepter la solitude comme un processus naturel, mais ne pas s'y enfermer

LUNE en Porte 33 Une mémoire émotionnelle influencée par les cycles lunaires
Avec la Lune, la Porte 33 vit des moments de profonde introspection suivis de phases de communication intense.
Défi : Instabilité dans la capacité à partager ses souvenirs
Conseil : Observer ses rythmes internes pour savoir quand parler et quand se retirer

MERCURE en Porte 33 L'art de raconter des histoires et de transmettre la sagesse

Avec Mercure, la Porte 33 développe une capacité à verbaliser et structurer les souvenirs de manière captivante.
Défi : Raconter des histoires avant d'avoir pleinement compris leur message
Conseil : Prendre le temps d'assimiler avant de partager

VÉNUS en Porte 33 Un besoin d'intimité et d'harmonie dans la réflexion

Vénus favorise une approche sensible et esthétique du souvenir et du partage.
Défi : Se retirer trop longtemps par peur du jugement
Conseil : Oser exprimer ce que l'on a appris, même si cela peut déranger

MARS en Porte 33 Une impulsion à vouloir comprendre et partager rapidement

Mars apporte une énergie brute et une impatience dans le processus de réflexion.
Défi : Vouloir passer trop vite à l'action sans prendre le temps d'assimiler
Conseil : Cultiver la patience et respecter le besoin de retrait

JUPITER en Porte 33 L'expansion du savoir à travers l'expérience

Jupiter amplifie la capacité à transmettre des leçons de vie de manière inspirante et universelle.
Défi : Trop vouloir généraliser son expérience personnelle
Conseil : Trouver un équilibre entre introspection et transmission adaptée au public

SATURNE en Porte 33 La discipline dans l'intégration des leçons du passé

Saturne impose une responsabilité dans la gestion du souvenir et du partage.
Défi : Se sentir écrasé par le poids du passé
Conseil : Apprendre à lâcher prise sur ce qui ne peut être changé et se concentrer sur les enseignements à tirer

URANUS en Porte 33 Une approche originale et révolutionnaire de la mémoire collective

Uranus pousse à remettre en question les versions officielles du passé et à proposer de nouvelles perspectives.
Défi : Être perçu comme trop iconoclaste ou dérangeant
Conseil : Trouver des moyens accessibles de partager ses idées pour qu'elles soient entendues

NEPTUNE en Porte 33 La mémoire mystique et les révélations profondes
Avec Neptune, la Porte 33 devient un canal de visions et d'intuitions liées au passé.
Défi : Se perdre dans des souvenirs flous ou idéalisés
Conseil : Vérifier que ses intuitions s'ancrent dans une réalité tangible

PLUTON en Porte 33 La transformation à travers la mémoire et le secret
Pluton pousse à explorer les vérités cachées et à révéler des aspects méconnus du passé.
Défi : Affronter des souvenirs douloureux ou dérangeants
Conseil : Accepter que chaque révélation est une opportunité de transformation et de guérison

---

INTROSPECTION & RÉFLEXION

1. Comment puis-je intégrer mes expériences passées pour en tirer des leçons durables ?
2. Comment puis-je mieux intégrer les souvenirs difficiles pour les transformer en apprentissage et en force ?
3. Quelles expériences personnelles pourraient être bénéfiques aux autres si je les partage ?
4. Quels aspects de mon passé suis-je prêt(e) à transformer pour avancer avec plus de légèreté et de stabilité ?
5. Comment puis-je garder un équilibre entre honorer mon passé et rester ouvert(e) aux nouvelles expériences et leçons ?
6. Comment puis-je ancrer chaque leçon apprise dans mes choix de vie actuels et futurs ?

CANAL 13/33 - CANAL DU PRODIGE

Type de canal : Projecteur
Portes : 13 (L'Auditeur) et 33 (La Retraite)
Centres impliqués : Centre G → Centre de la Gorge
Circuit : Circuit Collectif - Ressenti
Thème principal : Observer, écouter et transmettre les expériences collectives
Sens dominant : La vue
Rôle : Servir de mémoire vivante et partager les leçons apprises

"*Les histoires du passé sont des guides pour le futur.* »

LES DYNAMIQUES DU CANAL 13/33
Une mémoire collective vivante
Ce canal est un réceptacle d'histoires et d'expériences, capturant les récits des autres et les intégrant dans sa compréhension du monde .
Il fonctionne comme une archive humaine, accumulant des leçons précieuses issues du passé.

Un talent naturel pour écouter
La Porte 13 est l'oreille du Design Humain, permettant une écoute profonde et une capacité à percevoir les non-dits.
Cette sensibilité aux récits fait du porteur du canal un confident naturel, attirant les confidences des autres .

Un besoin de solitude pour intégrer
La Porte 33 représente le retrait et la réflexion. Elle donne la nécessité de se retirer temporairement pour traiter l'information absorbée.
Ce canal a besoin de moments de silence pour structurer et donner du sens aux expériences accumulées .

Un rôle de passeur de mémoire
L'individu avec ce canal ne garde pas ses expériences pour lui, mais les restitue sous forme de récits ou de conseils.
Il apporte une vision rétrospective, permettant aux autres d'apprendre du passé pour évoluer .

Un canal qui fonctionne sur invitation
En tant que canal projecteur, il ne peut partager efficacement ses enseignements que lorsqu'il est invité à le faire.

Sans reconnaissance, ses histoires peuvent sembler inutiles ou inintéressantes pour les autres.

DÉFIS ET OMBRES
L'accumulation d'histoires non partagées
L'individu peut se sentir submergé par les confidences et les expériences qu'il absorbe.
Il est essentiel de trouver des occasions d'exprimer et de transmettre ces récits, sous peine d'un sentiment d'isolement.

Le risque de rester coincé dans le passé
Ce canal ayant une forte orientation vers la mémoire, il peut se fixer sur les événements passés, au détriment du moment présent.
Il est important d'apprendre à utiliser le passé comme un guide, et non comme une prison.

Le besoin de reconnaissance pour être entendu
En tant que canal projecteur, il dépend de la reconnaissance extérieure pour être valorisé.
Sans cela, il peut ressentir un manque de considération et de frustration.

Le canal 13/33 est un gardien de la mémoire collective, permettant de préserver, d'interpréter et de transmettre des leçons précieuses issues du passé. Il joue un rôle essentiel dans la transmission du savoir, tant à l'échelle individuelle que collective. Lorsqu'il est bien utilisé, il devient une source d'inspiration et de guidance, aidant les autres à mieux comprendre leur propre histoire.

PORTE 34 LA PUISSANCE DU GRAND

"Mon pouvoir authentique réside dans ma capacité à agir en alignement avec mon énergie vitale."

PORTE DU POUVOIR

La Porte 34 est celle de la puissance brute, de l'action spontanée et de l'autosuffisance. Située dans le Centre Sacral, elle représente une énergie immense qui ne peut être contrôlée que lorsqu'elle est alignée avec la bonne direction.

Physiologie : Plexus Sacré
Acide Aminé : Asparagine
Cercle de Codons : Le Cercle de la Destinée (34, 43)
Partenaire de programmation : Clé génétique 20
Centre : Centre Sacral
Quart : Mutation
Ligne 1 - La démonstration de la force.
Ligne 2 - L'élan
Ligne 3 - Le machisme
Ligne 4 - La réussite
Ligne 5 - L'anéantissement
Ligne 6 - Le bon sens

34/20 - Canal de l'Éveil : Lorsque la Porte 34 se connecte à la Porte 20 (Centre de la Gorge), elle exprime une puissance d'action immédiate et spontanée, alignée sur le moment présent.
34/57 - Canal du Pouvoir Intuitif : Avec la Porte 57 (Centre de la Rate), ce canal combine force et intuition, créant une action instinctive alignée avec la survie et l'évolution.
34/10 - Canal de l'Exploration : Avec la Porte 10 (Centre G), il s'agit d'une énergie qui pousse à s'affirmer à travers des actions indépendantes et en accord avec son identité profonde.
Circuit : Circuit de l'Intégration

Siddhi : Majesté | **Don :** Puissance | **Ombre :** Force

CENTRE SACRAL

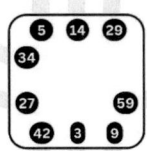

ESSENCE DE LA PORTE

L'archétype de la Porte 34 est celui du Guerrier Puissant et Indépendant. Cette énergie incarne la force pure et l'indépendance, ne pouvant être dirigée par rien d'autre que par son propre alignement.

Elle est capable d'agir avec rapidité et efficacité, mais doit apprendre à ne pas gaspiller son énergie dans des actions inutiles ou dispersées.

Son défi est de canaliser sa puissance sans tomber dans l'impulsivité ou la domination excessive.

RÔLE DANS LES INTERACTIONS

Dans les relations, la Porte 34 agit comme une force magnétique de dynamisme et de puissance. Les porteurs de cette énergie ont souvent une présence imposante et une capacité à influencer les autres par leurs actions plutôt que par leurs paroles.

DÉFIS

- Risque d'agir impulsivement, sans prendre en compte les conséquences.
- Difficulté à ralentir et à reconnaître les moments où l'action n'est pas nécessaire.
- Risque d'écraser les autres par une énergie trop intense ou dominante.

TALENTS

- Capacité à accomplir des choses avec une intensité et une force inébranlables.
- Talent pour manifester des résultats concrets grâce à une énergie stable et constante.
- Influence naturelle qui motive les autres à se dépasser et à agir avec détermination.

EXPRESSION DÉSÉQUILIBRÉE

Lorsqu'elle est désalignée, la Porte 34 peut se manifester par une action impulsive ou une volonté de contrôle excessive. Elle peut aussi entraîner une tendance à l'épuisement en raison d'une surutilisation de l'énergie sacrale sans écoute des besoins du corps.

MAÎTRISE

En équilibre, la Porte 34 devient une force de manifestation et d'accomplissement aligné. Elle enseigne que la puissance véritable réside dans la sagesse de l'action et la capacité à canaliser l'énergie de manière consciente et intentionnelle.

MANIFESTATION DANS LA VIE QUOTIDIENNE ET LE BUSINESS
Vie Quotidienne :

Dans la vie personnelle, cette Porte se manifeste par une énergie vitale immense qui demande à être utilisée avec discernement. Elle favorise une approche dynamique de la vie et une capacité à prendre des initiatives avec confiance.

Application en Business :

Dans un contexte professionnel, la Porte 34 excelle dans des rôles nécessitant de l'endurance, de la détermination et une exécution rapide. Elle est idéale pour les entrepreneurs, les leaders et toute personne engagée dans un travail demandant puissance et engagement.

INFLUENCE ÉNERGÉTIQUE COLLECTIVE (TRANSITS)

Lorsqu'activée dans les transits, la Porte 34 invite le collectif à se reconnecter à son pouvoir personnel et à agir avec détermination. C'est un moment propice pour passer à l'action, mais avec conscience et alignement.

NUANCES EN FONCTION DE LA LIGNE
LIGNE 1 : Comprendre et structurer sa force

Les individus avec la Porte 34 en Ligne 1 ressentent le besoin de comprendre leur propre puissance avant de l'exprimer pleinement. Ils cherchent une base solide pour canaliser leur énergie de manière efficace.

Défi : peur de mal utiliser sa force et tendance à la contenir

Conseil : accepter que la force se découvre en l'utilisant

LIGNE 2 : Puissance instinctive et naturelle

Les personnes avec la Porte 34 en Ligne 2 possèdent une capacité innée à exprimer leur puissance sans effort conscient. Elles rayonnent une énergie forte et influente sans chercher à l'imposer.

Défi : difficulté à comprendre l'impact de leur force sur les autres

Conseil : faire confiance à son énergie tout en étant attentif aux réactions extérieures

LIGNE 3 : Expérimenter et ajuster l'expression de sa puissance

Les individus avec la Porte 34 en Ligne 3 découvrent comment utiliser leur force en traversant différentes expériences et en ajustant leur approche.

Défi : instabilité et difficulté à canaliser l'énergie

Conseil : voir chaque interaction comme une opportunité d'apprentissage

LIGNE 4 : Influencer et inspirer par sa force naturelle
Les individus avec la Porte 34 en Ligne 4 ont une capacité naturelle à guider et à influencer leur entourage par leur puissance d'action. Ils créent un impact fort simplement en incarnant leur force.
Défi : peur du rejet et tendance à adoucir son énergie pour être accepté
Conseil : exprimer sa puissance avec authenticité

LIGNE 5 : Canaliser sa force pour transformer le monde
Les individus avec la Porte 34 en Ligne 5 ont une approche stratégique de leur puissance. Ils savent comment utiliser leur force pour provoquer des changements concrets et impacter leur environnement.
Défi : pression des attentes extérieures et peur d'échouer
Conseil : exercer son pouvoir avec discernement et alignement

LIGNE 6 : Observer et comprendre l'évolution de la puissance
Les individus avec la Porte 34 en Ligne 6 adoptent une vision globale sur l'utilisation de la puissance et de l'influence. Ils comprennent que la force intérieure se maîtrise avec le temps.
Défi : détachement excessif et difficulté à s'impliquer
Conseil : trouver un équilibre entre force et sagesse

NUANCES EN FONCTION DU TYPE
MANIFESTEUR : Initier des actions puissantes et audacieuses
Le Manifesteur avec la Porte 34 utilise sa force pour imposer sa vision et déclencher des transformations majeures.
Défi : rejet et résistance
Conseil : informer avant d'agir pour éviter la résistance

GÉNÉRATEUR : Construire et exprimer sa puissance à travers l'action alignée
Le Générateur avec la Porte 34 trouve du plaisir à exprimer sa force lorsqu'il est engagé dans des activités qui lui correspondent.
Défi : frustration si son énergie est mal utilisée
Conseil : écouter sa réponse sacrale pour canaliser son énergie correctement

Le **Manifesteur-Générateur** : Explorer et expérimenter la puissance rapidement
Le MG avec la Porte 34 peut être extrêmement rapide dans sa manière

d'utiliser son énergie, mais doit apprendre à la canaliser.

PROJECTEUR : Guider les autres dans l'expression de leur puissance
Le Projecteur avec la Porte 34 perçoit comment les autres utilisent leur énergie et peut les aider à mieux l'exploiter.
Défi : besoin de reconnaissance et fatigue émotionnelle
Conseil : attendre d'être invité avant de donner son avis sur l'utilisation de la puissance

RÉFLECTEUR : Refléter et adapter la puissance collective
Le Réflecteur avec la Porte 34 absorbe et reflète les dynamiques de puissance de son environnement, offrant une perspective unique sur la manière dont la force s'exprime dans le collectif.
Défi : confusion entre sa propre énergie et celle des autres
Peut être influencé par des forces extérieures qui ne lui appartiennent pas.
Conseil : observer avant d'utiliser son énergie pour s'assurer qu'elle lui correspond

NUANCES EN FONCTION DE LA PLANÈTE

SOLEIL en Porte 34 Briller à travers une énergie puissante et indépendante
Le Soleil ici met en lumière une force intérieure inépuisable, qui pousse l'individu à agir selon sa propre voie.
Défi : Vouloir tout faire seul et refuser l'aide des autres
Conseil : Apprendre à collaborer sans compromettre son autonomie

TERRE en Porte 34 Ancrer sa puissance dans une action alignée
Avec la Terre, il est important de diriger son énergie vers ce qui nourrit vraiment son être.
Défi : Dépenser son énergie inutilement
Conseil : Identifier ses véritables priorités et canaliser sa force avec sagesse

LUNE en Porte 34 Une énergie fluctuante et intuitive
Avec la Lune, la force de la Porte 34 varie selon les cycles et l'intuition.
Défi : Se sentir parfois hyperactif, parfois épuisé
Conseil : Accepter que l'énergie fonctionne par vagues et ne pas forcer l'action en permanence

MERCURE en Porte 34 L'expression de la puissance à travers les mots
Avec Mercure, l'individu sait transmettre sa force intérieure par la parole et inspirer les autres.

Défi : Être trop direct ou imposant dans sa communication
Conseil : Utiliser son charisme verbal pour motiver plutôt que pour écraser

VÉNUS en Porte 34 Un amour puissant et une attirance pour l'indépendance
Vénus apporte une intensité émotionnelle dans les relations, avec un besoin de liberté et d'autonomie.
Défi : Difficulté à trouver un équilibre entre engagement et indépendance
Conseil : Apprendre à partager sa puissance sans perdre sa liberté

MARS en Porte 34 Une force brute et un besoin d'action immédiat
Mars donne une impulsivité et une énergie explosive, souvent difficile à contenir.
Défi : Agir sans réfléchir aux conséquences
Conseil : Apprendre à canaliser son énergie pour éviter les actions précipitées

JUPITER en Porte 34 L'expansion du pouvoir personnel
Jupiter favorise un leadership naturel et une influence marquante.
Défi : Risque d'être perçu comme trop dominateur
Conseil : Utiliser son pouvoir pour inspirer et non pour contrôler

SATURNE en Porte 34 La discipline dans l'utilisation de la force
Saturne impose une responsabilité dans la gestion de son énergie.
Défi : Se sentir limité ou bridé dans son expression
Conseil : Comprendre que la vraie puissance vient avec la maîtrise

URANUS en Porte 34 Une force imprévisible et révolutionnaire
Uranus pousse à utiliser sa puissance d'une manière unique et originale.
Défi : Être trop indépendant au point de rejeter toute structure
Conseil : Trouver un équilibre entre liberté et responsabilité

NEPTUNE en Porte 34 Une énergie transcendante et inspirée
Avec Neptune, la Porte 34 devient un canal de transformation spirituelle.
Défi : Se perdre dans des illusions de grandeur
Conseil : Ancrer ses aspirations dans des actions concrètes

PLUTON en Porte 34 La transformation à travers l'affirmation de son pouvoir
Pluton amène des crises de pouvoir qui forcent à redéfinir sa force intérieure.
Défi : Expériences intenses de perte et de regain de pouvoir
Conseil : Comprendre que la véritable puissance est intérieure et

INTROSPECTION & RÉFLEXION
1. Comment puis-je utiliser ma force intérieure de manière constructive et équilibrée dans ma vie quotidienne ?
2. Quels projets ou actions me permettent de canaliser pleinement mon énergie et de manifester mes objectifs ?
3. Comment puis-je équilibrer ma force personnelle avec le respect des besoins et des limites des autres ?
4. Comment puis-je rester ouvert(e) aux nouvelles expériences et aux défis sans craindre de perdre ma stabilité ?
5. Comment mon expression de la puissance affecte-t-elle mes relations personnelles et professionnelles ?
6. Comment puis-je utiliser ma puissance pour construire quelque chose de durable qui ait un impact positif sur les autres ?

CANAL 10/34 - CANAL DE L'EXPLORATION

Type de canal : Générateur
Portes : 34 (Le Pouvoir) et 10 (La Conduite)
Centres impliqués : Centre Sacral → Centre G
Circuit : Circuit de l'Individualité - Être Centré
Thème principal : Authenticité, autonomie et action déterminée
Sens dominant : L'ouïe (acoustique)
Rôle : Agir selon ses convictions et inspirer par l'exemple

"Naviguer avec audace sur les mers de la vie, chaque vague une opportunité d'exprimer la pureté de l'amour de soi."

LES DYNAMIQUES DU CANAL 10/34

Une force d'action alignée avec l'identité
Ce canal incarne la puissance d'agir en accord avec son véritable soi.
Il ne suit pas les influences extérieures mais répond à son propre appel intérieur.

Un moteur d'indépendance et d'exploration
Le centre Sacral (34) donne une énergie durable et puissante pour poursuivre ce qui fait vibrer l'individu.
Le centre G (10) assure que cette action est en parfait alignement avec son identité et ses valeurs personnelles.

Un modèle de liberté personnelle
Ce canal est conçu pour vivre selon ses propres règles et non pour suivre un chemin dicté par les autres.
En étant fidèle à lui-même, l'individu avec ce canal inspire ceux qui l'entourent à embrasser leur propre authenticité.

Un générateur d'impact
L'énergie de ce canal ne cherche pas à convaincre les autres, mais son exemple est une source de transformation pour son entourage.
Il agit comme un déclencheur d'indépendance et d'émancipation pour ceux qui sont prêts à suivre leur propre voie.

Une puissance qui doit être guidée
Sans clarté sur ses véritables désirs, cette énergie peut devenir chaotique ou être mal dirigée.

Le défi est de cultiver une conscience de soi profonde pour éviter l'action impulsive ou non alignée .

DÉFIS ET OMBRES
Le risque de dispersion
Une énergie aussi puissante peut être difficile à canaliser et mener à une dispersion si elle n'est pas focalisée sur une voie alignée .

L'indépendance à l'extrême
L'individu avec ce canal n'a aucun besoin d'être dirigé, ce qui peut donner une impression de solitude ou d'incompréhension par les autres.
Il doit veiller à rester ouvert aux opportunités de collaboration tout en respectant son individualité .

Un refus de compromis
Sa force réside dans son authenticité, mais cela peut parfois rendre difficile les ajustements nécessaires dans certaines interactions sociales ou professionnelles .

Le canal 34/10 est une force brute d'authenticité et d'indépendance, donnant à l'individu la capacité d'agir selon ses propres convictions et de vivre une vie pleinement alignée avec son être profond. Il n'a pas besoin de convaincre les autres, car son existence même est une inspiration. Lorsqu'il apprend à canaliser sa puissance et à respecter son propre rythme, il devient un modèle de liberté et d'autonomisation pour lui-même et pour ceux qui l'entourent .

CANAL 20/34 - CANAL DU CHARISME

Type de canal : Générateur-Manifesteur
Portes : 34 (La Puissance) et 20 (L'Instant Présent)
Centres impliqués : Centre Sacral → Centre de la Gorge
Circuit : Circuit de l'Individualité – Autonomisation
Thème principal : L'action immédiate et la manifestation spontanée
Sens dominant : L'ouïe
Rôle : Transformer instantanément l'énergie en action.

"J'incarne la puissance de l'instant. Chaque action que je prends est un pas vers mon accomplissement. »

LES DYNAMIQUES DU CANAL 20/34

Une énergie en mouvement perpétuel
Le canal 34/20 relie le centre Sacral, source d'une énergie inépuisable, au centre de la Gorge, permettant une manifestation immédiate. Il est l'incarnation même du passage à l'action.

Un charisme magnétique et instinctif
L'individu porteur de ce canal dégage une présence forte et captivante. Il attire naturellement l'attention par son dynamisme et son engagement dans l'instant.

Une hyper activité qui peut isoler
Ce canal a une tendance naturelle à être constamment occupé, au point d'avoir du mal à répondre aux sollicitations extérieures. Il privilégie l'action autonome à l'interaction sociale.

Un besoin de direction pour canaliser l'énergie
Bien que ce canal confère une immense force de manifestation, il peut devenir erratique sans une ligne directrice claire. Il fonctionne de manière optimale lorsqu'il est guidé par une stratégie cohérente.

Un générateur de transformation immédiate
Ce canal est conçu pour réagir en temps réel. Sa force réside dans sa capacité à saisir les opportunités dès qu'elles se présentent, sans hésitation.

DÉFIS ET OMBRES
Une difficulté à ralentir
L'hyper-activité peut conduire à l'épuisement si l'individu ne respecte pas les signaux de son corps .

Un sentiment d'isolement
Le besoin constant d'être en mouvement peut empêcher l'individu d'établir des relations profondes et durables .

Une impulsivité non maîtrisée
L'énergie brute du canal doit être utilisée avec discernement pour éviter des décisions précipitées et inefficaces .

Le canal 34/20 est une force de manifestation pure, traduisant instantanément l'énergie en action. Lorsqu'il est aligné avec une stratégie consciente et respectueux de son propre rythme, il devient un puissant moteur d'innovation et de transformation .

CANAL 34/57 - CANAL DE LA TRANSFORMATION

Type de canal : Générateur
Portes : 57 (L'Intuition) et 34 (La Puissance)
Centres impliqués : Centre Splénique
→ Centre Sacral
Circuit : Circuit de l'Individualité – Intégration
Thème principal : L'action intuitive et puissante dans l'instant
Sens dominant : L'ouïe
Rôle : Agir avec puissance, en réponse à l'instinct immédiat.

"Écoutez la mélodie intérieure de votre âme, elle danse au rythme de l'instinct et de la puissance."

LES DYNAMIQUES DU CANAL 34/57

L'instinct comme boussole intérieure

La Porte 57, issue du centre splénique, est la voix la plus aiguë de l'intuition. C'est un radar subtil qui capte les dangers, les opportunités et les vérités cachées dans l'instant présent. Ce n'est pas une réflexion mentale mais un ressenti immédiat, presque viscéral.

La puissance d'action spontanée

La Porte 34, située dans le centre sacral, confère une énergie brute, prête à se mobiliser instantanément. C'est la force vitale qui répond, non pas par la pensée, mais par une action instinctive et précise.

Un canal d'intelligence corporelle

L'énergie du canal 57/34 n'a pas besoin de justification mentale. C'est la puissance pure du corps qui sait quoi faire et quand le faire, en dehors de toute logique rationnelle. Cela confère une capacité unique à "entendre" les vérités invisibles et à y répondre sans délai.

L'expérience humaine du canal 57/34

- **Une guidance instantanée** : Ceux qui portent ce canal possèdent un instinct de survie affiné. Ils sentent si un lieu, une personne ou une situation est saine ou risquée.
- **L'énergie du moment présent** : Ce canal ne vit ni dans le passé ni dans

le futur. Il invite à une présence totale, où chaque action découle de l'intuition pure.
- **La puissance de la réponse** : L'activation du centre sacral donne une capacité de réponse énergétique immédiate, permettant d'agir avec force et justesse.

DÉFIS ET OMBRES
- **L'hypervigilance** : L'intuition peut parfois devenir anxiogène si elle est mal comprise, générant une peur chronique de l'inconnu.
- **L'impulsivité** : Agir trop vite, sans écouter toute la mélodie intuitive, peut conduire à des erreurs.
- **La surévaluation des capacités** : Le sentiment de puissance peut parfois se transformer en arrogance ou en sentiment d'invincibilité.

L'importance de l'équilibre et de l'écoute intérieure
- **Faire confiance à l'intuition** : L'oreille intérieure doit être affinée pour distinguer la véritable intuition des peurs conditionnées.
- **Respecter son énergie** : Le canal 57/34 fonctionne par réponse sacrale. Si l'énergie n'est pas là, forcer l'action conduit à l'épuisement.
- **Vivre dans le moment présent** : L'instinct ne parle que dans l'instant. Se reconnecter au présent est essentiel pour entendre cette voix intérieure.

Ce canal incarne la danse parfaite entre l'instinct et la puissance. Il permet d'agir avec précision, sans planification excessive, en suivant la guidance intérieure. Lorsqu'il est vécu correctement, il devient un moteur puissant d'autonomie, permettant de naviguer dans la vie avec confiance, réactivité et efficacité.

"Je n'ai pas besoin de savoir pourquoi, je ressens simplement quand le moment est venu d'agir."

PORTE 35 LE PROGRÈS

"Chaque expérience est une opportunité d'évolution et de transformation."

PORTE DU CHANGEMENT

La Porte 35 est celle de l'expérience, de la soif de nouveauté et de l'évolution à travers le changement. Située dans le Centre de la Gorge, elle représente l'aboutissement du cycle des expériences, la capacité à intégrer le passé et à avancer vers de nouvelles opportunités. Elle fonctionne avec la Porte 36 (la crise et l'initiation émotionnelle) pour former le canal 35-36 de la Transversalité, qui régit l'apprentissage par l'expérience et la transformation à travers les cycles de la vie.

Physiologie : Thyroïde / Parathyroïde
Acide Aminé : Tryptophane
Cercle de Codons : Le Cercle des Miracles (35)
Partenaire de programmation : Clé génétique 5
Centre : Centre Gorge
Quart : Civilisation

Ligne 1 - L'humilité
Ligne 2 - La collaboration créative
Ligne 3 - La collaboration
Ligne 4 - La faim
Ligne 5 - L'altruisme
Ligne 6 - La rectification

Canal : 35/36 - Canal de la Transmutation : Lorsque la Porte 35 se connecte à la Porte 36 (Centre Émotionnel), elle forme un canal qui favorise l'apprentissage par l'expérience, transformant l'inconnu en sagesse acquise à travers les hauts et les bas de la vie.
Circuit : Circuit du Ressenti

Siddhi : Infinitude | **Don :** Aventure | **Ombre :** Faim

CENTRE GORGE

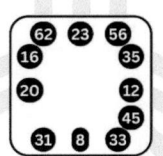

ESSENCE DE LA PORTE

L'archétype de la Porte 35 est celui de l'Aventurier et du Voyageur de la Vie.

Cette énergie recherche constamment de nouvelles expériences pour évoluer et se sentir vivant. Elle apporte une profonde sagesse tirée des leçons du passé, mais doit apprendre à ne pas se laisser piéger dans une quête perpétuelle de nouveauté sans intégration.

Son défi est d'apprendre à apprécier le moment présent et à ne pas fuir l'ennui par besoin de stimulation constante.

RÔLE DANS LES INTERACTIONS

Dans les relations, la Porte 35 agit comme un catalyseur de changement et d'exploration. Les porteurs de cette énergie sont souvent curieux et aventureux, apportant une dynamique de renouveau et d'apprentissage dans leurs interactions avec les autres.

DÉFIS

- Risque d'ennui ou d'impatience lorsqu'une situation devient stagnante.
- Tendance à chercher toujours la prochaine expérience sans tirer pleinement parti du présent.
- Difficulté à gérer l'instabilité émotionnelle qui accompagne le changement constant.

TALENTS

- Capacité à s'adapter facilement à de nouvelles situations et à embrasser le changement avec fluidité.
- Talent pour transformer les expériences en apprentissages précieux et inspirants.
- Influence naturelle qui pousse les autres à sortir de leur zone de confort et à embrasser l'évolution.

EXPRESSION DÉSÉQUILIBRÉE

Lorsqu'elle est désalignée, la Porte 35 peut se manifester par une insatisfaction chronique ou une recherche effrénée de nouveauté sans intégration des leçons. Elle peut aussi entraîner un sentiment d'instabilité, avec une difficulté à s'ancrer dans le présent.

MAÎTRISE

En équilibre, la Porte 35 devient une force de transformation et d'expansion. Elle montre que l'évolution personnelle vient de l'expérimentation consciente et que chaque expérience, qu'elle soit agréable ou difficile, est une opportunité d'apprentissage et de croissance.

MANIFESTATION DANS LA VIE QUOTIDIENNE ET LE BUSINESS

Vie Quotidienne :

Dans la vie personnelle, cette Porte se manifeste par un goût pour l'aventure et la diversité des expériences. Elle favorise une approche ouverte de la vie, où chaque moment est vu comme une opportunité de découverte.

Application en Business :

Dans un contexte professionnel, la Porte 35 excelle dans des rôles nécessitant de l'adaptabilité et une ouverture au changement, comme l'innovation, le marketing, le journalisme ou l'entrepreneuriat. Elle est idéale pour ceux qui embrassent la diversité et le mouvement.

INFLUENCE ÉNERGÉTIQUE COLLECTIVE (TRANSITS)

Lorsqu'activée dans les transits, la Porte 35 invite le collectif à explorer de nouvelles opportunités et à embrasser le changement. C'est un moment propice pour apprendre de l'expérience, transformer les défis en enseignements et s'ouvrir à de nouveaux horizons.

NUANCES EN FONCTION DE LA LIGNE

LIGNE 1 : Rechercher la compréhension avant d'explorer

Les individus avec la Porte 35 en Ligne 1 ressentent le besoin de comprendre et d'étudier un changement avant de s'y aventurer. Ils recherchent une base solide pour explorer en toute sécurité.

Défi : peur de l'inconnu et hésitation à se lancer

Conseil : accepter que l'apprentissage vient aussi par l'action

LIGNE 2 : L'explorateur spontané

Les personnes avec la Porte 35 en Ligne 2 possèdent une capacité instinctive à vivre le changement sans effort conscient. Elles savent naturellement quelles expériences leur conviennent.

Défi : difficulté à expliquer ses choix et besoin d'indépendance

Conseil : faire confiance à son intuition tout en acceptant les conseils extérieurs

LIGNE 3 : Apprendre à travers l'expérimentation et les erreurs
Les individus avec la Porte 35 en Ligne 3 découvrent ce qui fonctionne et ce qui ne fonctionne pas en testant différentes expériences. Ils apprennent en prenant des risques et en s'ajustant au fur et à mesure.
Défi : instabilité et frustration face aux erreurs répétées
Conseil : voir chaque expérience comme une opportunité d'évolution

LIGNE 4 : Influencer et inspirer par son vécu
Les individus avec la Porte 35 en Ligne 4 ont une capacité naturelle à inspirer leur entourage par leurs expériences. Ils savent transmettre leur savoir et encourager les autres à explorer de nouvelles voies.
Défi : peur du rejet et tendance à adapter son message pour plaire
Conseil : partager ses expériences avec authenticité

LIGNE 5 : Canaliser le changement pour créer des opportunités
Les individus avec la Porte 35 en Ligne 5 ont une approche stratégique de l'exploration. Ils savent comment transformer leurs expériences en leçons utiles pour eux et pour les autres.
Défi : pression des attentes extérieures et peur de l'échec
Conseil : utiliser son expérience pour guider sans imposer

LIGNE 6 : Observer et comprendre les cycles de l'évolution
Les individus avec la Porte 35 en Ligne 6 adoptent une vision globale du changement et de l'expérimentation. Ils comprennent que toute expérience fait partie d'un cycle d'évolution et que le progrès ne se mesure pas toujours immédiatement.
Défi : détachement excessif et difficulté à s'investir dans une expérience
Conseil : accepter que chaque expérience est une opportunité d'apprentissage

NUANCES EN FONCTION DU TYPE
MANIFESTEUR : Initier des expériences nouvelles et transformer les dynamiques
Le Manifesteur avec la Porte 35 n'attend pas qu'on lui propose des opportunités, il les crée lui-même.
Défi : rejet et résistance
Conseil : informer avant d'agir pour faciliter l'acceptation

GÉNÉRATEUR : Répondre aux expériences qui résonnent profondément
Le Générateur avec la Porte 35 trouve du plaisir à explorer lorsque cela s'aligne avec son énergie et ses désirs profonds.
Défi : frustration si ses expériences ne sont pas satisfaisantes
Conseil : écouter sa réponse sacrale pour choisir les bonnes aventures

Le **Manifesteur-Générateur** : Explorer avec rapidité et adaptabilité
Le MG avec la Porte 35 peut être très rapide dans sa manière d'expérimenter, mais doit apprendre à ne pas se disperser.

PROJECTEUR : Guider les autres vers des expériences enrichissantes
Le Projecteur avec la Porte 35 perçoit comment les autres vivent leurs expériences et peut les aider à mieux les comprendre.
Défi : besoin de reconnaissance et fatigue émotionnelle
Conseil : attendre d'être invité avant de guider les autres dans leur évolution

RÉFLECTEUR : Refléter les dynamiques de changement dans le collectif
Le Réflecteur avec la Porte 35 absorbe et reflète les différentes manières dont les autres vivent le changement et les nouvelles expériences.
Défi : confusion entre ses propres désirs d'expérimentation et ceux du collectif
Conseil : observer avant de s'engager dans une expérience pour s'assurer qu'elle est alignée avec son essence

NUANCES EN FONCTION DE LA PLANÈTE
SOLEIL en Porte 35 Briller à travers l'exploration et la quête de nouveauté
Le Soleil ici met en lumière une soif insatiable de découverte et d'évolution.
Défi : Sauter d'une expérience à l'autre sans intégration
Conseil : Prendre le temps d'assimiler chaque expérience avant de passer à la suivante

TERRE en Porte 35 Ancrer le progrès dans la stabilité et la réflexion
Avec la Terre, l'individu doit apprendre à trouver un équilibre entre mouvement et ancrage.
Défi : Se sentir perdu lorsqu'aucun changement ne se produit
Conseil : Accepter les périodes de calme comme faisant partie du cycle du progrès

LUNE en Porte 35 Un désir de changement influencé par les cycles lunaires
Avec la Lune, l'envie de progresser varie en fonction des émotions et des énergies du moment.
Défi : Instabilité dans les choix et la direction à prendre
Conseil : Observer ses cycles personnels pour agir au bon moment

MERCURE en Porte 35 L'art de raconter des expériences et d'inspirer le changement
Mercure amplifie la capacité à transmettre des histoires et à partager les leçons tirées des expériences.
Défi : Exagérer ou déformer les récits pour les rendre plus captivants
Conseil : Cultiver l'authenticité et transmettre le savoir avec intégrité

VÉNUS en Porte 35 L'amour de l'aventure et des nouvelles expériences
Vénus favorise une attirance pour l'inconnu et une fascination pour la diversité des expériences.
Défi : Rechercher constamment des sensations nouvelles au détriment des relations stables
Conseil : Trouver de la satisfaction dans la profondeur plutôt que dans la quantité

MARS en Porte 35 Un besoin impulsif de changement et d'aventure
Mars donne une énergie brute qui pousse à explorer sans cesse de nouveaux horizons.
Défi : Prendre des risques inconsidérés par ennui
Conseil : Cultiver la patience et apprendre à différencier les opportunités enrichissantes des distractions vides

JUPITER en Porte 35 L'expansion et la croissance à travers le changement
Jupiter favorise une capacité à attirer des opportunités en suivant le mouvement de la vie.
Défi : Trop s'appuyer sur la chance et manquer de structure
Conseil : Construire un cadre permettant d'exploiter pleinement chaque opportunité

SATURNE en Porte 35 La discipline dans l'apprentissage par l'expérience
Saturne impose une rigueur dans la manière dont on aborde le changement.
Défi : Se sentir restreint et frustré par des limitations extérieures
Conseil : Comprendre que certaines expériences nécessitent du temps pour révéler leur pleine valeur

URANUS en Porte 35 Une approche révolutionnaire du progrès
Uranus pousse à explorer des voies inattendues et à défier les normes traditionnelles.
Défi : Rechercher le changement uniquement pour briser les conventions
Conseil : Veiller à ce que chaque transformation ait une raison d'être et une finalité constructive

NEPTUNE en Porte 35 L'illusion et le rêve dans la quête de nouveauté
Avec Neptune, la Porte 35 est attirée par des expériences spirituelles, mystiques ou idéalisées.
Défi : Être déçu lorsque la réalité ne correspond pas aux attentes
Conseil : Garder un équilibre entre rêve et pragmatisme

PLUTON en Porte 35 La transformation à travers l'expérience et le changement
Pluton pousse à des cycles de mort et de renaissance à travers les expériences de la vie.
Défi : Résister au changement par peur de l'inconnu
Conseil : Accepter l'évolution comme un processus inévitable et essentiel

---

INTROSPECTION & RÉFLEXION
1. Qu'est-ce qui me pousse à rechercher constamment de nouvelles expériences ?
2. Dans quels domaines de ma vie puis-je intégrer plus d'aventures pour nourrir ma curiosité naturelle ?
3. Comment puis-je trouver l'équilibre entre la recherche de nouveauté et l'appréciation de l'instant présent ?
4. Qu'est-ce que j'ai appris de mes aventures et de mes explorations ? Comment ces leçons influencent-elles mes choix actuels ?
5. Comment mes expériences peuvent-elles inspirer et enrichir la vie des autres ?
6. Est-ce que je cherche la validation des autres à travers mes explorations, ou est-ce que j'accepte ces expériences comme des apprentissages personnels ?

CANAL 35/36 - CANAL DE LA TRANSITION

Type de canal : Manifesteur
Portes : 36 (La Crise) et 35 (Le Progrès)
Centres impliqués : Plexus Solaire → Gorge
Circuit : Circuit Collectif - Ressenti
Thème principal : La soif d'expériences et la transformation par l'émotion
Sens dominant : La vue
Rôle : Explorer, vivre et partager les expériences pour enrichir la conscience collective.

"Je me laisse guider par la vague de la vie, chaque expérience est un chapitre, chaque émotion un guide vers la sagesse."

LES DYNAMIQUES DU CANAL 35/36

L'impulsion de l'expérience

La Porte 36, issue du centre du Plexus Solaire, est l'énergie brute de l'aventure émotionnelle. C'est la porte de la crise, mais aussi celle de l'élan vers l'inconnu. Cette énergie pousse à rechercher des expériences nouvelles pour combler une insatisfaction intérieure.

L'expression du progrès

La Porte 35, située dans le centre de la Gorge, donne la capacité de partager les expériences vécues. Elle transforme l'excitation initiale en un récit, une leçon ou une transmission pour les autres.

Un canal d'autorité émotionnelle

Ce canal fonctionne par vagues émotionnelles. La clarté ne vient qu'après avoir traversé des hauts et des bas, soulignant l'importance de ne pas agir sur un coup de tête. La patience est la clé pour éviter des aventures prématurées ou des engagements mal avisés.

L'expérience humaine du canal 36/35

1. **Un cœur aventureux** : Ce canal pousse à sortir des sentiers battus, à explorer le nouveau, l'inconnu. C'est la curiosité pure, celle qui veut tout expérimenter pour comprendre la vie par l'expérience directe.
2. **La quête de sens** : Les expériences ne sont pas seulement des aventures extérieures, mais aussi des explorations intérieures.

Chaque étape apporte une nouvelle perspective sur soi-même et sur le monde.
3. **L'expression des leçons :** Avec la porte 35 en lien avec la Gorge, il ne s'agit pas seulement de vivre, mais aussi de raconter. Les récits inspirent, préviennent et partagent la sagesse acquise sur le chemin.

DÉFIS ET OMBRES
- **L'impatience de la nouveauté :** La soif d'expériences peut entraîner des décisions impulsives, surtout si l'on agit au sommet d'une vague émotionnelle.
- **Le piège de l'ennui :** Une fois qu'une expérience est vécue, le sentiment de vide peut apparaître, poussant à chercher constamment la prochaine aventure.
- **L'idéalisation des expériences :** L'anticipation peut embellir la réalité, conduisant à la déception si l'expérience ne répond pas aux attentes.

L'importance de la clarté émotionnelle
- **Attendre la stabilité :** Ne jamais s'engager sous le coup de l'émotion. Attendre que la vague émotionnelle se calme pour prendre des décisions éclairées.
- **Apprécier le chemin :** Chaque expérience a sa valeur, même si elle ne mène pas à un résultat tangible. L'important est ce que l'on apprend en chemin.
- **Partager avec authenticité :** Les récits d'expériences peuvent guider les autres, mais seulement s'ils sont transmis sans embellissement ni dramatisation.

Ce canal est une invitation constante à élargir ses horizons, tant intérieurs qu'extérieurs. Il incarne la transition entre l'innocence et la sagesse, où chaque expérience devient un trésor à partager. Lorsqu'il est vécu avec patience et authenticité, il devient un puissant moteur de croissance personnelle et collective.

"Je vis, j'apprends, je partage. Chaque émotion est un guide, chaque expérience un cadeau."

PORTE 36 L'OBSCURCISSEMENT DE LA LUMIÈRE

"En embrassant mes émotions et mes expériences, je transforme la douleur en sagesse."

PORTE DE LA CRISE

La Porte 36 est celle de l'émotion, de l'instabilité et de la traversée des crises pour en retirer une évolution profonde. Située dans le Centre Émotionnel (Plexus Solaire), elle représente la capacité à affronter l'inconnu, à expérimenter des situations intenses et à en sortir transformé. Elle fonctionne avec la Porte 35 (le changement et l'expérience) pour former le canal 35-36 de la Transversalité, qui régit l'apprentissage à travers les hauts et les bas émotionnels et le passage de l'innocence à la maturité.

Physiologie : Plexus Solaire
Acide Aminé : Proline
Cercle de Codons : Le Cercle de la Divinité (22, 36, 37, 63)
Partenaire de programmation : Clé génétique 6
Centre : Centre du Plexus Solaire
Quart : Initiation

Ligne 1 - La résistance
Ligne 2 - Le support
Ligne 3 - La transition
Ligne 4 - L'espionnage
Ligne 5 - Le clandestin
Ligne 6 - La justice

Canal : 35/36 - Canal de la Transmutation : Lorsque la Porte 35 se connecte à la Porte 36 (Centre Émotionnel), elle forme un canal qui favorise l'apprentissage par l'expérience, transformant l'inconnu en sagesse acquise à travers les hauts et les bas de la vie.
Circuit : Circuit du Ressenti

Siddhi : Compassion | **Don** : Humanité | **Ombre** : Tourmente

PLEXUS SOLAIRE

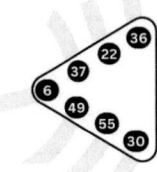

ESSENCE DE LA PORTE

L'archétype de la Porte 36 est celui du Voyageur Initiatique. Cette énergie pousse à plonger dans l'intensité des expériences humaines, même si elles sont inconfortables.

Elle teste les limites des émotions, permettant une compréhension profonde des cycles de souffrance et de guérison.

Son défi est d'apprendre à ne pas se laisser submerger par le chaos émotionnel et à transformer chaque crise en opportunité d'évolution.

RÔLE DANS LES INTERACTIONS

Dans les relations, la Porte 36 agit comme une énergie d'intensité et de mouvement. Les porteurs de cette énergie ont souvent un impact puissant sur leur entourage, apportant des expériences riches en émotions et en apprentissages.

DÉFIS

- Risque de vivre des montagnes russes émotionnelles en cherchant constamment des expériences intenses.
- Difficulté à gérer l'anxiété face à l'inconnu et à la transition.
- Tendance à dramatiser les événements ou à ressentir une insatisfaction chronique.

TALENTS

- Capacité à transformer les crises en opportunités de croissance et d'évolution.
- Talent pour naviguer les changements et guider les autres à travers des périodes de turbulence.
- Influence naturelle qui pousse à l'exploration, à la découverte et à l'apprentissage par l'expérience.

EXPRESSION DÉSÉQUILIBRÉE

Lorsqu'elle est désalignée, la Porte 36 peut se manifester par une recherche incessante de nouvelles expériences sans intégrer les leçons, ou par une difficulté à gérer les transitions de manière fluide. Elle peut aussi entraîner une peur du changement, provoquant des résistances face à l'évolution naturelle de la vie.

MAÎTRISE

En équilibre, la Porte 36 devient une force de sagesse et de résilience. Elle enseigne que chaque crise est un portail vers une nouvelle compréhension et que traverser l'inconnu avec courage permet d'ouvrir des portes vers des réalités plus riches et alignées.

MANIFESTATION DANS LA VIE QUOTIDIENNE ET LE BUSINESS
Vie Quotidienne :

Dans la vie personnelle, cette Porte se manifeste par une soif d'expériences et un désir de découvrir ce qui se cache au-delà des limites connues. Elle favorise une capacité à rebondir après des épreuves et à voir les défis comme des opportunités de croissance.

Application en Business :

Dans un contexte professionnel, la Porte 36 excelle dans des rôles impliquant la gestion du changement, la résolution de crises et l'adaptation rapide. Elle est idéale pour les entrepreneurs, les innovateurs et les leaders capables de naviguer les périodes d'incertitude avec résilience.

INFLUENCE ÉNERGÉTIQUE COLLECTIVE (TRANSITS)

Lorsqu'activée dans les transits, la Porte 36 invite le collectif à faire face aux défis avec courage et ouverture. C'est un moment propice pour dépasser les peurs, explorer de nouvelles expériences et apprendre à embrasser l'inconnu avec confiance.

NUANCES EN FONCTION DE LA LIGNE
LIGNE 1 : Comprendre les crises avant de les affronter

Les individus avec la Porte 36 en Ligne 1 ressentent le besoin d'analyser et de comprendre ce qui génère la crise avant de s'y engager pleinement. Ils recherchent une base de connaissances et une forme de sécurité émotionnelle pour mieux traverser les défis.

Défi : peur de l'inconnu et hésitation à vivre l'expérience
Conseil : accepter que l'expérience est un apprentissage en soi

LIGNE 2 : Intensité émotionnelle naturelle et réaction instinctive

Les personnes avec la Porte 36 en Ligne 2 possèdent une connexion intuitive à l'émotion et aux expériences intenses. Elles vivent leurs émotions de manière instinctive, souvent sans filtre ni anticipation.

Défi : difficulté à gérer l'intensité émotionnelle et besoin d'indépendance
Conseil : apprendre à canaliser son énergie émotionnelle

LIGNE 3 : Expérimenter les hauts et les bas pour apprendre à maîtriser l'émotion

Les individus avec la Porte 36 en Ligne 3 découvrent comment gérer la crise et le changement à travers l'expérimentation directe. Ils apprennent

en traversant différentes situations émotionnelles et en ajustant leur approche au fil du temps.
Défi : instabilité émotionnelle et peur de l'échec
Conseil : voir chaque épreuve comme une opportunité de croissance

LIGNE 4 : Influencer et guider les autres dans la gestion des crises
Les individus avec la Porte 36 en Ligne 4 ont une capacité naturelle à rassurer et guider leur entourage à travers des périodes de turbulence. Ils savent comment créer un espace de sécurité dans le chaos.
Défi : peur du rejet et tendance à vouloir stabiliser tout le monde
Conseil : accepter que l'émotion fait partie du processus de transformation

LIGNE 5 : Utiliser la crise pour transformer et enseigner
Les individus avec la Porte 36 en Ligne 5 ont une approche pragmatique et visionnaire de la gestion du changement. Ils savent comment structurer des solutions et transformer une crise en opportunité.
Défi : pression des attentes extérieures et peur d'être dépassé par les événements
Conseil : exercer son leadership émotionnel avec discernement

LIGNE 6 : Observer et comprendre le cycle des crises et des transitions
Les individus avec la Porte 36 en Ligne 6 adoptent une vision globale des expériences émotionnelles et de la transformation à travers le temps. Ils comprennent que les crises sont des étapes de croissance et qu'elles suivent des cycles naturels.
Défi : détachement excessif et difficulté à s'engager émotionnellement
Conseil : utiliser son expérience pour éclairer les autres

NUANCES EN FONCTION DU TYPE
MANIFESTEUR : Initier le changement à travers des expériences intenses
Le Manifesteur avec la Porte 36 n'attend pas que la crise se présente, il l'initie souvent lui-même en créant des changements radicaux.
Défi : rejet et résistance
Conseil : informer avant d'agir pour éviter les conflits

GÉNÉRATEUR : Répondre aux expériences qui le nourrissent émotionnellement
Le Générateur avec la Porte 36 traverse les crises et les changements en

fonction des opportunités qui s'offrent à lui.
Défi : frustration si ses expériences ne sont pas alignées avec ses désirs profonds
Conseil : écouter sa réponse sacrale pour choisir les bonnes expériences

Le **Manifesteur-Générateur** : Explorer le changement avec rapidité et adaptabilité
Le MG avec la Porte 36 peut être très rapide dans sa manière d'expérimenter et d'apprendre, mais doit faire attention à ne pas se précipiter.

PROJECTEUR : Guider les autres à travers les périodes de crise
Le Projecteur avec la Porte 36 perçoit comment les autres traversent leurs émotions et peut les aider à les gérer avec plus de clarté.
Défi : besoin de reconnaissance et fatigue émotionnelle
Conseil : attendre d'être invité avant d'offrir son aide émotionnelle

RÉFLECTEUR : Refléter les cycles émotionnels et les transformations collectives
Le Réflecteur avec la Porte 36 absorbe et reflète la manière dont les autres vivent leurs crises et leurs émotions.
Défi : confusion entre ses propres émotions et celles du collectif
Conseil : prendre du recul avant d'être absorbé par les émotions des autres

NUANCES EN FONCTION DE LA PLANÈTE
SOLEIL en Porte 36 Briller à travers la résilience émotionnelle et la capacité à évoluer après une crise
Le Soleil illumine une capacité à traverser les turbulences avec sagesse et force.
Défi : Risque de dramatiser les situations et d'être submergé par l'émotion
Conseil : Voir chaque crise comme une opportunité d'apprentissage et de transformation

TERRE en Porte 36 Ancrer l'intensité émotionnelle dans la stabilité et la patience
Avec la Terre, il est crucial de ne pas se laisser emporter par les hauts et les bas émotionnels.
Défi : Être constamment en quête de nouveauté pour éviter l'ennui
Conseil : Trouver du sens dans chaque expérience plutôt que de rechercher l'excitation constante

LUNE en Porte 36 Un rapport aux émotions en flux constant
Avec la Lune, les crises émotionnelles suivent des cycles, et l'individu peut ressentir de fortes fluctuations.
Défi : Instabilité émotionnelle et difficulté à anticiper ses réactions
Conseil : Observer ses cycles pour mieux comprendre et accepter ses variations émotionnelles

MERCURE en Porte 36 L'art de raconter et de transmettre ses expériences émotionnelles
Mercure apporte une capacité à communiquer sur ses crises et à en faire des récits inspirants.
Défi : Risque d'amplifier les drames pour capter l'attention
Conseil : Trouver un équilibre entre authenticité et dramatisation

VÉNUS en Porte 36 Un amour passionnel et marqué par des hauts et des bas
Vénus accentue l'intensité des relations amoureuses, pouvant osciller entre extase et désespoir.
Défi : Tomber dans des relations toxiques ou dramatiques
Conseil : Apprendre à aimer sans se laisser emporter par l'émotion brute

MARS en Porte 36 Une impulsion forte à rechercher des expériences intenses
Mars pousse à plonger dans des situations émotionnellement intenses sans toujours réfléchir aux conséquences.
Défi : Prendre des décisions hâtives sous l'effet des émotions
Conseil : Pratiquer la patience avant d'agir impulsivement

JUPITER en Porte 36 L'expansion et la croissance à travers les expériences de vie
Jupiter favorise une vision optimiste des crises comme des opportunités de progression.
Défi : Chercher toujours plus d'expériences intenses au risque de l'épuisement
Conseil : Apprendre à apprécier aussi les moments de calme et de simplicité

SATURNE en Porte 36 La discipline dans la gestion des crises émotionnelles
Saturne impose une leçon de maîtrise émotionnelle, obligeant à gérer ses émotions avec maturité.
Défi : Sentiment d'être coincé dans des situations difficiles
Conseil : Voir chaque crise comme un test permettant de renforcer sa résilience

URANUS en Porte 36 Une approche révolutionnaire des émotions et de la transformation
Uranus apporte une manière unique et innovante de gérer les crises et de les dépasser.
Défi : Tendance à rechercher l'instabilité et à rejeter la routine
Conseil : Trouver un équilibre entre changement et continuité

NEPTUNE en Porte 36 L'émotion comme portail vers une transformation spirituelle
Avec Neptune, les crises émotionnelles peuvent être vécues comme des initiations mystiques.
Défi : Se perdre dans des illusions ou des attentes irréalistes
Conseil : Ancrer ses expériences émotionnelles dans la réalité pour en tirer des leçons concrètes

PLUTON en Porte 36 La transformation radicale à travers l'expérience émotionnelle
Pluton force à faire face aux aspects les plus profonds et inconfortables des émotions humaines.
Défi : Être confronté à des crises majeures et à des expériences de destruction/reconstruction
Conseil : Accepter que chaque effondrement émotionnel est une opportunité de renaissance

---

INTROSPECTION & RÉFLEXION
1. Qu'est-ce que j'apprends de mes moments de crise émotionnelle ? Comment ces expériences contribuent-elles à mon développement personnel ?
2. Comment puis-je rester présent dans mes émotions sans me laisser submerger ?
3. Quelles pratiques ou routines puis-je intégrer pour mieux gérer les moments de tumulte ou d'incertitude ?
4. Dans quelles situations ai-je réussi à surmonter une crise ? Que m'a appris cette expérience sur ma force intérieure ?
5. Comment puis-je offrir mon soutien à ceux qui traversent des moments émotionnellement difficiles ?
6. Comment puis-je faire face aux défis de manière constructive, en les considérant comme des opportunités de transformation personnelle ?

CANAL 35/36 - CANAL DE LA TRANSITION

Type de canal : Manifesteur
Portes : 36 (La Crise) et 35 (Le Progrès)
Centres impliqués : Plexus Solaire → Gorge
Circuit : Circuit Collectif - Ressenti
Thème principal : La soif d'expériences et la transformation par l'émotion
Sens dominant : La vue
Rôle : Explorer, vivre et partager les expériences pour enrichir la conscience collective.

"Je me laisse guider par la vague de la vie, chaque expérience est un chapitre, chaque émotion un guide vers la sagesse."

LES DYNAMIQUES DU CANAL 35/36

L'impulsion de l'expérience

La Porte 36, issue du centre du Plexus Solaire, est l'énergie brute de l'aventure émotionnelle. C'est la porte de la crise, mais aussi celle de l'élan vers l'inconnu. Cette énergie pousse à rechercher des expériences nouvelles pour combler une insatisfaction intérieure.

L'expression du progrès

La Porte 35, située dans le centre de la Gorge, donne la capacité de partager les expériences vécues. Elle transforme l'excitation initiale en un récit, une leçon ou une transmission pour les autres.

Un canal d'autorité émotionnelle

Ce canal fonctionne par vagues émotionnelles. La clarté ne vient qu'après avoir traversé des hauts et des bas, soulignant l'importance de ne pas agir sur un coup de tête. La patience est la clé pour éviter des aventures prématurées ou des engagements mal avisés.

L'expérience humaine du canal 36/35

1. **Un cœur aventureux** : Ce canal pousse à sortir des sentiers battus, à explorer le nouveau, l'inconnu. C'est la curiosité pure, celle qui veut tout expérimenter pour comprendre la vie par l'expérience directe.
2. **La quête de sens** : Les expériences ne sont pas seulement des aventures extérieures, mais aussi des explorations intérieures.

Chaque étape apporte une nouvelle perspective sur soi-même et sur le monde.
3. **L'expression des leçons :** Avec la porte 35 en lien avec la Gorge, il ne s'agit pas seulement de vivre, mais aussi de raconter. Les récits inspirent, préviennent et partagent la sagesse acquise sur le chemin.

DÉFIS ET OMBRES
- **L'impatience de la nouveauté :** La soif d'expériences peut entraîner des décisions impulsives, surtout si l'on agit au sommet d'une vague émotionnelle.
- **Le piège de l'ennui :** Une fois qu'une expérience est vécue, le sentiment de vide peut apparaître, poussant à chercher constamment la prochaine aventure.
- **L'idéalisation des expériences :** L'anticipation peut embellir la réalité, conduisant à la déception si l'expérience ne répond pas aux attentes.

L'importance de la clarté émotionnelle
- **Attendre la stabilité :** Ne jamais s'engager sous le coup de l'émotion. Attendre que la vague émotionnelle se calme pour prendre des décisions éclairées.
- **Apprécier le chemin :** Chaque expérience a sa valeur, même si elle ne mène pas à un résultat tangible. L'important est ce que l'on apprend en chemin.
- **Partager avec authenticité :** Les récits d'expériences peuvent guider les autres, mais seulement s'ils sont transmis sans embellissement ni dramatisation.

Ce canal est une invitation constante à élargir ses horizons, tant intérieurs qu'extérieurs. Il incarne la transition entre l'innocence et la sagesse, où chaque expérience devient un trésor à partager. Lorsqu'il est vécu avec patience et authenticité, il devient un puissant moteur de croissance personnelle et collective.

"Je vis, j'apprends, je partage. Chaque émotion est un guide, chaque expérience un cadeau."

PORTE 37 LA FAMILLE

"En cultivant l'harmonie et le soutien mutuel, je crée un monde basé sur l'union et le respect."

PORTE DE L'AMITIÉ

La Porte 37 est celle de la fraternité, du soutien et de la collaboration. Située dans le Centre Émotionnel (Plexus Solaire), elle représente le besoin fondamental d'appartenir à une communauté et d'établir des liens basés sur la confiance et la réciprocité.

Elle fonctionne avec la Porte 40 (l'indépendance et la volonté de contribuer) pour former le canal 37-40 de la Communauté, qui incarne l'échange équilibré entre donner et recevoir au sein des structures sociales et familiales.

Physiologie : Plexus Solaire / Ganglions Dorsaux
Acide Aminé : Proline
Cercle de Codons : Le Cercle de la Divinité (22, 36, 37, 63)
Partenaire de programmation : Clé génétique 40
Centre : Centre du Plexus Solaire
Quart : Initiation

Ligne 1 - La mère/ le père
Ligne 2 - La responsabilité
Ligne 3 - L'accommodation
Ligne 4 - Le leadership par l'exemple
Ligne 5 - L'amour
Ligne 6 - L'objectif

Canal : 37/40 - Canal de la Communauté : Lorsque la Porte 37 se connecte à la Porte 40 (Centre du Cœur/Ego), elle forme un canal qui favorise l'équilibre entre donner et recevoir, soutenant les relations communautaires et familiales à travers des accords mutuels fondés sur la confiance.
Circuit : Circuit de l'Ego

Siddhi : Tendresse | **Don :** Egalité | **Ombre :** Faiblesse

PLEXUS SOLAIRE

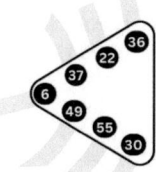

ESSENCE DE LA PORTE

L'archétype de la Porte 37 est celui du Diplomate et du Gardien de l'Harmonie. Cette énergie favorise la création de relations basées sur le respect, l'entraide et l'équilibre des rôles. Elle encourage la coopération au sein des groupes et des familles, assurant une stabilité émotionnelle et matérielle.

Son défi est d'apprendre à ne pas s'oublier dans le désir d'harmonie et d'éviter les relations de dépendance ou de sacrifice excessif.

RÔLE DANS LES INTERACTIONS

Dans les relations, la Porte 37 agit comme une énergie de connexion et de stabilité. Les porteurs de cette énergie ont un talent naturel pour créer des liens de confiance et pour assurer la cohésion dans leur entourage, qu'il s'agisse de la famille, des amis ou des relations professionnelles.

DÉFIS

- Risque de se sacrifier pour les autres sans recevoir en retour.
- Tendance à rechercher une validation extérieure excessive à travers les relations.
- Difficulté à fixer des limites et à dire non lorsque c'est nécessaire.

TALENTS

- Capacité à créer des relations basées sur l'harmonie, le respect et la loyauté.
- Talent pour fédérer les groupes et construire des environnements où chacun se sent soutenu et valorisé.
- Influence naturelle qui renforce l'esprit communautaire et la solidarité.

EXPRESSION DÉSÉQUILIBRÉE

Lorsqu'elle est désalignée, la Porte 37 peut se manifester par une dépendance émotionnelle excessive ou par une tendance à donner sans discernement. Elle peut aussi entraîner des attentes irréalistes envers les autres, provoquant des déséquilibres dans les relations.

MAÎTRISE

En équilibre, la Porte 37 devient une force d'unité et de soutien inconditionnel. Elle enseigne que les relations les plus nourrissantes sont celles qui respectent les besoins mutuels et qui reposent sur un véritable échange.

MANIFESTATION DANS LA VIE QUOTIDIENNE ET LE BUSINESS
Vie Quotidienne :
Dans la vie personnelle, cette Porte se manifeste par un engagement sincère envers les proches et un désir d'équité dans les relations. Elle favorise la construction de liens solides et authentiques.

Application en Business :
Dans un contexte professionnel, la Porte 37 excelle dans des rôles où la coopération et la gestion des relations sont essentielles, comme les ressources humaines, le coaching, la médiation ou le management d'équipe. Elle est idéale pour les environnements où la confiance et la loyauté sont des piliers du succès.

INFLUENCE ÉNERGÉTIQUE COLLECTIVE (TRANSITS)
Lorsqu'activée dans les transits, la Porte 37 invite le collectif à renforcer les liens de solidarité et à cultiver des relations basées sur l'équilibre et le respect mutuel. C'est un moment propice pour travailler sur les engagements relationnels et restaurer la confiance dans les dynamiques de groupe.

NUANCES EN FONCTION DE LA LIGNE
LIGNE 1 : Comprendre les bases des relations avant de s'engager
Les individus avec la Porte 37 en Ligne 1 ressentent le besoin de construire une base solide dans leurs relations avant de s'impliquer pleinement. Ils recherchent une sécurité et une compréhension des dynamiques relationnelles.

Défi : peur de l'instabilité relationnelle et hésitation à s'ouvrir

Conseil : accepter que la confiance se développe avec le temps

LIGNE 2 : Relations instinctives et loyauté naturelle
Les personnes avec la Porte 37 en Ligne 2 possèdent une capacité intuitive à se connecter avec les autres et à développer des liens sincères. Elles ressentent immédiatement si une relation est juste ou non.

Défi : difficulté à expliquer ses choix relationnels et besoin de liberté

Conseil : faire confiance à son instinct tout en restant ouvert aux nouvelles connexions

LIGNE 3 : Expérimenter différentes formes de relations
Les individus avec la Porte 37 en Ligne 3 découvrent ce qui fonctionne dans leurs relations en expérimentant et en ajustant leurs attentes au fil du temps.

Défi : instabilité relationnelle et peur de l'abandon

Conseil : voir chaque relation comme une opportunité d'apprentissage

LIGNE 4 : Influencer et rassembler par la bienveillance

Les individus avec la Porte 37 en Ligne 4 ont une capacité naturelle à fédérer et à créer des liens harmonieux autour d'eux. Ils savent comment maintenir l'équilibre et encourager la coopération.

Défi : peur du rejet et tendance à vouloir plaire

Conseil : apprendre à poser ses limites sans crainte de perdre les autres

LIGNE 5 : Structurer des relations durables et équilibrées

Les individus avec la Porte 37 en Ligne 5 ont une approche pragmatique et stratégique des relations. Ils savent comment organiser les dynamiques relationnelles pour assurer une stabilité à long terme.

Défi : pression des attentes extérieures et peur de la dépendance

Conseil : établir des relations saines et équilibrées

LIGNE 6 : Observer et comprendre les dynamiques relationnelles

Les individus avec la Porte 37 en Ligne 6 adoptent une vision globale des relations et des systèmes de soutien mutuel. Ils comprennent que chaque relation suit son propre cycle et qu'il est important de respecter le rythme de chacun.

Défi : détachement excessif et hésitation à s'investir

Conseil : équilibrer sagesse et participation

NUANCES EN FONCTION DU TYPE

MANIFESTEUR : Initier des dynamiques relationnelles sans dépendance

Le Manifesteur avec la Porte 37 n'attend pas d'être invité pour créer des liens, mais cherche des relations qui respectent son indépendance.

Défi : rejet et incompréhension

Conseil : informer avant de s'engager pour éviter la confusion

GÉNÉRATEUR : Bâtir des relations sur la satisfaction et l'échange

Le Générateur avec la Porte 37 s'épanouit dans les relations où il ressent une connexion naturelle et un équilibre énergétique.

Défi : frustration si ses relations ne sont pas alignées avec lui

Conseil : écouter sa réponse sacrale pour choisir les bonnes connexions

Le **Manifesteur-Générateur** : Explorer et structurer ses relations avec souplesse

Le MG avec la Porte 37 peut expérimenter plusieurs types de relations avant de trouver celles qui lui conviennent vraiment.

PROJECTEUR : Guider les autres vers des relations plus équilibrées
Le Projecteur avec la Porte 37 perçoit comment les autres construisent leurs relations et peut les aider à mieux gérer leurs dynamiques relationnelles.
Défi : besoin de reconnaissance et fatigue émotionnelle
Conseil : attendre d'être invité avant d'intervenir dans les relations des autres

RÉFLECTEUR : Refléter la qualité des liens dans un groupe
Le Réflecteur avec la Porte 37 absorbe et reflète l'état des relations autour de lui, offrant une perspective unique sur l'harmonie collective.
Défi : confusion entre ses propres émotions et celles du groupe
Conseil : prendre du recul avant de s'engager émotionnellement

NUANCES EN FONCTION DE LA PLANÈTE
SOLEIL en Porte 37 Briller à travers la solidarité et l'esprit de famille
Le Soleil en Porte 37 met en lumière l'importance des relations humaines et du soutien mutuel.
Défi : Se sentir responsable de tout et de tout le monde
Conseil : Apprendre à donner sans s'oublier

TERRE en Porte 37 Ancrer la cohésion tribale dans des valeurs solides
Avec la Terre, il y a un besoin profond d'appartenir à un groupe stable et fiable.
Défi : Être trop rigide dans sa vision des rôles familiaux et sociaux
Conseil : Rester ouvert aux évolutions des dynamiques relationnelles

LUNE en Porte 37 Un attachement émotionnel fort à la communauté
Avec la Lune, les relations et le besoin d'appartenance fluctuent au gré des émotions.
Défi : Sentiment d'abandon ou de solitude quand les liens semblent instables
Conseil : Cultiver un sentiment de sécurité intérieure indépendamment des autres

MERCURE en Porte 37 L'art de communiquer et de négocier dans le cercle familial et social
Avec Mercure, l'individu sait exprimer les besoins de la communauté et trouver des solutions équilibrées.
Défi : Risque de manipuler les autres pour maintenir l'harmonie
Conseil : Pratiquer une communication honnête et transparente

VÉNUS en Porte 37 Un amour basé sur l'engagement et la loyauté
Vénus favorise une vision douce et bienveillante des relations, avec un fort attachement aux traditions.
Défi : Se conformer aux attentes des autres par peur du rejet
Conseil : Trouver un équilibre entre loyauté et authenticité

MARS en Porte 37 Une énergie dynamique pour défendre et protéger son clan
Mars donne une impulsion forte à soutenir et protéger ceux qu'on aime.
Défi : Risque d'être trop directif ou autoritaire dans les relations
Conseil : Laisser les autres exprimer leurs propres besoins et limites

JUPITER en Porte 37 L'expansion des valeurs communautaires et familiales
Jupiter favorise une capacité à inspirer et à créer un cadre sécurisant pour la communauté.
Défi : Vouloir imposer ses valeurs au groupe
Conseil : Respecter la diversité des points de vue et des dynamiques familiales

SATURNE en Porte 37 La discipline et la responsabilité dans les engagements familiaux
Saturne impose une rigueur dans le respect des accords et des responsabilités tribales.
Défi : Se sentir accablé par les attentes des autres
Conseil : Apprendre à poser des limites claires

URANUS en Porte 37 Une approche innovante des relations et des structures familiales
Uranus pousse à réinventer les traditions et à créer de nouveaux modèles de communauté.
Défi : Se sentir en décalage avec les normes sociales
Conseil : Trouver des moyens de combiner innovation et respect des liens existants

NEPTUNE en Porte 37 L'idéalisation de la famille et de la communauté
Avec Neptune, la Porte 37 aspire à un amour inconditionnel et une unité harmonieuse.
Défi : Être déçu par la réalité des relations humaines
Conseil : Apprendre à accepter les imperfections du groupe tout en restant fidèle à ses idéaux

PLUTON en Porte 37 La transformation à travers les dynamiques tribales et familiales

Pluton pousse à des remises en question profondes des schémas familiaux et sociaux.
Défi : Conflits majeurs et crises dans les relations proches
Conseil : Voir chaque tension comme une opportunité de renouveau et de croissance

INTROSPECTION & RÉFLEXION
1. Comment puis-je contribuer à des relations plus équilibrées et harmonieuses dans ma vie ?
2. Dans quelles situations ai-je tendance à me sacrifier pour le bien de l'harmonie ? Comment puis-je mieux respecter mes propres besoins ?
3. Comment est-ce que je me sens lorsque je donne et reçois dans mes relations ? Suis-je à l'aise avec la réciprocité ?
4. De quelle manière puis-je offrir un espace de soutien pour que mes proches se sentent compris et acceptés ?
5. Comment puis-je encourager la vulnérabilité et l'authenticité dans mes amitiés ?
6. De quelles façons est-ce que j'accepte mes propres émotions tout en étant un soutien pour celles des autres ?

CANAL 37/40 - CANAL DE LA COMMUNAUTÉ

Type de canal : Projecteur
Portes : 37 (L'Amitié) et 40 (La Détermination)
Centres impliqués : Plexus Solaire → Cœur/Ego
Circuit : Circuit Tribal – Soutien
Thème principal : L'équilibre entre engagement communautaire et autonomie personnelle
Sens dominant : Le toucher
Rôle : Négocier des accords affectifs et matériels pour un soutien mutuel.

"Je donne avec cœur, je reçois avec gratitude. L'équilibre entre communauté et individualité est ma vraie richesse."

LES DYNAMIQUES DU CANAL 37/40

Le lien communautaire
La Porte 37, issue du centre du Plexus Solaire, incarne l'esprit de la communauté et du soutien affectif. C'est l'énergie du rassemblement, de la famille, du clan, avec un besoin profond de connexion émotionnelle.

La force de l'indépendance
La Porte 40, située dans le centre de l'Ego/Cœur, apporte la détermination à se libérer des obligations une fois que l'engagement a été honoré. C'est l'énergie de celui qui travaille dur pour le bien commun, mais qui a besoin de solitude pour se ressourcer.

Un canal de négociation affective
Ce canal fonctionne comme un contrat social et émotionnel. Il ne s'agit pas seulement d'échange matériel, mais aussi de respect des besoins affectifs. Chaque engagement demande un équilibre entre ce qui est donné et ce qui est reçu.

L'expérience humaine du canal 37/40
- **Le pilier du soutien** : Vous êtes naturellement enclin à prendre soin des autres, à créer des environnements sécurisants et chaleureux. Vous recherchez la cohésion et la stabilité dans les relations.
- **L'appel de la liberté** : Tout en étant dévoué à votre communauté, vous ressentez un besoin fort d'indépendance. Après avoir donné, vous avez besoin de solitude pour recharger vos batteries.

- **La négociation relationnelle** : Votre talent réside dans la capacité à établir des accords clairs, que ce soit dans les relations familiales, amicales ou professionnelles. Vous veillez à ce que chacun reçoive ce dont il a besoin, tout en respectant vos propres limites.

Défis et ombres du canal 37/40
- **Le sacrifice excessif** : Le désir de soutien peut vous pousser à vous sur investir, au risque de l'épuisement si vos propres besoins ne sont pas respectés.
- **Le sentiment de solitude** : Si la reconnaissance n'est pas présente, la porte 40 peut se retirer, entraînant un sentiment d'isolement ou de rejet.
- **La dépendance affective** : La Porte 37 peut créer un attachement excessif aux relations, rendant difficile la séparation même lorsque la relation n'est plus équilibrée.

L'importance de l'équilibre entre communauté et autonomie
- **Négocier avec clarté** : Que ce soit pour des tâches domestiques, des responsabilités professionnelles ou des relations affectives, des accords explicites évitent les malentendus et les ressentiments.
- **Prendre soin de soi** : Après avoir soutenu les autres, il est essentiel de s'accorder du temps pour soi, sans culpabilité.
- **Respecter les émotions** : Les décisions doivent être prises avec clarté émotionnelle. Attendre la stabilisation des vagues émotionnelles permet d'éviter des engagements mal alignés.

Ce canal incarne la danse subtile entre l'engagement communautaire et la préservation de l'individualité. C'est une voie de coopération, où chaque partie est valorisée et respectée. Lorsqu'il est vécu avec conscience, il devient une source de soutien mutuel et d'épanouissement personnel.

"J'offre mon cœur à ma communauté, mais je veille à garder un espace sacré pour moi-même."

PORTE 38 L'OPPOSITION

"Mon combat pour ce qui a du sens est la source de ma véritable force intérieure."

PORTE DU BATTANT

La Porte 38 est celle de la lutte pour le sens, de la résistance et de la détermination à défendre ce qui est juste. Située dans le Centre de la Rate, elle représente le courage de se battre pour ses valeurs et de surmonter les défis de la vie. Elle fonctionne avec la Porte 28 (le défi existentiel et la peur de l'inutilité) pour former le canal 28-38 du Joueur, qui incarne la quête de sens et la capacité à transformer l'adversité en force intérieure.

Physiologie : Physiologie : Surrénales
Acide Aminé : Arginine
Cercle de Codons : Le Cercle de l'Humanité (10, 17, 21, 25, 38,51)
Partenaire de programmation : Clé génétique 39
Centre : Centre Racine
Quart : Mutation

Ligne 1 - La qualification
Ligne 2 - La politesse
Ligne 3 - L'alliance
Ligne 4 - L'investigation
Ligne 5 - L'aliénation
Ligne 6 - Le malentendu

Canal : 38/28 - Canal de la Lutte : Lorsque la Porte 38 se connecte à la Porte 28 (Centre de la Rate), elle forme un canal qui allie ténacité et recherche de sens, permettant de transformer la lutte en un chemin d'évolution et d'accomplissement.
Circuit : Circuit du Savoir

Siddhi : Honneur | **Don** : Persévérance | **Ombre** : Lutte

CENTRE RACINE

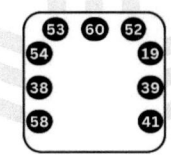

ESSENCE DE LA PORTE

L'archétype de la Porte 38 est celui du Guerrier de la Lumière. Cette énergie pousse à résister aux influences externes et à défendre ses convictions avec force et intégrité. Elle est essentielle pour apporter un changement positif et refuser la complaisance.

Son défi est d'apprendre à choisir ses batailles avec discernement, pour ne pas s'épuiser dans des conflits inutiles.

RÔLE DANS LES INTERACTIONS

Dans les relations, la Porte 38 agit comme une énergie de confrontation constructive. Les porteurs de cette énergie défendent avec ardeur leurs convictions et encouragent les autres à faire de même, tout en remettant en question ce qui ne semble pas aligné.

DÉFIS

- Risque de confrontation inutile ou de lutte perpétuelle sans objectif clair.
- Tendance à percevoir le monde comme un combat constant.
- Difficulté à lâcher prise face aux situations où la résistance n'est pas nécessaire.

TALENTS

- Capacité à rester debout face à l'adversité et à défendre des causes importantes.
- Talent pour détecter les défis qui en valent la peine et s'investir pleinement dans ce qui a du sens.
- Influence naturelle qui inspire les autres à se battre pour leurs convictions et à persévérer face aux épreuves.

EXPRESSION DÉSÉQUILIBRÉE

Lorsqu'elle est désalignée, la Porte 38 peut se manifester par une tendance à se battre sans raison valable ou à voir des adversaires partout. Elle peut aussi entraîner une résistance excessive au changement, créant des conflits inutiles.

MAÎTRISE

En équilibre, la Porte 38 devient une force de courage et d'intégrité. Elle enseigne que la vraie lutte est celle qui mène à une vie alignée, où chaque effort contribue à un but plus grand et porteur de sens.

MANIFESTATION DANS LA VIE QUOTIDIENNE ET LE BUSINESS
Vie Quotidienne :

Dans la vie personnelle, cette Porte se manifeste par une résilience exceptionnelle et une capacité à surmonter les épreuves avec dignité. Elle favorise une approche consciente des défis, en distinguant ceux qui méritent d'être relevés de ceux qui sont inutiles.

Application en Business :

Dans un contexte professionnel, la Porte 38 excelle dans des rôles où la persévérance et la stratégie sont clés, comme le leadership, l'entrepreneuriat ou les domaines nécessitant de la ténacité. Elle est idéale pour ceux qui se battent pour des causes, innovent face à l'adversité et défendent des valeurs fortes.

INFLUENCE ÉNERGÉTIQUE COLLECTIVE (TRANSITS)

Lorsqu'activée dans les transits, la Porte 38 invite le collectif à examiner ce qui mérite vraiment d'être défendu. C'est un moment propice pour canaliser son énergie dans des luttes constructives et laisser de côté les combats inutiles.

NUANCES EN FONCTION DE LA LIGNE
LIGNE 1 : Comprendre les luttes avant de s'engager

Les individus avec la Porte 38 en Ligne 1 ressentent le besoin de comprendre pourquoi ils se battent avant de s'investir pleinement dans un combat. Ils recherchent une base solide pour justifier leur engagement.

Défi : peur de choisir les mauvais combats et hésitation à agir

Conseil : accepter que la clarté vient aussi avec l'action

LIGNE 2 : Instinct de combat naturel et spontané

Les personnes avec la Porte 38 en Ligne 2 possèdent une capacité instinctive à identifier les combats qui méritent leur énergie. Elles se battent de manière spontanée, sans toujours savoir pourquoi.

Défi : difficulté à expliquer ses choix et tendance à l'isolement

Conseil : faire confiance à son instinct tout en restant ouvert aux retours extérieurs

LIGNE 3 : Apprendre à travers les luttes et les épreuves

Les individus avec la Porte 38 en Ligne 3 découvrent leurs combats en expérimentant et en s'adaptant aux défis rencontrés. Ils apprennent en se confrontant directement aux difficultés et en ajustant leur stratégie au fil du temps.

Défi : instabilité et lutte perpétuelle

Conseil : voir chaque lutte comme une occasion d'évolution

LIGNE 4 : Influencer et rassembler autour d'une cause

Les individus avec la Porte 38 en Ligne 4 ont une capacité naturelle à mobiliser et inspirer les autres autour de combats justes et essentiels. Ils savent comment unir les forces pour mener des luttes significatives.

Défi : peur du rejet et difficulté à imposer ses convictions

Conseil : affirmer ses valeurs sans chercher l'approbation de tous

LIGNE 5 : Structurer et mener les luttes de manière stratégique

Les individus avec la Porte 38 en Ligne 5 ont une approche pragmatique et visionnaire des combats à mener. Ils savent comment structurer une cause pour la rendre efficace et impactante.

Défi : pression des attentes extérieures et peur de l'échec

Conseil : choisir ses batailles avec discernement

LIGNE 6 : Observer et comprendre les cycles de lutte et d'opposition

Les individus avec la Porte 38 en Ligne 6 adoptent une vision globale des luttes et de leur impact sur la société. Ils comprennent que chaque combat s'inscrit dans un cycle plus large et qu'il faut savoir quand agir et quand se retirer.

Défi : détachement excessif et difficulté à s'engager

Conseil : utiliser son expérience pour guider les autres dans leurs combats

NUANCES EN FONCTION DU TYPE

MANIFESTEUR : Initier des combats qui bousculent et transforment

Le Manifesteur avec la Porte 38 prend l'initiative de mener des combats audacieux et n'attend pas la permission pour agir.

Défi : rejet et résistance

Conseil : informer avant d'agir pour éviter la résistance

GÉNÉRATEUR : Persévérer dans ses combats avec endurance

Le Générateur avec la Porte 38 trouve du sens en s'engageant pleinement dans des combats alignés avec son énergie et ses valeurs.

Défi : frustration si ses efforts ne portent pas leurs fruits immédiatement

Conseil : écouter sa réponse sacrale pour choisir les bonnes batailles

Le **Manifesteur-Générateur** : Explorer différentes luttes avant de s'engager

Le MG avec la Porte 38 peut être rapide dans ses décisions de lutte, mais doit veiller à ne pas se disperser.

PROJECTEUR : Guider les autres vers des combats plus alignés
Le Projecteur avec la Porte 38 perçoit comment les autres choisissent leurs luttes et peut les aider à mieux canaliser leur énergie.
Défi : besoin de reconnaissance et fatigue émotionnelle
Conseil : attendre d'être invité avant de guider les autres

RÉFLECTEUR : Refléter les dynamiques de combat et de résistance
Le Réflecteur avec la Porte 38 absorbe et reflète la manière dont le collectif gère ses luttes.
Défi : confusion entre ses propres combats et ceux du collectif
Conseil : observer avant de s'engager pour s'assurer que la lutte est alignée avec lui

NUANCES EN FONCTION DE LA PLANÈTE
SOLEIL en Porte 38 Briller à travers la force intérieure et la détermination
Le Soleil en Porte 38 renforce le besoin de lutter pour ce qui est juste et significatif.
Défi : Risque de se battre contre tout et d'épuiser son énergie
Conseil : Apprendre à discerner les combats qui en valent la peine

TERRE en Porte 38 Ancrer la combativité dans la sagesse et l'expérience
Avec la Terre, l'individu doit équilibrer sa lutte avec une certaine stabilité et patience.
Défi : Vouloir toujours prouver sa valeur à travers l'opposition
Conseil : Trouver une cause qui apporte un véritable sens à ses actions

LUNE en Porte 38 Une opposition émotionnelle cyclique
Avec la Lune, le besoin de lutter fluctue selon les cycles émotionnels.
Défi : Instabilité dans les engagements et les motivations
Conseil : Observer ses cycles internes pour comprendre quand agir et quand attendre

MERCURE en Porte 38 L'art de convaincre et d'exprimer ses luttes
Mercure apporte une capacité à exprimer ses combats avec clarté et persuasion.
Défi : Tendance à argumenter pour le plaisir de contredire
Conseil : Utiliser ses mots pour inspirer plutôt que pour diviser

VÉNUS en Porte 38 L'opposition dans les relations et l'amour de la justice
Vénus favorise un profond attachement aux valeurs d'intégrité et d'équité.
Défi : Attirer des relations conflictuelles ou être perçu comme trop exigeant
Conseil : Cultiver la compassion tout en défendant ses principes

MARS en Porte 38 Une combativité impulsive et passionnée
Mars donne une énergie forte pour défendre ses convictions et affronter les défis.
Défi : Prendre des risques inconsidérés dans la lutte
Conseil : Apprendre à canaliser son énergie pour éviter des conflits inutiles

JUPITER en Porte 38 L'expansion à travers la détermination et la persévérance
Jupiter amplifie la capacité à tirer des leçons des luttes et à grandir à travers elles.
Défi : Vouloir imposer ses valeurs aux autres
Conseil : Respecter la diversité des points de vue tout en restant fidèle à ses principes

SATURNE en Porte 38 La discipline et la responsabilité dans la lutte
Saturne impose une rigueur et une réflexion stratégique sur les combats à mener.
Défi : Se sentir coincé dans des luttes répétitives
Conseil : Apprendre à lâcher prise quand un combat ne sert plus son évolution

URANUS en Porte 38 Une approche originale et rebelle de la lutte
Uranus pousse à défier les conventions et à trouver des moyens novateurs de se battre pour ses idéaux.
Défi : Rejeter toute forme d'autorité sans discernement
Conseil : Trouver des alliés pour concrétiser des changements positifs

NEPTUNE en Porte 38 L'intuition et la spiritualité dans le choix des batailles
Avec Neptune, la Porte 38 se connecte à une vision plus profonde et spirituelle de la lutte.
Défi : Se perdre dans des idéaux ou des combats utopiques
Conseil : Ancrer ses aspirations dans des actions concrètes

PLUTON en Porte 38 La transformation par la confrontation et le dépassement de soi
Pluton force à faire face aux aspects les plus profonds et inconfortables de la lutte intérieure.

Défi : Être confronté à des crises majeures et à des situations de vie ou de mort
Conseil : Voir chaque difficulté comme une opportunité de renaissance

---

INTROSPECTION & RÉFLEXION
1. Quelles valeurs profondes me motivent à me battre et à persévérer dans la vie ?
2. Comment puis-je mieux distinguer les batailles qui en valent la peine de celles qui ne méritent pas mon énergie ?
3. Quels défis passés m'ont permis de développer ma persévérance et de renforcer mon courage ?
4. Comment puis-je utiliser les défis actuels pour renforcer ma résilience et approfondir mon engagement envers ce qui est important pour moi ?
5. Comment puis-je incarner l'honneur et l'intégrité dans mes relations et mes interactions professionnelles ?
6. Quels aspects de ma vie me demandent de défendre mes convictions avec plus de courage ?

CANAL 28/38 - CANAL DE LA LUTTE

Type de canal : Projecteur
Portes : 38 (L'Opposition) et 28 (Le Joueur)
Centres impliqués : Centre de la Racine → Centre Splénique
Circuit : Circuit de l'Individualité – Autonomisation
Thème principal : La lutte pour un but significatif
Sens dominant : L'ouïe (acoustique)
Rôle : Transformer les défis en opportunités, en quête d'un sens profond à l'existence.

"Je choisis mes batailles avec sagesse. Chaque défi que j'accepte nourrit ma quête de sens. Ma persévérance est la clé de ma vérité intérieure."

LES DYNAMIQUES DU CANAL 28/38

Une quête incessante de sens
Ce canal confère un besoin profond de comprendre le but de la vie. L'individu est continuellement poussé à explorer la signification des expériences et à trouver des raisons valables pour s'engager dans la lutte quotidienne.

Le courage face à l'adversité
La Porte 38 incarne la volonté de se battre pour ce qui a du sens. Elle donne la force d'affronter les obstacles avec ténacité, transformant chaque défi en opportunité de croissance.

L'intuition comme guide
La Porte 28, issue du centre splénique, apporte une conscience intuitive face aux risques. L'individu sait instinctivement si un défi mérite d'être relevé ou s'il s'agit d'un combat futile.

L'énergie de la racine : une pression constante
La pression de la Racine génère une énergie persistante, alimentant la motivation pour surmonter les obstacles. Cette tension peut être bénéfique si elle est canalisée vers des objectifs significatifs.

DÉFIS ET OMBRES
La lutte sans but
Lorsque le sens fait défaut, l'énergie de ce canal peut se transformer en obstination pure. L'individu peut se retrouver à se battre contre des moulins à vent, s'épuisant dans des conflits stériles.

La solitude dans la quête
Le besoin d'indépendance peut conduire à un isolement émotionnel. L'individu peut ressentir un décalage avec ceux qui n'aspirent pas à la même profondeur existentielle.

L'énergie mal dirigée
Sans discernement, la forte pression issue du centre de la Racine peut entraîner un excès de combats inutiles. Il est crucial de choisir ses batailles avec soin.

L'importance de la clarté et de la résilience
1. **Choisir ses luttes** Il est essentiel d'apprendre à différencier les batailles qui apportent un véritable sens de celles qui ne sont que des distractions.
2. **Canaliser l'énergie vers des objectifs significatifs** Utiliser l'énergie de la Racine pour des projets inspirants permet d'éviter la frustration et l'épuisement.
3. **Faire confiance à son intuition** La sagesse du centre splénique aide à évaluer si un défi mérite d'être relevé.

Le canal 38/28 est l'expression ultime de la résilience et de la quête existentielle. Il invite à embrasser la lutte, non par pure obstination, mais pour donner un sens profond à la vie. C'est un chemin de courage, où chaque défi devient une opportunité de transformation et d'épanouissement.

PORTE 39 L'OBSTACLE

"En défiant les limites et en éveillant les autres, je révèle le potentiel caché de la vie."

PORTE DE LA PROVOCATION

La Porte 39 est celle de la provocation, du défi et du déclenchement de l'éveil émotionnel. Située dans le Centre Racine, elle représente une énergie qui pousse à briser les schémas établis et à confronter les blocages pour libérer l'abondance intérieure. Elle fonctionne avec la **Porte 55 (l'abondance et la liberté émotionnelle)** pour former le canal 39-55 de l'Émotion Spirituelle, qui incarne la capacité à transformer la frustration en transcendance et en connexion profonde avec la vie.

Physiologie : Surrénales
Acide Aminé : Serine
Cercle de Codons : Le Cercle de la Quête (15, 39, 52, 53, 54, 58)
Partenaire de programmation : Clé génétique 38
Centre : Centre Racine
Quart : Civilisation

Ligne 1 - Le détachement
Ligne 2 - La confrontation
Ligne 3 - La responsabilité
Ligne 4 - La modération
Ligne 5 - L'acharnement
Ligne 6 - Le conciliateur

Canal : 39/55 - Canal de l'Abondance : Lorsque la Porte 39 se connecte à la Porte 55 (Centre Émotionnel), elle forme un canal qui intensifie l'expérience émotionnelle et invite à transcender les limitations pour atteindre la liberté et l'abondance.
Circuit : Circuit du Savoir

Siddhi : Libération | **Don** : Dynamique | **Ombre** : Provocation

CENTRE RACINE

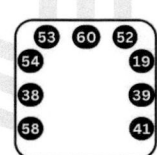

ESSENCE DE LA PORTE

L'archétype de la Porte 39 est celui du Provocateur Conscient. Cette énergie est destinée à challenger les émotions des autres et à déclencher des prises de conscience. Elle ne supporte pas la stagnation et cherche à éveiller les gens à leur véritable nature.

Son défi est d'apprendre à utiliser sa provocation de manière constructive, sans tomber dans la simple opposition ou le sabotage.

RÔLE DANS LES INTERACTIONS

Dans les relations, la Porte 39 agit comme une force provocatrice qui pousse les autres à sortir de leur zone de confort. Les porteurs de cette énergie remettent en question les limitations, encouragent la liberté d'expression et inspirent à transcender les peurs et les blocages.

DÉFIS

- Risque de provoquer involontairement des réactions défensives ou des conflits.
- Tendance à défier les autres sans intention claire, ce qui peut générer de la résistance.
- Difficulté à gérer l'impact de son énergie sur les autres et à discerner quand il est bon d'intervenir.

TALENTS

- Capacité à réveiller les autres et à les pousser vers leur plein potentiel.
- Talent pour briser les schémas limitants et créer des ouvertures vers de nouvelles possibilités.
- Influence naturelle qui encourage la prise de conscience et la libération des blocages émotionnels.

EXPRESSION DÉSÉQUILIBRÉE

Lorsqu'elle est désalignée, la Porte 39 peut se manifester par une provocation excessive ou un comportement conflictuel. Elle peut aussi entraîner une frustration face aux blocages perçus comme insurmontables, créant un sentiment de stagnation.

MAÎTRISE

En équilibre, la Porte 39 devient une force de transformation et de libération. Elle enseigne que les obstacles ne sont pas là pour nous limiter, mais pour nous apprendre à évoluer, à élargir notre conscience et à nous libérer de ce qui nous retient.

MANIFESTATION DANS LA VIE QUOTIDIENNE ET LE BUSINESS

Vie Quotidienne :

Dans la vie personnelle, cette Porte se manifeste par une capacité à défier le statu quo et à encourager les autres à s'élever au-delà de leurs peurs. Elle favorise une approche audacieuse et libératrice face aux défis de la vie.

Application en Business :

Dans un contexte professionnel, la Porte 39 excelle dans des rôles où la remise en question et l'innovation sont essentielles. Elle est idéale pour les coachs, les thérapeutes et les entrepreneurs qui aident les autres à se dépasser et à créer de nouvelles réalités.

INFLUENCE ÉNERGÉTIQUE COLLECTIVE (TRANSITS)

Lorsqu'activée dans les transits, la Porte 39 invite le collectif à affronter ses peurs et à dépasser les limitations. C'est un moment propice pour embrasser les défis avec courage et explorer de nouvelles perspectives de liberté et d'expansion.

NUANCES EN FONCTION DE LA LIGNE

LIGNE 1 : Comprendre la provocation avant de l'utiliser

Les individus avec la Porte 39 en Ligne 1 ressentent le besoin d'explorer et de comprendre leur pouvoir de provocation avant de l'exercer pleinement. Ils cherchent à analyser les blocages avant d'essayer de les surmonter.

Défi : peur d'aller trop loin et hésitation à provoquer un changement

Conseil : accepter que la transformation nécessite parfois une friction

LIGNE 2 : Provocation instinctive et naturelle

Les personnes avec la Porte 39 en Ligne 2 possèdent une capacité spontanée à provoquer des réactions émotionnelles sans effort conscient. Elles agissent de manière instinctive et leur présence seule peut déjà être un catalyseur.

Défi : difficulté à contrôler l'impact de sa provocation et risque d'être mal compris

Conseil : apprendre à maîtriser son énergie provocatrice

LIGNE 3 : Apprendre à travers l'expérimentation des blocages

Les individus avec la Porte 39 en Ligne 3 découvrent comment utiliser leur énergie de provocation en traversant différentes expériences et en ajustant

leur approche.
Défi : instabilité émotionnelle et difficulté à gérer les réactions des autres
Conseil : voir chaque confrontation comme un apprentissage

LIGNE 4 : Influencer et inspirer à travers la provocation positive
Les individus avec la Porte 39 en Ligne 4 ont une capacité naturelle à utiliser leur énergie pour éveiller les autres à travers une provocation bienveillante. Ils savent comment amener du changement sans confrontation agressive.
Défi : peur du rejet et tendance à éviter la confrontation
Conseil : oser être un catalyseur de transformation

LIGNE 5 : Transformer les résistances en opportunités
Les individus avec la Porte 39 en Ligne 5 ont une approche stratégique et pragmatique de la provocation. Ils savent comment utiliser leur énergie pour provoquer un changement constructif.
Défi : pression des attentes extérieures et peur d'être perçu comme manipulateur
Conseil : exercer son pouvoir de transformation avec discernement

LIGNE 6 : Observer et comprendre la provocation avant de l'exercer
Les individus avec la Porte 39 en Ligne 6 adoptent une vision plus élevée de la provocation et de la manière dont elle peut être utilisée pour libérer des blocages.
Défi : détachement excessif et hésitation à provoquer des changements
Conseil : équilibrer observation et action

NUANCES EN FONCTION DU TYPE
MANIFESTEUR : Provoquer des changements radicaux et immédiats
Le Manifesteur avec la Porte 39 n'attend pas l'autorisation pour provoquer et initier des transformations.
Défi : rejet et résistance
Conseil : informer avant d'agir pour éviter les conflits inutiles

GÉNÉRATEUR : Répondre aux provocations et transformer les blocages en énergie constructive
Le Générateur avec la Porte 39 trouve du sens à travers les défis et les résistances qu'il surmonte progressivement.
Défi : frustration si ses efforts ne débloquent pas immédiatement une

situation
Conseil : écouter sa réponse sacrale pour choisir les bonnes confrontations

Le **Manifesteur-Générateur** : Expérimenter et affiner l'art de la provocation
Le MG avec la Porte 39 peut être très rapide dans ses provocations, mais doit veiller à ne pas se disperser.

PROJECTEUR : Guider les autres à travers leurs blocages émotionnels
Le Projecteur avec la Porte 39 perçoit comment les autres sont affectés par leurs résistances et peut les aider à les dépasser.
Défi : besoin de reconnaissance et fatigue émotionnelle
Conseil : attendre d'être invité avant de provoquer un changement chez les autres

RÉFLECTEUR : Refléter les blocages collectifs et les libérations émotionnelles
Le Réflecteur avec la Porte 39 absorbe et reflète la manière dont les autres gèrent leurs blocages et leur transformation.
Défi : confusion entre ses propres luttes et celles du collectif
Conseil : observer avant d'agir pour s'assurer que la provocation est juste

NUANCES EN FONCTION DE LA PLANÈTE
SOLEIL en Porte 39 Briller à travers la capacité à défier et éveiller les autres
Le Soleil met en lumière une présence puissante et stimulante, qui pousse les autres à se confronter à leurs propres vérités.
Défi : Risque de provoquer pour provoquer, sans objectif précis
Conseil : Utiliser la provocation pour inspirer et non pour blesser

TERRE en Porte 39 Ancrer la provocation dans une intention positive
Avec la Terre, il est essentiel de rester connecté à une intention claire et alignée pour que la provocation mène à un éveil réel.
Défi : Se sentir frustré si la provocation ne donne pas immédiatement de résultats
Conseil : Laisser le temps aux autres de digérer l'impact de la confrontation

LUNE en Porte 39 Une provocation intuitive et cyclique
Avec la Lune, la capacité à provoquer varie selon les phases émotionnelles, influençant la manière dont les autres réagissent.
Défi : Manque de constance dans les interactions

Conseil : Observer ses propres cycles avant d'engager une provocation

MERCURE en Porte 39 L'art de la provocation verbale et du questionnement
Avec Mercure, l'individu sait utiliser les mots pour défier, stimuler et pousser à la réflexion.
Défi : Risque de blesser par des paroles trop directes
Conseil : Adapter le ton pour que la provocation reste constructive

VÉNUS en Porte 39 Un amour du jeu et du défi dans les relations
Vénus apporte une dimension charmeuse et ludique à la provocation, attirant des relations dynamiques et stimulantes.
Défi : Créer des tensions par des défis émotionnels incessants
Conseil : Trouver un équilibre entre stimulation et harmonie

MARS en Porte 39 Une impulsion forte à tester les limites
Mars donne une énergie brute qui pousse à confronter les autres sans filtre.
Défi : Être perçu comme agressif ou provocateur à l'excès
Conseil : Canaliser cette force pour challenger les bonnes personnes au bon moment

JUPITER en Porte 39 L'expansion par l'éveil émotionnel des autres
Jupiter favorise une capacité naturelle à inspirer des transformations profondes chez autrui.
Défi : Vouloir trop enseigner ou guider sans laisser de place au libre arbitre
Conseil : Provoquer avec bienveillance et laisser les autres cheminer à leur rythme

SATURNE en Porte 39 La discipline dans l'art de provoquer et d'éveiller
Saturne impose une rigueur et une responsabilité dans la manière d'utiliser la provocation.
Défi : Se sentir limité dans son besoin d'exprimer librement ses défis
Conseil : Comprendre que toutes les provocations ne sont pas utiles et choisir ses combats avec discernement

URANUS en Porte 39 Une approche unique et excentrique de la provocation
Uranus pousse à défier les normes et à utiliser la provocation pour briser les conditionnements.
Défi : Être perçu comme trop radical ou imprévisible
Conseil : Trouver des moyens de rendre ses défis accessibles au grand public

NEPTUNE en Porte 39 La provocation spirituelle et mystique
Avec Neptune, la Porte 39 devient un canal de transformation spirituelle, poussant les autres à revoir leurs croyances profondes.
Défi : Se perdre dans une provocation floue ou incomprise
Conseil : Ancrer ses questionnements dans des réalités tangibles

PLUTON en Porte 39 La transformation profonde à travers l'art de défier les certitudes
Pluton amène des confrontations radicales qui forcent à une mutation émotionnelle ou spirituelle.
Défi : Expériences intenses de rejet ou d'opposition
Conseil : Accepter que certaines provocations soient nécessaires pour révéler la vérité

INTROSPECTION & RÉFLEXION

1. Comment puis-je utiliser ma capacité de provocation pour aider les autres à se libérer de leurs limitations émotionnelles ?
2. Comment puis-je tempérer ma provocation pour qu'elle reste constructive et bienveillante ?
3. Quels blocages émotionnels me limitent actuellement et que pourrais-je faire pour m'en libérer ?
4. Comment puis-je encourager une libération émotionnelle en moi-même et dans mes relations ?
5. Comment puis-je exprimer mes sentiments de manière authentique sans provoquer des tensions inutiles ?
6. Quelles parties de moi-même n'osent pas encore s'exprimer pleinement ? Comment puis-je les libérer ?

CANAL 39/55 - CANAL DE L'ÉMOTIVITÉ

Type de canal : Projecteur
Portes : 39 (La Provocation) et 55 (L'Esprit Libre)
Centres impliqués : Racine → Plexus Solaire
Circuit : Circuit de l'Individualité - Autonomisation
Thème principal : La transformation émotionnelle et spirituelle par la provocation
Sens dominant : L'ouïe (acoustique)
Rôle : Éveiller la conscience émotionnelle pour atteindre la liberté intérieure.

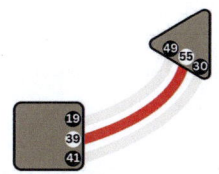

"Je traverse les vagues de mes émotions pour découvrir la liberté en mon cœur et dans mon âme."

LES DYNAMIQUES DU CANAL 39/55

La provocation comme catalyseur

La Porte 39, issue du centre de la Racine, agit comme un déclencheur émotionnel. C'est l'énergie de la provocation, non pour blesser, mais pour éveiller. Elle pousse les autres à reconnaître leurs propres émotions enfouies.

La liberté émotionnelle

La Porte 55, située dans le centre du Plexus Solaire, représente l'esprit de liberté. Elle incarne la capacité à se détacher des circonstances extérieures pour trouver la véritable abondance à l'intérieur de soi.

Un canal d'autorité émotionnelle

L'énergie du canal 39/55 fluctue selon les humeurs. Il s'agit d'un processus cyclique, où la clarté émotionnelle ne vient qu'après avoir traversé les vagues de la passion, de la mélancolie, de l'espoir et du désespoir.

L'expérience humaine du canal 39/55
- **Éveiller par la provocation :** Vous avez le don naturel de pousser les autres à explorer leurs émotions. Vos paroles, vos actes, même votre simple présence peuvent déclencher des prises de conscience profondes.
- **La mélancolie créative :** Ce canal est intimement lié à la mélancolie, non comme une faiblesse, mais comme un espace fertile pour la créativité. C'est dans les moments de repli que naissent souvent vos plus grandes inspirations.

- **La quête de liberté** : Vous recherchez une liberté qui va au-delà des contraintes matérielles ou sociales. C'est une liberté intérieure, née de l'acceptation totale de vos émotions, quelles qu'elles soient.

DÉFIS ET OMBRES
- **L'hypersensibilité** : Les provocations peuvent devenir destructrices si elles sont mal dirigées, entraînant des conflits inutiles ou des sentiments de rejet.
- **La mélancolie mal vécue** : Si la mélancolie n'est pas reconnue comme un espace de créativité, elle peut conduire à la dépression et à l'isolement.
- **L'impulsivité émotionnelle** : Sans attendre la clarté émotionnelle, il est facile de prendre des décisions hâtives, souvent regrettées par la suite.

L'importance de la clarté émotionnelle et de l'autonomisation
- **Accepter ses humeurs** : Ne cherchez pas à fuir la mélancolie ou à forcer la joie. Ces états sont naturels et font partie de votre processus créatif.
- **Attendre la clarté** : Ne prenez jamais de décisions importantes au sommet ou au creux d'une vague émotionnelle. L'attente garantit des choix alignés.
- **S'exprimer avec authenticité** : Que ce soit par l'art, la parole ou l'action, exprimer vos ressentis vous aide à naviguer vos émotions.

Ce canal incarne la puissance des émotions comme chemin d'émancipation. Il invite à embrasser chaque vague, chaque nuance, pour découvrir la liberté intérieure. Lorsqu'il est vécu consciemment, il devient un moteur de transformation personnelle et un phare pour les autres.

"Je n'ai pas besoin de comprendre chaque émotion. En les acceptant telles qu'elles sont, je trouve ma vraie liberté."

PORTE 40 LA LIBÉRATION

"Je trouve ma véritable force dans l'équilibre entre engagement et autonomie."

PORTE DE LA SOLITUDE

La Porte 40 est celle de la volonté, de l'indépendance et de la recherche de reconnaissance pour son travail. Située dans le Centre du Cœur (Égo), elle représente la capacité à donner sans attendre en retour, mais aussi le besoin d'un juste échange dans les relations et les engagements. Elle fonctionne avec la Porte 37 (l'amitié et la fraternité) pour former le canal 37-40 de la Communauté, qui incarne l'équilibre entre contribution individuelle et soutien collectif.

Physiologie : Estomac
Acide Aminé : Glycine
Cercle de Codons : Le Cercle de l'Alchimie (6, 40, 47, 64)
Partenaire de programmation : Clé génétique 37
Centre : Centre Coeur
Quart : Dualité

Ligne 1 - La récupération
Ligne 2 - La détermination
Ligne 3 - L'humilité
Ligne 4 - L'organisation
Ligne 5 - La rigidité
Ligne 6 - Le décapitation

Canal : 40/37 - Canal de la Communauté : Lorsque la Porte 40 se connecte à la Porte 37 (Centre Émotionnel), elle forme un canal qui favorise les accords et engagements mutuels, créant une dynamique équilibrée entre contribution et autonomie au sein des relations et des groupes.
Circuit : Circuit de l'Ego

Siddhi : Volonté divine | **Don** : Résolution | **Ombre** : Epuisement

CENTRE COEUR

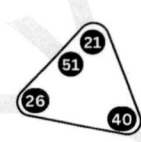

ESSENCE DE LA PORTE

L'archétype de la Porte 40 est celui du Travailleur Indépendant. Cette énergie est capable d'accomplir beaucoup de choses seule, mais a besoin de se sentir reconnue pour ses efforts. Elle est souvent associée à une forte volonté de réussir et à un profond désir d'autonomie.

Son défi est d'apprendre à demander de l'aide et à ne pas se surmener par fierté ou besoin de prouver sa valeur.

RÔLE DANS LES INTERACTIONS

Dans les relations, la Porte 40 agit comme une force qui structure les échanges et les accords. Les porteurs de cette énergie sont souvent dévoués, fiables et capables de soutenir les autres, mais ils ont aussi un besoin vital de solitude et de détachement pour recharger leur énergie.

DÉFIS

- Risque d'épuisement en donnant trop sans respecter ses propres limites.
- Tendance à refuser l'aide des autres par peur de perdre son autonomie.
- Difficulté à trouver un équilibre entre engagement et besoin d'indépendance.

TALENTS

- Capacité à établir des relations saines et équilibrées basées sur des accords clairs.
- Talent pour donner avec générosité tout en sachant préserver son espace personnel.
- Influence naturelle qui inspire les autres à trouver un équilibre entre contribution et liberté.

EXPRESSION DÉSÉQUILIBRÉE

Lorsqu'elle est désalignée, la Porte 40 peut se manifester par un surmenage, une tendance à assumer trop de responsabilités, ou au contraire, un rejet total des engagements par peur de perdre son indépendance.

MAÎTRISE

En équilibre, la Porte 40 devient une force de stabilité et de liberté consciente. Elle enseigne que l'engagement et l'indépendance ne sont pas opposés, mais qu'ils peuvent coexister dans une dynamique où chacun respecte ses propres besoins et ceux des autres.

MANIFESTATION DANS LA VIE QUOTIDIENNE ET LE BUSINESS
Vie Quotidienne :

Dans la vie personnelle, cette Porte se manifeste par un sens aigu du travail bien fait et du service aux autres, tout en valorisant des moments de solitude et de repos. Elle favorise des relations équilibrées où l'on donne sans s'épuiser.

Application en Business :

Dans un contexte professionnel, la Porte 40 excelle dans des rôles impliquant la gestion des ressources, la négociation et l'établissement d'accords justes. Elle est idéale pour ceux qui cherchent à bâtir des relations professionnelles solides tout en préservant leur autonomie.

INFLUENCE ÉNERGÉTIQUE COLLECTIVE (TRANSITS)

Lorsqu'activée dans les transits, la Porte 40 invite le collectif à réfléchir à l'équilibre entre travail et repos, entre engagement et indépendance. C'est un moment propice pour revoir ses responsabilités et ajuster ses accords pour mieux respecter son bien-être personnel.

NUANCES EN FONCTION DE LA LIGNE
LIGNE 1 : Comprendre les engagements avant de donner

Les individus avec la Porte 40 en Ligne 1 ressentent le besoin de comprendre ce à quoi ils s'engagent avant de donner leur énergie. Ils recherchent une sécurité et une clarté dans leurs engagements.

Défi : peur de donner trop et hésitation à s'investir

Conseil : accepter que l'expérience est le meilleur guide

LIGNE 2 : Donner de manière instinctive et naturelle

Les personnes avec la Porte 40 en Ligne 2 possèdent une capacité naturelle à offrir leur aide sans effort conscient. Elles ressentent intuitivement ce qui doit être donné et à qui.

Défi : difficulté à poser des limites et tendance à l'épuisement

Conseil : apprendre à discerner qui mérite son aide

LIGNE 3 : Expérimenter l'équilibre entre donner et préserver son énergie

Les individus avec la Porte 40 en Ligne 3 découvrent comment gérer leur énergie en testant différentes approches du don et de l'engagement.

Défi : instabilité et frustration dans les engagements

Conseil : voir chaque interaction comme un apprentissage

LIGNE 4 : influencer et créer des relations équilibrées
Les individus avec la Porte 40 en Ligne 4 ont une capacité naturelle à rassembler et à structurer des échanges harmonieux. Ils savent comment créer un climat de confiance et d'équilibre dans leurs relations.
Défi : peur du rejet et tendance à trop s'adapter
Conseil : apprendre à poser ses propres conditions sans crainte

LIGNE 5 : Organiser et structurer le don pour maximiser son impact
Les individus avec la Porte 40 en Ligne 5 ont une approche pragmatique et visionnaire du don et du travail. Ils savent comment structurer leurs engagements pour éviter l'épuisement.
Défi : pression des attentes extérieures et peur de la dépendance
Conseil : établir des limites claires et bienveillantes

LIGNE 6 : Observer et comprendre la dynamique du don
Les individus avec la Porte 40 en Ligne 6 adoptent une vision globale des échanges et du partage. Ils comprennent qu'un équilibre sain entre donner et recevoir est essentiel à la stabilité.
Défi : détachement excessif et difficulté à s'engager pleinement
Conseil : utiliser son expérience pour guider les autres vers une meilleure gestion de l'énergie

NUANCES EN FONCTION DU TYPE
MANIFESTEUR : Donner avec puissance mais sans se laisser enfermer
Le Manifesteur avec la Porte 40 donne lorsqu'il en ressent l'élan, mais refuse d'être contraint ou exploité.
Défi : rejet et résistance
Conseil : informer avant de s'engager pour éviter les malentendus

GÉNÉRATEUR : donner à travers un travail qui le nourrit
Le Générateur avec la Porte 40 trouve du sens à travers un travail et des engagements qui lui procurent satisfaction.
Défi : frustration si son énergie est mal utilisée
Conseil : écouter sa réponse sacrale pour choisir les bons engagements

Le **Manifesteur-Générateur** : Explorer différentes formes de don avant de s'engager
Le MG avec la Porte 40 peut tester plusieurs approches avant de trouver la meilleure manière d'utiliser son énergie.

PROJECTEUR : Guider les autres vers une meilleure gestion de leur énergie
Le Projecteur avec la Porte 40 perçoit comment les autres donnent leur énergie et peut les aider à mieux structurer leurs engagements.
Défi : besoin de reconnaissance et fatigue émotionnelle
Conseil : attendre d'être invité avant d'offrir son aide

RÉFLECTEUR : Refléter la manière dont les autres gèrent leurs engagements
Le Réflecteur avec la Porte 40 absorbe et reflète la qualité des relations et des échanges dans son environnement.
Défi : confusion entre ses propres besoins et ceux du collectif
Conseil : observer avant de s'engager pour s'assurer que l'échange est juste

NUANCES EN FONCTION DE LA PLANÈTE

SOLEIL en Porte 40 Briller par la force de l'engagement et la capacité à soutenir les autres
Le Soleil en Porte 40 met en lumière une volonté forte, capable de tenir ses promesses et d'accomplir des tâches difficiles.
Défi : Risque d'épuisement à force de vouloir toujours prouver sa valeur
Conseil : S'accorder du temps de repos et savoir déléguer

TERRE en Porte 40 Ancrer la volonté dans l'équilibre entre travail et détente
Avec la Terre, il est essentiel de trouver un rythme naturel qui permet de récupérer après l'effort.
Défi : Se sentir coupable lorsqu'on ne travaille pas
Conseil : Comprendre que la vraie force réside aussi dans la capacité à se reposer

LUNE en Porte 40 Une énergie de travail qui fluctue avec les cycles émotionnels
Avec la Lune, l'envie de travailler et de s'engager peut être irrégulière, rendant parfois l'effort difficile à maintenir.
Défi : Manque de constance dans l'engagement
Conseil : Accepter ces fluctuations et adapter son rythme en conséquence

MERCURE en Porte 40 La capacité à négocier et à communiquer sur l'importance du travail
Mercure renforce la capacité à parler de ses efforts et à expliquer pourquoi il est important de répartir les responsabilités.
Défi : Risque de trop promettre sans pouvoir tout accomplir

Conseil : Être clair sur ses limites et ne pas accepter plus qu'on ne peut gérer

VÉNUS en Porte 40 Un engagement guidé par les valeurs et l'amour de la communauté
Vénus apporte une volonté d'aider les autres et de maintenir l'harmonie à travers le travail et le soutien mutuel.
Défi : Se sacrifier pour les autres sans reconnaissance
Conseil : Trouver un équilibre entre donner et recevoir

MARS en Porte 40 Une énergie puissante mais parfois impulsive pour accomplir des tâches
Mars donne une volonté forte qui pousse à agir immédiatement, mais qui peut aussi s'épuiser rapidement.
Défi : Vouloir tout faire seul et refuser l'aide des autres
Conseil : Apprendre à collaborer et à déléguer

JUPITER en Porte 40 L'expansion de la volonté et du succès à travers l'engagement
Jupiter amplifie la capacité à prendre des responsabilités et à mener des projets de grande envergure.
Défi : Se laisser absorber par le travail au point d'en oublier ses propres besoins
Conseil : Fixer des limites et apprendre à dire non quand c'est nécessaire

SATURNE en Porte 40 La discipline et la structure dans la gestion de la volonté
Saturne impose un cadre rigoureux pour apprendre à équilibrer effort et récupération.
Défi : Se sentir oppressé par les attentes et les responsabilités
Conseil : Respecter son propre rythme et accepter que le repos fait partie du processus

URANUS en Porte 40 Une volonté rebelle qui cherche à redéfinir les normes du travail
Uranus pousse à remettre en question les règles établies sur l'engagement et la productivité.
Défi : Rejeter les engagements traditionnels sans proposer d'alternative stable
Conseil : Trouver des moyens innovants d'organiser son travail sans négliger ses obligations

NEPTUNE en Porte 40 Une volonté inspirée et tournée vers le service spirituel

Avec Neptune, l'engagement peut prendre une dimension mystique ou humanitaire.
Défi : Se perdre dans des idéaux sans tenir compte de la réalité matérielle
Conseil : Concilier inspiration et pragmatisme dans ses engagements

PLUTON en Porte 40 La transformation à travers le travail et l'effort collectif

Pluton pousse à vivre des expériences intenses qui obligent à repenser sa manière de travailler et de s'engager.
Défi : Être confronté à des crises liées au surmenage ou au manque de reconnaissance
Conseil : Comprendre que la véritable force ne réside pas seulement dans l'effort, mais aussi dans la capacité à se préserver

INTROSPECTION & RÉFLEXION

1. Comment puis-je équilibrer mon besoin de servir et mon besoin de me reposer ?
2. Quels signes indiquent que j'ai besoin de me retirer pour me ressourcer ?
3. Qu'est-ce qui me pousse parfois à ignorer mes besoins de repos pour aider les autres ?
4. Comment puis-je communiquer mes besoins de manière claire et respectueuse lorsque j'ai besoin de temps pour moi ?
5. Quelles pratiques puis-je intégrer pour maintenir mon énergie sans me sentir obligé(e) de tout donner ?
6. Comment puis-je inspirer les autres à prendre soin d'eux-mêmes en respectant mes propres limites ?

CANAL 37/40 - CANAL DE LA COMMUNAUTÉ

Type de canal : Projecteur
Portes : 37 (L'Amitié) et 40 (La Détermination)
Centres impliqués : Plexus Solaire → Cœur/Ego
Circuit : Circuit Tribal - Soutien
Thème principal : L'équilibre entre engagement communautaire et autonomie personnelle
Sens dominant : Le toucher
Rôle : Négocier des accords affectifs et matériels pour un soutien mutuel.

"Je donne avec cœur, je reçois avec gratitude. L'équilibre entre communauté et individualité est ma vraie richesse."

LES DYNAMIQUES DU CANAL 37/40

Le lien communautaire
La Porte 37, issue du centre du Plexus Solaire, incarne l'esprit de la communauté et du soutien affectif. C'est l'énergie du rassemblement, de la famille, du clan, avec un besoin profond de connexion émotionnelle.

La force de l'indépendance
La Porte 40, située dans le centre de l'Ego/Cœur, apporte la détermination à se libérer des obligations une fois que l'engagement a été honoré. C'est l'énergie de celui qui travaille dur pour le bien commun, mais qui a besoin de solitude pour se ressourcer.

Un canal de négociation affective
Ce canal fonctionne comme un contrat social et émotionnel. Il ne s'agit pas seulement d'échange matériel, mais aussi de respect des besoins affectifs. Chaque engagement demande un équilibre entre ce qui est donné et ce qui est reçu.

L'expérience humaine du canal 37/40
- **Le pilier du soutien** : Vous êtes naturellement enclin à prendre soin des autres, à créer des environnements sécurisants et chaleureux. Vous recherchez la cohésion et la stabilité dans les relations.
- **L'appel de la liberté** : Tout en étant dévoué à votre communauté, vous ressentez un besoin fort d'indépendance. Après avoir donné, vous avez besoin de solitude pour recharger vos batteries.

- **La négociation relationnelle** : Votre talent réside dans la capacité à établir des accords clairs, que ce soit dans les relations familiales, amicales ou professionnelles. Vous veillez à ce que chacun reçoive ce dont il a besoin, tout en respectant vos propres limites.

Défis et ombres du canal 37/40
- **Le sacrifice excessif** : Le désir de soutien peut vous pousser à vous sur investir, au risque de l'épuisement si vos propres besoins ne sont pas respectés.
- **Le sentiment de solitude** : Si la reconnaissance n'est pas présente, la porte 40 peut se retirer, entraînant un sentiment d'isolement ou de rejet.
- **La dépendance affective** : La Porte 37 peut créer un attachement excessif aux relations, rendant difficile la séparation même lorsque la relation n'est plus équilibrée.

L'importance de l'équilibre entre communauté et autonomie
- **Négocier avec clarté** : Que ce soit pour des tâches domestiques, des responsabilités professionnelles ou des relations affectives, des accords explicites évitent les malentendus et les ressentiments.
- **Prendre soin de soi** : Après avoir soutenu les autres, il est essentiel de s'accorder du temps pour soi, sans culpabilité.
- **Respecter les émotions** : Les décisions doivent être prises avec clarté émotionnelle. Attendre la stabilisation des vagues émotionnelles permet d'éviter des engagements mal alignés.

Ce canal incarne la danse subtile entre l'engagement communautaire et la préservation de l'individualité. C'est une voie de coopération, où chaque partie est valorisée et respectée. Lorsqu'il est vécu avec conscience, il devient une source de soutien mutuel et d'épanouissement personnel.

"J'offre mon cœur à ma communauté, mais je veille à garder un espace sacré pour moi-même."

PORTE 41 LA DIMINUTION

"Chaque nouvelle expérience est une porte vers l'infini potentiel de ma conscience."

PORTE DE LA CONTRACTION

La Porte 41 est celle de l'impulsion, du désir et du commencement de nouvelles expériences. Située dans le Centre Racine, elle représente l'énergie de départ, le déclencheur de nouvelles aventures et le moteur des cycles de transformation. Elle fonctionne avec la Porte 30 (le désir et la passion pour l'expérience) pour former le canal 41-30 de la Reconnaissance, qui incarne le cycle émotionnel du désir et l'apprentissage à travers l'expérience.

Physiologie : Surrénales
Acide Aminé : Méthionine
Cercle de Codons : Le Cercle de l'Origine (41)
Partenaire de programmation : Clé génétique 31
Centre : Centre Racine
Quart : Mutation

Ligne 1 - La raison
Ligne 2 - La précaution
Ligne 3 - L'efficacité
Ligne 4 - L'ajustement
Ligne 5 - L'autorisation
Ligne 6 - La contagion

Canal : 41/30 - Canal de la Reconnaissance : Lorsque la Porte 41 se connecte à la Porte 30 (Centre Émotionnel), elle forme un canal qui amplifie les désirs et pousse à expérimenter la vie avec passion, en cherchant à donner du sens à chaque nouvelle aventure.
Circuit : Circuit du Ressenti

Siddhi : Emanation | **Don :** Anticipation | **Ombre :** Fantasme

CENTRE RACINE

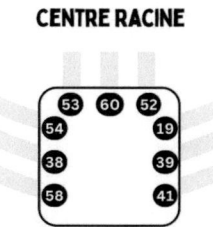

ESSENCE DE LA PORTE

L'archétype de la Porte 41 est celui du Visionnaire et du Déclencheur. Cette énergie est la racine de toutes les expériences humaines, c'est l'impulsion qui donne naissance à de nouvelles aventures. Elle est essentielle pour déclencher des cycles de transformation, mais doit apprendre à ne pas suivre toutes les impulsions sans discernement.

Son défi est d'apprendre à canaliser son désir pour ne pas être piégé dans une recherche constante de nouveauté sans intégration.

RÔLE DANS LES INTERACTIONS

Dans les relations, la Porte 41 agit comme un moteur d'innovation et de renouveau. Les porteurs de cette énergie apportent une dynamique de fraîcheur, de curiosité et d'envie d'explorer de nouvelles dimensions, que ce soit sur le plan émotionnel, intellectuel ou spirituel.

DÉFIS

- Risque de se disperser dans trop de nouvelles expériences sans aller au bout de celles déjà entamées.
- Frustration si un désir profond n'aboutit pas immédiatement à une expérience tangible.
- Tendance à confondre impulsion et véritable opportunité, en initiant des expériences non alignées.

TALENTS

- Capacité à initier des cycles de transformation et à ouvrir la voie à de nouvelles aventures.
- Talent pour reconnaître les expériences qui ont du potentiel et les vivre pleinement.
- Influence naturelle qui inspire les autres à suivre leurs désirs authentiques et à oser explorer.

EXPRESSION DÉSÉQUILIBRÉE

Lorsqu'elle est désalignée, la Porte 41 peut se manifester par une frustration face aux désirs inassouvis ou par une fuite en avant, cherchant sans cesse de nouvelles expériences sans s'ancrer dans une véritable transformation.

MAÎTRISE

En équilibre, la Porte 41 devient une force d'initiation et de manifestation consciente. Elle enseigne que le désir est une porte vers la découverte de soi et que chaque cycle de vie commence par une impulsion qui, lorsqu'elle est bien dirigée, mène à une évolution significative.

MANIFESTATION DANS LA VIE QUOTIDIENNE ET LE BUSINESS
Vie Quotidienne :
Dans la vie personnelle, cette Porte se manifeste par un enthousiasme naturel pour l'exploration et les nouvelles expériences. Elle favorise la curiosité et la volonté d'essayer de nouvelles approches dans tous les domaines de la vie.

Application en Business :
Dans un contexte professionnel, la Porte 41 excelle dans des rôles impliquant la créativité, l'innovation et la gestion du changement. Elle est idéale pour les entrepreneurs, les créateurs de concepts et ceux qui initient de nouvelles tendances ou directions.

INFLUENCE ÉNERGÉTIQUE COLLECTIVE (TRANSITS)
Lorsqu'activée dans les transits, la Porte 41 invite le collectif à entrer dans un nouveau cycle et à explorer de nouvelles perspectives. C'est un moment propice pour initier des projets, clarifier ses désirs et poser les intentions pour les expériences à venir.

NUANCES EN FONCTION DE LA LIGNE
LIGNE 1 : Analyser le désir avant d'agir
Les individus avec la Porte 41 en Ligne 1 ressentent le besoin d'examiner leur désir avant de passer à l'action. Ils recherchent une compréhension claire de ce qui motive leurs aspirations.

Défi : peur de l'inconnu et hésitation à initier

Conseil : accepter que l'expérimentation est une forme d'apprentissage

LIGNE 2 : Suivre ses désirs de manière instinctive
Les personnes avec la Porte 41 en Ligne 2 possèdent une capacité naturelle à ressentir ce qu'elles veulent expérimenter. Elles sont spontanées dans leur approche des nouvelles aventures.

Défi : difficulté à expliquer ses envies et imprévisibilité

Conseil : faire confiance à son instinct tout en restant attentif aux signaux extérieurs

LIGNE 3 : Expérimenter les désirs et apprendre de ses erreurs
Les individus avec la Porte 41 en Ligne 3 découvrent leurs véritables aspirations à travers l'expérimentation directe. Ils testent différentes envies et ajustent leur approche au fil du temps.

Défi : instabilité et oscillation entre excitation et désillusion
Conseil : voir chaque expérience comme une opportunité d'évolution

LIGNE 4 : Influencer et inspirer par ses désirs
Les individus avec la Porte 41 en Ligne 4 ont une capacité naturelle à partager leur enthousiasme pour de nouvelles expériences. Ils savent comment rassembler et motiver les autres autour de leurs aspirations.
Défi : peur du rejet et tendance à s'adapter aux attentes des autres
Conseil : exprimer ses envies avec authenticité sans chercher l'approbation

LIGNE 5 : Structurer ses désirs pour maximiser leur impact
Les individus avec la Porte 41 en Ligne 5 ont une approche stratégique et pragmatique des nouvelles expériences. Ils savent comment canaliser leur désir pour en tirer un bénéfice durable.
Défi : pression des attentes extérieures et peur de mal choisir
Conseil : accepter que l'exploration implique des risques

LIGNE 6 : Observer et comprendre les cycles du désir
Les individus avec la Porte 41 en Ligne 6 adoptent une vision globale des expériences et du rôle du désir dans l'évolution personnelle. Ils comprennent que l'envie est un moteur puissant, mais qu'elle doit être alignée avec une vision à long terme.
Défi : détachement excessif et hésitation à suivre ses désirs
Conseil : équilibrer réflexion et action

NUANCES EN FONCTION DU TYPE
MANIFESTEUR : Initier de nouvelles expériences avec audace
Le Manifesteur avec la Porte 41 n'attend pas d'autorisation pour explorer de nouvelles expériences et les partager avec les autres.
Défi : rejet et résistance
Conseil : informer avant d'agir pour éviter la confusion

GÉNÉRATEUR : Répondre aux désirs qui résonnent avec son énergie
Le Générateur avec la Porte 41 trouve du plaisir à expérimenter lorsque cela correspond à son énergie et à ses désirs profonds.
Défi : frustration si ses expériences ne répondent pas à ses attentes
Conseil : écouter sa réponse sacrale avant d'agir

Le **Manifesteur-Générateur** : Explorer avec rapidité et adaptabilité
Le MG avec la Porte 41 peut être très rapide dans ses décisions et ses explorations, mais doit veiller à ne pas se disperser.

PROJECTEUR : Guider les autres vers des expériences enrichissantes
Le Projecteur avec la Porte 41 perçoit comment les autres vivent leurs désirs et peut les aider à mieux choisir leurs expériences.
Défi : besoin de reconnaissance et fatigue émotionnelle
Conseil : attendre d'être invité avant de partager son avis

RÉFLECTEUR : Refléter les dynamiques de désir et d'expérimentation
Le Réflecteur avec la Porte 41 absorbe et reflète les envies et les aspirations du collectif, offrant une perspective unique sur les nouvelles expériences.
Défi : confusion entre ses propres désirs et ceux des autres
Conseil : observer avant de suivre un désir pour s'assurer qu'il est aligné avec lui

NUANCES EN FONCTION DE LA PLANÈTE

SOLEIL en Porte 41 Briller à travers le désir et l'envie de nouvelles expériences
Le Soleil en Porte 41 met en lumière un besoin profond d'explorer et d'initier de nouveaux cycles.
Défi : Vouloir tout expérimenter sans discernement
Conseil : Canaliser son énergie vers des expériences réellement enrichissantes

TERRE en Porte 41 Ancrer le désir dans la réalité et la patience
Avec la Terre, l'individu doit apprendre à ne pas se laisser emporter par une quête incessante de nouveauté.
Défi : Se sentir frustré par le temps d'attente entre les expériences
Conseil : Apprendre à savourer chaque instant plutôt que de courir vers le suivant

LUNE en Porte 41 Une intensité émotionnelle et un besoin constant de renouveau
Avec la Lune, les désirs changent en fonction des cycles lunaires, créant des vagues d'envie et de frustration.
Défi : Instabilité dans les aspirations et les objectifs
Conseil : Observer ses cycles internes avant de prendre des décisions importantes

MERCURE en Porte 41 L'art d'exprimer et de partager ses désirs
Avec Mercure, l'individu peut inspirer les autres par sa manière de parler des possibilités et des nouvelles expériences.
Défi : Parler plus qu'agir, être toujours dans l'anticipation sans passer à l'action
Conseil : Concrétiser ses idées pour les rendre tangibles

VÉNUS en Porte 41 Un désir de beauté et d'harmonie dans l'expérience de vie
Vénus apporte une recherche d'harmonie dans le changement et l'exploration.
Défi : Chercher le plaisir et l'émerveillement au détriment de la profondeur
Conseil : Accepter que certaines expériences nécessitent des défis et du temps pour porter leurs fruits

MARS en Porte 41 Une impulsion forte à démarrer de nouvelles expériences
Mars accélère la prise de décision et pousse à l'action immédiate.
Défi : Agir sans réflexion, multiplier les expériences sans en tirer de leçons
Conseil : Prendre un temps de pause avant de s'engager dans une nouvelle aventure

JUPITER en Porte 41 L'expansion et l'apprentissage par l'expérience
Jupiter favorise une vision optimiste des expériences et une capacité à en tirer de la sagesse.
Défi : Vouloir expérimenter sans limites, ce qui peut mener à l'épuisement
Conseil : Sélectionner les expériences qui ont un réel potentiel de croissance

SATURNE en Porte 41 La discipline dans la gestion du désir
Saturne impose une structure qui oblige à canaliser l'énergie et à apprendre de chaque expérience.
Défi : Sentir des restrictions dans l'expression de son désir
Conseil : Comprendre que chaque cycle a son bon moment et que la patience est essentielle

URANUS en Porte 41 Une approche novatrice et imprévisible du désir
Uranus apporte une vision unique et parfois excentrique des expériences à entreprendre.
Défi : Instabilité et tendance à tout remettre en question
Conseil : Trouver un juste milieu entre innovation et structure

NEPTUNE en Porte 41 L'idéalisation du désir et de l'expérience
Avec Neptune, l'individu peut se perdre dans des désirs flous ou

irréalisables.
Défi : Confondre rêve et réalité, chercher une satisfaction impossible
Conseil : Ancrer ses aspirations dans une réalité tangible

PLUTON en Porte 41 Une transformation profonde à travers le désir et l'initiation de nouveaux cycles
Pluton pousse à redéfinir ses motivations profondes et à utiliser chaque expérience comme un levier d'évolution.
Défi : Expériences de transformation intenses et parfois douloureuses
Conseil : Accepter que chaque fin est le début d'un nouveau cycle

INTROSPECTION & RÉFLEXION
1. Quels sont les désirs et les rêves qui m'inspirent le plus profondément ?
2. Comment puis-je différencier les désirs éphémères des aspirations durables ?
3. Quelles nouvelles expériences pourraient enrichir mon parcours et nourrir mon âme ?
4. Dans quels domaines de ma vie puis-je rêver plus grand et oser explorer davantage ?
5. Quels premiers pas puis-je poser pour concrétiser mes aspirations actuelles ?
6. Quelles ressources ou soutiens pourraient m'aider à réaliser mes rêves de manière concrète ?

CANAL 30/41 - CANAL DE LA RECONNAISSANCE

Type de canal : Projecteur
Portes : 41 (La Contraction) et 30 (Les Sentiments)
Centres impliqués : Centre de la Racine → Centre du Plexus Solaire
Circuit : Circuit Collectif – Ressenti
Thème principal : La transformation des rêves en réalité
Sens dominant : La vue
Rôle : Canaliser le désir pour manifester les expériences qui nourrissent l'âme.

"Je rêve avec passion, j'attends avec sagesse. Chaque désir est une étoile sur mon chemin, chaque expérience un pas vers ma vérité intérieure."

LES DYNAMIQUES DU CANAL 30/41

L'impulsion du désir

La Porte 41, issue du centre de la Racine, agit comme un starter génétique, déclenchant le cycle des expériences par la force du désir. C'est la graine de chaque nouvelle aventure humaine, le point de départ des rêves et des aspirations.

La flamme de la passion

La Porte 30, située dans le Plexus Solaire, colore le désir de passion et d'émotions intenses. C'est elle qui donne la charge émotionnelle nécessaire pour poursuivre ses rêves avec ferveur.

Un canal d'autorité émotionnelle

L'énergie de ce canal est profondément liée aux vagues émotionnelles. Les décisions doivent être prises avec patience, en attendant la clarté émotionnelle, car l'impulsivité peut conduire à la déception.

L'expérience humaine par excellence

Ce canal pousse à explorer la vie à travers des expériences riches et variées. Il incarne l'aspiration humaine à transcender le quotidien pour accéder à quelque chose de plus grand.

DÉFIS ET OMBRES
L'insatisfaction chronique
Le désir, par nature, n'est jamais totalement satisfait. Chaque rêve réalisé en appelle un autre, créant une quête perpétuelle qui peut conduire à la frustration si elle n'est pas équilibrée par l'acceptation du présent.

L'attente émotionnelle
L'impulsivité peut conduire à des engagements précipités. Il est crucial d'attendre la clarté émotionnelle avant de se lancer dans de nouvelles expériences.

Le piège de l'idéalisation
Lorsque les attentes sont trop élevées, la réalité peut sembler fade. Apprendre à apprécier le chemin autant que la destination est essentiel pour éviter la déception.

L'importance de la patience et de l'équilibre
Attendre la clarté émotionnelle
Ne pas agir sous le coup de l'émotion, mais laisser la vague émotionnelle se stabiliser pour prendre des décisions alignées.

Accepter la nature cyclique du désir
Comprendre que chaque réalisation conduit à un nouveau rêve permet de vivre la quête avec légèreté, sans frustration.

Transformer l'attente en contemplation
Profiter de l'instant présent pendant que le prochain rêve mûrit.

Le canal 41/30 est un voyage initiatique, guidé par les rêves et alimenté par la passion. Il pousse à explorer la vie à travers des expériences intenses, transformant l'imaginaire en réalité. Lorsqu'il est vécu avec patience et clarté émotionnelle, ce canal devient un puissant moteur de manifestation, transformant les désirs en réalisations concrètes.

PORTE 42 L'AUGMENTATION

"En menant chaque expérience à son terme, j'honore le cycle naturel de la vie et de la croissance."

PORTE DE L'ÉVOLUTION

La Porte 42 est celle de l'achèvement, de la croissance et de la finalisation des expériences. Située dans le Centre Sacral, elle représente l'énergie nécessaire pour aller jusqu'au bout des cycles et intégrer pleinement leurs leçons. Elle fonctionne avec la Porte 53 (les commencements et l'expansion) pour former le canal 42-53 de la Maturation, qui incarne le cycle de début et de fin, essentiel à l'évolution et à la transformation.

Physiologie : Plexus sacré
Acide Aminé : Leucine
Cercle de Codons : Le Cercle de la Vie et de la Mort (3, 20, 23, 24, 27, 42)
Partenaire de programmation : Clé génétique 32
Centre : Centre Sacral
Quart : Initiation

Ligne 1 - La diversification
Ligne 2 - L'identification
Ligne 3 - L'essai et l'erreur
Ligne 4 - Le médiateur
Ligne 5 - L'auto-actualisation
Ligne 6 - Le soutien

Canal : 42/53 - Canal de la Maturation : Lorsque la Porte 42 se connecte à la Porte 53 (Centre Racine), elle forme un canal qui soutient l'évolution des expériences en assurant que chaque cycle initié trouve sa conclusion naturelle.
Circuit : Circuit du ressenti

Siddhi : Célébration | **Don :** Détachement | **Ombre :** Expectative

CENTRE SACRAL

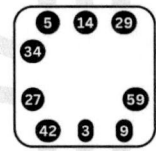

ESSENCE DE LA PORTE

L'archétype de la Porte 42 est celui du Gardien de la Complétude. Cette énergie pousse à finaliser les projets, les expériences et les apprentissages avant de passer à autre chose.

Elle permet d'intégrer les leçons de chaque cycle et d'assurer une véritable croissance.

Son défi est d'éviter de s'accrocher aux expériences passées ou de les abandonner prématurément par peur de l'échec.

RÔLE DANS LES INTERACTIONS

Dans les relations, la Porte 42 agit comme une force de stabilisation et d'accompagnement. Les porteurs de cette énergie ont tendance à encourager les autres à ne pas abandonner trop tôt et à valoriser la persévérance comme moteur de transformation.

DÉFIS

- Risque de s'attacher à des expériences qui ont déjà atteint leur terme, empêchant ainsi de passer à autre chose.
- Tendance à vouloir conclure une expérience trop rapidement sans en tirer pleinement les leçons.
- Frustration face aux cycles inachevés ou aux situations qui ne progressent pas comme prévu..

TALENTS

- Capacité à accompagner les processus jusqu'à leur aboutissement naturel.
- Talent pour reconnaître quand une expérience est arrivée à sa fin et qu'il est temps d'en initier une nouvelle.
- Influence naturelle qui inspire les autres à persévérer et à honorer leurs engagements jusqu'au bout.

EXPRESSION DÉSÉQUILIBRÉE

Lorsqu'elle est désalignée, la Porte 42 peut se manifester par une peur du changement, une tendance à s'accrocher à des cycles terminés, ou au contraire, par une impatience qui empêche d'aller au bout d'un processus.

MAÎTRISE

En équilibre, la Porte 42 devient une force d'évolution consciente et d'apprentissage profond. Elle enseigne que chaque cycle de vie, qu'il soit court ou long, a une raison d'être, et que le véritable enrichissement vient du fait de le vivre pleinement jusqu'à sa conclusion.

MANIFESTATION DANS LA VIE QUOTIDIENNE ET LE BUSINESS

Vie Quotidienne :

Dans la vie personnelle, cette Porte se manifeste par une approche réfléchie des expériences, où l'on cherche à en tirer des enseignements avant de passer à autre chose. Elle favorise une croissance continue et un développement personnel équilibré.

Application en Business :

Dans un contexte professionnel, la Porte 42 excelle dans des rôles impliquant la gestion de projets, la formation et l'accompagnement des processus d'évolution. Elle est idéale pour ceux qui s'assurent que les idées et les projets sont menés à bien avant de lancer de nouvelles initiatives.

INFLUENCE ÉNERGÉTIQUE COLLECTIVE (TRANSITS)

Lorsqu'activée dans les transits, la Porte 42 invite le collectif à terminer ce qui a été commencé avant de se lancer dans de nouvelles expériences. C'est un moment propice pour clôturer des cycles, apprendre des expériences passées et se préparer à de nouveaux commencements.

NUANCES EN FONCTION DE LA LIGNE

LIGNE 1 : Comprendre l'importance de la clôture avant d'agir

Les individus avec la Porte 42 en Ligne 1 ressentent le besoin d'analyser pourquoi une expérience doit être achevée avant de passer à autre chose. Ils recherchent une structure et une compréhension avant d'acter une fin.

Défi : peur de ne pas terminer correctement et hésitation à lâcher prise

Conseil : accepter que la clôture fait partie du cycle naturel

LIGNE 2 : Instinct naturel pour ressentir quand un cycle doit se terminer

Les personnes avec la Porte 42 en Ligne 2 possèdent une intuition naturelle sur le moment où une expérience doit être clôturée. Elles savent spontanément quand quelque chose est terminé et quand il est temps de passer à autre chose.

Défi : difficulté à expliquer ses décisions aux autres

Conseil : faire confiance à son ressenti tout en restant ouvert aux échanges

LIGNE 3 : Apprendre à travers l'expérimentation des fins et des nouveaux départs

Les individus avec la Porte 42 en Ligne 3 découvrent comment clôturer les cycles à travers des essais et erreurs. Ils expérimentent différentes manières de terminer les choses avant de trouver la plus juste.

Défi : instabilité et sentiment d'inachevé

Conseil : voir chaque fin comme une opportunité d'apprentissage

LIGNE 4 : Influencer et inspirer à travers la gestion des transitions

Les individus avec la Porte 42 en Ligne 4 ont une capacité naturelle à partager leur compréhension des cycles et à aider les autres à clôturer leurs expériences. Ils savent comment faciliter les transitions en douceur.

Défi : peur du rejet et tendance à vouloir aider tout le monde à terminer leurs cycles

Conseil : apprendre à équilibrer aide aux autres et gestion personnelle des transitions

LIGNE 5 : Organiser et structurer la clôture pour maximiser l'apprentissage

Les individus avec la Porte 42 en Ligne 5 ont une approche pragmatique de l'achèvement des cycles. Ils savent comment structurer les transitions pour en tirer un maximum de bénéfices.

Défi : pression des attentes extérieures et peur d'un changement mal maîtrisé

Conseil : accepter que tout ne peut pas être planifié à l'avance

LIGNE 6 : Observer et comprendre les cycles de transformation

Les individus avec la Porte 42 en Ligne 6 adoptent une vision globale des transitions et comprennent que chaque fin mène naturellement à un nouveau départ.

Défi : détachement excessif et hésitation à s'engager pleinement

Conseil : apprendre à clôturer avec présence et conscience

NUANCES EN FONCTION DU TYPE

MANIFESTEUR : Clôturer les expériences avec rapidité et impact

Le Manifesteur avec la Porte 42 n'attend pas la validation extérieure pour clôturer un cycle et initier le suivant.

Défi : rejet et incompréhension

Conseil : informer avant d'agir pour éviter la confusion

GÉNÉRATEUR : Terminer ce qui lui apporte satisfaction et apprentissage
Le Générateur avec la Porte 42 trouve du plaisir à clôturer une expérience lorsqu'il sent qu'il en a tiré tout l'apprentissage nécessaire.
Défi : frustration si une expérience ne se termine pas comme prévu
Conseil : écouter sa réponse sacrale pour décider quand terminer

Le **Manifesteur-Générateur** : Explorer et structurer les fins avec dynamisme
Le MG avec la Porte 42 peut être rapide dans ses transitions, mais doit veiller à ne pas brûler les étapes.
Défi : impatience et abandon prématuré
Conseil : apprendre à approfondir avant de clôturer

PROJECTEUR : Guider les autres dans la gestion des transitions
Le Projecteur avec la Porte 42 perçoit comment les autres vivent leurs fins de cycle et peut les aider à mieux les gérer.
Défi : besoin de reconnaissance et fatigue émotionnelle
Conseil : attendre d'être invité avant d'intervenir dans les transitions des autres

RÉFLECTEUR : Refléter les cycles de fin et de renouveau dans le collectif
Le Réflecteur avec la Porte 42 absorbe et reflète la manière dont son environnement clôture les expériences et passe à autre chose.
Défi : confusion entre ses propres cycles et ceux du collectif
Conseil : observer avant d'adopter un nouveau cycle pour s'assurer qu'il est aligné avec lui

NUANCES EN FONCTION DE LA PLANÈTE
SOLEIL en Porte 42 Briller à travers la complétion des expériences et la croissance personnelle
Le Soleil illumine une capacité à persévérer jusqu'au bout des processus, permettant une réelle évolution.
Défi : Risque de s'accrocher à des expériences devenues inutiles
Conseil : Savoir quand il est temps de passer à autre chose et clôturer un cycle

TERRE en Porte 42 Ancrer la croissance dans la patience et la reconnaissance des cycles naturels
Avec la Terre, l'individu doit apprendre à respecter le rythme naturel de chaque expérience.
Défi : Vouloir précipiter les choses sans respecter leur maturation
Conseil : Observer et comprendre que chaque étape du cycle a une importance

LUNE en Porte 42 Une connexion émotionnelle forte aux cycles de la vie
Avec la Lune, les phases de complétion sont ressenties intensément et influencées par les émotions.
Défi : Hésitation entre terminer une expérience ou en entamer une nouvelle
Conseil : Prendre du recul et s'interroger sur la valeur réelle de chaque engagement

MERCURE en Porte 42 L'art de transmettre les leçons tirées des expériences
Mercure apporte une capacité à communiquer sur les apprentissages et à guider les autres à travers leurs propres cycles.
Défi : Risque de trop intellectualiser et d'oublier l'aspect émotionnel de l'expérience
Conseil : Trouver un équilibre entre réflexion et ressenti

VÉNUS en Porte 42 Un attachement profond aux relations et aux expériences partagées
Vénus favorise une capacité à voir la beauté et la valeur dans chaque cycle vécu.
Défi : S'attacher à des relations ou situations qui ne servent plus son évolution
Conseil : Apprendre à lâcher prise pour permettre de nouvelles opportunités

MARS en Porte 42 Un besoin intense d'expérimenter et d'aller jusqu'au bout
Mars donne une énergie brute et impatiente, cherchant à aller au bout des expériences le plus vite possible.
Défi : Précipiter les choses sans tirer les enseignements nécessaires
Conseil : Apprendre la patience et l'importance du processus

JUPITER en Porte 42 L'expansion et la croissance à travers les cycles d'apprentissage
Jupiter favorise une grande capacité à apprendre et à évoluer à travers chaque expérience complétée.

Défi : Risque de s'investir dans trop d'expériences à la fois
Conseil : Se concentrer sur ce qui apporte une réelle croissance et un vrai accomplissement

SATURNE en Porte 42 La discipline dans la gestion des expériences et de leur achèvement
Saturne impose une responsabilité dans le choix des engagements et des cycles à mener jusqu'au bout.
Défi : Se sentir coincé dans des expériences trop lourdes ou lentes
Conseil : Accepter que chaque cycle a une fin naturelle et qu'il est possible d'en sortir à tout moment

URANUS en Porte 42 Une approche innovante du processus d'évolution et de complétion
Uranus pousse à repenser la manière dont on vit et clôture les expériences.
Défi : Rejeter les structures et vouloir tout changer trop rapidement
Conseil : Trouver un équilibre entre innovation et respect du rythme naturel des cycles

NEPTUNE en Porte 42 L'intuition et la spiritualité dans la manière de terminer les cycles
Avec Neptune, la Porte 42 se connecte à un sens plus profond de l'apprentissage à travers les expériences de vie.
Défi : Risque de se perdre dans des illusions ou des attentes irréalistes
Conseil : S'ancrer dans la réalité et voir chaque fin comme une opportunité de renouveau

PLUTON en Porte 42 La transformation radicale à travers la clôture des expériences
Pluton force à terminer des cycles importants et à se libérer du passé pour évoluer.
Défi : Expériences intenses de perte ou de transition difficile
Conseil : Accepter que chaque fin ouvre la porte à une nouvelle transformation

INTROSPECTION & RÉFLEXION
1. Quels cycles dans ma vie nécessitent une clôture pour que je puisse avancer ?
2. Comment puis-je célébrer les fins de cycle et en faire des moments de gratitude et de libération ?
3. Quelles nouvelles opportunités pourrais-je explorer une fois que j'aurai

    lâché ce qui est terminé ?
 4. Dans quels domaines puis-je accepter le changement pour ouvrir la porte à des expériences nouvelles ?
 5. Comment puis-je apprendre à me détacher de ce qui n'est plus nécessaire dans ma vie ?
 6. Quelles pratiques puis-je intégrer pour accepter chaque fin de cycle avec sérénité ?

CANAL 42/53 - CANAL DE LA MATURATION

Type de canal : Générateur
Portes : 53 (Le Commencement) et 42 (La Clôture)
Centres impliqués : Racine → Sacral
Circuit : Circuit Collectif - Ressenti
Thème principal : Le développement équilibré par les cycles de la vie
Sens dominant : La vue
Rôle : Démarrer, vivre et conclure les expériences pour grandir et partager la sagesse.

"Chaque commencement est une promesse, chaque achèvement une danse du renouveau."

LES DYNAMIQUES DU CANAL 42/53

L'élan du commencement

La Porte 53, issue du centre de la Racine, symbolise l'énergie brute des nouveaux départs. C'est l'impulsion naturelle pour démarrer des projets, des expériences ou des relations. C'est le germe de chaque cycle de vie.

La sagesse de l'achèvement

La Porte 42, située dans le centre Sacral, complète l'énergie initiée par la porte 53. Elle apporte la capacité de persévérer jusqu'à la conclusion naturelle des choses, garantissant que chaque expérience soit pleinement vécue et intégrée.

Un canal de développement cyclique

Ce canal fonctionne par cycles : commencement, développement, achèvement. Chaque phase est essentielle pour la croissance personnelle et collective. L'énergie sacrale garantit l'endurance nécessaire pour traverser chaque étape.

L'expérience humaine du canal 53/42

1. **Le maître des cycles** : Vous êtes naturellement doué pour initier de nouveaux projets et les mener à leur terme. Votre énergie soutient le développement équilibré des expériences.
2. **L'enseignant par l'expérience** : Ce canal ne cherche pas la théorie, mais la compréhension par l'action. Chaque cycle vécu enrichit votre sagesse, que vous partagez ensuite avec les autres.

3. **Le rythme naturel :** Vous comprenez intuitivement que tout dans la vie suit un flux : naissance, croissance, déclin, renaissance. Vous embrassez ces phases sans résistance.

DÉFIS ET OMBRES
- **Commencer sans finir :** L'enthousiasme pour la nouveauté peut conduire à un abandon prématuré des projets, laissant des cycles inachevés.
- **L'attachement à la fin :** À l'inverse, il peut y avoir une tendance à prolonger artificiellement des expériences par peur de clôturer un chapitre.
- **L'épuisement :** Si vous commencez trop de projets en même temps sans écouter votre réponse sacrale, vous risquez de vous disperser.

L'importance de l'équilibre cyclique
- **Respecter le processus :** Chaque cycle doit aller jusqu'à son terme pour en tirer la pleine leçon. Fermer un chapitre libère l'énergie pour le prochain.
- **Écouter sa réponse sacrale :** Ne commencez un projet que si votre énergie répond avec enthousiasme. Cela évite la frustration et l'épuisement.
- **Célébrer la clôture :** Chaque fin est une victoire, un moment pour intégrer l'expérience avant de passer à autre chose.

Ce canal incarne la sagesse des cycles de la vie. Il vous invite à embrasser chaque phase avec curiosité et gratitude. Vécu avec conscience, il devient un puissant moteur de croissance personnelle, vous permettant de naviguer la vie avec équilibre et sérénité.

"Je commence avec passion, je traverse avec engagement, je termine avec sagesse."

PORTE 43 LA DÉCOUVERTE (LA PERCÉE)

"Mon esprit unique est une source de révélation. En écoutant mon intuition, je transforme ma perception du monde."

PORTE DE L'INSPIRATION

La Porte 43 est celle de l'Insight, de la perception intérieure et de l'innovation mentale. Située dans le Centre Ajna, elle représente la capacité à capter des idées révolutionnaires et à transformer la compréhension du monde. Elle fonctionne avec la Porte 23 (l'assimilation et l'expression claire de la connaissance) pour former le canal 43-23 de la Percée, qui incarne l'aptitude à traduire des idées visionnaires en mots simples et compréhensibles.

Physiologie : Oreille interne
Acide Aminé : Asparagine
Cercle de Codons : Le Cercle de la Destinée (34, 43)
Partenaire de programmation : Clé génétique 23
Centre : Centre Ajna
Quart : Mutation

Ligne 1 - La patience
Ligne 2 - La dévotion
Ligne 3 - La pertinence
Ligne 4 - La pensée fixe
Ligne 5 - La progression
Ligne 6 - La percée

Canal : 43/23 - Canal de la Percée : Lorsque la Porte 43 se connecte à la Porte 23 (Centre de la Gorge), elle forme un canal qui permet de traduire des insights profonds en une communication claire et accessible, favorisant ainsi des avancées majeures dans la compréhension collective.
Circuit : Circuit savoir

Siddhi : Epiphanie | **Don** : Aperception | **Ombre** : Surdité

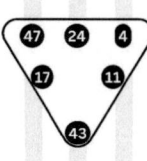

ESSENCE DE LA PORTE

L'archétype de la Porte 43 est celui du Visionnaire et du Réformateur. Cette énergie permet de percevoir la vérité au-delà des apparences et d'apporter des perspectives totalement nouvelles. Elle fonctionne souvent en mode "eureka", avec des éclairs de compréhension soudaine.

Son défi est d'apprendre à communiquer ses insights au bon moment, pour ne pas être perçu comme incompris ou trop en avance sur son temps.

RÔLE DANS LES INTERACTIONS

Dans les relations, la Porte 43 agit comme une énergie visionnaire et révolutionnaire. Les porteurs de cette énergie ont des idées avant-gardistes et des perceptions profondes qui peuvent être déroutantes pour les autres s'ils ne prennent pas le temps de les exprimer de manière compréhensible.

DÉFIS

- Risque d'être perçu comme incompris ou trop en avance sur son temps.
- Difficulté à exprimer clairement ses idées et à les faire accepter par les autres.
- Tendance à se replier sur soi par frustration ou par peur du rejet.

TALENTS

- Capacité à capter des vérités profondes et à proposer des perspectives nouvelles et novatrices.
- Talent pour synthétiser des concepts complexes en insights transformateurs.
- Influence naturelle qui pousse les autres à questionner leur vision du monde et à embrasser des idées nouvelles.

EXPRESSION DÉSÉQUILIBRÉE

Lorsqu'elle est désalignée, la Porte 43 peut se manifester par une difficulté à communiquer ses idées ou par un rejet des conventions sans véritable discernement. Elle peut aussi entraîner une solitude intellectuelle, due à un sentiment d'être constamment incompris.

MAÎTRISE

En équilibre, la Porte 43 devient une force de percée et de révélation. Elle enseigne que l'originalité et l'indépendance mentale sont précieuses, mais que le véritable impact se produit lorsque l'on sait partager ses idées au bon moment et de la bonne manière.

MANIFESTATION DANS LA VIE QUOTIDIENNE ET LE BUSINESS
Vie Quotidienne :
Dans la vie personnelle, cette Porte se manifeste par une intuition aiguë et une capacité à voir ce que d'autres ne perçoivent pas encore. Elle favorise une quête d'authenticité et une expression individuelle forte.

Application en Business :
Dans un contexte professionnel, la Porte 43 excelle dans des rôles nécessitant de l'innovation, de la recherche ou de la communication stratégique. Elle est idéale pour les visionnaires, les créateurs et les penseurs indépendants capables d'apporter des perspectives révolutionnaires.

INFLUENCE ÉNERGÉTIQUE COLLECTIVE (TRANSITS)
Lorsqu'activée dans les transits, la Porte 43 invite le collectif à remettre en question les paradigmes établis et à explorer de nouvelles manières de penser. C'est un moment propice pour écouter ses insights et chercher des moyens de les traduire en actions concrètes.

NUANCES EN FONCTION DE LA LIGNE
LIGNE 1 Approfondir ses idées avant de les exprimer
Les individus avec la Porte 43 en Ligne 1 ressentent le besoin de comprendre en profondeur leurs insights avant de les partager. Ils recherchent une base solide de connaissances pour renforcer la validité de leurs idées.

Défi : peur d'être incompris et hésitation à s'exprimer
Conseil : accepter que la clarté vient avec l'expérience

LIGNE 2 : Intuition naturelle et génie spontané
Les personnes avec la Porte 43 en Ligne 2 possèdent une capacité instinctive à capter des insights profonds sans effort conscient. Elles comprennent les choses de manière spontanée, mais ont du mal à expliquer comment.

Défi : difficulté à justifier ses intuitions et besoin d'espace pour réfléchir
Conseil : faire confiance à son intelligence innée tout en cherchant à mieux communiquer

LIGNE 3 : Expérimenter et ajuster son expression des insights
Les individus avec la Porte 43 en Ligne 3 découvrent comment exprimer leurs idées en testant différentes manières de les communiquer. Ils apprennent par essais et erreurs à faire passer leur message efficacement.

Défi : instabilité et difficulté à structurer ses idées

Conseil : voir chaque expérience comme une opportunité d'évolution

LIGNE 4 : Influencer et partager ses insights avec les autres
Les individus avec la Porte 43 en Ligne 4 ont une capacité naturelle à diffuser leurs compréhensions de manière accessible. Ils savent comment rendre leurs idées inspirantes et utiles aux autres.
Défi : peur du rejet et tendance à adapter son message pour plaire
Conseil : partager ses intuitions avec authenticité

LIGNE 5 : Structurer et rendre ses idées applicables
Les individus avec la Porte 43 en Ligne 5 ont une approche pragmatique et stratégique de la transmission des idées. Ils savent comment présenter leurs insights de manière à ce qu'ils soient acceptés et utilisés.
Défi : pression des attentes extérieures et peur d'être mal interprété
Conseil : exercer son leadership intellectuel avec discernement

LIGNE 6 : Observer et comprendre l'évolution des idées
Les individus avec la Porte 43 en Ligne 6 adoptent une vision globale des insights et de leur impact sur le collectif. Ils comprennent que la clarté mentale évolue avec le temps et que certaines idées doivent mûrir avant d'être partagées.
Défi : détachement excessif et hésitation à s'exprimer
Conseil : équilibrer réflexion et action

NUANCES EN FONCTION DU TYPE

MANIFESTEUR : Initier des idées innovantes et les imposer avec autorité
Le Manifesteur avec la Porte 43 n'attend pas d'être validé pour partager ses insights et créer du changement.
Défi : rejet et résistance
Conseil : informer avant de partager pour faciliter l'acceptation

GÉNÉRATEUR : Partager ses insights en réponse aux bonnes opportunités
Le Générateur avec la Porte 43 exprime ses idées lorsqu'il est stimulé par une opportunité qui résonne avec lui.
Défi : frustration si ses insights ne sont pas bien accueillis
Conseil : écouter sa réponse sacrale pour choisir les bons moments d'expression

Le **Manifesteur-Générateur** : Explorer et affiner ses insights avant de les diffuser
Le MG avec la Porte 43 peut être très rapide dans la génération d'idées, mais doit veiller à bien structurer son message.

PROJECTEUR : Guider les autres vers une meilleure compréhension des idées

Le Projecteur avec la Porte 43 perçoit comment les autres traitent leurs insights et peut les aider à les clarifier.
Défi : besoin de reconnaissance et fatigue mentale
Conseil : attendre d'être invité avant de partager ses insights

RÉFLECTEUR : Refléter les dynamiques d'intuition et d'innovation dans son environnement

Le Réflecteur avec la Porte 43 absorbe et reflète la manière dont le collectif capte et traite les idées nouvelles.
Défi : confusion entre ses propres insights et ceux des autres
Conseil : observer avant de partager pour s'assurer que l'idée lui appartient

NUANCES EN FONCTION DE LA PLANÈTE

SOLEIL en Porte 43 Briller à travers l'innovation et les idées révolutionnaires

Le Soleil en Porte 43 renforce la capacité à percevoir des vérités profondes avant les autres.
Défi : Être incompris ou rejeté pour ses idées trop avant-gardistes
Conseil : Trouver des moyens accessibles pour partager ses prises de conscience

TERRE en Porte 43 Ancrer les révélations dans le concret

Avec la Terre, l'individu doit structurer son savoir pour le rendre applicable.
Défi : Rester enfermé dans ses pensées sans les matérialiser
Conseil : Mettre en place un processus pour partager et tester ses idées

LUNE en Porte 43 Une clarté intérieure qui fluctue au gré des cycles

Avec la Lune, la Porte 43 peut osciller entre éclairs de génie et périodes de confusion.
Défi : Difficulté à stabiliser son savoir et à en tirer une ligne directrice
Conseil : Accepter les phases de silence comme des moments d'intégration

MERCURE en Porte 43 L'art de communiquer des idées visionnaires
Avec Mercure, l'individu a une capacité innée à formuler des concepts innovants.
Défi : Risque d'intellectualiser excessivement et de rendre ses idées inaccessibles
Conseil : Simplifier son message pour le rendre compréhensible au plus grand nombre

VÉNUS en Porte 43 L'harmonie entre intuition et expression
Vénus favorise une approche plus douce et esthétique dans la transmission du savoir.
Défi : Craindre le rejet et hésiter à partager ses idées
Conseil : Accepter que toute vérité ne sera pas immédiatement comprise par les autres

MARS en Porte 43 Un besoin pressant d'exprimer ses idées
Mars donne une impulsivité dans la communication des prises de conscience.
Défi : Risque de parler trop vite sans avoir structuré son message
Conseil : Prendre le temps de raffiner ses idées avant de les partager

JUPITER en Porte 43 L'expansion du savoir et la transmission inspirante
Jupiter amplifie la capacité à enseigner et à influencer les autres par des idées nouvelles.
Défi : Trop vouloir imposer sa vision sans laisser place au dialogue
Conseil : Cultiver l'écoute et l'adaptabilité pour mieux transmettre son message

SATURNE en Porte 43 La discipline et la rigueur dans l'expression du savoir
Saturne impose une responsabilité dans la transmission des révélations.
Défi : Peur de ne pas être légitime ou de ne pas réussir à exprimer ses idées
Conseil : Accepter que le processus de transmission demande du temps et de la patience

URANUS en Porte 43 Un esprit révolutionnaire et hors normes
Uranus pousse à remettre en question les paradigmes établis et à proposer des alternatives radicales.
Défi : Être perçu comme trop excentrique ou inadapté
Conseil : Trouver des moyens pragmatiques pour ancrer ses idées dans la réalité

NEPTUNE en Porte 43 Une inspiration mystique et visionnaire
Avec Neptune, la Porte 43 peut être un canal de vérités universelles et profondes.
Défi : Manquer de clarté et rester dans un monde de concepts abstraits
Conseil : Relier ses intuitions à des exemples concrets pour faciliter la compréhension

PLUTON en Porte 43 La transformation à travers l'expression du savoir
Pluton amène une quête intense de vérité et une profonde remise en question des certitudes établies.
Défi : Peur du rejet et tendance à garder ses idées pour soi
Conseil : Accepter que la vérité doit être partagée, même si elle dérange

INTROSPECTION & RÉFLEXION
1. Quelles idées ou perspectives uniques ai-je que je pourrais approfondir davantage ?
2. Comment puis-je clarifier mes idées pour les rendre plus compréhensibles aux autres ?
3. Comment puis-je rester ouvert aux perspectives des autres tout en honorant ma propre clarté intérieure ?
4. Comment puis-je surmonter la peur d'être incompris(e) en exprimant mes pensées de manière claire et patiente ?
5. Quels supports ou méthodes puis-je utiliser pour expliquer mes idées uniques de manière accessible ?
6. Comment puis-je inspirer les autres à être ouverts à des perspectives nouvelles ?

CANAL 23/43 - CANAL DE LA STRUCTURATION

Type de canal : Projecteur
Portes : 43 (La Percée) et 23 (L'Assimilation)
Centres impliqués : Centre de l'Ajna → Centre de la Gorge
Circuit : Circuit de l'Individualité – Savoir
Thème principal : Transformer des idées en expressions innovantes
Sens dominant : L'ouïe (acoustique)
Rôle : Être un penseur visionnaire et partager son génie au bon moment.
- "Je sais... mais suis-je compris ?"

"Mon génie est un cadeau. J'attends le bon moment pour l'exprimer et transformer le monde autour de moi."

LES DYNAMIQUES DU CANAL 23/43

Le canal de la structuration et de l'innovation
Ce canal est surnommé « du génie au fou » car il contient un immense potentiel d'innovation, mais peut être incompris s'il n'est pas exprimé au bon moment .

Une pensée révolutionnaire
Le porteur du canal 43/23 possède un esprit extrêmement créatif et indépendant. Il perçoit des solutions et des idées nouvelles que les autres ne saisissent pas immédiatement .

Une communication puissante… si elle est invitée
La porte 23 est la voix de l'Ajna, capable de traduire la pensée en mots. Cependant, si ces idées sont exprimées sans reconnaissance préalable, elles peuvent être rejetées

Une nature introspective et acoustique
La porte 43 est parfois appelée la « troisième oreille », car elle capte les idées sous forme de perceptions internes. Ce processus mental peut être bruyant et déroutant si le canal ne parvient pas à structurer ses pensées .

L'importance du timing
Ce canal fonctionne de manière optimale lorsqu'il attend d'être invité à partager son savoir. Une reconnaissance sociale est nécessaire pour que ses idées soient acceptées .

DÉFIS ET OMBRES
L'incompréhension
Sans la bonne approche, ses idées peuvent sembler trop avant-gardistes et être rejetées par le collectif.

Le sentiment d'isolement
Le porteur du canal peut se sentir seul s'il ne trouve pas les bonnes personnes pour écouter et comprendre sa vision.

Le rejet des conventions
Ce canal valorise l'originalité, mais cette indépendance peut parfois entraîner un rejet des normes et des structures sociales.

Le canal 43/23 est un canal de mutation et d'innovation. Il porte un génie unique qui peut changer le monde, à condition que son porteur sache attendre le bon moment et la bonne reconnaissance pour partager ses idées.

PORTE 44 VENIR À LA RENCONTRE

"En reconnaissant les schémas du passé, j'anticipe l'avenir avec clarté et confiance."

PORTE DE LA VIGILANCE

La Porte 44 est celle de l'intuition stratégique, de la reconnaissance des schémas et de la gestion des ressources. Située dans le Centre de la Rate, elle représente une mémoire instinctive qui permet d'identifier ce qui est bénéfique ou risqué pour la survie et le succès collectif. Elle fonctionne avec la Porte 26 (l'influence et la persuasion) pour former le canal 44-26 du Marchand, qui incarne la capacité à utiliser la mémoire du passé pour créer des opportunités et négocier avec intelligence.

Physiologie : Système immunitaire
Acide Aminé : Glutamine
Cercle de Codons : Le Cercle de l'Illumination (44, 50)
Partenaire de programmation : Clé génétique 24
Centre : Centre Splénique
Quart : Dualité

Ligne 1 - Les conditions
Ligne 2 - La gestion
Ligne 3 - L'interférence
Ligne 4 - L'honnêteté
Ligne 5 - La manipulation
Ligne 6 - La distance

Canal : 44/26 - Canal de la Transmission : Lorsque la Porte 44 se connecte à la Porte 26 (Centre du Cœur/Ego), elle forme un canal qui permet de capter et de transmettre les connaissances issues du passé, en utilisant la persuasion et la stratégie pour optimiser les ressources et assurer la réussite collective.
Circuit : Circuit de l'Ego

Siddhi : Synarchie | **Don :** Coopération | **Ombre :** Interférence

CENTRE SPLÉNIQUE

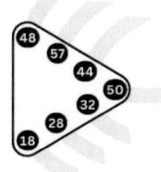

ESSENCE DE LA PORTE

L'archétype de la Porte 44 est celui du Stratège et du Visionnaire Pragmatique. Cette énergie permet d'identifier les schémas répétitifs dans les relations, les affaires et la société. Elle donne un talent naturel pour anticiper les tendances et comprendre comment utiliser le passé pour influencer le futur.

Son défi est d'apprendre à ne pas se laisser emprisonner par la peur du passé et à ne pas manipuler les autres pour son propre intérêt.

RÔLE DANS LES INTERACTIONS

Dans les relations, la Porte 44 agit comme un repère stratégique et protecteur. Les porteurs de cette énergie ont souvent une capacité instinctive à identifier les intentions des autres et à structurer des dynamiques favorables à la réussite collective.

DÉFIS

- Risque de rester piégé dans des schémas du passé sans réussir à évoluer.

- Tendance à manipuler ou à contrôler les situations en utilisant la connaissance des autres.

- Peur irrationnelle des erreurs passées qui empêche de saisir de nouvelles opportunités.

TALENTS

- Capacité à détecter les modèles récurrents et à optimiser les stratégies en fonction du passé.

- Talent pour structurer et organiser des plans efficaces, basés sur une compréhension instinctive des dynamiques humaines.

- Influence naturelle qui aide les autres à apprendre des expériences passées pour éviter les pièges et maximiser les succès.

EXPRESSION DÉSÉQUILIBRÉE

Lorsqu'elle est désalignée, la Porte 44 peut se manifester par une méfiance excessive ou une difficulté à lâcher prise sur le passé. Elle peut aussi entraîner une tendance à manipuler subtilement les situations pour en tirer un avantage personnel.

MAÎTRISE

En équilibre, la Porte 44 devient une force de prévoyance et d'alignement stratégique. Elle enseigne que reconnaître les schémas n'est pas un fardeau, mais une opportunité d'évolution et d'adaptation intelligente.

MANIFESTATION DANS LA VIE QUOTIDIENNE ET LE BUSINESS
Vie Quotidienne
Dans la vie personnelle, cette Porte se manifeste par une intuition fine des dynamiques relationnelles et une capacité à anticiper les situations avant qu'elles ne se produisent. Elle favorise une prise de décision éclairée et réfléchie.
Application en Business :
Dans un contexte professionnel, la Porte 44 excelle dans des rôles nécessitant de la stratégie, de l'anticipation et de la gestion des risques. Elle est idéale pour les entrepreneurs, les négociateurs et les experts en marketing ou en communication, qui savent utiliser les tendances pour structurer un avenir prospère.

INFLUENCE ÉNERGÉTIQUE COLLECTIVE (TRANSITS)
Lorsqu'activée dans les transits, la Porte 44 invite le collectif à apprendre du passé et à affiner ses stratégies. C'est un moment propice pour revoir ses expériences passées et en tirer des enseignements constructifs afin d'optimiser son avenir.

NUANCES EN FONCTION DE LA LIGNE
LIGNE 1 : Analyser le passé pour mieux anticiper
Les individus avec la Porte 44 en Ligne 1 ressentent le besoin d'étudier les schémas avant de prendre des décisions. Ils recherchent une compréhension approfondie des expériences passées pour éviter de reproduire les erreurs.
Défi : peur de ne pas avoir assez d'informations et hésitation à agir
Conseil : accepter que l'expérience vient aussi avec l'action

LIGNE 2 : Intuition naturelle pour reconnaître les opportunités
Les personnes avec la Porte 44 en Ligne 2 possèdent une capacité instinctive à capter les modèles et les tendances. Elles ressentent immédiatement si une situation ou une personne est fiable.
Défi : difficulté à expliquer ses intuitions et tendance à éviter les justifications
Conseil : faire confiance à son instinct tout en apprenant à mieux l'exprimer

LIGNE 3 : Expérimenter et affiner son discernement
Les individus avec la Porte 44 en Ligne 3 découvrent comment identifier les bons schémas à travers des essais et des erreurs. Ils apprennent en testant différentes situations et en ajustant leur approche en fonction des résultats.

Défi : instabilité et difficulté à faire confiance à ses perceptions
Conseil : voir chaque expérience comme un apprentissage

LIGNE 4 : Influencer et inspirer par sa capacité à voir les schémas

Les individus avec la Porte 44 en Ligne 4 ont une capacité naturelle à aider les autres à comprendre leurs propres cycles. Ils savent comment transmettre leurs connaissances pour améliorer la vie des autres.

Défi : peur du rejet et tendance à adoucir son message pour être accepté
Conseil : exprimer ses connaissances avec authenticité

LIGNE 5 : Structurer et utiliser son intuition pour guider les autres

Les individus avec la Porte 44 en Ligne 5 ont une approche stratégique et pragmatique de la mémoire et de la reconnaissance des schémas. Ils savent comment utiliser leur savoir pour créer des solutions efficaces.

Défi : pression des attentes extérieures et peur d'être mal interprété
Conseil : exercer son discernement avec discernement

LIGNE 6 : Observer et comprendre les cycles de transformation

Les individus avec la Porte 44 en Ligne 6 adoptent une vision globale des schémas et des dynamiques sociales. Ils comprennent que chaque situation suit un cycle et qu'il est important d'être patient.

Défi : détachement excessif et hésitation à s'impliquer
Conseil : équilibrer observation et action

NUANCES EN FONCTION DU TYPE

MANIFESTEUR : Initier des transformations en utilisant la mémoire collective

Le Manifesteur avec la Porte 44 prend des décisions rapides basées sur ses intuitions et n'hésite pas à bousculer les schémas existants.

Défi : rejet et résistance
Conseil : informer avant d'agir pour faciliter l'acceptation

GÉNÉRATEUR : Intégrer les schémas à travers l'expérience

Le Générateur avec la Porte 44 trouve du sens à travers des expériences répétées qui confirment ses intuitions.

Défi : frustration si ses perceptions ne sont pas validées immédiatement
Conseil : écouter sa réponse sacrale pour choisir les bons moments d'expression

Le **Manifesteur-Générateur** : Explorer et affiner son intuition de manière rapide

Le MG avec la Porte 44 peut être très rapide dans la détection des schémas, mais doit veiller à bien structurer son message.

PROJECTEUR : Guider les autres vers une meilleure compréhension des cycles

Le Projecteur avec la Porte 44 perçoit comment les autres répètent certains schémas et peut les aider à en prendre conscience.
Défi : besoin de reconnaissance et fatigue mentale
Conseil : attendre d'être invité avant de partager ses analyses

RÉFLECTEUR : Refléter les dynamiques d'évolution et de mémoire collective

Le Réflecteur avec la Porte 44 absorbe et reflète la manière dont le collectif apprend du passé.
Défi : confusion entre ses propres perceptions et celles du groupe
Conseil : observer avant de partager pour s'assurer que l'analyse est alignée avec lui

NUANCES EN FONCTION DE LA PLANÈTE

SOLEIL en Porte 44 Briller à travers l'anticipation et la gestion des opportunités

Le Soleil en Porte 44 éclaire une capacité naturelle à analyser le passé pour créer un avenir prospère.
Défi : Rester attaché aux erreurs passées au lieu de les dépasser
Conseil : Utiliser la mémoire comme un outil d'apprentissage plutôt que comme une source de peur

TERRE en Porte 44 Ancrer la mémoire instinctive dans la réalité concrète

Avec la Terre, il est crucial de mettre en pratique les leçons du passé pour créer une base solide.
Défi : Avoir du mal à faire confiance au présent et toujours anticiper un danger
Conseil : Trouver un équilibre entre vigilance et lâcher-prise

LUNE en Porte 44 Un instinct puissant qui varie selon les cycles lunaires

Avec la Lune, la mémoire et l'intuition fluctuent, rendant parfois la perception des opportunités incertaine.
Défi : Instabilité dans la prise de décision

Conseil : Apprendre à reconnaître les périodes de clarté et de confusion instinctive

MERCURE en Porte 44 Un talent pour partager et transmettre des stratégies basées sur l'expérience
Mercure donne une capacité à exprimer clairement ce qui est utile ou non pour l'avenir.
Défi : Risque de manipuler l'information pour influencer les autres
Conseil : Utiliser la communication pour éduquer et inspirer plutôt que pour contrôler

VÉNUS en Porte 44 Un amour pour la connexion stratégique et la préservation des liens
Vénus favorise une capacité à créer et maintenir des alliances basées sur la confiance mutuelle.
Défi : S'attacher aux relations uniquement pour des raisons pratiques
Conseil : Veiller à nourrir des relations authentiques et sincères

MARS en Porte 44 Une énergie forte pour prendre des décisions instinctives
Mars pousse à agir rapidement sur les opportunités, parfois de manière impulsive.
Défi : Risque de sur-réagir à des menaces perçues
Conseil : Prendre le temps d'analyser avant d'agir

JUPITER en Porte 44 L'expansion à travers la stratégie et la planification à long terme
Jupiter amplifie la capacité à structurer et développer des projets basés sur l'expérience passée.
Défi : Vouloir contrôler l'avenir à tout prix
Conseil : Accepter que certaines choses échappent à la planification et à l'anticipation

SATURNE en Porte 44 La rigueur dans l'organisation et la gestion des ressources
Saturne impose une discipline dans la gestion des opportunités et des risques.
Défi : Se sentir limité par des souvenirs négatifs
Conseil : Transformer les erreurs passées en force plutôt qu'en obstacle

URANUS en Porte 44 Une approche innovante et révolutionnaire de la gestion du passé
Uranus apporte une capacité à repenser les traditions et à utiliser la mémoire d'une manière nouvelle.

Défi : Rejeter complètement les leçons du passé
Conseil : Trouver un équilibre entre tradition et innovation

NEPTUNE en Porte 44 Une intuition subtile qui guide la mémoire et la stratégie

Avec Neptune, la Porte 44 se connecte à une dimension spirituelle dans la gestion des opportunités.
Défi : Se perdre dans des illusions sur le passé et l'avenir
Conseil : Vérifier si les intuitions sont bien ancrées dans la réalité

PLUTON en Porte 44 La transformation à travers la mémoire et la conscience du passé

Pluton pousse à des prises de conscience profondes sur l'impact du passé dans les choix présents.
Défi : Être obsédé par la répétition de schémas anciens
Conseil : Utiliser la mémoire pour évoluer plutôt que pour rester figé dans une dynamique répétitive

INTROSPECTION & RÉFLEXION

1. Quelles leçons de mes expériences passées renforcent aujourd'hui mon sens de la sécurité ?
2. Comment puis-je équilibrer la vigilance avec la confiance dans les autres ?
3. Quelles pratiques m'aident à dépasser la peur pour développer une sécurité intérieure stable ?
4. Comment puis-je utiliser mes talents de reconnaissance pour valoriser les compétences des autres ?
5. De quelle manière puis-je encourager une atmosphère de sécurité et de soutien au sein de mon équipe ?
6. Quels moyens puis-je mettre en place pour renforcer la cohésion et la confiance au sein de mes relations ?

CANAL 26/44 - CANAL DU CHANGEMENT

Type de canal : Projecteur
Portes : 44 (La Vigilance) et 26 (L'Astuce)
Centres impliqués : Centre Splénique → Centre du Cœur/Ego
Circuit : Circuit Tribal – Égo et Soutien
Thème principal : La transmission de l'expérience passée et l'optimisation des opportunités futures
Sens dominant : Le toucher
Rôle : Apprendre des expériences passées pour maximiser le potentiel de succès et soutenir la communauté à travers des stratégies efficaces.

"J'utilise la sagesse du passé pour forger un avenir prospère. Mon intuition me guide vers les opportunités optimales. Je transmets mes leçons avec intégrité, maximisant chaque expérience pour le bien de tous."

LES DYNAMIQUES DU CANAL 26/44

L'art de la mémorisation

Les personnes avec le canal 44/26 ont une capacité innée à se souvenir des leçons du passé. Chaque expérience devient une ressource précieuse qu'ils intègrent dans le présent pour améliorer leur efficacité et éviter les erreurs répétitives.

L'optimisation des opportunités

Ce canal confère un talent naturel pour optimiser les ressources et maximiser le potentiel de succès. L'individu sait instinctivement comment utiliser les expériences, les compétences et les réseaux pour atteindre ses objectifs.

Une nature stratégique

Avec le canal 44/26, la stratégie n'est pas une simple compétence, mais une seconde nature. L'individu sait anticiper les besoins et les opportunités, alignant ses actions pour assurer le succès à long terme.

La dynamique tribale : Soutien et prospérité

Ce canal opère dans une logique tribale, où la prospérité de la communauté dépend de la capacité à générer du succès matériel. Il met en avant l'importance du soutien mutuel et des transactions justes pour assurer la survie et l'indépendance du groupe.

DÉFIS ET OMBRES

La dépendance au passé
Il peut être difficile de lâcher prise sur les anciennes méthodes ou de s'adapter à de nouvelles réalités. L'attachement excessif aux expériences passées peut limiter l'innovation.

La pression du succès matériel
Le canal 44/26 ressent une forte pression pour assurer la prospérité financière. Sans un revenu suffisant, il peut se sentir instable ou en insécurité.

La manipulation
Si l'énergie de ce canal est mal intégrée, elle peut se manifester par des comportements manipulateurs, cherchant à maximiser les gains au détriment des autres.

L'importance de l'équilibre et de la flexibilité
1. **Apprendre du passé sans s'y enfermer** Utiliser les leçons du passé comme des points de repère, tout en restant ouvert à l'évolution et à l'adaptation.
2. **Valoriser l'intégrité** L'optimisation doit toujours se faire dans le respect de l'éthique et des valeurs personnelles. L'intégrité est la pierre angulaire d'un succès durable.
3. **S'appuyer sur la reconnaissance** En tant que canal projecteur, le 44/26 a besoin d'être reconnu pour ses talents et ses contributions. Accepter le soutien de la communauté permet de renforcer sa position.

Le canal 44/26 est une voie puissante de transformation et de réussite. Il symbolise l'équilibre parfait entre la mémoire du passé et l'optimisation des opportunités présentes. Avec ce canal, vous êtes appelé à apprendre de vos expériences, à maximiser chaque ressource et à soutenir votre communauté avec intelligence et intégrité.

PORTE 45 LE RASSEMBLEMENT

"En partageant mes ressources avec sagesse, je crée l'abondance pour tous."

PORTE DU MAITRE / DE LA MAITRESSE

La Porte 45 est celle de la royauté, de la gestion des ressources et du leadership naturel. Située dans le Centre de la Gorge, elle représente l'autorité et la capacité à rassembler et à diriger une communauté vers une prospérité commune. Elle fonctionne avec la Porte 21 (le contrôle et la gestion matérielle) pour former le canal 45-21 de l'Argent, qui incarne la dynamique du pouvoir économique et de la distribution des ressources.

Physiologie : Thyroïde
Acide Aminé : Cystéine
Cercle de Codons : Le Cercle de la Prospérité (16, 45)
Partenaire de programmation : Clé génétique 26
Centre : Centre Gorge
Quart : Civilisation

Ligne 1 - Le soutien
Ligne 2 - Le consensus
Ligne 3 - L'exclusion
Ligne 4 - La direction
Ligne 5 - Le leadership
Ligne 6 - La reconsidération

Canal : 45/21 - Canal de l'Argent : Lorsque la Porte 45 se connecte à la Porte 21 (Centre du Cœur/Ego), elle forme un canal qui relie le leadership et la gestion, permettant de contrôler les ressources et d'administrer leur utilisation au profit du collectif.
Circuit : Circuit de l'Ego

Siddhi : Communion | **Don :** Synergie | **Ombre :** Dominance

CENTRE GORGE

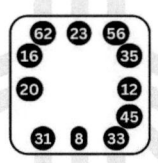

ESSENCE DE LA PORTE

L'archétype de la Porte 45 est celui du Leader et du Gardien de l'Abondance. Cette énergie est associée à la royauté et à la gestion des biens matériels et spirituels d'une communauté.

Elle rassemble les gens autour d'une vision commune et crée un sentiment d'appartenance.

Son défi est d'apprendre à utiliser son pouvoir avec sagesse, en évitant l'accumulation égoïste ou le contrôle excessif.

RÔLE DANS LES INTERACTIONS

Dans les relations, la Porte 45 agit comme une force d'autorité et de guidance. Les porteurs de cette énergie ont un talent naturel pour organiser et structurer les ressources, mais aussi pour guider les autres vers une prospérité partagée.

DÉFIS

- Risque de devenir possessif ou autoritaire dans la gestion des ressources.
- Tendance à accumuler les richesses sans nécessairement les redistribuer équitablement.
- Difficulté à équilibrer pouvoir personnel et service au collectif.

TALENTS

- Capacité à attirer et gérer les ressources de manière efficace et équilibrée.
- Talent pour rassembler les personnes et structurer une communauté prospère.
- Influence naturelle qui inspire les autres à valoriser le partage et la coopération économique.

EXPRESSION DÉSÉQUILIBRÉE

Lorsqu'elle est désalignée, la Porte 45 peut se manifester par une avidité excessive ou une volonté de contrôle absolu sur les ressources. Elle peut aussi entraîner une difficulté à déléguer et à faire confiance aux autres dans la gestion des biens communs.

MAÎTRISE

En équilibre, la Porte 45 devient une force de leadership bienveillant et de prospérité consciente. Elle enseigne que la richesse, qu'elle soit matérielle ou symbolique, a pour but d'être utilisée pour le bien-être de tous et non d'être monopolisée.

MANIFESTATION DANS LA VIE QUOTIDIENNE ET LE BUSINESS

Vie Quotidienne :

Dans la vie personnelle, cette Porte se manifeste par une capacité à structurer et organiser ses ressources, à veiller à la prospérité de son entourage et à assumer des responsabilités avec sagesse.

Application en Business :

Dans un contexte professionnel, la Porte 45 excelle dans des rôles de leadership, d'entrepreneuriat et de gestion. Elle est idéale pour les chefs d'entreprise, les investisseurs et toute personne en charge de la gestion des biens collectifs.

INFLUENCE ÉNERGÉTIQUE COLLECTIVE (TRANSITS)

Lorsqu'activée dans les transits, la Porte 45 invite le collectif à réfléchir à la gestion des ressources et au rôle du leadership dans la prospérité commune. C'est un moment propice pour revoir ses structures financières et économiques, et pour réévaluer comment les richesses sont distribuées.

NUANCES EN FONCTION DE LA LIGNE

LIGNE 1 : Comprendre le leadership avant de l'exercer

Les individus avec la Porte 45 en Ligne 1 ressentent le besoin d'étudier les fondements du pouvoir avant d'assumer une position d'autorité. Ils recherchent une base solide de connaissances pour être légitimes dans leur rôle de leader.

Défi : peur de mal gérer et hésitation à prendre des décisions

Conseil : accepter que l'expérience est un apprentissage continu

LIGNE 2 : Leadership instinctif et naturel

Les personnes avec la Porte 45 en Ligne 2 possèdent une capacité innée à prendre la tête d'un groupe sans effort conscient. Elles inspirent naturellement les autres par leur présence.

Défi : difficulté à justifier son autorité et besoin d'indépendance

Conseil : faire confiance à son leadership naturel sans chercher à le contrôler

LIGNE 3 : Expérimenter et ajuster son leadership

Les individus avec la Porte 45 en Ligne 3 découvrent ce qui fonctionne en matière de leadership à travers l'expérience directe et les erreurs.

Défi : instabilité et remise en question fréquente

Conseil : voir chaque expérience comme une opportunité d'apprentissage

LIGNE 4 : Influencer et rassembler par son autorité

Les individus avec la Porte 45 en Ligne 4 ont une capacité naturelle à fédérer et à motiver un groupe à travers leur présence et leur charisme.

Défi : peur du rejet et tendance à vouloir plaire à tout prix

Conseil : assumer son rôle de leader sans chercher l'approbation de tous

LIGNE 5 5 : Organiser et structurer le leadership

Les individus avec la Porte 45 en Ligne 5 ont une approche pragmatique et stratégique du pouvoir. Ils savent comment optimiser la gestion des ressources et structurer une gouvernance efficace.

Défi : pression des attentes extérieures et peur d'être mal perçu

Conseil : exercer son leadership avec équilibre et discernement

LIGNE 6 : Observer et comprendre les dynamiques de pouvoir

Les individus avec la Porte 45 en Ligne 6 adoptent une vision globale du leadership et de la gestion des ressources. Ils comprennent que le véritable pouvoir repose sur la sagesse et la responsabilité.

Défi : détachement excessif et hésitation à s'impliquer

Conseil : équilibrer observation et action

NUANCES EN FONCTION DU TYPE

MANIFESTEUR : Initier des changements de structure et exercer un leadership direct

Le Manifesteur avec la Porte 45 n'attend pas d'approbation pour exercer son pouvoir et créer des transformations structurelles.

Défi : rejet et résistance

Conseil : informer avant d'agir pour éviter les conflits

GÉNÉRATEUR : Bâtir un leadership basé sur l'engagement et la constance

Le Générateur avec la Porte 45 exerce son pouvoir en construisant et en consolidant des structures qui lui tiennent à cœur.

Défi : frustration si son autorité n'est pas reconnue immédiatement
Conseil : écouter sa réponse sacrale pour choisir les bons engagements

LE **Manifesteur-Générateur** : Explorer différentes formes de leadership avec agilité

Le MG avec la Porte 45 peut tester plusieurs approches du leadership avant de trouver celle qui lui correspond.

PROJECTEUR : Guider les autres vers un leadership plus aligné

Le Projecteur avec la Porte 45 perçoit comment les autres gèrent le pouvoir et peut les aider à le structurer de manière plus juste.
Défi : besoin de reconnaissance et fatigue émotionnelle
Conseil : attendre d'être invité avant d'intervenir dans les structures de pouvoir

RÉFLECTEUR : Refléter les dynamiques de leadership et d'autorité

Le Réflecteur avec la Porte 45 absorbe et reflète la manière dont le collectif gère le pouvoir et les ressources.
Défi : confusion entre son propre rôle et celui du groupe
Conseil : observer avant de s'impliquer pour s'assurer que son influence est alignée avec lui

NUANCES EN FONCTION DE LA PLANÈTE

SOLEIL en Porte 45 Briller à travers le leadership et la gestion des ressources

Le Soleil amplifie le pouvoir naturel d'influencer et d'organiser la prospérité collective.
Défi : Risque d'abus de pouvoir ou de centralisation excessive des ressources
Conseil : Cultiver un leadership basé sur le service et l'équité

TERRE en Porte 45 Ancrer l'autorité dans une gestion stable et responsable

Avec la Terre, l'individu doit apprendre à équilibrer pouvoir et responsabilité.
Défi : Dépendance excessive aux autres pour gérer les ressources
Conseil : Prendre des décisions éclairées en écoutant les besoins de la communauté

LUNE en Porte 45 Une relation cyclique avec le pouvoir et les possessions
Avec la Lune, le leadership est influencé par des cycles d'expansion et de retrait.
Défi : Instabilité dans la gestion du pouvoir
Conseil : Observer ses propres rythmes avant de prendre des décisions importantes

MERCURE en Porte 45 L'art d'exprimer l'autorité et d'éduquer les autres
Mercure donne une grande aisance à communiquer et à convaincre.
Défi : Risque d'utiliser le verbe pour manipuler ou dominer
Conseil : Utiliser la communication pour inspirer et non pour contrôler

VÉNUS en Porte 45 Un leadership basé sur l'harmonie et l'équité
Vénus favorise une approche bienveillante et équilibrée du pouvoir.
Défi : Trop vouloir plaire au détriment des décisions nécessaires
Conseil : Trouver un équilibre entre justice et autorité

MARS en Porte 45 Un leadership impulsif et directif
Mars donne une énergie brute pour affirmer son autorité.
Défi : Vouloir imposer sa volonté sans écouter les autres
Conseil : Apprendre à déléguer et à respecter les différentes voix du groupe

JUPITER en Porte 45 L'expansion et la prospérité à travers le leadership
Jupiter favorise une capacité à créer de l'abondance pour soi et pour la communauté.
Défi : Tendance à accumuler des richesses sans redistribution
Conseil : Partager la prospérité pour renforcer son leadership et sa légitimité

SATURNE en Porte 45 La rigueur et la responsabilité dans l'exercice du pouvoir
Saturne impose une discipline stricte dans la gestion des ressources.
Défi : Peur de perdre son autorité ou difficulté à lâcher prise
Conseil : Voir le pouvoir comme un service et non comme un privilège

URANUS en Porte 45 Un leadership innovant et visionnaire
Uranus apporte une manière révolutionnaire de diriger et de gérer les ressources.
Défi : Risque de bouleverser les structures en place sans transition
Conseil : Introduire le changement progressivement pour assurer son

efficacité

NEPTUNE en Porte 45 Un rapport spirituel à la richesse et au pouvoir
Avec Neptune, le leadership prend une dimension mystique et inspirée.
Défi : Manque de clarté dans la gestion matérielle
Conseil : S'entourer de personnes compétentes pour concrétiser les visions élevées

PLUTON en Porte 45 La transformation profonde du pouvoir et des systèmes économiques
Pluton pousse à remettre en question les anciennes structures de domination.
Défi : Expériences intenses de perte ou de remise en cause du pouvoir
Conseil : Accepter la transformation comme un moyen de renouveler son leadership

INTROSPECTION & RÉFLEXION

1. Comment puis-je utiliser mon autorité pour créer un environnement d'harmonie et de coopération ?
2. De quelle manière puis-je partager les ressources pour le bien du groupe sans devenir autoritaire ?
3. Comment puis-je encourager les autres à contribuer à notre vision commune ?
4. Comment puis-je valoriser les talents individuels pour favoriser la synergie au sein de mon groupe ?
5. Quels moyens puis-je utiliser pour renforcer la confiance de mon entourage sans imposer ma vision ?
6. Comment puis-je pratiquer un leadership où chacun se sent valorisé et écouté ?

CANAL 21/45 - CANAL DE L'ARGENT

Type de canal : Manifesteur
Portes : 21 (Le Contrôle) et 45 (Le Leadership Matériel)
Centres impliqués : Centre de l'Ego → Centre de la Gorge
Circuit : Circuit Tribal – Soutien
Thème principal : L'accumulation et la gestion des ressources matérielles
Sens dominant : Le toucher
Rôle : Asseoir son pouvoir matériel et diriger avec autorité. - "Je possède, donc je gouverne."

"Je suis le maître de mon destin matériel. Je guide avec sagesse et crée une abondance durable."

LES DYNAMIQUES DU CANAL 21/45

Le canal du matérialisme et de la prospérité

Le canal 21/45 est le seul canal Ego Manifesteur pur. Il fonctionne de manière optimale lorsqu'il rencontre l'autre porte du canal (21 ou 45), favorisant ainsi une interdépendance qui renforce son efficacité.

Une autorité naturelle sur les ressources

L'individu porteur de ce canal possède un besoin inné de contrôler l'aspect matériel de la vie, que ce soit dans un cadre personnel ou collectif. Il veut gérer les finances, les possessions et l'organisation des ressources.

Une voix qui parle pour la tribu

Le circuit tribal n'a qu'une seule voix : « Je possède ou ne possède pas ». Ce canal se positionne comme le leader économique et décisionnaire du groupe, assurant la sécurité financière et matérielle de la communauté.

Le besoin de reconnaissance pour prospérer

Un canal manifesteur doit informer avant d'agir, sinon il risque d'être perçu comme autoritaire ou égoïste. La résistance à son contrôle peut générer de la frustration et de la colère.

Une quête d'indépendance et de souveraineté

L'individu doté de ce canal n'aime pas dépendre des autres. Il veut être autonome dans la gestion de ses affaires et être celui qui décide du destin matériel de son entourage.

DÉFIS ET OMBRES
Un besoin excessif de contrôle
L'envie de tout maîtriser peut mener à une rigidité excessive et à des conflits avec ceux qui cherchent plus de liberté .

Une obsession pour les possessions
L'accumulation de richesses et la peur du manque peuvent générer une vision matérialiste étroite de la vie .

Une difficulté à déléguer
L'individu avec ce canal peut éprouver des difficultés à faire confiance aux autres pour gérer ses affaires, ce qui peut limiter son expansion et son efficacité .

Le canal 21/45 est une force puissante de matérialisation et de leadership économique. Lorsqu'il est aligné sur une vision collective et partagé avec équité, il devient un moteur de prospérité pour tous .

PORTE 46 LA POUSSÉE VERS LE HAUT

"En embrassant pleinement mon corps et mes expériences, je manifeste l'abondance et la joie de vivre."

PORTE DE LA DÉTERMINATION DU SOI

La Porte 46 est celle de l'amour du corps, de la chance et de l'alignement avec le flux de la vie. Située dans le Centre G, elle représente la capacité à vivre pleinement les expériences physiques et à transformer chaque moment en opportunité de croissance et de plaisir. Elle fonctionne avec la **Porte 29 (l'engagement et la persévérance)** pour former le canal 46-29 de la Découverte, qui incarne la capacité à plonger profondément dans les expériences et à en extraire l'essence du succès.

Physiologie : Sang
Acide Aminé : Alanine
Cercle de Codons : Le Cercle de la Matière (18, 46, 48, 57)
Partenaire de programmation : Clé génétique 25
Centre : Centre G
Quart : Dualité

Ligne 1 - Etre découvert
Ligne 2 - La prima donna
Ligne 3 - La projection
Ligne 4 - L'impact
Ligne 5 - Le rythme
Ligne 6 - L'intégrité

Canal : 46/29 - Canal de la Découverte : Lorsque la Porte 46 se connecte à la Porte 29 (Centre Sacral), elle forme un canal qui favorise l'engagement total dans l'expérience de la vie, permettant d'accéder à la plénitude à travers la persévérance et l'alignement corporel.
Circuit : Circuit du Ressenti

Siddhi : Extase | **Don** : Délice | **Ombre** : Sérieux

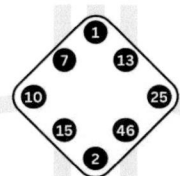

CENTRE G

ESSENCE DE LA PORTE

L'archétype de la Porte 46 est celui de l'Explorateur Sensuel et du Joueur de la Vie. Cette énergie nous connecte à notre corps comme véhicule sacré, favorisant la chance et l'alignement naturel avec le bon timing. Elle permet d'accueillir chaque expérience avec une ouverture totale et de cultiver un profond amour pour la vie incarnée.

Son défi est d'apprendre à faire confiance au processus et à ne pas forcer les choses, mais à suivre le courant avec fluidité.

RÔLE DANS LES INTERACTIONS

Dans les relations, la Porte 46 agit comme une énergie magnétique et enthousiaste. Les porteurs de cette énergie inspirent les autres à se reconnecter à leur corps et à savourer pleinement chaque expérience, en cultivant une présence consciente et un amour du vivant.

DÉFIS

- Risque de se déconnecter de son corps en recherchant trop le contrôle mental.
- Tendance à croire que le succès est uniquement lié aux efforts et non à l'alignement intérieur.
- Difficulté à accepter le lâcher-prise et à vivre dans l'instant présent.

TALENTS

- Capacité à s'abandonner aux expériences avec confiance et à tirer le meilleur de chaque situation.
- Talent pour guider les autres vers une connexion plus profonde avec leur corps et leurs sensations.
- Influence naturelle qui encourage l'exploration, le bien-être et la pleine conscience.

EXPRESSION DÉSÉQUILIBRÉE

Lorsqu'elle est désalignée, la Porte 46 peut se manifester par un détachement du corps, une hyperactivité ou une incapacité à profiter pleinement du moment présent. Elle peut aussi entraîner un rejet des expériences par peur de l'échec ou du jugement.

MAÎTRISE

En équilibre, la Porte 46 devient une force de célébration et de gratitude. Elle enseigne que la vie est une aventure à savourer à travers le corps, et que chaque expérience, bonne ou mauvaise, est une opportunité d'évolution et de plaisir.

MANIFESTATION DANS LA VIE QUOTIDIENNE ET LE BUSINESS
Vie Quotidienne :

Dans la vie personnelle, cette Porte se manifeste par une appréciation du corps et du mouvement, ainsi qu'une ouverture aux opportunités avec optimisme et confiance. Elle favorise un mode de vie basé sur la pleine présence et l'expérimentation joyeuse.

Application en Business :

Dans un contexte professionnel, la Porte 46 excelle dans des rôles impliquant la connexion au corps, comme le coaching bien-être, le sport, la danse, la thérapie corporelle ou les pratiques holistiques. Elle est idéale pour ceux qui créent à partir d'une énergie incarnée et fluide.

INFLUENCE ÉNERGÉTIQUE COLLECTIVE (TRANSITS)

Lorsqu'activée dans les transits, la Porte 46 invite le collectif à revenir à son corps et à expérimenter la vie avec plus de légèreté et de confiance. C'est un moment propice pour honorer la beauté du moment présent et cultiver une relation plus consciente avec soi- même.

NUANCES EN FONCTION DE LA LIGNE
LIGNE 1 : Explorer le corps pour comprendre son importance

Les individus avec la Porte 46 en Ligne 1 ressentent le besoin de mieux comprendre leur corps et son rôle dans leur bien-être avant de s'y abandonner pleinement.

Défi : peur de maltraiter son corps et hésitation à s'ouvrir à l'expérience

Conseil : accepter que l'apprentissage vient aussi par l'expérience corporelle

LIGNE 2 : Relation intuitive et naturelle avec le corps

Les personnes avec la Porte 46 en Ligne 2 possèdent une capacité instinctive à vivre dans leur corps et à ressentir leurs sensations sans effort.

Défi : difficulté à verbaliser son ressenti et tendance à éviter les explications

Conseil : faire confiance à ses sensations sans chercher à tout expliquer

LIGNE 3 : Expérimenter le corps à travers les épreuves et les découvertes

Les individus avec la Porte 46 en Ligne 3 découvrent le potentiel du corps en testant différentes expériences physiques et émotionnelles.

Défi : instabilité corporelle et difficulté à trouver l'équilibre

Conseil : voir chaque expérience comme une opportunité d'apprentissage

LIGNE 4 : Influencer et inspirer à travers son rapport au corps
Les individus avec la Porte 46 en Ligne 4 ont une capacité naturelle à partager leur amour du corps et de l'expérience physique avec les autres.
Défi : peur du rejet et tendance à vouloir convaincre les autres de suivre son chemin
Conseil : exprimer son amour du corps avec authenticité sans chercher à imposer

LIGNE 5 : Organiser et structurer sa relation au corps
Les individus avec la Porte 46 en Ligne 5 ont une approche pragmatique et visionnaire du bien-être corporel. Ils savent comment utiliser leur énergie physique de manière efficace et structurée.
Défi : pression des attentes extérieures et peur de mal utiliser son énergie
Conseil : équilibrer discipline et lâcher-prise

LIGNE 6 : Observer et comprendre la sagesse du corps à travers le temps
Les individus avec la Porte 46 en Ligne 6 adoptent une vision globale du corps et de son rôle dans l'expérience humaine. Ils comprennent que la sagesse corporelle se développe avec le temps et l'expérience.
Défi : détachement excessif et hésitation à s'impliquer pleinement dans son corps
Conseil : apprendre à incarner sa sagesse corporelle plutôt que seulement l'observer

NUANCES EN FONCTION DU TYPE
MANIFESTEUR : Utiliser son corps pour initier et impacter son environnement
Le Manifesteur avec la Porte 46 se sert de sa présence physique pour marquer son environnement et créer de nouvelles expériences.
Défi : rejet et résistance
Conseil : informer avant d'agir pour faciliter l'acceptation

GÉNÉRATEUR : Expérimenter la vie à travers l'énergie physique et l'endurance
Le Générateur avec la Porte 46 trouve du plaisir à utiliser son corps pour explorer et construire des expériences alignées avec son énergie sacrale.

Défi : frustration si son énergie physique est mal utilisée
Conseil : écouter sa réponse sacrale pour choisir les bonnes expériences

Le **Manifesteur-Générateur** : Explorer rapidement et intensément son lien au corps
Le Manifesteur-Générateur avec la Porte 46 peut tester de nombreuses expériences corporelles avant de trouver celles qui lui conviennent vraiment.
bénéfices

PROJECTEUR : Guider les autres vers une meilleure compréhension de leur corps
Le Projecteur avec la Porte 46 perçoit comment les autres vivent leur relation au corps et peut les aider à mieux s'y connecter.
Défi : besoin de reconnaissance et fatigue émotionnelle
Conseil : attendre d'être invité avant d'offrir son guidance corporelle

RÉFLECTEUR : Refléter la relation collective au corps et à l'incarnation
Le Réflecteur avec la Porte 46 absorbe et reflète la manière dont son environnement vit la connexion au corps et aux expériences.
Défi : confusion entre son propre ressenti et celui du collectif
Conseil : observer avant de s'engager dans une nouvelle pratique corporelle

NUANCES EN FONCTION DE LA PLANÈTE
SOLEIL en Porte 46 Briller à travers la confiance en la vie et l'acceptation du corps
Le Soleil illumine la capacité à s'abandonner aux expériences et à trouver du sens dans le simple fait d'être vivant.
Défi : Vouloir contrôler les expériences au lieu de les vivre pleinement
Conseil : Lâcher prise et se laisser porter par le flot de la vie

TERRE en Porte 46 Ancrer l'expérience dans le respect du corps et du bien-être
Avec la Terre, il est essentiel de prendre soin de son corps pour mieux accueillir l'expérience.
Défi : Négliger son bien-être au profit d'expériences excessives
Conseil : Trouver un équilibre entre découverte et écoute des besoins du corps

LUNE en Porte 46 Un rapport intuitif et cyclique au corps et aux expériences
Avec la Lune, l'énergie fluctuante influence la manière dont on vit les expériences.
Défi : Instabilité dans l'acceptation de soi et de son corps
Conseil : Observer ses cycles pour mieux comprendre ses variations intérieures

MERCURE en Porte 46 L'art de raconter ses expériences et d'inspirer les autres
Avec Mercure, l'individu sait communiquer sur ses aventures et en tirer des enseignements précieux.
Défi : Tendance à intellectualiser l'expérience au lieu de la vivre pleinement
Conseil : Se concentrer sur le ressenti et l'instant présent plutôt que sur l'analyse

VÉNUS en Porte 46 Un amour profond pour le corps et la sensualité
Vénus favorise une connexion intense au plaisir du corps et à l'expérience sensorielle.
Défi : Attachement excessif à l'apparence physique
Conseil : Apprécier son corps pour ce qu'il permet de vivre et non seulement pour son image

MARS en Porte 46 Une impulsion forte à explorer le monde à travers le corps
Mars donne une énergie brute pour expérimenter la vie sans retenue.
Défi : Prendre des risques inconsidérés au nom de l'expérience
Conseil : Apprendre à écouter son intuition pour éviter des expériences inutiles

JUPITER en Porte 46 L'expansion et la chance à travers l'acceptation totale de l'expérience
Jupiter amplifie la capacité à attirer des opportunités en s'abandonnant à la vie.
Défi : Vouloir trop en faire et se disperser
Conseil : Se concentrer sur l'expérience qui résonne le plus profondément

SATURNE en Porte 46 La discipline et la sagesse dans la gestion des expériences
Saturne impose une leçon de patience et de structuration dans la manière de vivre.
Défi : Se sentir limité ou restreint dans ses expériences
Conseil : Apprendre à voir la profondeur dans chaque instant, même les plus simples

URANUS en Porte 46 Une approche innovante et originale du corps et de l'expérience
Uranus pousse à vivre son incarnation d'une manière unique et parfois hors normes.
Défi : Être en décalage avec les attentes sociales
Conseil : Rester fidèle à son propre chemin tout en trouvant des moyens de partager son vécu

NEPTUNE en Porte 46 L'expérience du corps comme connexion spirituelle
Avec Neptune, le corps devient un canal pour des expériences mystiques et profondes.
Défi : Se perdre dans une vision idéalisée de la vie physique
Conseil : Trouver un équilibre entre élévation spirituelle et incarnation matérielle

PLUTON en Porte 46 La transformation profonde à travers le vécu corporel
Pluton force une remise en question totale du rapport au corps et à l'expérience de l'incarnation.
Défi : Expériences de crises et de renouveau liés à l'acceptation du corps
Conseil : Comprendre que chaque transformation est une opportunité d'évolution

INTROSPECTION & RÉFLEXION

1. Comment puis-je m'ouvrir davantage aux plaisirs de chaque moment, même dans les petites choses du quotidien ?
2. Quels sont les moments où je me sens pleinement vivant(e) et en connexion avec mon corps ?
3. Comment puis-je intégrer un esprit de légèreté dans mes interactions avec les autres ?
4. Quels moyens puis-je utiliser pour vivre chaque expérience comme une aventure, sans me prendre trop au sérieux ?
5. De quelle manière puis-je inspirer les autres à profiter du moment présent sans attentes ni exigences ?
6. Quelles pratiques ou habitudes puis-je adopter pour rester ancré(e) dans le plaisir et l'authenticité ?

CANAL 29/46 - CANAL DE LA DÉCOUVERTE

Type de canal : Générateur
Portes : 29 (L'Engagement) et 46 (La Détermination)
Centres impliqués : Centre Sacral → Centre G
Circuit : Circuit Collectif- Ressenti
Thème principal : Engagement total et réussite par l'expérience
Sens dominant : La vue
Rôle : Embrasser les expériences de la vie pour en retirer sagesse et accomplissement.

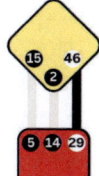

Je dis oui avec sagesse, je m'engage avec passion. Chaque expérience est un passage vers la réussite, chaque obstacle un tremplin vers la découverte de mon véritable potentiel.

LES DYNAMIQUES DU CANAL 29/46

L'art de l'engagement
Le canal 29/46 incarne la capacité à dire un "oui" puissant et sincère. Une fois engagé, l'individu déploie une énergie considérable pour mener ses projets à bien, traversant les hauts et les bas avec résilience.

La réussite par l'expérience
Ce canal n'est pas motivé par la théorie mais par la pratique. Il pousse à plonger pleinement dans les expériences, en tirant des leçons précieuses, même en cas d'échec.

Le bon endroit au bon moment
La Porte 46 est associée à la chance existentielle : être au bon endroit au bon moment. Cette synchronicité émerge lorsque l'individu suit son autorité intérieure et répond correctement aux opportunités.

L'énergie sacrale comme moteur
Le centre sacral fournit une énergie constante pour soutenir les engagements pris. Cet élan permet de surmonter les obstacles, tant que l'engagement est aligné avec le véritable soi.

DÉFIS ET OMBRES
L'épuisement par excès d'engagement
L'un des risques majeurs est de dire "oui" à tout, par peur de manquer une opportunité. Cela peut conduire à la fatigue et à la frustration.
L'attachement aux résultats
Lorsque l'engagement est motivé par l'attente d'un succès garanti, les déceptions peuvent peser lourd. Il est essentiel de se concentrer sur le processus, plutôt que sur l'issue.

Le piège de la persistance aveugle
La ténacité peut parfois devenir de l'entêtement, incitant à poursuivre un projet même lorsque les signes indiquent qu'il est temps de lâcher prise.

L'importance de l'alignement et de la clarté
- **Dire "oui" avec discernement** Il est essentiel de n'accepter que les engagements qui résonnent profondément avec le soi intérieur.
- **Accepter les hauts et les bas** Le succès du canal 29/46 réside dans la capacité à accueillir chaque expérience comme une opportunité d'apprentissage, sans crainte de l'échec.
- **Maintenir un équilibre énergétique** Savoir quand s'engager pleinement et quand se retirer permet d'éviter l'épuisement et la frustration.

Le canal 29/46 est un chemin vers la réussite par l'expérience directe. Il incarne la puissance de l'engagement total, guidé par l'énergie sacrale et la synchronicité existentielle. En suivant sa stratégie et son autorité intérieure, l'individu peut naviguer avec succès à travers les défis de la vie, découvrant des trésors cachés dans chaque voyage.

.

PORTE 47 L'OPPRESSION

"En transformant mes expériences en sagesse, je libère mon esprit et embrasse la clarté."

PORTE DE LA RÉALISATION

La Porte 47 est celle de la réflexion, de la transformation mentale et de la libération des schémas inconscients. Située dans le Centre Ajna, elle représente le processus d'intégration des expériences passées en une compréhension plus profonde. Elle fonctionne avec la Porte 64 (la confusion et l'accumulation d'expériences) pour former le canal 64-47 de l'Abstraction, qui incarne la capacité à organiser le chaos mental en une compréhension claire et éclairante.

Physiologie : Néocortex
Acide Aminé : Glycine
Cercle de Codons : Le Cercle de l'Alchimie (6, 40, 47, 64)
Partenaire de programmation : Clé génétique 22
Centre : Centre Ajna
Quart : Dualité

Ligne 1 - Faire l'inventaire
Ligne 2 - L'ambition
Ligne 3 - L'oppression de soi
Ligne 4 - La répression
Ligne 5 - Le saint
Ligne 6 - La futilité

Canal : 47/64 - Canal de l'Abstraction : Lorsque la Porte 47 se connecte à la Porte 64 (Centre de la Tête), elle forme un canal qui permet de transformer le chaos mental en structure logique, offrant ainsi une compréhension intuitive et une nouvelle perspective.
Circuit : Circuit du ressenti

Siddhi : Transfiguration | **Don :** Transmutation | **Ombre :** Oppression

CENTRE AJNA

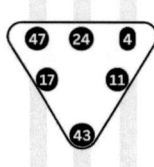

ESSENCE DE LA PORTE

L'archétype de la Porte 47 est celui du Transmutateur et du Philosophe Intérieur. Cette énergie permet de donner du sens aux expériences de la vie et de les transformer en sagesse.

Elle est souvent associée à une profonde introspection, où les réponses émergent après une période d'incertitude.

Son défi est d'apprendre à ne pas se laisser piéger par la pression mentale et à faire confiance au processus de révélation.

RÔLE DANS LES INTERACTIONS

Dans les relations, la Porte 47 agit comme une énergie introspective et profonde. Les porteurs de cette énergie ont souvent un talent pour comprendre les schémas sous-jacents et aider les autres à voir au-delà des illusions, en révélant des vérités cachées.

DÉFIS

- Risque de se sentir submergé par la confusion et de chercher à comprendre trop rapidement.
- Tendance à ressasser le passé sans parvenir à en extraire une véritable leçon.
- Difficulté à faire confiance au processus naturel de révélation et d'illumination.

TALENTS

- Capacité à transformer la confusion en clarté et à extraire des enseignements profonds de chaque expérience.
- Talent pour structurer des idées abstraites et révéler leur signification essentielle.
- Influence naturelle qui pousse les autres à voir au-delà des apparences et à accéder à une compréhension plus large.

EXPRESSION DÉSÉQUILIBRÉE

Lorsqu'elle est désalignée, la Porte 47 peut se manifester par une rumination mentale excessive, une frustration face à l'incapacité de comprendre immédiatement, ou un sentiment de blocage intellectuel.

MAÎTRISE

En équilibre, la Porte 47 devient une force de révélation et de sagesse. Elle enseigne que la compréhension émerge naturellement lorsque l'on cesse de forcer le processus et que l'on permet aux insights de se révéler d'eux-mêmes.

MANIFESTATION DANS LA VIE QUOTIDIENNE ET LE BUSINESS
Vie Quotidienne :
Dans la vie personnelle, cette Porte se manifeste par une quête de sens et une capacité à donner une nouvelle interprétation aux expériences passées. Elle favorise l'introspection et l'éveil mental.

Application en Business :
Dans un contexte professionnel, la Porte 47 excelle dans des rôles impliquant la réflexion, la recherche et la transmission de connaissances. Elle est idéale pour les penseurs, les analystes, les enseignants et ceux qui aident les autres à structurer leurs idées et à trouver du sens dans leur vie.

INFLUENCE ÉNERGÉTIQUE COLLECTIVE (TRANSITS)
Lorsqu'activée dans les transits, la Porte 47 invite le collectif à transformer la confusion en clarté et à accueillir les prises de conscience sans précipitation. C'est un moment propice pour laisser émerger des révélations profondes et trouver un nouveau sens aux expériences passées.

NUANCES EN FONCTION DE LA LIGNE
LIGNE 1 : Explorer les mystères avant de les résoudre
Les individus avec la Porte 47 en Ligne 1 ressentent le besoin de comprendre profondément leurs pensées avant d'atteindre la clarté. Ils cherchent une base solide de connaissances pour dissiper la confusion.

Défi : peur de l'inconnu et hésitation à accepter les mystères

Conseil : accepter que certains mystères doivent être vécus plutôt que compris

LIGNE 2 : Intuition naturelle et compréhension spontanée
Les personnes avec la Porte 47 en Ligne 2 possèdent une capacité instinctive à capter des compréhensions profondes sans effort conscient. Elles voient souvent clair sans pouvoir expliquer pourquoi.

Défi : difficulté à justifier ses intuitions et tendance à éviter les explications

Conseil : faire confiance à son intelligence intuitive tout en cherchant à mieux exprimer ses perceptions

LIGNE 3 : Expérimenter et apprendre de la confusion
Les individus avec la Porte 47 en Ligne 3 découvrent comment transformer la confusion en clarté en traversant différentes expériences et en ajustant leur perspective.

Défi : instabilité mentale et sentiment d'être submergé par les pensées

Conseil : voir chaque période de confusion comme une opportunité d'évolution

LIGNE 4 : Influencer et inspirer à travers sa compréhension des mystères

Les individus avec la Porte 47 en Ligne 4 ont une capacité naturelle à partager leurs compréhensions et à aider les autres à percer leurs propres illusions.

Défi : peur du rejet et tendance à vouloir plaire

Conseil : exprimer ses compréhensions avec authenticité

LIGNE 5 : Structurer et organiser ses idées pour éclairer les autres

Les individus avec la Porte 47 en Ligne 5 ont une approche pragmatique et stratégique de la transmission des idées. Ils savent comment organiser leurs compréhensions pour les rendre utiles et applicables.

Défi : pression des attentes extérieures et peur d'être mal interprété

Conseil : exercer son discernement avec discernement

LIGNE 6 : Observer et comprendre les cycles de compréhension

Les individus avec la Porte 47 en Ligne 6 adoptent une vision globale des cycles de la pensée et de la transformation mentale. Ils comprennent que la clarté mentale se développe avec le temps et l'expérience.

Défi : détachement excessif et hésitation à partager ses perceptions

Conseil : équilibrer réflexion et action

NUANCES EN FONCTION DU TYPE

MANIFESTEUR : Initier des transformations par des compréhensions percutantes

Le Manifesteur avec la Porte 47 partage ses compréhensions sans attendre la validation extérieure.

Défi : rejet et résistance

Conseil : informer avant d'agir pour faciliter l'acceptation

GÉNÉRATEUR : Partager ses insights en réponse aux bonnes opportunités

Le Générateur avec la Porte 47 exprime ses idées lorsqu'il est stimulé par une opportunité qui résonne avec lui.

Défi : frustration si ses compréhensions ne sont pas bien accueillies

Conseil : écouter sa réponse sacrale pour choisir les bons moments d'expression

Le **Manifesteur-Générateur** : explorer et affiner ses compréhensions avant de les diffuser
Le MG avec la Porte 47 peut être très rapide dans la génération d'idées, mais doit veiller à bien structurer son message.

PROJECTEUR : Guider les autres vers une meilleure compréhension des mystères
Le Projecteur avec la Porte 47 perçoit comment les autres traitent leurs perceptions et peut les aider à les clarifier.
Défi : besoin de reconnaissance et fatigue mentale
Conseil : attendre d'être invité avant de partager ses insights

RÉFLECTEUR : Refléter les dynamiques d'intuition et de perception dans le collectif
Le Réflecteur avec la Porte 47 absorbe et reflète la manière dont le collectif capte et traite les perceptions profondes.
Défi : confusion entre ses propres perceptions et celles du groupe
Conseil : observer avant de partager pour s'assurer que l'idée lui appartient

NUANCES EN FONCTION DE LA PLANÈTE

SOLEIL en Porte 47 Briller par la transmutation des expériences passées
Le Soleil illumine une capacité à tirer des leçons des défis du passé et à les transformer en sagesse.
Défi : Risque de s'enfermer dans des ruminations négatives
Conseil : Pratiquer la gratitude pour ce qui a été appris, même dans les épreuves

TERRE en Porte 47 Ancrer la réflexion dans la réalité concrète
Avec la Terre, l'individu doit intégrer les leçons du passé dans le présent pour avancer avec stabilité.
Défi : S'accrocher à des regrets ou des erreurs passées
Conseil : Se rappeler que chaque expérience a une valeur pour l'évolution

LUNE en Porte 47 Une relation émotionnelle complexe avec le passé
Avec la Lune, les souvenirs surgissent par vagues, influençant les états d'âme de manière cyclique.
Défi : Être submergé par des émotions refoulées
Conseil : Accueillir ces cycles comme des occasions de purification

intérieure

MERCURE en Porte 47 L'art de communiquer les leçons du passé
Mercure apporte une facilité à exprimer les apprentissages tirés des expériences difficiles.
Défi : Risque d'intellectualiser les émotions sans les ressentir pleinement
Conseil : Partager ses expériences avec authenticité, sans chercher à tout expliquer

VÉNUS en Porte 47 Un amour empreint de compréhension et de pardon
Vénus favorise une approche douce et compatissante des erreurs passées.
Défi : Tendance à idéaliser le passé ou les relations révolues
Conseil : Aimer le présent tel qu'il est, sans être nostalgique du passé

MARS en Porte 47 Un besoin d'agir pour se libérer des poids du passé
Mars donne une énergie pour confronter directement les ombres et les schémas répétitifs.
Défi : Vouloir tout résoudre par l'action sans laisser le temps à la réflexion
Conseil : Associer action et contemplation pour un équilibre harmonieux

JUPITER en Porte 47 L'expansion à travers l'acceptation et l'intégration du passé
Jupiter amplifie la capacité à comprendre le sens profond des expériences vécues.
Défi : Risque d'amplifier les regrets ou les attentes insatisfaites
Conseil : Voir chaque expérience comme une bénédiction déguisée

SATURNE en Porte 47 La discipline dans l'exploration des leçons du passé
Saturne impose une réflexion méthodique et sérieuse sur les expériences antérieures.
Défi : Se sentir bloqué par des responsabilités ou des erreurs passées
Conseil : Utiliser la discipline pour structurer sa compréhension et avancer avec clarté

URANUS en Porte 47 Une vision révolutionnaire du passé et de ses leçons
Uranus pousse à revisiter le passé sous un angle totalement nouveau et libérateur.
Défi : Risque de rejeter complètement le passé au lieu de l'intégrer
Conseil : Utiliser cette énergie pour innover tout en respectant l'histoire personnelle

NEPTUNE en Porte 47 L'intuition comme clé pour comprendre le passé
Avec Neptune, la Porte 47 devient un canal de compréhension mystique et symbolique du passé.
Défi : Se perdre dans des illusions ou des interprétations trop mystiques
Conseil : Rester ancré tout en accueillant les intuitions subtiles

PLUTON en Porte 47 La transformation radicale à travers la réconciliation avec le passé
Pluton amène des crises profondes qui forcent à transmuter les anciennes blessures.
Défi : Confrontations brutales avec des mémoires douloureuses
Conseil : Comprendre que chaque crise est une opportunité d'ascension intérieure

INTROSPECTION & RÉFLEXION

1. Comment puis-je accepter les moments de confusion sans m'inquiéter de trouver immédiatement les réponses ?
2. Quelles pratiques m'aident à relâcher la pression mentale et à retrouver la clarté intérieure ?
3. Comment puis-je transformer mes doutes en une opportunité de croissance et de compréhension ?
4. Comment puis-je accueillir les incertitudes et laisser le temps agir pour révéler la clarté ?
5. Comment puis-je utiliser mes expériences passées pour éclairer mes choix présents sans être limité par elles ?
6. Comment puis-je inspirer les autres à voir leurs propres moments de confusion comme des étapes vers la réalisation et l'éveil ?

CANAL 47/64 - CANAL DE L'ABSTRACTION

Type de canal : Projecteur
Portes : 64 (La Confusion) et 47 (La Réalisation)
Centres impliqués : Tête → Ajna
Circuit : Circuit Collectif – Ressenti
Thème principal : Transformer la confusion en clarté par la réflexion mentale.
Sens dominant : La vue
Rôle : Organiser les expériences mentales pour en extraire une compréhension profonde.

"Je traverse la confusion pour atteindre la clarté. Chaque pensée est un fil tissé dans la tapisserie de la compréhension."

LES DYNAMIQUES DU CANAL DU 47/64

De la confusion à la clarté
La Porte 64, située dans le centre de la Tête, génère un flux constant d'images mentales issues des expériences passées. C'est l'énergie des souvenirs fragmentés, souvent accompagnés d'une sensation de confusion.

L'illumination par l'organisation mentale
La Porte 47, dans le centre de l'Ajna, travaille à trier ce chaos mental pour en extraire du sens. C'est le processus de réflexion, où les idées se transforment progressivement en compréhension claire et structurée.

Un canal d'insight et de prise de conscience
Ce canal fonctionne comme un puzzle. Les pièces éparses des expériences sont assemblées pour former une image cohérente. Ce processus n'est ni immédiat ni linéaire ; il demande du temps, de la patience et un lâcher-prise face à la pression mentale.

L'expérience humaine du canal 64/47
- **Le chercheur de sens** : Vous êtes naturellement porté à réfléchir sur vos expériences, cherchant à comprendre leur signification plus profonde.
- **Des éclairs de clarté** : Après des périodes de confusion, des moments d'illumination soudaine surviennent, apportant une compréhension nouvelle et souvent transformative.
- **L'interprète des souvenirs** : Votre esprit fonctionne comme un historien, reliant les points pour créer un récit cohérent à partir des expériences

passées.

DÉFIS ET OMBRES
- **La surcharge mentale** : L'afflux constant de pensées peut devenir accablant, surtout si la clarté tarde à émerger.
- **L'impatience** : Vouloir des réponses immédiates peut conduire à des conclusions hâtives ou à une anxiété mentale excessive.
- **La dépendance à la pensée** : Se perdre dans l'analyse peut empêcher de vivre pleinement le moment présent.

L'importance de la patience et du lâcher-prise
- **Accepter la confusion** : La clarté ne peut émerger que si l'on accepte la phase de désordre mental comme partie intégrante du processus.
- **Éviter les décisions impulsives** : Ne prenez pas de décisions importantes tant que la clarté n'est pas apparue naturellement.
- **Partager les insights** : Vos réflexions peuvent éclairer les autres, mais seulement si elles sont partagées au bon moment, après une invitation.

Ce canal incarne la beauté du processus mental abstrait. Il nous rappelle que la véritable clarté naît du temps, de la patience et de la confiance dans le flux naturel de la pensée. Lorsqu'il est vécu en conscience, il devient une source précieuse d'insight pour soi-même et pour les autres.

"Je ne force pas la compréhension ; je laisse la clarté émerger comme un rayon de lumière à travers les nuages."

PORTE 48 LE PUITS

"Ma sagesse intérieure est infinie, et j'ai déjà toutes les ressources nécessaires en moi."

PORTE DE LA PROFONDEUR

La Porte 48 est celle de la profondeur, de l'intuition et de la sagesse innée. Située dans le Centre de la Rate, elle représente une intelligence instinctive qui permet de trouver des solutions précises et profondes aux problèmes. Elle fonctionne avec la Porte 16 (la maîtrise et l'enthousiasme dans l'expérimentation) pour former le canal 48-16 de la Vague du Talent, qui incarne la combinaison entre une connaissance intuitive et l'art de l'exprimer de manière pratique.

Physiologie : Système lymphatique (rate)
Acide Aminé : Alanine
Cercle de Codons : Le Cercle de la Matière (18, 46, 48, 57)
Partenaire de programmation : Clé génétique 21
Centre : Centre Splénique
Quart : Dualité

Ligne 1 - L'insignifiance
Ligne 2 - La dégradation
Ligne 3 - L'incommunicabilité
Ligne 4 - La restructuration
Ligne 5 - L'action
Ligne 6 - L'épanouissement de soi

Canal : 48/16 - Canal de la Vague de Talent : Lorsque la Porte 48 se connecte à la Porte 16 (Centre de la Gorge), elle forme un canal qui allie profondeur et expression du talent, permettant d'apporter des solutions pratiques et innovantes.
Circuit : Circuit de La Compréhension (canal créatif)

Siddhi : Sagesse | **Don :** Ressource | **Ombre :** Inadéquation

CENTRE SPLÉNIQUE

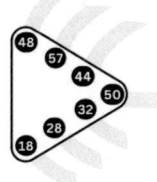

ESSENCE DE LA PORTE

L'archétype de la Porte 48 est celui du Sage et du Gardien de la Profondeur. Cette énergie permet d'accéder à des connaissances profondes qui semblent innées, souvent sans savoir d'où elles viennent.

Elle favorise une capacité à analyser les problèmes en profondeur et à offrir des solutions innovantes.

Son défi est d'éviter la peur du "je ne suis pas assez prêt" et de reconnaître que sa sagesse est déjà complète.

RÔLE DANS LES INTERACTIONS

Dans les relations, la Porte 48 agit comme une force de guidance et d'expertise. Les porteurs de cette énergie ont souvent une capacité naturelle à percevoir les solutions aux problèmes, mais ils doivent apprendre à partager leur sagesse sans douter de leur propre valeur.

DÉFIS

- Risque de se sentir constamment insuffisant et de ne jamais se croire prêt à partager sa sagesse.
- Tendance à accumuler des connaissances sans les appliquer concrètement.
- Difficulté à faire confiance à son intuition et à reconnaître la valeur de ses compétences..

TALENTS

- Capacité à synthétiser des connaissances complexes en solutions pratiques et applicables.
- Talent pour approfondir et perfectionner des domaines de compétence avec rigueur et précision.
- Influence naturelle qui inspire les autres à se tourner vers la sagesse et à chercher des solutions fondées sur l'intuition et l'expertise.

EXPRESSION DÉSÉQUILIBRÉE

Lorsqu'elle est désalignée, la Porte 48 peut se manifester par un sentiment d'infériorité ou une peur de ne pas être à la hauteur. Elle peut aussi entraîner une tendance à retenir ses connaissances, par peur qu'elles ne soient pas suffisamment parfaites ou utiles.

MAÎTRISE

En équilibre, la Porte 48 devient une force de sagesse et d'innovation. Elle enseigne que la connaissance a de la valeur lorsqu'elle est partagée et appliquée, et que la véritable profondeur vient de la capacité à traduire l'intuition en action concrète.

MANIFESTATION DANS LA VIE QUOTIDIENNE ET LE BUSINESS

Vie Quotidienne :

Dans la vie personnelle, cette Porte se manifeste par une quête de connaissance et une capacité à aller en profondeur dans les sujets qui passionnent. Elle favorise l'introspection et le développement d'une expertise unique.

Application en Business :

Dans un contexte professionnel, la Porte 48 excelle dans des rôles nécessitant une expertise pointue, comme la recherche, l'innovation, l'enseignement ou la résolution de problèmes complexes. Elle est idéale pour les spécialistes qui utilisent leur connaissance pour améliorer leur domaine.

INFLUENCE ÉNERGÉTIQUE COLLECTIVE (TRANSITS)

Lorsqu'activée dans les transits, la Porte 48 invite le collectif à reconnaître la valeur de la sagesse et à se tourner vers des solutions basées sur la profondeur et l'intuition. C'est un moment propice pour explorer ses connaissances et apprendre à les appliquer avec confiance.

NUANCES EN FONCTION DE LA LIGNE

LIGNE 1 : Explorer en profondeur avant de partager

Les individus avec la Porte 48 en Ligne 1 ressentent le besoin d'étudier et de comprendre minutieusement avant d'exprimer leurs idées. Ils recherchent une base solide et complète de connaissances.

Défi : peur de manquer d'informations et hésitation à partager

Conseil : accepter que l'expérience vient aussi par l'enseignement

LIGNE 2 : Sagesse naturelle et compréhension instinctive

Les personnes avec la Porte 48 en Ligne 2 possèdent une capacité innée à saisir des concepts profonds sans effort conscient. Elles savent instinctivement ce qui est juste ou non.

Défi : difficulté à justifier son savoir et tendance à éviter les explications

Conseil : faire confiance à son intuition tout en cherchant à mieux l'expliquer

LIGNE 3 : Expérimenter et apprendre de ses erreurs
Les individus avec la Porte 48 en Ligne 3 découvrent comment approfondir leurs connaissances en traversant différentes expériences et en ajustant leur approche.
Défi : instabilité et sentiment d'être dépassé par la complexité
Conseil : voir chaque erreur comme une opportunité d'apprentissage

LIGNE 4 : Influencer et inspirer par sa profondeur de savoir
Les individus avec la Porte 48 en Ligne 4 ont une capacité naturelle à partager leurs connaissances de manière inspirante et accessible.
Défi : peur du rejet et tendance à vouloir plaire
Conseil : exprimer ses connaissances avec authenticité

LIGNE 5 : Structurer et appliquer son savoir de manière pragmatique
Les individus avec la Porte 48 en Ligne 5 ont une approche stratégique et pragmatique du savoir. Ils savent comment utiliser leurs connaissances pour proposer des solutions concrètes et efficaces.
Défi : pression des attentes extérieures et peur d'être mal interprété
Conseil : exercer son discernement avec équilibre et intégrité

LIGNE 6 : Observer et comprendre la sagesse du savoir à travers le temps
Les individus avec la Porte 48 en Ligne 6 adoptent une vision globale du savoir et de l'évolution de la compréhension humaine.
Défi : détachement excessif et hésitation à partager ses perceptions
Conseil : équilibrer réflexion et action

NUANCES EN FONCTION DU TYPE
MANIFESTEUR : Initier des transformations par une compréhension profonde
Le Manifesteur avec la Porte 48 partage ses connaissances sans attendre la validation extérieure.
Défi : rejet et résistance
Conseil : informer avant d'agir pour faciliter l'acceptation

GÉNÉRATEUR : Partager son savoir en réponse aux bonnes opportunités
Le Générateur avec la Porte 48 exprime ses idées lorsqu'il est stimulé par une opportunité qui résonne avec lui.

Défi : frustration si ses perceptions ne sont pas bien accueillies
Conseil : écouter sa réponse sacrale pour choisir les bons moments d'expression

Le **Manifesteur-Générateur** : Explorer et affiner son savoir avant de le partager
Le MG avec la Porte 48 peut être très rapide dans l'assimilation des connaissances, mais doit veiller à bien structurer son message.

PROJECTEUR : Guider les autres vers une meilleure compréhension du savoir
Le Projecteur avec la Porte 48 perçoit comment les autres intègrent le savoir et peut les aider à mieux structurer leurs perceptions.
Défi : besoin de reconnaissance et fatigue mentale
Conseil : attendre d'être invité avant de partager ses insights

RÉFLECTEUR : Refléter la manière dont le collectif gère le savoir et l'évolution
Le Réflecteur avec la Porte 48 absorbe et reflète la manière dont le collectif capte et traite le savoir.
Défi : confusion entre ses propres perceptions et celles du groupe
Conseil : observer avant de partager pour s'assurer que l'idée lui appartient

NUANCES EN FONCTION DE LA PLANÈTE
SOLEIL en Porte 48 Briller par la profondeur et la maîtrise du savoir
Le Soleil illumine une capacité à explorer les mystères avec rigueur et persévérance.
Défi : Risque de rester bloqué dans l'accumulation de connaissances sans passer à l'action
Conseil : Partager ses compétences même imparfaites pour éviter la stagnation

TERRE en Porte 48 Ancrer la profondeur dans l'expérience pratique
Avec la Terre, il est crucial de trouver des moyens concrets d'appliquer son savoir.
Défi : Peur d'être exposé ou critiqué pour son manque d'expertise
Conseil : Avancer par petits pas et célébrer chaque progrès

LUNE en Porte 48 Une quête cyclique et émotionnelle du savoir
Avec la Lune, les cycles d'introspection sont plus marqués, alternant entre

périodes d'intense apprentissage et de doute.
Défi : Être submergé par des doutes récurrents
Conseil : Accepter ces cycles et utiliser les phases calmes pour appliquer les leçons apprises

MERCURE en Porte 48 L'art de transmettre des connaissances profondes avec clarté
Mercure apporte une capacité à expliquer des concepts complexes de manière simple et engageante.
Défi : Risque d'être perçu comme arrogant ou trop technique
Conseil : Adapter son langage à son auditoire pour être mieux compris

VÉNUS en Porte 48 Un amour pour le savoir et la quête de vérité
Vénus favorise une approche harmonieuse et esthétique de l'apprentissage.
Défi : Attirer des personnes qui profitent de son savoir sans donner en retour
Conseil : Mettre des limites claires et choisir avec soin à qui transmettre ses connaissances

MARS en Porte 48 Une impulsion forte à expérimenter et approfondir
Mars donne une énergie directe pour tester rapidement ses idées et ses savoirs.
Défi : Risque de se précipiter sans bien maîtriser les bases
Conseil : Allier audace et préparation pour maximiser l'impact

JUPITER en Porte 48 L'expansion par la transmission du savoir collectif
Jupiter favorise une capacité naturelle à enseigner et à structurer l'information.
Défi : Risque de disperser ses efforts dans trop de sujets différents
Conseil : Se concentrer sur un domaine précis et l'approfondir pleinement

SATURNE en Porte 48 La discipline dans l'apprentissage et la transmission
Saturne impose une rigueur et une patience dans l'acquisition des compétences.
Défi : Se sentir limité par un manque de ressources ou de reconnaissance
Conseil : Accepter le temps d'apprentissage nécessaire et persévérer

URANUS en Porte 48 Une approche révolutionnaire et originale du savoir
Uranus pousse à explorer des domaines inédits et à briser les conventions établies.
Défi : Être perçu comme trop radical ou incompris
Conseil : Trouver des moyens concrets de partager ses idées novatrices

NEPTUNE en Porte 48 L'intuition au service de la connaissance profonde
Avec Neptune, la Porte 48 devient un canal d'inspiration mystique et de visions profondes.
Défi : Risque de confondre intuition et illusion
Conseil : Vérifier que ses intuitions reposent sur des bases solides et tangibles

PLUTON en Porte 48 La transformation radicale à travers la quête de vérité
Pluton amène des crises intenses qui forcent à réévaluer ses savoirs et ses certitudes.
Défi : Lutte intérieure entre profondeur et incapacité à partager
Conseil : Comprendre que la vraie profondeur se révèle dans l'action et le partage

---

INTROSPECTION & RÉFLEXION
1. Comment puis-je renforcer ma confiance dans mes compétences, même si elles sont encore en développement ?
2. Quels moyens puis-je utiliser pour valoriser mes connaissances et mes talents sans me sentir inadéquat ?
3. Quels domaines de ma vie m'invitent à approfondir mes connaissances ou mes compétences ?
4. Comment puis-je utiliser mon intuition pour accéder à des solutions et des réponses plus profondes ?
5. Comment puis-je partager mes connaissances sans me sentir obligé d'être parfait ?
6. Quels moyens puis-je utiliser pour inspirer les autres à chercher leur propre sagesse ?

CANAL 16/48 - CANAL DE LA LONGEUR D'ONDE

Type de canal : Projecteur
Portes : 16 (L'Expression du Talent) et 48 (La Profondeur)
Centres impliqués : Centre Splénique → Centre de la Gorge
Circuit : Circuit Collectif - Compréhension
Thème principal : La répétition et la maîtrise comme voie vers l'excellence
Sens dominant : La vue
Rôle : Perfectionner un talent grâce à la répétition et le partager une fois reconnu.

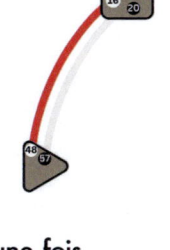

"La maîtrise naît de la pratique incessante et de la persévérance."

LES DYNAMIQUES DU CANAL 16/48

Un processus de perfectionnement constant
Le canal 16/48 symbolise la synergie entre le talent et la profondeur. L'individu qui possède ce canal a une prédisposition naturelle pour développer et exprimer un savoir-faire unique. Cependant, ce talent ne s'exprime pleinement qu'à travers un engagement dans la répétition et l'amélioration continue.

L'importance de la profondeur
La Porte 48 est le réservoir de sagesse et de solutions potentielles. Toutefois, cette porte porte aussi une crainte : celle de ne pas être assez compétente ou de manquer de ressources pour exprimer sa connaissance. La véritable puissance de ce canal réside dans la capacité à transformer cette profondeur en talent tangible et exprimable via la Porte 16.

Une expression qui repose sur l'invitation
Ce canal, étant projecteur, requiert une reconnaissance extérieure pour que l'expression de son talent soit entendue et valorisée. Sans invitation, l'individu peut ressentir de la frustration et voir son potentiel mal perçu par les autres.

La pratique comme fondement du talent
La maîtrise, dans ce canal, s'acquiert par une pratique rigoureuse et répétée. Que ce soit dans un domaine artistique, technique ou intellectuel, l'individu est amené à affiner progressivement son talent jusqu'à atteindre un haut niveau d'expertise.

Un canal de transmission et de partage
L'une des clés du canal 16/48 est de rendre accessible une expertise à

travers l'expression orale, écrite ou artistique. Cette transmission est un élément fondamental du circuit collectif de la Compréhension, permettant d'élever le savoir général.

DÉFIS ET OMBRES
La peur du manque de talent
L'un des plus grands défis de ce canal est le doute constant sur sa propre compétence. La Porte 48 peut créer un sentiment d'infériorité qui freine l'expression du talent et pousse à l'inaction.

L'impatience face au processus d'apprentissage
L'individu peut vouloir voir des résultats immédiats et se décourager face aux exigences du perfectionnement. Pourtant, la maîtrise demande du temps et une persévérance constante.

La dépendance à la reconnaissance extérieure
En tant que canal projecteur, 16/48 ne peut briller pleinement que s'il est reconnu et invité à partager son talent. L'absence de validation extérieure peut provoquer frustration et désillusion.

Le canal 16/48 est une passerelle entre l'inspiration et la maîtrise, entre la profondeur et l'expression. Il met en lumière le besoin de discipline et de répétition pour transformer un talent latent en une véritable force. Lorsqu'il est correctement utilisé, ce canal devient une source précieuse de guidance et d'inspiration pour les autres, leur permettant d'accéder à une compréhension enrichie et évolutive.

PORTE 49 LA RÉVOLUTION

"Je détruis l'ancien pour créer un monde plus juste et plus aligné avec mes valeurs profondes."

PORTE DE L'EXCLUSION

La Porte 49 est celle de la révolution, des principes et du pouvoir de transformation radicale. Située dans le Centre Émotionnel (Plexus Solaire), elle représente la capacité à rejeter ce qui ne sert plus et à instaurer de nouvelles structures fondées sur des valeurs profondes.

Elle fonctionne avec la Porte 19 (la sensibilité aux besoins du collectif) pour former le canal 19-49 de la Synthèse, qui incarne la dynamique entre la dépendance aux ressources et la capacité à établir des règles et des alliances basées sur des principes forts.

Physiologie : Plexus Solaire
Acide Aminé : Histidine
Cercle de Codons : Le Cercle du Tourbillon (49, 55)
Partenaire de programmation : Clé génétique 4
Centre : Centre Plexus Solaire
Quart : Initiation

Ligne 1 - La loi de nécessité
Ligne 2 - Le dernier recours
Ligne 3 - Le mécontentement populaire
Ligne 4 - La plate forme
Ligne 5 - L'organisation
Ligne 6 - La séduction

Canal : 49/19 - Canal de la Synthèse : Lorsque la Porte 49 se connecte à la Porte 19 (Centre Racine), elle forme un canal qui relie la sensibilité aux besoins du collectif à la capacité de transformation, permettant d'établir de nouveaux principes et de nouvelles structures relationnelles.
Circuit : Circuit de l'Ego

Siddhi : Renaissance | **Don :** Révolution | **Ombre :** Réaction

PLEXUS SOLAIRE

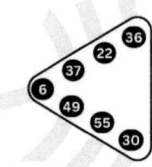

ESSENCE DE LA PORTE

L'archétype de la Porte 49 est celui du Révolutionnaire et du Gardien des Principes. Cette énergie permet de détecter les injustices et de provoquer un changement fondamental lorsque les valeurs ne sont plus respectées. Elle est radicale dans ses décisions, acceptant de couper les liens avec ce qui ne correspond plus à ses idéaux.

Son défi est d'apprendre à gérer ses émotions pour ne pas réagir de manière impulsive et destructrice.

RÔLE DANS LES INTERACTIONS

Dans les relations, la Porte 49 agit comme une énergie de transformation et d'alignement avec les valeurs profondes. Les porteurs de cette énergie ne tolèrent pas les compromis qui vont à l'encontre de leurs principes et sont prêts à couper les liens avec ce qui ne respecte pas leur intégrité.

DÉFIS

- Risque de réagir de manière radicale et de rompre des liens trop rapidement.
- Tendance à imposer ses valeurs aux autres sans prendre en compte leurs perspectives.
- Difficulté à gérer la tension émotionnelle liée aux ruptures et aux changements majeurs.

TALENTS

- Capacité à percevoir ce qui doit être transformé et à agir avec détermination.
- Talent pour restructurer les relations, les organisations et les systèmes en fonction de principes plus justes.
- Influence naturelle qui pousse les autres à revoir leurs valeurs et à embrasser le changement.

EXPRESSION DÉSÉQUILIBRÉE

Lorsqu'elle est désalignée, la Porte 49 peut se manifester par une intolérance excessive ou une tendance à rejeter tout ce qui ne correspond pas immédiatement à ses attentes. Elle peut aussi entraîner une instabilité émotionnelle liée à une difficulté à accepter les compromis nécessaires.

MAÎTRISE

En équilibre, la Porte 49 devient une force de révolution et d'innovation consciente. Elle enseigne que le changement est un processus qui doit être guidé par la clarté émotionnelle et la justesse des valeurs, afin de créer des transformations bénéfiques pour tous.

MANIFESTATION DANS LA VIE QUOTIDIENNE ET LE BUSINESS

Vie Quotidienne :

Dans la vie personnelle, cette Porte se manifeste par un besoin de relations et de structures alignées avec des principes profonds. Elle favorise la prise de décisions radicales lorsque quelque chose n'est plus en accord avec ses valeurs.

Application en Business :

Dans un contexte professionnel, la Porte 49 excelle dans des rôles de réforme, de leadership transformationnel et de gestion du changement. Elle est idéale pour ceux qui innovent, restructurent et renouvellent des systèmes pour les rendre plus éthiques et durables.

INFLUENCE ÉNERGÉTIQUE COLLECTIVE (TRANSITS)

Lorsqu'activée dans les transits, la Porte 49 invite le collectif à reconsidérer ses valeurs et à oser initier des transformations nécessaires. C'est un moment propice pour revoir ce qui ne fonctionne plus et poser des bases solides pour un avenir plus aligné.

NUANCES EN FONCTION DE LA LIGNE

LIGNE 1 : Comprendre la justice avant d'agir

Les individus avec la Porte 49 en Ligne 1 ressentent le besoin d'étudier et de comprendre en profondeur les raisons d'une révolte avant de la mener. Ils recherchent une base solide et légitime pour justifier un changement radical.

Défi : peur de l'injustice et hésitation à agir

Conseil : accepter que l'action est aussi un moyen d'apprendre

LIGNE 2 : Loyauté instinctive et réaction spontanée

Les personnes avec la Porte 49 en Ligne 2 possèdent une capacité instinctive à ressentir les injustices et à réagir immédiatement. Elles sont naturellement fidèles à leurs valeurs et à leurs proches.

Défi : difficulté à justifier ses réactions et tendance à éviter les explications

Conseil : faire confiance à son instinct tout en cherchant à mieux expliquer ses choix

LIGNE 3 : Expérimenter et apprendre des révoltes et des engagements

Les individus avec la Porte 49 en Ligne 3 découvrent comment défendre leurs valeurs en traversant différentes expériences et en ajustant leur

approche.
Défi : instabilité et difficulté à choisir ses batailles
Conseil : voir chaque révolte comme une opportunité d'évolution

LIGNE 4 : Influencer et inspirer par la loyauté et l'engagement
Les individus avec la Porte 49 en Ligne 4 ont une capacité naturelle à rassembler les autres autour de leurs valeurs et à créer un sentiment d'appartenance.
Défi : peur du rejet et tendance à vouloir plaire
Conseil : exprimer ses valeurs avec authenticité sans chercher à imposer

LIGNE 5 : Structurer et organiser la révolution de manière stratégique
Les individus avec la Porte 49 en Ligne 5 ont une approche pragmatique et stratégique du changement et de la défense des valeurs. Ils savent comment utiliser leur influence pour provoquer des transformations concrètes et efficaces.
Défi : pression des attentes extérieures et peur d'être mal perçu
Conseil : exercer son pouvoir de transformation avec discernement

LIGNE 6 : Observer et comprendre les cycles de transformation et de loyauté
Les individus avec la Porte 49 en Ligne 6 adoptent une vision globale des transformations sociales et des cycles de fidélité et de révolte.
Défi : détachement excessif et hésitation à s'impliquer
Conseil : équilibrer observation et action

NUANCES EN FONCTION DU TYPE
MANIFESTEUR : Initier des révolutions avec autorité et détermination
Le Manifesteur avec la Porte 49 prend des décisions rapides pour rétablir la justice et n'hésite pas à bouleverser l'ordre établi.
Défi : rejet et résistance
Conseil : informer avant d'agir pour éviter les conflits

GÉNÉRATEUR : Défendre ses valeurs à travers l'engagement et la persévérance
Le Générateur avec la Porte 49 exerce son pouvoir en s'engageant pleinement dans des causes qui résonnent profondément avec lui.
Défi : frustration si ses valeurs ne sont pas reconnues immédiatement

Conseil : écouter sa réponse sacrale pour choisir les bons engagements

Le **Manifesteur-Générateur** : Explorer et structurer ses révoltes avec agilité
Le MG avec la Porte 49 peut tester plusieurs approches du changement avant de trouver celle qui lui correspond.

PROJECTEUR : Guider les autres vers un changement plus aligné
Le Projecteur avec la Porte 49 perçoit comment les autres gèrent le changement et peut les aider à mieux structurer leurs révoltes.
Défi : besoin de reconnaissance et fatigue émotionnelle
Conseil : attendre d'être invité avant d'intervenir dans les révolutions des autres

RÉFLECTEUR : Refléter les dynamiques de loyauté et de révolution dans le collectif
Le Réflecteur avec la Porte 49 absorbe et reflète la manière dont le collectif gère la loyauté et les révolutions.
Défi : confusion entre son propre rôle et celui du groupe
Conseil : observer avant de s'impliquer pour s'assurer que son influence est alignée avec lui

NUANCES EN FONCTION DE LA PLANÈTE

SOLEIL en Porte 49 Briller par le courage de transformer et de renverser l'ordre établi
Le Soleil amplifie le désir de changement radical et d'équité, poussé par des principes forts.
Défi : Risque de basculer dans l'extrémisme ou le rejet total
Conseil : Se rappeler que chaque révolution doit servir un but plus grand que l'égo

TERRE en Porte 49 Ancrer le changement dans des valeurs solides et durables
Avec la Terre, il est essentiel de garantir que les révolutions servent à stabiliser et à protéger.
Défi : Résistance au changement par peur de l'inconnu
Conseil : Assurer une transition progressive et respectueuse des fondations existantes

LUNE en Porte 49 Une relation émotionnelle fluctuante avec le changement
Avec la Lune, les impulsions révolutionnaires suivent des cycles

émotionnels.
Défi : Prendre des décisions sous l'influence des émotions fortes
Conseil : Attendre que les émotions se stabilisent avant d'agir

MERCURE en Porte 49 L'art d'exprimer ses principes avec force et conviction
Mercure apporte une facilité à communiquer ses idéaux révolutionnaires.
Défi : Risque de polariser les discussions ou d'imposer ses idées
Conseil : Écouter les autres pour affiner ses arguments et éviter le dogmatisme

VÉNUS en Porte 49 Un amour radical et intransigeant pour la vérité
Vénus favorise une approche passionnée des valeurs et des principes.
Défi : Sacrifier l'harmonie pour défendre ses convictions
Conseil : Intégrer douceur et compassion dans ses révolutions personnelles

MARS en Porte 49 Une impulsion forte à déclencher des révolutions immédiates
Mars donne une énergie directe et parfois brusque pour réformer.
Défi : Agir trop vite sans planification
Conseil : Prendre le temps de préparer le terrain avant de bouleverser l'ordre établi

JUPITER en Porte 49 L'expansion et l'abondance à travers des réformes justes
Jupiter amplifie le potentiel de croissance à travers des changements bien pensés.
Défi : Vouloir tout réformer en même temps
Conseil : Prioriser les réformes les plus alignées avec ses valeurs profondes

SATURNE en Porte 49 La discipline dans la gestion des crises et des révolutions
Saturne impose une structure et une rigueur dans les processus révolutionnaires.
Défi : Devenir trop rigide dans l'application des réformes
Conseil : Assouplir ses positions pour permettre des ajustements progressifs

URANUS en Porte 49 Une approche visionnaire et radicale du changement
Uranus pousse à réinventer totalement les systèmes existants.
Défi : Risque de chaos et d'imprévisibilité
Conseil : Associer innovation et respect des besoins fondamentaux du groupe

NEPTUNE en Porte 49 La quête d'une révolution spirituelle et humanitaire
Avec Neptune, les révolutions prennent une dimension mystique et idéaliste.
Défi : Se perdre dans des utopies inapplicables
Conseil : Garder les pieds sur terre tout en poursuivant ses idéaux

PLUTON en Porte 49 La transformation radicale et profonde des systèmes
Pluton amène des crises puissantes qui forcent le changement à un niveau fondamental.
Défi : Risque de détruire sans avoir un plan de reconstruction
Conseil : Préparer des alternatives solides avant de démanteler l'existant

---

INTROSPECTION & RÉFLEXION

1. Quelles sont les valeurs que je défends le plus fermement dans mes relations ?
2. Comment puis-je exprimer mes convictions sans réagir de manière impulsive ?
3. Dans quels domaines de ma vie est-ce que je ressens le besoin de transformation et de justice ?
4. Comment puis-je incarner mes valeurs pour inspirer le changement sans imposer mes idées ?
5. Comment puis-je encourager les autres à s'engager dans des valeurs partagées et à construire des relations solides ?
6. Comment puis-je renforcer la loyauté et l'unité dans mes interactions tout en respectant l'individualité de chacun ?

CANAL 19/49 - CANAL DE LA SYNTHÈSE

Type de canal : Projecteur
Portes : 19 (L'Approche) et 49 (La Révolution)
Centres impliqués : Centre de la Racine → Centre du Plexus Solaire
Circuit : Circuit Tribal - Soutien
Thème principal : L'instinct de connexion et la transformation sociale
Sens dominant : Le toucher
Rôle : Sentir les besoins fondamentaux des autres et initier le changement.

"Je ressens profondément les besoins du monde. Mon sens de la justice et de la transformation éclaire mon chemin."

LES DYNAMIQUES DU CANAL 19/49
Une sensibilité profonde aux besoins
Le canal 19/49 est le moteur de la connexion humaine et animale. Il ressent profondément les besoins émotionnels et matériels des autres, cherchant à garantir le soutien et la sécurité de son entourage.

Un lien essentiel à la communauté
Ce canal est l'un des piliers du circuit tribal, jouant un rôle clé dans la préservation des ressources et la structuration des relations sociales. Il favorise la stabilité et la coopération au sein des groupes.

Une force de transformation sociale
La Porte 49 est appelée la porte de la Révolution. Elle porte une énergie de changement radical, cherchant à renverser les structures lorsque celles-ci ne répondent plus aux besoins du groupe.

Une connexion mystique avec les animaux
Ce canal est aussi connu pour sa relation unique avec les mammifères, jouant un rôle fondamental dans la domestication et l'utilisation des animaux au service des besoins humains.

Un impact conditionné par la reconnaissance
En tant que projecteur, le 19/49 ne peut exercer son influence efficacement que lorsqu'il est reconnu et invité à participer. Sinon, sa sensibilité peut être perçue comme de l'intrusion.

DÉFIS ET OMBRES
Une hypersensibilité aux besoins des autres
Le désir de répondre aux attentes des autres peut générer une fatigue émotionnelle intense .

Un attachement rigide aux règles tribales
Ce canal valorise les traditions et peut exclure ceux qui ne respectent pas les normes du groupe .

Un potentiel révolutionnaire imprévisible
L'énergie de transformation peut parfois être destructrice si elle n'est pas guidée par un objectif clair et une prise de conscience émotionnelle .

Le canal 19/49 est un pilier de la structure sociale, combinant une profonde sensibilité aux besoins des autres avec un puissant potentiel de transformation. Lorsqu'il est utilisé avec discernement et en réponse à une reconnaissance extérieure, il devient une force précieuse pour l'évolution collective .

PORTE 50 LE CHAUDRON

"En incarnant mes valeurs avec intégrité, je nourris et équilibre le monde qui m'entoure."

PORTE DES VALEURS

La Porte 50 est celle de l'équilibre, de la responsabilité et des valeurs fondamentales. Située dans le Centre de la Rate, elle représente la capacité à structurer une communauté en instaurant des principes qui assurent stabilité et harmonie. Elle fonctionne avec la Porte 27 (la préservation et la bienveillance) pour former le canal 50-27 de la Préservation, qui incarne le soin et la protection des autres à travers des règles justes et équilibrées.

Physiologie : Système immunitaire
Acide Aminé : Acide Glutamique
Cercle de Codons : Le Cercle de l'Illuminati (44, 50)
Partenaire de programmation : Clé génétique 3

Centre : Centre Splénique
Quart : Dualité

Ligne 1 - L'immigrant
Ligne 2 - La détermination
Ligne 3 - L'adaptabilité
Ligne 4 - La corruption
Ligne 5 - La consistance
Ligne 6 - Le leadership

Canal : 50/27 - Canal de la Préservation : Lorsque la Porte 50 se connecte à la Porte 27 (Centre Sacral), elle forme un canal qui favorise le soin et la protection des autres à travers des valeurs bien définies, garantissant ainsi la continuité et l'harmonie au sein des structures familiales et sociales.
Circuit : Circuit de La Défense

Siddhi : Harmonie | **Don :** Equilibre | **Ombre :** Corruption

CENTRE SPLÉNIQUE

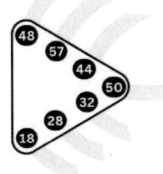

ESSENCE DE LA PORTE

L'archétype de la Porte 50 est celui du Gardien des Valeurs et du Protecteur du Collectif. Cette énergie permet de discerner ce qui est juste et nécessaire pour maintenir l'équilibre au sein d'un groupe.

Elle favorise un sens naturel des responsabilités, guidé par la sagesse innée et l'intuition.

Son défi est d'apprendre à ne pas porter seul tout le poids des responsabilités et à ne pas imposer ses valeurs aux autres.

RÔLE DANS LES INTERACTIONS

Dans les relations, la Porte 50 agit comme un cadre structurant et bienveillant. Les porteurs de cette énergie sont souvent des figures de référence, veillant à ce que les principes soient respectés et que les besoins fondamentaux de chacun soient pris en compte.

DÉFIS

- Risque de devenir rigide et trop attaché aux règles ou aux traditions.
- Tendance à porter un poids excessif de responsabilité et à vouloir tout contrôler.
- Difficulté à lâcher prise face à des situations qui échappent à son cadre de valeurs.

TALENTS

- Capacité à structurer et à préserver des valeurs qui garantissent l'équilibre et la justice.
- Talent pour guider et encadrer avec bienveillance, en assurant la transmission de principes solides.
- Influence naturelle qui inspire les autres à cultiver la responsabilité et l'intégrité..

EXPRESSION DÉSÉQUILIBRÉE

Lorsqu'elle est désalignée, la Porte 50 peut se manifester par une rigidité excessive ou un besoin de contrôle dans les relations et les structures collectives. Elle peut aussi entraîner une peur de ne pas être à la hauteur des responsabilités et un sentiment d'écrasement sous le poids des attentes.

MAÎTRISE

En équilibre, la Porte 50 devient une force de sagesse et de régulation. Elle enseigne que les règles et les valeurs ne doivent pas être des contraintes, mais des repères permettant de préserver l'harmonie et de garantir la prospérité collective.

MANIFESTATION DANS LA VIE QUOTIDIENNE ET LE BUSINESS
Vie Quotidienne :

Dans la vie personnelle, cette Porte se manifeste par une attention naturelle aux principes qui régissent la famille et la communauté. Elle favorise l'intégrité et la transmission de valeurs qui soutiennent l'évolution individuelle et collective.

Application en Business :

Dans un contexte professionnel, la Porte 50 excelle dans des rôles impliquant la gestion des règles, des normes et des responsabilités collectives. Elle est idéale pour les leaders, les éducateurs et ceux qui œuvrent à structurer et protéger des systèmes justes et durables.

INFLUENCE ÉNERGÉTIQUE COLLECTIVE (TRANSITS)

Lorsqu'activée dans les transits, la Porte 50 invite le collectif à revisiter ses principes et à s'assurer que les structures en place respectent réellement les valeurs fondamentales. C'est un moment propice pour rééquilibrer les responsabilités et redéfinir les engagements.

NUANCES EN FONCTION DE LA LIGNE

LIGNE 1 : Comprendre les responsabilités avant de les assumer

Les individus avec la Porte 50 en Ligne 1 ressentent le besoin d'étudier et de comprendre en profondeur les valeurs et les règles avant d'assumer des responsabilités. Ils recherchent une base solide et légitime pour justifier leurs choix et leurs engagements.

Défi : peur de ne pas être à la hauteur et hésitation à agir

Conseil : accepter que l'action est aussi un apprentissage

LIGNE 2 : Responsabilité instinctive et protection naturelle

Les personnes avec la Porte 50 en Ligne 2 possèdent une capacité instinctive à ressentir ce qui est juste et à protéger les autres spontanément. Elles sont naturellement portées à préserver les valeurs fondamentales.

Défi : difficulté à justifier ses choix et tendance à éviter les explications

Conseil : faire confiance à son instinct tout en cherchant à mieux expliquer ses choix

LIGNE 3 : Expérimenter et apprendre de la gestion des responsabilités

Les individus avec la Porte 50 en Ligne 3 découvrent comment gérer les responsabilités en traversant différentes expériences et en ajustant leur approche.

Défi : instabilité et difficulté à gérer les engagements

Conseil : voir chaque responsabilité comme une opportunité d'évolution

LIGNE 4 : Influencer et inspirer par la transmission des valeurs
Les individus avec la Porte 50 en Ligne 4 ont une capacité naturelle à rassembler les autres autour de valeurs communes et à inspirer la loyauté.
Défi : peur du rejet et tendance à vouloir plaire
Conseil : exprimer ses valeurs avec authenticité sans chercher à imposer

LIGNE 5 : Structurer et organiser les responsabilités de manière stratégique
Les individus avec la Porte 50 en Ligne 5 ont une approche pragmatique et stratégique de la gestion des responsabilités et des valeurs. Ils savent comment utiliser leur influence pour protéger le collectif tout en maintenant un équilibre personnel.
Défi : pression des attentes extérieures et peur d'être mal perçu
Conseil : exercer son pouvoir de protection avec discernement

LIGNE 6 : Observer et comprendre les cycles de transmission des valeurs
Les individus avec la Porte 50 en Ligne 6 adoptent une vision globale des valeurs et des cycles de transmission entre les générations.
Défi : détachement excessif et hésitation à s'impliquer
Conseil : équilibrer observation et action

NUANCES EN FONCTION DU TYPE

MANIFESTEUR : Initier des règles et des structures pour protéger le collectif
Le Manifesteur avec la Porte 50 prend des décisions rapides pour protéger les valeurs et n'hésite pas à instaurer des règles fermes.
Défi : rejet et résistance
Conseil : informer avant d'agir pour éviter les conflits

GÉNÉRATEUR : Assumer ses responsabilités par l'engagement et la constance
Le Générateur avec la Porte 50 exerce son pouvoir en s'engageant pleinement dans des causes qui résonnent profondément avec lui.
Défi : frustration si ses valeurs ne sont pas reconnues immédiatement
Conseil : écouter sa réponse sacrale pour choisir les bons engagements

Le **Manifesteur-Générateur** : Explorer et structurer ses responsabilités avec agilité

Le MG avec la Porte 50 peut tester plusieurs approches de la gestion des responsabilités avant de trouver celle qui lui correspond.

PROJECTEUR : Guider les autres vers une meilleure gestion des valeurs

Le Projecteur avec la Porte 50 perçoit comment les autres gèrent leurs responsabilités et peut les aider à mieux structurer leurs engagements.
Défi : besoin de reconnaissance et fatigue émotionnelle
Conseil : attendre d'être invité avant d'intervenir dans la gestion des responsabilités des autres

RÉFLECTEUR : Refléter les dynamiques de transmission des valeurs dans le collectif

Le Réflecteur avec la Porte 50 absorbe et reflète la manière dont le collectif protège et transmet ses valeurs.
Défi : confusion entre son propre rôle et celui du groupe
Conseil : observer avant de s'impliquer pour s'assurer que son influence est alignée avec lui

NUANCES EN FONCTION DE LA PLANÈTE

SOLEIL en Porte 50 Briller par la protection et la transmission des valeurs

Le Soleil amplifie le besoin de préserver l'ordre et les principes essentiels à la cohésion du groupe.
Défi : Risque d'imposer des valeurs trop strictes
Conseil : S'assurer que les valeurs défendues servent vraiment le bien commun

TERRE en Porte 50 Ancrer les valeurs dans des actions concrètes et justes

Avec la Terre, l'individu doit équilibrer tradition et adaptation pour que les valeurs demeurent pertinentes.
Défi : Se sentir écrasé par les responsabilités communautaires
Conseil : Partager les responsabilités plutôt que de tout assumer seul

LUNE en Porte 50 Une relation émotionnelle forte avec les valeurs et la protection

Avec la Lune, l'individu ressent un attachement intense aux valeurs familiales et communautaires.
Défi : Risque d'être trop protecteur ou envahissant

Conseil : Laisser les autres faire leurs propres expériences tout en offrant un soutien bienveillant

MERCURE en Porte 50 L'art de communiquer les principes et les valeurs avec clarté

Mercure apporte une facilité à transmettre des enseignements et des traditions.
Défi : Risque de moraliser ou d'imposer ses vues
Conseil : Présenter ses idées comme des suggestions et non comme des impératifs

VÉNUS en Porte 50 Un amour pour l'harmonie et les valeurs partagées

Vénus favorise une approche douce et aimante de la protection et des principes.
Défi : Risque d'idéaliser les traditions au détriment de l'évolution
Conseil : Intégrer de nouvelles perspectives tout en respectant l'essence des valeurs établies

MARS en Porte 50 Une impulsion forte à défendre activement ses principes

Mars donne une énergie pour protéger et agir immédiatement en cas d'injustice.
Défi : Risque d'agir de manière autoritaire
Conseil : Prendre le temps de consulter les autres avant d'imposer des décisions

JUPITER en Porte 50 L'expansion à travers des valeurs justes et bienveillantes

Jupiter amplifie le potentiel de croissance en établissant des fondations solides.
Défi : Risque d'exagérer l'importance des traditions
Conseil : Évaluer régulièrement si les valeurs servent toujours le bien collectif

SATURNE en Porte 50 La discipline dans la transmission et la gestion des valeurs

Saturne impose une structure et une rigueur dans le maintien des principes.
Défi : Rigidité excessive et refus de tout changement
Conseil : Accepter que certaines valeurs doivent évoluer avec le temps

URANUS en Porte 50 Une approche visionnaire des valeurs et de la protection

Uranus pousse à réinventer les traditions et les valeurs pour qu'elles soient plus inclusives et modernes.

Défi : Risque de rejeter trop rapidement les traditions
Conseil : Trouver un équilibre entre innovation et respect du passé

NEPTUNE en Porte 50 Les valeurs spirituelles et la protection mystique
Avec Neptune, l'individu voit les valeurs comme un chemin d'élévation spirituelle.
Défi : Se perdre dans des idéaux inapplicables
Conseil : Garder les pieds sur terre tout en poursuivant des idéaux élevés

PLUTON en Porte 50 La transformation profonde des valeurs et des principes
Pluton amène des crises qui forcent à redéfinir les valeurs fondamentales.
Défi : Risque de crises profondes dans les structures familiales ou communautaires
Conseil : Accepter la nécessité de réformer pour évoluer

INTROSPECTION & RÉFLEXION

1. Comment puis-je préserver le bien-être collectif tout en respectant mes propres besoins ?
2. Comment puis-je exprimer mes valeurs de manière constructive sans imposer mes idées ?
3. Comment puis-je encourager un environnement harmonieux sans me sentir accablé par la responsabilité ?
4. Quelles pratiques m'aident à maintenir un équilibre entre protection et souplesse ?
5. Quels moyens puis-je utiliser pour renforcer la loyauté et le respect dans mes interactions ?
6. Comment puis-je inspirer les autres à respecter et à valoriser les principes de vie commune ?

CANAL 27/50 - CANAL DE LA PRÉSERVATION

Type de canal : Générateur
Portes : 50 (Les Valeurs) et 27 (La Nourriture)
Centres impliqués : Centre Splénique → Centre Sacral
Circuit : Circuit Tribal – Défense et Soutien
Thème principal : Protection, soin et responsabilité
Sens dominant : Le toucher
Rôle : Préserver la vie, soutenir la communauté et veiller au bien-être collectif.

"Je protège avec amour, je nourris avec sagesse. Ma responsabilité est un choix, non un fardeau. En prenant soin des autres, je prends aussi soin de moi-même."

LES DYNAMIQUES DU CANAL 27/50

Le Gardien de la Tribu

Le canal 50/27 symbolise l'énergie de la préservation. Il confère un sens profond de responsabilité envers les autres, poussant à prendre soin, à nourrir et à protéger ceux qui font partie de la communauté ou du cercle proche.

La Conservation des Valeurs

La Porte 50, issue du centre splénique, veille à la préservation des valeurs fondamentales. Elle incarne l'instinct de survie, non seulement pour soi-même mais aussi pour le groupe, assurant que les traditions et les systèmes de soutien restent intacts.

La Nourriture et le Soutien

La Porte 27, connectée au centre sacral, fournit l'énergie nécessaire pour nourrir, protéger et prendre soin des autres. C'est l'énergie du don de soi, de l'altruisme et du soutien inconditionnel.

Un Sens Profond de la Responsabilité

Les personnes avec ce canal ressentent souvent un devoir instinctif de veiller au bien-être des autres. Elles sont souvent perçues comme des piliers, prêtes à apporter stabilité, réconfort et guidance.

DÉFIS ET OMBRES

La surcharge de responsabilités
L'un des principaux pièges de ce canal est la tendance à assumer trop de responsabilités. Sans limites claires, l'individu peut se sentir écrasé par le poids des obligations.

La difficulté à dire non
Le désir de protéger peut parfois conduire à un excès de générosité, où l'individu donne au-delà de ses propres capacités, mettant en péril son propre bien-être.

Le risque de sur protection
L'énergie protectrice de ce canal peut aussi se transformer en contrôle excessif, empêchant les autres d'apprendre par eux-mêmes.

L'importance de l'équilibre et des limites
1. **Prendre soin de soi pour mieux prendre soin des autres** Il est essentiel de nourrir ses propres besoins pour éviter l'épuisement.
2. **Établir des frontières claires** Savoir quand dire non permet de préserver son énergie et de maintenir un équilibre sain entre donner et recevoir.
3. **Responsabilité sans sacrifice** L'objectif est d'incarner la responsabilité sans que cela devienne un fardeau, en agissant par choix plutôt que par obligation.

Le canal 50/27 est la quintessence du soin et de la protection. Il incarne l'énergie du gardien, veillant à la préservation des valeurs, à la sécurité et au bien-être collectif. C'est un canal de soutien, mais il demande de trouver un équilibre entre donner et préserver ses propres ressources.

PORTE 51 L'ÉVEILLEUR

"À travers chaque défi et chaque choc, je me connecte à ma véritable essence et m'ouvre à l'éveil."

PORTE DU CHOC

La Porte 51 est celle de l'initiation, du courage et du dépassement de soi à travers des expériences intenses. Située dans le Centre du Cœur (Égo), elle représente la capacité à affronter les défis avec audace et à transcender les limites personnelles et spirituelles. Elle fonctionne avec la Porte 25 (l'amour inconditionnel et la connexion au divin) pour former le canal 51-25 de l'Initiation, qui incarne l'expérience du choc comme un catalyseur d'éveil spirituel.

Physiologie : Vésicule biliaire
Acide Aminé : Arginine
Cercle de Codons : Le Cercle de l'Humanité (10, 17, 21, 25, 38,51)
Partenaire de programmation : Clé génétique 57
Centre : Centre Coeur
Quart : Initiation

Ligne 1 - La référence
Ligne 2 - Le retrait
Ligne 3 - L'adaptation
Ligne 4 - La limitation
Ligne 5 - La symétrie
Ligne 6 - La séparation

Canal : 51/25 - Canal de l'Initiation : Lorsque la Porte 51 se connecte à la Porte 25 (Centre G), elle forme un canal qui permet d'expérimenter le choc comme un moyen de réveiller la conscience et d'accéder à une transformation spirituelle.
Circuit : Circuit Etre centré

Siddhi : Eveil | **Don :** Initiative | **Ombre :** Agitation

CENTRE COEUR

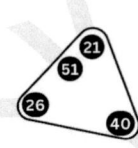

ESSENCE DE LA PORTE

L'archétype de la Porte 51 est celui du Guerrier Spirituel et du Déclencheur d'Éveil. Cette énergie pousse à expérimenter l'inconnu, à relever des défis et à entrer dans un état de transformation profonde. Elle favorise une connexion directe avec l'éveil intérieur à travers des situations de rupture, de surprise ou de compétition.

Son défi est d'apprendre à canaliser cette énergie sans se mettre en danger inutilement ou provoquer des chocs excessifs chez les autres.

RÔLE DANS LES INTERACTIONS

Dans les relations, la Porte 51 agit comme une force catalytique, provoquant souvent des prises de conscience inattendues. Les porteurs de cette énergie ont une aura qui déclenche des réveils chez les autres, les poussant à s'interroger sur leur propre chemin et à oser des transformations audacieuses.

DÉFIS

- Risque de créer des situations de choc simplement pour ressentir une montée d'adrénaline.
- Tendance à rejeter la stabilité et à rechercher constamment l'intensité du renouveau.
- Difficulté à gérer les réactions des autres face à l'impact de son énergie.

TALENTS

- Capacité à traverser les crises et les transformations avec force et résilience.
- Talent pour inspirer les autres à sortir de leur léthargie et à embrasser leur propre éveil.
- Influence naturelle qui pousse à l'exploration, à l'audace et au dépassement des peurs.

EXPRESSION DÉSÉQUILIBRÉE

Lorsqu'elle est désalignée, la Porte 51 peut se manifester par un besoin excessif de stimulation ou par une provocation constante des autres. Elle peut aussi entraîner une résistance au choc, refusant d'accepter les opportunités de transformation qui se présentent.

MAÎTRISE

En équilibre, la Porte 51 devient une force d'initiation et de courage. Elle enseigne que le véritable éveil ne vient pas du confort, mais de la capacité à accepter et à transcender les bouleversements pour accéder à une conscience plus élevée.

MANIFESTATION DANS LA VIE QUOTIDIENNE ET LE BUSINESS
Vie Quotidienne :

Dans la vie personnelle, cette Porte se manifeste par une capacité à naviguer les périodes de changement avec assurance et à voir chaque défi comme une opportunité d'évolution. Elle favorise la prise de risques conscients et l'exploration de nouvelles voies.

Application en Business :

Dans un contexte professionnel, la Porte 51 excelle dans des rôles impliquant l'innovation, l'audace et la prise de décision rapide. Elle est idéale pour les entrepreneurs, les leaders du changement et ceux qui osent défier les normes établies.

INFLUENCE ÉNERGÉTIQUE COLLECTIVE (TRANSITS)

Lorsqu'activée dans les transits, la Porte 51 invite le collectif à embrasser l'inattendu et à voir chaque rupture comme une opportunité de renouveau. C'est un moment propice pour prendre des initiatives courageuses et sortir des schémas limitants.

NUANCES EN FONCTION DE LA LIGNE
LIGNE 1 : Comprendre le courage avant de l'exercer

Les individus avec la Porte 51 en Ligne 1 ressentent le besoin d'étudier et de comprendre en profondeur ce qu'implique le courage avant de se lancer dans des expériences risquées. Ils recherchent une base solide et légitime pour justifier leurs choix audacieux.

Défi : peur de l'inconnu et hésitation à agir

Conseil : accepter que l'action est aussi un apprentissage

LIGNE 2 : Courage instinctif et réactions spontanées

Les personnes avec la Porte 51 en Ligne 2 possèdent une capacité instinctive à réagir courageusement face aux situations dangereuses ou inconnues. Elles ne réfléchissent pas longtemps avant de passer à l'action.

Défi : difficulté à justifier ses réactions et tendance à éviter les explications

Conseil : faire confiance à son instinct tout en cherchant à mieux expliquer ses choix

LIGNE 3 : Expérimenter et apprendre par l'épreuve

Les individus avec la Porte 51 en Ligne 3 découvrent comment utiliser leur courage en traversant différentes expériences et en ajustant leur approche.

Défi : instabilité et difficulté à gérer les défis
Conseil : voir chaque épreuve comme une opportunité d'évolution

LIGNE 4 : Influencer et inspirer par le courage et l'intégrité
Les individus avec la Porte 51 en Ligne 4 ont une capacité naturelle à inspirer les autres par leur courage et leur engagement sincère. Ils savent comment rassembler les autres autour d'une cause audacieuse.
Défi : peur du rejet et tendance à vouloir plaire
Conseil : exprimer ses convictions avec authenticité sans chercher à imposer

LIGNE 5 : Structurer et organiser le courage de manière stratégique
Les individus avec la Porte 51 en Ligne 5 ont une approche pragmatique et stratégique du courage et des défis. Ils savent comment utiliser leur influence pour provoquer des transformations concrètes et efficaces.
Défi : pression des attentes extérieures et peur d'être mal perçu
Conseil : exercer son courage avec discernement et intégrité

LIGNE 6 : Observer et comprendre les cycles d'éveil et d'épreuves
Les individus avec la Porte 51 en Ligne 6 adoptent une vision globale des défis et des cycles d'éveil et de transformation.
Défi : détachement excessif et hésitation à s'impliquer
Conseil : équilibrer observation et action

NUANCES EN FONCTION DU TYPE
MANIFESTEUR : Initier des révolutions courageuses avec autorité
Le Manifesteur avec la Porte 51 prend des décisions rapides et audacieuses pour réveiller les consciences et initier des transformations radicales.
Défi : rejet et résistance
Conseil : informer avant d'agir pour éviter les conflits

GÉNÉRATEUR : Assumer ses défis par l'engagement et la persévérance
Le Générateur avec la Porte 51 exerce son pouvoir en s'engageant pleinement dans des défis qui résonnent profondément avec lui.
Défi : frustration si ses valeurs ne sont pas reconnues immédiatement
Conseil : écouter sa réponse sacrale pour choisir les bons défis

Le **Manifesteur-Générateur** : Explorer et structurer ses défis avec agilité

Le MG avec la Porte 51 peut tester plusieurs approches du changement avant de trouver celle qui lui correspond.

PROJECTEUR : Guider les autres vers un courage plus aligné
Le Projecteur avec la Porte 51 perçoit comment les autres gèrent leurs défis et peut les aider à mieux structurer leurs révolutions.
Défi : besoin de reconnaissance et fatigue émotionnelle
Conseil : attendre d'être invité avant d'intervenir dans les révolutions des autres

RÉFLECTEUR : Refléter les dynamiques de courage et d'éveil dans le collectif
Le Réflecteur avec la Porte 51 absorbe et reflète la manière dont le collectif gère les défis et l'éveil des consciences.
Défi : confusion entre son propre rôle et celui du groupe
Conseil : observer avant de s'impliquer pour s'assurer que son influence est alignée avec lui

NUANCES EN FONCTION DE LA PLANÈTE

SOLEIL en Porte 51 Briller par le courage d'affronter l'inconnu et d'initier le changement
Le Soleil amplifie la capacité à prendre des risques et à se lancer dans l'inconnu avec détermination.
Défi : Risque de provoquer des crises inutiles par besoin d'action
Conseil : Canaliser l'énergie du choc vers des objectifs constructifs et évolutifs

TERRE en Porte 51 Ancrer le choc dans la résilience et la stabilité
Avec la Terre, il est essentiel de transformer les crises en opportunités d'évolution.
Défi : Se sentir déstabilisé par les bouleversements
Conseil : Accepter les chocs comme faisant partie du processus naturel d'évolution

LUNE en Porte 51 Un rapport émotionnel intense avec les crises et les défis
Avec la Lune, les chocs émotionnels sont vécus de manière cyclique, créant des vagues d'intensité.
Défi : Être submergé par les émotions face aux imprévus
Conseil : Pratiquer des techniques d'ancrage pour naviguer les vagues émotionnelles

MERCURE en Porte 51 L'art de communiquer les leçons des crises
Mercure apporte une facilité à expliquer et partager les enseignements tirés des chocs.
Défi : Risque d'amplifier le drame pour attirer l'attention
Conseil : Communiquer avec authenticité et sans exagération

VÉNUS en Porte 51 Un amour pour les relations intenses et transformantes
Vénus favorise des connexions basées sur des expériences puissantes et initiatiques.
Défi : Attirer des relations tumultueuses ou imprévisibles
Conseil : Chercher l'équilibre entre intensité et stabilité émotionnelle

MARS en Porte 51 Une impulsion forte à agir face aux crises
Mars donne une énergie brute pour affronter immédiatement les défis.
Défi : Agir sans réfléchir sous l'effet du choc
Conseil : Prendre le temps d'évaluer les conséquences avant d'agir

JUPITER en Porte 51 L'expansion à travers des crises révélatrices
Jupiter amplifie le potentiel de croissance par des expériences initiatiques.
Défi : Vouloir trop de changements sans les intégrer pleinement
Conseil : Intégrer chaque leçon avant de passer à la suivante

SATURNE en Porte 51 La discipline dans la gestion des chocs et des défis
Saturne impose une rigueur pour naviguer les crises avec responsabilité.
Défi : Se sentir écrasé par le poids des responsabilités face aux crises
Conseil : Voir chaque défi comme une étape nécessaire à l'évolution

URANUS en Porte 51 Une approche révolutionnaire des crises et de l'initiation
Uranus pousse à embrasser le changement soudain comme un catalyseur d'éveil.
Défi : Risque d'imprévisibilité et de ruptures soudaines
Conseil : Trouver un équilibre entre innovation et prudence

NEPTUNE en Porte 51 L'initiation spirituelle par les crises et les épreuves
Avec Neptune, les chocs prennent une dimension mystique et transcendante.
Défi : Se perdre dans des illusions spirituelles face aux crises
Conseil : Rester ancré tout en explorant les dimensions spirituelles des chocs

PLUTON en Porte 51 La transformation radicale par le choc et la volonté
Pluton amène des crises profondes forçant à redéfinir complètement ses priorités.
Défi : Risque de destruction excessive avant de reconstruire
Conseil : Utiliser l'énergie du choc pour reconstruire sur des bases solides

---

INTROSPECTION & RÉFLEXION
1. Comment puis-je renforcer mon courage pour relever des défis sans me précipiter ?
2. Dans quels domaines de ma vie est-ce que je me retiens d'agir par peur de l'inconnu ?
3. Quelles expériences de ma vie m'ont permis de découvrir des forces insoupçonnées ?
4. Quelles pratiques m'aident à surmonter mes peurs et à accepter les changements nécessaires ?
5. Comment puis-je m'assurer que mes initiatives sont en accord avec mes valeurs profondes ?
6. Comment puis-je guider les autres vers leur propre éveil sans imposer mon rythme ?

CANAL 25/51 - CANAL DE L'INITIATION

Type de canal : Projecteur
Portes : 51 (Choc, L'Éveilleur) et 25 (Amour Universel)
Centres impliqués : Centre du Cœur/Ego → Centre G
Circuit : Circuit de l'Individualité - Initiation
Thème principal : Une quête de transcendance à travers des expériences initiatiques
Sens dominant : L'acoustique (l'ouïe)
Rôle : Se transformer à travers les défis et les épreuves pour atteindre une compréhension plus profonde de l'amour et de la spiritualité.

"À chaque défi, je grandis. Chaque épreuve est un portail vers une sagesse plus grande. Mon cœur est ouvert à l'amour inconditionnel, et je marche avec courage sur le chemin de l'éveil. Je suis l'initiation, je suis la transformation, je suis la lumière en mouvement."

LES DYNAMIQUES DU CANAL 25/51

Un chemin initiatique intense
Les individus possédant ce canal traversent des expériences initiatiques marquantes qui les amènent à grandir spirituellement et à éveiller une profonde compréhension de l'amour universel.

Un besoin de dépassement et de challenge
Le porteur de ce canal ressent souvent un désir profond d'être le premier, de se surpasser, et d'explorer des territoires inconnus. Ce besoin compétitif n'est pas motivé par l'ego mais par une quête d'évolution personnelle.

Un cœur courageux et résilient
Le Centre du Cœur étant impliqué, ce canal confère une grande force intérieure. Il permet de traverser des moments de crise ou de transformation avec courage et détermination.

Une connexion avec l'amour inconditionnel
La Porte 25 apporte une qualité de pureté et d'acceptation de ce qui est. Ceux qui ont ce canal ouvert sont naturellement tournés vers une quête d'amour universel et de connexion spirituelle.

Des événements déclencheurs

Les initiations qui jalonnent la vie de ces individus sont souvent inattendues et parfois brutales (énergie de la Porte 51). Ces expériences peuvent prendre la forme d'un choc émotionnel, d'une remise en question ou d'un défi extérieur.

DÉFIS ET OMBRES
La confrontation au choc

Le canal 51/25 est souvent associé à des moments de rupture, d'événements imprévus qui forcent à grandir. Il peut être difficile d'accepter ces perturbations comme des opportunités de transformation.

Le piège de la compétition excessive

Si l'énergie de ce canal n'est pas bien intégrée, elle peut se manifester par un besoin constant de prouver sa valeur, menant parfois à de l'épuisement ou à un manque d'humilité.

L'isolement spirituel

La quête de transcendance peut éloigner ces individus du monde matériel et des relations humaines, les amenant à un sentiment de déconnexion.

Le canal 51/25 est un canal puissant de transformation spirituelle. Il confère une résilience exceptionnelle face aux défis et une capacité unique à expérimenter et transmettre l'amour inconditionnel. C'est un canal de guerrier spirituel, appelant à l'élévation à travers l'épreuve et à la recherche de vérités profondes.

PORTE 52 RESTER TRANQUILLE

"En cultivant la patience et l'immobilité intérieure, je découvre la véritable clarté et la concentration profonde."

PORTE DE L'IMMOBILITÉ

La Porte 52 est celle de la concentration, de l'immobilité et de la stabilité intérieure. Située dans le Centre Racine, elle représente une pression d'intensité qui, lorsqu'elle est maîtrisée, permet de canaliser l'énergie vers une concentration profonde et un travail ciblé. Elle fonctionne avec la Porte 9 (le focus sur les détails) pour former le canal 9-52 de la Détermination, qui incarne la capacité à rester concentré sur une tâche spécifique en ignorant les distractions extérieures.

Physiologie : Périné
Acide Aminé : Serine
Cercle de Codons : Le Cercle de la Quête (15, 39, 52, 53, 54, 58)
Partenaire de programmation : Clé génétique 58
Centre : Centre Racine
Quart : Civilisation

Ligne 1 - Réfléchir avant de parler
Ligne 2 - La préoccupation
Ligne 3 - La restriction
Ligne 4 - Le maitrise de soi
Ligne 5 - L'explication
Ligne 6 - La sérénité

Canal : 52/9 - Canal de la Concentration : Lorsque la Porte 52 se connecte à la Porte 9 (Centre Sacral), elle forme un canal qui permet de transformer l'immobilité en une concentration profonde, facilitant l'apprentissage et la persévérance jusqu'à l'achèvement des objectifs.
Circuit : Circuit de la Compréhension

Siddhi : Quiétude | **Don :** Retenue | **Ombre :** Stress

CENTRE RACINE

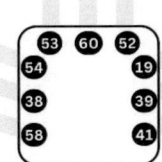

ESSENCE DE LA PORTE

L'archétype de la Porte 52 est celui du Gardien du Silence et du Moine Méditatif. Cette énergie favorise une patience profonde et une capacité à observer avant d'agir. Elle permet de supporter la pression du monde sans y réagir impulsivement, apportant calme et clarté.

Son défi est d'éviter de tomber dans l'immobilité excessive, l'inaction ou la sensation d'être bloqué.

RÔLE DANS LES INTERACTIONS

Dans les relations, la Porte 52 agit comme une énergie stabilisante et rassurante. Les porteurs de cette énergie ont un talent naturel pour apporter de la structure et de la clarté, en encourageant les autres à prendre le temps nécessaire pour développer leur plein potentiel.

DÉFIS

- Risque de se sentir bloqué ou paralysé par l'immobilité, sans savoir comment passer à l'action.
- Tendance à accumuler de la pression intérieure sans trouver d'exutoire sain.
- Difficulté à équilibrer la patience et la nécessité de passer à l'action au bon moment.

TALENTS

- Capacité à canaliser son énergie avec discipline et persévérance.
- Talent pour offrir une vision structurée et méthodique, favorisant des résultats durables.
- Influence naturelle qui inspire les autres à se concentrer et à persévérer jusqu'à l'accomplissement de leurs objectifs..

EXPRESSION DÉSÉQUILIBRÉE

Lorsqu'elle est désalignée, la Porte 52 peut se manifester par une procrastination excessive, une sensation de stagnation ou, au contraire, une hyperactivité incontrôlée par peur de l'inaction.

MAÎTRISE

En équilibre, la Porte 52 devient une force de concentration et de patience. Elle enseigne que le dépassement de soi et la réussite viennent d'un juste équilibre entre immobilité et mouvement, entre observation et action ciblée.

MANIFESTATION DANS LA VIE QUOTIDIENNE ET LE BUSINESS

Vie Quotidienne :
Dans la vie personnelle, cette Porte se manifeste par une capacité à rester calme et à ne pas céder à la pression extérieure. Elle favorise la réflexion avant l'action et aide à poser des bases solides avant d'engager son énergie dans un projet.

Application en Business :
Dans un contexte professionnel, la Porte 52 excelle dans des rôles nécessitant de la concentration, de la planification et de la gestion de la pression. Elle est idéale pour les chercheurs, les analystes et les entrepreneurs qui bâtissent des projets sur le long terme.

INFLUENCE ÉNERGÉTIQUE COLLECTIVE (TRANSITS)
Lorsqu'activée dans les transits, la Porte 52 invite le collectif à ralentir et à cultiver la patience. C'est un moment propice pour structurer ses projets et canaliser son énergie dans des actions mesurées et stratégiques.

NUANCES EN FONCTION DE LA LIGNE

LIGNE 1 : Comprendre la tranquillité avant de l'incarner
Les individus avec la Porte 52 en Ligne 1 ressentent le besoin d'étudier et de comprendre en profondeur la paix intérieure avant d'essayer de l'incarner pleinement. Ils recherchent une base solide et légitime pour justifier leurs choix et leur tranquillité.

Défi : peur de l'agitation et hésitation à agir
Conseil : accepter que l'immobilité est aussi un apprentissage

LIGNE 2 : Tranquillité instinctive et concentration naturelle
Les personnes avec la Porte 52 en Ligne 2 possèdent une capacité instinctive à rester concentrées et immobiles sans effort conscient. Elles savent intuitivement quand agir et quand attendre.

Défi : difficulté à justifier ses choix et tendance à éviter les explications
Conseil : faire confiance à son instinct tout en cherchant à mieux expliquer ses choix

LIGNE 3 : Expérimenter et apprendre par l'immobilité et l'action
Les individus avec la Porte 52 en Ligne 3 découvrent comment utiliser leur énergie en testant différents degrés d'immobilité et d'action.

Défi : instabilité et difficulté à maintenir la concentration
Conseil : voir chaque expérience comme une opportunité d'évolution

LIGNE 4 : Influencer et inspirer par la stabilité et la paix intérieure

Les individus avec la Porte 52 en Ligne 4 ont une capacité naturelle à apaiser les autres par leur tranquillité et leur concentration. Ils savent comment rassembler les autres autour d'une cause avec calme et détermination.

Défi : peur du rejet et tendance à vouloir plaire
Conseil : exprimer sa tranquillité avec authenticité sans chercher à imposer

LIGNE 5 : Structurer et organiser la concentration de manière stratégique

Les individus avec la Porte 52 en Ligne 5 ont une approche pragmatique et stratégique de la concentration et de la tranquillité. Ils savent comment utiliser leur influence pour maintenir la stabilité et éviter la dispersion.

Défi : pression des attentes extérieures et peur d'être mal perçu
Conseil : exercer sa concentration avec discernement et intégrité

LIGNE 6 : Observer et comprendre les cycles de tranquillité et d'action

Les individus avec la Porte 52 en Ligne 6 adoptent une vision globale de la tranquillité et des cycles de concentration et d'action.

Défi : détachement excessif et hésitation à s'impliquer
Conseil : équilibrer observation et action

NUANCES EN FONCTION DU TYPE

MANIFESTEUR : Initier des périodes de calme stratégique pour agir avec impact

Le Manifesteur avec la Porte 52 prend des décisions rapides et audacieuses après des périodes de réflexion stratégique et d'immobilité.

Défi : rejet et résistance
Conseil : informer avant d'agir pour éviter les conflits

GÉNÉRATEUR : Assumer sa tranquillité par l'engagement et la persévérance

Le Générateur avec la Porte 52 exerce son pouvoir en s'engageant pleinement dans des tâches qui résonnent profondément avec lui.

Défi : frustration si ses valeurs ne sont pas reconnues immédiatement
Conseil : écouter sa réponse sacrale pour choisir les bons engagements

Le **Manifesteur-Générateur** : Explorer et structurer ses périodes de concentration avec agilité

Le MG avec la Porte 52 peut tester plusieurs approches de la concentration avant de trouver celle qui lui correspond.

PROJECTEUR : Guider les autres vers une meilleure gestion de la concentration

Le Projecteur avec la Porte 52 perçoit comment les autres gèrent leur concentration et peut les aider à mieux structurer leur énergie.
Défi : besoin de reconnaissance et fatigue émotionnelle
Conseil : attendre d'être invité avant d'intervenir dans la gestion des responsabilités des autres

RÉFLECTEUR : Refléter les dynamiques de tranquillité et de concentration dans le collectif

Le Réflecteur avec la Porte 52 absorbe et reflète la manière dont le collectif protège sa tranquillité et sa concentration.
Défi : confusion entre son propre rôle et celui du groupe
Conseil : observer avant de s'impliquer pour s'assurer que son influence est alignée avec lui

NUANCES EN FONCTION DE LA PLANÈTE

SOLEIL en Porte 52 Briller par la patience et la capacité à observer en silence

Le Soleil illumine une force intérieure qui pousse à attendre le bon moment pour agir.
Défi : Risque d'être perçu comme indécis ou passif
Conseil : Utiliser cette phase d'immobilité pour développer une compréhension plus profonde des situations

TERRE en Porte 52 Ancrer la tranquillité dans la stabilité et la réflexion

Avec la Terre, l'individu doit utiliser la période d'attente pour consolider ses fondations.
Défi : Se sentir bloqué ou frustré par l'absence d'action
Conseil : Accepter que chaque pause prépare une action plus efficace et alignée

LUNE en Porte 52 Une relation émotionnelle cyclique avec l'immobilité

Avec la Lune, les périodes de tranquillité suivent des phases émotionnelles variées.
Défi : Instabilité dans la capacité à se concentrer
Conseil : S'appuyer sur les cycles naturels pour planifier les moments de réflexion et d'action

MERCURE en Porte 52 L'art d'exprimer l'importance de la patience et de la concentration
Mercure apporte une facilité à expliquer pourquoi il est parfois crucial de faire une pause.
Défi : Risque d'intellectualiser l'inaction sans passer à l'acte
Conseil : Trouver un équilibre entre parole et silence, réflexion et décision

VÉNUS en Porte 52 Un amour pour la paix intérieure et la contemplation
Vénus favorise une approche harmonieuse de l'immobilité.
Défi : Risque de se retirer du monde par peur de l'agitation
Conseil : Utiliser la tranquillité comme un espace de ressourcement avant de se reconnecter aux autres

MARS en Porte 52 Une impulsion retenue qui attend le bon moment pour agir
Mars donne une énergie intérieure forte mais maîtrisée.
Défi : Frustration face à l'attente et tendance à agir impulsivement
Conseil : Canaliser cette énergie dans la préparation et l'anticipation stratégique

JUPITER en Porte 52 L'expansion à travers la maîtrise de la patience
Jupiter amplifie le potentiel de croissance grâce à l'observation et à la réflexion.
Défi : Vouloir accélérer les choses sans respecter le temps d'attente nécessaire
Conseil : Faire confiance au processus naturel et aux cycles de maturation

SATURNE en Porte 52 La discipline dans l'immobilité et l'introspection
Saturne impose une rigueur dans l'utilisation des périodes d'arrêt.
Défi : Se sentir limité ou emprisonné dans l'inaction
Conseil : Comprendre que chaque pause est une préparation essentielle à l'action future

URANUS en Porte 52 Une approche innovante de la tranquillité et du retrait
Uranus pousse à réinventer la manière d'utiliser les périodes d'arrêt.
Défi : Rejeter toute forme de routine ou de stabilité
Conseil : Trouver des façons créatives d'explorer le silence et l'immobilité

NEPTUNE en Porte 52 L'immobilité comme voie d'intuition et d'éveil spirituel
Avec Neptune, la Porte 52 devient un espace sacré de méditation et de vision intérieure.

Défi : Se perdre dans des rêveries sans ancrage dans le réel
Conseil : Ancrer les intuitions reçues pendant les périodes de calme dans des actions concrètes

PLUTON en Porte 52 La transformation profonde par l'immobilité et l'introspection
Pluton amène des crises intérieures qui forcent à trouver la paix dans l'immobilité.
Défi : Confronter les ombres sans possibilité d'action immédiate
Conseil : Utiliser l'immobilité comme un espace pour transmuter les peurs et les blocages intérieurs

INTROSPECTION & RÉFLEXION
1. Comment puis-je renforcer mon calme intérieur pour rester centré face aux pressions extérieures ?
2. Dans quels domaines de ma vie est-ce que je ressens le besoin de ralentir ?
3. Quelles pratiques m'aident à maintenir mon équilibre dans les moments de stress ?
4. Comment puis-je encourager les autres à trouver leur calme et leur concentration ?
5. Quels moyens puis-je utiliser pour intégrer des moments de calme dans ma vie quotidienne ?
6. Comment puis-je inspirer les autres à apprécier la tranquillité et la patience ?

CANAL 9/52 - CANAL DE LA CONCENTRATION

Type de canal : Générateur
Portes : 9 (Le Pouvoir d'Apprivoisement du Petit) et 52 (Rester Tranquille)
Centres impliqués : Centre de la Racine → Centre Sacral
Circuit : Circuit Collectif – Compréhension
Thème principal : Concentration et focalisation
Sens dominant : La vue
Rôle : Structurer le processus logique en assurant une concentration intense

"Dans la quête d'une clarté pure, chaque respiration est une immersion, chaque action un acte de dévotion."

LES DYNAMIQUES DU CANAL 9/52
Une énergie de format qui influence tout le design
Ce canal détermine le flux d'énergie dans le schéma corporel, imposant une structure rigoureuse basée sur la concentration.
L'énergie du canal 9/52 formate tout le design, rendant la précision et l'attention au détail essentielles pour l'évolution de toute logique.

Une capacité de focalisation intense
Il incarne l'art de la concentration, où l'individu est capable de plonger profondément dans une tâche, éliminant toute distraction inutile.
Cette capacité est amplifiée en présence d'autres personnes, influençant l'environnement immédiat en imposant une ambiance studieuse (ex. : bibliothèque, salle d'examen).

Un processus logique et méthodique
La porte 9 assure l'attention aux détails, tandis que la porte 52 apporte la stabilité et la patience nécessaires pour maintenir une concentration optimale.
Ce canal est fondamental pour la réussite des processus analytiques et scientifiques, permettant d'approfondir une idée jusqu'à sa pleine compréhension.

Un générateur de productivité
Il favorise une utilisation efficace de l'énergie, évitant le gaspillage et assurant que les efforts soient dirigés vers des résultats concrets.
Il peut cependant se sentir frustré lorsqu'il est interrompu ou détourné de sa tâche, car son énergie est optimisée pour la continuité et la persévérance.

DÉFIS ET OMBRES
Le risque de blocage ou d'inertie
Lorsque la porte 52 domine, il peut y avoir une tendance à la stagnation ou au repli. Sans un objectif clair, l'individu peut ressentir un sentiment de frustration ou d'inutilité.

Une intensité pouvant isoler
Cette capacité de concentration extrême peut être perçue comme une obsession, rendant la communication avec les autres plus difficile.
Il est important d'alterner les périodes de focalisation avec des moments de lâcher-prise pour maintenir un équilibre.

Le besoin d'un cadre structuré
Ce canal fonctionne de façon optimale dans un environnement organisé et stable.
Une situation chaotique ou un manque de direction peut le rendre inefficace, car il a besoin de balises claires pour canaliser son énergie.

Le canal 9/52 est une force de concentration et de méthodologie, essentielle pour approfondir les processus analytiques et garantir des résultats précis. Lorsqu'il est bien aligné, il permet une focalisation inébranlable et une gestion optimale de l'énergie. Cependant, il doit veiller à ne pas tomber dans l'inertie ou l'isolement, et à cultiver une flexibilité qui lui permettra d'exploiter pleinement son potentiel.

PORTE 53 LE DÉVELOPPEMENT

"Chaque nouveau départ porte en lui le potentiel d'une croissance infinie."

PORTE DES COMMENCEMENTS

La **Porte 53** est celle de l'initiation, de l'expansion et du démarrage de nouveaux cycles. Située dans le Centre Racine, elle représente l'impulsion évolutive qui pousse à commencer de nouvelles expériences, projets ou phases de vie. Elle fonctionne avec la **Porte 42 (la clôture et l'achèvement des cycles)** pour former le canal 53-42 de la Maturation, qui incarne le cycle complet de croissance, de début à la fin.

Physiologie : Diaphragme Urogénital
Acide Aminé : Serine
Cercle de Codons : Le Cercle de la Quête (15, 39, 52, 53, 54,58)
Partenaire de programmation : Clé génétique 54
Centre : Centre Racine
Quart : Civilisation

Ligne 1 - L'accumulation
Ligne 2 - L'élan
Ligne 3 - Le sens
Ligne 4 - La certitude
Ligne 5 - L'assertion
Ligne 6 - L'échelonnement

Canal : 53/42 - Canal de la Maturation : Lorsque la Porte 53 se connecte à la Porte 42 (Centre Sacral), elle forme un canal qui assure la croissance et l'achèvement des cycles commencés, permettant une évolution continue et maîtrisée.
Circuit : Circuit du Ressenti

Siddhi : Surabondance | **Don :** Expansion | **Ombre :** Immaturité

CENTRE RACINE

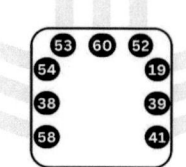

ESSENCE DE LA PORTE

L'archétype de la Porte 53 est celui du Pionnier et du Semeur de Possibilités. Cette énergie est essentielle pour initier de nouvelles entreprises et ouvrir des portes vers l'inconnu. Elle apporte un mouvement naturel vers l'évolution, mais nécessite de la persévérance pour aller au bout des choses.

Son défi est d'apprendre à ne pas s'éparpiller dans trop de débuts sans assurer la finalisation des cycles.

RÔLE DANS LES INTERACTIONS

Dans les relations, la Porte 53 agit comme une énergie d'expansion et d'initiative. Les porteurs de cette énergie sont souvent ceux qui ouvrent de nouvelles voies, qui prennent des risques et qui inspirent les autres à oser le changement.

DÉFIS

- Risque d'accumuler trop de nouveaux départs sans aller au bout des expériences initiées.
- Tendance à rechercher constamment la nouveauté, sans s'engager pleinement dans la maturation des projets.
- Difficulté à discerner quels débuts sont réellement alignés et porteurs de valeur.

TALENTS

- Capacité à impulser de nouvelles dynamiques et à ouvrir des portes vers des opportunités inédites.
- Talent pour initier des projets et des expériences qui favorisent l'évolution et la croissance.
- Influence naturelle qui encourage les autres à sortir de leur zone de confort et à embrasser le changement.

EXPRESSION DÉSÉQUILIBRÉE

Lorsqu'elle est désalignée, la Porte 53 peut se manifester par une instabilité chronique ou une incapacité à s'ancrer dans un projet sur le long terme. Elle peut aussi entraîner un épuisement dû à l'accumulation de nouveaux départs sans maturation des expériences.

MAÎTRISE

En équilibre, la Porte 53 devient une force d'initiation et d'expansion consciente. Elle enseigne que la clé du succès n'est pas seulement de commencer, mais aussi de savoir cultiver et mener à bien les expériences initiées.

MANIFESTATION DANS LA VIE QUOTIDIENNE ET LE BUSINESS
Vie Quotidienne :
Dans la vie personnelle, cette Porte se manifeste par une capacité à embrasser les changements et à initier des transformations importantes. Elle favorise l'adaptabilité et l'enthousiasme face aux nouvelles opportunités.

Application en Business :
Dans un contexte professionnel, la Porte 53 excelle dans des rôles impliquant l'innovation, le développement de nouveaux projets et la gestion du changement. Elle est idéale pour les entrepreneurs, les pionniers et ceux qui lancent des initiatives novatrices.

INFLUENCE ÉNERGÉTIQUE COLLECTIVE (TRANSITS)
Lorsqu'activée dans les transits, la Porte 53 invite le collectif à embrasser les nouveaux départs et à accueillir les opportunités de croissance. C'est un moment propice pour initier des projets, explorer de nouvelles directions et poser les bases de futurs succès.

NUANCES EN FONCTION DE LA LIGNE
LIGNE 1 : Comprendre le début avant de s'engager
Les individus avec la Porte 53 en Ligne 1 ressentent le besoin d'étudier et de comprendre en profondeur les implications d'un début avant de s'y engager pleinement. Ils recherchent une base solide et légitime pour justifier leurs choix.

Défi : peur de l'inconnu et hésitation à se lancer

Conseil : accepter que l'action est aussi un apprentissage

LIGNE 2 : Energie instinctive et démarrages spontanés
Les personnes avec la Porte 53 en Ligne 2 possèdent une capacité instinctive à initier des projets et à démarrer sans effort conscient. Elles se fient à leur intuition pour choisir les bons commencements.

Défi : difficulté à justifier ses choix et tendance à éviter les explications

Conseil : faire confiance à son instinct tout en cherchant à mieux expliquer ses choix

LIGNE 3 : Expérimenter et apprendre par les débuts et les échecs
Les individus avec la Porte 53 en Ligne 3 découvrent comment utiliser leur énergie en testant différents commencements et en ajustant leur approche.

Défi : instabilité et difficulté à terminer ce qui est commencé
Conseil : voir chaque début comme une opportunité d'évolution

LIGNE 4 : Influencer et inspirer par l'enthousiasme des commencements
Les individus avec la Porte 53 en Ligne 4 ont une capacité naturelle à motiver les autres par leur enthousiasme et leur énergie de démarrage. Ils savent comment rassembler les autres autour d'une cause avec dynamisme et détermination.
Défi : peur du rejet et tendance à vouloir plaire
Conseil : exprimer son enthousiasme avec authenticité sans chercher à imposer

LIGNE 5 : Structurer et organiser les débuts de manière stratégique
Les individus avec la Porte 53 en Ligne 5 ont une approche pragmatique et stratégique des commencements. Ils savent comment utiliser leur influence pour initier des projets de manière efficace et durable.
Défi : pression des attentes extérieures et peur d'échouer
Conseil : exercer son énergie de démarrage avec discernement

LIGNE 6 : Observer et comprendre les cycles de début et de fin
Les individus avec la Porte 53 en Ligne 6 adoptent une vision globale des cycles de commencement et d'achèvement.
Défi : détachement excessif et hésitation à s'impliquer
Conseil : équilibrer observation et action

NUANCES EN FONCTION DU TYPE
MANIFESTEUR : Initier des projets avec autorité et détermination
Le Manifesteur avec la Porte 53 prend des décisions rapides et audacieuses pour initier des changements radicaux.
Défi : rejet et résistance
Peut être perçu comme trop abrupt ou difficile à suivre.
Conseil : informer avant d'agir pour éviter les conflits

GÉNÉRATEUR : Assumer ses commencements par l'engagement et la persévérance
Le Générateur avec la Porte 53 exerce son pouvoir en s'engageant pleinement dans des projets qui résonnent profondément avec lui.
Défi : frustration si ses projets ne sont pas reconnus immédiatement

Conseil : écouter sa réponse sacrale pour choisir les bons commencements

Le **Manifesteur-Générateur** : explorer et structurer ses commencements avec agilité
Le MG avec la Porte 53 peut tester plusieurs approches des débuts avant de trouver celle qui lui correspond.
Défi : impatience et dispersion
Conseil : équilibrer spontanéité et stratégie

PROJECTEUR : Guider les autres vers une meilleure gestion des commencements
Le Projecteur avec la Porte 53 perçoit comment les autres gèrent leurs débuts et peut les aider à mieux structurer leurs projets.
Défi : besoin de reconnaissance et fatigue émotionnelle
Conseil : attendre d'être invité avant d'intervenir dans la gestion des commencements des autres

RÉFLECTEUR : Refléter les dynamiques de commencement et d'achèvement dans le collectif
Le Réflecteur avec la Porte 53 absorbe et reflète la manière dont le collectif initie et termine ses projets.
Défi : confusion entre son propre rôle et celui du groupe
Conseil : observer avant de s'impliquer pour s'assurer que son influence est alignée avec lui.

NUANCES EN FONCTION DE LA PLANÈTE
SOLEIL en Porte 53 Briller par la capacité à initier des projets et des expériences
Le Soleil amplifie le désir de commencer et de progresser constamment.
Défi : Risque de ne jamais terminer ce qui a été commencé
Conseil : Se fixer des priorités claires et s'engager pleinement dans chaque projet

TERRE en Porte 53 Ancrer les nouveaux commencements dans la réalité et la patience
Avec la Terre, l'individu doit prendre le temps de consolider chaque étape avant de passer à la suivante.
Défi : Se sentir bloqué ou freiné dans ses ambitions
Conseil : Comprendre que chaque étape est nécessaire pour atteindre la maturité

LUNE en Porte 53 Une relation émotionnelle fluctuante avec les commencements
Avec la Lune, l'envie de débuter de nouvelles choses varie selon les cycles émotionnels.
Défi : Instabilité et tendance à abandonner rapidement
Conseil : Utiliser les phases de haute énergie pour progresser et celles de repli pour planifier

MERCURE en Porte 53 L'art de communiquer sur les débuts et le potentiel futur
Mercure apporte une facilité à partager des idées nouvelles et à convaincre les autres de se lancer.
Défi : Risque de se disperser dans trop de projets simultanés
Conseil : Prioriser et organiser les idées pour avancer efficacement

VÉNUS en Porte 53 Un amour pour les nouvelles expériences et les relations évolutives
Vénus favorise une ouverture aux nouvelles rencontres et à l'évolution personnelle par les interactions.
Défi : Se lasser rapidement des relations et des situations stables
Conseil : Apprendre à apprécier la profondeur et l'engagement dans les relations

MARS en Porte 53 Une impulsion forte à débuter sans attendre
Mars donne une énergie brute pour agir immédiatement, parfois sans réflexion.
Défi : Tendance à précipiter les choses
Conseil : Associer action et stratégie pour mener à bien chaque étape

JUPITER en Porte 53 L'expansion à travers de nouveaux projets et opportunités
Jupiter amplifie le potentiel de croissance en initiant de nouvelles expériences.
Défi : Se disperser dans trop d'opportunités sans approfondir
Conseil : Choisir les opportunités les plus alignées avec ses valeurs profondes

SATURNE en Porte 53 La discipline dans la gestion des commencements
Saturne impose une structure rigoureuse dans le choix des projets.
Défi : Se sentir limité ou frustré par les responsabilités
Conseil : Comprendre que chaque engagement est une base solide pour progresser

URANUS en Porte 53 Une approche innovante des commencements et des cycles
Uranus pousse à réinventer les façons de débuter et de progresser.
Défi : Rejeter trop vite les anciennes méthodes
Conseil : Allier innovation et respect des fondamentaux

NEPTUNE en Porte 53 Les commencements comme voie d'élévation spirituelle
Avec Neptune, l'individu voit chaque début comme une opportunité d'exploration mystique et spirituelle.
Défi : Se perdre dans des idéaux irréalistes
Conseil : Garder un pied dans la réalité tout en suivant ses inspirations

PLUTON en Porte 53 La transformation profonde à travers les nouveaux commencements
Pluton amène des crises qui forcent à réévaluer les débuts et les fins.
Défi : Répéter des schémas destructeurs par peur du changement
Conseil : Utiliser chaque crise comme un tremplin pour une renaissance plus consciente

---

INTROSPECTION & RÉFLEXION
1. Qu'est-ce qui m'inspire dans les nouveaux départs et comment puis-je m'assurer que mes commencements sont significatifs ?
2. Quels sont les projets qui me motivent à aller jusqu'au bout et à voir leur évolution complète ?
3. Comment puis-je intégrer la patience dans chaque début pour éviter l'épuisement ?
4. Quelles pratiques m'aident à apprécier chaque étape du développement ?
5. Quels moyens puis-je utiliser pour maintenir ma concentration et mon engagement au fil du temps ?
6. Comment puis-je inspirer les autres à voir chaque début comme une opportunité de croissance personnelle et collective ?

CANAL 42/53 - CANAL DE LA MATURATION

Type de canal : Générateur
Portes : 53 (Le Commencement) et 42 (La Clôture)
Centres impliqués : Racine → Sacral
Circuit : Circuit Collectif - Ressenti
Thème principal : Le développement équilibré par les cycles de la vie
Sens dominant : La vue
Rôle : Démarrer, vivre et conclure les expériences pour grandir et partager la sagesse.

"Chaque commencement est une promesse, chaque achèvement une danse du renouveau."

LES DYNAMIQUES DU CANAL 42/53

L'élan du commencement
La Porte 53, issue du centre de la Racine, symbolise l'énergie brute des nouveaux départs. C'est l'impulsion naturelle pour démarrer des projets, des expériences ou des relations. C'est le germe de chaque cycle de vie.

La sagesse de l'achèvement
La Porte 42, située dans le centre Sacral, complète l'énergie initiée par la porte 53. Elle apporte la capacité de persévérer jusqu'à la conclusion naturelle des choses, garantissant que chaque expérience soit pleinement vécue et intégrée.

Un canal de développement cyclique
Ce canal fonctionne par cycles : commencement, développement, achèvement. Chaque phase est essentielle pour la croissance personnelle et collective. L'énergie sacrale garantit l'endurance nécessaire pour traverser chaque étape.

L'expérience humaine du canal 53/42
1. **Le maître des cycles :** Vous êtes naturellement doué pour initier de nouveaux projets et les mener à leur terme. Votre énergie soutient le développement équilibré des expériences.
2. **L'enseignant par l'expérience :** Ce canal ne cherche pas la théorie, mais la compréhension par l'action. Chaque cycle vécu enrichit votre sagesse, que vous partagez ensuite avec les autres.

3. **Le rythme naturel :** Vous comprenez intuitivement que tout dans la vie suit un flux : naissance, croissance, déclin, renaissance. Vous embrassez ces phases sans résistance.

DÉFIS ET OMBRES
- **Commencer sans finir :** L'enthousiasme pour la nouveauté peut conduire à un abandon prématuré des projets, laissant des cycles inachevés.
- **L'attachement à la fin :** À l'inverse, il peut y avoir une tendance à prolonger artificiellement des expériences par peur de clôturer un chapitre.
- **L'épuisement :** Si vous commencez trop de projets en même temps sans écouter votre réponse sacrale, vous risquez de vous disperser.

L'importance de l'équilibre cyclique
- **Respecter le processus :** Chaque cycle doit aller jusqu'à son terme pour en tirer la pleine leçon. Fermer un chapitre libère l'énergie pour le prochain.
- **Écouter sa réponse sacrale :** Ne commencez un projet que si votre énergie répond avec enthousiasme. Cela évite la frustration et l'épuisement.
- **Célébrer la clôture :** Chaque fin est une victoire, un moment pour intégrer l'expérience avant de passer à autre chose.

Ce canal incarne la sagesse des cycles de la vie. Il vous invite à embrasser chaque phase avec curiosité et gratitude. Vécu avec conscience, il devient un puissant moteur de croissance personnelle, vous permettant de naviguer la vie avec équilibre et sérénité.

"Je commence avec passion, je traverse avec engagement, je termine avec sagesse."

PORTE 54 LA JEUNE MARIÉE

"En transformant mon ambition en service, j'élève ma destinée et celle des autres."

PORTE DE L'AMBITION

La Porte 54 est celle de l'ambition, de l'ascension et de la transformation des désirs matériels en croissance spirituelle. Située dans le Centre Racine, elle représente l'impulsion d'évoluer, de progresser et d'atteindre un statut plus élevé, que ce soit dans le monde matériel ou spirituel. Elle fonctionne avec la Porte 32 (la continuité et l'instinct de préservation) pour former le canal 54-32 de la Transformation, qui incarne la capacité à bâtir un succès durable à travers une intuition stratégique et une vision à long terme.

Physiologie : Coccyx
Acide Aminé : Serine
Cercle de Codons : Le Cercle de la Quête (15, 39, 52, 53, 54,58)
Partenaire de programmation : Clé génétique 53
Centre : Centre Racine
Quart : Mutation

Ligne 1 - L'influence
Ligne 2 - La discrétion
Ligne 3 - L'interaction secrète
Ligne 4 - L'éclaircissement/l'obscurcissement
Ligne 5 - La magnanimité
Ligne 6 - Le discernement

Canal : 54/32 - Canal de la Transformation : Lorsque la Porte 54 se connecte à la Porte 32 (Centre de la Rate), elle forme un canal qui assure la persévérance et la maturation des ambitions, permettant de transformer les opportunités en succès durables.
Circuit : Circuit de l'Ego

Siddhi : Ascension | **Don** : Aspiration | **Ombre** : Avidité

CENTRE RACINE

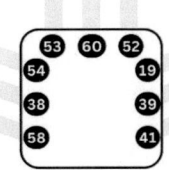

ESSENCE DE LA PORTE

L'archétype de la Porte 54 est celui du Visionnaire Ambitieux et du Serviteur Sacré. Cette énergie pousse à gravir les échelons, à saisir les opportunités et à transformer les désirs personnels en quelque chose de plus grand. Elle porte une force motrice intense qui doit être alignée avec une intention noble pour éviter la poursuite aveugle du pouvoir ou de la richesse.

Son défi est d'apprendre à équilibrer ambition et patience, et de ne pas chercher la réussite uniquement pour des gains personnels.

RÔLE DANS LES INTERACTIONS

Dans les relations, la Porte 54 agit comme une énergie de motivation et de stratégie. Les porteurs de cette énergie sont souvent des personnes visionnaires qui cherchent à s'entourer de partenaires et de mentors capables de les aider à concrétiser leurs aspirations.

DÉFIS

- Risque de rechercher le succès à tout prix, au détriment des relations et des valeurs.
- Tendance à s'impatienter face à la lenteur de l'évolution naturelle des projets.
- Difficulté à reconnaître que chaque ascension nécessite du temps et une maturation progressive.

TALENTS

- Capacité à voir et à saisir des opportunités avant les autres.
- Talent pour créer des alliances stratégiques et construire des succès durables.
- Influence naturelle qui inspire les autres à croire en leurs ambitions et à travailler avec persévérance.

EXPRESSION DÉSÉQUILIBRÉE

Lorsqu'elle est désalignée, la Porte 54 peut se manifester par une ambition excessive ou une quête de reconnaissance qui épuise l'énergie et provoque des désillusions. Elle peut aussi entraîner une tendance à utiliser les autres comme des tremplins au lieu de construire des relations mutuellement enrichissantes.

MAÎTRISE

En équilibre, la Porte 54 devient une force d'élévation et de sagesse. Elle enseigne que l'ambition est un puissant moteur d'évolution lorsqu'elle est dirigée avec intégrité, patience et engagement sincère.

MANIFESTATION DANS LA VIE QUOTIDIENNE ET LE BUSINESS
Vie Quotidienne :
Dans la vie personnelle, cette Porte se manifeste par une envie d'évolution constante et une aspiration à se dépasser. Elle favorise la discipline, la détermination et la capacité à attirer les bonnes opportunités.

Application en Business :
Dans un contexte professionnel, la Porte 54 excelle dans des rôles impliquant la stratégie, la gestion d'opportunités et la croissance à long terme. Elle est idéale pour les entrepreneurs, les investisseurs et toute personne engagée dans un chemin d'élévation et de transformation.

INFLUENCE ÉNERGÉTIQUE COLLECTIVE (TRANSITS)
Lorsqu'activée dans les transits, la Porte 54 invite le collectif à examiner ses ambitions et à s'assurer qu'elles sont alignées avec une vision plus grande. C'est un moment propice pour structurer ses objectifs et poser les bases d'une réussite durable.

NUANCES EN FONCTION DE LA LIGNE
LIGNE 1 : Comprendre l'ambition avant de la poursuivre
Les individus avec la Porte 54 en Ligne 1 ressentent le besoin d'étudier et de comprendre en profondeur leurs ambitions avant de s'y engager pleinement. Ils recherchent une base solide et légitime pour justifier leurs aspirations.

Défi : peur d'échouer et hésitation à se lancer

Conseil : accepter que l'action est aussi un apprentissage

LIGNE 2 : Ambition instinctive et progression naturelle
Les personnes avec la Porte 54 en Ligne 2 possèdent une capacité instinctive à avancer dans leurs ambitions sans effort conscient. Elles sont naturellement attirées par les opportunités d'évolution.

Défi : difficulté à justifier ses choix et tendance à éviter les explications

Conseil : faire confiance à son instinct tout en cherchant à mieux expliquer ses choix

LIGNE 3 : Expérimenter et apprendre par l'ascension sociale
Les individus avec la Porte 54 en Ligne 3 découvrent comment progresser en testant différentes alliances et en ajustant leur approche.

Défi : instabilité et difficulté à maintenir ses alliances

Conseil : voir chaque expérience comme une opportunité d'évolution

LIGNE 4 : Influencer et inspirer par l'ambition et la loyauté
Les individus avec la Porte 54 en Ligne 4 ont une capacité naturelle à motiver les autres par leur ambition sincère et leur engagement fidèle. Ils savent comment rassembler les autres autour d'une cause avec dynamisme et détermination.
Défi : peur du rejet et tendance à vouloir plaire
Conseil : exprimer son ambition avec authenticité sans chercher à imposer

LIGNE 5 : Structurer et organiser son ambition de manière stratégique
Les individus avec la Porte 54 en Ligne 5 ont une approche pragmatique et stratégique de l'ambition et de l'ascension sociale. Ils savent comment utiliser leur influence pour progresser efficacement tout en préservant leurs alliances.
Défi : pression des attentes extérieures et peur d'échouer
Conseil : exercer son ambition avec discernement et intégrité

LIGNE 6 : Observer et comprendre les cycles d'ambition et d'ascension
Les individus avec la Porte 54 en Ligne 6 adoptent une vision globale des cycles d'ambition et d'ascension.
Défi : détachement excessif et hésitation à s'impliquer
Conseil : équilibrer observation et action

NUANCES EN FONCTION DU TYPE

MANIFESTEUR : Initier des projets ambitieux avec autorité et détermination
Le Manifesteur avec la Porte 54 prend des décisions rapides et audacieuses pour initier des changements radicaux.
Défi : rejet et résistance
Conseil : informer avant d'agir pour éviter les conflits

GÉNÉRATEUR : Assumer son ambition par l'engagement et la persévérance
Le Générateur avec la Porte 54 exerce son pouvoir en s'engageant pleinement dans des projets qui résonnent profondément avec lui.
Défi : frustration si ses ambitions ne sont pas reconnues immédiatement
Conseil : écouter sa réponse sacrale pour choisir les bons engagements

Le **Manifesteur-Générateur** : Explorer et structurer ses ambitions avec agilité
Le MG avec la Porte 54 peut tester plusieurs approches de l'ascension avant de trouver celle qui lui correspond.

PROJECTEUR : Guider les autres vers une meilleure gestion de l'ambition
Le Projecteur avec la Porte 54 perçoit comment les autres gèrent leurs ambitions et peut les aider à mieux structurer leurs projets.
Défi : besoin de reconnaissance et fatigue émotionnelle
Conseil : attendre d'être invité avant d'intervenir dans la gestion des ambitions des autres

RÉFLECTEUR : Refléter les dynamiques d'ambition et d'ascension dans le collectif
Le Réflecteur avec la Porte 54 absorbe et reflète la manière dont le collectif gère les ambitions et les alliances.
Défi : confusion entre son propre rôle et celui du groupe
Conseil : observer avant de s'impliquer pour s'assurer que son influence est alignée avec lui

NUANCES EN FONCTION DE LA PLANÈTE
SOLEIL en Porte 54 Briller par l'ambition et la quête d'élévation
Le Soleil illumine le désir d'ascension et la capacité à mobiliser l'énergie pour atteindre des objectifs élevés.
Défi : Risque d'utiliser l'ambition à des fins purement égoïstes
Conseil : Aligner ses ambitions avec un but plus grand que soi pour garantir un succès durable

TERRE en Porte 54 Ancrer l'ambition dans des bases solides et des valeurs durables
Avec la Terre, il est essentiel d'éviter l'avidité et de chercher à transformer son environnement de manière équilibrée.
Défi : Craindre de ne jamais atteindre ses objectifs
Conseil : Se rappeler que chaque petit pas contribue à l'évolution générale

LUNE en Porte 54 Une relation émotionnelle intense avec le statut et le pouvoir
Avec la Lune, l'ambition est souvent influencée par les émotions et les désirs fluctuants.
Défi : Agir impulsivement pour satisfaire des désirs passagers

Conseil : Attendre la clarté émotionnelle avant de prendre des décisions importantes

MERCURE en Porte 54 L'art de persuader et de convaincre pour gravir les échelons
Mercure apporte une capacité à négocier et à communiquer ses ambitions avec finesse.
Défi : Risque de manipuler les autres pour avancer
Conseil : Utiliser ses talents de communication pour fédérer et non diviser

VÉNUS en Porte 54 Un amour pour le prestige et l'ascension sociale harmonieuse
Vénus favorise une approche charmante et diplomate pour atteindre ses objectifs.
Défi : Vouloir plaire à tout prix et perdre de vue ses valeurs profondes
Conseil : Maintenir un équilibre entre charme et authenticité

MARS en Porte 54 Une impulsion forte à agir pour transformer sa condition
Mars donne une énergie brute pour dépasser les obstacles et avancer rapidement.
Défi : Prendre des risques inconsidérés pour accélérer son ascension
Conseil : Canaliser son énergie avec stratégie et patience

JUPITER en Porte 54 L'expansion et la prospérité à travers des alliances stratégiques
Jupiter amplifie le potentiel d'atteindre des sommets grâce au soutien communautaire et aux collaborations.
Défi : Risque d'arrogance ou d'excès de confiance
Conseil : S'appuyer sur des valeurs solides pour guider ses décisions

SATURNE en Porte 54 La discipline et l'endurance dans la quête d'élévation
Saturne impose une rigueur et une méthodologie dans l'ascension sociale et matérielle.
Défi : Se sentir écrasé par les responsabilités et les défis
Conseil : Avancer pas à pas en construisant des bases solides et durables

URANUS en Porte 54 Une approche innovante et audacieuse pour s'élever
Uranus pousse à rompre avec les conventions pour explorer des voies non conventionnelles d'ascension.
Défi : Risque de brûler les étapes et d'échouer par impatience
Conseil : Associer innovation et prudence pour garantir la pérennité

NEPTUNE en Porte 54 La dimension spirituelle de l'ascension matérielle
Avec Neptune, l'ambition prend une dimension mystique, cherchant à concilier matérialité et spiritualité.
Défi : Se perdre dans des illusions de grandeur
Conseil : Garder les pieds sur terre tout en poursuivant ses idéaux

PLUTON en Porte 54 La transformation profonde à travers l'ambition et l'ascension
Pluton force des crises et des renaissances successives dans la quête de statut et de pouvoir.
Défi : Risque d'obsession pour le contrôle et la domination
Conseil : Utiliser l'ambition pour servir une cause plus grande que soi

---

INTROSPECTION & RÉFLEXION

1. Qu'est-ce qui motive mes ambitions et comment puis-je m'assurer qu'elles sont alignées avec mes valeurs profondes ?
2. Quels sont les objectifs que je souhaite atteindre pour créer un impact positif ?
3. Comment puis-je intégrer la patience dans ma quête de succès pour éviter l'épuisement ?
4. Quelles pratiques m'aident à élever mon ambition vers un objectif plus spirituel ?
5. Quels moyens puis-je utiliser pour transformer mon désir de succès en une aspiration qui profite à tous ?
6. Comment puis-je inspirer les autres à voir la réussite comme un chemin d'évolution intérieure et de transformation collective ?

CANAL 32/54 - CANAL DE LA TRANSFORMATION

Type de canal : Projecteur
Portes : 54 (L'Ambition) et 32 (La Continuité)
Centres impliqués : Centre de la Racine → Centre Splénique
Circuit : Circuit Tribal – Soutien
Thème principal : La transformation par l'ambition et la persévérance
Sens dominant : Le toucher
Rôle : Transformer les aspirations en succès matériel grâce au soutien de la communauté.

"Je transforme mes ambitions en réalité grâce à la persévérance et au soutien. Chaque aspiration est une graine ; avec patience et discernement, je la fais fleurir en succès durable."

LES DYNAMIQUES DU CANAL 32/54

L'aspiration comme moteur
La Porte 54, issue du centre de la Racine, génère un puissant désir de progression sociale, financière et personnelle. C'est l'étincelle qui pousse à gravir les échelons, à rechercher de nouvelles opportunités et à se surpasser.

La transformation par la persévérance
La Porte 32, située dans le centre splénique, veille à ce que l'ambition ne soit pas seulement un rêve éphémère. Elle apporte l'instinct nécessaire pour évaluer les opportunités, préserver ce qui fonctionne et abandonner ce qui n'a pas de potentiel durable.

Un chemin tributaire du soutien
Ce canal est profondément tribal : il prospère grâce à la reconnaissance et au soutien des autres. L'individu ne peut réussir seul ; il a besoin de partenaires, de mentors ou d'alliés pour transformer ses ambitions en réalité.

Une énergie conditionnelle
En tant que projecteur, ce canal fonctionne mieux lorsqu'il est reconnu. Sans invitation ou validation, l'énergie peut se disperser, menant à la frustration et au sentiment d'échec.

DÉFIS ET OMBRES

L'épuisement par ambition excessive
L'énergie de la Racine peut entraîner un surmenage si l'individu poursuit ses ambitions sans discernement ou sans soutien adéquat.

La dépendance à la reconnaissance
Sans validation externe, l'ambition peut stagner, entraînant un sentiment d'inutilité. Le besoin de reconnaissance peut parfois conduire à des compromis non alignés avec ses valeurs.

Le piège du matérialisme
La recherche de succès matériel peut devenir une obsession si elle n'est pas équilibrée par un sens plus profond de la réalisation personnelle.

L'importance de l'équilibre et du soutien

- **S'appuyer sur les bonnes alliances** : Collaborer avec des personnes qui reconnaissent votre potentiel permet d'amplifier l'énergie de transformation.
- **Être patient et stratégique** : La transformation ne se fait pas instantanément. Il est essentiel de respecter le rythme naturel des opportunités et des cycles de croissance.
- **Rester fidèle à ses valeurs** : L'ambition ne doit pas se faire au détriment de l'intégrité. Le véritable succès réside dans une transformation alignée avec ses aspirations profondes.

Le canal 54/32 incarne la puissance de l'ambition, nourrie par la patience et le soutien tribal. Il symbolise la transformation des désirs en réalités tangibles, guidée par l'instinct et la persévérance. Lorsqu'il est activé par la reconnaissance et l'invitation, il devient un chemin puissant vers la réussite durable.

PORTE 55 L'ABONDANCE

"Ma véritable abondance réside dans ma liberté émotionnelle et ma confiance totale en la vie."

PORTE DE L'ESPRIT

La Porte 55 est celle de l'abondance, de l'émotion et de la transformation à travers la foi en l'inconnu. Située dans le Centre Émotionnel (Plexus Solaire), elle représente la capacité à transcender les illusions du manque et à embrasser la véritable liberté intérieure. Elle fonctionne avec la Porte 39 (la provocation et le déclenchement émotionnel) pour former le canal 39-55 de l'Émotion Spirituelle, qui incarne la montée et la descente des vagues émotionnelles comme un portail vers une conscience plus élevée.

Physiologie : Plexus Solaire (Ganglion dorsal)
Acide Aminé : Histidine
Cercle de Codons : Le Cercle du Tourbillon (49, 55)
Partenaire de programmation : Clé génétique 59
Centre : Centre Plexus solaire
Quart : Initiation

Ligne 1 - La coopération
Ligne 2 - La méfiance
Ligne 3 - L'innocence
Ligne 4 - L'intégration
Ligne 5 - La croissance
Ligne 6 - L'égoïsme

Canal : 55/39 - Canal de l'Abondance : Lorsque la Porte 55 se connecte à la Porte 39 (Centre Racine), elle forme un canal qui intensifie les expériences émotionnelles, menant à des percées profondes et à la découverte d'une véritable liberté intérieure.
Circuit : Circuit du Savoir

Siddhi : Liberté | **Don :** Liberté | **Ombre :** Victimisation

CENTRE SPLÉNIQUE

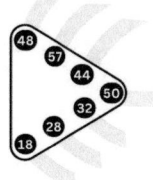

ESSENCE DE LA PORTE

L'archétype de la Porte 55 est celui du Visionnaire de l'Abondance et du Libérateur Emotionnel. Cette énergie est profondément liée aux vagues émotionnelles imprévisibles, qui lorsqu'elles sont acceptées, deviennent une porte vers la véritable liberté. Elle apprend à lâcher prise sur le contrôle et à embrasser l'incertitude comme un chemin vers l'abondance totale.

Son défi est d'éviter de s'accrocher à l'illusion du manque ou d'être submergé par les hauts et les bas émotionnels.

RÔLE DANS LES INTERACTIONS

Dans les relations, la Porte 55 agit comme une énergie magnétique et inspirante. Les porteurs de cette énergie vivent leurs émotions de manière profonde et authentique, inspirant les autres à embrasser leur propre liberté émotionnelle.

DÉFIS

- Risque de se laisser submerger par des émotions extrêmes sans parvenir à les stabiliser.

- Tendance à associer l'abondance à des conditions extérieures plutôt qu'à un état d'esprit intérieur.

- Difficulté à faire confiance au processus de la vie, menant à des périodes d'incertitude et de résistance.

TALENTS

- Capacité à inspirer les autres à vivre pleinement, sans peur ni attachement aux limitations.

- Talent pour transformer la souffrance émotionnelle en sagesse et en liberté intérieure.

- Influence naturelle qui pousse à lâcher prise et à embrasser la véritable abondance dans tous les aspects de la vie.

EXPRESSION DÉSÉQUILIBRÉE

Lorsqu'elle est désalignée, la Porte 55 peut se manifester par une instabilité émotionnelle extrême, une tendance au repli ou à l'isolement, ou une dépendance excessive à des facteurs extérieurs pour se sentir en sécurité.

MAÎTRISE

En équilibre, la Porte 55 devient une force de confiance absolue et d'abondance illimitée. Elle enseigne que la vraie richesse vient d'un alignement intérieur avec l'énergie du moment, où chaque expérience, qu'elle soit agréable ou difficile, est une opportunité d'expansion.

MANIFESTATION DANS LA VIE QUOTIDIENNE ET LE BUSINESS

Vie Quotidienne :

Dans la vie personnelle, cette Porte se manifeste par une relation profonde avec les émotions et une capacité à vivre dans un état de gratitude et de lâcher-prise. Elle favorise une connexion intense à la spontanéité et au ressenti.

Application en Business :

Dans un contexte professionnel, la Porte 55 excelle dans des rôles créatifs et inspirants. Elle est idéale pour les entrepreneurs, les artistes et ceux qui travaillent avec l'intelligence émotionnelle, car elle favorise un esprit d'abondance et d'innovation.

INFLUENCE ÉNERGÉTIQUE COLLECTIVE (TRANSITS)

Lorsqu'activée dans les transits, la Porte 55 invite le collectif à lâcher prise sur les attachements matériels et à embrasser une vision plus vaste de l'abondance. C'est un moment propice pour cultiver la confiance en la vie et pour s'ouvrir à de nouvelles possibilités émotionnelles et spirituelles.

NUANCES EN FONCTION DE LA LIGNE

LIGNE 1 : Comprendre l'émotion avant de l'exprimer

Les individus avec la Porte 55 en Ligne 1 ressentent le besoin d'étudier et de comprendre en profondeur leurs émotions avant de les exprimer pleinement. Ils recherchent une base solide et légitime pour justifier leurs ressentis.

Défi : peur de l'intensité émotionnelle et hésitation à se dévoiler

Conseil : accepter que l'émotion est aussi un apprentissage

LIGNE 2 : Expression émotionnelle instinctive et naturelle

Les personnes avec la Porte 55 en Ligne 2 possèdent une capacité instinctive à vivre et exprimer leurs émotions sans effort conscient. Elles sont naturellement alignées avec leurs ressentis et ne cherchent pas à les masquer.

Défi : difficulté à justifier ses ressentis et tendance à éviter les explications

Conseil : faire confiance à son instinct tout en cherchant à mieux expliquer ses ressentis

LIGNE 3 : Expérimenter et apprendre par l'émotion et l'abondance
Les individus avec la Porte 55 en Ligne 3 découvrent comment vivre leurs émotions en testant différentes manières de les exprimer et en ajustant leur approche.
Défi : instabilité émotionnelle et difficulté à maintenir un état d'abondance
Conseil : voir chaque émotion comme une opportunité d'évolution

LIGNE 4 : Influencer et inspirer par l'expression émotionnelle libre
Les individus avec la Porte 55 en Ligne 4 ont une capacité naturelle à motiver les autres par leur authenticité émotionnelle et leur foi dans l'abondance. Ils savent comment rassembler les autres autour d'une vision d'abondance et de liberté.
Défi : peur du rejet et tendance à vouloir plaire
Conseil : exprimer ses émotions avec authenticité sans chercher à imposer

LIGNE 5 : Structurer et organiser ses émotions de manière stratégique
Les individus avec la Porte 55 en Ligne 5 ont une approche pragmatique et stratégique de l'émotion et de l'abondance. Ils savent comment utiliser leurs ressentis pour progresser efficacement tout en préservant leur liberté émotionnelle.
Défi : pression des attentes extérieures et peur d'être mal perçu
Conseil : exercer son expression émotionnelle avec discernement et intégrité

LIGNE 6 : Observer et comprendre les cycles émotionnels et l'abondance
Les individus avec la Porte 55 en Ligne 6 adoptent une vision globale des cycles émotionnels et de l'abondance intérieure.
Défi : détachement excessif et hésitation à s'impliquer émotionnellement
Conseil : équilibrer observation et action

NUANCES EN FONCTION DU TYPE
MANIFESTEUR : Initier des transformations émotionnelles avec autorité
Le Manifesteur avec la Porte 55 prend des décisions rapides et audacieuses pour initier des changements émotionnels radicaux.
Défi : rejet et résistance
Conseil : informer avant d'agir pour éviter les conflits

GÉNÉRATEUR : Assumer son émotion par l'engagement et la persévérance

Le Générateur avec la Porte 55 exerce son pouvoir en s'engageant pleinement dans des expériences émotionnelles qui résonnent profondément avec lui.

Défi : frustration si ses émotions ne sont pas reconnues immédiatement

Conseil : écouter sa réponse sacrale pour choisir les bons engagements émotionnels

LE Manifesteur-Générateur (MG) : Explorer rapidement et intensément les émotions et l'abondance

Le Manifesteur-Générateur avec la Porte 55 peut expérimenter rapidement des états émotionnels variés, passant de l'euphorie à la frustration, tout en cherchant à exprimer son abondance intérieure.

PROJECTEUR : Guider les autres vers une expression émotionnelle plus libre

Le Projecteur avec la Porte 55 perçoit comment les autres gèrent leurs émotions et peut les aider à exprimer leur abondance intérieure avec plus d'authenticité et de liberté.

Défi : besoin de reconnaissance et fatigue émotionnelle

Conseil : attendre d'être invité avant d'intervenir dans la gestion émotionnelle des autres

RÉFLECTEUR : Refléter les dynamiques émotionnelles et d'abondance dans le collectif

Le Réflecteur avec la Porte 55 absorbe et reflète la manière dont le collectif gère ses émotions et son sentiment d'abondance.

Défi : confusion entre ses propres ressentis et ceux du groupe

Conseil : observer avant de s'impliquer pour s'assurer que ses émotions sont bien les siennes

NUANCES EN FONCTION DE LA PLANÈTE

SOLEIL en Porte 55 Briller à travers l'abondance émotionnelle et la résilience

Le Soleil amplifie le besoin de vivre ses émotions pleinement et d'accepter leurs fluctuations.

Défi : Risque de se sentir prisonnier de ses humeurs

Conseil : Voir chaque émotion comme une partie intégrante du processus d'évolution

TERRE en Porte 55 Ancrer l'abondance dans l'acceptation des cycles émotionnels
Avec la Terre, l'individu doit apprendre à trouver la stabilité même dans les vagues émotionnelles.
Défi : Sentiment d'insécurité face aux changements d'humeur
Conseil : Ancrer son énergie dans des pratiques régulières pour mieux gérer ses états d'âme

LUNE en Porte 55 Une relation cyclique et intense avec les émotions
Avec la Lune, les humeurs sont amplifiées et varient fortement.
Défi : Instabilité émotionnelle et difficulté à se comprendre
Conseil : Observer ses cycles pour mieux anticiper et accepter ses émotions

MERCURE en Porte 55 L'art de communiquer ses émotions et ses états d'âme
Mercure facilite l'expression des sentiments profonds et l'analyse des émotions.
Défi : Risque d'intellectualiser les émotions sans les vivre pleinement
Conseil : Parler de ses émotions de manière authentique, sans chercher à tout rationaliser

VÉNUS en Porte 55 Un amour intense et fluctuante
Vénus favorise une expression émotionnelle riche et passionnée.
Défi : Tomber dans des relations instables ou dramatiques
Conseil : Cultiver l'amour de soi pour stabiliser ses relations avec les autres

MARS en Porte 55 Une impulsion forte à agir sous l'influence des émotions
Mars donne une énergie brute et directe pour exprimer ses états d'âme.
Défi : Agir impulsivement sans réfléchir aux conséquences
Conseil : Apprendre à respirer et à tempérer ses réactions avant d'agir

JUPITER en Porte 55 L'expansion à travers l'acceptation de ses émotions
Jupiter amplifie le potentiel d'évolution spirituelle à travers les expériences émotionnelles.
Défi : Se laisser emporter par des émotions excessives
Conseil : Pratiquer la gratitude pour chaque expérience émotionnelle vécue

SATURNE en Porte 55 La discipline dans la gestion des émotions
Saturne impose une structure et une rigueur dans l'expression émotionnelle.

Défi : Réprimer ses émotions par peur de paraître instable
Conseil : Autoriser ses émotions à exister tout en les canalisant de manière constructive

URANUS en Porte 55 Une approche révolutionnaire de l'émotion et de l'abondance
Uranus pousse à vivre ses émotions de manière libre et non conventionnelle.
Défi : Rejeter les traditions émotionnelles sans les comprendre
Conseil : Trouver des manières innovantes d'exprimer ses émotions tout en respectant ses racines

NEPTUNE en Porte 55 L'émotion comme canal spirituel
Avec Neptune, les émotions deviennent un chemin d'éveil spirituel et de connexion au divin.
Défi : Se perdre dans des fantasmes émotionnels irréalisables
Conseil : Garder un pied dans la réalité tout en suivant ses intuitions spirituelles

PLUTON en Porte 55 La transformation radicale par l'acceptation de ses ombres émotionnelles
Pluton amène des crises profondes qui forcent à accepter et à transmuter ses émotions les plus sombres.
Défi : Être confronté à des peurs émotionnelles puissantes
Conseil : Voir chaque crise émotionnelle comme une opportunité de purification intérieure

---

INTROSPECTION & REFLEXION
1. Comment puis-je accepter mes émotions sans jugement et les vivre comme une source de liberté ?
2. Quelles pratiques m'aident à me connecter à mon abondance intérieure ?
3. Comment puis-je exprimer mes émotions de manière honnête, sans dépendre de la validation des autres ?
4. Quels moyens puis-je utiliser pour inspirer la liberté émotionnelle chez ceux qui m'entourent ?
5. Quelles pratiques m'aident à ancrer mon abondance intérieure, même dans les moments de défi émotionnel ?
6. Comment puis-je inspirer les autres à voir chaque émotion comme une chance de se libérer et de grandir ?

CANAL 39/55 - CANAL DE L'ÉMOTIVITÉ

Type de canal : Projecteur
Portes : 39 (La Provocation) et 55 (L'Esprit Libre)
Centres impliqués : Racine → Plexus Solaire
Circuit : Circuit de l'Individualité – Autonomisation
Thème principal : La transformation émotionnelle et spirituelle par la provocation
Sens dominant : L'ouïe (acoustique)
Rôle : Éveiller la conscience émotionnelle pour atteindre la liberté intérieure.

"Je traverse les vagues de mes émotions pour découvrir la liberté en mon cœur et dans mon âme."

LES DYNAMIQUES DU CANAL 39/55

La provocation comme catalyseur
La Porte 39, issue du centre de la Racine, agit comme un déclencheur émotionnel. C'est l'énergie de la provocation, non pour blesser, mais pour éveiller. Elle pousse les autres à reconnaître leurs propres émotions enfouies.

La liberté émotionnelle
La Porte 55, située dans le centre du Plexus Solaire, représente l'esprit de liberté. Elle incarne la capacité à se détacher des circonstances extérieures pour trouver la véritable abondance à l'intérieur de soi.

Un canal d'autorité émotionnelle
L'énergie du canal 39/55 fluctue selon les humeurs. Il s'agit d'un processus cyclique, où la clarté émotionnelle ne vient qu'après avoir traversé les vagues de la passion, de la mélancolie, de l'espoir et du désespoir.

L'expérience humaine du canal 39/55
- **Éveiller par la provocation :** Vous avez le don naturel de pousser les autres à explorer leurs émotions. Vos paroles, vos actes, même votre simple présence peuvent déclencher des prises de conscience profondes.
- **La mélancolie créative :** Ce canal est intimement lié à la mélancolie, non comme une faiblesse, mais comme un espace fertile pour la créativité. C'est dans les moments de repli que naissent souvent vos plus grandes inspirations.

- **La quête de liberté** : Vous recherchez une liberté qui va au-delà des contraintes matérielles ou sociales. C'est une liberté intérieure, née de l'acceptation totale de vos émotions, quelles qu'elles soient.

DÉFIS ET OMBRES
- **L'hypersensibilité** : Les provocations peuvent devenir destructrices si elles sont mal dirigées, entraînant des conflits inutiles ou des sentiments de rejet.
- **La mélancolie mal vécue** : Si la mélancolie n'est pas reconnue comme un espace de créativité, elle peut conduire à la dépression et à l'isolement.
- **L'impulsivité émotionnelle** : Sans attendre la clarté émotionnelle, il est facile de prendre des décisions hâtives, souvent regrettées par la suite.

L'importance de la clarté émotionnelle et de l'autonomisation
- **Accepter ses humeurs** : Ne cherchez pas à fuir la mélancolie ou à forcer la joie. Ces états sont naturels et font partie de votre processus créatif.
- **Attendre la clarté** : Ne prenez jamais de décisions importantes au sommet ou au creux d'une vague émotionnelle. L'attente garantit des choix alignés.
- **S'exprimer avec authenticité** : Que ce soit par l'art, la parole ou l'action, exprimer vos ressentis vous aide à naviguer vos émotions.

Ce canal incarne la puissance des émotions comme chemin d'émancipation. Il invite à embrasser chaque vague, chaque nuance, pour découvrir la liberté intérieure. Lorsqu'il est vécu consciemment, il devient un moteur de transformation personnelle et un phare pour les autres.

"Je n'ai pas besoin de comprendre chaque émotion. En les acceptant telles qu'elles sont, je trouve ma vraie liberté."

PORTE 56 LE VOYAGEUR

"À travers mes histoires, j'inspire, j'éveille et je transmets la magie de l'expérience humaine."

PORTE DE LA STIMULATION

La Porte 56 est celle de l'expression, de la curiosité et de la transmission d'expériences à travers la narration. Située dans le Centre de la Gorge, elle représente la capacité à captiver, à enseigner et à éveiller les autres par le pouvoir des mots et des histoires.

Elle fonctionne avec la Porte 11 (les idées et l'imagination) pour former le canal 11-56 de la Curiosité, qui incarne l'envie d'explorer, d'expérimenter et de partager des perspectives inspirantes.

Physiologie : Thyroïde / Parathyroïde
Acide Aminé : Aucun (codon de terminaison)
Cercle de Codons : Le Cercle des Epreuves (12, 33, 56)
Partenaire de programmation : Clé génétique 60
Centre : Centre Gorge
Quart : Civilisation

Ligne 1 - La qualité
Ligne 2 - La liaison
Ligne 3 - L'aliénation
Ligne 4 - L'opportunisme
Ligne 5 - Attirer l'attention
Ligne 6 - La prudence

Canal : 56/11 - Canal de la Stimulation : Lorsque la Porte 56 se connecte à la Porte 11 (Centre Ajna), elle forme un canal qui permet d'inspirer les autres à travers le partage d'idées et d'histoires stimulantes, enrichissant ainsi la compréhension collective.
Circuit : Circuit du Ressenti

Siddhi : Ivresse | **Don :** Enrichissement | **Ombre :** Distraction

CENTRE GORGE

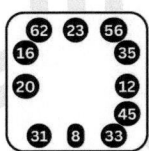

ESSENCE DE LA PORTE

L'archétype de la Porte 56 est celui du Conteur et du Messager. Cette énergie permet d'explorer et d'interpréter la vie à travers des récits, des métaphores et des enseignements vivants. Elle favorise une communication inspirante, qui peut éveiller ou divertir, selon l'intention qui l'anime.

Son défi est d'apprendre à ne pas se disperser dans des histoires superficielles ou exagérées, et à utiliser son talent pour transmettre des vérités profondes.

RÔLE DANS LES INTERACTIONS

Dans les relations, la Porte 56 agit comme une énergie communicative et enchanteresse. Les porteurs de cette énergie ont un talent naturel pour captiver les autres en racontant des histoires et en partageant leurs expériences avec enthousiasme.

DÉFIS

- Risque de raconter des histoires sans fondement, juste pour attirer l'attention.
- Tendance à s'éparpiller mentalement et à manquer de profondeur dans la transmission des idées.
- Difficulté à discerner quelles expériences méritent d'être partagées et lesquelles doivent être intégrées intérieurement.

TALENTS

- Capacité à éveiller l'intérêt et la curiosité des autres à travers la narration.
- Talent pour transmettre des idées complexes sous forme de récits accessibles et engageants.
- Influence naturelle qui pousse les autres à explorer, à s'interroger et à apprendre à travers l'expérience.

EXPRESSION DÉSÉQUILIBRÉE

Lorsqu'elle est désalignée, la Porte 56 peut se manifester par une superficialité dans la communication, une tendance à exagérer les faits ou à parler sans véritable intention ni impact.

MAÎTRISE

En équilibre, la Porte 56 devient une force d'inspiration et de transmission. Elle enseigne que chaque expérience peut être une leçon précieuse et que le partage authentique de son vécu peut aider les autres à voir la vie sous un nouvel angle.

MANIFESTATION DANS LA VIE QUOTIDIENNE ET LE BUSINESS
Vie Quotidienne :
Dans la vie personnelle, cette Porte se manifeste par une envie de partager et de découvrir de nouvelles perspectives. Elle favorise un dialogue enrichissant et une soif d'apprentissage constant.

Application en Business :
Dans un contexte professionnel, la Porte 56 excelle dans des rôles impliquant la communication, l'éducation, le journalisme, le marketing et les arts. Elle est idéale pour les conférenciers, les écrivains et tous ceux qui inspirent par la narration et la transmission d'idées.

INFLUENCE ÉNERGÉTIQUE COLLECTIVE (TRANSITS)
Lorsqu'activée dans les transits, la Porte 56 invite le collectif à écouter, raconter et explorer différentes perspectives. C'est un moment propice pour partager des expériences et éveiller la curiosité à travers la communication.

NUANCES EN FONCTION DE LA LIGNE
LIGNE 1 : Comprendre les histoires avant de les raconter
Les individus avec la Porte 56 en Ligne 1 ressentent le besoin d'étudier et de comprendre en profondeur leurs expériences avant de les transmettre. Ils recherchent une base solide et légitime pour justifier leurs récits.

Défi : peur de manquer de crédibilité et hésitation à partager

Conseil : accepter que le partage est aussi un apprentissage

LIGNE 2 : Narration instinctive et expression naturelle
Les personnes avec la Porte 56 en Ligne 2 possèdent une capacité instinctive à captiver et à raconter des histoires sans effort conscient. Elles sont naturellement alignées avec leur expression et ne cherchent pas à la masquer.

Défi : difficulté à justifier ses récits et tendance à éviter les explications

Conseil : faire confiance à son instinct tout en cherchant à mieux structurer ses récits

LIGNE 3 : Expérimenter et apprendre par les récits et les expériences
Les individus avec la Porte 56 en Ligne 3 découvrent comment raconter leurs expériences en testant différentes manières de les exprimer et en ajustant leur approche.

Défi : instabilité et difficulté à structurer ses histoires

Conseil : voir chaque récit comme une opportunité d'évolution

LIGNE 4 : Influencer et inspirer par les récits et la transmission
Les individus avec la Porte 56 en Ligne 4 ont une capacité naturelle à motiver les autres par leurs histoires et leur capacité à transmettre des enseignements. Ils savent comment rassembler les autres autour d'une vision captivante et inspirante.
Défi : peur du rejet et tendance à vouloir plaire
Conseil : exprimer ses histoires avec authenticité sans chercher à imposer

LIGNE 5 : Structurer et organiser ses récits de manière stratégique
Les individus avec la Porte 56 en Ligne 5 ont une approche pragmatique et stratégique de la narration et de la transmission des connaissances. Ils savent comment utiliser leurs histoires pour progresser efficacement tout en captivant leur audience.
Défi : pression des attentes extérieures et peur d'être mal perçu
Conseil : exercer son art de la narration avec discernement et intégrité

LIGNE 6 : Observer et comprendre les cycles de narration et d'apprentissage
Les individus avec la Porte 56 en Ligne 6 adoptent une vision globale des cycles de narration et d'apprentissage.
Défi : détachement excessif et hésitation à s'impliquer dans ses récits
Conseil : équilibrer observation et action

NUANCES EN FONCTION DU TYPE
MANIFESTEUR : Initier des récits captivants avec autorité
Le Manifesteur avec la Porte 56 prend des décisions rapides et audacieuses pour initier des récits qui éveillent les consciences.
Défi : rejet et résistance
Conseil : informer avant de raconter pour éviter les conflits

GÉNÉRATEUR : Assumer ses récits par l'engagement et la persévérance
Le Générateur avec la Porte 56 exerce son pouvoir en s'engageant pleinement dans des histoires qui résonnent profondément avec lui.
Défi : frustration si ses récits ne sont pas reconnus immédiatement
Conseil : écouter sa réponse sacrale pour choisir les bons récits

Le **Manifesteur-Générateur** (MG) : Explorer et raconter des histoires avec agilité et intensité
Le Manifesteur-Générateur avec la Porte 56 peut passer rapidement d'une

histoire à une autre, cherchant à transmettre ses expériences de manière spontanée et captivante.

PROJECTEUR : Guider les autres vers une narration plus profonde et significative
Le Projecteur avec la Porte 56 perçoit comment les autres racontent leurs histoires et peut les aider à structurer et approfondir leurs récits pour plus d'impact.
Défi : besoin de reconnaissance et fatigue mentale
Conseil : attendre d'être invité avant de partager ses enseignements narratifs

RÉFLECTEUR : Refléter les dynamiques narratives et d'apprentissage dans le collectif
Le Réflecteur avec la Porte 56 absorbe et reflète la manière dont le collectif raconte ses histoires et apprend de ses expériences.
Défi : confusion entre ses propres récits et ceux du groupe
Conseil : observer avant de raconter pour s'assurer que ses récits sont bien les siens

NUANCES EN FONCTION DE LA PLANÈTE

SOLEIL en. Porte 56 Briller par la narration et la transmission d'histoires inspirantes
Le Soleil amplifie la capacité à captiver et à transmettre des leçons par le récit.
Défi : Risque d'embellir les histoires au point d'en perdre la vérité
Conseil : Garder l'authenticité dans le partage d'expériences

TERRE en Porte 56 Ancrer les récits dans des expériences concrètes et tangibles
Avec la Terre, l'individu doit s'assurer que ses histoires sont alignées avec la réalité vécue.
Défi : Risque de perdre l'audience en étant trop terre-à-terre
Conseil : Associer des enseignements pratiques aux récits inspirants

LUNE en Porte 56 Une relation émotionnelle fluctuante avec les histoires et les croyances
Avec la Lune, les récits peuvent varier fortement selon les émotions et les cycles.
Défi : Instabilité dans les convictions et les messages transmis
Conseil : Accueillir les cycles sans perdre de vue l'essence du message

MERCURE en Porte 56 L'art de convaincre par le récit et la parole
Mercure favorise une communication fluide et captivante, avec un talent pour raconter des histoires.
Défi : Risque de manipuler les faits pour capter l'audience
Conseil : Valoriser l'authenticité plutôt que l'effet dramatique

VÉNUS en Porte 56 Un amour pour les récits esthétiques et harmonieux
Vénus apporte une dimension artistique et poétique aux histoires.
Défi : Risque d'édulcorer les réalités difficiles
Conseil : Maintenir un équilibre entre beauté et vérité dans les récits

MARS en Porte 56 Un besoin d'agir immédiatement pour partager ses histoires
Mars pousse à raconter des histoires avec passion et intensité.
Défi : Risque d'être trop direct ou impétueux dans l'expression
Conseil : Prendre le temps de structurer ses récits pour maximiser l'impact

JUPITER en Porte 56 L'expansion à travers des récits porteurs de sens et d'enseignement
Jupiter amplifie le potentiel d'inspirer et d'enseigner à travers des histoires significatives.
Défi : Risque d'amplifier ou d'exagérer les enseignements
Conseil : Se concentrer sur des leçons pratiques et applicables

SATURNE en Porte 56 La discipline dans le choix des histoires et des leçons à transmettre
Saturne impose une rigueur dans le partage d'expériences et de récits.
Défi : Risque de devenir trop dogmatique ou moralisateur
Conseil : Présenter ses leçons comme des réflexions et non comme des vérités absolues

URANUS en Porte 56 Une approche originale et surprenante du récit
Uranus pousse à raconter des histoires de manière unique et inattendue.
Défi : Risque d'être perçu comme excentrique ou difficile à suivre
Conseil : Trouver un équilibre entre innovation et clarté dans les récits

NEPTUNE en Porte 56 Le récit comme portail vers le mysticisme et l'intuition
Avec Neptune, la Porte 56 se connecte à une dimension spirituelle et symbolique des histoires.
Défi : Risque de se perdre dans des récits fantaisistes ou irréalistes
Conseil : Ancrer les enseignements mystiques dans des exemples concrets

PLUTON en Porte 56 La transformation profonde par le récit et l'exploration des ombres
Pluton amène des récits intenses explorant les thèmes de la transformation et de la renaissance.
Défi : Risque de se focaliser uniquement sur les aspects sombres des histoires
Conseil : Équilibrer les récits entre ombre et lumière pour inspirer et éveiller

---

INTROSPECTION & RÉFLEXION
1. Comment puis-je enrichir mes histoires pour qu'elles inspirent et élèvent ceux qui m'entourent ?
2. Quelles expériences ai-je vécues qui peuvent offrir un apprentissage précieux aux autres ?
3. Comment puis-je nourrir ma curiosité pour découvrir des idées et des perspectives nouvelles ?
4. Comment puis-je encourager les autres à explorer et à élargir leurs horizons ?
5. Comment puis-je éviter la distraction et me concentrer sur des récits qui apportent une véritable valeur ?
6. Comment puis-je inspirer les autres à voir chaque histoire comme une occasion d'apprentissage et de transformation ?

CANAL 11/56 - CANAL DE LA CURIOSITÉ

Type de canal : Projecteur
Portes :Portes : 11 (La Paix) et 56 (Le Voyageur)
Centres impliqués : Centre Ajna→ Centre Gorge
Circuit : Circuit Collectif– Ressenti
Thème principal : Exploration des idées et partage des expériences
Sens dominant : La vue
Rôle : Transmettre l'inspiration à travers des récits captivants

« Les histoires sont les étoiles qui guident notre conscience, illuminant les mystères du passé pour éclairer le futur. »

LES DYNAMIQUES DU CANAL 11/56

Une curiosité insatiable
Ce canal est une passerelle entre la pensée abstraite et son expression orale.

Il pousse l'individu à explorer constamment de nouvelles idées, concepts et expériences, sans forcément chercher une vérité absolue.

Un talent naturel pour raconter des histoires
La Porte 11 contient le réservoir d'idées et d'impressions, tandis que la Porte 56 donne la voix et la narration pour transmettre ces expériences.

Ce canal est donc celui des conteurs, des enseignants et de ceux qui inspirent à travers leurs récits.

Un regard tourné vers le passé
Faisant partie du circuit du ressenti, ce canal s'appuie sur la mémoire et les expériences vécues pour formuler des histoires et en tirer des leçons.

Il ne vise pas à établir des vérités logiques, mais à offrir des perspectives subjectives et inspirantes.

Une capacité d'inspiration et de transmission
L'individu avec ce canal est capable de captiver son auditoire, en donnant du sens aux expériences humaines.

Il joue un rôle important dans la préservation du savoir et des traditions, transformant les faits en récits vivants.

Un goût pour le partage et la discussion

Ce canal fonctionne mieux lorsqu'il est invité à partager ses histoires.

Lorsqu'il est bien aligné, il nourrit l'imagination collective, encourageant la réflexion et l'inspiration .

DÉFIS ET OMBRES

Le risque de se perdre dans l'abstraction

Une quête incessante d'idées peut mener à une dispersion mentale, rendant difficile l'ancrage dans la réalité .

Il est essentiel d'apprendre à structurer sa pensée pour éviter l'excès d'informations inutiles.

L'embellissement ou la distorsion des faits

Ce canal a tendance à dramatiser ou à exagérer certains récits pour les rendre plus intéressants.

Il doit veiller à trouver un équilibre entre narration captivante et authenticité

L'influence de la subjectivité

Les expériences personnelles peuvent parfois colorer la vision du monde, rendant l'interprétation des faits très émotionnelle et non objective.

Il est important d'accepter la diversité des points de vue et d'éviter les conclusions trop absolues .

Le canal 11/56 est une force d'exploration et de transmission, permettant à l'individu de capturer l'essence des expériences humaines et de les partager sous forme d'histoires captivantes. Il joue un rôle crucial dans l'enrichissement collectif, en apportant de nouvelles perspectives et en reliant les générations à travers la mémoire et le récit. Lorsqu'il est bien utilisé, il devient un canal d'inspiration, transformant la curiosité en une véritable lumière pour le monde .

PORTE 57 LA DOUCEUR PÉNÉTRANTE

"Mon intuition est mon guide le plus sûr. En l'écoutant, je trouve clarté et alignement dans l'instant présent."

PORTE DE L'INTUITION

La Porte 57 est celle de l'intuition, de la perception subtile et de la clarté immédiate. Située dans le Centre de la Rate, elle représente une intelligence instinctive qui capte les vérités profondes avant même que le mental ne puisse les analyser.

Physiologie : Ganglions crâniens (ventre)
Acide Aminé : Alanine
Cercle de Codons : Le Cercle de la Matière (18, 46, 48, 57)
Partenaire de programmation : Clé génétique 51
Centre : Centre Splénique
Quart : Dualité

Ligne 1 - La confusion
Ligne 2 - La purification
Ligne 3 - L'acuité
Ligne 4 - Le directeur
Ligne 5 - La progression
Ligne 6 - L'utilisation

57/34 - Canal du Pouvoir Intuitif : Lorsque la Porte 57 se connecte à la Porte 34 (Centre Sacral), elle permet une action instinctive, basée sur une perception immédiate de ce qui est juste.
57/20 - Canal de la Clarté Intuitive : Avec la Porte 20 (Centre de la Gorge), elle favorise une expression spontanée et alignée sur une compréhension intuitive du moment.
57/10 - Canal de la Perception Parfaite : Avec la Porte 10 (Centre G), elle assure une guidance instinctive vers une vie alignée et authentique.

Siddhi : Clarté | **Don :** Intuition | **Ombre :** Malaise

CENTRE SPLÉNIQUE

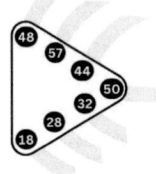

ESSENCE DE LA PORTE

L'archétype de la Porte 57 est celui du Guérisseur Intuitif et du Clairvoyant. Cette énergie permet de ressentir immédiatement ce qui est juste ou dangereux, sans justification rationnelle.

Elle donne une capacité naturelle à anticiper les événements et à réagir en fonction d'une connaissance intérieure.

Son défi est d'apprendre à faire confiance à son intuition, sans laisser la peur ou le doute interférer avec ses perceptions.

RÔLE DANS LES INTERACTIONS

Dans les relations, la Porte 57 agit comme une énergie de clarté et de protection. Les porteurs de cette énergie perçoivent intuitivement les dynamiques cachées et savent instinctivement à qui faire confiance ou quelles situations éviter.

DÉFIS

- Risque de douter de son intuition et de chercher une validation extérieure.
- Tendance à être submergé par des ressentis subtils sans savoir comment les interpréter.
- Difficulté à faire confiance à ses perceptions lorsque l'environnement pousse vers la rationalité.

TALENTS

- Capacité à capter instantanément la vérité sous-jacente d'une situation ou d'une personne.
- Talent pour réagir rapidement et efficacement en fonction d'une guidance intérieure fiable.
- Influence naturelle qui inspire les autres à se reconnecter à leur propre intuition.

EXPRESSION DÉSÉQUILIBRÉE

Lorsqu'elle est désalignée, la Porte 57 peut se manifester par un sentiment de confusion, une peur irrationnelle ou une hypersensibilité aux énergies environnantes. Elle peut aussi entraîner une tendance à ignorer ses ressentis et à se laisser influencer par des considérations extérieures.

MAÎTRISE

En équilibre, la Porte 57 devient une force de discernement et de guidance intérieure. Elle enseigne que la véritable sécurité ne vient pas du contrôle mental, mais de la capacité à écouter et suivre son intuition avec confiance.

MANIFESTATION DANS LA VIE QUOTIDIENNE ET LE BUSINESS
Vie Quotidienne :

Dans la vie personnelle, cette Porte se manifeste par une connexion forte à ses ressentis et une capacité à naviguer la vie avec fluidité et sagesse. Elle favorise l'écoute intérieure et une réactivité instinctive face aux situations imprévues.

Application en Business :

Dans un contexte professionnel, la Porte 57 excelle dans des rôles nécessitant une prise de décision rapide et intuitive. Elle est idéale pour les thérapeutes, les entrepreneurs et tous ceux qui doivent s'adapter rapidement aux circonstances changeantes.

INFLUENCE ÉNERGÉTIQUE COLLECTIVE (TRANSITS)

Lorsqu'activée dans les transits, la Porte 57 invite le collectif à faire confiance à son intuition et à développer une conscience plus aiguisée du moment présent. C'est un moment propice pour écouter ses ressentis profonds et agir avec clarté et spontanéité.

NUANCES EN FONCTION DE LA LIGNE
LIGNE 1 : Comprendre l'intuition avant de l'utiliser

Les individus avec la Porte 57 en Ligne 1 ressentent le besoin d'étudier et de comprendre en profondeur leurs perceptions intuitives avant d'agir. Ils recherchent une base solide et légitime pour justifier leurs ressentis.

Défi : peur de l'illusion et hésitation à suivre son instinct

Conseil : accepter que l'intuition est aussi un apprentissage

LIGNE 2 : Intuition instinctive et perception naturelle

Les personnes avec la Porte 57 en Ligne 2 possèdent une capacité instinctive à capter des perceptions intuitives sans effort conscient. Elles sont naturellement alignées avec leur ressenti et ne cherchent pas à le rationaliser.

Défi : difficulté à justifier ses perceptions et tendance à éviter les explications

Conseil : faire confiance à son instinct tout en cherchant à mieux expliquer ses perceptions

LIGNE 3 : Expérimenter et apprendre par l'intuition et le risque

Les individus avec la Porte 57 en Ligne 3 découvrent comment utiliser leur intuition en testant différentes perceptions et en ajustant leur approche.

Défi : instabilité et difficulté à structurer ses ressentis

Conseil : voir chaque perception comme une opportunité d'évolution

LIGNE 4 : Influencer et inspirer par l'intuition et la protection

Les individus avec la Porte 57 en Ligne 4 ont une capacité naturelle à motiver les autres par leur perception intuitive et leur capacité à détecter les dangers. Ils savent comment rassembler les autres autour d'une vision intuitive et protectrice.

Défi : peur du rejet et tendance à vouloir plaire

Conseil : exprimer ses perceptions avec authenticité sans chercher à imposer

LIGNE 5 : Structurer et organiser ses perceptions de manière stratégique

Les individus avec la Porte 57 en Ligne 5 ont une approche pragmatique et stratégique de l'intuition et de la perception. Ils savent comment utiliser leurs ressentis pour progresser efficacement tout en préservant leur intégrité.

Défi : pression des attentes extérieures et peur d'être mal perçu

Conseil : exercer son intuition avec discernement et intégrité

LIGNE 6 : Observer et comprendre les cycles d'intuition et de perception

Les individus avec la Porte 57 en Ligne 6 adoptent une vision globale des cycles intuitifs et des perceptions subtiles.

Défi : détachement excessif et hésitation à s'impliquer dans ses ressentis

Conseil : équilibrer observation et action

NUANCES EN FONCTION DU TYPE

MANIFESTEUR : Initier des actions intuitives avec autorité et rapidité

Le Manifesteur avec la Porte 57 prend des décisions rapides basées sur son intuition et n'hésite pas à agir immédiatement pour éviter les dangers ou saisir les opportunités.

Défi : rejet et résistance

Conseil : informer avant d'agir pour éviter les conflits

GÉNÉRATEUR : Répondre à ses intuitions en alignement avec son énergie sacrale

Le Générateur avec la Porte 57 perçoit intuitivement les énergies

environnantes et utilise son centre sacral pour valider ses ressentis avant d'agir.
Défi : frustration si ses intuitions ne sont pas reconnues immédiatement
Conseil : écouter sa réponse sacrale pour choisir les bons moments d'expression

Le **Manifesteur-Générateur** (MG) : Explorer et agir rapidement sur ses intuitions
Le MG avec la Porte 57 peut capter rapidement des intuitions et agir presque instantanément selon ses ressentis.

PROJECTEUR : Guider les autres vers une utilisation plus alignée de leur intuition
Le Projecteur avec la Porte 57 perçoit comment les autres gèrent leurs intuitions et peut les aider à les structurer pour plus d'efficacité.
Défi : besoin de reconnaissance et fatigue émotionnelle
Conseil : attendre d'être invité avant d'intervenir dans la gestion des intuitions des autres

RÉFLECTEUR : Refléter les dynamiques intuitives et perceptives dans le collectif
Le Réflecteur avec la Porte 57 absorbe et reflète la manière dont le collectif capte ses intuitions et ses perceptions subtiles.
Défi : confusion entre ses propres ressentis et ceux du groupe
Conseil : observer avant de s'impliquer pour s'assurer que ses intuitions sont bien les siennes

NUANCES EN FONCTION DE LA PLANÈTE
SOLEIL en Porte 57 Briller par l'intuition et la clarté du moment présent
Le Soleil amplifie la capacité à ressentir et comprendre immédiatement la meilleure action à entreprendre.
Défi : Risque d'être submergé par des intuitions multiples et contradictoires
Conseil : Apprendre à distinguer l'intuition authentique des projections mentales

TERRE en Porte 57 Ancrer l'intuition dans des actions concrètes et protectrices
Avec la Terre, l'individu doit utiliser son intuition pour assurer la sécurité et le bien-être de son entourage.
Défi : Risque d'ignorer ses intuitions par peur du jugement des autres
Conseil : Cultiver la confiance en ses perceptions subtiles

LUNE en Porte 57 Une intuition fluctuante au rythme des cycles émotionnels
Avec la Lune, les perceptions intuitives suivent des vagues et peuvent sembler changeantes.
Défi : Manque de constance dans les décisions basées sur l'intuition
Conseil : Observer les cycles lunaires pour mieux comprendre et accepter ses fluctuations

MERCURE en Porte 57 L'art d'exprimer ses perceptions intuitives avec clarté
Mercure apporte une facilité à transmettre ses intuitions de manière compréhensible et inspirante.
Défi : Risque d'intellectualiser les intuitions sans les appliquer
Conseil : Allier parole et action pour crédibiliser ses perceptions

VÉNUS en Porte 57 Un amour pour l'harmonie et la protection intuitive des autres
Vénus favorise une approche douce et prévenante dans l'utilisation de l'intuition.
Défi : Risque de négliger son propre bien-être au profit des autres
Conseil : S'assurer que l'intuition serve aussi à se protéger soi-même

MARS en Porte 57 Une impulsion forte à agir immédiatement sur ses intuitions
Mars donne une énergie directe et audacieuse pour suivre ses perceptions sans hésitation.
Défi : Risque d'agir précipitamment sans évaluer les conséquences
Conseil : Prendre un temps de recul pour confirmer ses intuitions avant d'agir

JUPITER en Porte 57 L'expansion à travers la confiance en l'intuition
Jupiter amplifie la capacité à attirer des opportunités grâce à une intuition bien développée.
Défi : Risque d'amplifier des perceptions erronées par excès d'optimisme
Conseil : Valider ses intuitions par des petites actions concrètes et mesurables

SATURNE en Porte 57 La discipline dans l'utilisation et le développement de l'intuition
Saturne impose une rigueur dans l'écoute et l'application des perceptions intuitives.
Défi : Risque de douter systématiquement de ses intuitions
Conseil : Pratiquer régulièrement des exercices d'intuition pour renforcer la confiance en soi

URANUS en Porte 57 Une intuition visionnaire et hors normes
Uranus pousse à explorer des perceptions intuitives inhabituelles ou révolutionnaires.
Défi : Risque d'être perçu comme trop étrange ou imprévisible
Conseil : Trouver un équilibre entre intuition novatrice et compréhension des autres

NEPTUNE en Porte 57 L'intuition mystique et la connexion aux mondes subtils
Avec Neptune, l'intuition prend une dimension spirituelle et prophétique.
Défi : Se perdre dans des perceptions confuses ou illusoires
Conseil : Ancrer ses perceptions intuitives dans des actions concrètes

PLUTON en Porte 57 La transformation à travers l'écoute intuitive profonde
Pluton amène des crises puissantes qui forcent à se fier à son intuition pour survivre.
Défi : Risque d'ignorer l'intuition par peur de l'inconnu
Conseil : Voir chaque crise comme une opportunité d'approfondir la confiance en soi

---

INTROSPECTION & RÉFLEXION
1. Comment puis-je différencier mon intuition véritable de mes peurs ou de mes inquiétudes ?
2. Quelles pratiques ou activités me permettent d'affiner et de renforcer mon instinct naturel ?
3. Comment puis-je transformer mon inquiétude en un sentiment de sécurité intérieure ?
4. Dans quelles situations ai-je ressenti un instinct pour protéger ou conseiller quelqu'un ? Comment cela m'a-t-il affecté(e) ?
5. Comment puis-je cultiver une écoute attentive et consciente qui respecte mon rythme intérieur ?
6. Quelles expériences passées ont renforcé ma confiance en mon intuition, et comment puis-je m'appuyer sur elles ?

CANAL 10/57 - CANAL DE LA FORME PARFAITE

Type de canal : Projecteur
Portes :Portes : 10 (La Conduite) et 57 (L'Intuition Subtile)
Centres impliqués : Centre de la Rate → Centre G
Circuit : Circuit de l'Individualité – Intégration
Thème principal : Instinct de survie et comportement aligné
Sens dominant : L'ouïe (acoustique)
Rôle : Vivre en accord avec son intuition et incarner un comportement authentique

"L'intuition murmure à ceux qui savent écouter, chaque souffle est un écho de survie, chaque pas un acte d'amour de soi."

LES DYNAMIQUES DU CANAL 10/57

Une intuition aiguisée pour la survie
Ce canal confère une perception subtile des dangers et des opportunités, permettant à l'individu d'agir instinctivement pour assurer sa propre survie.
Il fonctionne dans l'instant présent, sans besoin de validation extérieure ou de raisonnement logique.

Un comportement en accord avec son être profond
La Porte 10 apporte une stabilité dans l'identité, permettant d'agir de manière alignée avec soi-même.
La Porte 57, reliée à la Rate, fournit une intuition instantanée, capable de guider chaque mouvement et chaque décision.

Un chemin personnel et autonome
Ce canal appartient au circuit de l'intégration, ce qui signifie que son but principal est l'autonomisation de l'individu et non l'aide aux autres.
Il agit comme une boussole intérieure, permettant à la personne de naviguer dans la vie avec une confiance instinctive en ses propres choix.

Un réflexe de protection et d'adaptation
L'énergie de ce canal permet de réagir rapidement face aux imprévus, que ce soit sur le plan physique, émotionnel ou social.
Il apporte une capacité d'adaptation exceptionnelle, permettant de s'ajuster immédiatement aux nouvelles circonstances.

Un modèle d'authenticité et de présence
Les individus possédant ce canal inspirent par leur capacité à être eux-mêmes

sans compromis.

Leur présence est souvent perçue comme rassurante et ancrée, car ils incarnent un alignement naturel entre pensée, parole et action .

DÉFIS ET OMBRES
Le piège de l'hypervigilance
Une intuition aussi développée peut parfois provoquer une anxiété excessive, surtout si elle est mal comprise ou ignorée .

Il est crucial d'apprendre à distinguer une véritable alerte intuitive d'une peur infondée.

Une solitude intérieure
Ce canal étant fortement centré sur l'individu, il peut donner l'impression d'un isolement émotionnel.

Les personnes avec ce canal doivent veiller à équilibrer leur besoin d'autonomie avec des connexions authentiques .

Le refus des influences extérieures
La force de ce canal réside dans son indépendance, mais cela peut parfois mener à un rejet des conseils ou des opinions des autres.

Il est important de rester ouvert aux échanges, tout en gardant son discernement .

Le canal 10/57 est une force de survie et d'alignement personnel, permettant à l'individu d'agir en accord avec son intuition et sa véritable nature. Il fonctionne dans l'instant présent, avec une capacité unique à ressentir ce qui est juste et à s'adapter avec fluidité. Lorsqu'il est bien équilibré, il devient un modèle d'authenticité et de résilience, incarnant la beauté de l'instinct pur et de l'amour de soi .

CANAL 20/57 - CANAL DES ONDES CÉRÉBRALES

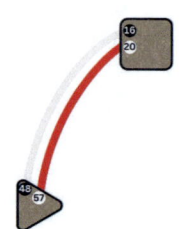

Type de canal : Projecteur
Portes : 57 (L'Intuition) et 20 (L'Instant Présent)
Centres impliqués : Centre Splénique → Centre de la Gorge
Circuit : Circuit de l'Individualité - Autonomisation
Thème principal : La perception intuitive et son expression immédiate
Sens dominant : L'ouïe
Rôle : Transformer l'intuition pure en parole et en action.

"Je fais confiance à mon intuition. Chaque instant est une opportunité de clarté et d'action."

LES DYNAMIQUES DU CANAL 20/57

Une perception aiguisée du moment présent
Le canal 57/20 incarne une connexion directe entre l'intuition profonde du centre Splénique et l'expression immédiate du centre de la Gorge. Cela permet une réaction instinctive, guidée par une intelligence innée.

Une conscience intuitive unique
L'individu possède une capacité exceptionnelle à percevoir ce qui est juste ou dangereux avant même que l'esprit rationnel n'intervienne. Il capte les vibrations subtiles de son environnement et sait instinctivement comment réagir.

Une voix qui exprime l'instant
La Porte 20 représente l'expression du présent, ce qui permet au canal 57/20 de verbaliser ses perceptions intuitives avec une spontanéité remarquable. Il peut capturer l'essence d'un moment et la transmettre immédiatement.

Un guide pour les autres
Ce canal joue un rôle clé dans l'éveil des consciences et le partage de connaissances intuitives. Il aide à stimuler l'intelligence d'autrui en apportant des perspectives nouvelles et profondes.

Une adaptation constante au flux de la vie
Le canal 57/20 fonctionne en harmonie avec le présent. Il ne s'accroche pas au passé ni n'anticipe excessivement l'avenir, mais se fie à l'instant pour

prendre des décisions éclairées .

DÉFIS ET OMBRES
Une difficulté à rationaliser l'intuition
Bien que l'intuition soit puissante, elle peut être difficile à expliquer aux autres, créant parfois des malentendus .

Une hypersensibilité aux signaux subtils
L'individu peut être submergé par des perceptions sensorielles intenses, ce qui peut générer de l'anxiété ou de la confusion .

Une tendance à parler sans filtre
L'expression immédiate des intuitions peut parfois être mal perçue, surtout si elle n'est pas attendue ou comprise par l'entourage .

Le canal 57/20 est une passerelle entre la perception intuitive et son expression immédiate. Lorsqu'il est écouté et utilisé avec discernement, il permet d'agir avec justesse et d'inspirer les autres à suivre leur propre intuition .

CANAL 34/57 - CANAL DE LA TRANSFORMATION

Type de canal : Générateur
Portes : 57 (L'Intuition) et 34 (La Puissance)
Centres impliqués : Centre Splénique
→ Centre Sacral
Circuit : Circuit de l'Individualité – Intégration
Thème principal : L'action intuitive et puissante dans l'instant
Sens dominant : L'ouïe
Rôle : Agir avec puissance, en réponse à l'instinct immédiat.

"Écoutez la mélodie intérieure de votre âme, elle danse au rythme de l'instinct et de la puissance."

LES DYNAMIQUES DU CANAL 34/57

L'instinct comme boussole intérieure
La Porte 57, issue du centre splénique, est la voix la plus aiguë de l'intuition. C'est un radar subtil qui capte les dangers, les opportunités et les vérités cachées dans l'instant présent. Ce n'est pas une réflexion mentale mais un ressenti immédiat, presque viscéral.

La puissance d'action spontanée
La Porte 34, située dans le centre sacral, confère une énergie brute, prête à se mobiliser instantanément. C'est la force vitale qui répond, non pas par la pensée, mais par une action instinctive et précise.

Un canal d'intelligence corporelle
L'énergie du canal 57/34 n'a pas besoin de justification mentale. C'est la puissance pure du corps qui sait quoi faire et quand le faire, en dehors de toute logique rationnelle. Cela confère une capacité unique à "entendre" les vérités invisibles et à y répondre sans délai.

L'expérience humaine du canal 57/34
- **Une guidance instantanée** : Ceux qui portent ce canal possèdent un instinct de survie affiné. Ils sentent si un lieu, une personne ou une situation est saine ou risquée.
- **L'énergie du moment présent** : Ce canal ne vit ni dans le passé ni dans

le futur. Il invite à une présence totale, où chaque action découle de l'intuition pure.
- **La puissance de la réponse** : L'activation du centre sacral donne une capacité de réponse énergétique immédiate, permettant d'agir avec force et justesse.

DÉFIS ET OMBRES
- **L'hypervigilance** : L'intuition peut parfois devenir anxiogène si elle est mal comprise, générant une peur chronique de l'inconnu.
- **L'impulsivité** : Agir trop vite, sans écouter toute la mélodie intuitive, peut conduire à des erreurs.
- **La surévaluation des capacités** : Le sentiment de puissance peut parfois se transformer en arrogance ou en sentiment d'invincibilité.

L'importance de l'équilibre et de l'écoute intérieure
- **Faire confiance à l'intuition** : L'oreille intérieure doit être affinée pour distinguer la véritable intuition des peurs conditionnées.
- **Respecter son énergie** : Le canal 57/34 fonctionne par réponse sacrale. Si l'énergie n'est pas là, forcer l'action conduit à l'épuisement.
- **Vivre dans le moment présent** : L'instinct ne parle que dans l'instant. Se reconnecter au présent est essentiel pour entendre cette voix intérieure.

Ce canal incarne la danse parfaite entre l'instinct et la puissance. Il permet d'agir avec précision, sans planification excessive, en suivant la guidance intérieure. Lorsqu'il est vécu correctement, il devient un moteur puissant d'autonomie, permettant de naviguer dans la vie avec confiance, réactivité et efficacité.

"Je n'ai pas besoin de savoir pourquoi, je ressens simplement quand le moment est venu d'agir."

PORTE 58 LE JOYEUX

"En embrassant la vie avec enthousiasme, je deviens une source d'énergie et d'amélioration continue pour le monde."

PORTE DE LA VITALITÉ

La Porte 58 est celle de la vitalité, de l'enthousiasme et de l'amélioration continue. Située dans le Centre de la Racine, elle représente une pression naturelle à chercher la perfection, à améliorer ce qui existe et à inspirer les autres à travers la joie et l'optimisme. Elle fonctionne avec la Porte 18 (la correction et l'analyse des schémas) pour former le canal 58-18 du Jugement, qui incarne la quête d'amélioration, de beauté et de justice à travers la correction et l'optimisation des systèmes.

Physiologie : Périné
Acide Aminé : Serine
Cercle de Codons : Le Cercle de la Quête (15, 39, 52, 53, 54, 58)
Partenaire de programmation : Clé génétique 52
Centre : Centre Racine
Quart : Mutation

Ligne 1 - L'amour
Ligne 2 - La perversion
Ligne 3 - L'électricité
Ligne 4 - La focalisation
Ligne 5 - La défense
Ligne 6 - Le débordement

Canal : 58/18 - Canal de la Détermination : Lorsque la Porte 58 se connecte à la Porte 18 (Centre de la Rate), elle forme un canal qui allie vitalité et sens critique, permettant d'améliorer les systèmes, les structures et les habitudes pour atteindre un bien-être optimal.
Circuit : Circuit de la compréhension

Siddhi : Béatitude | **Don** : Vitalité | **Ombre** : Insatisfaction

CENTRE RACINE

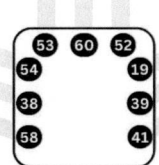

ESSENCE DE LA PORTE

L'archétype de la Porte 58 est celui du Révélateur de Potentiel et du Catalyseur de Joie. Cette énergie pousse à célébrer la vie tout en cherchant constamment à l'améliorer. Elle favorise une motivation naturelle à identifier ce qui peut être perfectionné et à partager une énergie positive contagieuse.

Son défi est d'éviter de tomber dans la critique excessive ou l'insatisfaction perpétuelle face aux imperfections.

RÔLE DANS LES INTERACTIONS

Dans les relations, la Porte 58 agit comme une énergie positive et stimulante. Les porteurs de cette énergie sont souvent perçus comme des personnes dynamiques et inspirantes, qui encouragent les autres à cultiver leur bien-être et à rechercher une meilleure qualité de vie.

DÉFIS

- Risque d'épuisement en voulant constamment améliorer les choses sans accepter le moment présent.

- Tendance à voir ce qui ne va pas plutôt que d'apprécier ce qui fonctionne déjà bien.

- Difficulté à trouver l'équilibre entre perfection et appréciation de l'instant.

TALENTS

- Capacité à identifier ce qui peut être optimisé et à trouver des solutions pour l'améliorer.

- Talent pour inspirer et motiver les autres à cultiver la joie et à élever leur niveau de bien-être.

- Influence naturelle qui pousse à rechercher la croissance personnelle et collective..

EXPRESSION DÉSÉQUILIBRÉE

Lorsqu'elle est désalignée, la Porte 58 peut se manifester par une insatisfaction chronique, une quête obsessionnelle de perfection ou une incapacité à apprécier les plaisirs simples de la vie.

MAÎTRISE

En équilibre, la Porte 58 devient une force d'enthousiasme et de transformation. Elle enseigne que l'amélioration continue est une source de joie et que chaque étape du chemin est une célébration en soi.

MANIFESTATION DANS LA VIE QUOTIDIENNE ET LE BUSINESS
Vie Quotidienne :
Dans la vie personnelle, cette Porte se manifeste par une énergie inépuisable et un désir d'optimiser son mode de vie. Elle favorise une approche proactive du bien-être et une quête constante d'évolution.

Application en Business :
Dans un contexte professionnel, la Porte 58 excelle dans des rôles impliquant l'innovation, l'amélioration continue et la motivation des équipes. Elle est idéale pour les coachs, les consultants et les entrepreneurs qui cherchent à perfectionner leurs projets et à maximiser leur impact.

INFLUENCE ÉNERGÉTIQUE COLLECTIVE (TRANSITS)
Lorsqu'activée dans les transits, la Porte 58 invite le collectif à célébrer la vie et à investir son énergie dans des améliorations positives. C'est un moment propice pour élever ses standards et rechercher plus de joie et d'efficacité dans toutes ses actions.

NUANCES EN FONCTION DE LA LIGNE
LIGNE 1 : Comprendre l'amélioration avant d'agir
Les individus avec la Porte 58 en Ligne 1 ressentent le besoin d'étudier et de comprendre en profondeur ce qui doit être amélioré avant d'agir. Ils recherchent une base solide et légitime pour justifier leurs efforts d'optimisation.

Défi : peur de ne pas être à la hauteur et hésitation à agir
Conseil : accepter que l'action est aussi un apprentissage

LIGNE 2 : Energie instinctive et enthousiasme naturel
Les personnes avec la Porte 58 en Ligne 2 possèdent une capacité instinctive à ressentir ce qui peut être amélioré et à transmettre leur enthousiasme sans effort.

Défi : difficulté à justifier ses choix et tendance à éviter les explications
Conseil : faire confiance à son instinct tout en cherchant à mieux expliquer ses choix

LIGNE 3 : Expérimenter et apprendre par l'amélioration et l'échec
Les individus avec la Porte 58 en Ligne 3 découvrent comment utiliser leur énergie en testant différentes façons d'améliorer et en ajustant leur approche.

Défi : instabilité et difficulté à maintenir l'enthousiasme
Conseil : voir chaque expérience comme une opportunité d'évolution

LIGNE 4 : Influencer et inspirer par l'enthousiasme et la vitalité
Les individus avec la Porte 58 en Ligne 4 ont une capacité naturelle à motiver les autres par leur enthousiasme et leur énergie positive. Ils savent comment rassembler les autres autour d'une cause avec dynamisme et détermination.
Défi : peur du rejet et tendance à vouloir plaire
Conseil : exprimer son enthousiasme avec authenticité sans chercher à imposer

LIGNE 5 : Structurer et organiser les améliorations de manière stratégique
Les individus avec la Porte 58 en Ligne 5 ont une approche pragmatique et stratégique des améliorations. Ils savent comment utiliser leur influence pour optimiser des systèmes de manière efficace et durable.
Défi : pression des attentes extérieures et peur d'échouer
Conseil : exercer son énergie d'amélioration avec discernement

LIGNE 6 : Observer et comprendre les cycles d'amélioration et de perfection
Les individus avec la Porte 58 en Ligne 6 adoptent une vision globale des cycles d'amélioration et de perfection.
Défi : détachement excessif et hésitation à s'impliquer
Conseil : équilibrer observation et action

NUANCES EN FONCTION DU TYPE

MANIFESTEUR : Initier des améliorations audacieuses avec détermination
Le Manifesteur avec la Porte 58 prend des décisions rapides et audacieuses pour initier des améliorations radicales.
Défi : rejet et résistance
Conseil : informer avant d'agir pour éviter les conflits

GÉNÉRATEUR : Assumer les améliorations par l'engagement et la persévérance
Le Générateur avec la Porte 58 exerce son pouvoir en s'engageant pleinement dans des projets qui résonnent profondément avec lui.

Défi : frustration si ses améliorations ne sont pas reconnues immédiatement
Conseil : écouter sa réponse sacrale pour choisir les bonnes améliorations

Le **Manifesteur-Générateur** : explorer et structurer ses améliorations avec agilité
Le MG avec la Porte 58 peut tester plusieurs approches d'optimisation avant de trouver celle qui lui correspond.

PROJECTEUR : Guider les autres vers une meilleure gestion de la vitalité et des améliorations
Le Projecteur avec la Porte 58 perçoit comment les autres gèrent leurs améliorations et peut les aider à mieux structurer leurs énergies.
Défi : besoin de reconnaissance et fatigue émotionnelle
Conseil : attendre d'être invité avant d'intervenir dans la gestion des améliorations des autres

RÉFLECTEUR : Refléter les dynamiques d'amélioration et de vitalité dans le collectif
Le Réflecteur avec la Porte 58 absorbe et reflète la manière dont le collectif perçoit et gère les améliorations et la vitalité. Il ressent intuitivement les besoins d'optimisation dans son environnement et peut offrir une vision unique sur les domaines à perfectionner pour le bien du groupe.
Défi : confusion entre ses propres aspirations d'amélioration et celles du collectif
Conseil : observer avant d'agir pour s'assurer que les améliorations sont alignées avec lui

NUANCES EN FONCTION DE LA PLANÈTE
SOLEIL en Porte 58 Briller par l'enthousiasme et l'amour de la vie
Le Soleil illumine la joie d'être en vie et l'énergie pour améliorer les choses autour de soi.
Défi : Risque de se disperser dans trop d'activités
Conseil : Focaliser son énergie sur des améliorations concrètes et progressives

TERRE en Porte 58 Ancrer la vitalité dans des actions équilibrées
Avec la Terre, l'individu doit trouver un juste milieu entre travail et repos pour maintenir sa vitalité.
Défi : Risque d'épuisement par excès d'efforts
Conseil : S'accorder du temps pour se ressourcer régulièrement

LUNE en Porte 58 Une relation cyclique avec l'énergie et la joie de vivre
Avec la Lune, l'énergie vitale fluctue au gré des cycles émotionnels.
Défi : Passer d'euphorie à frustration rapidement
Conseil : Accepter les cycles naturels et planifier ses actions en conséquence

MERCURE en Porte 58 L'art de transmettre l'enthousiasme et l'optimisme
Mercure apporte une facilité à communiquer son énergie et sa joie de vivre.
Défi : Risque de minimiser les défis réels par excès d'optimisme
Conseil : Allier enthousiasme et pragmatisme dans ses discours

VÉNUS en Porte 58 Un amour profond pour la vie et ses beautés
Vénus favorise l'appréciation de la beauté et du plaisir dans les choses simples.
Défi : S'attacher à des plaisirs éphémères sans profondeur
Conseil : Chercher la beauté dans la constance et la durabilité

MARS en Porte 58 Une impulsion forte à agir et à améliorer constamment
Mars donne une énergie dynamique pour transformer et corriger.
Défi : Agir impulsivement sans planification
Conseil : Canaliser son énergie vers des améliorations structurées

JUPITER en Porte 58 L'expansion à travers l'amélioration continue
Jupiter amplifie le potentiel de croissance et d'optimisation des systèmes.
Défi : Risque d'être trop perfectionniste
Conseil : Accepter que l'amélioration est un processus continu et non une fin en soi

SATURNE en Porte 58 La discipline dans l'utilisation de l'énergie vitale
Saturne impose une rigueur dans la gestion de l'énergie et des ressources.
Défi : Sentiment d'oppression par la pression des responsabilités
Conseil : Structurer son énergie pour avancer pas à pas

URANUS en Porte 58 Une approche innovante de la vitalité et des corrections
Uranus pousse à réinventer les systèmes pour les améliorer.
Défi : Risque d'inconstance dans l'application des idées
Conseil : Associer innovation et persévérance pour des résultats durables

NEPTUNE en Porte 58 La vitalité comme expression spirituelle et mystique

Avec Neptune, l'énergie vitale prend une dimension sacrée et inspirée.
Défi : Se perdre dans des idéaux inapplicables
Conseil : Ancrer ses idéaux spirituels dans des actions concrètes et utiles

PLUTON en Porte 58 La transformation profonde à travers l'optimisation
Pluton amène des crises nécessaires pour transformer et corriger profondément.
Défi : Risque de tout vouloir déconstruire sans plan de reconstruction
Conseil : Accepter les crises comme des opportunités de renaissance

INTROSPECTION & RÉFLEXION
1. Qu'est-ce qui m'apporte le plus de joie et de vitalité au quotidien ? Comment pourrais-je nourrir davantage cette énergie ?
2. Comment puis-je m'assurer que mon désir d'amélioration est motivé par un amour sincère pour la vie et non par une insatisfaction constante ?
3. Dans quelles situations l'insatisfaction me pousse-t-elle à vouloir tout corriger ? Comment puis-je l'équilibrer avec la gratitude ?
4. Comment mon énergie d'amélioration et de vitalité peut-elle bénéficier à mon entourage ?
5. Comment puis-je utiliser mon énergie d'amélioration de manière équilibrée, sans tomber dans la fatigue ou l'épuisement ?
6. Comment puis-je transformer mon désir d'amélioration en une force constructive qui me donne de la joie et me nourrit profondément ?

CANAL 18/58 - CANAL DU JUGEMENT

Type de canal : Projecteur
Portes : 18 (Correction) et 58 (Vitalité)
Centres impliqués : Centre de la Racine → Centre Splénique
Circuit : Circuit Collectif – Compréhension
Thème principal : La quête incessante de perfection et d'amélioration
Sens dominant : La vue
Rôle : Identifier les failles et insuffler l'énergie nécessaire pour les corriger.

"Chaque détail que j'améliore me rapproche de l'excellence. J'accueille la perfection comme un chemin, non comme une destination."

LES DYNAMIQUES DU CANAL 18/58

Un moteur d'amélioration constante
Le canal 18/58 est essentiel au processus logique du Design Humain. Il cherche à perfectionner les systèmes et à corriger ce qui ne fonctionne pas. Grâce à l'énergie du centre de la Racine (Porte 58), il apporte la vitalité nécessaire pour initier ces améliorations.

Un œil critique pour la justesse
La Porte 18 est souvent associée à un sens aiguisé de la critique. Ce n'est pas un jugement destructeur, mais une volonté profonde de perfectionner et d'affiner les structures existantes.

Une énergie qui doit être reconnue
En tant que canal projecteur, le 18/58 ne peut offrir ses corrections et ses idées d'amélioration que s'il est invité à le faire. Sans reconnaissance, il peut se sentir frustré ou rejeté.

Une pulsation rythmée par la vie
Le centre de la Racine donne au canal une énergie cyclique, le rendant sensible aux moments opportuns pour l'action. Cette pulsation doit être respectée pour ne pas tomber dans une insatisfaction permanente.

Une contribution précieuse à la société
Ce canal est un pilier du circuit collectif de la Compréhension. Il est là pour élever les standards et améliorer les systèmes de manière à assurer une meilleure stabilité collective.

DÉFIS ET OMBRES
L'insatisfaction chronique
L'individu peut toujours voir ce qui ne va pas et avoir du mal à apprécier ce qui est déjà bien .

Un perfectionnisme paralysant
Le désir d'amélioration peut parfois empêcher d'agir, par peur que le travail accompli ne soit jamais assez parfait .

La difficulté d'accepter les imperfections humaines
La tendance à corriger peut être perçue comme une critique personnelle par les autres, générant des tensions relationnelles .

Le canal 18/58 est un moteur puissant de transformation et d'amélioration. Lorsqu'il est utilisé avec discernement et dans un cadre où ses talents sont reconnus, il devient une force essentielle pour affiner et perfectionner les structures autour de lui .

PORTE 59 LA DISPERSION

"En me dévoilant avec authenticité, je crée des connexions profondes et durables."

PORTE DE LA SEXUALITÉ

La Porte 59 est celle de l'intimité, de la transparence et de la dissolution des barrières entre les individus. Située dans le Centre Sacral, elle représente l'énergie brute de la reproduction, de la connexion et de la création d'unions durables.

Elle fonctionne avec la Porte 6 (le conflit et la gestion des émotions relationnelles) pour former le canal 59-6 de la Reproduction, qui incarne le processus de construction des relations, qu'elles soient intimes, sociales ou créatives.

Physiologie : Plexus sacré (organes sexuels)
Acide Aminé : Valine
Cercle de Codons : Le Cercle de l'Union (4, 7, 29, 59)
Partenaire de programmation : Clé génétique 55
Centre : Centre Sacral
Quart : Dualité

Ligne 1 - L'attaque préemptive
Ligne 2 - La timidité
Ligne 3 - L'ouverture
Ligne 4 - Le frère / la soeur
Ligne 5 - La femme fatale / le Casanova
Ligne 6 - L'aventure d'une nuit

Canal : 59/6 - Canal de l'Intimité : Lorsque la Porte 59 se connecte à la Porte 6 (Centre Émotionnel), elle forme un canal qui régule l'ouverture et la fermeture aux relations intimes, permettant de créer des liens forts tout en gérant les dynamiques émotionnelles..
Circuit : Circuit de La Défense

Siddhi : Transparence | **Don** : Intimité | **Ombre** : Malhonnêteté

CENTRE SACRAL

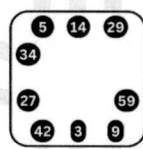

ESSENCE DE LA PORTE

L'archétype de la Porte 59 est celui du Briseur de Barrières et du Créateur de Connexions Profondes. Cette énergie permet de dissiper les murs entre les êtres et de créer des liens sincères, qu'ils soient romantiques, familiaux ou professionnels. Elle favorise une transparence totale dans les interactions, cherchant une union authentique et fusionnelle.

Son défi est d'apprendre à équilibrer ouverture et discernement, pour ne pas créer des relations superficielles ou destructrices.

RÔLE DANS LES INTERACTIONS

Dans les relations, la Porte 59 agit comme une énergie magnétique et fusionnelle. Les porteurs de cette énergie ont une présence qui encourage les autres à s'ouvrir, à exprimer leur vérité et à établir des connexions sincères et durables.

DÉFIS

- Risque d'ouverture excessive ou de fusion trop rapide avec les autres, sans discernement.
- Tendance à éviter l'intimité par peur de la vulnérabilité.
- Difficulté à maintenir une frontière saine entre soi et les autres dans les relations.

TALENTS

- Capacité à créer une atmosphère de confiance et de proximité.
- Talent pour briser les barrières relationnelles et faciliter des échanges authentiques.
- Influence naturelle qui pousse les autres à s'ouvrir et à se connecter avec sincérité.

EXPRESSION DÉSÉQUILIBRÉE

Lorsqu'elle est désalignée, la Porte 59 peut se manifester par une intimité excessive sans base émotionnelle solide, ou par une peur de la connexion réelle, entraînant des relations superficielles ou instables.

MAÎTRISE

En équilibre, la Porte 59 devient une force d'union et de création de liens profonds. Elle enseigne que l'intimité véritable repose sur une ouverture réciproque et sur la capacité à être pleinement soi-même en présence de l'autre.

MANIFESTATION DANS LA VIE QUOTIDIENNE ET LE BUSINESS
Vie Quotidienne :
Dans la vie personnelle, cette Porte se manifeste par un besoin de connexion sincère et une facilité à créer des relations intimes et significatives. Elle favorise la confiance et l'authenticité dans les échanges.

Application en Business :
Dans un contexte professionnel, la Porte 59 excelle dans des rôles impliquant la gestion des relations humaines, le coaching, la médiation et toute activité nécessitant une approche ouverte et sincère. Elle est idéale pour ceux qui travaillent dans le domaine des relations interpersonnelles.

INFLUENCE ÉNERGÉTIQUE COLLECTIVE (TRANSITS)
Lorsqu'activée dans les transits, la Porte 59 invite le collectif à approfondir ses connexions et à rechercher une authenticité plus grande dans les relations. C'est un moment propice pour établir des liens sincères et briser les barrières relationnelles.

NUANCES EN FONCTION DE LA LIGNE
LIGNE 1 : Comprendre l'intimité avant de se dévoiler
Les individus avec la Porte 59 en Ligne 1 ressentent le besoin d'étudier et de comprendre en profondeur les dynamiques de l'intimité avant de se montrer vulnérables. Ils recherchent une base solide et sécurisante pour justifier leurs choix.

Défi : peur d'être blessé et hésitation à se dévoiler

Conseil : accepter que l'intimité est aussi un apprentissage

LIGNE 2 : Intimité instinctive et attraction naturelle
Les personnes avec la Porte 59 en Ligne 2 possèdent une capacité instinctive à créer des connexions profondes et à attirer les autres sans effort. Elles se fient à leur intuition pour choisir les bonnes personnes.

Défi : difficulté à justifier ses choix relationnels et tendance à éviter les explications

Conseil : faire confiance à son instinct tout en cherchant à mieux expliquer ses choix

LIGNE 3 : Expérimenter et apprendre par les connexions et les ruptures
Les individus avec la Porte 59 en Ligne 3 découvrent comment créer des relations profondes en traversant différentes expériences et en ajustant leur approche.

Défi : instabilité et difficulté à maintenir l'intimité

Conseil : voir chaque relation comme une opportunité d'évolution

LIGNE 4 : Influencer et inspirer par l'authenticité et la transparence

Les individus avec la Porte 59 en Ligne 4 ont une capacité naturelle à motiver les autres par leur honnêteté et leur transparence. Ils savent comment rassembler les autres autour d'une cause avec sincérité et engagement.

Défi : peur du rejet et tendance à vouloir plaire
Conseil : exprimer son authenticité avec sincérité sans chercher à imposer

LIGNE 5 : Structurer et organiser l'intimité de manière stratégique

Les individus avec la Porte 59 en Ligne 5 ont une approche pragmatique et stratégique de l'intimité et des connexions. Ils savent comment utiliser leur influence pour créer des relations durables et équilibrées.

Défi : pression des attentes extérieures et peur d'être mal perçu
Conseil : exercer son énergie d'intimité avec discernement

LIGNE 6 : Observer et comprendre les cycles d'intimité et d'isolement

Les individus avec la Porte 59 en Ligne 6 adoptent une vision globale des cycles d'intimité et d'isolement.

Défi : détachement excessif et hésitation à s'impliquer
Conseil : équilibrer observation et action

NUANCES EN FONCTION DU TYPE

MANIFESTEUR : Initier des connexions profondes avec audace

Le Manifesteur avec la Porte 59 n'hésite pas à prendre l'initiative dans les relations et à briser les barrières pour créer une intimité directe et sincère.

Défi : rejet et résistance
Conseil : informer avant d'agir pour éviter les malentendus

GÉNÉRATEUR : Approfondir l'intimité par l'engagement et la constance

Le Générateur avec la Porte 59 trouve du sens dans les relations en investissant du temps et de l'énergie de manière constante et engagée.

Défi : frustration si ses efforts d'intimité ne sont pas reconnus
Conseil : écouter sa réponse sacrale pour choisir les relations à approfondir

Le **Manifesteur-Générateur** : Explorer et structurer ses connexions avec agilité

Le MG avec la Porte 59 peut initier rapidement des connexions intimes tout en ayant besoin de vérifier constamment si elles restent alignées.

PROJECTEUR : Guider les autres vers une intimité plus authentique

Le Projecteur avec la Porte 59 perçoit profondément les dynamiques relationnelles et peut guider les autres vers plus de transparence et d'authenticité.

Défi : besoin de reconnaissance et fatigue émotionnelle

Conseil : attendre d'être invité avant d'intervenir dans les relations des autres

RÉFLECTEUR : Refléter les dynamiques d'intimité et de transparence dans le collectif

Le Réflecteur avec la Porte 59 absorbe et reflète la manière dont le collectif perçoit et gère l'intimité et la transparence. Il ressent intuitivement les dynamiques de confiance et de vulnérabilité dans son environnement et peut offrir une vision unique sur les domaines nécessitant plus d'ouverture ou de protection.

Défi : confusion entre ses propres aspirations d'intimité et celles du collectif

Conseil : observer avant d'agir pour s'assurer que les relations sont alignées avec lui

NUANCES EN FONCTION DE LA PLANÈTE

SOLEIL en Porte 59 Briller à travers la transparence et l'ouverture dans les relations

Le Soleil illumine une capacité à dissoudre les barrières et à créer des liens profonds.

Défi : Risque de disperser son énergie dans des relations multiples et superficielles

Conseil : Focaliser son énergie sur des relations sincères et authentiques

TERRE en Porte 59 Ancrer l'intimité dans des valeurs solides et durables

Avec la Terre, l'individu doit équilibrer désir et engagement pour construire des relations stables.

Défi : Se sentir prisonnier dans des relations qui manquent de profondeur

Conseil : Privilégier des connexions basées sur des valeurs partagées

LUNE en Porte 59 Une relation émotionnelle fluctuante avec l'intimité

Avec la Lune, les désirs d'intimité suivent des cycles, créant des périodes d'ouverture et de retrait.

Défi : Instabilité dans les engagements émotionnels

Conseil : Accepter ces cycles comme naturels et ne pas forcer les connexions

MERCURE en Porte 59 L'art de communiquer ses désirs et ses besoins relationnels
Mercure apporte une facilité à exprimer ses sentiments et à dissoudre les malentendus.
Défi : Risque de manipuler par les mots pour obtenir ce que l'on veut
Conseil : Pratiquer une communication honnête et directe

VÉNUS en Porte 59 Un amour pour l'intimité harmonieuse et sensuelle
Vénus favorise une approche douce et aimante des relations, avec un accent sur la sensualité.
Défi : Vouloir plaire à tout prix, au risque de se perdre
Conseil : Cultiver l'authenticité dans l'expression de l'amour

MARS en Porte 59 Une impulsion forte à rechercher l'union physique
Mars donne une énergie directe pour briser les barrières relationnelles rapidement.
Défi : Risque d'agir de manière impulsive dans les relations
Conseil : Prendre le temps de comprendre ses désirs avant d'agir

JUPITER en Porte 59 L'expansion à travers des relations fécondes et épanouissantes
Jupiter amplifie la capacité à créer des alliances qui bénéficient à tous.
Défi : Risque de se disperser dans trop de relations à la fois
Conseil : Focaliser son énergie sur des relations alignées sur ses valeurs

SATURNE en Porte 59 La discipline dans l'intimité et le choix des partenaires
Saturne impose une sélection rigoureuse des relations, cherchant la profondeur plutôt que la quantité.
Défi : Tendance à se fermer par peur d'être blessé
Conseil : Trouver un équilibre entre prudence et ouverture

URANUS en Porte 59 Une approche novatrice et libre de l'intimité
Uranus pousse à explorer des relations hors normes et à redéfinir l'intimité.
Défi : Risque de rejeter toute forme d'engagement traditionnel
Conseil : Intégrer des éléments de liberté dans l'engagement plutôt que de tout rejeter

NEPTUNE en Porte 59 L'intimité comme voie d'élévation spirituelle
Avec Neptune, l'union devient un moyen d'atteindre des états spirituels élevés.
Défi : Se perdre dans des illusions amoureuses
Conseil : Garder un ancrage dans la réalité tout en explorant l'amour mystique

PLUTON en Porte 59 La transformation profonde à travers l'intimité et la sexualité
Pluton amène des expériences intenses qui transforment profondément l'individu.
Défi : Peur de l'intimité véritable et des liens profonds
Conseil : Accepter la vulnérabilité comme un chemin de puissance intérieure

---

INTROSPECTION & RÉFLEXION
1. Dans quelles relations me sens-je vraiment en sécurité pour me dévoiler ? Quelles qualités rendent cette connexion si authentique ?
2. Dans quelles situations ai-je tendance à cacher ma vraie nature ou mes sentiments ? Qu'est-ce qui me motive à le faire ?
3. Que signifie pour moi une « relation authentique » ? Comment puis-je créer davantage de connexions de ce type dans ma vie ?
4. Quelles sont mes peurs autour de la transparence et de la vulnérabilité ? Comment puis-je les dépasser ?
5. Comment puis-je rester ouvert(e) et authentique tout en maintenant des frontières saines dans mes relations ?
6. Comment puis-je encourager une plus grande ouverture et honnêteté dans mes interactions sans craindre le rejet ?

CANAL 6/59 - CANAL DE L'INTIMITÉ

Type de canal : Générateur
Portes : 59 (La Dispersion) et 6 (Le Conflit)
Centres impliqués : Centre Sacral → Centre du Plexus Solaire
Circuit : Circuit Tribal – Défense
Thème principal : Intimité, reproduction et connexion émotionnelle
Sens dominant : Le toucher
Rôle : Créer et entretenir des liens profonds, à la fois physiques et émotionnels

"Dans l'étreinte émotionnelle, la vie se tisse, partageant l'écho de l'amour et la chanson de l'unité. »

LES DYNAMIQUES DU CANAL 6/59

Une connexion profonde et magnétique
Ce canal possède une capacité unique à pénétrer l'aura des autres, facilitant ainsi les interactions intimes et émotionnelles.
Il joue un rôle fondamental dans la création et le maintien des relations, qu'elles soient amoureuses, familiales ou communautaires.

Un moteur de reproduction et de fertilité
Étant l'un des canaux les plus intimes du Design Humain, il est directement lié à la sexualité, la fertilité et la procréation.
Son but premier dans le cadre tribal est d'assurer la continuité génétique et la préservation du groupe.

Une autorité intérieure émotionnelle
La Porte 6 joue un rôle clé dans l'ouverture et la fermeture émotionnelle, créant une alternance entre désir d'intimité et besoin de solitude.
Il est essentiel pour ce canal de prendre le temps d'évaluer ses émotions avant de s'engager dans une relation.

Un canal de soutien et de protection
Faisant partie du circuit de la défense, ce canal assure la protection et le bien-être du groupe par le biais de l'intimité.
Il favorise la naissance non seulement d'enfants, mais aussi de projets créatifs et communautaires.

Un besoin fondamental d'intimité
L'individu avec ce canal cherche des connexions authentiques et profondes.
L'absence d'intimité, physique ou émotionnelle, peut créer une sensation de vide et d'incompréhension.

DÉFIS ET OMBRES
Une énergie pénétrante pouvant être mal comprise
Cette capacité naturelle à briser les barrières peut parfois être perçue comme intrusive.
Il est important d'établir des limites claires et d'attendre la bonne réceptivité de l'autre avant de s'ouvrir pleinement.

La gestion des vagues émotionnelles
La Porte 6 étant l'une des plus complexes du Plexus Solaire, elle nécessite un apprentissage pour bien gérer ses fluctuations émotionnelles.
Sans clarté émotionnelle, ce canal peut mener à des relations instables ou précipitées.

Une difficulté à équilibrer attachement et liberté
Ce canal oscille entre le besoin d'intimité et la peur de l'attachement excessif.
Il est crucial d'accepter et d'honorer ces phases pour ne pas entrer dans des dynamiques relationnelles toxiques.

Le canal 59/6 est un puissant vecteur de connexion et d'intimité, jouant un rôle essentiel dans la reproduction, la relation et le partage émotionnel. Il rappelle que les liens humains sont à la base de notre survie et de notre épanouissement. Lorsqu'il est bien compris et utilisé avec conscience, ce canal devient un pilier de la relation humaine, unissant les âmes et donnant naissance à de nouvelles dynamiques de vie.

PORTE 60 LA LIMITATION

"En embrassant les limites comme des opportunités, je transforme la contrainte en un tremplin pour l'innovation."

PORTE DE L'ACCEPTATION

La Porte 60 est celle de l'acceptation des limites et de la transformation des contraintes en innovation. Située dans le Centre de la Racine, elle représente une pression évolutive qui pousse à expérimenter de nouvelles structures et à transcender les restrictions existantes.

Elle fonctionne avec la Porte 3 (l'innovation et l'adaptation aux nouveaux commencements) pour former le canal 3-60 du Changement, qui incarne la capacité à équilibrer structure et mutation pour faire émerger de nouvelles formes de vie et d'organisation.

Physiologie : Colon
Acide Aminé : Isoleucine
Cercle de Codons : Le Cercle de Gaïa
Partenaire de programmation : Clé génétique 56
Centre : Centre Racine
Quart : Mutation

Ligne 1 - L'acceptation.
Ligne 2 - La résolution
Ligne 3 - Le conservatisme
Ligne 4 - L'ingéniosité
Ligne 5 - Le leadership
Ligne 6 - La rigidité

Canal : 60/3 - Canal de la Mutation : Lorsque la Porte 60 se connecte à la Porte 3 (Centre Sacral), elle forme un canal qui transforme les limitations en opportunités d'évolution, créant un flux énergétique puissant pour dépasser les obstacles et initier le progrès.
Circuit : Circuit du Savoir

Siddhi : Justice | **Don** : Réalisme | **Ombre** : Limitation

CENTRE RACINE

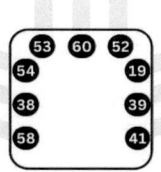

ESSENCE DE LA PORTE

L'archétype de la Porte 60 est celui du Révolutionnaire Pragmatique et de l'Architecte du Futur. Cette énergie perçoit les limitations non comme des blocages, mais comme des cadres nécessaires à la transformation et à l'innovation. Elle favorise une capacité unique à réinventer des systèmes et à restructurer la matière pour qu'elle serve l'évolution.

Son défi est d'accepter que certaines limitations sont inévitables et d'apprendre à travailler avec elles au lieu de les combattre.

RÔLE DANS LES INTERACTIONS

Dans les relations, la Porte 60 agit comme une énergie stabilisatrice et innovante. Les porteurs de cette énergie possèdent une capacité unique à identifier ce qui fonctionne dans un cadre donné et à pousser vers une amélioration en tenant compte des contraintes existantes.

DÉFIS

- Risque de frustration face aux limitations perçues comme des blocages définitifs.
- Tendance à vouloir tout contrôler sans accepter le processus naturel du changement.
- Difficulté à embrasser le flux de la vie en résistant aux contraintes temporaires.

TALENTS

- Capacité à transformer les limitations en opportunités d'innovation et de mutation.
- Talent pour structurer et organiser efficacement afin de maximiser le potentiel d'un cadre existant.
- Influence naturelle qui inspire les autres à dépasser leurs propres restrictions et à voir les défis comme des opportunités.

EXPRESSION DÉSÉQUILIBRÉE

Lorsqu'elle est désalignée, la Porte 60 peut se manifester par une rigidité excessive, une résistance au changement ou une impatience face aux processus qui nécessitent du temps pour évoluer.

MAÎTRISE

En équilibre, la Porte 60 devient une force de mutation et de résilience. Elle enseigne que les contraintes ne sont pas des fins en soi, mais des outils permettant une transformation profonde et durable.

MANIFESTATION DANS LA VIE QUOTIDIENNE ET LE BUSINESS
Vie Quotidienne :
Dans la vie personnelle, cette Porte se manifeste par une capacité à s'adapter aux règles et aux structures existantes tout en trouvant des moyens créatifs de les optimiser et de les dépasser. Elle favorise une approche stratégique et innovante des défis.

Application en Business :
Dans un contexte professionnel, la Porte 60 excelle dans des rôles impliquant la gestion du changement, l'innovation et la restructuration. Elle est idéale pour les entrepreneurs, les ingénieurs et les créateurs qui doivent travailler avec des contraintes pour générer des solutions nouvelles et efficaces.

INFLUENCE ÉNERGÉTIQUE COLLECTIVE (TRANSITS)
Lorsqu'activée dans les transits, la Porte 60 invite le collectif à embrasser les limites comme des opportunités de transformation. C'est un moment propice pour revoir les structures existantes et explorer de nouvelles façons de les améliorer.

NUANCES EN FONCTION DE LA LIGNE
LIGNE 1 : Comprendre les limites avant de chercher à les dépasser
Les individus avec la Porte 60 en Ligne 1 ressentent le besoin d'étudier et de comprendre en profondeur les limitations avant d'essayer de les transcender. Ils recherchent une base solide et légitime pour justifier leurs choix et leurs transformations.

Défi : peur de l'échec et hésitation à agir

Conseil : accepter que l'action est aussi un apprentissage

LIGNE 2 : Acceptation instinctive des limites et adaptation naturelle
Les personnes avec la Porte 60 en Ligne 2 possèdent une capacité instinctive à s'adapter aux contraintes sans effort conscient. Elles savent intuitivement comment gérer les limitations et les transformer en opportunités.

Défi : difficulté à justifier ses choix et tendance à éviter les explications

Conseil : faire confiance à son instinct tout en cherchant à mieux expliquer ses choix

LIGNE 3 : Expérimenter et apprendre par les limites et les échecs
Les individus avec la Porte 60 en Ligne 3 découvrent comment utiliser leur énergie en testant différentes façons de gérer les limites et en ajustant leur approche.

Défi : instabilité et difficulté à accepter les contraintes
Conseil : voir chaque limitation comme une opportunité d'évolution

LIGNE 4 : Influencer et inspirer par l'acceptation des contraintes
Les individus avec la Porte 60 en Ligne 4 ont une capacité naturelle à motiver les autres par leur résilience et leur manière positive d'aborder les limites. Ils savent comment rassembler les autres autour d'une cause avec patience et détermination.
Défi : peur du rejet et tendance à vouloir plaire
Conseil : exprimer ses perceptions avec authenticité sans chercher à imposer

LIGNE 5 : Structurer et organiser les limitations de manière stratégique
Les individus avec la Porte 60 en Ligne 5 ont une approche pragmatique et stratégique de la gestion des limites et des contraintes. Ils savent comment utiliser leur influence pour transformer des restrictions en opportunités concrètes et durables.
Défi : pression des attentes extérieures et peur d'être mal perçu
Conseil : exercer son pouvoir de transformation avec discernement

LIGNE 6 : Observer et comprendre les cycles de limitation et de mutation
Les individus avec la Porte 60 en Ligne 6 adoptent une vision globale des cycles de limitations et de transformations.
Défi : détachement excessif et hésitation à s'impliquer
Conseil : équilibrer observation et action

NUANCES EN FONCTION DU TYPE
MANIFESTEUR : Initier des mutations audacieuses avec détermination
Le Manifesteur avec la Porte 60 prend des décisions rapides et audacieuses pour transcender les limitations et initier des transformations radicales.
Défi : rejet et résistance
Conseil : informer avant d'agir pour éviter les conflits

GÉNÉRATEUR : Transcender les limitations par l'engagement et la persévérance
Le Générateur avec la Porte 60 exerce son pouvoir en s'engageant pleinement dans des projets qui résonnent profondément avec lui.
Défi : frustration si ses efforts de mutation ne sont pas reconnus

immédiatement

Conseil : écouter sa réponse sacrale pour choisir les bons projets de mutation

Le **Manifesteur-Générateur** (MG): Explorer et structurer ses mutations avec agilité
Le MG avec la Porte 60 peut tester plusieurs approches de transformation avant de trouver celle qui lui correspond.

PROJECTEUR : Guider les autres vers une meilleure gestion des limitations
Le Projecteur avec la Porte 60 perçoit comment les autres gèrent leurs limitations et peut les aider à mieux structurer leurs transformations.
Défi : besoin de reconnaissance et fatigue émotionnelle
Conseil : attendre d'être invité avant d'intervenir dans les mutations des autres

RÉFLECTEUR : Refléter les dynamiques de limitation et de mutation dans le collectif
Le Réflecteur avec la Porte 60 absorbe et reflète la manière dont le collectif perçoit et gère les limitations et les transformations.
Défi : confusion entre ses propres aspirations et celles du collectif
Conseil : observer avant d'agir pour s'assurer que les transformations sont alignées avec lui

NUANCES EN FONCTION DE LA PLANÈTE

SOLEIL en Porte 60 Briller par l'acceptation des limites et l'ouverture au changement
Le Soleil amplifie le potentiel de transformation à travers l'acceptation des limitations actuelles.
Défi : Risque de se sentir accablé par les restrictions
Conseil : Comprendre que chaque limitation contient un potentiel caché de mutation

TERRE en Porte 60 Ancrer l'acceptation des limites dans une stabilité intérieure
Avec la Terre, il est crucial de rester patient face aux contraintes en attendant que la mutation soit possible.
Défi : Se sentir piégé et impuissant
Conseil : Utiliser ce temps pour préparer le terrain en vue du changement

LUNE en Porte 60 Une relation émotionnelle complexe avec les limites

Avec la Lune, l'individu ressent des cycles d'acceptation et de révolte contre les limitations.
Défi : Être submergé par la mélancolie
Conseil : Accueillir ces cycles comme des phases naturelles avant le renouveau

MERCURE en Porte 60 L'art de communiquer les limitations et les potentiels de transformation
Mercure apporte une facilité à exprimer les défis liés aux restrictions tout en inspirant l'idée d'un changement possible.
Défi : Risque de se focaliser uniquement sur les obstacles
Conseil : Parler aussi des possibilités de transformation et d'évolution

VÉNUS en Porte 60 L'acceptation des limites avec amour et harmonie
Vénus favorise une approche plus douce et compréhensive des contraintes.
Défi : Vouloir maintenir l'harmonie à tout prix, même face à des limitations injustes
Conseil : Trouver un équilibre entre acceptation et désir de changement

MARS en Porte 60 Une impulsion forte à briser les limites immédiatement
Mars donne une énergie brute pour affronter les restrictions de front.
Défi : Risque d'agir impulsivement sans plan
Conseil : Canaliser cette énergie vers des actions réfléchies et progressives

JUPITER en Porte 60 L'expansion à travers l'acceptation des limites actuelles
Jupiter amplifie la capacité à voir au-delà des restrictions présentes.
Défi : Vouloir trop en faire trop vite
Conseil : Intégrer chaque leçon avant d'essayer de transcender les limitations

SATURNE en Porte 60 La discipline dans l'acceptation des limitations
Saturne impose une rigueur et une patience dans le processus de transformation.
Défi : Se sentir écrasé par les contraintes et la routine
Conseil : Comprendre que la discipline prépare le terrain pour des changements durables

URANUS en Porte 60 Une approche innovante pour transcender les limitations
Uranus pousse à explorer des solutions non conventionnelles pour dépasser les restrictions.
Défi : Risque de rejeter complètement le passé sans intégrer ses leçons
Conseil : Utiliser l'innovation tout en respectant les acquis du passé

NEPTUNE en Porte 60 Les limitations comme initiation spirituelle
Avec Neptune, la Porte 60 devient un chemin vers l'acceptation mystique des contraintes.
Défi : Se perdre dans des illusions au lieu d'accepter les réalités concrètes
Conseil : Trouver du sens dans chaque limitation comme une étape du chemin spirituel

PLUTON en Porte 60 La transformation radicale des limitations en nouvelles possibilités
Pluton amène des crises profondes qui forcent à transcender les anciennes structures.
Défi : Confrontation brutale avec des limitations insurmontables
Conseil : Voir chaque effondrement comme une chance de renaître autrement

---

INTROSPECTION & RÉFLEXION

1. Dans quelles situations ai-je du mal à accepter les limites ? Que puis-je apprendre de ces restrictions ?
2. Comment puis-je transformer les contraintes actuelles en opportunités de croissance ou de mutation personnelle ?
3. Comment puis-je cultiver davantage de patience lorsque je ressens une forte envie de changement mais que les conditions ne sont pas réunies ?
4. Que puis-je faire pour transformer la mélancolie liée aux limitations en une énergie de réflexion et de préparation ?
5. Comment puis-je cultiver un réalisme sain face à mes ambitions, en respectant les limitations actuelles ?
6. Comment puis-je restructurer mes attentes pour voir les limitations comme des tremplins plutôt que comme des freins ?

CANAL 3/60 - CANAL DE LA MUTATION

Type de canal : Générateur
Portes : 3 (La Difficulté au Début) et 60 (La Limitation)
Centres impliqués : Centre de la Racine → Centre Sacral
Circuit : Circuit de l'Individualité
Thème principal : Transformation et impulsion énergétique
Sens dominant : L'ouïe (acoustique)
Rôle : Catalyseur du changement et de la mutation

"Embrassant les confins de la limitation, chaque défi devient une symphonie de mutation, chaque pression un prélude à l'innovation. »

LES DYNAMIQUES DU CANAL 3/60
La mutation et l'adaptation
Ce canal porte une énergie fluctuante et initiatrice, représentant l'impulsion fondamentale du changement.
Il fonctionne en cycles d'énergie, avec des moments de transformation soudaine suivis de périodes d'attente.

Une énergie de format
Le canal 3/60 appartient aux canaux de format, qui influencent l'ensemble du schéma corporel.
Il définit la manière dont l'énergie mutative circule et se manifeste dans la vie de l'individu.

L'innovation à partir des limites
La Porte 60 représente les restrictions et la structure existante, tandis que la Porte 3 incarne l'énergie brute du changement et de l'innovation.
Ce canal montre comment les contraintes peuvent être transcendées pour générer des avancées significatives.

Une impulsion incontrôlable
L'énergie du canal 3/60 ne peut pas être forcée ni contrôlée : elle se manifeste spontanément lorsque les conditions sont réunies.
C'est une force de mutation qui, bien utilisée, apporte une transformation profonde, mais qui peut aussi générer du chaos si elle n'est pas bien gérée.

Un potentiel puissant d'influence
La seule présence d'une personne avec ce canal peut impacter les autres en modifiant leur propre fréquence énergétique.

Il joue un rôle clé dans l'évolution collective, car il initie des mutations qui influencent l'ensemble du système humain.

DÉFIS ET OMBRES
Le risque d'instabilité
Ce canal est cyclique et peut donner une impression d'irrégularité ou de chaos si l'on ne comprend pas son fonctionnement.
Apprendre à accepter les phases de latence et de transition est essentiel pour éviter la frustration.

Une relation ambivalente avec la limitation
La Porte 60 impose des restrictions, ce qui peut être vécu comme un frein à l'évolution.
Cependant, ces limites sont nécessaires pour canaliser l'énergie mutative et l'amener à maturité.

La mélancolie et la frustration
Lorsque le changement ne se produit pas, l'énergie de ce canal peut se transformer en mélancolie ou en impatience.
Il est crucial de comprendre que la mutation ne peut pas être forcée et qu'elle arrive lorsqu'elle est prête.

Le canal 3/60 est une force de mutation et d'évolution. Il représente l'impulsion qui pousse l'humanité à dépasser ses limitations et à innover. Ce canal enseigne que les contraintes ne sont pas des barrières, mais des tremplins vers la transformation. Lorsqu'il est bien utilisé, il devient un moteur de progrès et de renouveau, inspirant les autres à embrasser le changement avec confiance.

PORTE 61 LA VÉRITÉ INTÉRIEURE

"Ma quête de vérité me guide vers une compréhension profonde de l'existence."

PORTE DU MYSTÈRE

La Porte 61 est celle de l'inspiration, de la connaissance mystique et de la recherche de vérité. Située dans le Centre de la Tête, elle représente une pression mentale intense qui pousse à chercher des réponses aux grands mystères de la vie. Elle fonctionne avec la Porte 24 (la contemplation et l'assimilation des idées) pour former le canal 61-24 de la Conscience, qui incarne le processus de révélation intérieure et de transformation des intuitions en sagesse concrète.

Physiologie : Glande pinéale
Acide Aminé : Isoleucine
Cercle de Codons : Le Cercle de Gaïa (19, 60, 61)
Partenaire de programmation : Clé génétique 62
Centre : Centre Tête
Quart : Mutation

Ligne 1 - Les connaissances
Ligne 2 - L'éclat naturel
Ligne 3 - L'interdépendance
Ligne 4 - La recherche
Ligne 5 - L'influence
Ligne 6 - L'objection

Canal : 61/24 - Canal de la Conscience Intérieure : Lorsque la Porte 61 se connecte à la Porte 24 (Centre Ajna), elle forme un canal qui permet d'intégrer les concepts abstraits et les expériences mystiques pour en tirer des compréhensions claires et transmissibles.
Circuit : Circuit du Savoir

Siddhi : Sainteté | **Don :** Inspiration | **Ombre :** Psychose

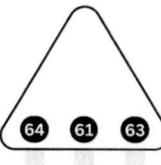

CENTRE TÊTE

ESSENCE DE LA PORTE

L'archétype de la Porte 61 est celui du Mystique et du Chercheur de Vérité. Cette énergie pousse à explorer des concepts profonds, à questionner la réalité et à trouver du sens au-delà des apparences. Elle est souvent associée à des intuitions soudaines et des moments de révélation qui changent la perception du monde.

Son défi est d'apprendre à ne pas se laisser submerger par une obsession de la vérité et à accepter que certaines questions resteront sans réponse.

RÔLE DANS LES INTERACTIONS

Dans les relations, la Porte 61 agit comme une énergie contemplative et fascinante. Les porteurs de cette énergie suscitent souvent des discussions profondes et introspectives, encourageant les autres à explorer leurs propres vérités et à remettre en question leurs certitudes.

DÉFIS

- Risque de s'enfermer dans une quête infinie de compréhension sans jamais trouver de réponses satisfaisantes.

- Tendance à se sentir incompris ou isolé en raison de pensées trop abstraites ou philosophiques.

- Difficulté à distinguer les inspirations authentiques des illusions mentales..

TALENTS

- Capacité à capter des idées profondes et à les structurer en vérités inspirantes.

- Talent pour explorer les mystères de l'existence et offrir des perspectives nouvelles et éclairantes.

- Influence naturelle qui pousse les autres à questionner le monde et à chercher une compréhension plus vaste

EXPRESSION DÉSÉQUILIBRÉE

Lorsqu'elle est désalignée, la Porte 61 peut se manifester par une obsession du savoir, une confusion mentale ou une tendance à trop intellectualiser les expériences spirituelles.

MAÎTRISE

En équilibre, la Porte 61 devient une force d'illumination et de guidance intérieure. Elle enseigne que la connaissance ne se trouve pas seulement dans l'accumulation d'informations, mais dans l'intégration intuitive des vérités profondes.

MANIFESTATION DANS LA VIE QUOTIDIENNE ET LE BUSINESS
Vie Quotidienne :
Dans la vie personnelle, cette Porte se manifeste par un profond intérêt pour la philosophie, la métaphysique et l'exploration de la conscience. Elle favorise l'introspection et la contemplation des grandes questions de l'existence.

Application en Business :
Dans un contexte professionnel, la Porte 61 excelle dans des rôles impliquant la recherche, la spiritualité, l'enseignement et la transmission de savoirs profonds. Elle est idéale pour les penseurs, les écrivains et les visionnaires qui remettent en question les paradigmes établis.

INFLUENCE ÉNERGÉTIQUE COLLECTIVE (TRANSITS)
Lorsqu'activée dans les transits, la Porte 61 invite le collectif à explorer les grandes questions de la vie et à rechercher une compréhension plus profonde de l'existence. C'est un moment propice pour l'introspection et les révélations intérieures.

NUANCES EN FONCTION DE LA LIGNE
LIGNE 1 : Comprendre le mystère avant de l'accepter
Les individus avec la Porte 61 en Ligne 1 ressentent le besoin d'étudier et de comprendre en profondeur les mystères avant d'accepter leur existence. Ils recherchent une base solide et légitime pour justifier leurs croyances et leurs questionnements.
Défi : peur de l'inconnu et hésitation à accepter le mystère
Conseil : accepter que le mystère est aussi un apprentissage

Ligne 2 : Quête intuitive et compréhension naturelle
Les personnes avec la Porte 61 en Ligne 2 possèdent une capacité instinctive à capter des vérités profondes sans effort conscient. Elles savent intuitivement ce qui est vrai ou non.
Défi : difficulté à justifier ses perceptions et tendance à éviter les explications
Conseil : faire confiance à son intuition tout en cherchant à mieux expliquer ses perceptions

LIGNE 3 : Expérimenter et apprendre par les mystères et les doutes
Les individus avec la Porte 61 en Ligne 3 découvrent comment utiliser leur

énergie en testant différentes façons d'aborder les mystères et en ajustant leur approche.
Défi : instabilité et difficulté à accepter l'incertitude
Conseil : voir chaque questionnement comme une opportunité d'évolution

LIGNE 4 : Influencer et inspirer par la quête de vérité
Les individus avec la Porte 61 en Ligne 4 ont une capacité naturelle à motiver les autres par leur quête sincère de vérité et leur profondeur intérieure.
Défi : peur du rejet et tendance à vouloir plaire
Conseil : exprimer sa quête de vérité avec authenticité sans chercher à imposer

LIGNE 5 : Structurer et organiser la quête de vérité de manière stratégique
Les individus avec la Porte 61 en Ligne 5 ont une approche pragmatique et stratégique de la recherche de la vérité. Ils savent comment utiliser leurs compréhensions pour éclairer les autres de manière concrète et durable.
Défi : pression des attentes extérieures et peur d'être mal perçu
Conseil : exercer sa quête de vérité avec discernement et intégrité

LIGNE 6 : Observer et comprendre les cycles de quête et d'acceptation
Les individus avec la Porte 61 en Ligne 6 adoptent une vision globale des cycles de quête et d'acceptation du mystère.
Défi : détachement excessif et hésitation à s'impliquer
Conseil : équilibrer observation et action

NUANCES EN FONCTION DU TYPE
MANIFESTEUR : Initier des révélations audacieuses avec détermination
Le Manifesteur avec la Porte 61 prend des décisions rapides pour partager ses compréhensions profondes et percer les illusions.
Défi : rejet et résistance
Conseil : informer avant d'agir pour éviter les conflits

GÉNÉRATEUR : Approfondir la quête de vérité par l'engagement et la persévérance
Le Générateur avec la Porte 61 trouve du sens en explorant les mystères qui résonnent profondément avec lui.
Défi : frustration si ses perceptions ne sont pas reconnues

Conseil : écouter sa réponse sacrale pour choisir les bonnes voies d'exploration

Le **Manifesteur-Générateur** : Explorer et structurer ses compréhensions avec agilité
Le MG avec la Porte 61 peut explorer rapidement différents mystères avant de se concentrer sur ceux qui résonnent vraiment.

PROJECTEUR : Guider les autres vers une quête de vérité plus alignée
Le Projecteur avec la Porte 61 perçoit profondément les illusions collectives et peut aider les autres à y voir plus clair.
Défi : besoin de reconnaissance et fatigue mentale
Conseil : attendre d'être invité avant de partager ses perceptions

RÉFLECTEUR : Refléter les dynamiques de quête de vérité dans le collectif
Le Réflecteur avec la Porte 61 absorbe et reflète la manière dont le collectif perçoit la vérité et les mystères.
Défi : confusion entre ses propres perceptions et celles du groupe
Conseil : observer avant de partager pour s'assurer que les perceptions sont alignées avec lui

NUANCES EN FONCTION DE LA PLANÈTE

SOLEIL en Porte 61 Briller par la quête de vérité et l'introspection profonde
Le Soleil amplifie le besoin de comprendre les mystères de la vie et d'atteindre une vérité transcendante.
Défi : Risque de se perdre dans des obsessions intellectuelles
Conseil : Cultiver l'acceptation du mystère et l'humilité face à l'inconnu

TERRE en Porte 61 Ancrer la recherche de vérité dans des pratiques concrètes
Avec la Terre, l'individu doit équilibrer réflexion et expérience pratique.
Défi : Rester bloqué dans des idées abstraites sans les appliquer
Conseil : Utiliser ses découvertes pour améliorer la vie quotidienne

LUNE en Porte 61 Une relation émotionnelle intense avec la quête de vérité
Avec la Lune, les cycles émotionnels influencent la soif de compréhension.
Défi : Se sentir submergé par les mystères insondables
Conseil : Accepter les périodes de doute comme parties intégrantes du

processus

MERCURE en Porte 61 L'art de transmettre des vérités profondes avec clarté
Mercure apporte une facilité à communiquer des concepts ésotériques et philosophiques.
Défi : Risque de paraître arrogant ou trop mystérieux
Conseil : Adapter son langage pour être compris de tous

VÉNUS en Porte 61 Un amour pour le mystère et l'invisible
Vénus favorise une approche douce et intuitive de la recherche de vérité.
Défi : Idéaliser la vérité au point de rejeter la réalité
Conseil : Intégrer l'invisible sans rejeter le tangible

MARS en Porte 61 Une impulsion forte à découvrir coûte que coûte
Mars donne une énergie brute pour percer les secrets et explorer les tabous.
Défi : Risque d'agir de manière impulsive sans préparation
Conseil : Tempérer son enthousiasme par une réflexion plus posée

JUPITER en Porte 61 L'expansion à travers la quête de savoir spirituel
Jupiter amplifie le potentiel d'évolution par l'acquisition de connaissances profondes.
Défi : Se disperser dans trop de directions à la fois
Conseil : Focaliser ses recherches sur des domaines précis

SATURNE en Porte 61 La discipline dans l'exploration des mystères
Saturne impose une rigueur dans l'étude et la recherche de vérité.
Défi : Rigidité intellectuelle et refus d'admettre ses erreurs
Conseil : Garder l'esprit ouvert tout en maintenant une méthode rigoureuse

URANUS en Porte 61 Une approche révolutionnaire et originale de la vérité
Uranus pousse à explorer des voies nouvelles et à remettre en cause les dogmes.
Défi : Rejeter systématiquement les croyances établies
Conseil : Trouver un équilibre entre innovation et respect des sagesses anciennes

NEPTUNE en Porte 61 La quête mystique et la vérité transcendante
Avec Neptune, la Porte 61 devient un canal pour des intuitions spirituelles et mystiques.
Défi : Se perdre dans des illusions ou des dogmes trompeurs

Conseil : Ancrer ses visions dans des pratiques concrètes

PLUTON en Porte 61 La transformation radicale par la révélation de la vérité
Pluton amène des crises qui forcent à confronter les vérités les plus dérangeantes.
Défi : Risque de s'obséder sur des questions sans réponses
Conseil : Accepter que certaines vérités demeurent voilées pour évoluer sereinement

INTROSPECTION & RÉFLEXION
1. Quelles questions intérieures m'obsèdent actuellement ? Comment puis-je les explorer sans m'épuiser mentalement ?
2. Que signifie pour moi la vérité ? Suis-je capable de l'accepter même si elle est mystérieuse ?
3. Comment puis-je transformer ma quête de vérité en une pratique apaisante plutôt qu'en une obsession mentale ?
4. Comment puis-je partager mes découvertes intérieures de manière inspirante sans imposer mes croyances ?
5. Comment puis-je trouver un équilibre entre la quête de vérité et l'acceptation des mystères non résolus ?
6. Comment puis-je accueillir l'inconnu avec sérénité sans ressentir le besoin constant d'expliquer ou de comprendre ?

CANAL 24/61 - CANAL DE LA PLEINE CONSCIENCE

Type de canal : Projecteur
Portes : 61 (La Vérité Intérieure) et 24 (Le Retour)
Centres impliqués : Centre de la Tête → Centre de l'Ajna
Circuit : Circuit de l'Individualité – Savoir
Thème principal : L'exploration des mystères et la recherche de la vérité
Sens dominant : L'ouïe (acoustique)
Rôle : Transformer l'inspiration en connaissance rationnelle et transmissible. - "Pourquoi ? D'où vient la vérité ?"

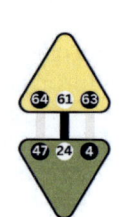

"Je suis un explorateur de l'invisible. Chaque pensée me guide vers une vérité plus profonde. »

LES DYNAMIQUES DU CANAL 24/61

Une quête de vérité intérieure
Le porteur de ce canal est poussé par un besoin constant d'explorer le mystère de l'existence et d'obtenir des réponses aux grandes questions de la vie.

Un mental profondément introspectif
Ce canal favorise une réflexion incessante, où l'individu peut se perdre dans ses pensées, cherchant à structurer et rationaliser l'inspiration qui émerge.

Des éclairs de génie soudains
L'intuition du centre de la Tête peut produire des moments de révélation (« satori »), où une compréhension instantanée surgit sans lien direct avec un processus logique.

Une tendance à la mélancolie
L'énergie de ce canal peut parfois engendrer un sentiment de solitude ou de déconnexion du monde, surtout lorsque les réponses recherchées restent insaisissables.

L'importance de la patience et du partage
L'individu doit apprendre à structurer sa pensée et attendre le bon moment pour partager ses idées, afin que celles-ci soient comprises et reconnues.

DÉFIS ET OMBRES
Le tourment du questionnement incessant
Sans direction, le mental peut s'embourber dans des interrogations sans fin, entraînant stress et anxiété .

Le risque de confusion et d'isolement
Une trop grande introspection peut éloigner l'individu des autres et provoquer une sensation de décalage avec le monde .

L'illusion de la vérité absolue
L'individu peut être tenté de croire qu'il détient LA vérité, sans remettre en question ses perceptions .

Le canal 61/24 est celui des penseurs profonds et des chercheurs de vérité. Il porte en lui un potentiel d'illumination et de compréhension unique, mais demande patience et discipline pour ne pas s'égarer dans l'excès de réflexion .

PORTE 62 LA PRÉPONDÉRANCE

"Ma précision et mon souci du détail apportent clarté et structure au monde."

PORTE DU DÉTAIL

La Porte 62 est celle de l'organisation, de la structuration et de la précision dans la communication et l'analyse. Située dans le Centre de la Gorge, elle représente la capacité à exprimer clairement les faits et à traduire des concepts complexes en informations compréhensibles.

Elle fonctionne avec la Porte 17 (l'opinion et la capacité à voir la structure d'un système) pour former le canal 17-62 de l'Acceptation, qui incarne le besoin d'organiser et de structurer le savoir pour mieux comprendre et transmettre la connaissance.

Physiologie : Gorge / Thyroïde
Acide Aminé : Tyrosine
Cercle de Codons : Le Cercle de Non-Retour
Partenaire de programmation : Clé génétique 61
Centre : Centre Gorge
Quart : Civilisation

Ligne 1 - La routine
Ligne 2 - La restriction
Ligne 3 - La découverte
Ligne 4 - L'ascétisme
Ligne 5 - La métamorphose
Ligne 6 - L'auto-discipline

Canal : 62/17 - Canal de l'Acceptation Organisée : Lorsque la Porte 62 se connecte à la Porte 17 (Centre Ajna), elle forme un canal qui permet de transformer des concepts abstraits en structures compréhensibles et applicables, facilitant ainsi l'acceptation et la diffusion des idées.
Circuit : Circuit de la Compréhension

Siddhi : Impeccabilité | **Don :** Précision | **Ombre :** Intellect

CENTRE GORGE

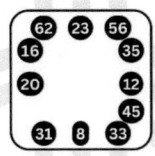

ESSENCE DE LA PORTE

L'archétype de la Porte 62 est celui du Technicien et du Communicateur Logique. Cette énergie permet d'analyser et de verbaliser avec exactitude les informations nécessaires à la compréhension d'un sujet. Elle favorise une approche rationnelle et méthodique, où chaque détail compte pour créer une image globale cohérente.

Son défi est d'apprendre à ne pas s'enfermer dans l'obsession des détails et à ne pas perdre de vue l'ensemble du tableau.

RÔLE DANS LES INTERACTIONS

Dans les relations, la Porte 62 agit comme une énergie de clarification et de structuration. Les porteurs de cette énergie ont un talent naturel pour organiser les informations et les rendre compréhensibles, aidant ainsi les autres à structurer leur pensée et à mieux communiquer.

DÉFIS

- Risque de s'attarder sur des détails sans voir la vision d'ensemble.
- Tendance à être trop critique ou à exiger une précision excessive des autres.
- Difficulté à accepter l'imprécision ou l'ambiguïté dans la communication.

TALENTS

- Capacité à organiser des idées et des concepts de manière claire et logique.
- Talent pour rendre compréhensibles des informations complexes et faciliter leur application.
- Influence naturelle qui aide les autres à structurer leurs pensées et à mieux s'exprimer.

EXPRESSION DÉSÉQUILIBRÉE

Lorsqu'elle est désalignée, la Porte 62 peut se manifester par une obsession des détails, un besoin excessif de contrôle ou une difficulté à faire confiance aux processus plus intuitifs.

MAÎTRISE

En équilibre, la Porte 62 devient une force de clarté et d'optimisation. Elle enseigne que l'ordre et la précision permettent de fluidifier la communication et d'assurer une meilleure transmission des idées et des connaissances.

MANIFESTATION DANS LA VIE QUOTIDIENNE ET LE BUSINESS

Vie Quotidienne :
Dans la vie personnelle, cette Porte se manifeste par un besoin naturel de structurer et d'organiser son environnement. Elle favorise une communication claire et une approche méthodique des défis.

Application en Business :
Dans un contexte professionnel, la Porte 62 excelle dans des rôles impliquant l'analyse, la gestion des données, la recherche et la communication stratégique. Elle est idéale pour les écrivains, les analystes, les enseignants et toute profession nécessitant une articulation précise des informations.

INFLUENCE ÉNERGÉTIQUE COLLECTIVE (TRANSITS)

Lorsqu'activée dans les transits, la Porte 62 invite le collectif à organiser ses pensées et à clarifier les messages. C'est un moment propice pour structurer les projets et affiner la manière dont l'information est partagée.

NUANCES EN FONCTION DE LA LIGNE

LIGNE 1 : Comprendre les détails avant de les exprimer
Les individus avec la Porte 62 en Ligne 1 ressentent le besoin d'étudier et de comprendre minutieusement les informations avant d'oser les partager. Ils recherchent une base solide et légitime pour justifier leurs propos.

Défi : peur de l'imprécision et hésitation à s'exprimer

Conseil : accepter que l'expression est aussi un apprentissage

LIGNE 2 : Expression instinctive et précision naturelle
Les personnes avec la Porte 62 en Ligne 2 possèdent une capacité instinctive à exprimer leurs idées avec clarté et précision sans effort conscient.

Défi : difficulté à justifier ses perceptions et tendance à éviter les explications

Conseil : faire confiance à son instinct tout en cherchant à mieux structurer ses propos

LIGNE 3 : Expérimenter et apprendre par l'expression et les erreurs
Les individus avec la Porte 62 en Ligne 3 découvrent comment structurer leurs idées en testant différentes façons de les exprimer et en ajustant leur approche.

Défi : instabilité et difficulté à structurer ses idées

Conseil : voir chaque expression comme une opportunité d'évolution

LIGNE 4 : Influencer et inspirer par la clarté et la précision

Les individus avec la Porte 62 en Ligne 4 ont une capacité naturelle à motiver les autres par leur manière claire et ordonnée de transmettre l'information.

Défi : peur du rejet et tendance à vouloir plaire

Conseil : exprimer ses perceptions avec authenticité sans chercher à imposer

LIGNE 5 : Structurer et organiser l'information de manière stratégique

Les individus avec la Porte 62 en Ligne 5 ont une approche pragmatique et stratégique de la gestion des informations et des détails. Ils savent comment utiliser leur influence pour transmettre des idées de manière concrète et durable.

Défi : pression des attentes extérieures et peur d'être mal perçu

Conseil : exercer son pouvoir de transmission avec discernement et intégrité

LIGNE 6 : Observer et comprendre les cycles d'expression et de silence

Les individus avec la Porte 62 en Ligne 6 adoptent une vision globale des cycles d'expression et de réceptivité.

Défi : détachement excessif et hésitation à s'impliquer

Conseil : équilibrer observation et action

NUANCES EN FONCTION DU TYPE

MANIFESTEUR : Initier des révélations claires avec autorité

Le Manifesteur avec la Porte 62 prend des décisions rapides pour structurer l'information et la partager de manière percutante.

Défi : rejet et résistance

Conseil : informer avant d'agir pour éviter les conflits

GÉNÉRATEUR : Approfondir l'expression par l'engagement et la persévérance

Le Générateur avec la Porte 62 trouve du sens en structurant l'information qui résonne profondément avec lui.

Défi : frustration si ses idées ne sont pas reconnues

Conseil : écouter sa réponse sacrale pour choisir les bonnes voies d'expression

Le **Manifesteur-Générateur** : Explorer et structurer ses idées avec agilité

Le MG avec la Porte 62 peut explorer rapidement différents concepts avant de se concentrer sur ceux qui résonnent vraiment.

PROJECTEUR : Guider les autres vers une expression plus alignée
Le Projecteur avec la Porte 62 perçoit profondément les illusions collectives et peut aider les autres à structurer leurs idées.
Défi : besoin de reconnaissance et fatigue mentale
Conseil : attendre d'être invité avant de partager ses perceptions

RÉFLECTEUR : Refléter les dynamiques d'expression et de précision dans le collectif
Le Réflecteur avec la Porte 62 absorbe et reflète la manière dont le collectif perçoit la précision et l'expression des idées.
Défi : confusion entre ses propres perceptions et celles du groupe
Conseil : observer avant de partager pour s'assurer que les perceptions sont alignées avec lui

NUANCES EN FONCTION DE LA PLANÈTE

SOLEIL en Porte 62 Briller par la clarté et la précision dans le langage
Le Soleil amplifie la capacité à structurer et à nommer les choses de manière concise.
Défi : Risque d'être trop analytique ou de se perdre dans les détails
Conseil : Apprendre à vulgariser sans sacrifier la précision

TERRE en Porte 62 Ancrer les mots dans des faits concrets et des expériences réelles
Avec la Terre, l'individu doit veiller à ce que les mots soient en adéquation avec la réalité tangible.
Défi : Risque de s'attacher rigidement aux faits au détriment de l'intuition
Conseil : Garder un esprit ouvert tout en s'appuyant sur des preuves solides

LUNE en Porte 62 Une relation émotionnelle avec le langage et les mots
Avec la Lune, l'expression verbale suit des cycles émotionnels, influençant la façon de communiquer.
Défi : Instabilité dans l'expression et le choix des mots
Conseil : Accepter les variations émotionnelles et s'appuyer sur des modèles établis

MERCURE en Porte 62 L'art de la rhétorique et de l'explication logique
Mercure favorise une capacité à enseigner et à transmettre les concepts de manière précise.
Défi : Risque de paraître pédant ou trop technique
Conseil : Adapter son discours à l'audience pour maintenir l'attention

VÉNUS en Porte 62
L'amour des mots et du langage raffiné
Vénus apporte une dimension harmonieuse et élégante à l'expression verbale.
Défi : Risque d'embellir les faits au détriment de la vérité
Conseil : Allier beauté et vérité dans les discours

MARS en Porte 62 Une impulsion forte à exprimer les idées sans détour
Mars donne une énergie directe pour transmettre les faits de manière franche.
Défi : Risque d'être trop abrupt ou tranchant dans les propos
Conseil : Pratiquer l'art de la diplomatie dans l'expression

JUPITER en Porte 62 L'expansion des idées et la transmission des concepts à grande échelle
Jupiter amplifie la capacité à partager des idées de manière inspirante et pédagogique.
Défi : Risque de se disperser dans trop de détails
Conseil : Structurer ses discours pour garder une ligne claire et engageante

SATURNE en Porte 62 La discipline et la rigueur dans l'expression des faits
Saturne impose une structure méthodique dans l'expression et l'analyse des informations.
Défi : Risque de rigidité excessive dans le discours
Conseil : Trouver un équilibre entre précision et flexibilité

URANUS en Porte 62 Une approche innovante du langage et des concepts
Uranus pousse à explorer de nouvelles façons de nommer et de décrire la réalité.
Défi : Risque d'utiliser un langage trop complexe ou ésotérique
Conseil : Garder une clarté et une accessibilité dans les termes employés

NEPTUNE en Porte 62 L'intuition et le symbolisme dans l'utilisation des mots
Avec Neptune, l'expression verbale prend une dimension poétique et mystique.

Défi : Risque de flou et de manque de précision dans les discours
Conseil : Associer symbolisme et clarté pour transmettre les messages

PLUTON en Porte 62 La transformation à travers les mots et les concepts

Pluton amène une profondeur et une intensité dans la manière d'exprimer les idées.
Défi : Risque de polariser les débats par des propos trop tranchés
Conseil : Utiliser la puissance des mots pour éclairer plutôt que diviser

---

INTROSPECTION & RÉFLEXION

1. Quels aspects de ma vie nécessitent plus de précision et de structure ?
2. Comment puis-je mieux organiser mes pensées pour les partager clairement avec les autres ?
3. Ai-je tendance à me perdre dans les détails ? Comment puis-je rester centré(e) tout en appréciant les aspects plus larges de mes expériences ?
4. Comment puis-je utiliser mon intellect sans devenir rigide ou obsessionnel dans ma recherche de la précision ?
5. Comment mes efforts pour organiser et structurer les informations peuvent-ils aider les autres à comprendre et à progresser ?
6. Comment puis-je équilibrer l'analyse et l'intuition pour transmettre des idées de manière fluide et efficace ?

CANAL 17/62 - CANAL DE L'ACCEPTATION

Portes : 17 (Les Opinions) et 62 (Les Détails)
Centres impliqués : Centre de l'Ajna → Centre de la Gorge
Circuit : Circuit Collectif – Compréhension
Thème principal : Transformer les idées en concepts structurés
Sens dominant : La vue
Rôle : Structurer, organiser et transmettre une vision claire.

"Je structure mes idées avec clarté et je les partage au bon moment. Mon organisation est une force qui éclaire le monde."

LES DYNAMIQUES DU CANAL 17/62

L'architecture des pensées
Le canal 17/62 incarne la capacité de structurer l'information de manière logique et ordonnée. Il est conçu pour organiser les idées en un modèle compréhensible, reliant la vision globale (Porte 17) aux détails précis (Porte 62).

L'importance des faits et des preuves
Ce canal fonctionne sur la base d'observations et de faits. L'opinion issue de la Porte 17 n'a de valeur que si elle repose sur des éléments concrets et vérifiables fournis par la Porte 62.

Une voix qui cherche la reconnaissance
En tant que canal projecteur, 17/62 a besoin d'une reconnaissance extérieure avant de partager ses idées. Exprimer ses opinions sans invitation peut être perçu comme intrusif ou inutile.

Une clarté mentale au service des autres
Les personnes ayant ce canal sont souvent consultées pour leur capacité à organiser et clarifier des concepts complexes. Elles ont un don pour rendre intelligibles des idées abstraites en les structurant méthodiquement.

Une vision tournée vers le futur
La Porte 17 étant liée à la prévision et à l'anticipation, ce canal a une orientation naturelle vers l'amélioration continue et la projection dans l'avenir. Il ne se contente pas de comprendre le présent, mais cherche à élaborer des stratégies pour le futur.

DÉFIS ET OMBRES
Le risque de rigidité mentale
L'individu peut parfois s'attacher excessivement à sa propre vision des choses et avoir du mal à accepter d'autres perspectives.

Une dépendance à la reconnaissance extérieure
Sans invitation, l'expression de ses opinions peut être mal reçue, générant de la frustration et un sentiment d'inutilité.

L'illusion de la certitude absolue
Même si ce canal est fondé sur la logique, cela ne garantit pas que ses opinions soient toujours correctes. Il est important de rester ouvert à la réévaluation et à l'évolution des idées.

Le canal 17/62 est une passerelle entre la vision et l'expression structurée. Il joue un rôle essentiel dans l'élaboration et la transmission d'idées organisées, apportant clarté et compréhension aux autres. Lorsqu'il est utilisé avec discernement et en réponse à une invitation, il devient un guide précieux pour la structuration du savoir collectif.

PORTE 63 APRÈS L'ACHÈVEMENT

"Le doute est le moteur de ma clarté, il me pousse à explorer, comprendre et discerner la vérité."

PORTE DU DOUTE

La Porte 63 est celle de la logique, du questionnement et de la pression mentale pour vérifier ce qui est vrai. Située dans le Centre de la Tête, elle représente une impulsion mentale qui pousse à remettre en question les informations pour mieux structurer la connaissance.

Elle fonctionne avec la Porte 4 (les réponses et la capacité à donner du sens aux questions) pour former le canal 63-4 de la Logique, qui incarne le processus de transformation du doute en clarté grâce à la recherche de modèles logiques.

Physiologie : Glande pinéale
Acide Aminé : Proline
Cercle de Codons : Le Cercle de la Divinité (22, 36, 37, 63)
Partenaire de programmation : Clé génétique 64
Centre : Centre Tête
Quart : Initiation

Ligne 1 - La maitrise (la tête froide)
Ligne 2 - La structure
Ligne 3 - La continuité
Ligne 4 - La mémoire
Ligne 5 - L'affirmation
Ligne 6 - La nostalgie

Canal : 63/4 - Canal de la Logique : Lorsque la Porte 63 se connecte à la Porte 4 (Centre Ajna), elle forme un canal qui permet de transformer le doute en certitude en recherchant des réponses logiques et des preuves tangibles.
Circuit : Circuit de la Compréhension

Siddhi : Vérité | **Don :** Recherche | **Ombre :** Doute

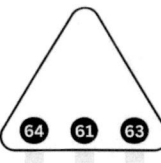

CENTRE TÊTE

ESSENCE DE LA PORTE

L'archétype de la Porte 63 est celui du Sceptique et du Chercheur de Vérité. Cette énergie pousse à vérifier les faits, à examiner les idées et à chercher des preuves avant d'accepter une vérité. Elle favorise une pensée logique, analytique et structurée, essentielle pour établir une connaissance fiable.

Son défi est d'apprendre à ne pas rester bloqué dans le doute excessif et la rumination mentale.

RÔLE DANS LES INTERACTIONS

Dans les relations, la Porte 63 agit comme une énergie de discernement et d'analyse. Les porteurs de cette énergie remettent naturellement en question ce qui est présenté comme une vérité et encouragent les autres à penser de manière critique et rationnelle.

DÉFIS

- Risque de se perdre dans un doute perpétuel sans jamais parvenir à une certitude.
- Tendance à remettre en question tout ce qui est dit, ce qui peut entraîner des tensions relationnelles.
- Difficulté à faire confiance aux intuitions et aux ressentis sans preuve tangible.

TALENTS

- Capacité à analyser en profondeur et à identifier les incohérences dans les systèmes et les informations.
- Talent pour établir des processus logiques permettant d'accéder à une compréhension fiable et éprouvée.
- Influence naturelle qui encourage les autres à questionner les évidences et à rechercher la vérité.

EXPRESSION DÉSÉQUILIBRÉE

Lorsqu'elle est désalignée, la Porte 63 peut se manifester par une anxiété mentale excessive, un scepticisme destructeur ou une incapacité à prendre des décisions en raison d'un besoin constant de validation.

MAÎTRISE

En équilibre, la Porte 63 devient une force de clarté et de logique. Elle enseigne que le doute est une étape vers la certitude et que la vraie connaissance se construit à travers une analyse rigoureuse et une réflexion équilibrée.

MANIFESTATION DANS LA VIE QUOTIDIENNE ET LE BUSINESS
Vie Quotidienne :
Dans la vie personnelle, cette Porte se manifeste par une quête constante de compréhension et un besoin d'évaluer les choses avec objectivité avant de s'engager dans une direction. Elle favorise une approche logique et méthodique des décisions.

Application en Business :
Dans un contexte professionnel, la Porte 63 excelle dans des rôles impliquant l'analyse, la recherche, l'audit et l'évaluation des systèmes. Elle est idéale pour les scientifiques, les analystes, les enquêteurs et toute personne travaillant dans des domaines nécessitant un raisonnement structuré.

INFLUENCE ÉNERGÉTIQUE COLLECTIVE (TRANSITS)
Lorsqu'activée dans les transits, la Porte 63 invite le collectif à examiner les faits et à ne pas accepter les informations sans questionnement. C'est un moment propice pour remettre en question les croyances établies et affiner les connaissances grâce à une réflexion logique.

NUANCES EN FONCTION DE LA LIGNE
LIGNE 1 : Comprendre avant de douter
Les individus avec la Porte 63 en Ligne 1 ressentent le besoin d'étudier et de comprendre en profondeur avant d'oser douter ouvertement. Ils recherchent une base solide et légitime pour justifier leurs questions et leurs doutes.
Défi : peur de l'incertitude et hésitation à exprimer ses doutes
Conseil : accepter que le doute est aussi un apprentissage

LIGNE 2 : Doute instinctif et questionnement naturel
Les personnes avec la Porte 63 en Ligne 2 possèdent une capacité instinctive à repérer les incohérences et à poser des questions pertinentes sans effort conscient.
Défi : difficulté à justifier ses doutes et tendance à éviter les explications
Conseil : faire confiance à son instinct tout en cherchant à mieux structurer ses questions

LIGNE 3 : Expérimenter et apprendre par le doute et les erreurs
Les individus avec la Porte 63 en Ligne 3 découvrent comment utiliser leur énergie en testant différentes façons d'aborder les questions et en ajustant leur approche.
Défi : instabilité et difficulté à accepter l'incertitude
Conseil : voir chaque questionnement comme une opportunité d'évolution

LIGNE 4 : Influencer et inspirer par la quête de vérité
Les individus avec la Porte 63 en Ligne 4 ont une capacité naturelle à motiver les autres par leurs questions sincères et leur quête de vérité.
Défi : peur du rejet et tendance à vouloir plaire
Conseil : exprimer ses questions avec authenticité sans chercher à imposer

LIGNE 5 : Structurer et organiser les questionnements de manière stratégique
Les individus avec la Porte 63 en Ligne 5 ont une approche pragmatique et stratégique du doute et des questions. Ils savent comment utiliser leurs perceptions pour éclairer les autres de manière concrète et durable.
Défi : pression des attentes extérieures et peur d'être mal perçu
Conseil : exercer son pouvoir de questionnement avec discernement et intégrité

LIGNE 6 : Observer et comprendre les cycles de questionnement et de certitude
Les individus avec la Porte 63 en Ligne 6 adoptent une vision globale des cycles de doute et de quête de vérité.
Défi : détachement excessif et hésitation à s'impliquer
Conseil : équilibrer observation et action

NUANCES EN FONCTION DU TYPE
MANIFESTEUR : Initier des questions audacieuses avec détermination
Le Manifesteur avec la Porte 63 prend des décisions rapides pour formuler des questions percutantes et provoquer la réflexion.
Défi : rejet et résistance
Conseil : informer avant d'agir pour éviter les conflits

GÉNÉRATEUR : Approfondir les questions par l'engagement et la persévérance
Le Générateur avec la Porte 63 trouve du sens en explorant les mystères qui résonnent profondément avec lui.
Défi : frustration si ses questions ne trouvent pas de réponses immédiates
Conseil : écouter sa réponse sacrale pour choisir les bonnes voies d'exploration

Le **Manifesteur-Générateur** : Explorer et structurer ses questionnements avec agilité

Le MG avec la Porte 63 peut explorer rapidement différents mystères avant de se concentrer sur ceux qui résonnent vraiment.

PROJECTEUR : Guider les autres vers une quête de vérité plus alignée
Le Projecteur avec la Porte 63 perçoit profondément les illusions collectives et peut aider les autres à y voir plus clair.
Défi : besoin de reconnaissance et fatigue mentale
Conseil : attendre d'être invité avant de partager ses perceptions

RÉFLECTEUR : Refléter les dynamiques de questionnement et de vérité dans le collectif
Le Réflecteur avec la Porte 63 absorbe et reflète la manière dont le collectif perçoit le doute et la vérité.
Défi : confusion entre ses propres perceptions et celles du groupe
Conseil : observer avant de partager pour s'assurer que les perceptions sont alignées avec lui

NUANCES EN FONCTION DE LA PLANÈTE

SOLEIL en Porte 63 Briller à travers l'investigation et la quête de vérité
Le Soleil amplifie le désir d'éclaircir le doute et de parvenir à la certitude par l'analyse.
Défi : Risque de rester bloqué dans des ruminations mentales
Conseil : Accepter que le doute est un processus naturel vers la compréhension

TERRE en Porte 63 Ancrer le doute dans l'expérience concrète et l'observation
Avec la Terre, il est crucial de s'appuyer sur des faits réels et vérifiables pour apaiser l'incertitude.
Défi : Être paralysé par l'analyse excessive
Conseil : Avancer même sans certitude absolue, en adoptant une approche expérimentale

LUNE en Porte 63 Une relation émotionnelle fluctuante avec le doute
Avec la Lune, le doute peut varier en intensité selon les cycles émotionnels.
Défi : Être submergé par des questionnements incessants
Conseil : Observer ses cycles émotionnels pour mieux gérer le doute

MERCURE en Porte 63 L'art d'exprimer ses doutes et ses hypothèses
Mercure apporte une facilité à poser des questions percutantes et à analyser les réponses.

Défi : Risque de paraître trop sceptique ou critique
Conseil : Formuler ses doutes de manière constructive et ouverte

VÉNUS en Porte 63 L'amour de la vérité et de la clarté
Vénus favorise une approche douce et bienveillante dans l'exploration du doute.
Défi : Risque d'idéaliser la certitude au détriment de l'exploration
Conseil : Accepter la beauté de l'incertitude et du questionnement

MARS en Porte 63 Une impulsion forte à dissiper rapidement le doute
Mars donne une énergie pour confronter immédiatement les incertitudes.
Défi : Prendre des décisions hâtives par peur de l'incertitude
Conseil : Apprendre à tolérer le doute sans précipitation

JUPITER en Porte 63 L'expansion à travers l'exploration intellectuelle
Jupiter amplifie le potentiel d'apprentissage et de croissance à travers le questionnement.
Défi : Risque d'accumuler trop de théories sans les vérifier
Conseil : Prioriser les questions qui peuvent réellement être testées et vérifiées

SATURNE en Porte 63 La discipline dans l'analyse et la recherche de vérité
Saturne impose une méthodologie stricte pour traiter les doutes et éviter les raccourcis.
Défi : Être trop rigide et sceptique face à l'inconnu
Conseil : Assouplir ses critères tout en restant rigoureux dans l'analyse

URANUS en Porte 63 Une approche novatrice du doute et de la certitude
Uranus pousse à explorer des théories inédites et des perspectives alternatives.
Défi : Risque de rejeter trop rapidement les modèles traditionnels
Conseil : Intégrer l'innovation sans négliger l'examen critique des idées nouvelles

NEPTUNE en Porte 63 L'intuition et le doute mystique
Avec Neptune, le doute prend une dimension spirituelle et symbolique.
Défi : Se perdre dans des questionnements existentiels sans fin
Conseil : Ancrer ses intuitions dans des pratiques concrètes et vérifiables

PLUTON en Porte 63 La transformation profonde à travers le doute
Pluton amène des crises existentielles qui forcent à revoir ses croyances

fondamentales.
Défi : Risque de destruction totale des certitudes sans plan de reconstruction
Conseil : Utiliser le doute comme un levier de transformation plutôt que de démolition

---

INTROSPECTION & RÉFLEXION
1. Quelles sont les questions qui m'obsèdent ? Comment puis-je les explorer sans m'épuiser ?
2. Suis-je prêt à accepter que certaines questions peuvent rester sans réponse ?
3. Comment puis-je utiliser le doute pour affiner ma compréhension sans me sentir déstabilisé(e) ?
4. Comment mes questionnements peuvent-ils inspirer ou aider les autres à réfléchir ?
5. Comment puis-je relâcher le besoin de certitude et accueillir le doute comme un compagnon dans mon cheminement ?
6. Comment puis-je cultiver une réflexion constructive sans tomber dans l'inquiétude ou l'overthinking ?

CANAL 4/63 - CANAL DE LA LOGIQUE

Type de canal : Projecteur
Portes : 63 (Le Doute) et 4 (Les Formules)
Centres impliqués : Centre de la Tête → Centre de l'Ajna
Circuit : Circuit Collectif – Compréhension
Thème principal : La recherche de la vérité par le questionnement et la logique
Sens dominant : La vue
Rôle : Valider, tester et structurer des schémas de pensée pour éclairer l'avenir

"Dans la danse de la pensée, chaque question est une étincelle, chaque réponse, une lumière dans l'obscurité de l'inconnu."

LES DYNAMIQUES DU CANAL 4/63

L'assurance dans l'incertitude

Ce canal incarne une tension entre doute et clarté. Son rôle est d'examiner les idées sous toutes leurs facettes avant de formuler des conclusions valables. Il est conçu pour questionner tout ce qui semble établi, mettant à l'épreuve la validité des schémas mentaux et des connaissances collectives.

Une pensée critique et méthodique

La Porte 63 (Le Doute) soulève des questions, tandis que la Porte 4 (Les Formules) cherche à y répondre avec logique. Ce canal est essentiel pour structurer et organiser l'information en principes fiables et reproductibles, assurant ainsi la transmission d'un savoir clair et utile aux générations futures.

Un scepticisme sain

Les personnes ayant ce canal ne se contentent pas d'accepter les faits tels qu'ils sont présentés. Elles ont besoin de preuves solides et de cohérence avant de croire en une idée ou un système. Ce scepticisme peut parfois être mal perçu, mais il est une force qui permet d'élever la rigueur intellectuelle et d'éviter les erreurs dues à des suppositions erronées.

Un besoin de reconnaissance

Étant un canal Projecteur, il doit être invité et reconnu pour que son savoir soit apprécié. Sans cette reconnaissance, ses efforts pour clarifier et structurer l'information peuvent être ignorés ou sous-estimés.

Une orientation tournée vers l'avenir

Ce canal fonctionne dans une dynamique de projection vers l'avenir : il teste et valide des hypothèses pour anticiper les problèmes potentiels et garantir une meilleure compréhension collective. Il est crucial dans l'élaboration de modèles et de systèmes fiables pour guider l'évolution de la pensée humaine.

DÉFIS ET OMBRES

Un mental hyperactif Le besoin incessant de poser des questions et d'obtenir des réponses peut être épuisant, autant pour la personne concernée que pour son entourage. L'apprentissage du lâcher-prise est essentiel pour éviter de tomber dans une spirale de doutes incessants.

Le perfectionnisme intellectuel

La recherche constante de clarté peut conduire à une obsession de la perfection. Il est important d'accepter qu'il n'existe pas toujours une réponse définitive et que l'incertitude fait partie intégrante de l'évolution de la connaissance.

Une tendance à l'inquiétude

L'habitude de questionner tout peut générer de l'anxiété, surtout lorsque les réponses ne sont pas immédiatement disponibles. Cultiver la patience et la confiance dans le processus logique peut aider à canaliser cette énergie mentale de manière productive.

Le canal 63/4 est une force essentielle du circuit collectif, jouant un rôle fondamental dans l'évolution de la pensée humaine. Il incarne le besoin de questionner, tester et clarifier pour garantir la validité des connaissances transmises. Bien que ce canal puisse parfois sembler exigeant ou sceptique, il est un pilier incontournable de la logique et de la compréhension. Lorsqu'il est reconnu et valorisé, il devient un puissant moteur d'innovation intellectuelle et de progrès.

PORTE 64 AVANT L'ACCOMPLISSEMENT

"À travers la confusion, j'ouvre la voie à la clarté et à l'inspiration."

PORTE DE LA CONFUSION

La Porte 64 est celle de la confusion mentale, du chaos créatif et du potentiel de transformation à travers la réorganisation des perceptions. Située dans le Centre de la Tête, elle représente une pression mentale qui pousse à donner du sens à des expériences fragmentées et à faire émerger une nouvelle compréhension.

Elle fonctionne avec la Porte 47 (la réalisation et l'intégration des expériences passées) pour former le canal 64-47 de l'Abstraction, qui incarne le passage du désordre mental à une clarté progressive, où les leçons du passé prennent une signification nouvelle.

Physiologie : Glande pinéale
Acide Aminé : Glycine
Cercle de Codons : Le Cercle de l'Alchimie (6, 40, 47, 64)
Partenaire de programmation : Clé génétique 63
Centre : Centre Tête
Quart : Dualité

Ligne 1 - Les conditions
Ligne 2 - La qualification
Ligne 3 - La surextension
Ligne 4 - La conviction
Ligne 5 - La promesse
Ligne 6 - La victoire

Canal : 64/47 - Canal de l'Abstraction : Lorsque la Porte 64 se connecte à la Porte 47 (Centre Ajna), elle forme un canal qui transforme la confusion en clarté, permettant de tirer des conclusions et d'extraire du sens des expériences passées.
Circuit : Circuit du Ressenti

Siddhi : Illumination | **Don :** Imagination | **Ombre :** Confusion

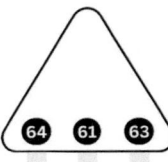

CENTRE TÊTE

ESSENCE DE LA PORTE

L'archétype de la Porte 64 est celui du Visionnaire et du Traducteur d'Expériences. Cette énergie permet de transformer l'ambiguïté et le chaos mental en une perception claire et profonde. Elle favorise l'exploration des idées sous une forme fluide et imaginative avant qu'elles ne trouvent une structure logique.

Son défi est d'apprendre à ne pas se laisser submerger par l'excès de pensées et à faire confiance au processus naturel de clarification.

RÔLE DANS LES INTERACTIONS

Dans les relations, la Porte 64 agit comme une énergie de réflexion et d'exploration mentale. Les porteurs de cette énergie ont souvent une capacité à percevoir des connexions entre des éléments apparemment disparates et à générer de nouvelles perspectives pour aider les autres à voir au-delà des évidences.

DÉFIS

- Risque de se sentir submergé par un excès d'informations et d'être incapable de structurer ses pensées.

- Tendance à vouloir comprendre immédiatement sans laisser le processus naturel se dérouler.

- Difficulté à faire confiance à son propre cheminement intellectuel et à accepter les moments de confusion.

TALENTS

- Capacité à percevoir de multiples perspectives et à rassembler des idées en une vision cohérente.

- Talent pour transformer la confusion en sagesse et en compréhension plus profonde.

- Influence naturelle qui pousse les autres à accepter l'incertitude comme une étape nécessaire vers la clarté.

EXPRESSION DÉSÉQUILIBRÉE

Lorsqu'elle est désalignée, la Porte 64 peut se manifester par une anxiété mentale excessive, une obsession de vouloir tout comprendre immédiatement ou une tendance à se perdre dans des pensées sans fin.

MAÎTRISE

En équilibre, la Porte 64 devient une force d'intégration et de vision globale. Elle enseigne que la clarté ne se force pas, mais qu'elle se révèle d'elle-même lorsqu'on accepte le processus naturel d'illumination progressive.

MANIFESTATION DANS LA VIE QUOTIDIENNE ET LE BUSINESS

Vie Quotidienne :

Dans la vie personnelle, cette Porte se manifeste par une soif de compréhension et une capacité à connecter des éléments épars pour en extraire une leçon de vie. Elle favorise une approche contemplative et intuitive des expériences.

Application en Business :

Dans un contexte professionnel, la Porte 64 excelle dans des rôles impliquant l'analyse, la synthèse et la résolution de problèmes complexes. Elle est idéale pour les chercheurs, les philosophes, les écrivains et les visionnaires qui transforment l'abstraction en solutions applicables.

INFLUENCE ÉNERGÉTIQUE COLLECTIVE (TRANSITS)

Lorsqu'activée dans les transits, la Porte 64 invite le collectif à accueillir l'incertitude et à laisser émerger une nouvelle compréhension avec patience. C'est un moment propice pour s'ouvrir à l'intuition et à la transformation intérieure.

NUANCES EN FONCTION DE LA LIGNE

LIGNE 1 : comprendre la confusion avant d'en sortir

Les individus avec la Porte 64 en Ligne 1 ressentent le besoin d'analyser et de comprendre en profondeur leurs états de confusion avant d'espérer trouver de la clarté. Ils recherchent une base solide et légitime pour justifier leurs questionnements et leurs doutes.

Défi : peur de l'incertitude et hésitation à accepter le mystère

Conseil : accepter que la confusion est aussi un apprentissage

LIGNE 2 : Confusion instinctive et compréhension naturelle

Les personnes avec la Porte 64 en Ligne 2 possèdent une capacité instinctive à ressentir la confusion et à la transformer sans effort conscient. Elles savent intuitivement comment traiter les expériences pour en extraire du sens.

Défi : difficulté à justifier ses perceptions et tendance à éviter les explications

Conseil : faire confiance à son instinct tout en cherchant à mieux structurer ses perceptions

LIGNE 3 : Expérimenter et apprendre par la confusion et les erreurs
Les individus avec la Porte 64 en Ligne 3 découvrent comment utiliser leur énergie en traversant différentes expériences de confusion et en ajustant leur approche.
Défi : instabilité et difficulté à accepter l'incertitude
Conseil : voir chaque période de confusion comme une opportunité d'évolution

LIGNE 4 : Influencer et inspirer par la quête de clarté
Les individus avec la Porte 64 en Ligne 4 ont une capacité naturelle à motiver les autres par leur quête sincère de clarté et leur manière de traiter les expériences.
Défi : peur du rejet et tendance à vouloir plaire
Conseil : exprimer ses perceptions avec authenticité sans chercher à imposer

LIGNE 5 : Structurer et organiser la confusion de manière stratégique
Les individus avec la Porte 64 en Ligne 5 ont une approche pragmatique et stratégique de la gestion des états de confusion. Ils savent comment utiliser leurs perceptions pour éclairer les autres de manière concrète et durable.
Défi : pression des attentes extérieures et peur d'être mal perçu
Conseil : exercer son pouvoir de clarification avec discernement et intégrité

LIGNE 6 : Observer et comprendre les cycles de confusion et de clarté
Les individus avec la Porte 64 en Ligne 6 adoptent une vision globale des cycles de confusion et de révélation.
Défi : détachement excessif et hésitation à s'impliquer
Conseil : équilibrer observation et action

NUANCES EN FONCTION DU TYPE
MANIFESTEUR : Initier des révélations audacieuses avec détermination
Le Manifesteur avec la Porte 64 prend des décisions rapides pour partager ses compréhensions profondes et percer les illusions.
Défi : rejet et résistance
Conseil : informer avant d'agir pour éviter les conflits

GÉNÉRATEUR : Approfondir la clarté par l'engagement et la persévérance
Le Générateur avec la Porte 64 trouve du sens en traversant les états de

confusion qui résonnent profondément avec lui.
Défi : frustration si ses perceptions ne sont pas reconnues
Conseil : écouter sa réponse sacrale pour choisir les bonnes voies d'exploration

Le **Manifesteur-Générateur** : Explorer et structurer ses perceptions avec agilité
Le MG avec la Porte 64 peut explorer rapidement différents mystères avant de se concentrer sur ceux qui résonnent vraiment.
Défi : impatience et dispersion
Conseil : équilibrer spontanéité et approfondissement

PROJECTEUR : Guider les autres vers une clarté plus alignée
Le Projecteur avec la Porte 64 perçoit profondément les illusions collectives et peut aider les autres à y voir plus clair.
Défi : besoin de reconnaissance et fatigue mentale
Conseil : attendre d'être invité avant de partager ses perceptions

RÉFLECTEUR : Refléter les dynamiques de confusion et de clarté dans le collectif
Le Réflecteur avec la Porte 64 absorbe et reflète la manière dont le collectif perçoit la confusion et la clarté.
Défi : confusion entre ses propres perceptions et celles du groupe
Conseil : observer avant de partager pour s'assurer que les perceptions sont alignées avec lui

NUANCES EN FONCTION DE LA PLANÈTE
SOLEIL en Porte 64 Briller par la capacité à extraire du sens du chaos
Le Soleil illumine une capacité à transformer la confusion en clarté profonde grâce à une réflexion patiente.
Défi : Risque de se perdre dans le flux incessant des pensées
Conseil : Laisser le temps à la clarté d'émerger naturellement sans forcer

TERRE en Porte 64 Ancrer les expériences dans la réalité tangible
Avec la Terre, il est essentiel de trouver des moyens concrets d'intégrer les leçons du passé.
Défi : S'enliser dans des regrets ou des remords
Conseil : Se concentrer sur ce qui peut être appliqué ici et maintenant

LUNE en Porte 64 Une relation émotionnelle intense avec le passé et les souvenirs
Avec la Lune, les réminiscences surgissent par vagues, rendant la confusion plus palpable.
Défi : Risque d'être submergé par les émotions passées
Conseil : Accueillir ces vagues comme des occasions d'apprendre et de pardonner

MERCURE en Porte 64 L'art de raconter et de donner du sens aux expériences
Mercure favorise une capacité à communiquer les leçons tirées du chaos mental.
Défi : Risque d'embrouiller les autres avec trop d'informations
Conseil : Simplifier le discours et se concentrer sur l'essentiel

VÉNUS en Porte 64 Un amour pour les mystères et la quête de vérité
Vénus apporte une dimension esthétique et poétique à l'assimilation des expériences.
Défi : Tendance à idéaliser le passé ou les leçons apprises
Conseil : Aimer le processus d'apprentissage sans le romancer à l'excès

MARS en Porte 64 Une impulsion à comprendre immédiatement le chaos
Mars donne une énergie forte pour dissiper la confusion, parfois avec impatience.
Défi : Risque de conclusions hâtives
Conseil : Prendre le temps d'observer avant d'agir ou de juger

JUPITER en Porte 64 L'expansion de la compréhension par l'exploration du passé
Jupiter amplifie la capacité à tirer des leçons des expériences vécues.
Défi : Risque d'amplifier les regrets ou de trop intellectualiser
Conseil : Intégrer les leçons avec gratitude et perspective

SATURNE en Porte 64 La discipline dans l'assimilation des expériences
Saturne impose une structure et une méthode dans le traitement des souvenirs.
Défi : Rigidité dans l'interprétation des expériences passées
Conseil : Accepter que certaines réponses prennent du temps à émerger

URANUS en Porte 64 Une approche visionnaire et unique de la confusion
Uranus pousse à reformuler radicalement les leçons tirées du passé.
Défi : Risque de conclusions trop disruptives et incomprises

Conseil : Ancrer ses idées novatrices dans des exemples concrets

NEPTUNE en Porte 64 L'intuition comme guide dans le chaos mental
Avec Neptune, la Porte 64 devient un canal d'inspiration mystique et de visions profondes.
Défi : Se perdre dans des illusions ou des fantasmes spirituels
Conseil : Vérifier que chaque intuition trouve un ancrage dans la réalité

PLUTON en Porte 64 La transformation profonde à travers l'acceptation du chaos
Pluton amène des crises intenses qui forcent à revoir complètement le passé.
Défi : Être confronté à des mémoires douloureuses et non résolues
Conseil : Voir chaque confrontation comme une purification et une libération

---

INTROSPECTION & RÉFLEXION
1. Quand je ressens de la confusion, comment puis-je l'accepter comme une étape de réflexion plutôt qu'un obstacle ?
2. Quels souvenirs ou expériences du passé continuent de réapparaître dans mon esprit, et que puis-je en apprendre ?
3. Comment puis-je trouver de la sérénité au milieu de l'incertitude et voir son utilité ?
4. Quelle pratique (écriture, art, méditation) m'aide le mieux à clarifier mes idées, et comment puis-je l'intégrer plus régulièrement ?
5. Dans quels domaines de ma vie puis-je exercer plus de patience pour permettre à mes idées de mûrir naturellement ?
6. Comment puis-je cultiver une confiance plus profonde dans mon processus mental, même en l'absence de clarté immédiate ?

CANAL 47/64 - CANAL DE L'ABSTRACTION

Type de canal : Projecteur
Portes : 64 (La Confusion) et 47 (La Réalisation)
Centres impliqués : Tête → Ajna
Circuit : Circuit Collectif – Ressenti
Thème principal : Transformer la confusion en clarté par la réflexion mentale.
Sens dominant : La vue
Rôle : Organiser les expériences mentales pour en extraire une compréhension profonde.

"Je traverse la confusion pour atteindre la clarté. Chaque pensée est un fil tissé dans la tapisserie de la compréhension."

LES DYNAMIQUES DU CANAL DU 47/64

De la confusion à la clarté
La Porte 64, située dans le centre de la Tête, génère un flux constant d'images mentales issues des expériences passées. C'est l'énergie des souvenirs fragmentés, souvent accompagnés d'une sensation de confusion.

L'illumination par l'organisation mentale
La Porte 47, dans le centre de l'Ajna, travaille à trier ce chaos mental pour en extraire du sens. C'est le processus de réflexion, où les idées se transforment progressivement en compréhension claire et structurée.

Un canal d'insight et de prise de conscience
Ce canal fonctionne comme un puzzle. Les pièces éparses des expériences sont assemblées pour former une image cohérente. Ce processus n'est ni immédiat ni linéaire ; il demande du temps, de la patience et un lâcher-prise face à la pression mentale.

L'expérience humaine du canal 64/47
- **Le chercheur de sens** : Vous êtes naturellement porté à réfléchir sur vos expériences, cherchant à comprendre leur signification plus profonde.
- **Des éclairs de clarté** : Après des périodes de confusion, des moments d'illumination soudaine surviennent, apportant une compréhension nouvelle et souvent transformative.
- **L'interprète des souvenirs** : Votre esprit fonctionne comme un historien, reliant les points pour créer un récit cohérent à partir des expériences

passées.

DÉFIS ET OMBRES
- **La surcharge mentale** : L'afflux constant de pensées peut devenir accablant, surtout si la clarté tarde à émerger.
- **L'impatience** : Vouloir des réponses immédiates peut conduire à des conclusions hâtives ou à une anxiété mentale excessive.
- **La dépendance à la pensée** : Se perdre dans l'analyse peut empêcher de vivre pleinement le moment présent.

L'importance de la patience et du lâcher-prise
- **Accepter la confusion** : La clarté ne peut émerger que si l'on accepte la phase de désordre mental comme partie intégrante du processus.
- **Éviter les décisions impulsives** : Ne prenez pas de décisions importantes tant que la clarté n'est pas apparue naturellement.
- **Partager les insights** : Vos réflexions peuvent éclairer les autres, mais seulement si elles sont partagées au bon moment, après une invitation.

Ce canal incarne la beauté du processus mental abstrait. Il nous rappelle que la véritable clarté naît du temps, de la patience et de la confiance dans le flux naturel de la pensée. Lorsqu'il est vécu en conscience, il devient une source précieuse d'insight pour soi-même et pour les autres.

"Je ne force pas la compréhension ; je laisse la clarté émerger comme un rayon de lumière à travers les nuages."

CONCLUSION

UNE ODYSSÉE DE CONNAISSANCE ET DE TRANSFORMATION

Tout au long de ces pages, nous avons exploré en profondeur les 64 Portes du Human Design et les Gene Keys, plongeant dans les arcanes de notre ADN énergétique et découvrant les clés de notre transformation intérieure. Chaque porte et chaque clé nous invitent à une contemplation plus vaste, un dialogue avec nous-mêmes et l'univers, où se révèlent nos ombres, nos dons et nos plus hautes aspirations.

Le voyage à travers ces portes et clés est bien plus qu'un exercice intellectuel ; c'est un chemin initiatique qui nous invite à expérimenter, ressentir et incarner notre propre vérité. Il ne s'agit pas d'une fin en soi, mais d'un tremplin vers une évolution continue, une danse subtile entre conscience et inconscient, entre limitation et potentiel infini.

Vous qui avez parcouru ces lignes, sachez que la véritable sagesse ne réside pas uniquement dans la compréhension mentale, mais dans l'application vivante de ces enseignements dans votre quotidien. Les transits planétaires continueront d'activer certaines de ces portes, vous offrant l'opportunité de les revisiter, de les explorer sous de nouveaux angles, et surtout, de les incarner pleinement.

Que ce livre ait pu allumer en vous une étincelle de reconnaissance, une résonance intime, une invitation à approfondir votre propre voyage intérieur.

ANNEXE | Activations planétaires

SOLEIL
Représente le but de votre vie et ce que vous êtes venu accomplir dans cette vie.

TERRE
Représente les fondations à partir desquelles vous construisez votre vie.

NOEUD NORD
Représente l'orientation de votre vie après 40 ans.

NOEUD SUD
Représente votre zone de génie naturel dans votre vie pendant vos 40 premières années.

LUNE
Représente ce qui anime votre âme.

MERCURE
Représente ce que vous êtes venu communiquer.

VENUS
Représente vos valeurs.

MARS
Représente l'endroit où vous faites l'expérience des leçons nécessaires à votre croissance.

JUPITER
Représente l'endroit où nous sommes récompensés par l'expansion et les bénédictions.

SATURNE
Représente les domaines sur lesquels vous devez travailler pour vous développer et grandir.

URANUS
Représente la transition profonde et l'évolution inattendue.

NEPTUNE
Représente votre chemin spirituel dans cette vie.

PLUTON
Représente la renaissance spirituelle.

RÉCAPITULATIF DES PORTES

PORTE 1 PORTE DE L'EXPRESSION PERSONNELLE
A besoin de s'exprimer pleinement sur le plan artistique dans tous les domaines. Y compris dans les espaces de vie, les vêtements et le mode de vie.

PORTE 2 PORTE DE LA CONNAISSANCE SUPÉRIEURE
Sait que la vie et le monde ne se limitent pas à cela et est profondément en phase avec la spiritualité et les connaissances supérieures.

PORTE 3 PORTE DE L'ORDRE
Traverse les difficultés et la confusion des nouveaux départs en essayant de mettre de l'ordre dans le chaos.

PORTE 4 PORTE DE LA FORMULATION
Toujours chercher le pourquoi de chaque chose. Ne jamais se contenter d'explications superficielles, mais rechercher la vérité.

PORTE 5 PORTE DES RYTHMES FIXES
S'épanouit grâce à des routines cohérentes et s'en tenir à des habitudes et à des schémas cohérents.

PORTE 6 PORTE DE LA FRICTION
Régule les émotions, gère les frictions et discerne le moment où il faut affronter et le moment où il faut laisser aller.

PORTE 7 PORTE DU RÔLE DU MOI
Un leader démocratique qui dirige et organise un groupe pour obtenir les résultats souhaités.

PORTE 8 PORTE DE LA CONTRIBUTION
Aime les arts et la créativité et souhaite mettre en lumière et attirer l'attention sur les personnes et les choses intéressantes.

PORTE 9 PORTE DE FOCUS
A la capacité de se concentrer profondément, concentration et de voir les détails qui échappent aux autres.

PORTE 10 PORTE DU COMPORTEMENT DU SOI
Le pouvoir de vivre, de se comporter et de se déplacer de manière authentique et d'inspirer les autres en vivant leur plus haute expression.

PORTE 11 PORTE DES IDEES
Il existe un flot ininterrompu d'idées, l'essentiel étant de discerner celles qu'il convient de mettre en œuvre.

PORTE 12 PORTE DE LA PRUDENCE
Fait preuve de prudence lorsqu'il s'agit de s'exprimer par la communication et les arts. Discerne le meilleur moment pour s'exprimer.

PORTE 13 PORTE DE L'ÉCOUTEUR
Attire les personnes qui partagent leurs histoires et leurs secrets avec elle, puis utilise ces histoires recueillies pour enseigner et partager avec d'autres.

PORTE 14 PORTE DES COMPÉTENCES EN MATIÈRE DE POUVOIR
Un pouvoir brut et débridé qui s'accroît lorsqu'il est appliqué aux passions.

PORTE 15 PORTE DES EXTRÊMES
Aime la diversité, célèbre les différences entre les gens et est amoureux de l'humanité.

PORTE 16 PORTE DES COMPÉTENCES
Développe des compétences grâce à la maîtrise et à la répétition, et devient si doué au cours de sa vie qu'il devient un art.

PORTE 17 PORTE DES OPINIONS
Réfléchit à des pensées et à des concepts possibles pour former des opinions logiques qui peuvent être partagées avec d'autres.

PORTE 18 PORTE DE CORRECTION
La capacité à sentir que quelque chose ne va pas et à le porter à l'attention d'autres personnes dans le but de le corriger.

PORTE 19 PORTE DU VOULOIR
Profondément sensible aux besoins des personnes qui l'entourent et ayant un fort besoin de voir ses propres besoins satisfaits.

PORTE 20 PORTE DE L'INSTANT PRÉSENT
Entièrement immergé dans le moment présent, il ne s'attarde pas sur le passé et ne pense pas à l'avenir.

PORTE 21 PORTE DU CHASSEUR/DE LA CHASSEUSE
Contrôle les ressources et maîtrise le plan sur le plan matériel pour créer la liberté la liberté financière, en toute indépendance.

PORTE 22 PORTE DE L'OUVERTURE
Plein de grâce sociale et de charme qui inspirent les autres par leur simple présence et leur réceptivité.

PORTE 23 PORTE DE L'ASSIMILATION
Communiquer efficacement les connaissances intérieures en les traduisant dans un langage que les autres peuvent comprendre.

PORTE 24 PORTE DE RATIONALISATION
Réfléchit et contemple (et éventuellement réfléchit trop) des idées et des pensées dans le but de pouvoir les rationaliser.

PORTE 25 PORTE DE L'ESPRIT DE SOI
Possède la vibration de l'innocence et déborde d'amour inconditionnel et d'acceptation de tous les êtres vivants.

PORTE 26 PORTE DE L'EGOISTE
Choisit les preuves pour peindre l'image qu'il veut que vous voyiez. Il laisse des choses de côté ou les inclut en fonction de la direction qu'il veut que vous preniez.

PORTE 27 PORTE DE L'ATTENTION
Un besoin profond de prendre soin des jeunes, des personnes âgées et des faibles pour s'assurer qu'ils sont pris en charge, et un besoin profond d'être pris en charge également.

PORTE 28 PORTE DU JOUEUR DE JEU
Aborde la vie comme s'il s'agissait d'un jeu. Il aime avoir une longueur d'avance sur les autres et cherche toujours le sens de la vie.

PORTE 29 PORTE DE DIRE OUI
Toujours aller de l'avant, persévérer et dire « oui » à la vie.

PORTE 30 PORTE DE LA RECONNAISSANCE DES SENTIMENTS
A un profond désir de nouvelles expériences, pour le plaisir de ressentir de nouvelles choses, et n'a pas peur de ressentir le spectre des sentiments.

PORTE 31 PORTE DU LEADER
Un leader naturel et un influenceur au service de la collectivité, perçu comme une autorité.

PORTE 32 PORTE DE LA CONTINUITÉ
Évite les risques en faveur de la durabilité à long terme. La lenteur et la régularité gagnent la course.

PORTE 33 PORTE DE LA VIE PRIVÉE
Se retire dans la solitude dans un but d'introspection afin de réfléchir à l'expérience vécue (et d'en tirer pleinement les leçons).

PORTE 34 PORTE DE LA PUISSANCE
Une puissance implacable qui stimule l'individualité, l'unicité et l'élan.

PORTE 35 PORTE DU CHANGEMENT
Adepte du changement, il aime les nouvelles expériences et se sent à l'aise dans l'exploration de l'inconnu.

PORTE 36 PORTE DE LA CRISE
Ressent intensément et a la capacité de traverser une crise et est capable de trouver le pouvoir et la croissance à travers l'expérience.

PORTE 37 PORTE DE L'AMITIÉ
Désire vivre en paix et en harmonie avec ses amis et sa communauté.

PORTE 38 PORTE DU COMBATTANT
L'énergie pour affronter l'adversité et se battre pour ce qui est juste, même si cela implique une lutte.

PORTE 39 PORTE DU PROVOCATEUR
Provoque naturellement les autres pour les pousser à l'action.

PORTE 40 PORTE DE LA SOLITUDE
Se préoccupe de l'autonomie et de la prise en charge des autres, mais a aussi la capacité de se sentir seul, même au milieu d'une foule.

PORTE 41 PORTE DE LA CONTRACTION
A une imagination débordante, rêve beaucoup et aime faire démarrer les choses. Cette énergie est comme la tension de la flèche que l'on tire avant de la laisser voler.

PORTE 42 PORTE DE LA CROISSANCE
Porte la force de faire croître quelque chose et de rester dans le cycle jusqu'à ce qu'il soit terminé.

PORTE 43 PORTE DE L' INSIGHT
Porte des idées novatrices qui ont le pouvoir de créer des percées, mais doit attendre le bon moment pour les partager.

PORTE 44 PORTE DE L'ALERTE
Est intrinsèquement conscient des tendances et des modèles du passé, ce qui lui permet de savoir ce qui fonctionne dans le présent et de s'assurer que les erreurs ne se répètent pas à l'avenir.

PORTE 45 PORTE DU COLLECTEUR
Maître de la collecte, de la gestion et de la distribution de l'argent et des ressources à la communauté

PORTE 46 PORTE DE LA DÉTERMINATION DU MOI
Il est dans l'alignement de prendre soin de son corps et d'apprécier l'expérience de la vie dans ce corps.

PORTE 47 PORTE DE LA RÉALISATION
Toujours en train de réfléchir à la vie et aux expériences, en se demandant ce qui sera révélé et en cherchant un sens.

PORTE 48 PORTE DE LA PROFONDEUR
Toujours à la recherche de significations plus profondes et de solutions pratiques aux problèmes, au-delà de la surface.

PORTE 49 PORTE DES PRINCIPES
S'en tient fermement à ses valeurs et à ses principes et s'efforce de mettre en œuvre le changement, d'apporter l'équité et la justice à tous.

PORTE 50 PORTE DES VALEURS
Établit des règles basées sur ses valeurs pour s'assurer que sa famille et sa communauté survivront et prospéreront.

PORTE 51 PORTE DE CHOC
Porte le potentiel de choquer les gens par leurs paroles, leurs actions ou leurs expériences et de vivre des situations choquantes.

PORTE 52 PORTE DE L'INACTION
La pression pour rester immobile à des fins de focalisation et de concentration lorsqu'ils se sentent poussés à le faire.

PORTE 53 PORTE DES COMMENCEMENTS
La pression pour commencer un nouveau cycle qui mènera à la croissance et à l'expansion.

PORTE 54 PORTE DE L'AMBITION
Ambition et dynamisme qui poussent à la croissance, au progrès et à l'élévation du statut social.

PORTE 55 PORTE DE L'ESPRIT
Honore l'abondance de ses propres humeurs et peut être mélancolique, artistique ou romantique, car il cherche à vivre une vie passionnée.

PORTE 56 PORTE DE STIMULATION
Traduit l'expérience humaine en langage par le biais d'analogies et d'histoires.

PORTE 57 PORTE DE LA PERSPICACITÉ INTUITIVE
Profondément intuitif et conscient, il sait tout simplement « les choses ».

PORTE 58 PORTE DE LA VITALITÉ
A un goût prononcé pour la vie et se sent vivant et dynamique. Il est naturellement porté à l'action.

PORTE 59 PORTE DE LA SEXUALITÉ
Désir de briser la résistance et de se connecter intimement aux autres

PORTE 60 PORTE DE L'ACCEPTATION
Accepte ses limites et « ce qui est » et peut soit s'enfermer dans ses habitudes, soit innover dans le cadre de ses limites.

PORTE 61 PORTE DU MYSTÈRE
Possède une profonde connaissance intérieure et comprend la différence entre la sagesse et la connaissance.

PORTE 62 PORTE DE DÉTAIL
Il s'agit d'organiser les faits, les chiffres et les détails afin de mieux comprendre et/ou expliquer des concepts complexes.

PORTE 63 PORTE DU DOUTE
Remet tout en question et ne prend rien pour argent comptant. A besoin de connaître tous les détails avant de prendre une décision.

PORTE 64 PORTE DE LA CONFUSION
Leurs pensées tourbillonnent comme la neige dans une boule à neige perpétuellement secouée, ce qui leur donne l'impression de n'être vraiment sûrs de rien.

REMERCIEMENTS

Aucun livre ne se construit seul, et celui-ci ne fait pas exception. Il est le fruit de nombreuses inspirations, recherches et expériences personnelles, mais aussi d'échanges enrichissants et de rencontres lumineuses.

Je tiens à exprimer ma profonde gratitude à toutes les personnes qui m'ont accompagnée dans ce projet, que ce soit par leurs enseignements, leur soutien ou leur présence bienveillante. À mes lecteurs et lectrices, merci pour votre curiosité, votre ouverture et votre engagement dans cette exploration.

Un immense merci également à l'enseignement du Human Design et des Gene Keys, ainsi qu'aux pionniers de ces disciplines qui ont ouvert la voie à une compréhension plus profonde de nous-mêmes. Que ce livre puisse honorer leur travail et inspirer de nouvelles générations à poursuivre cette quête de connaissance et d'éveil.

Enfin, pour ceux et celles qui souhaitent aller encore plus loin dans cette exploration, je vous invite à découvrir mes formations et accompagnements sur mon site sandrinecalmel.fr. Vous y trouverez des ressources approfondies pour intégrer le Human Design et les Gene Keys dans votre quotidien, que ce soit pour votre développement personnel, vos relations ou votre activité professionnelle.

Que votre chemin soit éclairé par la sagesse de votre propre design et que votre lumière intérieure illumine le monde.

Avec gratitude et inspiration, Sandrine Calmel

TABLES DES MATIÈRES

Bienvenue dans La Bible des 64 Portes Human Design Décryptés	3
	3
EXPLORER PLUS EN PROFONDEUR	5
SANDRINE CALMEL	6
AVANT PROPOS	8
PRÉFACE	9
INTRODUCTION	10
INTRODUCTION AU HUMAN DESIGN ET AUX GENE KEYS	12
	12
INTRODUCTION AUX FONDEMENTS DU HUMAN DESIGN ET DES GENE KEYS	13
1. PRÉSENTATION GÉNÉRALE : POURQUOI CE LIVRE ?	13
2. ORIGINE ET CRÉATEURS : LES VISIONNAIRES	13
3. PHILOSOPHIE COMMUNE	14
QU'EST-CE QUE LE HUMAN DESIGN ?	14
1. DÉFINITION ET PRÉSENTATION GLOBALE	16
2. LES CENTRES ÉNERGÉTIQUES	17
3. CANAUX ET PORTES : LA CIRCULATION DE L'ÉNERGIE	19
4. LES TYPES DE DESIGN HUMAIN	20
QU'EST-CE QUE LES GENE KEYS ?	23
POINTS COMMUNS ET COMPLÉMENTARITÉS ENTRE HUMAN DESIGN ET GENE KEYS	23
1. L'I CHING COMME PONT UNIVERSEL	23
2. APPROCHE HOLISTIQUE : CORPS, ESPRIT ET ÂME	25
3. IMPACT SUR LA VIE QUOTIDIENNE ET LA TRANSFORMATION PERSONNELLE	27
LES PORTES ET CLÉS GÉNÉTIQUES : UNE CARTOGRAPHIE DE L'ÊTRE	29
1. DÉCRYPTAGE DES 64 PORTES ET CLÉS	29
2. STRUCTURE DE LA PARTIE 3 : FICHES DÉTAILLÉES DES 64 PORTES	31
COMMENT UTILISER CE LIVRE	33
1. APPROCHE DE LECTURE	33
2. CRÉER UN RITUEL PERSONNEL D'EXPLORATION	34

CONCLUSION DE LA PARTIE 1	36
DÉCRYPTAGE DES CENTRES ET CIRCUITS	37
PARTIE 3	38
64 PORTES / HEXAGRAMMES	**38**
PORTE 1 LA CRÉATIVITÉ	**41**
PORTE DE L'EXPRESSION DE SOI	41
CANAL 1/8 - CANAL DE L'INSPIRATION	49
PORTE 2 LE RÉCEPTIF	**51**
PORTE DU SAVOIR SUPÉRIEUR	51
CANAL 2/14 - CANAL DE LA PULSATION	58
PORTE 3 LA DIFFICULTÉ INITIALE	**60**
PORTE DE L'ORDONNANCE	60
CANAL 3/60 - CANAL DE LA MUTATION	67
PORTE 4 LA FOLIE JUVÉNILE	**69**
PORTE DE L'EXPRESSION DES FORMULES	69
CANAL 4/63 - CANAL DE LA LOGIQUE	77
PORTE 5 L'ATTENTE	**79**
PORTE DES RYTHMES FIXES	79
CANAL 5/15 - CANAL DU RYTHME	86
PORTE 6 LE CONFLIT	**88**
PORTE DE LA FRICTION	88
CANAL 6/59 - CANAL DE L'INTIMITÉ	95
PORTE 7 L'ARMÉE	**97**
PORTE LE RÔLE DU SOI EN INTERACTION	97
CANAL 7/31 - CANAL DE L'ALPHA	104
PORTE 8 LA SOLIDARITÉ (L'UNION)	**106**
PORTE DE LA CONTRIBUTION	106
CANAL 1/8 - CANAL DE L'INSPIRATION	113
PORTE 9 LE POUVOIR D'APPRIVOISEMENT DU PETIT	**115**
PORTE DE LA CONCENTRATION	115
CANAL 9/52 - CANAL DE LA CONCENTRATION	122
PORTE 10 LA MARCHE (LA PONDÉRATION)	**124**
PORTE DE LA BONNE CONDUITE	124
CANAL 10/20 - CANAL DE L'ÉVEIL	131
CANAL 10/34 - CANAL DE L'EXPLORATION	133
CANAL 10/57 - CANAL DE LA FORME PARFAITE	135

PORTE 11 LA PAIX	**137**
PORTE DES IDÉES	137
CANAL 11/56 - CANAL DE LA CURIOSITÉ	144
PORTE 12 L'IMMOBILITÉ	**146**
PORTE DE LA PRUDENCE	146
CANAL 12/22 - CANAL DE L'OUVERTURE	153
PORTE 13 LA COMMUNAUTÉ	**155**
PORTE DE L'ÉCOUTE	155
CANAL 13/33 - CANAL DU PRODIGE	162
PORTE 14 LE GRAND AVOIR (LA PROSPÉRITÉ)	**164**
PORTE DU SAVOIR FAIRE	164
CANAL 2/14 - CANAL DE LA PULSATION	171
PORTE 15 L'HUMILITÉ	**173**
PORTE DES EXTRÊMES	173
CANAL 5/15 - CANAL DU RYTHME	180
PORTE 16 L'ENTHOUSIASME	**182**
PORTE DU TALENT	182
CANAL 16/48 - CANAL DE LA LONGEUR D'ONDE	189
PORTE 17 LA SUITE	**191**
PORTE DES OPINIONS	191
CANAL 17/62 - CANAL DE L'ACCEPTATION	198
PORTE 18 LE TRAVAIL SUR CE QUI A ÉTÉ CORROMPU	**200**
PORTE DE LA CORRECTION	200
CANAL 18/58 - CANAL DU JUGEMENT	207
PORTE 19 L'APPROCHE	**209**
PORTE DE L'ENVIE	209
CANAL 19/49 - CANAL DE LA SYNTHÈSE	216
PORTE 20 LA CONTEMPLATION	**218**
PORTE DU PRÉSENT	218
CANAL 20/34 - CANAL DU CHARISME	225
CANAL 10/20 - CANAL DE L'ÉVEIL	227
CANAL 20/57 - CANAL DES ONDES CÉRÉBRALES	229
PORTE 21 MORT À PLEINE DENT	**231**
PORTE DU CHASSEUR/ DE LA CHASSERESSE	231
CANAL 21/45 - CANAL DE L'ARGENT	238
PORTE 22 LA GRÂCE	**240**

PORTE DU RÉCEPTIF	240
CANAL 12/22 - CANAL DE L'OUVERTURE	247
PORTE 23 LA RUPTURE	**249**
PORTE DE L'INTÉGRATION	249
CANAL 23/43 - CANAL DE LA STRUCTURATION	256
PORTE 24 LE RETOUR	**258**
PORTE DU RATIONNEL	258
CANAL 24/61 - CANAL DE LA PLEINE CONSCIENCE	265
PORTE 25 L'INNOCENCE	**267**
PORTE DE LA NATURE DU SOI	267
CANAL 25/51 - CANAL DE L'INITIATION	274
PORTE 26 LE POUVOIR D'APPRIVOISEMENT DU GRAND	**276**
PORTE DE L'ÉGOÏSTE	276
CANAL 26/44 - CANAL DU CHANGEMENT	283
PORTE 27 LA NOURRITURE	**285**
PORTE DE LA BIENVEILLANCE	285
CANAL 27/50 - CANAL DE LA PRÉSERVATION	292
PORTE 28 LA PRÉPONDÉRANCE DU GRAND	**294**
PORTE DU JOUEUR	294
CANAL 28/38 - CANAL DE LA LUTTE	301
PORTE 29 L'INSONDABLE	**303**
PORTE DE LA COMPLAISANCE	303
CANAL 29/46 - CANAL DE LA DÉCOUVERTE	310
PORTE 30 LE FEU QUI S'ATTACHE	**312**
PORTE DES SENTIMENTS	312
CANAL 30/41 - CANAL DE LA RECONNAISSANCE	319
PORTE 31 L'INFLUENCE	**321**
PORTE DU LEADER	321
CANAL 7/31 - CANAL DE L'ALPHA	328
PORTE 32 L'ENDURANCE	**330**
PORTE DE LA CONTINUITÉ	330
CANAL 32/54 - CANAL DE LA TRANSFORMATION	337
PORTE 33 LA RETRAITE	**339**
PORTE DU BILAN INTÉRIEUR	339
CANAL 13/33 - CANAL DU PRODIGE	346
PORTE 34 LA PUISSANCE DU GRAND	**348**

PORTE DU POUVOIR	348
CANAL 10/34 - CANAL DE L'EXPLORATION	355
CANAL 20/34 - CANAL DU CHARISME	357
CANAL 34/57 - CANAL DE LA TRANSFORMATION	359
PORTE 35 LE PROGRÈS	**361**
PORTE DU CHANGEMENT	361
CANAL 35/36 - CANAL DE LA TRANSITION	368
PORTE 36 L'OBSCURCISSEMENT DE LA LUMIÈRE	**370**
PORTE DE LA CRISE	370
CANAL 35/36 - CANAL DE LA TRANSITION	377
PORTE 37 LA FAMILLE	**379**
PORTE DE L'AMITIÉ	379
CANAL 37/40 - CANAL DE LA COMMUNAUTÉ	386
PORTE 38 L'OPPOSITION	**388**
PORTE DU BATTANT	388
CANAL 28/38 - CANAL DE LA LUTTE	395
PORTE 39 L'OBSTACLE	**397**
PORTE DE LA PROVOCATION	397
CANAL 39/55 - CANAL DE L'ÉMOTIVITÉ	404
PORTE 40 LA LIBÉRATION	**406**
PORTE DE LA SOLITUDE	406
CANAL 37/40 - CANAL DE LA COMMUNAUTÉ	413
PORTE 41 LA DIMINUTION	**415**
PORTE DE LA CONTRACTION	415
CANAL 30/41 - CANAL DE LA RECONNAISSANCE	422
PORTE 42 L'AUGMENTATION	**424**
PORTE DE L'ÉVOLUTION	424
CANAL 42/53 - CANAL DE LA MATURATION	432
PORTE 43 LA DÉCOUVERTE (LA PERCÉE)	**434**
PORTE DE L'INSPIRATION	434
CANAL 23/43 - CANAL DE LA STRUCTURATION	441
PORTE 44 VENIR À LA RENCONTRE	**443**
PORTE DE LA VIGILANCE	443
CANAL 26/44 - CANAL DU CHANGEMENT	450
PORTE 45 LE RASSEMBLEMENT	**452**
PORTE DU MAITRE / DE LA MAITRESSE	452

CANAL 21/45 - CANAL DE L'ARGENT	459
PORTE 46 LA POUSSÉE VERS LE HAUT	**461**
PORTE DE LA DÉTERMINATION DU SOI	461
CANAL 29/46 - CANAL DE LA DÉCOUVERTE	468
PORTE 47 L'OPPRESSION	**470**
PORTE DE LA RÉALISATION	470
CANAL 47/64 - CANAL DE L'ABSTRACTION	477
PORTE 48 LE PUITS	**479**
PORTE DE LA PROFONDEUR	479
CANAL 16/48 - CANAL DE LA LONGEUR D'ONDE	486
PORTE 49 LA RÉVOLUTION	**488**
PORTE DE L'EXCLUSION	488
CANAL 19/49 - CANAL DE LA SYNTHÈSE	495
PORTE 50 LE CHAUDRON	**497**
PORTE DES VALEURS	497
CANAL 27/50 - CANAL DE LA PRÉSERVATION	504
PORTE 51 L'ÉVEILLEUR	**506**
PORTE DU CHOC	506
CANAL 25/51 - CANAL DE L'INITIATION	513
PORTE 52 RESTER TRANQUILLE	**515**
PORTE DE L'IMMOBILITÉ	515
CANAL 9/52 - CANAL DE LA CONCENTRATION	522
PORTE 53 LE DÉVELOPPEMENT	**524**
PORTE DES COMMENCEMENTS	524
CANAL 42/53 - CANAL DE LA MATURATION	531
PORTE 54 LA JEUNE MARIÉE	**533**
PORTE DE L'AMBITION	533
CANAL 32/54 - CANAL DE LA TRANSFORMATION	540
PORTE 55 L'ABONDANCE	**542**
PORTE DE L'ESPRIT	542
CANAL 39/55 - CANAL DE L'ÉMOTIVITÉ	549
PORTE 56 LE VOYAGEUR	**551**
PORTE DE LA STIMULATION	551
CANAL 11/56 - CANAL DE LA CURIOSITÉ	558
PORTE 57 LA DOUCEUR PÉNÉTRANTE	**560**
PORTE DE L'INTUITION	560

CANAL 10/57 - CANAL DE LA FORME PARFAITE	567
CANAL 20/57 - CANAL DES ONDES CÉRÉBRALES	569
CANAL 34/57 - CANAL DE LA TRANSFORMATION	571
PORTE 58 LE JOYEUX	**573**
PORTE DE LA VITALITÉ	573
CANAL 18/58 - CANAL DU JUGEMENT	580
PORTE 59 LA DISPERSION	**582**
PORTE DE LA SEXUALITÉ	582
CANAL 6/59 - CANAL DE L'INTIMITÉ	589
PORTE 60 LA LIMITATION	**591**
PORTE DE L'ACCEPTATION	591
CANAL 3/60 - CANAL DE LA MUTATION	598
PORTE 61 LA VÉRITÉ INTÉRIEURE	**600**
PORTE DU MYSTÈRE	600
CANAL 24/61 - CANAL DE LA PLEINE CONSCIENCE	607
PORTE 62 LA PRÉPONDÉRANCE	**609**
PORTE DU DÉTAIL	609
CANAL 17/62 - CANAL DE L'ACCEPTATION	616
PORTE 63 APRÈS L'ACHÈVEMENT	**618**
PORTE DU DOUTE	618
CANAL 4/63 - CANAL DE LA LOGIQUE	625
PORTE 64 AVANT L'ACCOMPLISSEMENT	**627**
PORTE DE LA CONFUSION	627
CANAL 47/64 - CANAL DE L'ABSTRACTION	634
CONCLUSION	**636**
**ANNEXE	Activations planétaires**	**637**
RÉCAPITULATIF DES PORTES	**638**
REMERCIEMENTS	**642**
TABLES DES MATIÈRES	**643**